U0954567

国家会计学院会计硕士专业学位（MPAcc）
系列教材

财务报表分析

——理论、框架、方法与案例

黄世忠　主编
连竑彬　王建峰　副主编

中国财政经济出版社

图书在版编目(CIP)数据

财务报表分析——理论、框架、方法与案例/黄世忠主编. —北京：中国财政经济出版社，2007.2（2023.12 重印）

（国家会计学院会计硕士专业学位（MPAcc）系列教材）

ISBN 978 - 7 - 5005 - 9629 - 5

Ⅰ. 财… Ⅱ. 黄… Ⅲ. 会计报表 - 会计分析 - 研究生 - 教材 Ⅳ. F231.5

中国版本图书馆 CIP 数据核字（2007）第 006633 号

中国财政经济出版社 出版

URL：http://www.cfeph.cn

E - mail：cfeph@cfeph.cn

社址：北京市海淀区阜成路甲 28 号 邮政编码：100142

营销中心电话：010 - 88191537 北京财经书店电话：64033436

北京富生印刷厂印刷 各地新华书店经销

787×960 毫米 16 开 45 印张 890 000 字

2007 年 2 月第 1 版 2023 年 12 月北京第 17 次印刷

定价：88.00 元

ISBN 978 - 7 - 5005 - 9629 - 5/F · 8363

（图书出现印装问题，本社负责调换）

本社质量投诉电话：010 - 88190744

打击盗版举报热线：010 - 88191661 QQ：2242791300

本着上述宗旨，按照国务院学位委员会制订的《会计硕士专业学位参考性培养方案》的规定，国家会计学院董事会办公室组织编写了会计硕士专业学位教学大纲及部分试用教材。大纲与教材的编写者大都是国内著名院校的知名学者，很多还是全国会计硕士专业学位教育指导委员会的委员，他们以大胆创新的精神和认真负责的态度，编写了会计硕士专业学位教学大纲及试用教材。这套大纲及教材具有以下几个突出特点：

1. 立足中国国情，借鉴国外有益经验。MPAcc 教育，在遵循高层次、应用型专门人才培养一般规律的基础上，注重借鉴吸收国外有益经验，紧密结合我国国情，特别是结合我国财务管理与会计工作的实际，本套大纲及教材是在探索具有中国特色的 MPAcc 培养方案上作出的一次努力。

2. 理论联系实际，颇具实用性。MPAcc 教育的突出特点是学以致用，是一种与目前的学术型会计硕士教育具有明显区别的学位教育，突出会计职业的要求，因此，在教学中应采用灵活多样的培养方式，注重理论联系实际，加强案例教学，培养学生分析和解决问题的能力。本套大纲及教材每章皆有短小的案例，还有相关的背景知识、思考题和网站链接，不但针对性强，而且能够起到扩大学生知识面的作用。

3. 结合先进的管理经验，突出时代感。MPAcc 作为一个理论与技术方法并重的高层次职业继续教育，必然要求其在理论和方法上不断发展，在实务上不断创新。本套大纲及教材在编写过程中，充分吸收了国内外先进的管理理念和方法，较好地体现了知识经济时代对 MPAcc 的要求。

鉴于会计硕士专业学位教育刚刚起步，各个试点院校的培养方向不尽相同。本套大纲及教材难免存在错漏之处，敬请读者批评指正，以便再版时修订。

国家会计学院董事会办公室

二〇〇五年四月

序

会计是一门应用性很强的社会科学。随着我国市场国际化程度的提高和会计准则国际化进程的加快，我国企业面临着越来越激烈的国内乃至国际竞争，迫切需要一大批高层次、应用型会计专业人才。

目前我国拥有一支庞大的财会人员队伍，但是其知识结构、学历结构和人员素质都不尽如人意，很难适应社会经济发展的需要。为此，2003年，国务院学位委员会批准在我国设立会计硕士专业学位（MPAcc），以便更好更快地培养高层次会计专门人才，以适应我国社会主义市场经济发展和经济全球化的需要。

会计硕士专业学位与传统的学术型会计硕士学位是两种不同的学位类型，其在培养目标、课程设置、教学方法等方面都有很大差异。与后者相比，会计硕士专业学位致力于培养德才兼备的系统掌握现代会计学、审计学、财务管理以及相关领域的知识和技能，具有很强的解决实际问题能力的高层次、高素质、应用型的会计专门人才；其课程设置强调实用性、操作性；其教学更多采用案例法。

会计硕士专业学位是吸收国际上先进的教育理念与教育方法，结合我国社会实际而设立的，她不仅在我国是新鲜事物，在国外也没有多少先例可循。既然是开创性事业，就需要有人为之披荆斩棘，需要有人为之筚路蓝缕。教材建设作为保证学位教育达到既定目标的重要环节，尤其需要下大功夫、花大力气编写。评价教材的优劣与否，关键在于不能将原有学术性学位的教材照搬到专业学位的教育中，而应该从培养目标和教学特点出发，突出职业性、应用性、针对性，具有创新性和前瞻性；既要高于实践，反映国际上会计理论和实践的最新发展成果，又要服务于实践，能够用来分析和解决中国的现实问题。

前言

财务报表是传输会计信息的最重要载体。股东与经营层之间的契约设计、投资者的投资决策、银行的信贷决策、企业的收购兼并决策、注册会计师对审计风险评估等，都离不开对财务报表的有效分析和利用。因此，财务报表分析历来是会计专业硕士（MPAcc）课程体系设计中的重点课程。本书作为国家会计学院会计专业硕士学位的系列教材之一，理所当然以会计专业硕士作为主要对象。本书也适用于工商管理硕士（MBA）和高级工商管理硕士（EMBA）的学位教育以及财会人员高层级的继续职业教育。

本书由四篇组成。第一篇为理论基础篇，系统地介绍了信息不对称理论、经典研究学派、市场基础研究学派、实证会计研究学派的基本理念、观点及其对财务报表分析的涵义和启示。第二篇为分析框架篇，在介绍如何识别财务报表粉饰的基础上，通过微软公司与通用、福特、戴姆勒-克莱斯勒等三大汽车公司的案例分析，推导出财务报表分析的逻辑切入点，指出财务报表分析应同时从盈利质量、资产质量和现金流量这三个层面进行系统分析。本篇还介绍了哈佛大学佩普等三位教授在《运用财务报表进行企业价值评估与分析》一书中所阐述的财务报表分析的框架体系，即哈佛分析框架。根据哈佛分析框架，科学、合理的财务报表分析由战略分析（包括行业分析和目标企业竞争战略分析）、会计分析（包括会计策略分析和会计政策评估）、财务分析（包括财务比率分析和现金流量分析）和前景分析（包括企业发展前景和财务趋势预测）等四个要素所组成。第三篇为分析重心篇，详细地阐述了资产、负债和所有者权益、收入、成本和费用等财务报表要素以及现金流量等分析难点和热点问题。第四章为分析运用篇，说明如何运用第二篇和第三篇介绍的理念和方法。

本书的编写特点包括：(1) 国际化与本土化兼顾，在吸收国外（主要是美国）财务报表分析研究最新成果的基础上，系统地用于分析我国企业的财务报表；(2) 理论与实践并重，本书不仅介绍了财务报表分析的基本理论、理念和方法，而且通过对国内外大量案例的深入分析，极大地提高了本书的可读性；(3) 财务报表分析与财务报表粉饰识别相结合。本书的编写始终遵循这样的一个理念：有效地识别财务报表粉饰，是进行高质量财务报表分析的前提，故本书将财务报表粉饰的识别贯穿于财务报表分析的全过程。

本书由黄世忠主编，主编负责设计框架结构、拟定编写细纲、提供参考资料、统纂各章内容。连竑彬、王建峰担任本书的副主编，张胜芳参加了本书部分章节的编写工作。各章的执笔人如下：

第一章	财务报表分析基础理论	连竑彬、黄世忠
第二章	财务报表分析与识别	黄世忠
第三章	财务报表分析逻辑切入点	黄世忠
第四章	财务报表逻辑框架	连竑彬、黄世忠
第五章	资产分析	黄世忠、王建峰
第六章	负债与股东权益分析	王建峰、黄世忠、张胜芳
第七章	收入分析	黄世忠、王建峰
第八章	成本费用分析	王建峰、张胜芳、黄世忠
第九章	现金流量分析	黄世忠、王建峰
第十章	追求低成本战略的四处长虹报表分析案例	连竑彬
第十一章	追求差异化战略的青岛海尔报表分析案例	连竑彬
第十二章	投资决策中的财务报表分析	连竑彬
第十三章	信贷决策中的财务报表分析	连竑彬
第十四章	管理决策中的财务报表分析	连竑彬

本书是根据作者过去几年在厦门国家会计学院和厦门大学为各种培训班、EMBA 和 MPAcc 讲授《高级财务报表分析》、《基于战略的报表分析》、《报表分析新思维》、《报表粉饰与报表分析》等课程和专题的讲稿，在参考、吸收学术界大量研究的基础上编写的。特别是，本书的写作思路深受哈佛大学佩普（Krishna G. Palepu）、希利（Paul M. Healy）和伯纳德（Victor L. Bernard）所著《运用财务报表分析进行企业价值评估

与估价》的影响和启发。该书思维新颖、视角独特的大量案例分析让作者受益匪浅，并在相关章节中引用。

本书的编写得到财政部人事教育司苏金秀巡视员、邵诗利处长、花向荣调研员、吴宇鸿副处长的关心和支持，在此谨向他们表示诚挚的谢意。

按照财政部人教司的要求，聘请南京大学会计系杨雄胜教授对本书进行审阅。杨雄胜教授为本书提供了许多宝贵的修改意见和建议，谨向他致敬。

香港城市大学苏锡嘉教授为本书的编写提供了国外最新的大量教材和参考资料，开拓了我们的视野，活跃了我们的思路，谨向他表示衷心的感谢。

由于学识水平有限，本书的错误在所难免，恳请读者不吝指教。

黄世忠

2006年12月

目录

第一篇　理论基础

第二篇　分析框架

第三篇　分析重点

第四篇　分析运用

第一篇

理论基础

第一章　财务报表分析基础理论

本章首先介绍信息不对称的主要观点及其对财务报表分析的涵义，在此基础上分别介绍经典研究学派、市场基础学派和实证研究学派的主要观点及其对财务报表分析的理论贡献和影响。

第一节　信息不对称理论

一、信息不对称理论的主要观点

哈耶克（2001）指出，资源的任何配置都是特定决策的结果，而人们做出任何决策都是基于给定的信息。因此，经济生活中所面临的根本问题不是资源的最优配置问题，而是如何最好地利用分散在整个社会中的不同信息，因为资源配置的优劣取决于决策者所掌握信息的完全性与准确性。

信息经济学的研究成果表明，现实经济生活中，各当事人掌握的信息往往是不完全、非对称的。在证券市场上，信息不对称主要有两种类型：(1) 投资者之间的信息不对称；(2) 公司管理层和投资者之间的信息不对称。

投资者之间的信息不对称使得拥有较多信息的投资者有动机“积极”交易，因为他们可以凭借信息优势在与信息较少投资者的交易中获利。因此投资者有动机进行私人信息采集，但由于私人信息采集是有成本的，这导致投资者之间是负和博弈的关系。如果投资者之间能够达成协议，均不进行私人信息采集，那么整个投资者整体福利将得到改进。但是这种协议的执行成本极高，签订人有强烈的动机私自违反协议。

公司管理层和投资者之间的信息不对称，可能导致两种情况发生：逆向选择和道德风险。逆向选择是指公司管理层比外部投资者掌握了更多有关公司当前状况和未来前景的信息。公司管理层可能通过其信息优势来损害投资者的利益，例如通过扭曲财务报表信息来误导投资者的买卖决策。道德风险涉及到公司管理层的努力工作问题，它的产生来源于所有权和经营权的分离，由于股东和债权人不可能观察到管理人员的努力程度和工作效率（或者说这样的监督行为成本太高），于是公司管理层就有可能偷懒，或将公司状况的恶化归结为他们不可控制的因素。

二、信息不对称对资本市场的影响

在资本市场上，不确定性和风险是影响证券价格和构成证券特征的重要因素。信息的获取可以改变对证券不确定性和风险的评价，因此对证券市场的价格发现和价格均衡也就具有直接作用和决定性意义。因此，从本质上看，证券市场是一个信息市场，市场的运作过程就是信息的处理过程，正是信息在指引着社会资金流向各实体部门，从而实现了证券市场的资源配置功能，市场效率的关键问题是如何提高信息的充分性、准确性和对称性。

遗憾的是，资本市场上各种类型的信息不对称严重影响了资本市场的正常运转。投资者之间的信息不对称使得拥有较少信息的投资者为了避免与信息较多者的交易而产生的损失而选择“买入—持有”的消极投资策略，这将使得市场交易萎缩；公司管理层与投资者之间的信息不对称使投资者难以获知公司的实际经营状况，他们只能根据全体公司的平均经营情况来确定愿意接受的股价，这导致了实际经营情况高于平均水平的公司便会因为股价被低估而退出市场，从而进一步降低全体公司的平均经营情况及投资者的平均估价，这样的恶性循环将不断持续，直到只剩下业绩最差的公司，在这种情况下市场崩溃在所难免。

三、信息披露——规范资本市场的工具

为了避免信息不对称对资本市场运行效率的消极影响，充分的信息披露是至关重要的。就投资者之间的信息不对称而言，信息的公开披露可以排除对具体信息的私人收集，从而减少投资者之间的信息不对称。就逆向选择而言，信息披露可以使业绩好的公司脱颖而出，得到合理的股票定价，进而促成良性的连锁反应，因为只要存在业绩差别，业绩较好的公司就有动机进行信息披露以将自己同业绩差的公司区分开来，直到市场上只剩一家业绩最差的公司。由此可见，公司是有动力进行信息披露的。就道德风险而言，目前的市场约束机制主要包括公司控制权市场和经理人市场，而这两个市场的有效运转均离不开信息披露。如果没有相关信息披露，公司的经营情况就无法被观察，经理人市场就缺乏评估不同经理人价值的相关信息，优胜劣汰的市场机制将难以发挥作用，公司控制权市场也必然因信息的阻隔而陷入僵局。当然，信息披露需要成本，完全消除市场上的信息不对称既不能，也不经济。

由此可见，一个运行良好的证券市场应当有一套与之相适应的信息披露系统，这一系统应当包括：(1) 信息的产生源和信息的最终使用者；(2) 控制信息产生、

传递和使用的法律、法规；（3）监督、执行法律、法规的机构；（4）信息中介机构，如验证信息质量的会计师事务所和分解、传播复杂信息的财务报表分析者。信息中介的生产要素包括财务信息和其他类型的数据，其产品是分析和解释。信息中介的产出同样也是一种形式信息，其中反映了他们理解、综合和解释原始数据的能力。财务报表分析者在信息源扩展和信息解释方面的竞争充分对于减弱市场上的信息不对称具有积极的意义。更为重要的是，准则制定机构往往将财务报表分析者视为投资者信息需求的代表，是“揭示更多信息的思想源泉”，因此，财务报表分析者的信息偏好往往成为未来财务呈报要求的一个重要晴雨表①。

四、信息不对称对财务报表分析的涵义

（一）识别报表粉饰——财务报表分析的前置条件

财务报表是报表分析系统的基本信息输入，报表信息质量对分析结果产生至关重要的影响。但信息不对称理论表明，相对于外部投资者（包括财务报表分析者）而言，公司管理层拥有信息优势，作为“理性的经济人”，他们往往会利用各种手段将这种信息优势转换为实际利益，报表粉饰就是其滥用信息优势的重要手段。因此，财务报表分析者应当充分意识到自身所处的信息劣势地位，并对原始报表数据保持应有的怀疑态度。

1. 报表粉饰动机分析。公司管理层虽然有进行信息披露的动机，但出于下列考虑，他们往往进行选择性披露，在信息披露的过程中掺杂着个人动机，进行盈余管理，甚至进行报表粉饰或财务造假。

• 管理层报酬。公司管理层的薪酬水平以及工作安全性往往与财务报表数据息息相关，这为其选择会计政策和估计提供了强烈的动机。

• 债务契约考虑。债务契约往往对财务报表数据有特殊的要求，如利息保障倍数、流动资金比率等财务指标。违反这些指标将付出昂贵的代价，如提前还贷或更高的贷款利率，为了避免技术性违约，公司管理层经常利用会计政策和会计估计的选择来减少违约的可能性，降低融资成本。

• 税收考虑。公司管理层为了获得税收上的利益，也可能对财务报表数据进行操纵。

• 监管考虑。由于财务报表数据在许多情况下为监管者所使用，如反托拉斯行动、保护本国产业的进口关税以及税收政策等，为了影响监管结果，公司管理层可能做出不同的会计决策。

① 参考威廉·H. 比弗著，薛云奎译：《财务呈报——会计革命》，东北财经大学出版社 2000 年版。

• 资本市场考虑。公司管理层可能做出影响资本市场上投资者看法的会计决策。当公司管理层与外部人之间存在信息不对称时，这种会计选择战略可能成功地改变投资者的看法，至少在短期内是如此。

• 公司控制权市场的考虑。在公司控制权争夺（包括恶意收购和代理人争夺）的过程中，公司管理层力图争取大多数股东的支持，而财务报表则往往被视为公司管理层业绩的“指示器”，是影响股东选择的重要因素。因此，在公司控制权的争夺中，公司管理层可能试图做出影响股东决策的会计选择。

• 相关利害集团考虑。公司管理层还可能做出影响公司重要相关利害集团看法的会计决策。例如工会可能将损益表上的高收益作为要求提高工资的有力证据，在面临工会劳工合同谈判时，公司管理层可能做出减少会计收益的决策。公司希望通过财务报表数据加以影响的其他重要利害集团还包括供应商和客户。

• 竞争考虑。行业中的竞争动力也可能影响公司会计政策和方法的选择。比如某些私有信息（如关键生产线毛利率）的披露可能帮助竞争者进行业务决策，从而影响公司的竞争地位；过高的报表收益也可能诱使更多的厂商进入，加剧竞争。

2. 报表粉饰机会分析。早期的会计政策选择权完全归公司管理层所有，这导致了他们对会计政策选择权的滥用。1929—1933 年的大萧条促使了限制公司管理层操纵财务报表的会计准则的产生。但是，由于准则制定成本的限制，所制定的会计准则只能是“通用”的会计准则，不可能针对每个公司的不同情况制定差异化的会计准则。统一的会计准则虽然限制了公司管理层歪曲财务报表的能力，但在一定程度上是以牺牲公司管理层利用会计政策选择来充分反映专有信息为代价的，因为他们对公司的经营情况有着独一无二的信息优势，这样的特有信息对于做出正确的会计政策和会计估计选择是很有帮助的。因此，在现行的制度安排下往往是政府享有一般通用的会计准则制定权，而公司管理层仍然保留一定的会计斟酌处理权。授予公司管理层会计斟酌处理权是很有价值的，因为它使管理层能够在对外报告的财务报表中反映内部信息，但同时也为他们进行报表操纵提供了可乘之机，公司管理层可以轻而易举地在通用会计准则允许的范围内通过对折旧政策（直线或加速）、存货计价政策（先进先出或后进先出）、商誉摊销政策（减值测试法或平均摊消法）等做出选择，从而对财务报表施加重大影响，甚至使财务报表成为“哈哈镜”，完全歪曲了公司的真实经营情况。

由上分析可见，财务报表中充满了各种“杂音”，而财务报表作为财务报表分析系统的基本信息输入，其信息质量的高低对分析结果将产生重大影响。因此，要进行正确的财务报表分析，首先必须“去伪存真”，尽量过滤掉报表中存在的“杂音”，为其后的报表分析过程夯实信息基础。

（二）竞争性信息收集——财务报表分析的有效保障

由于信息不对称的存在，财务报表分析者无法获得完全的内部信息，因此，必须依靠对公司所处行业及其竞争战略的了解来解释财务报表。成功的财务报表分析者不仅必须了解行业经济特征，而且应很好地把握目标公司的竞争战略。尽管相对于公司管理层而言，财务报表分析者处于信息劣势，但是他们可以通过信息源的扩展以及处理信息时更为客观的态度来弥补这一信息劣势，通过正确的财务报表分析从各类信息源中“提取”出公司管理层所掌握的内部信息。只有收集到充分、恰当的相关信息，才能得到科学合理的报表分析结果。

任何一张财务报表背后都有着极为丰富的“故事”，是各种因素相互作用所产生的综合结果。恰当的财务报表分析不能只将目光局限于三张主要财务报表（资产负债表、利润表和现金流量表），只有深入了解了财务报表背后的故事（如公司经营、投资和筹资活动的特点，以及对这些活动所产生的经济后果进行确认、计量和报告的会计系统），才能对财务报表数据有更为深入的了解。

由此可见，信息的收集是财务报表分析的基础和不可分割的组成部分，它对于保证财务报表分析工作的顺利进行，提高分析质量与效果都有着重要作用，主要体现在三个方面①：

首先，信息收集是财务报表分析的根本依据。没有相关信息，财务报表分析就如“无米之炊”。如果缺乏有关公司经营环境和经营战略方面的信息，就无法分析公司的利润驱动因子和主要风险；如果没有主要财务报表信息，就无法正确评价公司的财务状况、经营成果和现金流量；如果缺乏有关公司未来发展前景的信息，就无法在现在和未来之间搭起桥梁，判断公司的价值所在。

其次，搜集和整理信息是财务报表分析的重要步骤和方法之一。从某种程度上而言，信息的搜集和整理的过程，就是财务报表分析的过程。财务报表分析所用的信息并不是取之即来、来之可用的。不同的分析目的和分析要求，所需要的信息是不同的，这些信息在来源、内容和形式上均存在着显著差异。因此，信息的搜集与整理是财务报表分析的基础环节。

最后，信息的数量和质量，对财务报表分析的质量和效果影响重大。信息的准确性、及时性和完整性对提高财务报表分析的质量和效果是至关重要的，使用错误的、过时的或不规范的财务报表分析信息，其结果只能是“输入垃圾，输出垃圾”。②

---

① 参考张先治、韩季瀛：《现代财务分析》，中国财政经济出版社 2003 年版。

② 信息源的扩展将在有效市场部分进一步阐述。

第二节 经典研究学派与财务报表分析

20世纪60年代之前，经典研究学派（Classical Research）在会计学术界占统治地位，目前仍然是会计准则制定的框架基础，对现行的财务报表体系有着重大的影响。该学派认为公司的内涵价值是客观存在的，因此，他们试图从理论的角度寻求所谓“最佳”或“最正确”的会计方法，以确保财务报表能够尽可能反映出公司的内涵价值。

一、应计制会计与财务报表分析的必要性

现行财务报表体系（现金流量表除外）的一个重要特征在于它们是以应计制（而非现金制）为基础来编制的。经典研究学派认为，投资者对财务报表有定期的需求，而现金制会计无法合理报告某一特定期间经济业务所带来的所有经济后果，因此仅仅报告现金流量是不够的，只有应计制会计才能提供有关公司经营业绩的更为全面的信息。

对应计制会计优越性的基本肯定源于佩顿和利特尔顿（1940）的专著，他们强调了会计中的配比（Matching）概念，并指出收入和费用之所以应当被记录，是因为所做出的努力与所取得的成就应予恰当配合。报告现金收入和现金支出难以产生合适的配比，而应计会计的某种形式可能做到合理配比。FASB（1978）也指出：以应计制会计为基础的会计信息通常在反映公司当前和持续产生现金流量的能力方面优于仅限于现金收入和支出方面的财务信息。

由上分析可见，经典研究学派认为应计制会计能够提供更为丰富的信息。但是，应计程序是模糊和难以定义的，财务报表中的许多主要事项均存在多种可选的应计方法，如存货计价的先进先出法和后进先出法，资产折旧的直线法和加速法等等。这就导致了这样的问题：何为最佳的应计制方法？对各种应计制方法优劣性的争论是经典研究学派的研究重点之一，这一问题在本质上可以看成是规范的问题，因此经典研究学派往往被称之为规范研究学派。

应计制会计的使用是导致公司财务报告出现许多复杂情况的根源。因为应计制的模糊性导致其在实际运用时具有较强的主观性，需要依靠大量的假设。特别是随着时代的发展，公司的组织结构日益复杂，关联方交易极为频繁，各种融资、投资方式不断被创新，这些直接加大了应计制会计的难度，使得应计制下的财务报表成为难以被投资者（他们当中绝大部分缺乏会计基础知识）所理解的“天书”。更为重要的是，由于公司管理层对实际经营情况了如指掌，具有相对的信息优势，因

此，他们往往受托对应计制财务报表的编制做出估计和假设。这进一步增加了财务报表中的“噪音”，因为会计估计和判断中或多或少包含了公司管理层的私人动机。

基于上述原因，应计制财务报表对于普通投资者而言缺乏可理解性，这将严重影响财务报表在证券市场上的信息传递作用，投资者面对着日趋复杂的财务报表等相关信息披露，往往感到无所适从、望而生畏。报表分析无疑犹如“解码器”，将财务报表中的复杂信号分解为投资者所能理解的简单信号。由此可见，在信息不对称的市场中，我们不仅需要完整的信息生产、传递系统，还需要相配套的信息解释系统。

应计制财务报表的复杂性为报表分析提供了两方面契机：

首先，我们可以利用财务报表分析排除技术性错误。如前所述，经济业务的复杂性使得应计会计需要大量的估计和预测，公司管理层虽然拥有相对信息优势，但仍是“有限理性”，无法做出完全准确的判断。即使公司管理层在做出决策时是“最佳”判断，公司环境的变化和整体经济形势的发展也可能导致偏差。财务报表分析者虽然不具备信息优势，但其专业优势有助其在排除这些技术性错误时发挥作用。

其次，我们可以利用财务报表分析纠正经理人员的会计政策选择。如前所述，公司管理层在进行会计政策的选择过程中，也会使会计数据产生噪音和偏误。因为他们有各种动机通过实施其会计斟酌处理权达到一定的目标，从而对公司财务报告产生系统性的影响。财务报表分析者客观公正的态度有助于他们纠正经理人员所做出的不当会计政策选择。

应计制财务报表的复杂性与易错性为财务报表分析提供了重要的机遇，也带来了挑战。尽管应计制会计信息系统比现金收付制会计包含更多信息含量，但这些信息极其复杂且充满杂音，只有通过有效的报表分析行为才能够“拨云见日”，正确解读出财务报表中的信息内涵。换言之，应计制财务报表就像一座“信息富矿”，但这座信息富矿深藏于迷宫之中，要想发掘这座信息富矿，就必须掌握财务报表分析这把“金钥匙”。

二、财务报告的制度框架——财务报表分析的信息基础

经典研究学派往往将财务报表视为投资者获取公司信息的惟一来源，因此，公司管理层可能通过选择会计程序来影响财务报表数据，从而误导市场，影响股价，导致市场无法区分高效率和低效率的公司，影响了资源的合理配置。因此，有必要对公司管理层的会计选择进行严格限制，甚至要求所有的公司采用同样的会计程序。这便为制定约束财务报表信息的制度框架提供了理论基础。为了更为有效地进行财务报表分析，必须深入了解这一制度框架。

（一）财务报告概念框架

财务报告概念框架是经典研究学派的重要理论成果。经典研究学派认为，应当根据一套既定的概念、原则和目标来推导出正确的会计方法。因此，财务报告概念框架可以说是“准则的准则”。对于财务报表分析而言，概念框架是理解财务报表信息的重要基础。

目前大多数国家的概念框架都将财务报告的首要目标定位于：为现有和潜在的投资者、债权人以及其他使用者提供其做出理性投资、信贷和相似决策所需要的有用信息，并指出上述“有用信息”是指：为现有和潜在的投资者、债权人以及其他使用者，提供有助于他们评估从股利或利息中获取预期现金收入的金额、时间分布和不确定性（风险）的信息。显然，这样的信息是带有“预测”性的。但问题的关键在于以历史成本为基础的财务报表在预测未来收益时是否有用？如何在公司过去业绩和未来前景之间建立某种联系？对于此问题概念框架给出了这样的解答：虽然投资和信贷决策反映了投资者和债权人对公司未来业绩的预期，但这些预期一般建立在评价公司过去业绩的基础上。因此，报表使用者可以通过分析当期财务报表来修正对公司未来盈利状态的概率。由此可见，经典研究学派坚持了这样一种观点：维持以过去为导向的、以历史成本为基础的财务报表信息对前瞻性的投资者是有用的，财务报表信息能够帮助投资者评估未来收益。或许可以用这样一句话作为概括：缺乏对过去的认知，预测的基础就不存在；缺乏对未来的关注，过去的认知是僵死的①。

概念框架还进一步探讨了如何使财务报表信息尽可能帮助投资者预测未来收益，答案在于相关性和可靠性。理想环境下的相关性是直接的相关性，即直接告诉投资者未来的回报；非理想环境下，相关性的概念有所扩大，只要有助于投资者对未来回报预期的判断，即是相关。也就是说，相关的会计信息是指：能够通过帮助使用者预测过去、现在和未来事件的结果，或坚持或更正先前的预期并在决策中起作用的信息。信息对决策的影响是通过提高决策者预测能力，或提供对先前预期的反馈来实现的。通常，信息同时作用于二者，因为关于行为结果的知识往往能提高决策者预测相似未来行为的能力。可靠的信息是指真实、可验证和中性的信息。对可靠性的强调，是支持历史成本计量基础的重要理论依据。

总而言之，财务会计概念框架所采用的“决策有用观”使财务报表具备了价值相关性，这便为财务报表分析系统提供了有效的信息输入，并使利用财务报表分析帮助使用者提高决策能力成为可能。但是，在现实会计环境下，财务报表的决策有用性并不在于直接预测公司的未来收益，而是致力于提供相关和可靠的信息，从而

① 威廉·R. 司可脱著，陈汉文等译：《财务会计理论》，机械工业出版社 2000 年版，第 50 页。

帮助投资者形成自己的预期。因此其相关性是“间接相关”，而且由于固有局限，现行财务报表信息也非完全可靠，在这种情况下，如何利用存在一定误差的财务报表信息对未来进行合理预测，需要财务报表分析来起到“桥梁”的作用，以使投资者能够在公司过去业绩和未来前景之间建立起恰当的联系。可见，现行的财务报表信息“非完全可靠，非完全相关”的特点，决定了我们必须进行财务报表分析，而且能够通过恰当的财务报表分析帮助使用者提高决策能力。

（二）会计准则

为了限制公司管理层对财务报表的操纵，各个国家都制定了相应的会计准则来对资产如何计量、负债何时记录、收入何时确认、费用何时应计等重要会计问题进行约束。会计准则带来的“硬约束”，无疑增加了财务报表的可靠性和可比性，但是，会计准则也无法确保会计信息完全真实可靠，主要原因在于：

1. 会计准则无法完全排除公司管理层的会计选择。会计准则日益增加的统一性和限制性是以牺牲公司管理层在报表中反映真实业绩的灵活性为代价的。对于会计处理并不取决于经理私有信息的经济业务而言，严密的会计准则或许能够发挥最佳作用。但是现实中的对大量业务的经济评价往往涉及到许多判断，这使得赋予公司管理层一定的会计选择权极具潜在价值，因为这种权利可以使得公司管理层在对外报表中披露内部信息，增加财务报表的相关性。此外，如果会计准则过于“刚性”，可能诱使经理为取得期望的会计结果，耗用经济资源对经营业务进行重组。因此，现实中的制度安排是准则制定机构享有一般准则制定权，而公司管理层享有剩余准则制定权，即会计政策选择权。

2. 会计准则通常只规定了最低的披露要求，但不限制经理自愿提供额外披露。公司管理层可以通过致股东信、管理层讨论与分析、报表附注等形式披露信息，而这些信息的披露也是影响财务报表质量的重要因素。

3. 会计准则本身可能歪曲信息。财务报表具有许多潜在的经济后果，影响到财富在不同利益集团间的分配。各利益集团很难就何为“最佳”准则达成共识，因此，会计准则的制定很难完全按照概念框架来推导，它必然涉及各利益集团之间的平衡与协调关系。关于“最佳”会计准则的争论不仅强调传统的“技术”问题，例如何种方法才能促使收入和费用的最佳配比，而且也会涉及到经济后果问题。正如泽夫（1978）所言，会计准则在许多情况下只是“微妙的平衡”，这种准则制约下的财务报表，必然包含着许多政治问题，呈现出各种偏好，甚至是以牺牲报表信息的准确性为代价的。而且一些会计原则本身也可能导致报表信息失实，比如出于稳健性原则的考虑，会计准则往往要求研发费用计入当期损益，但对于许多高科技公司而言，巨额的研发费用对于提升公司价值极有帮助，将其费用化将导致公司价值被低估。

由此可见，会计准则并非万能，希望利用会计准则的约束来达到财务报表信息的完全可靠相关是不可能的，会计准则体系制约下的财务报表中仍然存在诸多陷阱和不足，恰当的报表分析不应将原始报表数据视为“想当然”的信息输入，仍然需要通过一定的会计分析过程对其进行必要的调整。

（三）外部审计

外部审计的制度安排通过聘请独立的第三方（注册会计师）评价公司管理层编制的财务报表是否符合会计准则的要求、是否在所有重大方面公允地反映公司的财务状况、经营成果和现金流量，进一步限制了公司管理层歪曲财务报表的可能性，提高了财务报表的信息质量和可信程度。尽管外部审计的有效性有时会受到质疑，但注册会计师出具的审计报告通常被视为一种重要的财务报表派生信息。有效的财务报表分析要求在分析之前研读审计报告，对财务报表的可信程度形成初步印象。此外，“不干净”意见（如保留意见、无法表示意见和否定意见）的审计报告往往指出了财务报表中的“高危区域”，这有助于财务报表分析者确定相应的分析重点。

（四）法律责任

虽然提供前瞻性预测信息无疑有助于投资者的决策，但这样的信息披露准确程度较低，且受到法律诉讼的威胁，从而降低了公司管理层披露前瞻性信息的积极性，影响了财务报表的信息含量。这意味着，财务报表并非“万能数据库”，公司管理层也有许多难以在报表中披露的“难言之隐”，因此，应当注重对其他信息源的发掘。

三、会计收益的模糊性与收益质量分析

（一）会计收益与经济收益

收益概念一直是经济学界重要的关注对象。亚当·斯密（1890）将收益定义为财富的增加（Increase in Wealth）。林德尔（Lindahl）（1919）把收益概念理解为利息，即资本商品随着时间不断增值。费舍（Fisher）（1936）把收益定义为对应不同状态的一系列事件：精神收益享受、实际收益享受和货币收益享受。希克思（J.R. Hicks）（1946）利用林德尔和费舍引入的概念，发展了经济收益的一般理论，即收益是一个人在某一时期可供消费的数额，并且使他在期末的状况保持与期初一样好。希克思收益概念获得相当广泛的认可，并对会计收益理论产生了很大的影响。经济收益力图计量公司的实际收益而非名义收益，因此又被称为“真实收益”。

众多研究表明，会计收益是投资者最为关心的财务报表数据，因此，对会计收益的讨论也是经典研究文献中的热门问题。但是，在现实环境下，会计收益是不能

被精确解释的经济术语。会计收益的确认和计量包括了对公司交易和事件的估计，因此，会计收益并非一成不变的确定金额，而是取决于所应用的假设和会计政策。会计收益一般指投入价值与产出价值之比，或者是产出大于投入的差额，即如果投入一笔资本，则超过资本额的报酬就是收益。根据传统的观点，会计收益一般被具体化为期间交易的已实现收入和相应费用之间的差额。可见，会计收益与经济收益存在明显的差异。经济收益根据期末期初净资本的差额确定，是基于实物资本保全观，所体现的是以现行价值或公允价值为基础的"资产负债观"；会计收益是基于财务资本保全观，强调已实现收入与相关历史成本的配比，所体现的是以历史成本和实现原则为基础的"收入费用观"。由于会计计价原则的局限性，且在会计收益的计算过程中涉及会计人员一系列的主观职业判断，因此会计收益与真实收益之间往往存在偏离，会计收益也被称为"观念收益"。

会计收益是基于实际发生的交易，具有较高的可信性，一般比较稳健，但会计收益数据也存在下列缺陷①：

• 由于历史成本和实现原则的限制，会计收益无法确认在既定期间内持有资产的价值增减（这显然对公司价值有重大影响），从而不利于投资者了解本期的实际收益；

• 由于资产成本的计算方法不同，不同公司间的会计收益不便于比较；

• 稳健性原则可能导致收益数据的失真或误解，或为人为操纵期间损益提供了貌似合理的借口；

• 资产负债表仅仅反映了资产在特定时点的摊余成本，而非实际价值；

• 过分强调收益决定，将对资产负债表项目的计量造成困难。如难以解释递延税款和其他一些递延项目的分配等。

基于上述缺点，许多学者开始吸收经济学的收益概念来发展会计收益，促使会计收益逐渐趋向经济学收益。他们用资产的增减来定义收益，即收入代表一个会计期间内的资产增加或负债减少，而费用代表资产的减少或负债的增加，而且收益应包含资产的持有利得和损失。比如爱德华兹和贝尔就将资产的价值变动分为已实现和未实现两部分，并重新建立收益及其决定模式。根据这种观点，会计收益和经济收益就可以通过下列式子加以比较：会计学收益 + 未实现的有形资产（增减）变动 - 前期已实现的有形资产（增减） + 无形资产的价值变动 = 经济学收益。

事实上，这两种收益概念的主要差别在于经济学收益比传统的会计收益有着更广阔的内涵。除了根据传统会计计量模式得出的已实现经营收益之外，经济学收益还包括在既定期间内未实现的有形资产和无形资产的价值变动。所以财务会计准则委员会（FASB）在 1980 发表的第 3 号财务会计概念框架（SFAC NO.3）《公司财务

① 葛家澍、林志军：《现代西方会计理论》，厦门大学出版社 2001 年版，第 316 页。

报表的要素》中提出了两个不同的收益概念：盈利（Earnings）和全面收益（Comprehensive Income）。根据 FASB 的解释，盈利就是现行会计实务中的净收益，而全面收益则应包括“在一个期间内来自非业主交易的权益（净资产）的全部变动”，也就是包括已实现和未实现的业主权益（净资产）变动。FASB 于 1997 年 6 月公布了第 130 号会计准则（SFAS130）《报告全面收益》，正式要求公司在财务报告中报告全面收益。这标志着会计收益趋向经济学收益的观点逐渐在财务会计理论界和实务界获得认可。

（二）会计收益质量分析

由上分析可知，虽然会计收益的发展方向是逐渐趋向经济收益，但是，会计信息系统本身的固有限制决定了会计收益必然包含大量估计和判断，因此最多只能“逼近”经济收益，而无法完全等同于经济收益。由于会计收益很大程度上依赖于相关假设和所选择的会计政策，因此引发了对会计收益质量的探讨。会计收益质量可以理解为会计收益和经济收益的匹配程度，区分会计收益中不同组成部分质量的高低对于报表分析结果有重大影响。一般而言，高质量的会计收益应当具有以下特征：

1. 收益的真实性。收益的真实性包括两个层次：（1）收益的确认必须以实际发生的经济业务为基础并遵循会计准则和会计制度；（2）应尽量与经济收益相接近。

2. 收益的含金量。会计收益是某一期间收入和费用配比的结果，并不直接等同于实际现金净流入与真实财富增加。如果会计收益不能转化为足够的实际现金净流入，再高的会计收益也仅仅是“账面富贵”。

3. 收益的持续性。目前的会计收益采用“损益满计观”，会计收益既包含经常项目带来的收益，也包括非常项目带来的收益，然而，不同收益构成项目对预计公司未来现金流量有不同的意义和价值。比如由会计政策变更引起的会计盈余变化既不影响公司当期经营业绩，也不影响公司以后经营业绩，仅仅是一种“纸上变化”（Paper Change）。显然，持续性会计盈余是公司综合素质和竞争能力的体现，对公司未来收益有较强的预测价值，是高质量会计盈余的重要特征。

4. 收益的稳定性。收益的稳定性是指公司收益水平变动的基本趋势。如果公司某一期收益水平很高，但各期间波动幅度很大，那么高收益就无法说明公司的经营状况良好。稳定性和持续性是两个不同的概念，收益的持续性取决于收益项目的来源，经常性业务带来的收益具有持续性，而偶发交易和事项带来的收益持续性较低。稳定性则取决于公司的业务结构、商品结构和外部环境等因素。

5. 收益的安全性。收益与风险对称是经济生活中的普遍规律。公司外部环境不确定程度、成本性态、资本结构、管理水平的不同组合导致公司面临不同的风险水平，从而决定公司未来收益的稳定性。风险是影响公司价值的两个基本因素之一，对会计收益质量进行评价必须充分关注公司所面临的风险大小。

鉴于会计收益质量影响因素的复杂性，我们可以从以下几个方面来分析会计收益质量的高低：

1. 分析注册会计师所出具的审计报告。在对审计报告进行分析时，必须关注与可能的收益质量有直接关系的一些审计报告异常。比如审计报告异常的长、含有异常的措词、提及重要的不确定性、公布的日期比正常的日期晚或者指出审计人员发生变化。这些有可能意味着对于以何种方式反映一些交易，公司管理层和注册会计师的意见不一致。这些不一致通常与那些最终结果具有高度不确定性的交易有关。此外，还必须关注公司更换注册会计师的情况，公司更换注册会计师很有可能与公司管理层降低收益质量的企图有关，因为公司管理层可能会解雇那些不予配合的注册会计师。

2. 分析公司生产经营政策的变化。在收益质量分析中，需要重视公司生产经营政策的变化。例如，管理成本中的广告费用总额或其与销售收入之间的相对数的变动应予以警惕，为了使公司能够达到它的利润目标，这些费用经常被人为调整；又如，应收账款的增长与过去的经验不一致，为了达到收益目标，公司可能正在使用信贷措施来创造销售额，这些销售可能是提供给那些具有较高风险的客户；再如公司毛利率的下降，预示着价格竞争可能正在损害公司，公司成本可能失去了控制，或者公司的产品组合可能正在发生变化。此外，在考虑公司经营政策变化对收益质量的影响时，对于公司过分依赖核心业务以外的收入来源、一次性偶发收入的增加等都需要谨慎分析，因为它们可能正在侵蚀公司的收益质量。

3. 分析会计政策变化。会计政策的变化可能是公司经济状况发生变化的一个信号，或者进行这种变化仅仅是为了创造更高的收益增长率。例如，无形资产非正常的上升可能表明公司当期收入不足以吸收、消化应当归属于当期的开销花费，而对费用进行不当的资本化处理；又如公司当期发生非正常的大量举债，可能说明公司依靠内部产生的资金已经难以满足目前的资金需要。在进行这类分析时，对那些曾经有过利用会计政策变更达到收益预期行为的公司应尤为关注。

4. 分析其他非正常事项。收益质量分析是一项高成本的分析性活动，把主要精力集中于最有可能发现收益质量下降的情形，关注那些异常的变动，将可达到事半功倍的效果。需要重点关注的异常事项包括：公司已经取得巨大的市场份额，但销售增幅仍然高于行业平均水平；公司业绩让人难以置信地好，这可能同公司特定的销售安排或以创造性的存货转移来制造销售假象有关；公司规模扩展异常迅速，在规模扩展过快的时候，公司的内部控制往往难以满足规模扩展的需求，因此也较难发现会计舞弊行为；商业性应付款项的展期信用与过去经验不一致，或者比正常的商业信用期间长；冲销或转回引起的准备金减少，这意味着公司可能通过转回准备金来创造利润。

此外，财务报表分析者还可以通过主营业务比率、营业利润比率、非经常性损益比率、主营业务毛利率、主营业务收入现金比率等财务指标对收益质量进行定量分析。

总之，会计收益质量分析是一个极其复杂的过程，也是财务报表分析过程的必要步骤和难点所在，需要结合公司的整体经营环境，综合财务报表、报表补充资料、报表注释、管理层分析与讨论以及审计报告等多方面信息加以分析，并且这个过程具有一定的主观性。因此，对于何谓高质量收益并没有统一的标准。事实上，证券市场对不同收益质量的反应也不是一成不变的。充分了解目前证券市场对公司收益质量的整体要求，有助于对收益质量以及收益质量与获利能力及股票价格关系的深入理解。

四、财务报表分析——搜寻内涵价值的工具

经典研究学派认为公司的内涵价值（Intrinsic Value）是客观存在的，为了使财务报表能够正确地反映出公司的内涵价值，他们致力于根据一套既定的概念框架、原则和目标来推导出正确的会计方法。但是，该学派也承认，由于种种局限（如会计收益与经济收益的背离），财务报表不能完全正确地反映出公司的内涵价值。那么，上市公司的市场价格是否就是其内涵价值？对于此问题，经典研究学派认为市场价格总是以财务报表“面值”做出反应，无法看穿财务报表面值之下蕴涵的实质内容，因此，市场价格往往与内涵价值相背离。

虽然财务报表不能直接揭示出公司的内涵价值，但是，理性的投资者可以利用财务报表分析，以财务报告为基础，结合战略分析，全面了解公司经营环境和经营状况，预测公司未来收益，并在此基础上进行时间价值和风险价值贴现，最后评估出股票内涵价值的一个合理的区间。

利用财务报表分析估算公司内涵价值对投资决策、信贷决策、管理决策等都具有重要意义。比如在投资决策中，尽管股价的高低受到诸多主观和客观因素影响，但归根结底还是要回归于内涵价值①。因此理性的投资者可以根据对内涵价值的评估来判断股价是否被高估或低估，进而设计出合理的交易策略。

通过财务报表分析搜寻内涵价值，并以其作为基础的交易行为对证券市场而言是十分重要的。因为证券市场上对于股票价值往往存在许多不同的观点，其中许多观点是缺乏系统性的思想和非理性的认识，这往往会对投资者产生极大的误导，甚至造成“投机热”（Speculative Mania）和“非理性热”（Irrational Exuberance），使得

---

① 这也被形象地称之为证券市场的“万有引力”定律。

股票价格过分脱离其内涵价值，从而影响证券市场的资源配置作用。一个典型的例子是1998年开始的网络股狂热[①]，美国在线（America Online）的股价从20美元涨到了150美元，市盈率和价格销售比率分别为649倍和46倍，市价总值是通用汽车公司的2.5倍。这是美国在线内涵价值的真实反映吗？只需对财务报表进行分析就可轻易发现，按照美国在线当时的年销售收入（31亿美元），如果保持8%的销售收入利润率和46倍的价格销售比率，那么10年后美国在线的销售收入必须达到2 910亿美元，换而言之，美国在线10年内必须保持年57%的销售增长率。稍具财务常识的人就可以发现这样的财务报表预测数字明显不切实际，或者说股票价格已经大大超出了其内涵价值。由此例可见利用财务报表分析搜寻内涵价值在防止“投机热”和“非理性热”中的重要作用。伯恩斯坦（Bernstein）和怀尔德（Wild）在2001年曾做出以下精辟比喻：它（财务报表分析）提醒人们在依据过去和现在业绩评估未来潜力时注意必要的戒律，它是防止人们陶醉于投机事业的快感中而不断出现判断错误的卫士[②]。

值得注意的是，内涵价值是一个难以把握的概念。格雷厄姆和多德在《证券分析》一书中指出：内涵价值是一种有事实作为依据的价值，这样的事实包括资产、收益、股息、明确的前景等等，它有别于受到人为操纵和心理因素干扰的市场价格。威廉姆斯在其《投资价值理论》中指出：任何股票的价值取决于在资产的整个剩余期间所能产生的、以适当的利率贴现的现金流。虽然内涵价值没有明确的定义，但总体而言，内涵价值是与公司的未来紧密相连的，所以“买股票就是买未来”。

内涵价值的模糊性并不影响其作为财务报表分析的主要目标，因为财务报表分析的目的并不是要确定某一证券的内涵价值的“精确值”是多少，而是想以此作为一个“标杆”（Benchmark）判断出市场价格相对于内涵价值是高估还是低估。出于这样的目的，一个近似的内涵价值判断就已足够。换言之，利用恰当的财务报表分析过程搜寻出公司内涵价值的合理区间，显然有助于各种决策判断。

第三节　市场基础研究学派与财务报表分析

经典研究方法缺乏可验证性，因此遭到许多学者的抨击。随着经济理论和财务理论的发展，会计研究的重点从20世纪60年代中后期开始逐渐转向了对会计信息

① 彭曼著，刘力、陆正飞译：《财务报表分析与证券定价》，中国财政经济出版社2002年版。

② 伯恩斯坦、怀尔德著，许秉岩等译：《财务报表分析》，北京大学出版社2001年版。

决策相关性的经验研究。市场基础研究（Market - base Research）从财务报表使用者的角度，采取经验主义的研究方法，研究财务报表数据的市场反应，并利用财务报表数据和市场回报（或股价变动）之间可观察的联系探讨会计信息的作用。市场基础研究学派的兴起，特别是有效市场理论和资本资产定价模型的发展，对财务报表分析行为产生了重大的影响。

一、有效资本市场中的财务报表分析

（一）有效市场假说

有效市场假说（Efficient Market Hypothesis，简称 EMH）在会计研究的发展过程中扮演了十分重要的角色，它与传统会计学中诸多命题的矛盾，导致了会计研究方法的重大变革，促使人们从资本市场的整体考虑财务会计信息的作用。法玛（1970）将有效市场定义为：如果资产价格完全反映了可获得的信息，则市场有效[①]。詹森（1978）将有效市场定义为：对于一组信息 θt，如果根据该组信息从事交易无法赚取到经济利润，那么市场就是有效的[②]。

一般地说，信息可以分成三个层次：（1）历史信息，如过去几年的股价变动情况；（2）可公开获得的信息，不仅包括了历史信息，还包括公众从其他公开渠道（如报刊杂志等新闻媒体）等信息源获得的信息；（3）所有可用的信息，除了上述两类外还包含了内幕信息。相应地，市场的有效性也可划分为三种类型：

- 弱式有效（Weak Form）：现行的证券价格只反映了过去证券价格变动的历史信息。弱式有效意味着过去的系列证券价格不可能用于成功预测未来的价格，投资者无法简单地通过对股票价格等历史性信息资料的统计和分析获取超额利润。因此，技术分析被认为是徒劳无益的，因为他们的分析是建立在股票价格历史变动的基础上。

- 半强式有效（Semi - strong Form）：现行证券价格反映了所有可公开获得的信息。半强式有效对财务报表分析有两方面重要意义：首先，财务报表并非投资决策的惟一信息源；更重要的是，财务报表分析者无法获得交易优势，因为所有的财务信息一经公开就迅速且正确地反映在证券价格中。这直接对利用财务报表分析发掘证券内涵价值的有效性提出了质疑和挑战。

- 强式有效（Strong Form）：现行证券价格反映了所有信息，包括内幕信息。

---

① Fama E.F., Efficient Capital Markets: A Review of Theory and Empirical Work. Journal of Finance. May 1970: 383 - 417.

② Jensen M.C., Some Anomalous Evidence Regarding Market Efficiency. Journal of Financial Economics. June - September 1978: 95 - 102.

在强式有效的市场上，投资者对所有的信息都有完美的反应能力，作为所有投资者对这些信息的综合反应，市场价格也及时、正确地进行了调整，即使是内幕信息拥有者也无法获得超额利润。但目前为止，各国证券市场均未出现这样的理想环境。

（二）有效市场中财务报表的价值相关性

有效市场中财务报表信息是否具有价值相关性？对这一问题的解答关系到财务报表分析在有效市场中是否能够发挥作用。尽管经典研究学派从理论上探讨了财务报表信息的价值相关性，但他们的研究缺乏相关经验证据的支持。因此，市场基础研究学派在此方面进行了广泛的经验研究，积累了大量的经验证据，填补了许多理论空白，澄清了不少认识误区。

鲍尔和布朗（1968）[①] 开创性地研究了会计盈余与证券价格（回报）的关系。他们将公司样本区分为好消息和坏消息两组，如果某一公司的已报告盈余（Reported Earning）高于时间序列预测模型的预期盈余[②]，则为好消息公司，反之为坏消息公司。结果显示，好消息公司平均得到了一个正的异常回报，坏消息公司则得到了负的异常回报，会计盈余与市场回报明显相关。鲍尔和布朗的研究令人信服地证明证券的市场价格会对财务报表信息（至少是净收益信息）作出反应。

鲍尔和布朗的研究开了会计界资本市场实证研究的先河，并引发了随后20多年的经验会计研究的高潮，研究重点主要集中在财务报表（特别是盈余）的信息含量。盈余的信息含量检验主要是通过证券市场对盈利公布的反应和证券市场对预期盈利偏离（异常盈利）的反应进行衡量，检验程序主要包括计算不同盈利计量方式所产生的累计异常回报（Cumulative Abnormal Return，CAR）。比如，Beaver 和 Dukes（1972）研究了采用递延税款法和不采用递延税款法下不同盈利数据的信息含量。

比弗、克拉克和赖特（1979）[③] 通过对盈余变动幅度的研究扩展了鲍尔和布朗的研究。他们按照盈余变动的幅度建立了25个投资组合，结果发现盈余变动的幅度与证券价格变动幅度显著相关。

尽管大量的研究都集中于证券价格与会计盈余之间的关系，但也有一些学者另辟蹊径，研究了资产负债表数据与证券价格之间的关系。巴思、比弗和兰兹曼

---

① Ball R., P. Brown. An Empirical Evaluation of Accounting Income Numbers. Journal of Accounting Research. Autumn 1968: 159 – 178.

② 鲍尔和布朗使用了两种预期盈余的代表值：第一种是根据会计β值，利用其他公司的收益来估计目标公司的收益；第二种方法是简单地假设目标公司预期盈余就是上年度的实际盈余。两种方法得出的结果类似。

③ Beaver W., R. Clarke, W. Wright. The Association Between Unsystematic Security Returns and the Magnitude of Earnings Forecast Error. Journal of Accounting Research. Autumn 1979: 316 – 340.

(1993) 发现资产具有显著的正相关系数，而负债具有显著的负相关系数[①]。这些系数随着资产负债的不同项目而改变，例如银行贷款中的非经营性资产（如长期拖欠的贷款、由于财务困难而进行重组的贷款等）的相关系数要显著低于其他部分的系数。

还有证据表明，未记录的资产和负债也会在证券定价中得到反映。兰兹曼(1986)、巴思（1991)、以及巴思、比弗和兰兹曼（1992）的研究发现，市场对退休金资产和负债的未确认部分（未记录但在附注中披露）也会进行定价，证券市场的定价方法表明它将退休金资产看作是公司的资产，而将退休金债务看成是负债。

如果将资产负债表项目和净盈余结合起来，将能够更好地解释证券市场价格的变动。巴思、比弗和兰兹曼（1993）的研究表明资产的账面价值、负债的账面价值以及净收益可以解释 75%—80%[②] 的市场价格变动。

巴思、比弗和兰兹曼（1996b）进一步发现，资产负债表和损益表的相对重要性因行业和财务情况的不同而异，比如存在重要但难以在资产负债表中确认的无形资产的行业，如高科技行业，损益表就显得相对重要；而对于无形资产相对较少的行业，如金融业，资产负债表则更为重要；对于其他行业如易腐品生产商而言，两张财务报表的重要性差不多。同时，随着公司财务困难程度的加剧，资产负债表的相对重要性增加，净收益的相对重要性降低。[③] 科林斯、梅迪和韦斯（1996）发现，大量的暂时性、一次性费用的出现会降低损益表的相关系数。[④] 这些研究成果无疑为确定财务报表分析的侧重点提供了很好的启示。

值得注意的是，许多研究证据表明，财务报表的附注信息同样能够影响证券价格。虽然附注信息没有被放在一个显著的位置，而且其内容往往较为复杂和难以理解，如退休金计划、金融工具的公允价值等信息，但许多研究都证明了这些未在财务报表中得到确认的信息也在证券市场定价中得到反映。比如巴思和麦克尼科尔斯(1994) 指出，市场在评估公司和负债时突破了财务报表的范围[⑤]。

总而言之，财务报表的信息含量研究显示出现行财务报告体系的各个组成部分均有不同程度的价值相关性，这对于财务报表分析具有重大意义，因为作为财务报

① Barth M., W. Beaver, W. Landsman. A Structural Analysis of Pension Disclosures Under SFAS 87 and Their Relation to Share Prices. Financial Analysis Journal. Jan - Feb 1993: 18 - 26.

② Barth M., W. Beaver, W. Landsman. A Structural Analysis of Pension Disclosures Under SFAS 87 and Their Relation to Share Prices. Financial Analysis Journal. Jan - Feb 1993: 18 - 26.

③ Barth M., W. Beaver, W. Landsman. The Relative Importance of the Balance Sheet and Net Income: Tests of the Abandonment Option Hypothesis. Unpublished working paper. Stanford University, 1996b.

④ Collins D., E. Maydew, I. Weiss. Changes in the Value - Relevance of Earning and Book Values over the Past Forty Years. Unpublished working paper, University of Iowa, 1996.

⑤ Barth M., M. McNichols. Estimation and Market Valuation of Environmental Liabilities Relating to Superfund Sites. Journal of Accounting Research, Supplement 1994: 177 - 209.

表分析的生产投入要素，如果财务报表缺乏信息含量，那么进行财务报表分析将是徒劳无益的。可以说，财务报告的价值相关性是财务报表分析有效性的基本前提，而众多经验证据有力地支持了这一基本前提。

（三）有效市场的相对性及其对财务报表分析的启示

有效市场理论说明证券市场本身就是一位相当精明的分析师，因此“财务报表万能论”显然是幼稚的，并非所有的分析行为都是有效的，要想战胜市场，获得超额回报，仅凭有限的信息源、简单的分析步骤、机械的比率计算显然是不够的。但是，有效市场假说往往容易导致另一极端的误解：有效市场中的财务报表分析是毫无价值的，因为所有的信息都已反应在了价格中。这种“财务报表分析无用论”实际上是有效资本市场假说的神话论。证券市场是有效的，但其有效性只是一个相对的概念，正如著名投资家沃伦·巴菲特所指出：由于人们正确地观察到市场经常是有效的，由此得出市场总是有效的错误结论。实际上，“这两个命题之间的鸿沟就像是黑夜与白昼一样分明”。完全有效的市场就像是无摩擦的世界，只可能是一种理性状态①。

许多学者从信息成本入手，探讨了市场有效性的相对性。Foster（1979）指出的：公众可以消化的信息量和消化程度取决于他们愿意承担的交易成本（包括信息成本），投资者不可能为了获取更多的信息而全然不顾信息成本，因此他们不可能100%地消化所有信息，因此不能指望市场完全有效②。格罗斯曼和斯蒂格利茨1980年发表的《论信息有效市场的不可能性》③进一步探讨了这个问题，并提出了著名的“格罗斯曼－斯蒂格利茨悖论”：如果市场完全收集了市场参加者的私人信息，个人需求将不再依赖他们自身所拥有的信息，但是这时市场又如何可能完全收集所有个人的信息呢？换言之，假设证券市场在信息方面是完全有效的，这意味着在任意一个指定时期内，证券价格反映了有关股票的所有信息，那么每个市场参加者都有理由相信证券价格是合理的，因此，将没有人有积极性去搜寻新的信息；如果没有人搜寻新的证券信息，也就没有任何新的证券信息出现，而没有新的证券信息出现就意味着证券市场在信息方面并非有效。因此，该结论与上面的假设相矛盾。“格罗斯曼－斯蒂格利茨悖论”表明了由于信息成本问题导致了完全有效市场的不可能性。

市场异常现象的存在从经验证据上支持了完全有效市场的不可能性。Scott

① 刘云中：《契约成本与会计政策选择》，经济科学出版社2000年版。

② George Foster. Briloff and the Capital Market. Journal of Accounting Research, Vol.17 No.1 Spring 1979.

③ Sanford J. Grossman, Joseph E. Stiglitz. On the Impossibility of Informationally Efficient Markets. The American Economic Review, Vol 70, Jun, 1980: 393－408.

(2000) 认为，行为金融学、公布后漂移、财务比率的市场效率、应计项目的市场反应都对 EMH 是否真正成立提出质疑，并将投资者行为与有效证券市场理论相互矛盾的情形称为有效证券市场异常（Efficient Securities Market Anomalies）。例如，Ou 和 Penman（1989）以 16 个财务指标构建的预测模型作为投资策略，在扣除交易成本前，其投资回报在两年内比市场整体回报高出 14.53%。这一结果出乎意料，因为根据 EMH，任何人都不可能利用高超的分析技术赚取超额回报。Ou 和 Penman 的研究如果还不足推翻 EMH，至少说明证券市场并没有完全消化财务信息所包含的全部信息。

以下列示了一些典型的市场异常现象：

• 公布后漂移。有效市场假说认为信息一旦公布，其信息内涵应当立即为证券市场所消化并反映在证券价格中，信息公布之后，不应当有进一步的市场反应。而经验证据表明，股价对信息的反应是在相当长的时期内持续进行的，而非“立即”反应。实际上在鲍尔和布朗 1968 年的开创性研究中就清楚地显示出了公布后漂移的现象。伯纳德和托马斯（1989）也探讨了这一问题，他们对 1974—1986 年间的大量公司样本进行了考察，发现如果在盈利公告日买入利好公司股票并卖出利空公司股票，并持有 60 天，则在扣除交易成本前可以获得年均 18%的回报，远远超过市场回报，而且风险、交易成本等因素均无法解释这一异常回报[①]。伯纳德和托马斯的研究成果显示出市场并非想象中那样“聪明”，是对市场有效性的重大挑战。

• Brilloff 效应。Brilloff 教授定期公开批评一些上市公司的财务报表，而随后这些公司的股价往往会大幅下挫[②]。由于 Brilloff 的批评都是基于公开可获得的信息的，这表明批评公开前的股价似乎没有完全反映可公开获得的信息。

• 价值线公司效应。价值线投资服务公司的投资回报一直高于市场平均水平，这说明证券市场并非那么有效。

• 规模效应。小规模公司的市场表现往往好于大市，即使是考虑风险回报后仍是如此。据此投资者投资一个小规模公司的组合是一个合理的投资战略。

• 市盈率。低市盈率的公司在证券市场上的表现往往好于大市，即使是考虑

---

① V. Bernard, J. Thomas. Post - Earning - Announcement Drift: Delayed Price Response or Risk Premium? [J] Journal of Accounting Research , Supplement 1989.

② 那些受到 Brilloff 教授批评的公司股价在批评文章发表的当天平均下跌了 8%。一个显著的例子是思科（Cisco）公司的并购案。2000 年 10 月 23 日，素有美国会计界“学术良心”之称的 Abraham Brilloff 教授在 Barron 杂志上发表了题为“权益结合与欺骗愚弄”（Pooling and Fooling）一文，揭露了思科公司利用权益结合法夸大利润的伎俩。Brilloff 指出，思科公司仅在 2000 会计年度就收购了 12 家公司并为此付出了 160 亿美元的代价，但通过采用权益结合法，思科公司在资本账户上只反映了 1.33 亿的投资成本。根据 Brilloff 教授的测算，如果采用购买法而不是权益结合法，思科公司 2000 会计年度的报告利润将减少 25 亿美元，由 21 亿美元盈利变成亏损 4 亿美元（Brilloff, 2000）。Brilloff 教授对思科公司的批评，导致思科公司的股票价格大幅下跌。正因为如此，Brilloff 教授经常成为上市公司的被告，但对他的指控从未获得成功。

风险回报后仍是如此。据此投资者投资一个低市盈率公司的组合是一个合理的投资战略。

• 面值市价比。Fama 和 French（1992）发现面值市价比率越高，月回报就越高。这表明应投资于高面值市价比的公司[①]。

• 市场反应过度的反向策略。Debondt 和 Thaler（1985）发现，如果按照前 5 年的股价表现对股票进行排列，那么，在随后的三年中，前 5 年表现最差公司组合反而超过了前 5 年表现最好的公司组合[②]。这意味着市场存在过度反应，投资者可以通过购买最近市场表现不佳的公司，出售最近市场表现出色的公司来获利。

上述市场异常现象对财务报表分析活动有重要的意义，对上述市场异常的解释同财务报表分析在资本市场中的作用有密切联系。比如，规模效应可能是由于跟踪大公司的分析人员比跟踪小公司的分析人员多得多，因此，并非所有有关小公司的公开消息立即反应在股票价格中，这就为通过及时分析信息以获取异常回报留下了空间，而且分析这些较不受关注的公司需要更多的成本，因此，小公司组合的超额回报也是一种补偿；Bartov、Radhakrishnan 和 Krinsky（2000）发现拥有大机构投资者的股票，其公布后漂移现象比较不明显，这可能是由于大机构投资者具有较强的信息分析能力[③]；在解释 Brilloff 效应时，Foster（1979）认为 Brilloff 所拥有的丰富会计知识和较强的分析能力在某种意义上也是一种非公开信息，因此并不违背市场有效性（半强式）[④]；价值线公司是根据“盈利动力”（Earning Momentum，即季度盈利变化趋势）和“盈利惊奇”（Earning Surprise，即实际盈利和预期盈利的差别）对公司进行排名的。这样的方法属于技术分析还是基本分析仍值得讨论，但它至少证明采用优越的信息分析方法是可以战胜市场的。

由上分析可见，完全有效的市场只是一种理性状态，现实中的资本市场只能是相对有效。因此，期望市场能够全面、充分、正确、及时地发掘出财务报表中所有的信息含量是不现实的，或者说这样做的成本太高。而且市场的有效性不仅依赖于信息的可获取性，还依赖于对信息的正确解释，也就是说即使在某一时点，所有可获信息都反映在价格中，价格也未必正确反映了其价值，因为市场总体对信息的解释可能存在错误，从而导致证券价格被高估或低估。因此，现实中的相对有效市场显然存在足够的空间使财务报表分析成为一项价值发现的活动。

实际上，有效市场的概念并没有对财务报表分析的价值“说长道短”，无论是

---

① Fama Eugene, Kenneth R. French. The Cross – section of Expected Stock Returns [J]. Journal of Finance. June 1992: 427 – 466.

② DeBondt W., R. Thaler. Does the Stock Market Overreact? [J]. Journal of Finance. March 1985: 793 – 805.

③ Bartov E, S. Radhakrishnan, I. Krinsky. Investor Sophistication and Patterns in Stock Returns after Earning Announcement [J]. The Accounting Review, Jan 2000: 43 – 64.

④ George Foster. Briloff and the Capital Market [J]. Journal of Accounting Research. Vol.17 No.1. Spring 1979.

其定义还是与市场效率相关的经验证据，都丝毫没有涉及到信息反映到价格中的复杂过程，而这一复杂过程很大部分是由财务报表分析来完成的。正是有足够的财务报表分析行为，才使得难以理解的复杂会计信息成为普通投资者可以利用的信号，从而在市场价格中得到反映，这无疑将提高证券市场的有效性。证券市场有效程度的提高反过来又对有效的财务报表分析行为提出了更高的要求。这样，有效市场便与财务分析形成了良性互动的关系。

（四）有效市场假说对财务报表分析的涵义

1. 有效市场假说对财务报表分析信息源的扩展。经典研究学派认为财务报表使用者机械地以财务报表面值来接受信息，也即存在一定的“功能锁定”现象。它假设财务报表是惟一的信息源，财务报表使用者无法接近其他信息源，因而不会对备选会计方法对财务报表的影响进行调整。按照这种“机械性”假说，市场可能受到会计程序选择（无论是否影响现金流量）的规律性干扰，从而被“愚弄”。简言之，可增加盈利的会计政策变动必然伴随着股价上升，反之亦然。鲍尔（1972）将其称之为“垄断性假说”，他认为：“人们通常假定，会计人员对市场上使用的会计数据拥有一种垄断的影响力。因为不存在任何其他竞争性的信息渠道，或者即使存在也不会得到利用。”①

相比之下有效市场假说中的市场显然要聪明得多。鲍尔和布朗的经典研究中就显示了信息源的多元化，他们研究中的异常市场反应在盈余公布的一年前就开始了，而且，盈余消息公布本身被没有多大的信息含量。鲍尔和布朗估计大约有80%—85%的异常市场反应是在年报公布前。这意味着虽然会计盈余可以衡量公司的经营业绩，但由于有其他更为及时的信息源的存在（如媒体、政府报告、行业协会、财务分析师报告、管理层声明、公司中期报告等，甚至包括价格本身），等到确切的盈余信息被公布时已没有多大的市场影响了。因此，市场研究学派认为现行市价反映的是所有可公开获得的信息，而会计信息只是众多影响股价的信息源之一，会计方法的变动不会影响股价（除非会计方法的变动对现金流量有影响）。

既然存在众多影响股价的信息源，恰当的财务报表分析就不应当只局限于财务报表这一信息源，而应当充分发掘公司内部、外部信息源。内部信息源包括：会计信息；统计与业务信息；计划及预算信息等等。而外部信息源则包括：国家经济政策与法规信息；综合部门发表的信息；中介机构信息；媒体信息等等。

此外，根据相关调查显示：22%的投资者非常需要财务信息，23%的投资者非常需要非财务信息，财务信息和非财务信息评价值分别为1.93和1.88，两者的评

① 罗斯·瓦茨等著，陈少华、黄世忠等译：《实证会计理论》，东北财经大学出版社2000年版，第65页。

价值非常接近[1]。由此可见投资者不仅需要财务信息分析，而且非常关注非财务信息分析，这是恰当财务报表分析所不应忽略的。非财务信息是指不以货币为主要计量单位，不一定与公司财务状况相关，但与公司生产经营活动有密切联系的各种信息。对非财务信息的分析一般应包括：公司生命周期分析，公司处于不同的生命周期阶段，其财务报表都会呈现不同的特点；公司竞争战略分析，当两家公司的财务报表具有完全不同的结构特点时，很可能是由于它们实施的是不同的竞争战略；经济政策信息分析，国家一定时期的宏观调控政策对公司经济活动可能产生重大的影响；行业信息分析，行业获利能力的高低将对公司的盈利状况产生直接影响；市场环境信息分析，各公司面临着不同的市场环境将使公司的财务活动和经营活动受到不同的影响和制约；人力资源信息分析，人力资源信息是公司取得成功的关键，也是公司未来现金流量和市场价值的动力所在。在预测公司的发展前景时，必须关注公司的人力资源信息。将非财务信息融入财务报表分析过程中是贯穿本书的重要分析思路，我们将在本书第四章的分析框架介绍中进一步了解非财务信息在财务报表分析中的重要作用。

虽然信息源众多，但财务报表信息拥有自身的特有优势。对于会计信息对股价的重要性，Beaver 曾以饼分图进行解释，如图 1－1 所示：

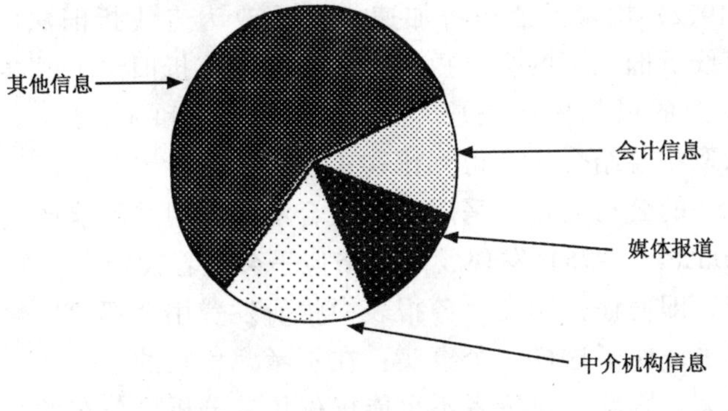

图 1－1 会计信息与其他信息源的关系

资料来源：威廉·H. 比弗著，薛云奎主译：《财务呈报——会计革命》，东北财经大学出版社 2000 年版。

该饼分图代表了能够改变或影响股票价格的信息源集合，而会计信息只是该饼分图中的一块，然而，该饼分图是由许许多多小块组成的，并没有哪一部分特别的大。这一方面说明会计信息并不能“决定一切”，因为它只是所有信息源中的某一部分；另一方面也说明会计信息十分重要，因为它们所占的那一部分至少与饼分图的任何其他部分一样大，特别是以会计信息披露的频率来考虑价格对此信息源的反应时更是如此。此外，其他数据也可能是同会计信息相关的信息源，如果投资者足

① 张胜强：“上市公司会计信息需求与供给调查分析”，http：//www.cfs.com.cn。

够重视会计信息，他们就会试图去挖掘其他的信息源来解释现有的会计信息，或预测未来的会计数据，这样，在会计信息的指引下，更多的信息源得以被发掘。

2. 有效市场中的会计政策分析。在有效市场理论提出之前，财务报表被视为是关于公司财务状况的惟一信息来源，而且投资者处理会计信息的成本巨大，因此，他们对不同的会计处理程序所产生的数据无法加以区分或者调整，这使得公司管理层可以通过选择不同的会计程序达到操纵股价和转移财富的目的。换而言之，会计收益与股价之间存在着一定的机械联系，不管会计政策的变更对现金流量是否有影响，增加会计收益的会计政策变更会导致股价上涨，反之亦然。这也被称之为“机械性”假说。

而有效市场理论的提出则认为市场能够无偏好地对包括会计政策变动在内的所有信息做出反应，在没有税收的条件下，会计政策变动不会影响股票价格。因此，只要公司披露其所选择的会计政策，以及有关从一种会计方法转变为另一种会计方法的附加信息，那么不管公司实际选择哪种会计政策，市场都能清楚审视出最终的现金流量和股利，因此，有效市场不会被不同的会计政策所“愚弄”。这也被称之为“无效应”假说。

针对有效市场中会计政策变更是否会引起市场反应，众多学者进行了相关的检验。Archibald（1972）检验了公司将加速折旧法改为直线折旧法时对股价的影响，结果发现尽管直线折旧法下的会计盈余大于原来加速折旧法下的会计盈余，但是股价并未对会计盈余的增加做出反应①。Hong、Kaplan 和 Mandelker（1978）也发现，即使在合并中采取权益结合法会得到比购买法高的会计盈余，但相对于采用购买法会计处理进行合并的公司而言，采用权益结合法的公司并不能产生出明显更优的股票价格表现②。Dukes（1976）发现股票价格似乎会随着投资者精确地将研发费用资本化而做出反应，即使该公司在财务报表中将研发费用全部费用化。

上述研究似乎证明了这样一个事实：在不考虑税收的情况下，会计方法的选择与公司的价值无关。因此，投资者不可能仅仅依赖分析已公布的会计变动而获得异常回报，因为市场早已做出了相应的调整。但事实并非如此简单。

首先，并非所有的研究结果都支持“无效应”假说。比如，卡普兰和罗尔（1972）对不影响现金流量的会计变动③ 进行了调查研究，他们的研究成果似乎相互矛盾：对投资减免税的研究成果表明市场深受会计变动的干扰，而对折旧方法转

---

① Archibald T.R. Stock Market Reaction to the Depreciation Switch – Back [J]. Accounting Review 47, Jan 1972: 22 – 30.

② Hong H., R. Kaplan, C. Mandelker. Pooling vs. Purchase: The Effects of Accounting for Mergers on Stock Price [J]. Accounting Review. Jan 1978: 31 – 47.

③ 由递延法改为全额冲销法处理投资税减免和将加速折旧法改为直线折旧法。

变的研究成果却表明市场不受折旧方法转变的干扰[①]。此外，利用事件研究法检验“无效应”假说还存在着一些方法论问题，比如选择性偏见、群集现象等，这使得这些研究的成果具有一定的局限性。

其次，在会计政策选择理论方面，还存在两种重要的竞争性理论：实证会计理论和经济后果理论。实证会计理论将在下一章中详细论述。经济后果理论认为财务报表不仅仅反映特定决策的结果，而且还能够影响公司管理层或其他人员所做出的真实决策，因此，“不论有效证券市场理论的含意如何，会计政策的选择会影响公司的价值”。[②] 也即经济后果理论认为会计政策选择具有经济后果，虽然可能不影响公司现金流量，但却能够影响公司的价值及其股票价格。

由此可见，学术上对会计政策的选择是否影响公司价值仍存在激烈争议。有效市场假说认为会计政策选择不影响公司的现金流量和公司价值，证券市场能自发调节并形成洞悉一切的无偏见的股票价格；而经济后果理论则认为会计政策选择具有经济后果，影响公司价值。实证会计研究结果更倾向于经济后果理论。如前所述，完全有效的市场只是一种理想状态，现实中存在着信息成本不为零、信息不对称等问题，因此市场难以具备完全看透公司价值的能力。这显然较为符合投资大众的主观经验，因为现实生活中公司管理层利用会计政策选择欺骗市场，造成股价与真实价值严重背离的案例屡见不鲜[③]，功能锁定（Functional Fixation）和幼稚投资者（Naïve Investor）的现象极为突出，大量投资者不能察觉到某些会计变更的“化妆”本质，而仅仅“盯住”最后一行的净收益数字，从而导致市场被会计政策的变更所愚弄[④]。特别是在现行的以会计准则作为规范公司会计政策的模式下，对某一种经济事项的会计处理往往有很多种备选的会计处理方法，这时公司往往会借助于形式多样的会计政策选择实现对自己有利的经济后果。比如：改变折旧政策，通过延长固定资产折旧年限，降低年折旧费，从而增加当期的账面利润，同时又可以高估资产价值；调低坏账准备率，减少当期费用，增加账面利润，同时夸大应收账款可实

① Kaplan R.S, R. Roll. Investor Evaluation of Accounting Information: Some Empirical Evidence [J]. Journal of Business 45. April 1979: 225 - 257.

② 威廉姆·R. 司可脱著，陈汉文译：《财务会计理论》，机械工业出版社 2000 年版，第 148 页。

③ 下一章中将进一步论述会计政策选择的普遍存在性，也即无论这样的选择是否会引起市场反应，公司管理层都会有动机进行会计政策选择。

④ 一个显著的例子是首创股份。该公司 2004 年公布的年报显示，其净利润比 2003 年增长了 633%，结果，当天该公司的股票价格从开盘至收盘一直封在涨停的价位上。事实上，该公司 2004 年的主营业务收入和主营业务利润只分别比 2003 年增长 34% 和 31%，其他非经营性收益也基本与 2003 年持平，净利润增幅之所以超过 6 倍，完全是因为该公司将在 2004 年计提的对南方证券的投资减值作为重大会计差错，并对 2003 年的净利润进行追溯调整。这一本应作为会计估计并采用未来适用法的投资减值准备，如果没有被首创股份曲解为重大会计差错，2004 年的净利润将比 2003 年减少约 62%！首创股份利用会计政策的变更，结果导致其股票价格飙升，表面投资者没有能力识别会计政策差异的影响，从一个侧面证明中国的证券市场并非有效。关于首创股份通过混淆会计估计与会计差错来粉饰财务报表的详细情况，将在第二章第三节作进一步的分析。

现价值；存货计价方法变更；选择那些能将本期会计利润递延到未来期间的会计政策，以降低或递延税负。

因此，即使是在有效市场中，对会计政策选择进行分析仍然是十分有必要的。以下问题有助于财务报表分析者评价公司会计政策选择的恰当性[①]：

（1）公司选择的关键会计政策与行业惯例是否一致？若不一致，是因为公司的经营战略与众不同，还是其他原因？比如当公司报告了低于行业平均水平的产品保修准备，那么分析人员应当判断是由于公司以高质量为竞争基础抑或是公司低估了其产品保修负债？

（2）公司管理层是否存在利用会计弹性进行盈余管理的强烈动机？例如，公司是否处于违反债务保证条款的边缘？经理人员实现以报表数据为基础的奖金目标有困难吗？股票期权计划是如何设计的？公司是否正在准备发行新股（IPO）或配股(SEO)？

（3）公司是否变更会计政策和估计？理由是否充分？影响如何？例如，计提的保修费用下降是由于公司为了提高产品质量而进行了大量投资吗？

（4）公司过去所采用的会计政策和估计是否合乎实际情况？例如，某年度对购入商誉的巨额冲销可能意味着以前年度预计商誉费用化的时间太长。

（5）公司是否为了特定会计目的而进行交易设计或从事缺乏商业理由的交易？比如是否为了确认收益而将非货币性交易拆分成一个销货交易和一个购货交易；或者通过对租赁期长短的设计使租赁业务符合销售型租赁的要求等等。

当然，在对会计政策进行分析时还应当注意以下问题：

• 稳健的会计政策并不等同于“好”的会计政策。财务报表分析者应当致力于以客观公正的立场评估公司财务报表信息对基本经营现实的反映程度，从这一角度而言，过犹不及，过于稳健的会计政策同过于激进的会计政策一样具有误导性。此外，稳健的会计政策往往是公司管理层进行盈余管理的“漂亮借口”。

• 非正常的会计政策并不等同于有问题的会计政策。尽管不符合惯例的会计政策可能使公司的经营业绩难以与其他公司业绩相比较，但如果公司的经营活动的确存在与众不同之处，那么选择非正常的会计政策就是可以理解的。因此，联系经营战略来评估公司的会计选择很重要。

• 会计政策的异常变化并非一定意味着盈余管理。会计政策的变化可能是经营环境变化的恰当反映。例如，坏账准备计提政策的变化可能是由于公司的客户定位发生变化；存货的异常增长可能是公司正准备销售新产品；应收账款的异常增长可能只是由于公司销售战略发生了变化。因此，考虑会计政策变更的所有可能解

---

① 佩普、希利和伯纳德著，孔宁宁、丁志杰译：《运用财务报表分析进行企业分析和估价》，中信出版社 2004 年版。

释，并利用各类信息源加以印证，对财务报表分析者而言至关重要。

由上分析可见，会计政策分析是一个及其复杂的过程，有人形象地将其比喻为“剥洋葱”（Peeling an Onion）。会计分析的核心是理解公司经营情况的实际情况，但财务报表所展示出的只是洋葱的最外层，只有对公司会计政策选择进行进一步理解，才能够不断接近公司经营情况的真相。

3. 有效市场中的价值发掘

数据发掘（Data Mining）指的是在庞大的数据库中寻找出有价值的隐藏事件，藉由统计及人工智能的科学技术，将资料做深入分析，发掘其中的真相。财务报表分析就类似于数据发掘，在纷繁复杂的报表数据中搜寻公司的内涵价值信息。

财务报表分析关注的是财务报表中与投资决策相关的信息，分析的重要目标之一就是搜寻公司的内涵价值，并试图发现错误定价的证券。传统的基本分析认为：公司内涵价值包含于会计信息之中，股票价格往往围绕其内涵价值波动。因此，投资者可以通过财务报表分析来搜寻公司的内涵价值，并以此作为一个标杆，以判断股价的高估或低估。股价最终是要回归于内涵价值的，因此根据股价同内涵价值的对比而设计的投资策略是可以获得异常回报的。

但按照有效市场假说，市场价格已经包含了所有可获得的信息，为什么证券的价格与其价值还会发生偏离？原因可能在于以下几点：

- 信息不对称的存在阻碍了某些信息在价格中的反应，例如内幕信息，而财务报表分析专业人员所具备的专业知识和分析能力也属于内幕信息。
- 已反映在价格中的某些信息可能是错误的，比如一些小道消息，或者是公司管理层对财务报表的精心粉饰“欺骗”了市场。
- 噪音交易者的存在。市场上某些投资者的买卖决策并非建立在对相关信息的理性评价的基础上，他们的决策往往是随机做出的，如因急需现金而抛售股票，而非因为对未来收益预期的降低。他们的随机买卖决策同样会对市场价格造成影响，从而造成错误定价。
- 证券价格对信息的充分反应往往有一段时间差，那么就可能存在暂时性的定价错误。
- 市场价格遵循“少数服从多数”原则，反映出的是大多数投资者的意见，但真理有时掌握在少数人手里。正如行为金融学所指出的，证券市场上的投资者往往会“系统性”地犯错，而市场价格也将无偏地反映出这种系统性的错误。

研究证据表明，即使在证券市场最为有效的美国，也存在系统性的错误定价现象，而且定价错误的程度足以补偿投资者（特别是机构投资者）为了发现这些不当定价证券所支付的信息收集、分析等交易成本。

由此可见，股价并非完全等同于公司内涵价值，证券市场上的确存在错误定价现象。事实上，正是努力寻找错误定价证券的财务报表分析者促使了证券市场的有效。试想一下，在一个不存在证券定价错位的完全有效市场，有谁会愿意花费成本去进行财务报表分析？人们只需简单地以市场价格作为交易指示器，价涨则买，价跌则抛。最终的结果将导致价格完全失去信息含量，市场失效。打破这种“死循环”的关键在于必须有一群质疑市场有效性的人，他们坚信自己能挖掘出未充分反映在价格中的信息，发现错误定价的证券从而获利，因此他们有花费成本去获取和分析信息来战胜市场的动力。有效市场并不要求每一个投资者均认为市场是有效的，相反，可能有许多人认为市场是无效的，这可能是因为：（1）单个投资者往往只关注到了价格所反映的信息中的某一部分，他们根据不完全的信息进行估价时就会同市场价格发生偏离，这会使他们误以为市场定价发生了错误。（2）每个投资者都有自身的盈利预期，而且往往不同于市场的盈利预期，那么，当实际盈余公布时，个人和市场的反应就有存在偏差。例如个人认为每股盈利可能高于上年 10%，而市场预期为 20%，那么当实际盈余高于上年 15%，市场可能将其解释为坏消息，并作出股价下跌的反应，而对个人而言则是好消息，他所观察到的股价变动就是“无效”的。

而证券分析师便是这样一群人，职业利益所在促使他们强烈反对市场的有效性。现代证券市场的大理财家巴菲特和索罗斯都不相信有效市场理论，从世界九大投资基金经理的投资理念来看，他们也都不大相信有效市场理论[①]。巴菲特就曾说过：劝人们相信股价反映了公司的一切信息，等于叫人打牌时不看牌就出牌一样荒谬。正是由于证券分析师对市场有效性的不屑，所以他们有动力去获取并分析信息以期战胜市场，获得超额回报率。这样的行为有时候显得极为成功[②]，这将诱使更多的人加入同市场“作战”的行列。这些基于“反市场”的行为却恰恰不断地将各种信息反映到价格中，推动了市场的有效性，减少了市场上的不当定价证券，使市场价格进一步回归于其内涵价值。

二、资本资产定价模型与财务报表分析

（一）资本资产定价模型

现代组合理论的主要内容是资本资产定价模型（CAPM），该模型展示了证券的

---

① 华尔街还曾流传过这样一则笑话：一位讲授有效市场假设的教授和其学生走在街上，学生发现地上有一张纸币便弯腰去拣，教授很不以为然地说：“这张纸币肯定是假的，根据有效市场假设，如若这张纸币是真的，大街上那么多人，早就发现它了。”尽管学生没有反驳，但纸币的确是真的。转引自陈汉文：《证券市场与会计监管》，中国财政经济出版社 2001 年版，第 75 页。

② 一些杰出的投资大师的确做到了这一点，如果你在 1969 年投资 1 美元于索罗斯的量子基金，到 1993 年你就有 1000 美元的回报。但就总体而言，职业投资者的业绩在扣除各种费用之后，还略低于市场基准水平。

预期回报与风险之间的关系。按照 CAPM 模型，所有的公司特有风险均可以通过分散投资组合予以规避。因此，承担公司特有风险无法为投资者带来更高的回报，而只有系统风险才能为投资者带来超额回报。也就是说"高风险高回报"只适用于系统风险。经验证据表明，对于分散程度较好的投资组合（30 支股票以上）而言，85%的股价波动取决于系统风险。资本资产定价理论认为，一项投资所要求的必要报酬率取决于以下三个因素：(1) 无风险报酬率；(2) 市场平均报酬率，即整个市场的平均报酬率，如果一项投资所承担的风险与市场平均风险程度相同，该项报酬率与整个市场平均报酬率相同；(3) 投资组合的系统风险系数即 β 系数，它代表某一投资组合的风险程度与市场证券组合的风险程度之比。CAPM 模型说明了单个证券投资组合的期望收益率与相对风险程度间的关系，即任何资产的期望报酬一定等于无风险利率加上一个风险调整，后者相对整个市场组合的风险程度越高，需要得到的额外补偿也就越高。

（二）CAPM 对财务报表分析的涵义

1. 盈利分析与风险分析并重

CAPM 模型显示出公司的价值不仅受到未来盈利能力的影响，而且与风险紧密相关。因此，财务报表分析不仅应当关注公司未来的盈利能力，还应当关注对风险的衡量和预测。

法玛和米勒（1972）指出公司的 β 可以表述为公司现金流量与现金流量市场指数之间协方差的一个函数[①]。如果将会计盈余视为现金流量的替代量，那么理论上就可以利用会计盈余估计公司风险。鲍尔和布朗（1969）的研究就证明了会计 β（公司的盈利与盈利的市场指数之间的协方差除以盈利的市场指数的方差）与市场 β 之间的确存在显著的相关性[②]。值得注意的是，会计盈余并非财务报表中有助于衡量公司风险的惟一变量，财务杠杆、经营杠杆等财务比率也有助于估计公司的风险。由此可见，利用财务报表分析衡量公司风险是可能的。

其他研究则显示出以财务报表分析数据为基础的风险衡量指标对于 β 有很强的预测能力，如比弗、凯特勒和斯科尔斯（1970）[③] 利用财务报表计算出了与风险度量相关的一些财务比率，如股利发放比率、财务杠杆、盈利变化和会计 β 等，他们发现这些财务比率在预测 β 时十分有效。虽然许多学者对 β 与回报之间的相关性提出了质疑，甚至提出"β 已死"的悲观观点，但造成这种情况的重要原因可能在于

① Fama E.F., M. Miller. The Theory of Finance [M]. Hinsdale, Ⅲ, Dryden Press. 1972.

② Ball R.J., P. Brown. Portfolio Theory and Accounting. Journal of Accounting Research 7. Autumn 1969: 300 - 323.

③ Beaver W.H., P. Kettler, M. Scholes. The Association between Market Determined and Accounting Determined Risk Measure. Accounting Review 45. Oct 1970: 654 - 682.

缺乏对β的正确计量，而利用财务报表信息来提高β估计值的准确性无疑是拯救β的一剂良方。另一些研究人员干脆认为以财务报表分析数据为基础的指标是比β更好的风险计量指标，如权益的账面价值对市场价值比率（Book - to - Market Value of Equity）、市盈率、财务杠杆等。Dhaliwal（1986）的研究进一步发现，根据表外信息对债务/权益比率进行调整后，其对β的预测能力显著加强①。这说明了恰当的财务报表分析在预测和衡量风险方面是可以发挥作用的，通过对会计政策选择、异常项目、表外信息等因素的调整，我们可以进一步提高财务报表数据的风险评估、预测能力。

2. 财务风险与经营风险兼顾

公司经营总是在风险与机遇的权衡中寻找发展的机会，随着经营环境日趋复杂，公司所面临的风险种类日益增多。总体而言，公司面临的风险通常可以分为两类：财务风险和经营风险。公司在经营过程中不可避免地伴随着上述两种风险，因而公司有必要采取措施分别加以防范，如改变资本结构以降低财务风险，适当的多元化经营以控制经营风险等。由于各类风险对公司的影响或多或少会在财务报表上有所体现，因而财务报表分析在风险防范中的作用十分重要。具体的财务风险和经营风险分析可以参考本书第十四章第二节的有关内容。

此外，财务报表分析人员还可以通过对公司财务报表和相关资料的分析，及早发现公司发生财务危机的各种征兆，以避免发生损失，也就是财务预警分析。具体的财务预警分析方法将在第十三章讨论。

第四节　实证会计研究学派与财务报表分析

实证会计研究学派（Positive Accounting Research）同样关注会计数据的市场反应，但他们从两个方面扩展了研究范围。首先，实证会计理论不仅考虑会计数据的市场反应，还考虑了深受财务报表信息影响的契约环境，如公司管理层薪酬计划、债务契约、政治成本等；其次，实证会计理论意识到既然财务报表信息会对上述环境造成影响，那么会计信息系统就不单单只是衡量决策的结果，而是会对决策行为造成影响，这种反作用力可能会影响公司管理层的经营决策和会计政策的选择。

① Dhaliwal Dan S.. Measurement of Financial Leverage in the Presence of Unfunded Pension Liabilities. The Accounting Review. October 1986: 651 - 661.

一、代理理论与实证会计理论

所谓的代理关系指的是“一个或若干委托人聘用其他个人（代理人）代表他们从事某种活动的一种契约关系，其中包括授予代理人某些决策权。”（Jensen 和 Meckling，1976）。委托人和代理人都被假定为只受自身利益激励，但同时也意识到他们的共同利益。代理人尽力最大化其可以获取的契约收入，但受制于必要的努力水平；委托人尽力最大化使用资源所带来的报酬，但受到支付给代理人费用水平的影响。这些利益冲突被认为只有通过签署双方都同意的契约才能达到均衡状态。在给定隐含自利动机的前提下，契约促使成员同意一系列合作行为。因此，公司被视为“契约的结合体”，在此基础上的契约成本理论（Contracting Cost Theory）认为财务报表信息可以通过监督和执行这些契约来降低某种利益冲突的代理成本。比如公司的债券持有者和股票持有者之间存在利益冲突，这可能要求通过借款协议中的限制性条款，定义一些计算财务报表数据的计量规则；而高管人员的报酬合同也可能需要使用财务报表数据。因此，契约成本理论将会计政策选择视为实现公司价值最大化过程的一部分。实证会计理论的中心问题就是，在代理和契约成本假设的指导下，确定什么因素可能会影响到会计政策的选择。

根据有效市场理论，不影响现金流量的会计政策选择对证券的价格不会造成影响。但实际情况是财务报表使用者的三个主要群体（管理者、政府和投资者）确实对会计政策变化做出了反应，即使这些变化不影响现金流量。人们将这样的现象归结为会计信息的经济后果，也就是说，不论有效证券市场理论的含意如何，会计政策的选择会影响公司的价值。有人将其形象比喻为“尾巴摇狗”现象。对经济后果的进一步研究促使了实证会计研究的发展。

二、实证会计理论的三大假设

（一）报酬计划假说

根据报酬计划假说，公司管理层的报酬水平取决于其经营表现。而管理人员薪酬计划往往将财务报表数据视为衡量其经营表现的标杆。因此，选择较为激进的会计政策，将报告收益从未来期间提前至当期，从而提高自身薪酬水平是最符合管理人员利益的。

但是，报酬计划假说并不仅仅是“提高会计盈余”这么简单。Watts 和 Zimmerman（1990）认为薪酬计划假说并不总是促使管理人员提高会计盈余，如果会计盈余低于可发放奖金的最低标准，管理人员就可能反其道而行之，减少当年的盈余，通过这种“洗大澡”来增加下年的盈余和可能的奖金，而当盈利符合标准时，管理人员也没有动机再增加盈余[1]。Healy（1985）也发现当盈利水平低于最低标准或高于最高标准时，公司管理层都没有动机改变当期会计政策[2]。他们的研究都显示出公司管理层选择不稳健会计政策的目的并非为了“欺骗市场”（有效市场下是不可能的），而只是为了通过得到较高的会计盈余来提高公司管理层的报酬水平[3]。

（二）债务契约假设

债权人最关心的是保证本息的支付，因此，他们往往会限制借款人的股利支付、股票回购、债务发行等。这些限制通常是以会计数据、会计比率为标准的，如营运资金水平、利息保障倍数、净资产等。会计政策的选择将极大地影响上述会计数据，从而决定公司是否构成技术性违约。债务契约假说认为公司管理层有动机通过会计政策的选择尽量减小违约的可能性，比如债务/权益比例较高的公司往往选择可以增加当期收益的会计政策。

（三）政治成本假说

政治行为可能导致公司的成本增加。当政治家和监管者可以通过增加别人的成本来增进自身福利时，他们通常会这么做。财务报表数据在此过程中起了很重要的作用。如果会计盈余表明某公司或行业获得了超额利润，则可能面临价格管制压力或被征收高额利润税。因此，可能受影响的公司就有动机通过选择会计政策来减少报告盈余，从而降低政治风险。比如当石油危机导致油价狂涨时，一些石油公司就通过提取环境成本准备和资产减值准备等手段降低盈余。同样，出于税务方面的原因也可能诱使公司管理层选择降低报告盈余的会计方法。通常认为大型公司较容易受政治成本和压力的影响，因此公司规模越大越有可能选择会计政策来降低利润，减轻政治压力，比如在石油开采行业中，大公司往往选择成本法，而小公司往往选择完全成本法。

三、实证会计理论与财务报表分析的复杂性

早在 1953 年 Heyworth 就观察到“……有多种会计技术被用来影响连续会计期间内净收益的分配……，其目的是为了均衡或抹平期间净收益波动的振幅”[4]。

① Watts R.L., J.L. Zimmerman. Positive Accounting Theory : A Ten Year Perspective. The Accounting Review. Jan 1990 : 131 – 156.

② Healy P.. The Impact of Bonus Schemes on the Selection of Accounting Principles. Journal of Accounting and Economics 7. April 1985.

③ 当然，公司管理层并不一定采取这样的机会主义行为。

④ Heyworth S.R.. Smoothing Periodic Income. The Accounting Review. Jan 1953 : 32.

Monsen 和 Downs（1965）也指出：相对于波动幅度较大的高平均收益，公司管理层更倾向于偏好收益和增长率的稳定性①。Gordon 在此基础上，根据委托—代理理论和理性经济人假说，列出了四个命题：(1) 公司管理层选择会计政策的标准是其效用或财富最大化；(2) 公司管理层效用最大化是指其增加了：①工作的安全感；②管理的收益水平和增长率；③公司规模的水平和增长率；(3) 公司管理层是否能达到效用最大化目标部分地依赖于股东对公司业绩的满意程度；(4) 股东所满意的是平均收益增长率以及稳定情况下的公司增长。他认为如果上述四个命题成立，那么在可允许的会计规则之内，公司管理层就会平滑报告收益或平滑收益的增长率。因此 Gordon 得出以下结论：如果收益增长率过高，公司管理层就会采用减少收益的会计方法；反之亦然②。但是根据有效市场假说，只要会计政策变更没有导致现金流量产生差别后果，或对所采用的特定会计政策所形成的差别予以披露，而且投资者能够获得充分的信息并拥有足够的分析能力在不同的会计政策之间做出选择，公司所采用的会计政策就不会影响证券的市价③。因此，公司管理层通过盈余操纵来影响股价被认为是不可能的，除非有其他动机。

实证会计理论就是提供了公司管理层会计政策选择的其他动机，并证明了无论会计政策的选择是否会对股价造成影响，公司管理层都有动机通过会计政策选择进行盈余管理，也即如果他们可以在一系列会计政策中自由选择，那么他们自然会选择那些使自身效用或公司市场价值最大化的会计政策。

实证会计理论证明了公司管理层的确有各种动机来进行盈余管理甚至报表粉饰，这严重影响了财务报表分析系统的信息输入（报表数据）的质量，因此，恰当的财务报表分析首先要对财务报表所处的“契约环境”进行考察，并关注其可能对财务报表数据造成的影响。显而易见，每个不同的公司都面对着自身独特的“契约环境”，传统“一刀切”式的财务报表分析显然无法洞穿各类契约对财务报表的影响。因此，恰当的财务报表分析应当遵循“具体问题具体分析”的原则，充分考虑公司所面临的各种特殊契约可能对公司管理层会计政策选择的影响，并对这些影响进行适当的调整，从而为后续的财务报表分析步骤奠定良好的信息基础。这极大地提高了财务报表分析的复杂性，并使得利用会计分析来识别、清除财务报表中的“会计地雷”成为财务报表分析过程中不可或缺的重要环节。

首先，必须对报表粉饰行为存在的可能性进行分析。虽然实证会计理论侧重于研究公司管理层进行盈余管理的动机，但是光有动机是远远不够的，就像燃烧必须

---

① Monsen R.J., Downs A.. A Theory of Large Managerial Firms. The Journal of Political Economics. June 1965: 221 – 236.

② Gordon M.J.. Postulates, Principles, and Research in Accounting. The Accounting Review. April, 1964: 251 – 263.

③ 如前所述，学术界对这一问题仍然存在争议。

同时具备热度、燃料和氧气一样，一项舞弊行为通常是如下舞弊风险因子“合力”所产生的结果：策划舞弊的动机或压力、进行舞弊的机会、使舞弊合理化的态度和借口（Albecht，1995）。人们形象地将其称之为舞弊三角理论。舞弊的动机在前文中已有详细论述；舞弊的机会通常包括：缺乏内部控制、信息不对称、会计和审计制度不健全、缺乏惩罚措施、工作质量不易辨认、监管人员无知或无能力察觉舞弊行为等；舞弊的借口通常包括：我只不过跟着别人这么做、我应该获得更多的回报、我也是被逼无奈、名誉或诚信是可以牺牲的等等。财务报表分析者可以根据上述舞弊风险因子从根源上判断公司管理层报表粉饰可能性大小，并根据分析结果对会计分析过程的复杂性取得主观认识，如果上述舞弊风险因子的结合作用超出了一定的“可容忍限度”，财务报表分析者在会计分析中就应当保持“职业怀疑态度”，对财务报表数据的可靠性进行更为深入细致的分析。

其次，必须对针对财务报表进行恰当的会计分析，尽量排除掉隐藏于报表中的“会计地雷”。恰当的会计分析应当包括如下步骤：（1）确认关键会计政策；（2）评估会计灵活性；（3）评价会计政策；（4）评价披露质量；（5）识别报表中的危险信号。具体的会计分析方法将第四章详细介绍。

最后，如果通过上述分析发现应计制财务报表存在扭曲公司真实情况的现象，财务分析人员应当利用报表附注、现金流量表以及其他相关信息源，尝试采用现金流量分析法、虚拟资产剔除法、审计报告分析法、关联交易剔除法、异常利润剔除法等方法予以消除。消除会计信息失真的方法将在本书第四章中详细介绍。

实证会计理论还扩展了市场基础研究的范围，使之对强制性和自愿性会计变更的市场反应进行检验，并进一步指出市场反应是一系列变量的函数，这些变量不仅仅包括会计盈余，还包括各公司不同的债务/权益比率、公司规模、管理报酬计划、债务保证条款等。比如，对于高负债/权益比率的公司而言，增加盈余的会计变更将引起正的市场反应，因为这将可以使公司在不改变负债/权益比率的情况下多举债，从而使财富从债权人手中转移到股东手中。而对于大型公司而言，盈利的增加可能导致政治风险的增加，从而导致负的市场反应。这一结论无疑对扩展利用财务报表分析的视野有重要意义，同时也进一步增加了财务报表分析的复杂程度。

思 考 题

1. 证券市场中的信息不对称现象对财务报表分析有什么影响？对财务报表分析提出了什么要求？反过来，财务报表分析对缓解证券市场中的信息不对称现象有何帮助？

2. 目前约束财务报表信息的制度框架有哪些因素？这些因素如何影响财务报表分析行为？

3. 你认为高质量的会计收益应当包含哪些特征？如何进行会计收益质量分析？

4. 有些人认为在有效市场条件下，财务报表分析行为没有太大价值，你认同这一观点吗？有效市场中是否存在持续有效的报表分析行为？有效的报表分析与有效的市场相矛盾吗？两者的关系如何？

5. 决策总是面向未来的，因此需要前瞻性的信息，但是财务报表主要提供历史信息，有效的财务报表分析能否在“历史”报表与“未来”报表之间搭起一座桥梁？

6. 实证会计理论证明了盈余管理行为的客观存在性，这对财务报表分析提出了什么要求？

本章主要参考文献

1. 威廉·H. 比弗著，薛云奎主译：《财务呈报——会计革命》，东北财经大学出版社 2000 年版。

2. 威廉·R. 司可脱著，陈汉文等译：《财务会计理论》，机械工业出版社 2000 年版。

3. 罗斯·L. 瓦茨、杰罗尔德·L. 齐默尔曼著，陈少华、黄世忠、陈光、陈箭深译：《实证会计理论》，东北财经大学出版社 2000 年版。

4. 艾哈迈德·里亚希—贝克奥伊著，钱逢胜等译：《会计理论》，上海财经大学出版社 2004 年版。

5. 连竑彬：“财务报表分析理论探讨”，厦门大学硕士论文打印稿，2005 年。

6. Gerald I. White, Ashwinpaul C. Sondhi, Dov Fried. The Analysis and Use of Financial Statements. John Wiley & Sons , Inc.. 2003.

7. Baruch Lev. On the Usefulness of Earning and Earning Research: Lessons and Directions from Two Decades of Empirical Research [J]. Journal of Accounting Research, Vol.27 Supplement. 1989: 153 - 193.

8. Baruch Lev, S. Ramu Thiagarajan. Fundamental Information Analysis [J]. Journal of Accounting Research, Vol.31 No.2. Autumn 1993: 190 - 251.

9. S.P. Kothari. Capital Market Research in Accounting [J]. Journal of Accounting and Economics. 2001: 105 - 231.

10. Watts, Zimmerman. Positive Accounting Theory: A Ten Year Perspective [J]. The Accounting Review. Jan 1990: 131 - 156.

分析框架

第二篇

第二章 财务报表粉饰与识别

资本市场有效运行的基础是具有透明度和充分含量的信息。而在一个非完全有效的资本市场中，具有“公共物品”（Public Goods）属性的那些信息（如会计信息）一旦缺乏必要的约束就可能存在市场失灵（Market Failure）。会计信息是资本市场上流动的众多信息中最重要的一部分。高质量的会计信息有助于人们区分资本市场上效益良莠的上市公司，降低利益相关者决策过程中面临的不确定性，促使社会资源的趋利性流动，最终达到改善资源配置效率的目标。反之，经过粉饰和操纵的会计信息，则可能使投资者的利益受损，尤其是给中小投资者带来灾难性后果，迫使中小投资者选择“用脚投票”的方式退出资本市场，最终导致资本市场规模萎缩并影响经济的发展。可见，透明、充分的会计信息不仅是各种交易，尤其是投资交易所不可或缺的，而且在宏观上也具有一定的经济后果。

既然会计信息质量[①]的高低直接关系到公平（利益相关者之间的财富分配）和效率（社会资源的合理流动和配置效率），那么，从经济学的角度看，上市公司管理层试图改变或修饰会计信息质量的做法，便可理解为合乎逻辑的博弈行为。现代企业制度所形成的两权分离，赋予上市公司管理层经营管理权，其中包括编制财务报表的权利。根据代理理论，上市公司管理层有义务及时、准确地向投资者等利益相关者提供能够真实地反映财务状况、经营业绩和现金流量的财务报表，以利于利益相关者作出决策并评价管理层是否有效地履行其受托责任。多数情况下，上市公司管理层能够比较诚实地履行提供会计信息的义务。然而，基于利益驱动，上市公司的管理层或控股股东，有时也会利用其掌握的信息优势，利用会计准则和制度所赋予的会计政策选择权，进行报表粉饰以人为地修饰、提高上市公司的财务状况、经营成果和现金流量。对于财务报表使用者而言，期望上市公司管理层如实地提供财务报表显然是不切合实际的。相反，了解上市公司管理层的报表粉饰动机及惯常粉饰手段，避免被误导才是上策。

---

① 关于我国上市公司会计信息质量因制度安排缺陷和财务报表粉饰而面临的严峻挑战，详见章末附录1。

所谓财务报表粉饰[①]，是指公司管理层通过人为操纵，使财务报表反映“预期”财务状况、经营成果和现金流量的行为。在我国资本市场上，围绕着中国证监会和证券交易所制定的新股发行、再融资、维持上市资格等刚性监管指标，利润充盈的绩优公司通过粉饰财务报表以藏匿利润，利润微薄和经营亏损的绩差公司通过粉饰财务报表以度难关。当财务报表粉饰充斥资本市场，真实、公允的信息披露反而成为稀缺资源。传统上，财务报表分析的一个假设前提是，目标公司的财务报表是可信、没有水分的。银广夏、安然事件、帕玛拉特事件后，这一假设前提的正当性倍受质疑。事实上，财务报表分析与财务报表粉饰识别是相互联系在一起的。当目标企业的财务报表存在着广泛的粉饰行为，导致信息严重失真时，如果不有效地识别财务报表粉饰，财务报表分析的方法再合理，工具再复杂，也是徒劳无益的。基于此，本章主要剖析我国企业的财务报表粉饰动机，概述财务报表粉饰的类别，并以通化金马公司为案例，分析上市公司常用的报表粉饰手段，提出识别财务报表粉饰的方法，以利于利益相关者提高识别报表粉饰的能力，更加高效地运用企业的财务报表。

第一节　财务报表粉饰的动机分析

判断公司管理层粉饰财务报表的潜在动机，是有效地分析和利用财务报表的关键。本节在简要回顾国内外关于财务报表粉饰成因与动机的研究文献的基础上，对我国公司常见的报表粉饰动机进行剖析。

---

① 财务报表粉饰英文为 Windowing Dressing of Financial Statements，与此相关的其他表述包括盈余管理（Earnings Management）、会计政策选择（Choice of Accounting Policies）、收益均衡化（Income Smoothing）、收益操纵（Income Manipulation）、财务报表舞弊（Financial Statement Fraud）。美国会计学会（AAA）前会长、财务会计准则委员会（FASB）委员 Kathrine Schipper 将盈余管理定义为：盈余管理是旨在有目的地干预对外财务报告的过程，以获取某些私人利益的披露管理。会计政策选择是指企业在不违背会计准则的前提下，通过交易设计等手法，选择有利于企业或企业管理的程序和方法，如通过企业并购协议的法律安排，将本应采用购买法反映的收购兼并，通过权益结合法予以反映。收益均衡法是指利用权责发生制所蕴涵的估计和判断，以待摊或预提费用、计提准备或预计负债等方式，将本期的利润递延至以后会计期间确认，或将以前会计期间隐藏的利润用于增加本期利润的行为。收益操纵是指通过提前或推迟确认收入和费用、确认虚假收入和费用等违反会计准则的手段，蓄意增加或减少某一会计期间利润的造假行为。美国注册舞弊审查师学会（ACFE）将财务报表舞弊定义为“有意地、故意地错报或漏报重要事实，或者提供误导性会计数据，以及提供在与其他所有可获得的信息一并考虑时，可能导致阅读者改变或调整其判断和决定的会计数据”。在《财务报表舞弊：预防与发现》一书中，Zabihollah Rezaee 则干脆将财务报表舞弊定义为：“通常为上市公司所犯的，通过使用重大误导性财务报表，造成投资者和债权人遭受损害和伤害的一种故意的、非法的行为”。

一、国内外关于财务报表粉饰动机的文献回顾

在国外，关于财务报表粉饰或盈余管理的研究文献较多。Albrecht et.al（1995）提出了著名的舞弊三角论：压力（Pressure）、机会（Opportunity）和寻找借口（Rationalization），用于解释财务报表粉饰行为。另一个解释财务报表粉饰行为的理论称为GONE理论，其中G代表贪婪（Greed），O代表机会（Opportunity），N代表需要（Need），E代表暴露（Exposure）。舞弊三角论和GONE理论虽然没有直接触及粉饰动机，但能够较好地解释财务报表粉饰行为的发生。近年来，直接触及财务报表粉饰动机的研究文献日益增多。例如，Mulford和Comiskey（2001）在其《财务数字游戏》一书里，将企业粉饰财务报表的动机概括为：（1）股票价格效应（Share Price Effects）；（2）借款成本效应（Borrowing Cost Effects）；（3）奖金计划效应（Bonus Plan Effects）；（4）政治成本效应（Political Cost Effects）。Scott（2000）在其以信息经济学理论为基础撰写的《财务会计理论》一书中，将盈余管理的动机分为：（1）奖金动机（Bonus Motivations）；（2）契约动机（Contractual Motivations）；（3）政治动机（Political Motivations）；（4）税收动机（Taxation Motivations）；（5）更换首席执行官（Changes of CEO）；（6）新股发行（Initial Public Offerings）。

国内也有一些研究直面财务报表粉饰的原因和动机。安徽省会计学会课题组（1999）将会计信息造假的原因归结为：（1）国有企业产权中各行为主体的利益矛盾；（2）激励和约束机制的非对称性；（3）市场机制的缺陷和政府职能的局限性。南京大学会计系课题组（2000）的研究表明，主管部门不切实际的指标、监督不力、客观环境所迫、企业领导为了本企业的利益、企业内部控制制度不严分别是造成会计信息失真的五大原因（详见本章附录）。而黄世忠（2001）则认为，公司治理结构和注册会计师聘任制度的缺陷、造假成本与造假收益的不对称、剥离与模拟等“会计创新”、资产重组与关联交易的滥用，是造成我国上市公司会计信息大面积失真的深层次原因。

二、财务报表粉饰的动机分析

根据证券监管部门披露的大量财务舞弊和报表粉饰案例，我国企业财务报表粉饰的主要动机可分为6种：业绩考核动机、信贷资金获取动机、股票发行动机和上市资格维护动机、税收策划动机、政治利益动机、责任推卸动机。

（一）业绩考核动机

企业的经营业绩，其考核办法一般以财务指标为基础，如利润（或扭亏）计划

的完成情况、投资回报率、产值、销售收入、国有资产保值增值率、资产周转率、销售利润率等，均是经营业绩的重要考核指标。而这些财务指标的计算都涉及到会计数据。除了内部考核外，外部考核如行业排行榜，主要也是根据销售收入、资产总额、利润总额来确定的。经营业绩的考核，不仅涉及到企业总体经营情况的评价，还涉及到企业厂长经理的经营管理业绩的评定，并影响到厂长经理的提升、奖金福利等。

如第一章所述，美国著名学者 Watts 和 Zimmerman 在其《实证会计理论》一书中，提出了三个假说，其中的一个假说为“奖金计划假说”（Bonus Plan Hypothesis）。奖金计划假说指出：其他条件保持相同的情况下，设有奖金计划的企业，其高管人员更有可能选择将未来期间的报告盈利提前至本期确认的会计程序（Watts 和 Zimmerman，1986）。Watts 和 Zimmeram 提出的这一假说对我国企业同样适用。尤其是我国企业在设计报酬方案时，主要采用以利润为基础的奖金分享。企业的高管人员为了其自身利益，往往选择能够将报告盈利由未来期间提前至本期确认的会计政策或做法。

（二）信贷资金获取动机

改革开放以来，我国的证券市场得到迅速发展，但我国的证券市场仍属于新兴市场，其深度和广度不能与发达国家的证券市场相提并论，因此，企业需要的资金，绝大部分来自银行等金融机构。国有企业超过70%的负债率，大多数上市公司的负债率也超过50%，均凸显出信贷资金的重要性。在市场经济下，银行等金融机构出于风险考虑和自我保护的需要，一般不愿意贷款给亏损企业和缺乏资信的企业。然而，资金又是在市场竞争取胜的四要素（产品质量、资金实力、人力资源、信息资源）之一。在我国，企业普遍面临资金紧缺的局面。因此，为了获得金融机构的信贷资金或其他供应商的商业信用，经营业绩欠佳，财务状况不健全的企业，就有可能对其财务报表粉饰。

从某种意义上说，企业往往为其会计报表准备多套“时装”。报送给银行等金融机构的会计报表，一般是穿上最漂亮的“时装”。企业似乎都感悟出这样的一个道理：向银行只能报喜，不能报忧，否则，就很难得到银行的支持。

Watts 和 Zimmerman 提出的另一个假说为“债务契约假说”（Debt Covenant Hypothesis）。该假说指出：在其他条件保持相同的情况下，企业越接近于违反以会计数据为基础的债务契约，企业的经理越有可能选择将未来期间的盈利提前至本期确认的会计程序（Watts 和 Zimmerma，1986）。我们认为，这一假说对于我国同样适用。随着商业银行改革的深入，银行与企业签订的贷款合同越来越多地利用会计信息。许多银行为了控制风险，往往对贷款企业的财务指标提出限制性要求，有些甚至对贷款企业的继续举债、利润分配、收购兼并做出限制。这意味着，如果违反与银行签订的以会计数据为基础的债务契约，企业将面临着许多严重的经济后果，如银行可能提高贷款利率、要求追加抵押或质押品、提高信用担保条件、提前收回贷款等。所有这些，都会增加企业的借款成本，甚至使企业陷入技术性偿债困难(Technical Insolvency)。因此，为了避免违反以会计数据为基础的债务契约，企业可能诉诸于财务报表粉饰。换言之，这种情形下的财务报表粉饰可以降低违反债务契约的风险，从而达到降低借款成本的目的。

[案例分析："审计风暴"下的南海华光骗贷案]

为了获取信贷资金而不惜粉饰财务报表的一个典型案例是南海华光骗贷案。2004 年审计总署李金华总审计长掀起的"审计风暴"，揭露了南海华光集团通过粉饰财务报表骗取中国工商银行 74 亿元贷款的恶性案件。表 2－1 列示了南海华光集团触目惊心的报表粉饰。

表 2－1　南海华光集团财务数据比较　(单位：亿元)

项目名称	资产总额	所有者权益	销售收入	净利润	增值税
真实金额	9.77	1.17	3.22	0.11	0.04
报表金额	36.43	18.63	64.38	7.31	1.55
虚假金额	26.66	17.46	61.16	7.20	1.51
虚假比例	273%	1 492%	1 899%	6 545%	3 775%

面对如此丧心病狂的报表粉饰，如果不加以识别，银行信贷决策者进行再高明的财务报表分析都是徒劳的。从这个意义上说，我国商业银行也是会计信息失真的"牺牲品"，惟有提高识别报表粉饰的能力，才能避免产生巨额的不良贷款。

(三) 股票发行动机和上市资格维持动机

股票发行分为首次发行（IPO）和后续发行（SEO）如配股或增发。在 IPO 情况下，根据《公司法》等法律法规的规定，企业必须连续三年盈利，且经营业绩要比较突出，才能通过证监会的审批。此外，股票发行价格的确定也与盈利能力有关。因为，P = EPS × PE（即发行价格 = 预测的每股税后利润 × 发行市盈率）。为了顺利通过发行审核，尽可能多募集资金，降低募集资金的成本，拟上市公司往往对会计报表进行包装、粉饰。

此外，为了使 IPO 顺利进行，拟上市公司发行前一年的净资产比率不得低于 30%，故主要依靠举债经营的企业，为了发行股票，往往通过隐瞒负债等手段粉饰财务状况。

在配股情况下，根据 1999 年之前证监会的规定，要符合配股条件，企业最近三年的净资产收益率（ROE）每年必须在10%以上。因此，10%的ROE已成为上市公司的“生命线”。统计数据表面，1997年755家上市公司净资产收益率在10%至11%的高达211家，约占28%。1999年证监会修改了配股条件，其中对净资产收益率的要求改为3年平均不低于10%，但每年不低于6%，结果，1998年度上市公司公布的净资产收益率低于10%的比比皆是，但低于6%的却屈指可数。可见，为了配股而粉饰会计报表的动机并不亚于IPO。

2001年起，中国证监会开始实行“退市制度”，连续三年亏损的上市公司，其股票将暂停交易。在暂停交易的第一个半年内，如果仍无法实现盈利，则其股票将被摘牌，在交易所停止交易。这一新政策的出台，给绩差公司带来了很大压力。濒临退市边缘的上市公司，其报表粉饰的动机也特别强烈，少数上市公司可能因此铤而走险。

（四）纳税筹划动机

尽管财务会计与税务会计日趋分离，但应税所得额基本上仍以财务会计上的利润为基础，通过纳税调整，将利润总额调整为应纳税所得额，再乘以适用的所得税率而得出的。可见，财务会计上的利润，直接关系到纳税的金额与时间分布。而税收的现值取决于纳税金额和纳税时间。

根据税收策划假说，由于税收的现值取决于纳税金额与纳税时间，其他条件保持相同的情况下，企业一般会选择能够报告较少盈利或将报告盈利由本期推迟至未来期间确认的会计程序或做法。

然而，税收策划动机有时受制于其他报表粉饰动机。税收策划动机与财务报表粉饰的其他动机如业绩考核动机、信贷资金获取动机、股票发行动机、上市资格维护动机经常相互抵触。因此，企业最终是否选择最低限度地降低税收现值的会计政策或做法，取决于对其他报表粉饰动机的权衡和抉择。

税收策划动机可能还与企业的所有制形式和其他经营效应有关。一般而言，国有企业、拟上市公司、面临退市压力的上市公司，基于税收策划目的而粉饰其报表的可能性较小。相反地，这类企业很有可能选择多交税或提早交税的会计政策或做法，以证明其经营业绩的“真实性”。

（五）政治利益动机

Watts和Zimmerman提出的三大假说之一“政治成本假说”（Political Cost Hypothesis），该假说指出：在其他条件保持相同的情况下，企业面临的政治成本越大，其高管人员越有可能选择将本期报告盈利递延至未来期间确认的会计程序（Watts和Zimmerman，1986）。一般地说，盈利能力越强的企业，尤其是关系到百姓生计的公用设施企业如水电煤气公司，其潜在的政治成本也越高。潜在的政治成本包括更加严格的价格管制、更严格的政府或消费者监管、更激烈的商业竞争、更高的税收、更严厉的反垄断指控。企业通过选择异常保守的会计政策，降低财务报告所体现的盈利水平，可避免成为社会公众关注的焦点，从而达到降低潜在政治成本的目的。例如，微软公司在 1997—1999 年期间，通过将符合规定应当资本化的软件研发费用确认为期间费用以及递延收入确认时间，少报了 159 亿美元的利润。微软这种低估利润的粉饰行为，主要是为了摆脱与美国司法部的反垄断官司。

政治成本假说在中国是否适用，目前还缺乏令人信服的实证数据。但是，我国的企业基于政治目的而粉饰财务报表的行为时有发生。

国企改革已进入了攻坚战（现在流行的说法是，要么消灭企业的亏损，要么就消灭亏损的企业），党的十五大要求国企用三年的时间使国企走出困境。从某种意义上说，国企扭亏为盈，创造良好经营业绩已成为一项政治任务。对厂长经理而言，完成这项任务可能仕途光明，否则可能职位难保，甚至下岗分流。在这种政治压力下，国企很有可能粉饰财务报表。

此外，许多地方的市长、局长从大型国有企业的厂长经理中挑选。为了表现其才能，体现业绩，厂长经理们就有粉饰会计报表的动机。不难发现，一些企业的老总一旦被提拔为市长和局长，继任者往往不得不花费几年的时间来消化上任厂长经理因粉饰会计报表而遗留下的沉重历史包袱。

（六）责任推卸动机

为了推卸责任而粉饰财务报表，主要表现为：(1) 更换高级管理人员时进行的离任审计，一般暴露出许多会计问题。新任总经理就任当年，为了明确责任或推卸责任，往往大刀阔斧地对陈年老账进行清理，甚至将本应在未来会计期间确认的成本费用提前至本期确认；(2) 会计准则、会计制度发生重大变化时，如《企业会计制度》和具体会计准则的实施，可能诱发上市公司粉饰财务报表，提前消化潜亏，并将责任归咎于新的会计准则和会计制度；(3) 发生自然灾害时，或高级管理人员卷入经济案件时，企业也很可能粉饰财务报表。

第二节 财务报表粉饰的类型

根据粉饰对象的不同，财务报表粉饰可分为三种类型：经营业绩粉饰、财务状况粉饰和现金流量粉饰。

一、经营业绩粉饰

经营业绩粉饰的具体表现形式包括：利润最大化（Profit Maximization）、利润最小化（Profit Minimization）、利润均衡化（Profit Smoothing）和利润清洗（Profit Clean – up）

（一）利润最大化

公司在上市前一年和上市当年采用这种类型的报表粉饰尤其明显。典型的做法是：提前确认收入、推迟结转成本、亏损挂账，资产重组，关联交易。

（二）利润最小化

当公司达不到经营目标或可能出现连续三年亏损，面临被摘牌时，采用这种类型的会计报表粉饰就不足为奇了。典型的做法是：推迟确认收入、提前结转成本，转移价格。

很多公司制定的薪酬计划将管理层的奖金与利润挂钩，并设计了下限和上限，如图 2 – 1 所示。这种制度设计，也很容易诱发利润最小化的财务报表粉饰。

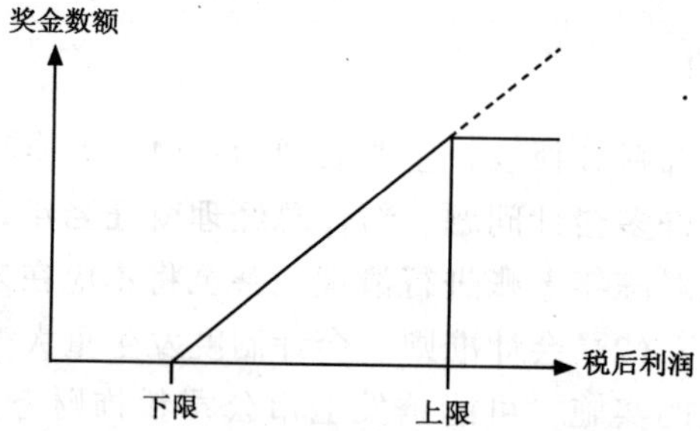

图 2 – 1　设计上下限的奖金计划

假设 ABC 公司管理层的奖金等于税后利润的 10%，且只有在税后利润达到 2000 万元时才可享受奖金计划，税后利润超过 1 亿元后，超过部分不再发放奖金。在这一奖金计划下，假设 ABC 公司当年的实际税后利润为 1 980 万元，管理层将无缘分享奖金，此时，管理层可能采用利润最小化的报表粉饰，通过预提费用、预计负债或者加大研究开发和广告促销等斟酌性支出①（Discretionary Expenditure），据以为下一年获得奖金创造机会。

① 斟酌性支出是指公司管理层对支出发生的金额和时间具有高度自由裁量权的支出项目，如研究开发和广告促销支出。研究开发和广告促销的投入水平，从长远看，有助于公司增加收入和利润，但在短期内可能加大公司的费用负担，因此，这类斟酌性支出往往成为公司管理层调节利润的便利工具。

(三) 利润均衡化[①]

企业为了塑造绩优股的形象或获得较高的信用等级评定，往往采用这种类型的会计报表粉饰。典型的做法是：利用其他应收、应付款、待摊费用、递延资产、预提费用等科目调节利润，制造利润稳步增长的趋势。

(四) 利润清洗

利润清洗俗称“洗大澡”（Big - bath Charges），亦称巨额冲销，其做法是：在某一特定会计期间，将坏账、存货积压、长期投资损失、闲置固定资产、待处理流动资产和待处理固定资产等所谓虚拟资产一次性处理为损失，以便卸掉包袱，轻装前进，为未来会计期间实现盈利拓展空间。

二、财务状况粉饰

财务状况粉饰的具体表现形式包括：高估资产、低估负债和或有负债。

(一) 高估资产

对外投资和股份制改组时，企业往往倾向于高估资产，以获得较大比例的股权。典型的做法是：编造理由进行资产评估、虚构业务交易和利润。

---

① 利润均衡化亦称收益平滑化（Income Smoothing）。收益平滑化的最典型代表当属通用电气（GE）公司。2002 年，在华尔街财务分析师评选“盈利最具可预测性的公司”中，通用电气“荣登榜首”，获得了满分。这是因为，通用电气从来没有让华尔街的财务分析师失望过，过去 17 年 68 个季度报告的每股收益（EPS）不是等于就是略为超过财务分析师的预测。通用电气奉行典型的多元化经营战略，横跨许多个行业，从飞机发动机到医疗器械、工业照明等，受宏观经济周期波动的影响很大，但它过去 68 个季度每股收益却能波澜不惊，令人匪夷所思。事实上，华尔街将其评为“全世界盈利最具可预测性的公司”，带有很大的讽刺意义，说明通用电气基本上按照华尔街对每股收益的预期进行盈利报告的。从这个意义上说，通用电气显然是名副其实的“收益平滑化”顶尖高手。

通用电气收益平滑化所使用的伎俩，主要是将非经营性收益与非经营性损失项目相互抵销，从而避免净收益的大幅波动。例如，1993 年通用电气出售一个从事航空设备制造的下属公司的股权，获得 14.03 亿美元的利得后，它立即计提了 10.11 亿元的没有明确用途的秘密准备；1987 年因税务和存货处理方法的改变获得 8.58 亿美元的非经营性收益后，通用电气计提了 10.27 亿美元的秘密准备；1985 年出售煤矿和一家有线电视公司 37%股份获得 5.18 亿美元的利得后，通用电气计提了 4.47 亿美元的秘密准备；1984 年出售小家电和有线电视公司的股权获得 6.17 亿美元的利得后，通用电气计提了 6.36 亿美元的秘密准备；1983 年出售电台和电视的股权获得 1.17 亿美元的利得后，通过电气计提了 1.47 亿美元的秘密准备。可以看出，通用电气的非经营性收益与非经营性损失（秘密准备的对应科目）是相伴而生、身影相随的。通过计提秘密准备，不仅可以避免收益的大幅波动，而且可以在年景不好时通过释放秘密准备增加收益，真可谓一箭双雕，事半功倍。

收益平衡化的另一个典型案例是美国联邦住房抵押贷款公司（Freddie Mac），详见章末附录 2。

（二）低估负债和或有负债

企业贷款或发行债券时，为了证明其财务风险较低，通常有低估负债及或有负债的欲望。典型的做法是：账外账，将负债和或有负债隐匿在关联企业。

三、现金流量粉饰

现金流量粉饰的具体表现形式主要包括：突击制造现金流量、混淆现金流量的类别。

（一）突击制造现金流量

为了使对外报告的利润表显得真实，企业可能在粉饰利润表的同时，对现金流量表进行粉饰。典型做法是突击制造不可持续的现金流量。如在会计期间即将结束前，突击收回关联企业结欠的账款，降价处置存货，低价抛售有价证券，高额融入资金，在会计期间结束前形成现金流入的"高峰"。

（二）混淆现金流量的类别

不同类别的现金流量发出的信号也存在差别。其他条件保持相同的情况下，经营活动产生的现金流入净额越大，意味着企业的利润质量越高。反之，如果企业的现金流量主要来自投资活动或融资活动，则其利润的质量较低。为此，企业为了改变投资者对利润表的"印象"，可能蓄意混淆现金流量表的类别，将投资活动或融资活动产生的现金流量划分为经营活动产生的现金流量①。

四、财务报表粉饰动机与类型的关系

财务报表粉饰的首要动机决定了财务报表粉饰的类型。一般而言，基于业绩考核、获取信贷资金、发行股票和政治目的，会计报表粉饰一般以利润最大化、利润均衡化、高估资产、低估负债和或有负债、虚增经营活动现金流量等形式出现。基

① 例如，IBM 公司在 1999 年第三季度，将出售股权实现的投资收益 40.57 亿美元与该季度处置其他下属子公司的损失 15.46 亿美元相互冲抵，并将差额 25.11 亿美元用于冲抵"销售、一般及管理费用"。这一做法虽然没有改变 IBM 公司的利润总额，但在报表上使其经营利润虚增 25.11 亿美元，使其投资收益虚减 25.11 亿美元。相应地，在现金流量表上，经营活动产生的现金流量虚增了 25.11 亿美元，投资活动产生的现金流量虚减了 25.11 亿美元。又如，世界通信公司（WorldCom）在 2001 年至 2002 年第一季度期间，通过将支付给其他长途电话公司和电脑网络公司的 38.52 亿美元线路租赁费用从经营费用账户转入固定资产和在建工程账户，在虚增 38.52 利润的同时，也使其经营活动产生的现金流量虚增了 38.52 亿美元，详见第九章。

于纳税和推卸责任等目的，会计报表粉饰一般以利润最小化和利润清洗（巨额冲销）、低估资产，高估负债和或有负债、虚减经营活动现金流量等形式出现。

第三节　财务报表粉饰的手法

综观中国证监会和新闻媒体披露的会计造假丑闻，我国上市公司粉饰报表可归纳为12种惯常手法，区分为传统手法和现代手法两大类。

一、传统的财务报表粉饰手法

传统的财务报表粉饰手法，主要包括：提前或推迟确认收入，或者确认虚假的收入；利用虚拟资产高估利润；期间费用资本化；借助股权转让“炮制”利润；高估存货成本少计销售成本；利用其他应收应付款隐瞒亏损或藏匿利润。

（一）操纵收入确认时间或确认虚假收入

利用收入确认粉饰报表的典型手法是提前或推后确认收入、或者确认虚假的收入。收入是指企业在日常经营活动中形成的、会导致所有者权益增加的、与所有者投入资本无关的经济利益的总流入[①]。收入包括销售商品收入、提供劳务收入和让渡资产使用权收入。正确确认企业在某一会计期间的收入是正确核算企业利润的基本条件。对于收入的确认，何时确认，确认多少收入需要大量的职业判断。

《企业会计准则第14号——收入》对收入确认的规范，遵循的是实质重于形式的原则。在商品销售的交易中，该准则要求企业在确认收入时必须同时满足下列五个条件：（1）企业已将商品所有权上的主要风险和报酬转移给购买方；（2）企业既没有保留通常与所有权相联系的继续管理权，也没有对已售出的商品实施有效控制；（3）收入的金额能够可靠地计量；（4）相关的经济利益很可能流入企业；（5）相关的已发生或将发生的成本能够可靠地计量。

在确定劳务收入时，如果在同一会计年度内开始并完成的劳务，应在完成劳务时确认收入。如劳务的开始和完成分属不同的会计年度，在提供劳务交易的结果能够可靠估计的情况下，应当采用完工百分比法确认提供劳务的收入。提供劳务交易的结果能够可靠估计，是指同时满足下列条件：（1）收入的金额能够可靠计量；（2）相关的经济利益很可能流入企业；（3）交易的完工进度能够可靠地确定；（4）交易中已发生和将发生的成本能够可靠地计量。

---

① 财政部2006年2月15日颁布的《企业会计准则第14号——收入》，经济科学出版社2006年版。

收入准则对收入的确认主要着眼于经济实质，然而在实际操作中，存在着许多需要会计人员进行职业判断的余地，也为管理当局进行会计报表粉饰提供了余地。而且，对收入进行粉饰，并不像前面的几种报表粉饰手段，会计准则要求进行披露，较容易进行分析。因此，对收入进行粉饰，一般外部的投资者通过分析会计报表较难发现。

上市公司操纵收入确认的手法，可归纳为9种：（1）寅吃卯粮，透支未来收入；（2）以丰补歉，储备当期收入；（3）鱼目混珠，伪装收入性质；（4）张冠李戴，弯曲分部收入；（5）借鸡生蛋，夸大收入规模；（6）瞒天过海，虚构经营收入；（7）里应外合，相互抬高收入；（8）六亲不认，隐瞒关联收入；（9）随心所欲，篡改收入分配。关于收入确认的具体操纵手法和识别方法，详见第七章。

（二）利用虚拟资产高估利润

所谓虚拟资产，是指已经实际发生的费用或损失，但由于上市公司缺乏承受能力而暂时挂列为待摊费用、长期待摊费用、待处理财产损益等资产科目。广义的虚拟资产，还包括资产潜亏，如潜在的坏账损失、潜在的存货跌价损失、潜在的长期资产（如长期股权投资、固定资产、在建工程和无形资产）的价值减损。利用虚拟资产科目作为“蓄水池”，不及时确认、少摊销或不摊销已经发生的费用和损失，是上市公司粉饰会计报表，虚盈实亏的常用手法。

[案例分析：东北制药的利润制造]

东北制药股份公司就是利用虚拟资产调节利润的“高手”。该公司1996年报告了1 920万元的净利润。年度报告显示，该公司根据当地财政部门的批复，将已经发生的折旧费用、管理费用、退税损失、利息支出等累计约14 000万元挂列为“递延资产”。东北制药公布了这份年度财务报告后，引起投资者一片哗然。如果已经发生的经营费用只要经过当地财政部门的批复，即可通过挂账予以“待摊”或“递延”，那么，上市公司还会亏损吗？最终，东北制药受到证券监管部门的通报批评，并被处以罚款。

财政部为此还专门向各地财政部门发文，明确指出上市公司属于全国性公众公司，其会计处理必须遵循财政部颁布的会计制度和准则，地方财政部门无权对上市公司违反会计制度和准则的会计处理做出批复。

（三）期间费用资本化

根据现行会计制度的规定，上市公司发生的支出必须区分为资本性支出和收益性支出。资本性支出是指能够使上市公司在一个会计年度或一个经营周期以上的期间受益的支出项目，如购置固定资产和无形资产支出。收益性支出是指只能在一个会计年度或一个经营周期以内的期间使上市公司受益的支出项目，如管理费用和销售费用。根据这一要求，上市公司为在建工程和固定资产等长期资产而支付的专项长期借款而支付的利息费用，在这些长期资产投入使用之前，可予以资本化，计入这些长期资产的成本。广告促销支出和研究开发支出，有可能使上市公司在一个以上的会计年度或经营周期受益，从理论上说属于资本性支出，然而，由于广告促销和研究开发支出所能带来的未来经济利益具有很大的不确定性，因此，我国现行会计制度和准则均要求将其当作期间费用，不得资本化。

在实际工作中，一些上市公司滥用利息资本化的规定，或将广告促销和研究开发支出计入资本化项目，蓄意调节利润。

[案例分析："无知无畏"的渝钛白]

渝钛白股份公司公布了1997年度财务报告后，立即在证券市场引起轩然大波，成为万众瞩目的对象，因为负责审计渝钛白股份公司的重庆会计师事务所对该公司的年度会计报表发表了否定意见。这是中国证券市场上第一家被注册会计师出具否定意见审计报告的上市公司。

在编制1997年度会计报表时，渝钛白股份公司将钛白粉工程建设项目建设期间的借款及应付债券利息8 064万元资本化为在建工程成本。重庆会计师事务所的注册会计师审计时发现，钛白粉工程已于1995年下半年开始试产，1996年就已经生产出合格产品，按会计制度规定8 064万元应当计入1997年度的财务费用。重庆会计师事务所要求该公司更正这一违反会计规定的账务处理，将这8 064万元利息支出反映为期间费用，但遭到渝钛白股份公司的"严正拒绝"。经过多次徒劳无益的协商后，重庆会计师事务所的注册会计师被迫出具否定意见的审计报告。上市公司被出具否定意见的审计报告，这在我国上市公司中还是第一次，在国际证券界也是十分罕见的。明知自己公司的财务报表要被发表否定意见，渝钛白管理层竟欣然接受，可谓无知者无畏！

针对渝钛白股份公司上述年度报告，《中国证券报》进行了连续两周的跟踪报道，引起证券监管部门的高度关注。1998年6月30日，该公司召开股东大会，经表决，一致同意按重庆会计师事务所的审计报告调整1997年度会计报表，调整后，该公司1997年度的亏损额由原来的3 879万元增至11 943万元。

（四）借助股权转让"炮制"利润

由于我国的产权交易市场还很不发达，对股权投资的会计规范尚处于起步阶段，有不少国有企业和上市公司利用股权投资调节利润。除了借助资产重组之机，利用关联交易将不良股权投资以天价与关联公司置换股权获取"暴利"外，还有少数上市公司利用利润转投资掩盖虚假投资收益和投资项目合作分成等手段蓄意粉饰会计报表。

此外，近年来一些上市公司迫于利润压力，经常在会计年度即将结束之际，与关联公司签定股权转让协议，按权益法或通过合并会计报表，将被收购公司全年的利润纳入上市公司的会计报表。值得庆幸的是，财政部1998年5月已发布了通知，明确规定股权转让时，收购企业只能从收购之日起以权益法或合并报表的方法确认被收购企业的利润，收购之日前被收购企业实现的利润只能作为收购成本，收购企业不得将其确认为投资收益。这一规定，无疑将抑制国有企业和上市公司利用股权投资调节利润，粉饰会计报表。

（五）高估存货少计销售成本

经营规模较大的上市公司，由于其存货品种繁多，构成复杂，存放地点分散，盘点工作量大，应收账款数量多，难以函证，很容易利用存货和应收账款调节利润，粉饰会计报表。典型做法包括：（1）利用存货难以直接盘点或计量误差，夸大期末存货或存货盘盈，少转主营业务成本；（2）向关联方高价销售商品或提供劳务，夸大主营业务收入，提高销售毛利率；（3）多提存货跌价准备，为未来会计期间拓展盈利空间；（4）空挂应收账款，虚构销售收入；（5）随意改变应收账款账龄结果或坏账准备计提比例，调节利润；（6）全额计提坏账准备，并在收回期间确认为当期收益。

（六）利用其他应收款应付款隐瞒亏损或藏匿利润

根据现行会计制度规定，“其他应收款”和“其他应付款”科目主要用于反映除应收账款、预付账款、应付账款、预收账款以外的其他款项。在正常情况下，“其他应收款”和“其他应付款”的期末余额不应过大。然而，许多上市公司披露的年报显示，“其他应收款”和“其他应付款”期末余额巨大，往往与“应收账款”、“预付账款”、“应付账款”和“预收账款”的余额不相上下，甚至超过这些科目的余额。其所以出现这些异常现象，主要是因为许多上市公司利用这两个科目调节利润。事实上，老练的财务报表使用者已经将这两个科目戏称为“垃圾桶”和“聚宝盆”。

一般而言，“其他应收款”主要用于隐藏潜亏，高估利润，而“其他应付款”主要用于隐瞒收入，低估利润。为此，通过分析这两个科目的明细构成项目和相应的账龄，便可发现上市公司是否利用这两个科目调节利润，粉饰会计报表。

一般而言，其他应收款余额特别巨大可能意味着：（1）关联股东占用了上市公司的资金；（2）变相的资金拆借；（3）隐性投资；（4）费用挂账；（5）或有损失（将贷款担保发生的损失挂账）；（6）误用会计科目。

二、现代的财务粉饰手法

现代的财务报表粉饰手法主要包括：以资产重组为名，行会计造假之实；通过关联交易，不当输送利益；滥用“八项准备”，上演“洗大澡”闹剧；随意追溯调整，逃避监管规定；借助补贴收入，编造经营业绩；利用收购兼并，进行数字游戏。与传统手段相比，现代手段具有粉饰效果立竿见影，粉饰手段没有逾越法律法规界线等特点，因此，其危害性更应当引起报表使用者的高度重视。

（一）以资产重组为名，行会计造假之实

资产重组是上市公司为了优化资本结构，调整产业结构，完成战略转移等目的而实施的资产置换和股权置换。然而，资产重组现已被广为滥用，以至提起资产重组，人们立即联想到做假账。近年来，在上市公司中，资产重组被广泛用于粉饰财务报表。

根据规定，如果上市公司连续三年亏损，其在证券交易所流通的股票或债券将被摘牌。此外，根据中国证监会的规定，上市公司如果要配股，必须符合“最近三年净资产收益率每年均在6%以上”的规定；若要增发，“最近三年平均净资产收益率必须达到10%以上，且最近一年的净资产收益率不得低于10%”。在我国，许多上市公司是通过国有企业局部改组而成的，鉴于上市公司具有很强的融资功能，即使我国已经放弃了沿用多年的“限报家数，总量控制”政策，由审批制改为核准制，上市公司的“壳资源”仍具有很大价值。因此，当上市公司连续两年亏损时，其母公司（在多数情况下是非上市的国有企业）或所在地的地方政府，往往以“资产重组”为名，十分慷慨地向这些陷入困境的上市公司伸出援助之手。

这类资产重组的目的，实际上是转移利润，即由非上市的关联股东将利润转移至上市公司，以达到配股、增发或避免被摘牌的厄运。其典型做法包括：（1）借助关联交易，由非上市的关联股东以优质资产置换上市公司的劣质资产；（2）由非上市的关联股东将盈利能力较高的下属企业廉价出售给上市公司；（3）将亏损子公司高价出售给关联股东；（4）将不良债权和股权出售给关联股东；（5）互购资产，哄抬利润和资产价值；（6）剥离资产和负债。

[案例分析：贱买贵卖的湘酒鬼①]

卖酒的湘酒鬼一直有个心病——应收款余额长年居高不下。为了解决这一心头

① 黄世忠、叶丰滢：“上市公司报表粉饰新动向：手段、案例与启示（上）”，《财会通讯》，2006年第1期。

大患，湘酒鬼致力于资产置换，试图甩掉无望回收的应收款项。尤其是在2003年被戴上ST帽子的前后期间，湘酒鬼更是利用资产置换频繁上演会计把戏，成为利用资产置换操纵利润的一个典型。

2004年12月25日，湘酒鬼发布“重大会计差错调整公告”，将2004年中报中3 351.61万元坏账准备转回的对应科目从管理费用调整到资本公积。这导致该公司2004年半年报由盈转亏，湘酒鬼在2004年实现摘帽的梦想也随之破灭。

上述会计差错的产生源于2004年4月21日该公司与当地国有土地资源管理局的一项土地转让协议以及与国有资产经营公司及湘酒鬼下属的销售公司签订的《债权债务转移协议》。根据这两份协议，湘酒鬼用其下属销售公司三年以上应收账款1.92亿元，抵偿评估作价为2.3亿元的土地使用权。债权债务相抵后，差额0.35亿元由湘酒鬼以现金方式支付给对方。交易完成日，湘酒鬼立即转回了2003年对这些应收款计提的3 351.61万元坏账准备，并将其直接冲减当期的管理费用。这笔分录导致湘酒鬼2004年中报业绩和第三季度季报业绩大幅增加，其股票也于7月8日与10月14日两次涨停。2004年11月底，湘酒鬼就这一账务处理问题专门请示了有关部门，得到的答复是：根据湘酒鬼竞购土地和债权债务转让这两个协议，三年以上的应收款是用以清偿竞购土地产生的负债。因此后一项交易应被视为债务重组，重组债务账面价值与转让应收款账面价值和支付补价之和的差额（正好是3 351万元的坏账准备）计入当期资本公积。迫于无奈，湘酒鬼不得不进行差错调整，使得2004年中报业绩变脸——扭盈为亏，股价连续5个交易日大幅下挫。

其实，早在编制2003年年报时，当时的湘酒鬼为避免连续两年亏损，曾试图不对即将进入置换程序的应收款计提坏账准备。它认为，资产置换虽然在2004年才开始，但置换协议已酝酿成熟，且换入土地使用权价值（即拟换出应收账款的预计可收回金额）高于其账面净值，因而不需要在2003年度继续对这些陈年老账计提准备。针对这一情况，湘酒鬼的注册会计师向有关部门请示能否根据置换双方的协议和董事会决议（因为在2003年度报告公布前，该方案尚未通过股东大会决议），在2003年度对上述3年以上的应收账款不计提坏账准备，结果得到了否定的答案：首先，该资产置换协议尚未经股东大会批准，不对拟换出应收款计提坏账准备于理不通；其次，不论从债务重组的角度还是从非货币性交易的角度出发，换出资产和换入资产的价值都应分开考虑。换出资产（应收款）不可逆转的减值趋势与换入资产（土地使用权）公允价值的大小并无关系。最后，湘酒鬼因为在2003年度计提了这一笔坏账而被冠以ST的帽子。2004年急于摘帽的湘酒鬼又在置换交易完成时对这笔坏账准备作不当处理，这才有了会计差错调整一幕。

湘酒鬼的案例理应让我们对实务中资产置换行为产生高度关注。具体到会计处理上，如何计量换入、换出资产的价值？特殊情况下，如何分辨一项置换该适用非货币性交易准则还是债务重组准则？资产置换会计确认日期如何确定？这一系列问题都值得我们思考。否则，在游戏规则不明的情况下，一旦资产置换与关联交易捆绑出现，其危害指数必然成倍放大。

湘酒鬼案例中另一个值得深思的问题是：为何明显不符合商业逻辑的资产置换能够畅通无阻？在置换交易中，一方拿出的是价值2亿多元的十分稀缺的土地使用权，另一方拿出的却是账龄超过3年、回收无望的应收款项（尽管其账面价值为1.92亿元）。试想，如果不是基于盈余操纵目的，谁愿意以“黄金”换“垃圾”呢？但类似的置换交易在中国证券市场上却大行其道，监管部门和注册会计师对这类缺乏正当商业理由的资产置换却集体失语。这不能不让人产生这样的疑虑：中国到底有没有真正形成对高质量会计审计信息的需求？

（二）通过关联交易，不当输送利益

我国的许多上市公司由国有企业改组而成，过去在实行行政审批制下，股票发行额度十分稀缺，上市公司往往通过对国有企业局部改组的方式设立。股份制改组后，上市公司与改组前的母公司及母公司控制的其他子公司之间普遍存在着错综复杂的关联关系和关联交易。利用关联交易粉饰财务报表，不当输送利益已成为上市公司乐此不疲的“游戏”。

利用关联交易不当输送利益，其主要方式包括：（1）虚构经济业务，人为抬高上市公司业务和效益；（2）采用大大高于或低于市场价格的方式，进行购销活动或资产置换；（3）以旱涝保收的方式委托经营或受托经营，虚构上市公司经营业绩；（4）以低息或高息发生资金往来，调节财务费用；（5）以收取或支付管理费、或分摊共同费用调节利润；（6）隐瞒关联关系，为关联企业提供贷款担保。

[案例分析：“六亲不认”的重庆实业①]

2005年4月底，在2004年报披露的最后一个交易周，随着大量绩差公司业绩的相继亮相，沪深两市最新的“每股亏损王”新鲜出炉——重庆实业（以下简称重实）以每股亏损14.08元创下历年来股市单股亏损新高，并因被注册会计师出具了拒绝表示意见的审计报告而被迅速扣上ST的帽子，股价也从4月19日开始连续5日跌停。

重实2004年年报的合并资产减值准备表显示，该公司共计提了6.6亿元的减值准备，其中由于德隆事件计提资产减值准备共6.3亿元，加上计提的预计负债，德隆事件对重实净利润的影响为－9.5亿元左右。然而，这9.5亿元的利润是如何在一年内蒸发殆尽的呢？

---

① 黄世忠、叶丰滢：“上市公司报表粉饰新动向：手段、案例与启示（上）”，《财会通讯》，2006年第1期。

翻阅重实2001—2003年年报可以发现，一直以来，该公司披露的前四大股东皆为：北京中经四通、重庆皇丰实业、上海万浦精细和上海华岳投资（其中前两家从2000年开始就是该公司的前两大股东），并且声称：他们之间“不存在关联关系”，但事实并非如此。根据重实在2004年6月发布的2003年报补充公告，这前四大股东全部为德隆国际控制的子公司。也是在这份迟到了多年的补充公告中，重实承认“德隆派出的人员占据了我公司董事会大多数席位，德隆已实际控制了我公司董事会”。深交所在2004年7月，对重实这一“六亲不认、隐瞒关联关系”的行径进行了公开谴责。

根据重实的补充公告，至少从2002年开始，重实已经被纳入了德隆系的资金链条。2002年9月至2003年9月，重实依靠德隆系旗下其他控股公司的担保，从各商业银行贷款近4亿元。具体如表2－2所示：

表2－2　　重庆实业的贷款担保链

时间	担保人	担保金额（亿元）	担保方式	担保事项
2002.9.29	新疆屯河	1	连带责任	交行贷款重实1亿元（2.5年期）
2003.10.8		0.25		华夏银行贷款重实0.25亿元（1年期）
2003.11.29		0.4		招行贷款重实0.4亿元（1年期）
2003.5.21		0.2		交行贷款重实0.2亿元（1年期）
2004.3		0.4		建行贷款重实0.4亿元（1年期）
2003.6.20	新世纪金融&北京国创	0.9	连带责任	民生银行的综合授信重实0.9亿元（1年期）
2003.8.28	金新信托	0.2	连带责任	招行贷款重实0.2亿元（1年期）
2004.3.30		0.2		招行贷款重实0.2亿元（1年期）
2003.9.28	金络电子	0.4	连带责任	兴业银行贷款重实0.4亿元（1年期）
合　计	—	3.95	—	—

2003年德隆的资金链条迸裂后，作为其隐秘的关联方——重实开始粉墨登场。表2－3显示了2004年重实的现金流向。

表2－3　　重庆实业的现金流向

使用方式	具体事件	后果	“补救”措施
1.购买股权	现金收购德隆国际及其关联公司控制的“德农种业”83%的股权及“山东农超”99.34%的股权。	现金流出2.6亿	对该长期投资当年全额计提减值准备

续表

使用方式	具体事件	后果	“补救”措施
2. 提供资金	公司董事会通过决议与“德农种业”、“山东农超”签订《资金占用协议》，以公司向“德农种业”、“山东农超”提供资金为名，将23 471万元划到东方网络，该款项实质为德隆国际占用。	现金流出2.3亿	相应的应收款项全额计提减值准备
3. 违规担保	(1) 为德隆国际提供担保2 910万元； (2) 向德隆系的其他关联公司直接输送资金，提供贷款担保或股权质押担保3.5亿元。	潜在的现金流出3.82亿元	计提了几乎等额的预计负债
合　计	—	8.7亿	—

又是在短短一年的时间内，重实向德隆系其他企业的担保、投资和资金输送总额达到8.7亿元——不仅挥霍了4亿元的贷款，而且付出了4.7亿的自有资金。然而，相对于德隆系的资金黑洞，这些开支无异于石沉大海。这直接导致了2004年底6.3亿元减值准备和3.2亿元预计负债的计提。一家上市公司就这样轻易地被它的“穷亲戚们”掏空了。

类似重实这样隐瞒关联关系，通过关联交易、贷款担保、资产置换进行利益输送的上市公司在中国资本市场上为数甚众。在监管方面，中国证监会于2003年8月发布的《关于规范上市公司与关联方资金往来及上市公司对外担保若干问题的通知》(下文简称“通知”)，对规范上市公司与控股股东及其他关联方资金往来，控制上市公司对外担保风险等内容做出规定。“通知”在一定程度上起了遏制和警醒的作用，但由于近年来中国股市“造系”运动盛行，“系”内公司间错综复杂的嵌套式持股结构缠绕成了一张巨大的关联关系网。通过这张网，造系者往往可以轻易地将关联交易“外部化”——通过自己控制的上市公司从银行贷款，再让控制的上市公司相互担保贷款，进行关联交易，编造业绩。不论对投资者、注册会计师和监管者而言，隐性关联交易都是一颗毒瘤。如何防范关联交易“外部化”，如何提高关联交易审计质量，如何遏制上市公司通过关联交易输送利益，已成为能否从根本上提高我国上市公司审计质量的关键问题，其重要性不亚于当前如火如荼的股权分置改革。

(三) 滥用“八项准备”，上演“洗大澡”闹剧

会计制度和准则作为确认、计量和报告经济活动的规范手段，必须与时俱进，

根据宏观经济环境和企业经营模式的变迁，不断作出动态调整和完善。进入20世纪90年代，不论是美国，还是中国，会计制度和准则均发生了巨大变化。美国从90年代中期开始，逐步淡化配比原则，转而以资产负债观作为收益确定基础。我国从1998年开始，要求上市公司计提"四项准备"，2001年进一步升格为"八项准备"，2000年还颁布了"或有事项"准则。这些制度和准则背后所蕴涵的会计思想与美国如出一辙，即只有夯实资产和负债，才能使会计报表上报告的利润真实可靠。

客观地说，中美两国最近几年会计准则和制度的变化极大地提高了会计信息的质量，但准则的变化，难免会被少数上市公司所利用，这或许是准则制定机构始料不及的。当会计准则和制度发生重大变化时，一些过去做假账或采用不稳健会计政策导致资产负债不实的上市公司，往往将其视为千载难逢之机，选择巨额冲销，并巧妙地将巨额亏损归咎于新的会计准则和制度。

2001年开始执行的《企业会计制度》，成为我国少数上市公司进行巨额冲销的借口。以下分析的三个上市公司中，巨额冲销的方式不尽相同，但"功效"却大同小异：通过巨额冲销，消化以前年度的不良或不实资产，为未来期间的盈利营造空间。这方面的典型案例包括深中华、万家乐、济南轻骑，详见第五章。

[案例分析：南方证券带来的尴尬①]

近年来频繁发生的券商倒闭事件从一个侧面戏剧性地展现了上司公司"各取所需"地计提资产减值准备的乱象。表2-4是截至2003年12月31日多家参股南方证券的上市公司计提投资减值准备的情况：

表2-4　上市公司对南方证券计提的投资减值准备差异　（单位：亿元）

股票简称	投资余额	计提情况		年净利润	净资产收益率
		金额	比例		
上海汽车	3.96	3.96	100%	15.16	14.55%
首创股份	3.96	0.59	15%	4.04	9.08%
东电B股	2.20	1.80	82%	6.09	10.14%
四川长虹	1.30	0	0	2.40	1.84%
邯郸钢铁	1.10	0.52	47%	6.26	8.63%
万鸿集团	0.83	0.75	90%	-7.68	N/A
海王生物	0.77	0.23	30%	0.44	2.51%
中原油气	0.49	0.27	55%	5.22	12.16%

① 黄世忠、叶丰滢："上市公司报表粉饰新动向：手段、案例与启示（上）"，《财会通讯》，2006年第1期。

从上表可以清楚地看出，在南方证券生死不明的2003年，对其投资的上市公司依据各自的估计和判断，计提了长期投资减值准备，计提比例迥然不同。譬如，并列为第一大股东的上海汽车和首创股份投资额均为3.96亿元，上海汽车因利润充盈计提了100%的减值准备，而首创股份的计提比例仅为15%；计提比例较高者还有盈利情况较好的东电B股（计提了80%以上的减值准备）和巨亏的万鸿集团（洗大澡似地计提了90%的减值准备）。

当然，减值准备计提额的多少并不仅仅受上司公司当年经营业绩的影响，其他的影响因素还有：经营战略（如上表中忙着筹备去香港上市的海王生物的计提比例也明显偏低）；当地政府的财政压力（如2005年4月底，一家会计师事务所因坚持将某上市公司委托某证券公司购买国债的6 000万元投资款的减值准备计提比率提高到80%，而在该上市公司大股东的重压下惨遭解聘）。

对于资产减值准备的计提，我国会计制度的规定与国际会计准则趋同。但现实中，按资产可回收金额低于账面价值的部分确认减值却很难操作，对计提金额的合理性也难有统一的验证标准，这就滋生了利润操纵空间。从上述案例我们不难看出：减值准备远不是管理层根据准则要求计算出的一个简单数字，其背后隐含着公司经营战略、业绩目标、大股东利益取向、当地政府财政意志和会计师事务所风险把握的较量。

（四）随意追溯调整，逃避监管规定

根据财政部颁布的《会计政策、会计估计变更和会计差错更正》准则，上市公司变更会计政策（包括自愿变更和强制变更）或发生重大会计差错时，必须采用追溯调整法，将会计政策变更的累积影响或重大会计差错的影响数在以前年度进行反映。而对于会计估计变更，则采用未来适用法，将变更的影响数在当期及以后各期反映。财政部颁布的这一准则，与国际准则保持一致。然而，在实际工作中，会计政策变更、会计估计变更和会计差错更正的区分界限有时并不是十分清楚，给一些上市公司滥用这个准则的规定以粉饰其报表提供了机会。典型做法是，故意混淆会计政策与会计估计变更，或者将会计估计变更解释为重大会计差错，滥用追溯调整。

滥用追溯调整的另一种手法是将会计舞弊解释为会计差错，以逃避被监管部门处罚的命运。因为根据规定，上市公司是否连续两年亏损（此时其股票就要实行特别处理）和三年连续亏损（此时其股票就要退市），判断标准以上市公司首次对外报告数为准，不受会计政策变更或会计差错更正的影响。另一方面，如果上市公司发现以前年度存在着会计舞弊，必须进行追溯调整，且是否连续亏损以追溯调整后的利润表为依据。因此，将会计舞弊诠释为会计差错，就可避免其股票被特别处理或退市。

[案例分析：数字游戏的首创股份①]

表2-5列示了首创股份2003年和2004年主要经营业绩指标的对比。

表2-5 首创股份主要经营指标 （单位：万元）

时间	主营业务收入	主营业务利润	利润总额	净利润
2003	23 420	15 516	8 142	6 692
2004	31 275	20 260	52 150	49 046
增长比例	34%	31%	540%	633%

与2003年相比，首创股份2004年的经营业绩简直让人瞠目结舌。在主营业务收入和营业利润仅增长30%左右，补贴收入等非经营性收益基本不变的情况下，净利润竟攀升了6倍多！2005年4月8日，首创股份年报公布的当天，股票市场当即对这一重大利好做出积极反应，首创股份放量涨停。首创股份究竟在2004年发了什么横财？

从首创股份2004年报的如下阐述，我们不难窥视出该公司的"发财秘笈"。

"本公司以3.96亿元投资参股的南方证券股份有限公司因违规违法经营等原因于2004年1月2日被行政接管，据此本公司在2003年度报告中对该项长期投资计提减值准备5 940万元。本着稳健经营的原则，按照财政部《企业会计准则—会计政策、会计估计变更和会计差错更正》规定，公司将长期投资补提减值准备33 660万元，作为重大会计差错处理在本报告期对2003年度长期投资减值准备采用追溯调整法调整，调增了2004年年初长期投资减值准备33 660万元，调减了2004年年初留存收益33 660万元，其中，调减了2004年年初未分配利润28 611万元，盈余公积5 049万元。"

可见，首创股份的奇迹源自对长期投资减值准备的会计"差错"更正。如果剔除这一非常事件的影响，该公司2003年和2004年的利润总额和净利润见表2-6所示：

表2-6 首创股份利润指标 （单位：万元）

会计年度	利润总额	净利润
2003	47 742	46 292
2004	52 150	49 046
增长比例	9.23%	5.95%

① 黄世忠、叶丰滢："上市公司报表粉饰新动向：手段、案例与启示（上）"，《财会通讯》，2006年第1期。

从 540%到 9%，633%到 6%，到底哪个数字才是首创股份经营业绩的真实写照，应当是不言而喻的。首创股份追溯补提资产减值准备的做法近年来被诸多上市公司采用，很有代表性。该案例引出的问题很直接：补提的减值准备能否作为重大会计差错更正追溯调整？资产减值准备的估计误差是作为会计估计变更，还是作为会计差错更正处理？

将补提资产减值准备作为前期差错追溯调整，其合理性值得怀疑。上市公司之所以将以前年度少提的减值准备作为本年度的会计差错，常见的辩解理由是使资产发生减值的事项在以前年度已经发生了，以前年度没有使用已存在的信息或是曲解了已存在的信息。但这一论点在新修订的 IAS 8 中显得苍白无力。IAS 8 明确要求对前期会计差错进行追溯调整，但也规定了追溯调整的“无法实施条款”，包括：(1) 无法确定追溯调整的影响；(2) 采用追溯调整要求对管理层在某个前期的意图做出假设；或 (3) 采用追溯调整要求对金额进行重大估计，且不可能客观地区分与下列估计有关的信息：①该估计提供了关于上述金额被确认、计量或披露日存在事实的证据；②该估计在上述期间的财务报表授权发布时已能做出。可见，在更正前期金额时，“不论是对管理层在某个前期的意图做出假定还是估计其在前期确认、计量或披露的金额，事后聪明都是不可行的。”（IAS 8）而对资产减值准备的计提金额进行追溯调整恰恰就是这样一种被禁止的事后聪明。试问：这些上市公司是怎么根据本期的资产状况精确地估计出其在前期报表发布日该确认多少的减值准备呢？即便能够计算出来，其计算参数也不可避免地包含了对管理层前期意图的主观假定和对计提金额的重要估计。因此，对减值准备计提额的更正采用追溯调整是无法实施的，按照 IAS 8，会计主体应从最早可行的日期开始以未来适用法对其加以调整。

[案例分析：“知错必纠”的 TCL 通讯[①]]

2003 年 3 月 29 日，TCL 通讯公布了整改报告，对高达 15 485 万元的重大会计差错进行追溯调整。调整后，TCL 通讯 2000 年度由盈利 2 632 万元变为亏损 8 356 万元。这份整改报告在当时备受争议，因为该公司 1999 年已出现 17 984 万元的巨额亏损，如果 2000 年再亏损，就要被扣上 ST 的帽子。那么，TCL 通讯此举是否是“先撒谎、后认错”，借以逃避其股票被特别处理的下场呢？

表 2-7 列示了 TCL 通讯 1998—2002 年的经营业绩：

① 黄世忠、叶丰滢：“上市公司报表粉饰新动向：手段、案例与启示（上）”，《财会通讯》，2006 年第 1 期。

表 2-7　　TCL 通讯经营业绩　　（单位：万元）

年份	1998	1999	2000		2001	2002
			（调整前）	（调整后）		
净利润	304	-17 983	2 631	-8 356	2 154	27 638

从上表看，TCL 通讯 1998—2001 年的净利润可谓一波三折。特别是从 1998 年的微利到 1999 年的巨亏，会计数字昭显操纵的巨大可能。这里，我们重点关注 2000 年调整前后的利润数字。TCL 通讯列出的 8 项重大会计差错变更事项是：(1) 2000年及以前年度少计减值准备 6 949 万元及 942 万元；(2) 2000 年度多计收入约 426 万元；(3) 2000 年度及以前年度少转成本 2 265 万元及 350 万元；(4) 2000 年度少计所得税费用 300 万元；(5) 2000 年度及以前年度少计广告费用 1 915 万元及 77 万元；(6) 2000 年度少计研发费用 1 200 万元；(7) 2000 年度未抵销集团内公司间交易的未实现利润，造成多计利润约 840 万元。(8) 2000 年度少计其他费用 221 万元。

上述会计差错累计调减 2000 年度及以前年度利润 1.55 亿元（其中 2000 年度调减 1.4 亿元）。一连串的疑问也随之产生：TCL 通讯进行差错调整的日期是 2003 年 3 月，而差错调整的期间是 2000 年度及以前，对于收入确认、成本费用计量如此重要的会计实务，何以在 2000 年前是一个做法，2001 至 2002 年后又幡然醒悟，准确得分毫不差？就算 2001 年、2002 年采用了正确的收入成本费用确认计量方法，为何不在当时就更正差错，偏偏等到监管部门的四道整改令下达，才痛心疾首地悔过？另外，错报上亿元的 2000 年报是如何通过注册会计师审计的？2003 年的追溯调整又是如何通过注册会计师认定的？

对于所谓的“重大会计差错”，只要是公司管理层检讨认错，就可以不受有关部门的调查和惩处了吗？答案当然是否定的。法律上，犯罪后自首有处罚从宽一说，但从未有就此免责的条款。重大会计差错更正同样应遵从这个基本的道理。否则若上市公司频繁地借会计差错更正之名，行会计舞弊之实——需要的时候先“明知故犯”、再“知错不改”，继而选择适当的时机“痛改前非”，不断“变脸”的对外报告又怎么能够真实地反映其经营业绩呢？

上述案例是将会计舞弊诠释为会计差错的典型。诚然，会计舞弊与会计差错都会导致报表的错报漏报，但二者的区分也是一目了然的。会计舞弊属于故意行为，会计差错属于非故意行为。近年来，越来越多的上市公司之所以频频将显而易见的会计舞弊当作会计差错，在很大程度上源于证券市场上不合理的制度安排。我国的再融资、股票特殊处理、退市和复市，与上市公司首次对外报告的净利润为基础。因会计政策变更、重大会计差错进行的追溯调整，既不影响上市公司经营业绩的连续计算，也不影响再融资和上市资格的认定，但发生会计舞弊的更正时，则必须重新计算经营业绩，重新认定再融资和上市资格。可见，会计舞弊与会计差错具有迥然不同的经济后果。此外，对于会计差错更正，相关的配套规定也不明确。譬如，上市公司在本年度发现上个会计年度存在着重大会计差错，且严重影响了上一会计年度的净利润。股东、高管和员工根据上一会计年度错误的净利润已经分配的股利、奖金和福利，是否也应当进行追溯调整？投资者根据上一会计年度错误的净利润做出的错误决策而遭受的损失，又如何追溯调整？向谁追溯调整？如果不对这些关乎财富公平分配的问题做出明确规定，上市公司必然对会计差错的滥用肆无忌惮。鉴此，相关部门应当对故意混淆会计舞弊和会计差错的行径、对频繁发生重大会计差错的行为加强监管，追究上市公司高管人员的法律责任，切实保护投资者不受会计差错和会计舞弊的侵害。

（五）借助补贴收入，编造经营业绩

出于种种原因，地方政府直接为上市公司提供财政补贴的现象屡见不鲜，有的财政补贴数额巨大，有的补贴没有正当理由，往往是“业绩不够，补贴来凑”。表2－8列示了2004年度20家上市公司的补贴收入及其占利润总额比例的统计资料，这些统计资料足以彰显出名目繁多的政府补贴对上市公司经营业绩的“贡献”程度。

表2－8 2004年补贴收入位居前20名的上市公司 （单位：万元）

序号	公司简称	政府补贴	非经常性损益合计	占非经常性损益的比例	净利润	占净利润的比例
1	首创股份	42 447.01	45 096.84	94.12%	49 045.92	86.55%
2	深高速	14 091.16	13 643.80	103.28%	48 456.40	29.08%
3	TCL集团	12 653.26	20 093.01	62.97%	24 520.51	51.60%
4	长春经开	10 458.69	7 099.89	147.31%	3 999.13	261.52%
5	赣粤高速	8 985.32	6 487.43	138.50%	36 874.93	24.37%
6	东北高速	8 628.00	－13 885.16	－62.14%	－12 547.80	－68.76%
7	巴士股份	8 415.06	7 788.58	108.04%	16 060.63	52.40%
8	福建高速	8 000.00	5 640.68	141.83%	39 494.37	20.26%
9	青岛啤酒	7 558.62	1 112.04	679.71%	27 972.42	27.02%
10	大众交通	6 770.41	7 125.44	95.02%	23 109.79	29.30%
11	中华企业	6 441.86	8 539.46	75.44%	21 618.01	29.80%
12	建发股份	6 246.67	6 410.59	97.44%	30 949.83	20.18%
13	吉林敖东	6 121.28	5 917.14	103.45%	11 684.85	52.39%

续表

序号	公司简称	政府补贴	非经常性损益合计	占非经常性损益的比例	净利润	占净利润的比例
14	东方航空	6 063.68	30 244.83	20.05%	53 634.21	11.31%
15	大地基础	5 937.76	7 059.98	84.10%	1 889.41	314.26%
16	ST 农化	5 345.70	7 375.24	72.48%	796.53	671.12%
17	扬子石化	5 313.01	2 440.32	217.72%	467 859.70	1.14%
18	晨鸣纸业	5 259.16	5 060.11	103.93%	50 372.13	10.44%
19	焦作鑫安	5 000.02	4 588.59	108.97%	85.98	5 815.29%
20	亚泰集团	4 792.51	3 753.31	127.69%	10 585.08	45.28%
	合计	184 529.18	181 592.10	101.62%	906 462.03	20.36%

从上表可以看出，政府补贴对上述20家上市公司经营业绩的创造，功不可没。如果没有政府补贴，长春经开、大地基础、ST农化和焦作鑫安等四家上市公司甚至会发生“业绩变脸”的现象。这种或多或少带有“官商勾结”烙印的粉饰行径，短期内难以得到有效的遏制，使用者在分析财务报表时必须保持警惕，睁开慧眼，才能“雾里看花”。

[案例分析：用心良苦的财政补贴]

1997年新疆某政府给新疆友好（商业零售企业）1 550万元的补贴。该项补贴占该公司税前利润的48%。应当说，地方政府根据国家有关产业政策或从地方经济发展的角度出发，对特定行业的特定企业给予一定的财政补贴是无可非议，但向以零售业为主营业务，且盈利能力不断下降的新疆友好提供巨额补贴就令人匪夷所思了。从该公司1995—1997年三年的净资产收益率分别为10.21%、10.03%、10.47%（当时配股的条件是净资产收益率必须达到10%）的事实以及1998年度顺利实现配股的战略目标，我们不难看出这笔补贴的真实目的，政府的用心良苦可见一斑。

（六）利用收购兼并，进行数字游戏

利用收购兼并进行数字游戏曾被美国证券交易管理委员会（SEC）前主席利维特严加斥责，并被他讥讽为“合并魔术”：

“最近几年，各行各业都通过合并、收购和剥离进行再造。一些收购方，尤其是那些以股票作为收购货币的公司，已经将这样的环境作为从事另一种‘创造性’会计的机遇。我将之称为‘合并魔术’。

我今晚谈的不是权益结合法与购买法的问题。一些公司除了采用购买法（这将导致较低的未来盈利）外，别无选择。但那是一些公司难以容忍的结果。

那么，它们做了些什么？它们将收购价格中越来越多的部分划分为‘未完工’研究与开发支出，因此，你们可以猜测到，这部分金额可以作为‘一次性’费用予以注销，排除了对未来盈利的拖累。同样麻烦的是为未来经营费用设立大额负债以维持未来盈利。所有这些都是以收购为幌子。”①

收购兼并不仅在美国如火如荼，在我国也日趋普遍。在我国，利用收购兼并进行数字游戏常见的手法包括：（1）规避购买法，选用权益结合法；（2）操纵收入和费用确认时间，将被并购公司购买日前的利润转移到购买日后的会计期间②；（3）在购买日前滥用“八项准备”，为购买日后业绩提升埋下伏笔；（4）在购买日前计提大量或有负债，在购买日后冲回或冲减经营费用。

［案例分析：TCL 集团吸收兼并案］

TCL 案例清楚地说明了购买法和权益结合法的选择对经营业绩和财务状况的不同影响。2003 年 9 月 30 日，TCL 集团发布公告，决定以换股合并的方式吸收兼并其拥有 56.7%股份的 TCL 通讯公司，并通过新股发行实现整体上市。TCL 通讯的

---

① 阿瑟·利维特（Arthur Levitt）1998 年 9 月 28 日在纽约大学法律与商务中心发表的题为《数字游戏》演讲。

② 亿安科技就是利用收购兼并操纵购买日前后经营业绩的典型。1999 年 6 月，亿安科技与其第一大股东广东亿安科技发展控股有限公司签订协议，受让后者持有的广东万燕集团 42.19%股权。亿安科技丑闻曝光后，监管部门对亿安科技的稽查发现，万燕集团 1999 年 1—6 月的毛利为 233.13 万元，毛利率为 5.26%，而 7 至 12 月毛利为 2 034 万元，毛利率为 25.74%。为何上下半年差异如此之大？调查表面，亿安科技指示万燕集团以实际支付日为依据来划分上下半年应承担的 1999 年全年中央电视台广告费 3 391.73 万元，由此上半年承担费用为 2 987.46 万元，下半年承担 404.27 万元。可见，亿安科技实际是将万燕集团本应在下半年确认的经营费用提前至上半年确认，从而将万燕集团下半年被高估的利润确认为亿安科技的投资收益。如果不通过这样的操纵，万燕集团上半年确认再多的利润，亿安科技也不能按权益法确认为投资收益，因为财政部当时规定，购买日后的利润才能反映在购买方的财务报表中。

另一个典型案例是琼海德。1999 年 12 月 6 日，琼海德收购了深圳一家房地产开发公司 62%的股权，并将该房地产公司 12 月 6 日至 31 日的利润表纳入合并报表的编制范围。监管部门稽查发现，该房地产公司 1999 年 1 月 1 日确认的收入只有 3 552 万元，占全年收入的 8%，而 12 月 6 日至 31 日确认的收入却高达 40 848 万元，占全年收入的 92%。事后调查表明，琼海德指使该房地产公司伪造所谓的“退房条款”，凡是购买的写字楼和商品房不满意，均可在 1999 年 12 月 5 日退房，并以无法估计退房可能性为由，将 1999 年 12 月 5 日前已出售且办理入住手续的销售收入推迟至 12 月 6 日（购买日）后确认。通过这一“合并魔术”，琼海德将该房地产公司 12 月份最后 26 天的 37 258 万元销售收入和 4 981 万元净利润纳入其合并利润表，占琼海德 1999 年度的销售收入和净利润分别为 92%和 223%。正是通过如此胆大妄为的操纵，琼海德当年才避免了亏损。

8 145万股流通股按每股 21.15 元的价格交换为 TCL 集团的 40 439.6 万股（发行价 4.26 元）。合并于 2004 年 1 月 7 日完成。2003 年年度报告显示，TCL 集团的合并净利润为 57 057 万元，股东权益为 226 338 万元，净资产收益率为 25.21%。TCL 集团采用权益结合法反映了这项吸收兼并，在证券市场和会计界引起激烈争论。

假定 TCL 集团采用购买法而不是权益结合法，2003 年度 TCL 集团的经营业绩会发生什么变化呢？在合并基准日，TCL 通讯的每股账面净资产为 3.07 元，而换股价格为 21.15 元，仅吸收 8 145 万股流通股就将形成 14.73 万元的合并价差，并相应使其股东权益增加 14.73 亿元。假设合并价差的摊销年限为 10 年，则从 2003 年 7 月 1 日起，TCL 集团的净利润将减少 14 730 万元。据此测算，TCL 集团 2003 年度的净利润将由 57 057 万元降至 49 692 万元，而股东权益将由 226 388 增至 366 273 万元，净资产收益率将由 25.21%降至 13.57%，降幅高达 46.17%。

需要说明的是，上述分析仅仅考虑吸收流通股所形成的合并价差。假定 TCL 集团原先并没有持有 TCL 通讯 56.7%的股份，并按相同的换股价吸收 TCL 通讯的全部 18 810 万股股份，则其他条件保持相同，此项吸收兼并将形成约 34 亿元的合并价差。TCL 通讯 1—6 月实现的净利润为 14 518 万元（在购买法下并购日前的净利润不得纳入合并报表），据此测算，2003 年度 TCL 集团的净利润将由 57 057 万元降至 25 539 万元，而股东权益将由 226 338 万元增至 549 338 万元，净资产收益率将由 25.21%降至 4.64%，降幅高达 81.59%！

根据上述模拟情况，TCL 集团还会以同样条件吸收兼并 TCL 通讯吗？答案是，如果允许采用权益结合法，则 TCL 集团照样会吸收兼并 TCL 通讯，因为在这种会计政策下，即使合并价差再大，TCL 集团也无须确认，合并报表的利润并不因此而减少。如果要求采用购买法，TCL 集团肯定会放弃对 TCL 通讯的兼并，因为采用这种会计政策就意味着 TCL 集团完成吸收兼并的当年，净资产收益率还达不到中国证监会规定的配股门槛。整体上市的当年就丧失再融资资格，TCL 集团的股东显然是不能接受的。

可见，在特定情况下，吸收兼并决策主要取决于对购买法和权益结合法的选择，而不是吸收兼并本身能够带来多大的规模效应和协同效应。在这种情况下，会计后果转化为经济后果一点也不足为奇。

第四节　财务报表舞弊和粉饰的识别[①]

科学技术日新月异，能够经得起几百年历史检验的技术和方法为数甚少，复式

① 黄世忠、黄京菁：“财务报表舞弊行为特征及预警信号综述”，《财会通讯》，2004 年第 12 期。

簿记便是其中之一。沿用了500多年的复式簿记之所以长盛不衰，主要在于它所固有的平衡机制和对经济交易和事项来踪去迹无以伦比的解释能力。也正因为这种独特的簿记方法，保持高度审慎的财务报表使用者往往能够发现财务报表舞弊和粉饰的征兆。此外，人类固有的局限（如喜欢显耀的心理、追求享乐的冲动和千虑一失的疏忽大意），注定大多数财务报表舞弊和粉饰会留下蛛丝马迹。这些征兆和蛛丝马迹在会计记录和财务报表上的异常体现，就是所谓的预警信号（Warning Signs）。实践表明，关注预警信号是识别财务报表舞弊和粉饰的有效方法。

一、舞弊的预警信号

按照Albrecht教授的观点（Albrecht，2004），舞弊的预警信号可分为6类：会计异常（Accounting Anomalies）；内部控制缺陷（Internal Control Weakness）；分析性异常（Analytical Anomalies）；奢侈生活方式（Extravagant Lifestyle）；异常行为（Unusual Behaviors）；暗示与投诉（Tips and Complaints）。

（一）会计异常的预警信号

会计异常的预警信号主要包括：(1) 原始凭证不合常规（如凭证缺失、银行调节表出现呆滞项目、过多空白或贷项、收款人或客户名称或地址太普通、应收账款拖欠增加、调节项目增多、凭证篡改、付款雷同、支票二次背书、凭证号码顺序不合逻辑、凭证上字迹可疑、以凭证复印件取代原件）；(2) 会计分录存在瑕疵（如缺乏原始凭证支撑、对应收款、应付款、收入和费用进行未加解释的调整、会计分录借贷不平衡、会计分录由异常人士编制、临近会计期末编制的异常会计分录）；(3) 日记账不准确（如日记账不平衡、客户或供应商的个别账户合计数与控制账户不相等）。

（二）内控缺陷的预警信号

内部控制缺陷的预警信号主要包括：(1) 缺乏职责划分；(2) 缺乏实物资产保护措施；(3) 缺乏独立核查；(4) 缺乏适当的文件和记录保管；(5) 逾越内部控制；(6) 会计系统薄弱。

（三）分析性异常的预警信号

分析性异常类的预警信号主要包括：(1) 未加解释的存货短缺或调整；(2) 存货规格存在背离或废品日增；(3) 采购过度；(4) 借项或贷项通知繁多；(5) 账户余额大幅增减；(6) 资产实物数量异常；(7) 现金出现短缺或盈余；(8) 不合理的费用或报销；(9) 注销费用未及时确认且金额繁多；(10) 财务报表关系诡异（如

收入增加存货减少、收入增加应收账款减少、收入增加现金流量减少、存货增加应付账款减少、在产量增加的情况下单位产品成本不降反增、产量增加废品下降、存货增加仓储成本下降）。

（四）奢侈生活方式的预警信号

奢侈生活方式的预警信号① 主要包括：（1）生活方式与收入水平不相称；（2）豪华的生活方式引人注目（如购买豪宅、名车和名贵珠宝服饰、参加豪华旅游、豪赌等）；（3）生活作风绯闻不断。必须指出，这类预警信号对于识别腐败（Corruption）和挪用资产（Appropriation of Assets）这两种舞弊比较相关，但对于财务报表舞弊的识别能力较低。

（五）异常行为的预警信号

异常行为的预警信号主要包括：（1）失眠、酗酒、吸毒；（2）易怒、猜疑、神经高度紧张；（3）失去生活乐趣，在朋友、同事和家人面前表露出羞愧之情；（4）防御心理增强或动辄与人争执；（5）对审计人员的询问过于敏感或富有挑衅性；（6）过分热衷于推卸责任或寻找替罪羊。

（六）暗示与投诉

暗示与投诉是指企业内外部知情人已匿名或明示的方式，向企业管理层、注册会计师或政府监管部门提供的有关舞弊检举线索。2002 年 10 月，美国特许舞弊审查师学会（ACFE）公布的一份调研报告显示，在 1997—2002 年上半年期间的 603 个重大舞弊案例中，只有 26.9%是通过内外部审计发现的，而通过各种举报发现的比例却高达 46.1%（其中雇员举报 26.3%、客户举办 8.6%、匿名举报 6.2%、卖方举报 5.1%）。可见，关注“有心人”发出的暗示与投诉预警信号，也是发现舞弊的重要途径。

二、财务报表舞弊和粉饰的一般预警信号

与一般舞弊（如行贿受贿和挪用资产等）相比，财务报表粉饰具有四个显著的特点：（1）企业高管层往往牵涉其中；（2）上下串通、内外勾结等群体舞弊司空见

---

① 美国特许舞弊审查师学会（ACFE）将舞弊分为三类：（1）腐败（Corruption，如收受回扣、以权谋私等）；（2）挪用资产（Appropriation of Assets，如贪污现金、盗窃存货等实物资产等）；（3）虚假财务报表（Fraudulent Financial Statements）。奢侈生活方式类的预警信号和异常行为类的预警信号对于识别腐败和挪用资产这两种舞弊比较相关，但对于识别虚假财务报表的能力较差。

惯；(3) 通常以维护企业利益为幌子（至少不像受贿和挪用资产那样赤裸裸地公然损害企业利益）；(4) 造成的损害更具破坏性。根据上述特点，Albrecht 教授提出，财务报表舞弊和粉饰一般预警信号可以从管理层面、关系层面、组织结构和行业层面以及财务结果和经营层面加以识别。而 AICPA 于 2002 年 10 月颁布 SAS 99，则以 Albrecht 教授提出的“舞弊三角论”为基础，从动机（压力）、机会和态度（辩解理由）等角度为注册会计师提供了评估舞弊概率的 42 个风险要素（Risk Factors）[①]。这些所谓的风险要素，实际上就是财务报表舞弊和粉饰的预警信号，只是叫法较为温和。

综合 Albrecht 对舞弊风险预警信号的研究以及 SAS 99 对风险要素的论述，财务报表舞弊和粉饰的一般预警信号可归纳为以下四类。

（一）管理层面的预警信号

发现以下管理层面的预警信号时，表明企业可能存在着财务报表舞弊：(1) 高管人员有舞弊或其他违反法律法规的不良记录；(2) 高管团队或董事会频繁改组；(3) 高管人员或董事会成员离职率居高不下；(4) 关键高管人员的个人财富与企业的经营业绩和股价表现联系过于密切；(5) 高管人员处于达到盈利预期或其他财务预期的压力下；(6) 高管人员对不切实际的财务目标做出承诺；(7) 高管人员的报酬主要以财务业绩为基础（如奖金、股票期权和销售佣金）；(8) 高管人员的决策受制于债务契约，且违规成本高昂；(9) 高管人员过分热衷于维持或提升股票价格；(10) 高管人员对于热衷于税务筹划；(11) 公司重大决策由极少数关键人物（如公司创始人）所左右，且逾越决策程序的独裁现象司空见惯；(12) 高管层对于倡导正直诚信的文化氛围缺乏兴趣；(13) 高管人员经常向下属经营班子下达激进的财务目标或过于严厉的支出预算；(14) 高管层过多地介入专业性很强的会计政策选择、会计估计和会计判断；(15) 高管层频繁接受媒体的采访宣传且对沽名钓誉的活动乐此不疲。

（二）关系层面的预警信号

通过观察企业在处理与金融机构、关联企业、注册会计师、律师、投资者和监管机构的关系时是否存在异常情况，也可对企业是否进行财务报表舞弊做出判断。这些关系层面的预警信号主要包括：(1) 贷款或其他债务契约的限制对企业的经营或财务决策构成重大问题；(2) 银企关系异常（如与异地的金融机构关系过去密切、开设的银行账户众多）；(3) 高管人员或董事会成员与主办银行的高层关系过

---

① 关于这 42 个风险要素在发现财务报表舞弊的有效性，详见章末附录 3。

去密切；(4) 频繁更换为之服务的金融机构；(5) 缺乏正当的商业理由，将主要银行账户、子公司或经营业务设置在避税天堂①；(6) 企业向金融机构借入高风险的贷款并以关键资产作抵押；(7) 企业的经营模式缺乏独立性，原材料采购和产品销售主要通过关联企业进行；(8) 经常在会计期末发生数额巨大的关联交易；(9) 当期的收入或利润主要来自于罕见的重大关联交易；(9) 关联交易明显缺乏正当的商业理由②；(10) 对关联方的应收或应付款居高不下；(11) 企业与其聘请的会计师事务所关系高度紧张或关系过于密切；(12) 企业频繁更换会计师事务所或决绝更换信誉不良的会计师事务所；(13) 企业高管人员向注册会计师提出不合理的要求(如审计时间或审计范围方面的不合理要求)；(14) 企业高管人员对注册会计师审计过程中需要询问的人员或需要获取的信息施加了正式或非正式限制；(15) 企业经常变更为之服务的律师事务所或法律顾问； (16) 企业经常卷入诉讼官司；(17) 企业高管层与股东之间的关系紧张；(18) 企业频繁发行或增发新股、债权，导致投资者抱怨或抵制；(19) 企业高管层与投资银行或证券分析师关系过于密切或紧张；(20) 企业高管层与证券监管机构关系紧张；(21) 企业高管人员或董事会成员在财务报告和信息披露方面受到证券监管机构的处罚或批评；(22) 企业与税务机关税务纠纷不断。

(三) 组织结构和行业层面的预警信号

组织结构和行业层面的主要预警信号包括：(1) 企业的组织机构过于复杂；(2) 企业的主要子公司或分支机构地域分布广泛，且缺乏有效控制和沟通；(3) 缺乏内部审计机构或内部审计人员配备严重不足；(4) 董事会成员主要由内部执行董事或“灰色董事”组成；(5) 董事会的作用过于被动，受制于企业高管层；(6) 未设立审计委员会，或审计委员会缺乏独立性和专业胜任能力；(7) 企业的信息系统薄弱或 IT 人员配备严重不足；(8) 企业所在行业处于成熟或衰退阶段；(9) 企业所在行业竞争加剧，经营失败与日俱增；(10) 企业所在行业技术进步迅猛，产品和技术具有很高的陈旧风险；(11) 在行业一片萧条时，企业的经营业绩一支独

---

① 最典型的当属泰科公司和安然公司。前者甚至将注册地迁往至加勒比海地区，后者则在巴哈马群岛设立了数千个特殊目的实体（SPE）。在我国，避税天堂主要表现为名目繁多的投资开发区、高新技术区、保税区等。我国的许多财务舞弊案（包括臭名昭著的银广夏）就是发生在这类高危地区。

② 我国许多陷入财务困境的上市公司在所谓的资产重组中，也经常与关联方发生缺乏正当商业理由的交易，如由关联方以稀缺的土地资源置换上市公司的陈年老账、滞销的存货或面临淘汰的固定资产。即使这些关联企业是专门从事收破烂的公司，用优质资产置换“垃圾”资产也缺乏正当的商业理由。没有哪个收破烂的公司会做亏本生意。令人遗憾的是，监管部门和注册会计师面对这类明显缺乏正当商业理由的置换游戏往往置若罔闻。无视于缺乏正当商业理由的关联交易所发出的预警信号，财务报表分析必然功亏一篑。

秀[①]；(12) 企业遭受巨额经营损失，面临破产、被敌意收购或其他严重后果[②]；(13) 企业所在行业对资产、负债、收入和成本的确认高度依赖于主观的估计和判断[③]。

(四) 财务结果和经营层面的预警信号

财务成果和经营层面的主要预警信号包括：(1) 报表项目余额和金额变动幅度异常惊人[④]；(2) 收入和费用比例严重失调[⑤]；(3) 报表项目的余额或金额源于一笔或少数几笔重大交易；(4) 会计期末发生"形式重于实质"的重大交易且对当期经营业绩产生重大影响；(5) 经营业绩与财务分析师的预测惊人接近[⑥]；(6) 在连年报告净利润的同时，经营活动产生的现金流量持续入不敷出[⑦]；(7) 企业高度依赖于持续不断的再融资（包括股票和债务融资）才得以持续经营；(8) 对外报告的资产、负债、收入和费用主要建立在高度主观的估计和判断基础之上，且企业的财务状况和经营业绩很可能随着估计和判断基础的变化而严重恶化；(9) 企业对外报告的盈利能力以远高于竞争对手的速度迅猛增长；(10) 企业的主要成本费用率大

---

① 例如，1999—2001 年，美国电信业需求锐减，价格战硝烟四起，AT&T 等电信巨头连续出现亏损，而世界通讯仍一枝独秀，财务报表继续反映高额利润。因为这个缘故，SEC 从 2002 年 3 月开始调查世界通信的会计处理，并引起世界通信内部审计人员的关注，最终揭开了迄今为止最大的财务舞弊案。同样的情况也发生在我国证券市场。2001 年我国的家电行业陷入了空前的不景气，几乎所有家电类上市公司都出现巨亏，但四川长虹和青岛海尔仍然保持盈利。事后的分析表明，这两家上市公司之所以能够在行业出现逆境中报告利润，主要得益于盈余管理。

② 如我国的上市公司面临着股票被特别处理或被停止交易时，其管理层从事财务报表舞弊和粉饰的机率就会大增。

③ 譬如，石油和矿藏采掘行业通常依赖估计和判断来确定储量，并根据对储量的估计确定折耗资产在每个会计期间的折耗额。因此，这类企业通过高估储量以抬升利润的舞弊伎俩特别容易得逞。2004 年 1 月，石油巨头皇家壳牌石油公司承认因高估了将近 40% 的石油储量，导致 2003 年度的折耗被低估了近 2 亿美元。舞弊丑闻曝光后，壳牌石油公司的多名高管人员不得不引咎辞职。

④ 例如，在 20 世纪 80 年代中期轰动美国的 ZZZZ Best 舞弊案中，该公司 1986 年的资产总额比 1985 年增长了 28 倍，流动负债比 1985 年更是增长了 603 倍。该公司的经营结构既未发生重大变化，也没有进行收购兼并，但资产和负债的变动项目却发生了翻天覆地的变化。这一本应引起高度关注的预警信号，居然被一家世界闻名的会计师事务所的注册会计师忽略了，确实令人匪夷所思。在 ZZZZ Best 舞弊案中，投资者损失了超过 1 亿美元的损失。舞弊丑闻败露后，该公司年仅 20 岁的创始人兼首席执行官 Barry Minkow 被判处 25 年徒刑，轰动一时。更为轰动的是，该公司 1986 年末账面上的 504.5 万美元资产总额，变卖所得竟然不足 5 万美元！

⑤ 通化金马堪称为这方面的"典范"，详见第五节。

⑥ 这方面的典型非通用电气（GE）公司莫属。2001 年度，GE 公司因连续 68 个季度对外报告的每股盈利与华尔街财务分析师的预测基本持平或略微超出而荣获"盈利最具可预测性公司"的称号。大量研究表明，GE 公司之所以如此神奇，主要得益于：(1) 发生一次性的重大亏损时，不惜代价以处置资产获得的一次性收益冲抵损失；(2) 获得一次性的重大收益时，巧立名目计提各种准备。正是通过这两种盈余管理手段，GE 公司才得以在过去 17 年塑造出令人羡慕的平滑增长的收益曲线。

⑦ 大唐电信在这方面表现得淋漓尽致，详见第九章。

大低于其竞争对手[①]；(11) 财务报表附注晦涩难懂；(12) 财务报表被注册会计师出具“不干净”意见的审计报告；(13) 企业连续多年通过非经营性收益得以保持盈利记录；(14) 企业经营业绩与其所处的行业地位不相称；(15) 企业经营成功与否高度倚重的产品或服务面临着市场竞争、技术进步、消费偏好或替代品的严峻挑战；(16) 企业财务杠杆高企，处于违反债务契约的边缘；(17) 企业对外报告的经营业绩与内部预算或计划总是保持高度一致，罕有例外情况发生；(18) 企业因经营业绩不佳导致其股票交易持续低迷，面临着被交易所终止交易的风险。

三、财务报表舞弊和粉饰的具体预警信号

从会计角度看，财务报表舞弊和粉饰的作用对象包括销售收入、销售成本、负债和费用、资产和披露等 5 种形式。这 5 种形式的财务报表舞弊和粉饰，其常见的具体预警信号分析如下。

(一) 销售收入舞弊和粉饰的预警信号

收入舞弊的常见预警信号主要包括：(1) 分析性复核表明对外报告的收入太高、销售退回和销售折扣过低、坏账准备的计提明显不足；(2) 在对外报告的收入中，已收回现金的比例明显偏低； (3) 应收账款的增幅明显高于收入的增幅；(4) 在根据收入测算的经营规模不断扩大的情况下，存货急剧呈下降趋势；(5) 当期确认的应收账款坏账准备占过去几年销售收入的比重明显偏高[②]；(6) 本期发生的退货占前期销售收入的比重明显偏高[③]；(7) 销售收入与经营活动产生的现金流入呈背离趋势；(8) 与收入相关的交易没有完整和及时地加以记录，或者在交易金额、会计期间和分类方面记录明显不当；(9) 记录的收入缺乏凭证支持或销售交易未获恰当授权；(10) 最后时刻的收入调整极大地改善了当期的经营业绩；(11) 销售交易循环中的关键凭证“丢失”；(12) 未能提供用以证明收入的原始凭证，或以复印件代替原件的现象屡见不鲜；(13) 未能对银行存款往来调节表或其他调节表上的重大差异项目做出合理解释；(14) 销售收入和现金日记账存在明显的不平衡；

---

① 比如，线路成本是电信公司的最重要成本项目。2001 年度至 2002 年第一季度，世界通信对外报告的线路成本占营业收入的比例平均约为 36.4%，而其主要竞争对手 AT&T 对外报告的线路成本占营业收入的比率却接近 50%。2002 年 6 月 25 日，世界通信承认在这 5 个季度里将 38.5 亿美元的线路成本资本化。剔除这一舞弊因素后，世界通信线路成本占营业收入的实际比率为 51.3%，略高于 AT&T。

② 企业如果计提了巨额的坏账准备，可能意味着其收入确认政策极端不稳健或在以前年度确认了不实的销售收入。相关案例详见第七章第三节。

③ 例如，通化金马 2001 年度被客户“退回”的奇圣胶囊高达 1 亿多元，超过 2000 年度所“售出”2.7 亿元奇圣胶囊的 40%，不得不令人对其 2000 年度销售收入的真实性产生质疑，详见第五节。

(15) 与收入相关的记录（如应收款记录）与询证证据（如函证回函）存在异常差异；(16) 高管层逾越销售交易循环的内部控制；(17) 新客户、异常客户或大客户未遵循惯常的客户审批程序；(18) 高管层或相关雇员对收入或收入异常现象的解释前后矛盾、含混不清或难以置信；(19) 存在着禁止注册会计师接触相关设施、雇员、记录、客户、供应商等有助于获取收入证据的行为；(20) 高管层在收入确认上对注册会计师施加了过分的时间压力；(21) 对注册会计师要求提供的收入相关信息拖延搪塞；(22) 高管层对注册会计师就收入提出的质询做出行为失常的举动（如勃然大怒、威胁利诱等）；(23) 接到客户、雇员、竞争对手关于收入失实的暗示或投诉。

(二) 销售成本舞弊和粉饰的预警信号

销售成本舞弊的常见预警信号主要包括：(1) 分析性复核表明对外报告的销售成本太低后降幅太大、购买退回和购货折扣太高；(2) 分析性复核表明期末存货余额太高或增幅太大；(3) 与存货和销售成本相关的交易没有完整和及时地加以记录，或者在交易金额、会计期间和分类方面记录明显不当；(4) 记录的存货和销售成本缺乏凭证支持或与之相关的交易未获恰当授权；(5) 期末的存货和销售成本调整对当期的经营成果产生重大影响；(6) 存货和销售成本的关键凭证“丢失”；(7) 未能提供用以证明存货和销售成本的原始凭证，或只能提供复印件；(8) 与销售成本相关的会计记录（如购货、销售、现金支付日记账）明显不相勾稽；(9) 存货和销售成本的会计记录与佐证证据（如存货实物盘存记录）存在异常差异；(10) 存货盘点数与存货记录数存在系统性差异；(12) 存货收入报告与存货实收数存在差异；(13) 采购订单、采购发票、存货收入报告和存货记录之间存在着不一致现象；(14) 存货供应商没有出现在经过批准的卖主清单上；(15) 存货丢失或盘亏数量巨大；(16) 采购定单或发票号码被复制；(17) 供应商的身份难以通过信用调查机构或其他渠道予以证实；(18) 高管层逾越与存货和销售成本循环的内部控制；(19) 新的或异常的供货商未遵循正常的审批程序；(20) 存货实物盘点制度薄弱；(21) 高管层或相关雇员对存货和销售成本的解释前后矛盾、含混不清或难以置信；(22) 存在着禁止注册会计师接触相关设施、雇员、记录、客户、供应商等有助于获取存货和销售成本证据的行为；(23) 高管层对注册会计师解决复杂的存货和销售成本问题施加不合理的时间压力；(24) 对注册会计师要求提供的存货和销售成本相关信息拖延搪塞；(25) 高管层对注册会计师就收入提出的质询做出行为失常的举动；(26) 接到知情者关于存货和销售成本不实的暗示或举报。

(三) 负债和费用舞弊和粉饰的预警信号

负债和费用舞弊的常见预警信号主要包括：(1) 期后事项分析表明，在下一会计期间支付的金额属于资产负债表日业已存在的负债，但未加以记录；(2) 存货盘点数超过存货会计记录数；(3) 仓库进出记录表明期末有验收入库的存货，但采购部门未能提供采购发票；(4) 供货商发货声明上载明的金额未体现在会计记录上；(5) 采购金额、数量和条件与询证函存在着重大差异，且未能调节一致；(6) 截止期测试发现大量存货被归属于错误会计期间；(7) 未能提供雇员薪酬个人所得税代扣证明；(8) 有贷款但没有相应的利息支出，或有利息支出但未体现贷款；(9) 有租赁办公场所，但没有相应的租金支出；(10) 在会计期末编制了增加了销售收入、减少了预收货款的重分类分录；(11) 收入会计记录与客户函证存在重大差异；(12) 产品担保支出大大超过担保负债；(13) 客户的回函表明企业与客户签订了回购协议；(14) 将保证金记录为收入；(15) 董事会已批准的贷款在会计记录上未得到体现；(16) 银行回函上载明的贷款没有在会计记录上体现；(17) 有租金支出，但没有租赁负债；(18) 银行对账单上出现巨额的贷项；(19) 董事会会议记录讨论的或有负债没有体现在会计记录上；(20) 向外聘律师支付了大额费用，但未确认任何或有负债；(21) 律师函表明企业可能卷入重大法律诉讼；(22) 监管部门的公函表明企业可能存在重大违法违规行为，但企业既未确认或有负债，也未在附注披露；(23) 企业设立了众多的特殊目的实体，且资金往来频繁；(24) 企业与关联方的资金往来频繁，委托付款或委托收款现象突出；(25) 在收购兼并过程中未预提重组负债和重组费用；(26) 以前期间提取的重组负债在本期被用于冲减经营费用；(27) 对注册会计师要求提供的重要负债和费用相关信息拖延搪塞；(28) 高管层对注册会计师就重要负债和费用提出的质疑做出行为失常的举动；(29) 接到知情者对重要负债和费用不实的暗示或举报。

(四) 资产舞弊和粉饰的预警信号

资产舞弊的常见预警信号主要包括：(1) 缺乏正当理由对固定资产进行评估并将评估增减值调整入账；(2) 频繁进行非货币性资产置换①；(3) 重大资产剥离；(4) 在某个会计期间计提了巨额的资产减值准备；(5) 注销的资产价值大大超过以前年度计提的减值准备；(6) 固定资产、在建工程和无形资产中包含了研究开发费用或广告促销费用；(7) 固定资产和在建工程当期增加额与经过批准的资本支出预

① 比如，从奎斯特 (Qwest) 通信公司在 2004 年初的报表重编中，可以看出该公司在 1999—2001 年期间通过与环球电信公司 (Global Crossing) 和安然宽带公司 (Enron Braodband) 频繁进行光纤电缆的套换交易，不仅虚构了 25.4 亿美元的利润，而且也严重夸大了资产价值，不得不在 2003 年计提了数十亿美元的资产减值准备。

算存在重大差异，且未能合理解释①；（8）缺乏正当理由将亏损子公司排除在合并报表之外；（9）采用成本法反映亏损的被投资单位；（10）经常将长期投资转让给关联方或与关联方置换；（11）频繁与关联方发生经营资产买卖行为；（12）固定资产和无形资产的折旧或摊销政策显失稳健；（13）未能提供重要厂场设备资产和土地资源有效的产权凭证；（14）重大资产的购置或处置未经过恰当的授权批准程序；（15）未建立有效的固定资产盘点制度；（16）高管层或相关雇员对重大资产的解释前后矛盾、含混不清或难以置信；（17）存在着禁止注册会计师接触相关设施、雇员、记录、供应商等有助于获取重大资产证据的行为；（18）高管层对注册会计师解决复杂的资产计价题施加不合理的时间压力；（19）对注册会计师要求提供的重要资产相关信息拖延搪塞；（20）高管层对注册会计师就重要资产提出的质询做出行为失常的举动；（21）接到知情者对重要资产不实的暗示或举报。

（五）信息披露舞弊和粉饰的预警信号

信息披露舞弊的常见预警信号主要包括：（1）因信息披露原因受到证券监管部门或证券交易所的处罚或警告；（2）披露程度历来只达到部门的最低要求，鲜有额外的自愿性披露；（3）会计政策披露晦涩难懂；（4）对收购兼并、或有事项等重大事项的披露过于简明扼要；（5）对重大经营和非经营损失的解释有避重就轻之嫌；（6）财务信息的披露与经营活动的总结相互矛盾；（7）财务信息的披露与公司的对外宣传或新闻媒体的相关报道存在着严重的不一致现象；（8）财务信息披露与董事会会议记录存在重大差异。

第五节　通化金马综合案例分析

通化金马股份有限公司（以下简称通化金马）在2000—2002年期间，利用股权的频繁转让和“奇圣胶囊”的收购和注销，连续上演了一场长达三年的会计数字游戏。尽管通化金马在此期间的财务报表存在着严重的粉饰现象，有些粉饰现象甚至构成财务舞弊（如“奇圣胶囊”的巨额销售退回），财务报表根本不能反映其真实的财务状况和经营业绩。令人遗憾的是，为其审计的会计师事务所竟然没有发现通化金马一些显而易见的舞弊和粉饰行为，在三年内均为通化金马出具了标准无保留意见的审计报告，已构成重大的审计失败，严重误导了财务报表使用者。

---

① 世界通信由于在2001—2002年第一季度将38.5亿美元的线路成本作为资本性支出，导致当期固定资产严重超过资本支出预算数，且未经过董事会或股东大会审批。主管内部审计的世界通信副总裁高度重视这一预警信号，最终揭开了这一惊天舞弊黑幕。

一、公司背景

通化金马是一家主要从事中西成药、生化制剂、营养及保健产品的生产和销售的上市公司。该公司的前身为通化市生物化学制药厂，始建于1990年，是隶属于通化市二道江区的国有企业。1993年2月经吉林省经济体制改革委员会批准，由通化市生物化学制药厂、通化市特产集团总公司、通化市制药厂共同发起，以定向募集方式组建，以每股1元的价格发行内部职工股5 510万股。1997年1月28日，经股东大会批准和吉林省人民政府同意，按1:0.6的比例缩股。1997年4月，经中国证监会批准，向社会公开发行4 000万股，发行价7.23元，并于4月30日在深圳证券交易所上市交易。

表2–9列示了通化金马上市以来的股本结构变动情况。

表2–9　　通化金马股本结构变动情况　　（单位：万股）

时　间	总股本	流通股	国有股	法人股	内部职工股
1997.4.30	12 628.00	4 000.00	1 871.76	3 450.24	3 306.00
1997.12.31	25 256.00	8 000.00	6 551.52	4 092.48	6 612.00
1999.12.31	29 934.42	10 400.00	6 846.34	4 092.48	8 595.60
2000.12.31	44 901.63	18 995.60	6 846.34	4 092.48	—
2001.5.28至2002年	44 901.63	28 493.40	10 269.51	6 138.72	

注：1. 1997年6月实施资本公积转增股本方案，10转增10；2. 1999年11月实施配股方案，10股配3股，配股价6.80元；3. 2000年4月内部职工股上市流通；4. 2001年5月实施10送3转增2派7的方案。

通化市三利化工有限责任公司从1997年公司上市以来，一直是公司的第四大股东。1999年12月31日止，该公司持有通化金马1 623.48万股普通股，股份比例为5.42%。通化市三利化工有限责任公司由自然人闫永明和邓娇组成的有限责任公司，注册资本为46 000万元人民币，其中闫永明占96%，主要经营化工原料、五金、建筑材料的销售。2000年4月13日，通化市三利化工有限公司与第三大股东通化金鑫纸制品厂签署股份转让协议，受让其持有的2 100.36万股通化金马法人股，以3 723.84万股的持股量成为第二大股东。2000年7月12日，通化市三利化工有限公司与通化金马原第四大股东通化市中兴建筑安装公司签订协议，受让了后者持有的全部通化金马的股份230.4万股法人股，使持股量增至3 954.24万股，持股比例达13.20%，以微弱多数成为了通化金马第一大股东。

表2–10列示了截至2002年12月31日，通化金马的十大股东及其持股情况。

表 2-10 通化金马十大股东持股情况

股 东 名 称	持股数（万股）	持股比例	备 注
1. 通化市三利化工有限责任公司	5 931.36	13.21%	法人股（被冻结）
2. 通化市二道江区国有资产经营公司	5 867.97	13.07%	国有股
3. 通化市特产集团总公司	4 401.54	9.80%	国有股（被冻结）
4. 通化市石油工具厂	207.36	0.46%	法人股
5. 北京巴菲特国际贸易有限公司	47.75	0.11%	流通股
6. 吴冬阳	41.00	0.09%	流通股
7. 梁伟平	37.41	0.08%	流通股
8. 湖南省财信物资贸易有限公司	30.00	0.07%	流通股
9. 张泽保	27.78	0.06%	流通股
10. 普丰证券投资基金	26.92	0.06%	流通股

表 2-11 列示了通化金马 1999—2002 年董事、监事和高级管理人员的变动情况。

表 2-11 通化金马董事、监事及高级管理人员变动情况

1999 年		2000 年		2001 年		2002 年	
姓 名	年龄	姓 名	年龄	姓 名	年龄	姓 名	年龄
董事：		董事：		董事：		董事：	
张守斌①	44	闫永明①	29	刘立成①	47	刘立成①	48
刘凤阁	43	张致远	39	闫永明	30	吴成玉	52
李永喜	47	兰守庆	48	杜纬经	46	孙宝祥	49
孙林梅	41	赵卿全	28	孙焕忠	56	王伟杰	49
董 志	35	王洪佳	26	赵卿全	29	石胜利	45
石胜利	43	监事：		监事：		独立董事：	
魏振霖	53	李 菊②	34	李 菊②	35	刘彦琴	47
卢忠奎	42	马旭东	28	马旭东	29	邹德民	57
孙洪武	32	赵 飞	37	赵 飞	38	监事：	
律 津	37	高管人员：		高管人员：		李 菊②	36
张致远	38	刘立成③	46	陈志聪③	42	张德举	35
刘 煜	30	刘 煜	31	余锦旺	29	张怀超	42
张 颖	43	祁海坤	48	高富贵	59	高管人员：	
樊 牧	39	董秘：		李永强	37	刘立成③	48

续表

1999 年		2000 年		2001 年		2002 年	
姓　名	年龄	姓　名	年龄	姓　名	年龄	姓　名	年龄
监事：		邓金昌	59	刘兴堂	60	余锦旺	30
王兴亚②	61			孙宝祥	48	刘　锷	46
马旭东	28			王亚东	60	张海龙	40
赵铁奎	35			潘　富	47	董彦财④	48
高管人员：				董秘：		董秘：	
张守斌③	44			邓金昌	60	贾伟林	37
张国忠	29						
董秘：							
邓金昌	58						

注：①董事长、法定代表人，其中，闫永明为通化三利化工有限责任公司法定代表人闫永生之弟，杜伟经、孙焕忠、赵卿全、赵飞、马旭东均由该公司提名并获任命。②监事会主席；③总经理；④财务负责人。

表 2－12 列示了 1997—2002 年度通化金马的主要会计数据和财务指标。

表 2－12　　通化金马主要会计数据和财务指标

项　　目	2002 年	2001 年	2000 年	1999 年	1998 年	1997 年
主营业务收入（万元）	16 099.5	10 043.4	50 418.7	28 490.9	27 098.7	24 107.1
净利润（万元）	1 641.7	－58 412.5	24 191.4	8 134.6	6 568.4	6 961.3
总资产（万元）	153 078.6	146 913.8	225 783.9	133 315.3	87 082.9	74 407.2
股东权益（万元）	48 869.1	47 227.4	105 639.8	102 402.5	61 627.1	55 058.7
每股收益（摊薄）（元）	0.037	－1.301	0.809	0.271	0.260	0.276
每股收益（加权）（元）	0.037	－1.511	0.809	0.317	0.260	0.299
扣除非经营性损益后的每股收益（元）	－0.110	－0.725	0.683	0.20	0.191	0.241
每股净资产（元）	1.088	1.05	3.53	3.42	2.44	2.18
调整后每股净资产（元）	0.974	0.93	3.38	3.28	2.30	2.14
净资产收益率	3.41%	－123.68%	22.90%	7.94%	10.65%	12.64%
净资产收益率（加权）	3.41%	－76.50%	21.13%	9.91%	11.26%	18.76%
每股经营活动产生的现金流量净额（元）	0.162	－1.649	0.656	－0.269	－0.249	N/A

图 2-2 列示了通化金马上市以来的股价走势。

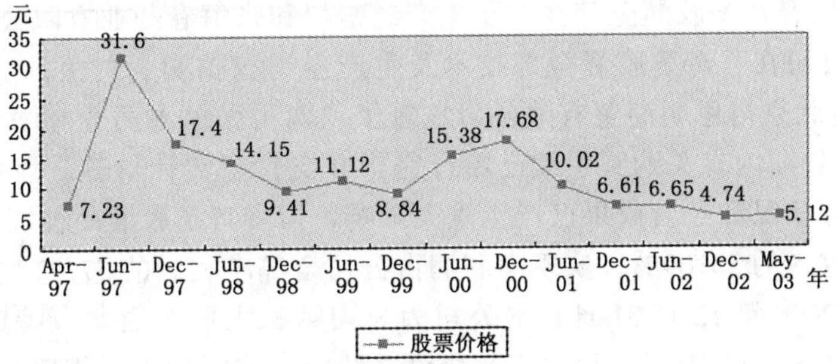

图 2-2 通化金马股价图

二、董事会报告及重要事项节录

(一) 2000 年度董事会报告及重要事项节录

董事会报告节录

1. 公司经营情况。(1) 2000 年是公司组建以来发生重大变化的一年，由国有控股转为民营控股，公司决策层和经营层发生重大人事变更……通过开展资本运营扩大了主营业务范围，培育了新的利润增长点，公司主营业务的经营保持大幅度。2000 年公司主营业务收入 50 418.7 万元，比上年增长 76.97%，实现利润总额 31 774.6万元，比上年增长 175.23%，实现净利润 24 191.5 万元，比上年增长 197.39%。(2) 公司主要全资附属企业及控股子公司的经营情况及业绩。芜湖张恒春药业有限公司，系控股子公司，本公司拥有 97%股权。该公司主要从事中成药加工和销售。2000 年 10 月本公司控股后，该公司依靠通化金马强大营销网络重点推出奇圣胶囊药品，实现营业收入 24 749.7 万元，利润总额 21 682.2 万元。

2. 配股募集资金投向变更情况。经公司 2000 年第二次临时股东大会审议通过，决定延缓实施用配股募集资金投资 22 077.99 万元进行的《重组人血清白蛋白冻干粉针技术改造项目》，将投资进行调整，用于购买恒春奇圣胶囊全部技术及生产经销权和购买张恒春药业有限公司股权。总投资 34 466.8 万元（购买奇圣胶囊 31 800 万元，购买张恒春药业股权 2 666.8 万元），其中用变更投向的配股募集资金投资 22 077.99 万元，用企业自筹资金投资 12 388.81 万元。

重要事项节录

1. 报告期内公司控股股东发生变更，公司原第四大股东通化市三利化工有限公司由于受让本公司法人股成为本公司第一大股东。由于调整公司董事会董事组成人数和工作变动原因，原 15 名董事之中的 14 名不再担任董事职务，选举产生了新一届董事会成员。报告期内公司总经理发生变更，董事会秘书没有变更。

2. 购买恒春奇圣胶囊全部技术及生产经销权和张恒春药业有限公司股权。2000年9月1日公司在“奇圣胶囊全部技术及生产经销权拍卖会”上，以3.18亿元竞买成功①。与北京裕思明商贸有限公司签署了“购买张恒春药业有限公司股权转让协议书”。报告期内有关购买手续已履行完毕并支付了转让价款。该购买事项对公司本年度财务状况和经营成果已产生重大影响，恒春奇圣胶囊品种实现的销售收入占公司全部收入的55.09%，实现净利润占公司全部净利润的57.93%。

3. 截至2000年12月31日，本公司为公司第三大股东通化市特产集团总公司累计提供资金632.09万元，根据借款协议之约定，按同期银行贷款利率计息。

4. 公司于2000年10月16日至10月17日在公司所在地吉林省通化市召开了“奇圣胶囊销售代理招商大会”，与全国176家医药经销单位签订了“奇圣胶囊经销协议”，总金额14.85亿元，其中现款现货2.15亿元，预售12.7亿元。在高交会医药高新技术成果拍卖会上，奇圣胶囊区域经销拍卖总金额1 450万元，其中新马泰地区总经销490万元。

5. 报告期内本公司国有股东通化市二道江区国有资产经营公司，国有法人股股东通化市特产集团总公司分别与通化市三利化工有限公司签署了股权转让协议草案，拟将国家股29 580 606股和国有法人股29 343 600股以协议转让方式进行转让，该转让事项已报国家财政部待批。

（二）2001年度董事会报告及重要事项节录

董事会报告节录

1. 经营状况。2001年下半年，公司领导层处于动荡状态中。决策层第二次发生人事变动，董事会5名成员相继离任，继之由于中止国家股转让，董事长又发生变化。在决策层变动同时，经营管理层全面进行了调整。决策层和经营管理层人事变动，造成了重大经营决策滞后，经营管理偏松，销售队伍波动，在一定程度上影响了年度经营计划的完成；2001年公司主打产品奇圣胶囊，由于市场运作不利，销路不畅，致使本年度经营业绩较上年出现较大幅度下降。公司新董事会组建后，按照上市公司治理规范性法规要求，为规范公司行为，防范经营风险，保持持续发展能力，对公司资产全面进行核实清理，并本着谨慎原则对清理出现的问题进行了

① “奇圣胶囊”价值几何？2000年9月28日，安徽华普会计师事务所出具了以2000年8月31日为资产评估基准日的《芜湖张恒春药业有限公司拟进行资产减资项目资产评估报告书》，明确指出评估范围不包括无形资产——奇圣胶囊的行为权利（账面价值为1 245.14万元）。从这里可以看出，“奇圣胶囊”的账面价值仅仅为1 245.14万元，因为张恒春药业有限公司刚刚经过改制，账面价值可以说较好地反映资产的资产价值。然而仅仅在两个月之后上海长信会计师事务所有限公司以2000年10月31日为评估基准日就将“恒春奇圣胶囊之全部技术及生产经销权”评估为人民币4.43亿元，增值了35.58倍。

处理，导致出现重大亏损。出现重大亏损的原因：

(1) 公司主打产品“奇圣胶囊”，由于市场运作不利，销路不畅，上年度以及本年上半年部分已销售的“奇圣胶囊”药品出现销售退回，冲减了本期营业收入，致使2001年度营业收入大幅下降。

(2) 由于“奇圣胶囊”销路不畅，出于谨慎考虑，将购买“奇圣胶囊”全部技术及生产经销权的无形资产全额提取减值准备，是致使2001年度出现亏损的重要原因。

(3) 出售深圳市同安药业有限公司77.8%股权形成的亏损。

2. 主要控股公司的经营情况及业绩。芜湖张恒春药业有限公司，系控股子公司，本公司拥有97%股权。该公司主要从事中成药加工和销售，国家确定的56家重点中药厂之一。主要产品有三个国家中药保护品种“恒制咳喘胶囊”、“黄杨宁片”、“全龟胶囊”，一个国家级新药“断血流胶囊”。注册资本2 600万元，2001年实现营业收入6 697万元，利润4 636万元。

重要事项节录

1. 报告期内公司出售资产情况：(1) 报告期内出售持有的深圳市同安药业有限公司77.8%股权，亏损5 300万元。该事项对公司本年度经营成果有一定影响。(2) 报告期出售公司持有的东北证券有限责任公司6 000万股股权（占东北证券有限责任公司总股本的5.9%），出售股权价款7 000万元，收益1 000万元（2002年1月相关手续办理完毕）。

2. 重大关联交易：(1) 截至2001年12月31日本公司为第一大股东通化市三利化工有限公司提供资金108 800 000元。(2) 截至2001年12月31日本公司为第三大股东通化市特产集团总公司提供资金23 160 897.46元。

3. 重大担保事项。公司为控股子公司芜湖张恒春药业有限公司在人民币一亿元以内流动资金贷款进行担保，期限三年。

4. 重大借款事项。北京飞震广告有限公司长春分公司占用资金3.8亿元。北京飞震广告有限公司授权北京飞震广告有限公司长春分公司与本公司签署《资金借款协议》，根据协议之约定，北京飞震广告有限责任公司长春分公司在2002年内归还所有的欠款并定期支付收到的资金孳生利息，因借款引起的纠纷和相关事宜由北京飞震广告有限公司负责。

5. 股东承诺事项。2000年4—5月，通化市二道江区国有资产经营公司和通化市特产集团总公司分别与通化市三利化工有限公司签署了股权转移意向协议，拟将国家股和国有法人股股权进行协议转让，并呈国家财政部审批。2001年10月，通化市人民政府根据通化市经济发展的需要，决定中止国家股股权转让事宜，原签署的股权转让意向协议废止。

6. 或有事项。截至本会计报表签发日（2002年4月21日），公司全资子公司通化神源药业有限公司为本公司第三大股东通化市特产集团总公司向中国农业银行通化市分行营业部 1 526 万元贷款本金提供担保并承担连带清偿责任。上述贷款已于 2000 年 12 月 25 日到期，到期日通化市特产集团总公司无清偿能力。截止 2001 年 9 月 20 日，通化市特产集团总公司尚欠中国农业银行通化市分行营业部本息 549.7 万元，吉林省高级人民法院于 2001 年 9 月 9 日划走通化神源药业有限公司 271 万元，通化神源药业有限公司对 2001 年 9 月 20 日以后孳生的利息继续承担连带清偿责任。

（三）2002 年度董事会报告及重要事项节录

董事会报告节录

1. 管理层讨论与分析。2001 年 10 月，本公司控股地位由民营控股转为国有控股，新的董事会组建以来，公司在本地各级政府的支持下，努力消化亏损带来的不利影响，调整充实经营管理人员，克服行业不规范竞争等不利因素，初步扭转了被动的经营局面。

2. 主要控股公司的经营情况及业绩。芜湖张恒春药业有限公司，系控股子公司，本公司拥有 97%股权。该公司主要从事中成药加工和销售，国家确定的 56 家重点中药厂之一。主要产品有三个国家中药保护品种“恒制咳喘胶囊”、“黄杨宁片”、“全龟胶囊”，一个国家级新药“断血流胶囊”。注册资本 2 600 万元，2002 年实现营业收入 2 967.18 万元，利润 799.7 万元。

重要事项节录

1. 重大关联交易事项：（1）截至 2002 年 12 月 31 日，本公司为第一大股东通化三利化工有限公司提供资金 108 800 000.00 元。（2）截至 2002 年 12 月 31 日，本公司为第三大股东通化市特产集团总公司提供资金 23 160 897.46 元。（3）本年度公司与第二大股东二道江区国有资产经营公司进行资产置换。

2. 重大资产置换。2002 年 10 月 16 日，本公司与第二大股东通化市二道江区国有资产经营公司签订了《重大资产置换暨关联交易协议》，拟将本公司部分应收账款、部分其他应收款（经评估的上述两项资产价值合计 40 963.36 万元）与第二大股东拥有的位于通化市境内“老太沟”、“枯龙杨树沟”、“猪场后山”、“正沟沟里”、“正沟”的总面积为 819.5 公顷林地资产及 49 287 立方米林木资产（经评估的上述两项资产价值 41 005.31 万元）进行置换，置换差额 41.95 万元由本公司以现金补付给二道江区国有资产经营公司。此协议及有关方案经本公司四届十九次董事会会议通过。相关资料经中国证监会审核同意，2002 年 12 月 30 日由本公司 2002 年度第二次临时股东大会审议通过，相关产权过户手续已办理完毕。

3. 重大担保事项。公司为控股子公司芜湖张恒春药业有限公司在人民币一亿元以内流动资金贷款进行担保，期限三年。

4. 重大借款事项。北京飞震广告有限公司长春分公司占用资金 3.1 亿元。该公司已经与本公司签署《资金借款协议》，根据协议之约定，北京飞震广告有限公司长春分公司将在 2003 年内偿还本公司上述欠款。

5. 批评情况。2002 年 7 月 2 日，深圳证券交易所对本公司信息披露违规行为公开谴责，违规行为如下：（1）2001 年度出售持有的深圳同安药业有限公司的全部股权，发生 5 340.7 万元的净亏损，本公司对该重大事项信息披露存在重大遗漏。（2）2001 年向北京飞震广告有限公司提供资金 3.8 亿元，本公司对该重大事项没有及时履行信息披露义务。（3）2001 年向第一大股东通化三利化工有限公司提供资金 1.09 亿元，本公司对该关联交易没有及时履行信息披露义务。

公司董事会接到该文件后非常重视，于 7 月 5 日立即发布致歉公告如下：

上述问题，由于 2001 年公司决策层和经营管理层处于重大人事变动状态，导致信息渠道不畅通，一些相关信息没能及时履行信息披露义务及存在重大遗漏，在此向广大投资者表示歉意。

公司新董事会成立后，对信息披露工作十分重视，已进一步完善了相关制度。深圳证券交易所对公司在信息披露方面的公开谴责，将极大地促进公司在信息披露方面规范化建设。

三、财务报表及其附注节录

表 2－13 至表 2－15 列示了经过会计师事务所注册会计师审计并发表标准无保留审计意见的合并资产负债表、合并利润表、合并现金流量表。

表 2－13　　**通化金马合并资产负债表**（资产方）　　（单位：元）

资产项目	2002 年 12 月 31 日	2001 年 12 月 31 日	2000 年 12 月 31 日
流动资产：			
货币资金	9 432 732.81	30 978 388.70	657 803 639.88
短期投资	200 000.00	—	—
应收票据	515 000.00	—	—
应收股利	—	—	—
应收利息	—	—	—
应收账款	133 670 496.11	401 665 107.80	510 054 161.89
其他应收款	524 812 161.14	578 580 322.99	125 601 879.21
预付账款	58 033 327.05	39 084 228.08	172 882 003.01
应收补贴款	81 689 860.69	81 689 860.69	81 251 215.12
存货	86 822 080.62	118 574 573.29	70 046 852.24
待摊费用	9 262.84	81 728.77	236 617.15

续表

资产项目	2002年12月31日	2001年12月31日	2000年12月31日
一年到期的长期债权投资	—	—	—
其他流动资产	—	—	—
流动资产合计	895 184 921.26	1 250 654 210.32	1 671 876 368.50
长期投资：			
长期股权投资	7 141 899.98	453 051.95	60 826 748.96
长期债权投资	—	—	—
长期投资合计	7 141 899.98	453 051.95	60 826 748.96
固定资产：			
固定资产原值	250 977 786.91	243 695 211.54	269 935 645.41
减：累计折旧	64 115 828.69	52 831 075.80	54 871 309.21
固定资产净值	186 861 958.22	190 864 135.74	215 064 336.20
减：固定资产减值准备	18 561 757.20	18 561 757.20	—
固定资产净额	168 300 201.02	172 302 378.54	215 064 336.20
工程物资	—	—	—
在建工程	12 395 519.06	6 253 225.58	10 343 991.47
固定资产清理	—	—	—
固定资产合计	180 695 720.08	178 555 604.12	225 408 327.67
无形资产及其他资产			
无形资产	37 710 437.109	39 356 984.50	353 256 254.61
长期待摊费用	—	118 259.12	471 615.95
其他长期资产	410 053 057.70	—	—
无形资产及其他资产合计	447 763 494.79	39 475 243.62	353 727 870.56
递延税项：			
递延税款借项	—	—	—
资　产　总　计	1 530 786 036.11	1 469 138 110.01	2 257 839 315.69

表2-13（续）　　通化金马合并资产负债表（负债及权益方）　　（单位：元）

负债及权益项目	2002年12月31日	2001年12月31日	2000年12月31日
流动负债：			
短期借款	903 850 000.00	924 480 000.00	619 529 000.00
应付票据	—	—	40 000 000.00
应付账款	31 045 580.26	19 685 172.18	44 714 676.13

续表

负债及权益项目	2002 年 12 月 31 日	2001 年 12 月 31 日	2000 年 12 月 31 日
预收账款	21 735 644.36	6 486 479.06	18 541 258.72
应付工资	—	—	2 291 360.30
应付福利费	－1 154 178.10	－841 222.39	253 309.25
应付股利	10 269 085.53	10 269 085.53	228 724 635.69
应交税金	20 323 344.40	2 828 379.75	182 758 584.99
其他应交款	358 632.16	510 519.31	2 942 229.28
其他应付款	53 563 047.18	23 235 830.74	37 966 230.13
预提费用	—	6 430 712.25	35 400.00
预计负债	—	—	—
一年内到期的长期负债	—	—	—
其他流动负债	—	—	—
流动负债合计	1 039 991 155.79	993 084 956.43	1 177 756 684.49
长期负债：			
长期借款	—	1 000 000.00	3 200 000.00
应付债券	—	—	—
长期应付款	—	—	—
专项应付款	—	—	—
其他长期负债	—	—	—
长期负债合计	—	1 000 000.00	3 200 000.00
递延税项：			
递延税款贷项	—	—	—
负债合计	1 039 991 155.79	994 084 956.43	1 180 956 684.40
少数股东权益：			
少数股东权益	2 103 764.55	2 779 089.97	20 483 874.63
股东权益：			
股本	449 016 276.00	449 016 276.00	299 344 184.00
减：已归还投资	—	—	—
股本净额	449 016 276.00	449 016 276.00	299 344 184.00
资本公积	389 223 611.07	389 223 611.07	449 092 448.07
盈余公积	134 317 002.84	133 117 477.35	129 040 472.67
其中：公益金	44 778 536.81	44 378 694.98	43 019 693.42
未分配利润	－483 865 774.14	－499 083 300.81	178 921 651.83
股东权益合计	488 691 115.77	472 274 063.61	1 056 398 756.57
负债及股东权益总计	1 530 786 036.11	1 469 138 110.01	2 257 839 315.69

表 2-14　　通化金马合并利润表　　(单位：元)

项　　目	2002 年度	2001 年度*	2000 年度
一、主营业务收入	160 995 393.85	100 434 798.04	504 187 311.57
减：主营业务成本	39 433 527.32	30 474 289.83	70 476 515.54
主营业务税金及附加	2 462 161.63	2 029 132.69	8 085 664.32
二、主营业务利润	119 099 704.90	67 931 375.52	425 625 131.71
加：其他业务利润	-135 615.31	-243 714.87	349 981.19
减：营业费用	62 013 764.67	213 004 648.26	60 281 507.96
管理费用	47 869 687.34	154 700 368.37	62 410 945.04
财务费用	29 660 166.17	34 277 926.61	42 806 585.23
三、营业利润	-20 579 528.59	- 334 295 282.59	260 476 074.67
加：投资收益	41 034.51	-32 291 440.98	5 324 906.72
补贴收入	37 250 000.00	91 175 200.00	42 806 585.23
营业外收入	405 881.60	821 925.67	10 604 996.29
减：营业外支出	370 941.50	301 338 458.88	1 058 343.31
四、利润总额	16 664 377.00	- 575 928 056.78	317 746 853.77
减：所得税	—	7 016 237.43	70 378 242.33
少数股东损益	247 324.84	1 180 398.75	5 453 689.50
五、净利润	16 417 052.16	- 584 124 692.96	241 914 921.94

* 通化金马披露的 2001 年上半年度财务报告显示，1—6 月主营业务收入为 20 561 万元，净利润为 6 154 万元。

表 2-15　　通化金马合并现金流量表　　(单位：元)

项　　目	2002 年度	2001 年度	2000 年度
一、经营活动产生的现金流量：			
销售商品、提供劳务收到的现金	177 211 035.16	154 902 472.69	514 146 801.97
收到的税费返还	—	—	11 154 500.80
收到的其他与经营活动有关的现金	137 708 350.69	126 146 385.14	12 417 396.64
现金流入小计	314 919 385.85	281 048 857.83	537 718 699.41
购买商品、接受劳务支付的现金	67 129 710.74	38 661 406.74	58 904 277.28
支付给职工以及为职工支付的现金	13 285 228.90	15 312 928.78	15 312 719.45
支付的各项税费	22 974 487.97	243 148 586.14	114 147 739.33
支付的其他与经营活动有关的现金	138 825 428.40	724 266 389.07	153 200 002.86
现金流出小计	242 214 856.07	1 021 389 310.73	341 564 738.92
经营活动产生的现金流量净额	72 704 529.78	-740 340 452.90	196 153 960.49

续表

项　　目	2002 年度	2001 年度	2000 年度
二、投资活动产生的现金流量			
收回投资所收到的现金	—	74 389 297.21	42 385 800.00
取得投资收益所收到的现金	—	3 840 000.00	—
处置固定资产、无形资产和其他长期资产而收回的现金净额	30 000.00	27 000.00	333 110 000.00
收到的其他与投资活动有关的现金	—	—	—
现金流入小计	30 000.00	78 256 297.21	375 495 800.00
购置固定资产、无形资产和其他长期资产所支付的现金	17 305 442.56	16 410 941.12	360 488 538.62
投资所支付的现金	—	—	85 868 000.00
支付的其他与投资活动有关的现金	—	—	—
现金流出小计	17 305 442.56	16 412 941.12	446 356 538.62
投资活动产生的现金流量净额	– 17 275 442.56	61 845 356.09	– 70 860 738.62
三、筹资活动产生的现金流量			
吸收投资所收到的现金	—	—	—
借款所收到的现金	82 000 000.00	1 902 980 000.00	1 783 567 000.00
收到的其他与筹资活动有关的现金	—	—	—
现金流入小计	82 000 000.00	1 902 980 000.00	1 783 567 000.00
偿还债务所支付的现金	100 630 000.00	1 600 229 000.00	1 326 997 000.00
分配股利、利润或偿付利息所支付的现金	58 344 743.11	248 019 746.93	164 404 405.01
支付的其他与筹资活动有关的现金	—	1 104 967.00	47 871 884.95
现金流出小计	158 974 743.11	1 849 353 713.93	1 539 273 289.96
筹资活动产生的现金流量净额	– 76 974 743.11	53 626 286.07	244 293 710.04
四、汇率变动对现金的影响	—	—	—
五、现金及现金等价物净增加额	– 21 545 655.89	– 624 868 810.74	369 586 931.91

表 2 – 15（续）　　通化金马合并现金流量表补充资料　　（单位：元）

补充资料：	2002 年度	2001 年度	2000 年度
1. 将净利润调节为经营活动产生的现金流量			
净利润	16 417 052.16	– 584 124 692.96	241 914 921.94

续表

补充资料:	2002 年度	2001 年度	2000 年度
加: 少数股东损益	247 324.84	1 180 398.75	5 324 906.72
计提的资产减值准备	12 768 623.62	315 082 677.83	14 922 895.98
固定资产折旧	11 441 598.16	9 354 720.30	15 641 313.59
无形资产摊销	3 348 587.41	35 272 466.11	8 437 209.73
长期待摊费用的摊销	—	353 356.83	189 079.92
待摊费用减少(减: 增加)	72 465.93	154 888.38	206 829.62
预提费用增加(减: 减少)	-6 430 712.25	6 395 312.25	-49 599.57
处置固定资产、无形资产和其他长期资产的损失(减: 收益)	88 420.00	—	-10 182 577.47
固定资产报废损失	—	58 816.62	—
财务费用	58 344 743.11	45 156 242.73	44 410 701.12
投资损失(减: 收益)	41 034.51	32 291 440.98	-5 324 906.72
递延税款贷项(减: 借项)	—	—	—
存货的减少(减: 增加)	31 752 492.67	-48 527 721.05	14 382 671.62
经营性应收项目的减少(减: 增加)	291 495 193.84	-224 56 119.16	-197 361 174.59
经营性应付项目的增加(减: 减少)	-346 882 294.22	-328 422 240.51	63 641 688.60
其他	—	—	—
经营活动产生的现金流量净额	72 704 529.78	-740 340 452.90	196 153 960.49
2. 不涉及现金收支的投资和筹资活动:			
债务转为资本	—	—	—
一年内到期的可转换公司债券	—	—	—
融资租入固定资产	—	—	—
3. 现金及现金等价物净增加情况			
现金的期末余额	9 432 732.81	30 978 388.70	657 803 639.88
减: 现金的期初余额	30 978 388.70	655 847 199.44	288 216 707.97
加: 现金等价物的期末余额	—	—	—
减: 现金等价物的期初余额	—	—	—
现金及现金等价物净增加额	-21 545 655.89	-624 868 810.74	369 586 931.91

表 2-16 列示了通化金马截至 2002 年 12 月 31 日的合并资产减值明细表。

表 2-16　　通化金马合并资产减值明细表　　(单位：元)

项　　目	年初余额	本年增加数	本年转回数	年末余额
一、坏账准备	93 933 741.55	12 768 623.62	71 577 052.89	35 125 312.28
其中：应收账款	70 428 908.45	7 046 211.31	52 707 334.80	24 767 784.94
其他应收款	23 504 833.12	5 722 412.31	18 869 718.09	10 357 527.34
二、短期投资跌价准备				
三、存货跌价准备				
四、长期投资减值准备				
五、固定资产减值准备	18 561 757.20			18 561 757.20
其中：房屋建筑物	18 561 757.20			18 561 757.20
六、无形资产减值准备	280 900 000.00			280 900 000.00
其中：奇圣胶囊生产经销权	280 900 000.00			280 900 000.00
七、在建工程减值准备				
八、委托贷款减值准备				

报表附注节录

(一) 主要会计政策、会计估计和合并会计报表的编制方法

1. 坏账核算方法。公司坏账采用备抵法核算，按照财政部相关文件的有关规定并经董事会确定的比例按账龄分段计提坏账准备。应收账款和其他应收款坏账准备的提取比例为：1 年以内，6%；1 至 2 年，8%；2 至 3 年，12%；3 至 4 年，20%；4 至 5 年 50%，5 年以上，100%。公司与关联方发生的应收账款，特别是母、子公司之间交易事项产生的应收款项，不提取坏账准备。

(二) 会计报表主要项目注释

注释 1　应收账款

会计年度	1 年以内	1—2 年	2—3 年	3 年以上	合　计
2000 年末：					
应收账款	197 494 867.66	170 048 571.88	154 195 203.92	49 926 495.00	571 665 138.46
坏账准备	11 849 692.06	13 603 885.75	18 503 424.47	17 653 974.29	61 610 976.57
2001 年末：					
应收账款	36 562 025.97	146 099 547.50	144 858 656.10	144 573 786.66	472 094 016.23
坏账准备	2 193 721.56	11 687 963.81	17 383 038.72	39 164 184.34	70 428 908.43

续表

会计年度	1年以内	1—2年	2—3年	3年以上	合　计
2002年末：					
应收账款	79 658 420.44	34 390 580.85	8 809 920.36	35 579 281.05	158 438 281.05
坏账准备	4 779 505.23	2 751 246.47	1 057 190.44	16 179 842.80	24 767 784.94

2002年度，应收账款中有377 897 085.81元用于资产置换，详见注释5。

注释2　其他应收款

会计年度	1年以内	1—2年	2—3年	3年以上	合　计
2000年末：					
其他应收款	74 662 383.28	37 569 433.95	11 626 713.11	18 445 194.22	142 303 723.56
坏账准备	4 479 742.9	3 005 554.72	1 395 205.57	7 821 341.12	16 701 844.35
2001年末：					
其他应收款	535 212 240.08	28 226 035.15	13 511 066.84	25 095 814.04	602 085 156.11
坏账准备	9 312 734.40	2 261 282.81	1 621 328.03	10 309 487.88	23 504 833.12
2002年末：					
其他应收款	468 359 627.11	42 252 795.51	8 640 768.24	15 916 497.62	535 169 688.48
坏账准备	2 317 718.76	3 380 223.64	1 036 892.20	3 622 692.74	10 357 527.34

其他应收款2002年末余额中，大额欠款单位明细情况如下：

单位名称	金　额	性　质	期　限
北京飞震广告有限公司长春分公司*	310 300 000.00	借款	1至2年
通化市三利化工有限责任公司**	108 800 000.00	借款	1至2年
通化市特产集团总公司	17 890 897.46		1至2年

注：* 北京飞震广告有限公司长春分公司与本公司于2001年度签署《资金借款协议》。根据协议之约定，北京飞震广告有限公司在2002年内归还欠款并定期支付资金孳生的利息，因借款引起的纠纷和相关事宜由北京飞震广告有限公司负责。按照上述协议，北京飞震广告有限公司长春分公司已经在2002年度偿还本公司借款6 970万元，支付利息30 354 976.69元，尚欠本公司31 030万元。

2002年12月25日，北京飞震广告有限公司授权长春分公司与本公司续签《资金借款协议》。根据协议之约定，长春分公司在2003年度内规划尚欠31 030万元的借款。

本公司未对北京飞震广告有限公司的31 030万元欠款计提坏账准备，原因：根据本公司董事会及本公司与北京飞震广告有限公司长春分公司签署的《资金借款协议》，长春分公司承诺上述借款于2003年内归还。

截至2002年末，公司第一大股东通化市三利化工有限责任公司占用资金10 880万元。本公司就与第一大股东借款纠纷事宜，于2002年7月1日向通化市中级人民法院提起诉讼。根据本公司诉讼保全申请，法院裁定查封通化市三利化工有限责任公司持有的本公司法人股59 313 600股，并对该股份予以冻结，冻结期限自2002年7月5日至2003年7月4日。通化市中级人民法院审理后作出如下判决："被告通化市三利化工有限责任公司于本判决生效后立即给付原告通化金马药业集团股份有限公司欠款6 300万元。"本公司对剩余款项享有继续追索权。截至本会计报表签发日，本公司尚未收到与上述诉讼相关的任何款项。

本期其他应收款中有 85 996 697.99 元，用于资产置换，详见附注。

注释 3 应收补贴款

项 目	2000 年末	2001 年末	2002 年末	性 质
通化市财政局	7 171 552.55	7 171 552.55	7 171 552.55	应收所得税返还款
通化市二道江区财政局	74 078 662.57	74 517 308.14	74 517 308.14	
合 计	81 251 215.12	81 689 860.69	81 689 860.69	

注释 4 无形资产

无形资产中，2000 年 10 月以 31 800 万元购买“奇圣胶囊”全部生产经销权，分 10 年摊销。2000 年 11 至 12 月摊销 530 万元，2001 年 1 至 12 月摊销 3 180 万元，2001 年 12 月 26 日，董事会决定对“奇圣胶囊”全部生产经销权全额计提准备。

无形资产减值准备计提原因：根据本公司 2001 年 12 月 26 日董事会临时电话会议决议：因奇圣胶囊市场运作不力，销售不畅，本着谨慎性原则，对购买奇圣胶囊全部技术及生产经销权的无形资产余值 28 090 万元全部作减值处理。

注释 5 其他长期资产

2002 年末，其他长期资产的余额为 410 053 057.70 元，其中包括林地地产 178 136 321.50元，林木资产 231 916 736.20 元。

根据本公司与第二大股东通化市二道江国有资产管理公司签订的资产置换协议、本公司董事会《关于重大资产转换暨关联交易的决议》、本公司 2002 年第一次临时股东大会决议，以本公司截至 2002 年 9 月 10 日的一年以上的价值为 409 633 577.15元的应收账款、其他应收款（其中应收账款 377 897 085.81 元、其他应收款 85 996 697.99 元、坏账准备 54 260 206.65 元）（已经珠海市正大新资产评估事务所评估确认）与通化市二道江国有资产经营公司所有的价值为 410 053 057.70 元的林地和林木（其中林地 178 136 321.50 元、林木 231 916 736.20 元）（已经珠海正大新资产评估事务所评估确认）进行了资产置换，差价 419 480.55 元由本公司以现金支付。置换入的林地、林木资产的相关产权手续已于 2002 年 12 月 29 日办理完毕。

注释 6 主营业务收入、主营业务成本

项 目	2002 年		2001 年		2000 年	
奇圣胶囊	—	—	50 965 030.87	29 144 245.31	520 908 600.97	251 469 494.83
治糜灵栓	51 773 547.63	7 617 284.54	30 126 602.92	4 151 472.99	78 103 493.33	9 288 713.39
参莲胶囊	12 047 846.44	1 854 380.86	− 13 274 298.53	− 2 363 218.33	29 806 376.63	4 994 740.63
壮骨胶囊	24 165 319.45	4 882 050.18	22 199 764.90	5 380 702.61	22 069 534.16	3 976 299.99

续表

项　目	2002 年		2001 年		2000 年	
闹心舒	19 708 724.27	12 333 252.49	18 053 209.72	11 194 212.43	—	—
其他	53 299 956.06	19 738 072.04	33 834 573.65	5 553 943.91	96 439 006.46	25 945 111.39
内部抵消	—	6 991 512.79	41 470 085.49	22 588 069.09	243 139 699.98	225 197 845.29
合　计	160 995 393.85	39 433 527.32	100 434 798.04	30 474 289.83	504 187 311.57	70 476 515.54

注释 7　补贴收入

项　　目	2002 年	2001 年	2000 年
国有企业亏损补贴*	31 650 000.00	91 000 000.00	—
财政补贴*	5 600 000.00	—	—
芜湖市财政局给予的新技术创新补贴收入	—	150 000.00	300 000.00
芜湖市财政局给予的政策性补助款	—	20 000.00	—
芜湖市经委给予的补助电脑款	—	5 200.00	—
新产品开发资金补贴收入	—	—	10 000 000.00
所得税返还收入	—	—	20 634 708.60
增值税返还收入	—	—	11 154 510.80
环保专项治污补贴收入	—	—	310 000.00
合　　计	37 250 000.00	91 175 200.00	42 399 219.40

注：*本公司之控股子公司芜湖张恒春药业有限公司 2002 年和 2001 年度分别收到芜湖市财政局 3 165 万元和 9 100 万元的“国有企业亏损补贴款”。

** 根据通化市二道江区财政局《关于补贴通化金马药业集团股份有限公司补贴资金的函》，拨付本公司财政补贴款 560 万元。

注释 8　营业外收入和营业外支出

项　　目	2002 年	2001 年	2000 年
营业外收入：			
处置固定资产收入	—	1 300.00	10 584 211.26
其他营业外收入	405 881.60	820 635.67	20 785.03
营业外收入合计	405 881.60	821 925.67	10 604 996.29
营业外支出：			
无形资产减值准备	—	280 900 000.00	—
固定资产减值准备	—	18 561 757.20	—
捐赠支出	140 000.00	1 038 500.00	142 040.00
其他营业外支出	230 941.50	838 201.68	916 303.31
营业外支出合计	370 941.50	370 338 458.88	1 058 343.31

注释9 收到的其他与经营活动有关的现金

2002年和2001年收到的其他与经营活动有关的现金分别为137 708 350.69元和126 146 385.14元，其中的大额收入款如下：

项目	2002年		2001年	
	金额	原因	金额	原因
收北京飞震广告公司欠款	69 700 000.00	欠款		
收北京飞震广告公司占用费	30 354 976.69	利息收入		
收到的芜湖财政补贴	31 650 000.00	财政补贴	91 000 000.00	财政补贴
银行存款利息	—		21 142 855.77	利息收入

注释10 支付的其他与经营活动有关的现金

项目	2002年	2001年	2000年
总额	138 825 428.46	724 266 389.07	276 092 358.55
其中：北京飞震广告公司借款	—	380 000 000.00	—
北京京华天地广告公司预付款	—	—	100 611 963.90
通化市三利化工公司借款	—	108 800 000.00	—
通化市特产集团总公司借款	—	14 130 000.00	—
二道江区财政局借款	20 058 323.26	—	—
销售员借款及提成款	54 338 226.12	67 398 360.29	8 927 060.47
职工借款	—	—	16 261 882.98
各种广告费	6 694 035.00	81 464 228.87	—

四、案例分析要点

(一) 公司治理① 问题分析

通化金马的公司治理存在严重缺陷，主要表现在以下方面：

① 会计信息质量与公司治理休戚相关。公司治理是政治在公司层面上的体现。公司治理的实质可概括为：权力结构、权力分配、权力制衡、利益协调。权力结构指股东会、董事会、监事会、管理层；权力分配是指公司章程必须明确界定股东会、董事会、监事会和管理层的权利和义务；权力制衡是指股东会和监事会对董事会以及董事会对管理层的制约作用；利益协调是指公司应当对利益攸关方（Stakeholders）的利益（如股东与债权人之间的利益、股东与管理层之间的利益、管理层与员工之间的利益）进行合理和公平的调整。透明、公开的公司治理结构有助于确保高质量的会计信息。反之，会计信息质量将缺乏应有的制度保障。

1. 权力结构不稳定，内部人控制现象十分突出。董事会成员、监事会成员和高管人员随着第一大股东的变动，不断进行调整。如表 2－10 所示，在 1999 至 2002 年期间，每一年董事会成员都有大幅度的变动，4 年内董事长换了三任，总经理换了四任。董事和经营班子的频繁变动，不仅不利于通化金马的经营决策和风险控制，也表明董事会成员和高管人员主要代表大股东的利益，而不是全体股东的利益，内部人控制的现象凸显。

2. 权力制衡不力，“三权分立”蜕化为“三位一体”。股东会、董事会和经营班子这种“三权分立”，相互制衡、相互制约的关系在通化金马没有得到应有的体现。改变募股资金高价购买“奇圣胶囊”、第一股东占用通化金马巨额资金以及通化金马向北京飞震广告有限公司违规拆借资金等现象，表明股东会、董事会和经营班子的“三权分立”实际上已蜕化为“三位一体”，权力制衡荡然无存，董事会和经营班子沦落为大股东的“玩偶”，上市公司已然成为大股东的“提款机”。此外，本应对董事会和经营班子进行监督的监事会，俨然成为摆设，对董事会和经营班子作出的有损通化金马中小股东利益的决策（如大股东占用资金）“装聋作哑”；值得一提的是，1999 年和 2002 年，董事长和总经理均由同一人担任，这种权力格局不仅违反中国证监会关于董事长不得兼任总经理职务的规定，也不利于发挥董事会代表股东对经营班子进行监督的作用。

3. 董事会缺乏勤勉尽责观念，对股东极端不负责任。经董事会提议，并经临时股东大会批准，通化金马通过改变募股资金，于 2000 年 9 月 1 日以 3.18 亿元收购了“奇圣胶囊”的全部生产技术。2001 年 12 月 26 日，董事会召开临时电话会议，决定对“奇圣胶囊”这一无形资产的摊余价值 28 090 万元的摊余价值全额计提减值损失，所计提的减值准备占 2001 年末资产总额和净资产的比例分别为 19.1%和 59.5%。众所周知，计提无形资产减值准备是一项高度复杂的工作。对于这项如此复杂和重大的无形资产减值准备，董事会竟然只是通过临时电话会议就加以决定，表明董事会成员缺乏信托责任意识，全然不顾他们对全体股东负有勤勉尽责的义务。3.18 亿元的无形资产，仅仅过了 14 个月，就一文不值，表明当初购买这项无形资产时，其价值被严重高估。然而，董事会只作出全额计提减值准备的决定，而没有启动问责机制，对这项严重损害通化金马利益的事项展开调查。如果通化金马的董事会是一个负责任的董事会，它应当查清谁是这宗离异交易的受益者，是否存在中饱私囊的现象，并采取必要的法律措施，追究当事人的责任，为股东挽回损失。

4. 董事会不讲诚信，信息披露严重失实。董事会没有履行信息披露义务，未及时披露重大股权转让（转让深圳同安药业有限公司股权）、关联交易借款（第一和第二大股东借款）和违规资金拆借（北京飞震广告有限公司）等重大事项，而在 2002 年 7 月 2 日受到深圳证券交易所的公开谴责，诚信缺失由此可见一斑。此外，通化金马2001年度的信息披露严重失实，严重误导了投资者。首先，2001年半年报显示，上半年实现的主营业务收入和净利润分别为20 561万元和6 154万元，而当投资者对年报充满憧憬时，通化金马董事会公布的2001年度主营业务收入和净利润却只有10 043万元和－58 412万元，这意味着下半年的主营业务收入为－10 518万元，净利润为－64 566万元，这种"1＋1<0"的算术令人匪夷所思！可见，2001年上半年的财务报告严重失实；其次，董事会2000和2001年对"奇圣胶囊"的评价形成强烈的反差，虚假陈述昭然若揭，摘录如下：

2000年董事会对"奇圣胶囊"的说明	2001年董事会对"奇圣胶囊"的说明
公司于2000年10月16日至17日在公司所在地吉林省通化市召开了"奇圣胶囊销售代理招商大会"，与全国176家医药经销单位签定了"奇圣胶囊经销协议"，总金额14.85亿元，其中现款现货2.15亿元，预售12.7亿元。在高交会医药高新技术成果拍卖会上，"奇圣胶囊"区域经销拍卖总金额1 450万元，其中新马泰地区总经销490万元。	2001年度出现重大亏损的原因： ① 公司主打产品"奇圣胶囊"，由于市场运作不利，销路不畅，上年度以及本年度上半年部分已销售的"奇圣胶囊"药品出现销售退回，冲减了本期营业收入，致使2001年度营业收入大幅下降。 ② 由于"奇圣胶囊"销路不畅，处于谨慎考虑，将购买"奇圣胶囊"全部技术及生产经销权的无形资产全额计提减值准备，是致使2001年度出现亏损的重要原因。

在短短的两年内，董事会对"奇圣胶囊"的说明存在着两个截然不同的版本，2000度将"奇圣胶囊"捧上了天堂，2001年度却将其打入了地狱，真可谓"成也萧何，败也萧何"，董事会的诚信缺失暴露无遗。

以上分析表明，通化金马的公司治理结构严重缺陷，这样的公司不仅面临较大的经营风险，而且缺乏确保会计信息高质量的制度保障，财务报表粉饰甚至财务舞弊发生的概率特别高。进行财务报表分析时，对这类治理结构存在明显缺陷的上市公司会计信息的可靠性和可信度，应当保持高度警惕。

（二）财务报表粉饰动机分析

有效地辨别上市公司管理层的财务报表粉饰动机，是发现上市公司财务报表舞弊和粉饰的关键性步骤。在通化金马，通化金马的财务报表粉饰动机至少包括以下三个方面：

1. 股票价格效应动机。2000年对通化金马而言是一个非常特殊的年份。当年4月份内部职工股上市流通，股价上扬的好处是不言而喻的。从图2－2可以看出，通化金马的股价由1999年末的8.84元（复权价为18.83元）上升至2000年6月末的15.38元（复权价为35.37元），2000年末收盘价为17.68元（复权价为40.66元）。根据年度报告披露的资料可以测算出，至上市流通时，内部职工股每股的成本为 8.40 元（1.6+6.80），按照 2000 年 6 月末的收盘价 15.37 元计算，8 595.6 万股的内部职工股可赚取的差价收入高达 59 911.33 万元［8 595.6×（15.37－8.40)］。在这种情况下，利益驱动下的报表粉饰动机特别强烈。众所周知，高股价是需要优良业绩等题材作支撑的。2000 年度，通化金马管理层以收购“奇圣胶囊”为契机，使其经营业绩的提升效应“立竿见影”。从表 2－13 和 2000 年度董事会报告可以看出，2000 年度通化金马的主营业务收入和净利润分别比 1999 年① 增加了 77%和 197%，其中仅“奇圣胶囊”贡献的收入就高达 52 090 万元（未剔除公司间交易的销售额），“奇圣胶囊”的功效由此可见一斑。但这种功效也是十分短暂的。2001 年，“奇圣胶囊”的销售收入大幅下跌至 5 096 万元，2002 年度“奇圣胶囊”的销售收入萎缩至零。通化金马在 2000 年度的第二个题材是实现了“民营控股”。2000 年，通过受让国有法人股，由闫永明和邓娇创立的通化三利化工有限责任公司成为通化金马的第一大控股股东，给二级市场的投资者和投机者留下很大的想象空间。

2. 推卸责任和避免被 ST 动机。2001 年，国有股的转让被突然中止，通化金马的控股股东由“民营”再次回归“国有”。董事会的改组和经营班子的调整，触发了通化金马的财务报表粉饰动机。为了推卸责任，避免股票被交易特别处理（ST），新一届董事会和经营班子毫不犹豫地诉诸于财务报表粉饰。首先是对 2000 年度高价收购的“奇圣胶囊”全额计提减值准备，通过“洗大澡”为以后年度实现盈利“埋下伏笔”。同时，为了减缓“洗大澡”的影响，避免 ST，通化金马借助 9 100 万元的所谓“国有企业亏损补贴”，使其每股账面净资产勉强维持在 1.05 元（若剔除这 9 100 万元补贴收入的影响，则 2001 年末每股账面净资产为 0.85 元），从而逃脱被 ST 的厄运。

3. 业绩考核动机。2002 年，通化金马通过资产置换（将陈年坏账置换成林地和林木等所谓“优质资产”），实现了“扭亏为盈”，以体现出新一届董事会和经营班子的业绩。董事会报告开宗明义，对取得的业绩溢于言表：“2001 年 10 月，本公司控股地位由民营控股转为国有控股，新的董事会组建以来，公司在本地各级政府的支持下，努力消化亏损带来的不利影响，调整充实经营管理人员，克服行业不规范竞争等不利因素，初步扭转了被动的经营局面”。然而，若剔除“奇圣胶囊”全额计提准备（使 2002 年度的无形资产摊销比 2001 年减少 3 180 万元）、“国有企业亏损补贴”（3 165 万元）和资产置换（置换出的 40 963.36 万元应收款少提坏账 4 000万元以上）等因素的影响，通化金马 2002 年度实际上实现的不是 1 641.70 万元的利润，而是仍处于严重的亏损。2002 年度通化金马的董事会和经营班子为了

---

① 通化金马 1999 年度的主营业务收入为 28 491 万元，主营业务利润为 17 805 万元，净利润为 8 135 万元。

经营业绩的考核而粉饰报表的动机昭然若揭。

(三) 财务报表粉饰预警信号分析

通化金马2000至2002年度财务报表及其附注存在一些明显的“预警信号”，强烈地暗示着该公司存在着严重的财务报表粉饰行为：

2000年度

1. 经营业绩的“大幅提升”与内部职工股和控股股东的变动保持“同步”。如前所述，2000年度对通化金马是一个非同寻常的年份——内部职工股上市以及控股股东由国有变为民营。当年，通化金马的主营业务收入和净利润分别比1999年增长了77%和158%，而这主要“归功于”2000年9月通过“竞拍”购得的“奇圣胶囊”。分部报告显示，2000年仅“奇圣胶囊”的销售收入就达2.77亿元，贡献的毛率高达2.34亿元（按当年的主营业务利润率推算）。“奇圣胶囊”的购买和经营业绩的大幅提升，与内部职工股上市和控股股东变动如此“合拍”，财务报表粉饰的企图暴露无遗。

2. 与1999年相比，2000年净利润的增幅远远大于主营业务收入的幅度，2000年主营业务利率高达84.4%，比1999年的62.4%高出22%。这些迹象意味着通化金马可能存在着低估成本费用的现象。

3.2000年末，应收账款高达51 005万元，占资产总额的22.5%，但通化金马坏账准备的计提比例（账龄3至4年计提比例为20%，4至5年为50%）明显偏低，显失稳健。

2001年度

1. 货币资金由2000年末的65 780万元剧降至2001年末的3 098万元，而其他应收款却由2000年末的12 560万元增至2001年末的57 858万元。2001年末，其他应收款的余额甚至大于应收账款的余额（40 167万元），表明通化金马存在异常现象。报表附注披露的明细内容显示，其他应收款主要由资金拆借（拆借给北京飞震广告有限公司38 000万元）和关联股东占用资金（通化市三利化工公司和通化市特产集团总公司分别占用10 880万元和1 413万元）。而通化金马对关联股东结欠的应收款项不计提坏账准备，既不稳健，也不符合《企业会计制度》的规定。

2. 2000年9月耗费3.18亿元巨资购买的“奇圣胶囊”，至2001年末便全额计提无形资产减值准备，有滥用“八项准备”进行巨额冲销之嫌。

3. 2001年现金流量的结构很不合理，“其他”项目所占比例很大，表明通化金马存在异常的现金收支。例如，“收到的其他与经营活动有关的现金”高达12 614万元，占经营活动现金流入总额的44.88%。其中，收到的芜湖市财政局国有企业亏损补贴9 100万元（能否划分为经营活动产生的现金流入值得探讨），银行存款利息收入2 114万元（划分为经营活动产生的现金流入显然错误，应作为融资活动产生的现金流入)；“支付的其他与经营活动有关的现金”竟达到 72 427 万元，占经营活动现金流入总额的 70.91%。其中通化市三利化工有限公司和通化市特产集团总公司借款 12 293 万元（应划分投资活动产生的现金流出)，支付销售员借款及提成款和各种广告费用 14 886 万元（2001 年主营业务收入为 10 043 万元，为了实现 1 亿元的销售收入，竟然需要付出近 1.5 亿元的销售费用，真是不可思议！真不知道通化金马到底是在为股东打工，还是在为销售人员和广告公司打工？)。

4. 2001 年度，在主营业务收入只有 10 043 万元（2000 年度为 50 418 万元）的情况下，营业费用居然高达 21 300 万元，比 2000 年度的 6 028 万元多出 15 272 万元。这可能表明：(1) 通化金马在 2000 年度严重低估营业费用，创造历史上最好的业绩，以配合内部职工股上市和控股股东的变动；(2) 通化金马高估 2001 年度的营业费用，进行巨额冲销，为 2002 年度减轻利润压力；(3) 上述两种情况兼而有之。

2002 年度

1. 其他应收款高达 52 481 万元，占资产总额 34.28%，成为金额最大的资产项目，比应收账款还多 39 114 万元，表明潜亏风险很大。报表附注显示，其他应收款主要由北京飞震广告有限公司和两个关联股东的欠款（约 42 799 万元）构成，均存在纠纷或诉讼现象，发生巨额损失的可能性极大。

2. 应收补贴款 8 169 万元的余额连续三年几乎没有发生任何增减变动，成为坏账的概率极大，表明以前年度确认的补贴收入可能存在重大问题。

3. 以高达 40 963 万元的应收账款和其他应收款与第二大股东的林地和林木资产进行置换，有转移坏账损失和掩盖以前年度不实销售收入之嫌。林木和林地资产的评估值与置换的应收款项账面余额如此吻合，表明换入的林木和林地资产的价格可能被严重高估，此外，基于目前我国实行的“只种植不砍伐”的环保政策，这些林地和林木资产所能带来的未来经济利益存在着重大不确定性。所有这些均表明林地和林木资产可能发生严重的价值减损，但通化金马却未对这些资产计提任何减值准备，导致其经营业绩和财务状况被严重高估。

4. 其他应收款、应收补贴款和其他长期资产（林地和林木资产）这三个资产项目基本属于虚拟资产，金额高达 101 655 万元，是净资产的 208%，表明通化金马的财务状况严重恶化，持续经营能力非常脆弱，倒闭的风险极大。

5. 尽管通化金马 2002 年度扭亏为盈，实现了 1 642 万元的净利润，但若剔除有造假之嫌的补贴收入 3 725 万元以及因在 2001 年度全额冲销“奇圣胶囊”的影响（使无形资产摊销减少了 3 180 万元)，则通化金马 2002 年度仍存在严重经营亏损。换言之，通化金马 2002 年度存在着严重的虚盈实亏现象。

6. 将北京飞震广告有限公司偿还的欠款 6 970 万元及其占用费 3 035 万元划分为“收到的其他与经营活动有关的现金”显然是错误的，应作为投资活动产生的现金流入。这一错误分类夸大了通化金马经营活动创造现金流量的能力，可能对投资者产生误导。同样地，支付给通化市二道江区财政局的借款，也不应划分为经营活动产生的现金流出。

(四) 财务报表粉饰手法分析

2000 年度

1. 虚构“奇圣胶囊”销售收入。2000 年度，通化金马的主营业务收入比 1999 年增加了 76.96%，其中仅“奇圣胶囊”就贡献了 2.77 亿元的销售收入，占当年 5.04 亿元主营业务收入的 55%。然而，“奇圣胶囊”是在 2000 年 9 月才通过竞买获得的，直至 10 月 10 日才与张恒春药业有限公司签署了《奇圣胶囊全部技术及生产经销权独家转让合同书》。仅仅两个多月的时间，就卖出了 2.77 亿元的“奇圣胶囊”，令人难以置信。实际上，2001 年度报告披露了“奇圣胶囊”的 1 亿多元的退货，从一个侧面印证了通化金马在 2000 年度虚构了大量的“奇圣胶囊”销售收入。此外，2001 年度“奇圣胶囊”的销售收入大幅降至 5 096.5 万元，2002 年度骤然降至零，说明“奇圣胶囊”完全是通化金马在 2000 年度炮制出的旨在哄抬股价的“神话”。

2. 少转销售成本。2000 年度主营业务收入比 1999 年增加了 21 927.8 万元，但主营业务成本却比 1999 年度减少了 3 341.6 万元，表明通化金马 2000 年度的经营业绩创历史新高，在很大程度上是通过少转成本实现的。2000 年度的主营业务利润率高达 84.4%，不论是与 1999 年度（62.4%）相比，还是与 2001 和 2002 年度（分别为 67.6%和 74%）相比，均显得特别蹊跷。

3. 虚构补贴收入。2000 年度，补贴收入高达 4 239.9 万元，占净利润 17.5%，其中包括通化市二道江区财政局补贴的新产品开发资金 1 000 万元和返还的所得税 2 063.4 万元至 2000 年末尚未收到现金（实际上通化市财政局和通化市二道江区财政局给予通化金马的补贴收入和税收返还基本上以挂账的形式出现，从 2000 年起，这些应收补贴款几乎没有发生变化）。根据财政部 2000 年 7 月（财会 3 号文）“关于印发股份有限公司税收返还等有关会计处理的通知”，补贴收入和税收返还应当在实际收到现金的当期确认为补贴收入或冲减当期的所得税。通化金马的上述做法显然违反财政部的相关规定。

4. 少计坏账准备。2000 年末，应收款项 71 396.8 万元，占资产总额的 31.6%。这些款项账龄较长，2 年以上的就达到 23 419.3 万元。然而，通化金马计提的坏账准备政策特别不稳健（2—3 年计提比例为 12%、3—4 年为 20%、4—5 年为 50%、5 年以上为 100%，且关联往来款不提任何准备，明显低于其他上市公司），2000 年末的坏账准备余额仅 7 831.2 万元。2002 年度该公司将 37 790 万元的应收账款和 8 599万元的其他应收款与关联股东所拥有的林地和林木资产进行置换。这一置换行为表明通化金马应收款项的质量很差，从另一个侧面证明通化金马2000年度高额利润在一定程度上得益于少计坏账准备。

2001年度

1. 利用计提无形资产减值准备进行巨额冲销。通化金马2000年的“国退民进”政策，在2001年发生逆转，被“国进民退”的政策所取代，控股股东、董事会和经营班子也随之发生重大变化。新的管理层为了推卸责任，不失时机地利用《企业会计制度》要求计提无形资产减值准备的“契机”，大肆进行巨额冲销，将2001年末“奇圣胶囊”的摊余价值28 090万元全额计提减值准备，并计入营业外支出，占2001年亏损总额的48%。耗费3.18亿元购入的“奇圣胶囊”，仅仅经过14个月，便一文不值，真是匪夷所思。如果2000年10月购入的“奇圣胶囊”物有所值，那么，在2001年末全额计提减值准备，显然有“洗大澡”之嫌疑。如果“奇圣胶囊”在2001年末确实是一文不值，那么，一年前谁是这宗3.18亿元交易的受益者？是否存在高管人员利用购买“奇圣胶囊”中饱私囊的行为？不论如何，对“奇圣胶囊”全额计提减值损失，无疑为2002年度实现盈利立下汗马功劳（2001年度通过全额计提减值准备，使通化金马从2002年起每年的无形资产摊销减少3 180万元，2002年度通化金马报告的净利润为1641.7万元，剔除这一影响，通化金马2002年度实际上是亏损的）。

2. 利用中期报告的不实信息披露严重误导投资者。通化金马公布的半年报显示，2001年1至6月，通化金马实现的主营业务收入和净利润分别为28 491万元和8 135万元。与以前年度相比，这一“业绩”应当是十分“优秀”的。然而，正当投资者对通化金马2001年度的经营业绩充满期待和憧憬时，通化金马公布的年报却令人大跌眼镜：2001年度的主营业务收入为10 043.5万元，比上半年“已实现”的主营业务收入还少18 447.5万元；2001年度实现的净利润为－58 412.5万元，比上半年“已实现”的净利润少了66 547.5万元。通化金马董事会对此的解释是：公司主打产品“奇圣胶囊”，由于市场运作不利，销路不畅，上年度以及本年上半年部分已销售的“奇圣胶囊”药品出现销售退回，冲减了本期营业收入，致使2001年度营业收入大幅下降。

根据董事会的这一解释以及2001年报表附注，我们可以推算出“奇圣胶囊”在2001年度的退货金额至少超过1.8亿元，约占2000年度和2001年度“奇圣胶囊”全部销售收入的3.28亿元的55%。如此大规模的退货，可能意味着2000年度和2001年上半年“奇圣胶囊”的销售是虚假的。与此相关的二个问题是：（1）“奇圣胶囊”的大量退货是由于产品质量，还是由于虚假销售所引起的？（2）在披露半年报之前，董事会和经营班子对即将出现的大规模退货是否知情和隐瞒？总之，不论是从2001年度的半年报还是从年报看，董事会的信息明显存在避重就轻的现象，没有向广大投资者披露“奇圣胶囊”所演绎故事的全部真相，严重误导了投资者。

3. 营业费用和管理费用比例失调，有“洗大澡”之嫌。如前所述，在全年主营业务收入只有 10 043.5 万元的情况下（相当于 2000 年度的 1/5），通化金马在 2001 年度确认的营业费用竟然高达 21 300.5 万元，是 2000 年度的 2.5 倍，管理费用也达 15 470 万元，是 2000 年度的 1.48 倍。这些异常现象表明，2000 年度通化金马严重低估了营业费用和管理费用，以配合内部职工股上市，然后在 2001 年度“洗大澡”，一次亏个够，并为 2002 年度扭亏为盈创造条件。

4. 利用“补贴收入”逃避被 ST 的命运。2001 年，通化金马确认的补贴收入为 9 117.5 万元，其中 9 100 万元为 11 月和 12 月收到的芜湖市财政局给予的“国有企业亏损补贴”。这里存在三个疑问：（1）芜湖市财政局是否有权力给予通化金马控股的子公司“国有企业亏损补贴”？（2）“国有企业亏损补贴”到底是合法的，还是巧立名目；（3）在芜湖张恒春药业有限公司 97% 的股权由通化金马持有，而通化金马的国有股和国有法人股合计仅为 23.33% 的情况下，张恒春药业有限公司是否属于“国有企业”。这些疑问意味着所谓的“国有企业亏损补贴”令人生疑。即使这些疑问被推翻，以下事实也足以说明 9 100 万元的“国有企业亏损补贴”纯属利润操纵。

根据通化金马董事会报告，注册资本为 2 600 万元的张恒春药业有限公司 2000—2002 年的经营业绩如表 2 - 17：

表 2 - 17 （单位：万元）

项目名称	2000 年	2001 年	2002 年
营业收入	24 749.7	6 697.0	2 967.18
利润总额	21 682.2	4 636.0	799.7

由此可见，即使剔除 9 100 万元的“国有企业亏损补贴”，张恒春药业有限公司 2001 年度的亏损总额也只有 4 464 万元，给予 9 100 万元的亏损补贴显然不合乎情理，亏损补贴金额甚至比营业收入还多 2 403 万元。通过“莫须有”的“国有企业亏损补贴”，注册资本仅仅 2 600 万元的张恒春药业有限公司在 2001 年度便轻松地实现了 4 636 万元的利润总额，投资回报率竟高达 178%！

通化金马 2001 年度已经严重亏损，之所有还要煞费苦心地炮制“国有企业亏损补贴”，是为了避免其股票被特别处理（ST）。根据相关规定，如果上市公司连续两年亏损，或者每股净资产低于股票面值，其股票就要实行特别处理。2001 年末，通化金马对外报告的每股净资产为 1.05 元，其中 9 100 万元的“国有企业亏损补贴”贡献的每股净资产为 0.20 元。若剔除这一因素，每股净资产仅为 0.85 元。通过“国有企业亏损补贴”避免其股票被特别处理的企图昭然若揭。

2002 年度

1. 利用“巨额冲销”和“国有企业亏损补贴”，实现“扭亏为盈”。2002 年度，在实施了“国进民退”政策后，通化金马新一届董事会和经营班子“成功”地扭转了经营颓势，实现了 1 641.7 万元的净利润，与 2001 年的 5.8 亿元的巨额亏损形成天壤之别。通化金马扭亏为盈的秘笈主要有两个。一是通过在 2001 年对“奇圣胶囊”全额计提减值准备，使 2002 年度的无形资产摊销减少了 3 180 万元，二是借助慷慨大度的芜湖市财政局给予的“国有企业亏损补贴”，使 2002 年度平添了 3 165 万元的补贴收入。

2. 通过资产置换，少计巨额的坏账损失。2002 年 10 月，大股东通化市二道江区国有资产经营公司慷慨出手，将其拥有的 819.5 公顷林地和 49 287 万立方米林木资产（评估值 41 005.31 万元）与通化金马 37 798.7 万元的应收账款和 8 599.7 万元的其他应收款进行置换。此项置换使通化金马避免确认巨额的坏账损失，换入的资产（在报表上反映为“其他长期资产”）又以 2002 年 12 月 30 日才办妥相关产权过户手续为由，在 2002 年未计提任何的摊销。表面上看，置换入的林地和林木资产似乎是优质资产，其实不然。首先，这些林地大多处于“荒山野岭”（这从“老太沟”、“枯龙杨树沟”、“猪场后山”、“正沟沟里”、“正沟”等地名就可以看出），且林地资产的使用受到国家政策的严格限制，开发利用价值不大；其次，基于环保需要，我国目前实行的是“只种植不砍伐”的政策，林木资产能否为通化金马带来未来现金流量存在很大不确定性；最后，通化金马的主营业务是生物化学制药，林地和林木与其主营业务几乎没有什么关联性，用于生产经营的可能性不大，如果不能转让或处置，只得长期闲置。基于这些理由，林地和林木资产可能已经发生大量的价值减损，但通化金马在 2002 年度却没有对这些资产计提减值准备，既高估了资产价值，也夸大了 2002 年度的经营业绩。

3. 无视坏账风险，蓄意低估坏账准备。2002 年末，即使将 8 599.7 万元的其他应收款与大股东进行置换后，其他应收款的净额仍高达 52 481.2 万元，占资产总额的 34%，且有多项款项（如第一股东的 10 880 万元欠款和北京飞震广告有限公司的 31 030 万元欠款）涉及诉讼或对方存在还款问题。但通化金马对这两项“问题款项”竟然没有计提任何坏账准备。此外，8 168.9 万元的应收补贴款至 2002 年末的账龄已超过 3 年，发生坏账损失的可能性极大，但通化金马对此熟视无睹，竟然未计提任何坏账准备。

4. 收取资产占用费，夸大利息收入。2001 年度，通化金马违规将 3.8 亿元拆借给北京飞震广告有限公司（因此事受到深交所的公开谴责）。北京飞震广告有限公司并没有按借款合同的规定在 2002 年全额偿还，而是在 2002 年与通化金马续签借款合同，承诺在 2003 年内归还本息，这表明此笔已经逾期的资金拆借存在着很大的风险。尽管如此，通化金马不仅没有对此笔应收款计提坏账准备，而且将收到的10 005.5万元还款中的3 035.5万元，以收取资金占用费（这实际上违反了相关的金融法规）的名义确认为利息收入。按照稳健的会计惯例，这3 035.5万元应当冲减其他应收款的本金部分，待本金全部收回后，才应确认为收入。

综上所述，通化金马的公司治理机制形同虚设，内部控制存在严重缺陷，在2000—2002年度围绕着“奇圣胶囊”和控股股东的变化，肆意进行财务报表舞弊和粉饰，三年的财务报告歪曲了其财务状况、经营业绩和现金流量，严重误导了投资者和债权人等财务报表使用者。这种劣迹斑斑的上市公司，难逃法网，无以为继。2004年，监管部门对通化金马立案稽查，这场会计数字游戏的主角神秘失踪。2003—2005年，通化金马的主要财务指标如表2-18所示：

表2-18　通化金马2003—2005年主要财务指标　单位：万元

项目名称	2003年	2004年	2005年
销售收入	13 689	9 987	14 100
净利润	-19 427	-24 568	848
净资产	29 422	3 663	4 526

可以看出，如果不是在2005年实现了区区的848万元净利润，通化金马就会因为连续三年亏损而退市。从通化金马过去几年的劣迹史，财务报表使用者难免对它是否在2005年再度进行财务报表粉饰以逃避退市厄运心存疑虑。

附录1

上市公司会计信息质量面临的挑战与思考①

黄世忠

新《会计法》颁布实施以来，财政部加大了会计改革的步伐和力度，适时出台了《企业会计制度》，并对《债务重组》、《非货币性交易》等准则进行实质性修订。这些重大举措，尤其是“八项减值准备”政策，对于抑制盈余操纵等会计造假极具

① 本文发表于《会计研究》2001年第10期，略有删节。

震撼力和威慑力，为提高上市公司会计信息质量（特别是收益和资产的报告质量）和财务报告透明度奠定了坚实的制度基础。然而，上市公司会计信息质量的提高不可能一蹴而就，更不可能因为颁布几个制度和准则而骤然跃升。公司治理结构和注册会计师聘任等制度安排方面的缺陷、造假成本与收益的不对称、剥离与摸拟等“会计创新”、资产重组与关联交易的滥用，均对我国上市公司会计信息质量提出了严峻的挑战。本文拟从会计理论与实务的角度对这些问题进行剖析和探讨，并提出若干政策性建议。

一、公司治理结构的缺陷制约着会计信息质量的提高

继琼民源、ST郑百文等舞弊丑闻之后，最近有暴露出了银广夏、ST黎明等会计造假恶性案件，再次向会计界提出了一个发人深思的问题：为什么上市公司的会计造假屡禁不止？尽管这个问题不容易回答，但有一点是肯定的，那就是，会计造假泛滥，制度缺陷使然。换言之，公司治理结构存在的缺陷，已经严重制约着我国上市公司会计信息质量的进一步提高。

众所周知，所有权与经营权的分离，必然导致上市公司的投资者与管理层存在着严重的信息不对称。信息不对称是会计造假的诱因之一，并可能带来不利选择和道德风险问题。为了解决信息不对称所带来的负面影响，国际上通行的做法是诉诸于“大棒加罗卜政策”，即公司治理结构（硬约束）和经理人股票期权（软约束）。完善的公司治理结构通过权力分配、权力制衡和信息披露等机制，迫使管理层释放信息，均衡信息分布，以缓解不利选择问题。经理人股票期权通过合理设计激励机制，让管理层分享企业剩余，最大限度地激发管理层的积极性，以缓解道德风险问题。不论是公司治理结构的制度安排，还是经理人股票期权的机制设计，都离不开高质量的会计信息。鉴于会计信息由管理层负责编制和提供，而管理层的聘任显然受大股东意志的支配或影响，为了防止内部人控制，制衡管理层和大股东在会计信息方面的权力，英美等发达国家的公司治理原则和规定均要求董事会下设审计委员会。审计委员会一般由独立董事组成，其主要职责就是确保会计信息的质量。尽管不同国家对审计委员会职责的界定不尽一致，但在设计公司治理结构时，通常赋予审计委员会下列四个方面的权限和职责：(1) 审查会计政策、财务状况和财务报告程序；(2) 聘任注册会计师对会计报表进行独立审计；(3) 审查内部控制结构和内部审计工作；(4) 监督公司的行为规范。可见，独立董事制度和审计委员会制度是确保会计信息质量不可或缺的制度安排。

在我国上市公司中，投资者与管理层之间的信息不对称问题更加突出，但我国迄今尚未在公司治理结构中对确保会计信息质量做出有效的制度安排。结果，管理层在会计信息编报方面的权力过大，且缺乏有效的约束和监督。试想，如果我国上

市公司的董事会也是由具有良知、通晓会计学知识的独立人士执掌审计委员会，诸如银广夏、ST 黎明的会计造假阴谋能够得逞吗？

我国证券市场的发展已历经 10 个年头，但公司治理的规范姗姗来迟。中国证监会直至今年 5 月和 8 月才分别发布了《上市公司治理原则与标准》（征求意见稿）和《关于在上市公司建立独立董事制度的指导意见》，要求上市公司设立独立董事和审计委员会。其中，审计委员会的首要职责在于确保上市公司如实编制和披露会计信息。勿庸置疑，这些举措是确保我国上市公司会计信息质量的制度创新，也与发达国家良好的公司治理标准保持一致。但笔者认为，在下列问题予以妥善解决之前，即使将独立董事制度和审计委员会制度付诸实施，也难以有效地发挥抑制会计造假的作用：

第一，独立董事的聘任问题。尽管“指导意见”已经对独立董事的任职条件和聘用程序做出规定，但只要“一股独大”的问题没有解决，独立董事就难以保持其独立性，就有可能沦为大股东的附庸。根据我国国情，笔者建议，为了维护独立董事的独立性，应当剥夺大股东在独立董事聘任方面的投票权。

第二，独立董事的薪酬问题。如何科学、合理地设计独立董事的薪酬方案一直是令人困扰的问题。报酬太低，难以调动独立董事的工作积极性和责任心，报酬太高，容易使其丧失独立性。

第三，独立董事的赔偿问题。如果不尽快建立独立董事的赔偿机制，要期望独立董事诚信、勤勉地为全体股东服务是不切实际的。赔偿机制与报酬问题相关联，如果报酬太低，高素质、操守好的专业人士将不愿冒着诉讼和赔偿风险出任上市公司的独立董事。为此，建立独立董事职业保险势在必行。

第四，独立董事的工作负荷问题。中国证监会要求：（1）上市公司在 2002 年 6 月 30 日前，董事会成员至少应当包括 1/3 的独立董事，其中有一名必须是会计专业人士；（2）如果上市公司下设薪酬、审计、提名委员会，独立董事应当在委员会成员中占有 1/2 以上的比例；（3）独立董事原则上最多在 5 家上市公司兼任独立董事；（4）重大关联交易必须经过独立董事审查，并发表意见。我国上市公司董事会的平均人数为 9.88 人①，按照中国证监会的要求，平均每家上市公司的独立董事为 3 至 4 人。据此推算，1 至 2 名具有会计专业背景的独立董事，既要执掌 1 至 5 家上市公司的审计委员会，还要负责或参与提名、薪酬委员会的事务，并对重大关联交易进行审查和发表意见，其工作负荷是难以想象的，其工作质量是可想而知的。

---

① 上海证券交易所内部研究报告：《公司治理：国际经验与中国的实践》，2000 年 10 月。

二、现行的注册会计师聘任制度危及了社会审计的独立性

如果说公司治理是解决信息不对称问题的内部制度安排，那么，社会审计则是解决信息不对称的外部制度安排。由注册会计师对上市公司的会计报表进行独立审计，既可对管理层的会计信息编报权力进行约束，也可督促管理层充分披露会计信息，缓解管理层与投资者之间的信息失衡问题。

那么，为什么诸如银广夏和 ST 黎明等恶性造假事件往往是由新闻界揭露出来，而不是由注册会计师发现？难道注册会计师的专业技能逊色于新闻记者？答案是显而易见的。笔者认为，新闻记者所拥有的独立性，正是注册会计师所缺少的。独立性是社会审计的灵魂，离开了独立性，社会审计的鉴证功能将一文不值，并有可能使上市公司的会计造假更具欺骗性。令人遗憾的是，我国注册会计师的聘任制度存在着严重缺陷，严重危及了社会审计的独立性。尽管根据中国证监会的要求，上市公司聘请会计师事务所必须经过股东大会批准，但在内部人控制现象普遍存在的情况下，聘任会计师事务所的真正权力实际上掌握在管理层手中，股东大会在聘任会计师事务所问题上，充其量只是个橡皮图章。这既是公司治理结构不完善的具体表现，也是上市公司频繁更换会计师事务所的制度原因。其结果，在注册会计师界形成了一种怪圈："死路一条"——规范执业等死（被上市公司解聘），不规范执业找死（被监管部门禁入）。注册会计师也因此被戏称为"两院院士"（做得好进医院，做不好进法院）。这种被扭曲了的聘任制度，往往助长了"拿人钱财，替人消灾"的心态，不仅降低了一些注册会计师的职业敏锐性，而且淡化了注册会计师对社会公众的责任感。

注册会计师事业是证券市场的根基，而独立性是维系这个根基的关键。考虑到我国要彻底根除公司治理的"一股独大"顽症"尚需时日，笔者建议：

第一，暂时终止由上市公司自行聘任注册会计师的做法，改由监管部门或证券交易所委托会计师事务所对上市公司的会计报表进行审计。所需资金可以通过设立特种基金的方式予以解决。如果这一改革方案在短期内难以付诸实施，至少可以选择绩优公司、ST 和 PT 公司以及有重大违法违规记录的公司先行试点。

第二，实行上市公司审计轮换制，每隔三年强制性更换会计师事务所，以免注册会计师与上市公司过于亲密而丧失独立性。

第三，建立注册会计师民事赔偿机制，注册会计师因串通舞弊或重大过失而不能发现上市公司重大会计造假，致使投资者和债权人蒙受损失的，应当承担民事赔偿责任。对违规注册会计师的处罚，应由目前的行政处罚为主，逐步过渡到行政处罚与经济处罚并重。充分利用经济杠杆迫使注册会计师强化风险意识，提高执业水平。

第四，推行合伙制或有限合伙制（LLP），要求所有具有证券、期货相关业务资格的会计师事务所必须限期改组为合伙制或有限合伙制，加大注册会计师的过失成本。

三、造假成本与造假收益的不对称助长了会计造假

抛开道德观念和法制观念，会计造假也可以从“造假经济学”的角度来解释。虚假会计信息的大量存在，表明证券市场和上市公司存在着对虚假会计信息的旺盛需求。既然有需求，就必然有供给。对于造假者而言，只要造假的预期成本大大低于造假的预期收益，造假者就有“博弈”的理由和冲动。造假的预期成本 = P × P，即造假被发现的概率（Probability）乘以处罚金额（Penalty）。造假的预期收益 = C + C，即虚构经营业绩骗取上市、配股、增发资格所募集的资本（Capital）以及操纵利润导致市值（Capitalization）增加等。

与其他新兴市场一样，我国的证券市场同样存在着监管体系薄弱，监管手段落后，监管人员不足的现象，因此，上市公司会计造假被发现的概率极小。据笔者初略统计，过去 10 年因会计造假被中国证监会发现并处罚的上市公司可能不足 100 例，而上市公司过去 10 年正式对外提供的年度会计报表、半年度会计报表、验资报告、资产评估报告、盈利预测报告以及募股资金使用情况说明等财务资料不下 1 万份，就是说，造假被发现的概率远低于 1‰！目前被曝光的上市公司会计造假有可能只是冰山一角。此外，迄今为止，监管部门主要依靠行政处罚手段来打击上市公司的会计信息造假，对直接责任人追究刑事责任的，少之又少，民事赔偿更是微乎其微。因此，即使会计造假被发现了，所付出的代价也是极其有限的。可见，当前我国证券市场上会计造假的成本是微不足道的，因而往往被上市公司的大股东和管理层忽略不计。

与造假成本相比，会计造假所带来的收益可能呈几何级数放大。银广夏 1999 和 2000 年通过虚构 7.45 亿元利润创造“中国第一蓝筹股”的神话，其停牌时的流通市值比 1998 年末增加了至少 70 亿元。对于上市公司而言，会计造假的预期收益可用以下公式推算：

$$EBAF = \frac{FNI}{TS} \times PER \times TNS$$

其中，EBAF（Expected Benefit from Accounting Fraud）代表会计造假预期收益，FNI（False Net Income）代表虚假净收益，TS（Total Shares）代表总股本，PER（Price Earnings Ratio）代表市盈率，TNS（Total Negotiable Shares）代表流通股份数。

假设 A 上市公司 2000 年末总股本为 10 000 万股，其中 4 000 万股为流通股，

2000 年度虚假净收益为 2 000 万元，所在行业平均市盈率为 60 倍，则在其他条件保持相同的情况下，会计造假收益为 4.8 亿元。在本例，虚假净收益虽然只有 2 000万元，但通过市盈率这一“财富放大器”的作用，却对流通股股价造成巨大的影响。可见，在我国上市公司股本规模偏小，市盈率居高不下的市场环境下，会计造假的财富效应是超乎寻常的。

倘若再将原本不具备上市、配股、增发资格，但通过会计造假得以蒙混过关的因素考虑进去，造假的预期收益将更加惊人。事实上，最近一段时期证券市场“圈钱”运动中暴露出的众多“变脸”现象（指上市、配股、增发不久就发生业绩滑坡或亏损），从另外一个角度证明了会计造假的收益效应，也解释了大股东和管理层为何对会计造假乐此不疲。

正是由于会计造假的预期收益明显大于预期成本，不造假的机会成本过于高昂，我国证券市场才不断上演“刚通报了张家界，又冒出了麦科特，刚处罚了 ST 黎明，又惊爆银广夏丑闻”等“前赴后继”的闹剧。长此以往，就有可能蔓延成“劣币驱逐良币”的现象。笔者认为，只有尽快建立民事赔偿制度，对造假的上市公司和中介机构处以重罚，同时加大对上市公司会计信息的稽查力度和稽查面，大幅度提高会计造假的成本，使造假无利可图，才能从根本上遏制会计造假屡禁不止、愈演愈烈的势头。

四、剥离与模拟等“创新”侵蚀着会计信息真实性的根基

“真实和公允即可靠，始终是会计的最重要质量特征，如实地反映企业的经济与财务真相，是会计最基本的职能。”① 然而，真实性目前正面临着来自剥离与模拟等“会计创新”前所未有的挑战。

剥离与模拟是与企业改制上市相伴而生的。在行政审批制下，由于实行“规模控制，限报家数”政策，股票发行额度成为十分稀缺的资源。企业通过激烈竞争拿到的股票发行额度往往与其资产规模不相匹配，只好削足适履，将一部分经营业务和经营性资产剥离，或者进行局部改制，将原本不具有独立面向市场能力的生产线、车间和若干业务拼凑成一个上市公司，并通过模拟手段编制这些非独立核算单位的会计报表。此外，许多改制企业（尤其是国有企业）因承担社会职能而形成大量的非经营性资产，也必须予以剥离。按理说，剥离与模拟是行政审批制的产物，实行了核准制后，剥离与模拟就应当寿终正寝。然而，在核准制实施之后，中国证监会又颁布了《首次公开发行股票公司申报财务报表剥离调整指导意见》，由此看来，剥离与模拟挥之不去。

① 葛家澍、黄世忠：“反映经济真实是会计的基本职能”，《会计研究》，1999 年 12 期。

我们应当如何看待剥离与模拟这类“会计创新”呢？辩证地看，剥离与模拟在我国证券市场发展中功不可没，如果不允许剥离与模拟，许多企业（特别是国有企业）是不具备上市资格的，是无法通过股份制改制和上市摆脱困境的。另一方面，剥离与模拟从根本上动摇了会计信息的真实性，使信息使用者无法了解企业真实的财务状况、经营业绩和现金流量。剥离与模拟犹如整容术，通过将劣质资产、负债及其相关的成本、费用和潜亏剥离，便可轻而易举地将亏损企业模拟成盈利企业。许多国有企业在上市前亏损累累，债务负担沉重，但只要经过改制和上市，往往一夜之间扭亏为盈，财务实力大增。这种化腐朽为神奇的秘笈就是剥离与模拟。我国许多刚上市的公司，其三年又一期的会计报表展示给投资者的盈利能力和财务状况，常常令发达国家的上市公司无地自容，只可惜这种“姣好面容”持续不了多长时间，毕竟“整容”与“天生丽质”不可同日而语。桦林轮胎、兴业聚酯等上市不到一年就亏损，ST、PT 家族日益壮大，都从不同层面折射出剥离与模拟对会计信息真实性的伤害。

我国的证券市场经过 10 年的苦心经营，已发展了 1 100 多家上市公司。这种超常规的发展速度在一定程度上应归功于剥离与模拟，但其所带来的后遗症也日益凸现：上市公司质地不高，绩优股容易“翻脸”。克服这一后遗症的权宜之计是保持“资金运动”。只要上市后能够源源不断地通过配股、增发进行“圈钱”，企业便可以增量资金掩盖存量资产的低效率。要“圈钱”，经营业绩就必须达到中国证监会设定的门槛。万一业绩不够怎么办？好在中国的上市公司对剥离与模拟情有独钟、经验老到。利润达不到配股、增发的要求，上市公司可以将过去因高估利润所形成的“泡沫性”资产、经营不善的亏损子公司以及其他亏损业务剥离给母公司或其他关联企业，再通过“模拟调整”，编制出一套人见人爱的完美会计报表，“圈钱”也就水到渠成。既然剥离与模拟是中国证监会格外开恩为上市公司留下的一条生路，上市公司焉有不用之理。

从会计理论的角度看，剥离与模拟对财务会计的基本假设和原则产生了巨大的冲击波，其能量大有催垮现行会计框架之势。倘若剥离与模拟的存在是合理的，那么，会计主体假设、配比原则有何意义？会计主体假设界定了企业收益确定的边界，配比原则设定了收益确定的规则。如果上市公司可以将采用不稳健的收入确认政策所形成的不良债权、将市场变化所形成的存货积压损失、将盲目投资所形成的投资损失、将资本结构失调所形成的负债及其利息支出予以剥离，那么，上市公司只会盈利，而不会亏损。但经过剥离后模拟出的盈利，是财务会计意义上的利润吗？难道剥离与模拟可以凌驾于会计主体假设和配比原则之上？可见，剥离与模拟与其说是“会计创新”，不如说是滋生会计造假的温床。

剥离与模拟固然神奇，但其持续功效有限，且容易模糊投资者的视线。即便老练的投资者天生一双慧眼，也难以看清上市公司剥离与模拟背后的真实面孔。基于此，该是监管部门向剥离与模拟宣战的时候了，以维护会计信息的真实性和严肃性。如果在短时间内不可能取缔剥离与模拟，也应当对剥离与模拟做出严格限制。对于进行过重大剥离与模拟的企业，应视其经营业绩的连续性和可比性遭到破坏，必须经过3—5年的时间重新检验其业绩的稳定性，方可准许这类企业上市、配股或增发。

五、资产重组和关联交易有使会计沦为“魔术”之虞

会计理论界对会计到底是一门科学，还是一门艺术的争论由来已久，但现行实务中的一些令人困惑的做法让笔者觉得会计越来越像是一门魔术。同一个企业，经过资产重组和关联交易，将“红色业绩”（亏损）变成“蓝色业绩”（盈利）简直易如反掌。我们不妨分析若干案例，以透视上市公司利用资产重组和关联交易调节利润的“魔法”。

案例1　广电股份

广电股份1997年11月将6 926万元的土地以21 926万元的价格转让给其母公司，确认了15 000万元的收益。同年12月又将账面净资产为1 454万元的一家下属公司的整体产权以9 414万元的价格转给其母公司，确认了7 960万元的营业外收入。仅仅这两项交易就带来了22 960万元的收益，占该年度利润总额9 733万元的235.9%。若剔除这两笔交易，该公司1997年度实际上亏损了13 227万元。资产重组和关联交易的“魔力”由此可见一斑。这一案例再次印证了“有妈的孩子像个宝”这一颠扑不破的真理。上市公司出现了亏损时，只要哭着找“妈妈”（母公司或大股东）就行了，母公司或大股东必定会通过资产重组与关联交易给上市公司“喂奶”（输送利润）。但“妈妈”如此精心呵护，这个“孩子”长得大吗？“断奶”之后，这个“孩子”能够“正常发育”吗？

案例2　陕长岭

陕长岭的大股东长岭黄河集团为了解决拖欠债务问题，2000年10月30日将其持有的西方圣方科技股份公司的1 000万股股权，以每股1元转让给陕长岭。同年11月22日，陕长岭以每股8元的价格将其转让给美鹰玻璃（浙江）有限公司（是否为关联企业，不得而知），获得了7 000万元的投资收益，占当年利润总额1 604万元的436.4%。若剔除这笔交易，陕长岭2000年度实际上亏损了5 396万元。这个案例存在的疑问是：既然西方圣方科技的股权在不到一个月内便可增值7 000万元，大股东为何不自己将这些股权直接出售给美鹰玻璃公司呢？假定美鹰股份是关联企业，陕长岭为何不在确定转让价格时多加一个零呢？显然是不好意思。但陕长岭是否想过，这个不好意思的直接机会成本就是减少了7.2亿元的利润。

案例3　波导股份

波导股份2000年度将发生的10 427万元广告宣传费中的70%，即7 299万元转由其大股东奉化波导科技发展公司承担，转嫁给大股东承担的费用占波导股份当年利润总额4 401万元的165.8%。若剔除这一因素，波导股份2000年将亏损2 898万元。大股东替上市公司承担广告费用由来已久，前有美菱电器，后有厦新电子，现又有了波导股份。看来，上市公司有难，大股东解囊相助已蔚然成风。

案例4　ST包装

ST包装（现更名为长江控股）2000年11月25日将所持四川长信纸业有限公司40%股权，以4 800万元的价格转让个尚未入主的潜在大股四川泰港集团。由于ST包装按权益法核算对四川长信纸业有限公司的投资时，已确认了1 600万元的投资损失，并将投资成本减记至零，因此，这笔股权转让使ST包装平添了4 800万元的收益，占当年利润总额1 622万元的295.9%。同样地，若剔除这项收益，ST包装当年将亏损3 178万元。一家资不抵债的公司，其股权居然可以卖得4 800万元的好价钱，真是匪夷所思！

同日，四川泰港集团还与ST包装签定了《赠予资产协议》，将其持有的四川省神岩风景区旅游公司95%的股权无偿捐赠给ST包装。这些股权评估值为18 943万元，扣除6 251万元的递延所得税后，差额12 692万元确认为资本公积。ST包装的每股净资产遂由1999年末的0.308元猛增至2000年末的2.74元。

通过上述两项交易，ST包装如愿以偿地摘掉了ST的帽子。ST包装及其尚未入主的大股东堪称世界顶尖的“魔术大师”，只需签定两个协议，便可使ST这顶帽子遁形，其技艺之高超，实在让人叹为观止！

类似的案例不胜枚举。倘若取缔这些资产重组和关联交易，ST和PT家族的阵容不知要扩大几倍。这类案例的最显著特点是不等价交换，交换的结果是大股东向上市公司肆无忌惮地进行利润输送。从本质上看，通过这种手段进行的所谓资产重组和关联交易，与银广夏的会计造假并没有太大的差别，两者都是“数字游戏”，只不过前一种做法因法律法规和会计规范的不完善而被披上合法的外衣。更不可思议的是，上市公司利用资产重组和关联交易调节利润，只要大言不惭地“广而告之”（充分披露）便可逃脱被制裁的命运。

以资产重组和关联交易之名，行会计报表粉饰之实的现象如果不能被及时、有效地加以制止，财政部即使颁布再多的会计制度和准则也是枉然，注册会计师再超然独立也无法制止会计造假，现存的收益确定、资产计价等理论体系也将土崩瓦解，会计终究有一天会沦落为“魔术”，届时，会计休矣！

附录 2

衍生金融工具与收益平滑游戏[①]

——美国联邦住房抵押贷款公司财务操纵案例剖析

黄世忠　王建峰　叶丰滢

2003 年 1 月，美国第二大住房抵押贷款公司——联邦住房抵押贷款公司（以下简称 Freddie Mac）宣布重编 2000—2002 年度财务报表，对先前经过平滑化处理的会计收益进行重述。同年 11 月，重编后的报表显示：调增 2000 年度净利润 11.2 亿美元，调减 2001 年度净利润 9.89 亿美元，调增 2002 年度净利润 43.3 亿美元。此外，2000 年以前的净利润累计调增 6 亿美元。Freddie Mac 的报表重述金额超过 70 亿美元，是美国公司史上金额最大的报表重述之一。

为了挽回会计丑闻对投资者信心的巨大打击，美国联邦住宅企业监管署对 Freddie Mac 处以 1.25 亿美元的高额罚金，并勒令其进行全方位的内部重组。前车覆，后车鉴。这起财务操纵案对丑闻频传的金融机构具有一定的警示意义。

一、公司背景及其经营模式

20 世纪 30 年代经济大萧条之后，美国政府开始意识到仅凭私人金融市场难以为老百姓的住宅问题提供足够的融资。为了开拓住房贷款的资金来源，美国政府在此后的 40 年间相继设立了联邦国民按揭公司（Fannie Mae），政府国民抵押公司（Ginnie Mae）和 Freddie Mac。在政府“看得见之手”的干预下，这三大机构逐渐形成了住房信贷二级市场的中坚，合力为放款机构提供资金来源。二级市场的成功运作，大大减轻了“脱媒”（Disintermediation，指金融市场以直接融资替代传统的媒介融资现象）对不动产的冲击，盘活了房贷资金。

从性质上，Freddie Mac 是一家典型的金融企业，其盈利来源于承担风险的风险溢价，经营成果的优劣取决于风险管理的效果。在 1989 年美国金融改革之前，Freddie Mac 的主要业务是通过发行有担保的“按揭参与凭证”（将一级市场发放的按揭贷款打包，形成按揭池，并以此为支持发行有担保的按揭证券），从按揭贷款

---

① 本文发表于《财务与会计》2004 年第 10 期，略有删节。

利率与“按揭参与凭证”利率的差额中套利。由于“按揭参与凭证”是一种过渡性证券，Freddie Mac 只承担按揭信用风险。在信用体系相对发达的美国市场上，发行“按揭参与凭证”的风险并不大。放松金融管制之后，Freddie Mac 获准以另一种方式参与二级市场。即通过发行短期和长期债券筹资，继而以所筹资金购买并持有按揭证券，并从按揭利息收入与举债利息支出的差额中套利。由于面临巨大的利率风险，Freddie Mac 在进行上述操作的同时还高度依赖衍生金融工具进行避险。这项业务的最终收益也在调整衍生金融工具损益后确定。因为引入了衍生金融工具，Freddie Mac 的市场风险被放大了。从上个世纪 90 年代开始，上述第二种方式成为 Freddie Mac 的主要业务模式。迄今为止，Freddie Mac 既是世界上最大的债券发行商之一，也是衍生金融工具的最大使用者之一。

Freddie Mac 迅速发展壮大的主要原因在于，较之其他私人金融机构，它享有绝对的筹资成本优势。由于拥有强大的政府背景，Freddie Mac 可以轻易地从债券市场上以低廉的成本筹资（其信用等级稍低于美国财政部，而远高于其他 AAA 级企业）。然而，正是这种巨大的融资优势让 Freddie Mac 渐渐陷入了一种怪圈：一方面，Freddie Mac 大量使用衍生金融工具套期保值的业务模式类似于典型的高风险对冲基金，其运营业绩呈现波浪状的起伏（甚至时有波澜壮阔的起伏）都是正常的和可预期的；另一方面，波动性的经营业绩意味着公司经营的高风险和不确定性，但这显然与债券的低利率不相匹配。作为 Freddie Mac 财务信息的主要需求方——华尔街的分析师和购入 Freddie Mac 债券的投资者，前者向来偏好“持续稳定增长”，后者则绝大多数为明显的风险厌恶者（否则他们会选择收益更高的其他投资工具而不是购买 Freddie Mac 的低息债券）。换言之，资本市场的主要参与者都难以容忍 Freddie Mac 的经营业绩大起大落。在这种市场环境下，对外展示业绩稳步增长的图像不仅可以营造低风险的氛围，而且可以据此降低融资成本。

降低筹资成本的巨大压力使 Freddie Mac 无论如何需要一条平滑的盈利曲线，这对这家整日与衍生金融工具打交道的公司而言几乎是“不可能完成的任务”。面对每况愈下的盈利稳定性，Freddie Mac 最终不得不诉诸会计手法进行业绩平滑以满足经营和市场的双重需求。

二、主要操纵手法透视

有别于常见的财务操纵案，Freddie Mac 进行利润平滑的主要目的是为了掩饰经营风险和市场风险，同时满足华尔街的盈利预期，顺带享受税收“减免”的好处。2000—2002 年 Freddie Mac 连续 12 个季度重述前后的业绩图像显示，经过平滑化处理的季度利润呈持续稳定增长的态势，紧贴华尔街分析师的盈利预期攀爬，而重述后的季度利润则存在显著的波动。从其自查资料中可以看出，Freddie Mac 主要利用以下两种操纵手法进行收益平滑化的会计数字游戏。

（一）操纵证券分类

根据第115号准则“关于某些债权性和权益性证券投资的会计处理”，公司持有的证券应按持有目的划分为三类：持有到期的证券、为交易而持有的证券以及除上述两者之外的其他可供出售的证券。持有到期的债券以摊余价值列报；为交易而持有的证券，按公允价值报告，未实现损益在当期利润表确认；其他可供出售的证券，按公允价值报告，未实现损益作为股东权益的一部分单独列报为“累计其他综合收益”。可见，证券分类正确与否直接关系着公司报告期的利润、负债和股东权益金额的真实性。Freddie Mac正是通过“巧妙解释”各类持有证券的性质，在资产负债表和利润表之间开辟了一条调度利润的“水渠”。

Freddie Mac操纵证券分类的主要手法有两种。一种是把持有到期证券的出售作为融资处理，反映为负债，而依据第140号准则“金融资产转让和服务以及债务解除的会计处理”，Freddie Mac的出售行为满足金融资产销售的全部条件，应当在出售的当期确认损益。通过这一不正当的会计处理，Freddie Mac隐匿了持有到期证券的出售损益。另一种手法更加狡黠。Freddie Mac将部分为交易而持有的证券重新证券化，然后将这些证券中留存的“受益人权益”作为持有到期证券或其他可供出售证券的“受益人权益”核算。还有一部分为交易而持有的证券则直接被转为准备持有到期的证券或可供出售证券核算。

在操纵证券分类的过程中，Freddie Mac特别偏好于将为交易而持有的证券（该类证券波动巨大的未实现损益应在当期确认）重分类为其他可供出售的证券（该类证券的未实现损益列示于资产负债表上）。通过上述操纵手法，Freddie Mac累计藏匿了逾17亿美元的利润。

（二）操纵衍生金融工具会计处理

1. 隐含期权套期策略。为了规避借款人提前还贷导致的公允价值变动风险，2001年1月以后，Freddie Mac就“隐含于按揭资产中的期权”执行了一项套期策略。该策略以利率期权、互换等衍生金融工具为套期工具，旨在为隐含期权公允价值的波动保值。

Freddie Mac在这一项目上的会计操纵体现在两个方面。首先，对证券分类的操纵导致了一个连带错误：根据第133号准则“衍生工具和套期活动的会计处理”，为交易而持有的证券不能作为被套期项目，不适用套期会计。但由于Freddie Mac曾将部分为交易而持有的证券转为持有到期证券或其他可供出售证券，这对该策略中被套期项目的核算方法产生直接影响。

其次，根据第133号准则，不论是基于何种目的进行套期，事前建立严密的套期计划、事中进行及时的损益报告是对企业执行套期会计的两个起码要求。前者要求形成“有关套期关系、风险管理目标和套期实施策略”的正式文档，后者则量化为至少一个季度对套期有效性进行一次评估。Freddie Mac 对其执行的隐含期权套期策略既未建立管理文档进行追踪，也未依据准则进行足够的测试以对套期活动的有效性做出准确评估，因此，它按照所谓的套期会计执行的损益估算严重缺乏准确性。

在重述前的各季报表中，高达 65 亿美元其他可供出售证券（被套期项目）的公允价值波动损益没有得到及时、恰当反映（即与对应衍生工具的套期利得和损失进行抵消），而是按照第 115 号准则反映在“累计其他综合收益”，掩盖了套期活动抵消公允价值波动的有效性。

2. 固定支出互换。以 2000 年 12 月 1 日为生效日，Freddie Mac 用名义金额为 86 亿美元的固定支出互换与名义金额为 36 亿美元的固定收入互换为组合，作为现金流量套期保值的工具。这一项目是 Freddie Mac 执行第 133 号准则过渡调整政策的一部分，管理层希望籍此减少第 133 号准则的执行对业绩的冲击，但这一举措同样被证明是一种操纵。

2001 年 1 月 1 日，Freddie Mac 将原组合中名义金额为 86 亿美元的固定支出互换中的 75 亿美元重新指定为新的现金流量套期工具，将名义金额为 36 亿美元的固定收入互换中的大部分重新指定为公允价值套期工具。但 Freddie Mac 同样没有按照第 133 号准则的要求，对上述固定支付互换中的 66 亿美元现金流量套期建立跟踪文档并对其有效性进行测试评估。自查报告显示，Freddie Mac 利用此项操纵将这 66 亿美元现金流量套期的利得和损失长期反映在“累计其他综合收益”，累计掩盖了逾 38 亿美元的套期损失。

3. 通过“政府证券结算公司”结算的交易。2000 年第四季度之前，Freddie Mac 通过买（卖）国库券或机构债券同时执行回购（转售）协议的方式与单一交易对手缔结合成的远期合约，双方最终以这些合约的净值为基础进行结算。对于这项业务，Freddie Mac 按套期保值会计进行了处理，这并不违背公认会计原则的要求。

2000 年第四季度，Freddie Mac 开始通过“政府证券结算公司”（GSCC）对这些合约进行清算，同时继续按套期保值会计进行账务处理。然而，由于使用了 GSCC 的交易平台，Freddie Mac 可以与不同的交易对手分别签订上述两个协议。这项预期外的交易结构变更维持了远期合约以净值结算的基础，同时有效降低了交易费用。然而，这次变更也代理了特别的影响——远期合约不再符合公认会计原则对衍生工具的定义。由于 Freddie Mac 没有及时进行会计政策变更，交易利润被递延到“累积其他全面收益”，累计减少净利润 7.68 亿美元。

4. “房地产信托投资”套期。1997 年 2 月，Freddie Mac 通过发行普通股和总额为 40 亿美元的永久股息下调型优先股，成立了两个近乎全资（拥有 99.9% 的股权）

的子公司，从事房地产信托投资（REIT）。REIT 优先股在两家子公司的账上列为股东权益，在 Freddie Mac 的合并资产负债表上列为少数股东权益，在合并利润表上反映由优先股股东享有的收益。

公认会计原则明确规定："一家或多家被合并子公司的少数股东权益不能作为被套期项目"，但为了将这些优先股也纳入套期会计的核算范畴，从 1998 年第四季度起，Freddie Mac 改变了上述报告方式，将 REIT 优先股作为债券列报，同时把股利支出改作财务费用。通过这项操纵，Freddie Mac 累积藏匿了 5.83 亿美元的利润。

经过事后调查，被 Freddie Mac 用作利润调节的衍生金融工具多达 10 余种，累计隐匿利润（抵销损益后）接近 50 亿美元。除此之外，Freddie Mac 还在金融资产转让和证券化、金融工具股价等手法，隐匿了近 4 亿美元（抵消损益后）的利润。

三、Freddie Mac 财务操纵案的警示

（一）倡导真实波动，抵制虚假平滑

金融企业的性质和"追求平稳"的企业文化将 Freddie Mac 平滑收益的行径衬托得分外典型。与 Freddie Mac 有着相同癖好的还有众多"腕级"上市公司。譬如，当软件需求不旺盛时，微软公司通过逐季释放销售景气年度计提的递延收入，维持了稳健的收入增长势头。而通用电气公司则利用出售资产实现的非经营性收益抵销经营和非经营性亏损，创造了连续 17 个季度每股收益与华尔街的盈利预期基本持平或略微超出的记录，并因此荣获"全美最具可预测性公司"的头衔。

透过现象看本质。诚如美国 SEC 前任主席利维特在"数字游戏"演讲中所指出的：高管层"利用各种诡计来掩饰真实的财务易变性。这反过来掩盖了高管层决策的真实结果。"由于资本市场存在大量的不确定性，在信息披露不完备的情况下，企业量化在财务报表中的经营成果本来就不可能实现前后各期绝对的平滑。换言之，波动的财务信息才是自然的、客观的，而平滑的财务信息大多是人为操纵的结果。而且，经验数据充分证明：对盈余数字的平滑或许能够一时隐匿上市公司的经营风险，甚至可以短暂地"消除"不可分散的市场风险对经营业绩的影响，但会计把戏一旦无法跑赢各类风险组合，事实波动不可抗拒出现之后，股价暴跌不可避免，大量在信息不对称中处于劣势的中小投资者将无端遭受损失。

因此，清剿盈余游戏势在必行。除了严格会计规范和管制，有两个方面的问题同样重要。首先，是遏制高管层的操纵心理。在这方面，淡化季度报告制的作用（尤其是改变华尔街以季度为基础进行盈利预期的做法）迫在眉睫。在华尔街盈利预期的指挥棒下，高管人员每个季度的平滑行为对抬升股价的直接作用和对其个人财富增长的间接好处显而易见。Freddie Mac 的几位主要高管人员就曾多次对未能达到华尔街盈利预期的后果表示恐惧。考虑到季报数字未经审计且经常重述，这样人

为炮制的“腐败网络”完全应当被废止。在众多对策中，连续报告制（按月、按周甚至按日提供盈余和其他财务信息）也许是最有效地解决问题的办法。但由于系统开发成本高昂，虽然相关的讨论由来已久，但这种报告制度始终未能得以推广。在这之前，回归以年报为基准的业绩计量或许不失为一种让高管层放远眼线的好选择。

其次，着力培养长线投资者将有助于缓解高管层的盈余操纵压力。在 Freddie Mac 的高管层操控业绩期间，公司股价曾一度达到历史最高位，并长期维持在高位小幅调整。这充分说明，大量的投资者和华尔街分析师一样是稳定业绩的偏好者。更重要的是，每当季报公布后，这些投资者忙于追捧业绩稳定、满足盈利预期的公司股价，而狠狠打击那些“未达标者”。从这一角度看，正是这些盲目的短线投资者助长了高管层操纵盈余的“热情”。与短线投资者制造股价的剧烈波动相比，长线投资者对股价的稳定作用是显而易见的。在资本市场上，长、短线投资者将长期并存，但二者之间的比例关系要依市场的属性以及可以获得的信息而定。较之简单关注盈余或现金流等单一数字的短线投资者，长线投资者偏好更丰富的相关信息，如非财务业绩与无形资产方面的信息，因为这些正是价值基础之所在。这为财务报告的改进指示了方向——企业应以大量的业绩指标和未来的发展计划证明在给定的收益水平上，长线投资者将面临更小的风险，从而说服更多的投资者加入建仓和增仓行列。

（二）辩证看待稳健主义，公平对待所有投资者

Freddie Mac 通过“削峰填谷”进行收益平滑化的盈余操纵，具有“以丰补歉”的显著特征，并在丑闻曝光初期因其“保守稳健”获得不少人的同情。如何辩证地看待“稳健主义”？稳健主义是会计人员和注册会计师奉若神明的会计惯例之一。从风险规避和风险管理的角度看，稳健主义无可厚非，但从公允反映的角度看，稳健主义并不可取。在经营业绩的计量上，稳健主义具有相对论的显著特征，某一会计期间特别稳健的做法，可能意味嗣后会计期间收益确定特别激进。例如，滥用“八项减值准备”，夸大固定资产和无形资产减值准备，就会低估剩余使用年限内的折旧和摊销费用。在 Freddie Mac 的操纵案中，蓄意低估 2000 年度的利润，却夸大了 2001 年度的利润，这种做法可能对长期投资者无害，但却有损短期投资者的利益。在当今证券市场上，股票换手率很高，投资者变化很快，因此，稳健主义可能导致短期投资者的利益被转移给长期投资者，造成财富分配的不公，从长远看，这也不利于证券市场的发展。可见，公允反映显然比稳健主义更加可取。以稳健主义为名，行收益平滑之实的盈余操纵，与虚盈实亏等盈余操纵一样，都应予以唾弃！

（三）完善衍生金融工具会计规范，约束会计估计和判断

衍生金融工具会计是长期困扰 FASB 和 IASB 等权威准则制定机构的难题。虽然从 20 世纪 80 年代开始，FASB 就开始研究，但由于受到利益集团的游说，也因为衍生金融工具和套期活动惊人的推陈出新速度，相应的准则迟迟不能诞生。直到 90 年代南美和亚洲金融危机后，才催生了第 133 号准则及其后续补充规范。国际方面，IASB 于 1998 年底发布了第 39 号准则“金融工具：确认和计量”。应当说，这一系列准则在规范衍生金融工具会计处理上取得了重大的进展。SEC 在展望美国会计准则体系的改革方向时，甚至将第 133 号准则视为一个近乎完美的蓝本。但是，从众多涉及衍生金融工具的财务操纵案和有关衍生金融工具会计处理的激烈理论争论中不难看出，对衍生金融工具的会计规范远未达到圆满的地步。客观地说，包括第 133 号准则在内的准则都只能算是阶段性研究成果，需要进一步的完善。

另外，我们还注意到，在第 133 号准则颁布后，FASB 专门成立了一个衍生金融工具执行组，帮助企业解决执行准则过程中遇到的问题。这从另一个侧面体现了准则推行的困难程度。对于准则约束的主要对象——使用种类繁多的衍生金融工具的金融企业，如 Freddie Mac，它们从华尔街大量招募的是风险管理和证券操作方面的精英，日常经营强调的是高深、定量的定价建模和风险管理，至于会计处理，在他们看来只不过是简单的“后勤”工作（有时甚至沦落为操纵工具）。而这恰恰与衍生金融工具会计需要丰富的专业知识、经验和职业判断的要求背道而驰。此外，FASB 自第 133 号准则颁布后，开始全力推行用公允价值对衍生金融工具进行计量，但谁又能保证这种大量使用估计和判断的计量属性能够实现衍生工具计量价值的公允性？从 Freddie Mac 执行准则的情况看，这种可能性微乎其微。纵观这起财务操纵案，对证券分类的一次操纵就可以隐匿数十亿美元的利润，而通过“糙化”套期活动进程以及损益测算方法和过程的披露，又可以将大量的交易损益“藏”在资产负债表。衍生金融工具似乎正在沦为数字游戏的最佳道具。

那么，谁来约束衍生金融工具会计处理上放任的会计估计和判断？注册会计师能够胜任吗？Freddie Mac 案例对这个问题的回答是矛盾而讽刺的：前任审计师安达信自 1970 年开始担当 Freddie Mac 的审计师，直到 2002 年 4 月被解聘，22 年间，它没有报告 Freddie Mac 任何不当的会计行为。而这起重大报表重述的发生是应继任审计师普华永道的要求做出的，这也是近年来曝光的众多财务操纵案中为数极少的由会计师事务所揭开丑闻内幕的案例。

附录 3

财务报表舞弊风险因素有效性分析①

黄世忠

安然事件等财务丑闻以及安达信等著名会计师事务所的审计失败导致美国注册会计师协会（AICPA）深刻反思注册会计师对舞弊的责任。2002 年 10 月，AICPA 颁布了第 99 号审计准则（以下简称 SAS 99）《财务报表审计中对舞弊的考虑》，取代了 1997 年颁布的第 82 号审计准则（SAS 88），要求注册会计师以更加积极主动的方式、近乎怀疑一切的职业审慎，在财务报表审计中尽可能发现和揭露舞弊行为。为了帮助注册会计师更有效地发现财务报表舞弊，SAS 99 从动机/压力（Incentive/Pressure）、机会（Opportunity）、合理化借口（Rationalization）等三个角度，提出了识别财务报表舞弊的 42 个风险因素（Risk Factors 或预警信号）。

SAS 99 于 2002 年 12 月 15 日付诸实施后，这 42 个风险因素对于识别财务报表舞弊是否有效成为会计职业界广为关注的问题。2005 年 10 月，《内部审计师》刊登了得克萨斯—泛美大学（University of Texas - Pan American）研究人员对这 42 个风险因素有效性的研究。该研究以问卷调查的方式，询问了一大批具有利用风险因素发现财务报表舞弊丰富经验的内部审计师。在接受问卷调查的内部审计师中，超过 81％的内部审计师接受过利用风险因素或预警信号发现财务报表舞弊的职业后续教育。根据从这些内部审计师获得的数据，研究人员计算了这 42 个风险因素在发现财务报表舞弊方面的有效性分值（最有效为 5 分，最无效零分），并按分值将这 42 个风险因素的有效性划分为三类：最有效的风险因素、有效的风险因素和较无效的风险因素。

动机/压力层面的 16 个风险因素或预警信号，其有效性如表 2－19 所示：

表 2－19

排序	与财务报表舞弊相关的风险因素或预警信号	有效性分值
	——最有效的风险因素或预警信号	
1	董事会或 CEO 对经营层或经营人员施加过分的压力，以实现不切合实际的财务目标	4.21
	——有效的风险因素或预警信号	

① 本文发表于《中国注册会计师》2006 年第 11 期，略有删节。

续表

排　序	与财务报表舞弊相关的风险因素或预警信号	有效性分值
2	以奖金、股票期权为代表的管理层报酬，有很大一部分取决于能否实现股票价格、经营成果和财务状况等激进目标	4.09
3	与同行业其他公司相比，企业增长快速或盈利能力异常高	3.93
4	管理层在新闻公告或年度报告中提供了过于乐观、不切实际的盈利或增长预期	3.93
5	经常发生入不敷出的经营性现金流量，或者在报告盈利和盈利增长的同时未能创造足够的现金流量	3.75
	——较无效的风险因素或预警信号	
6	担心报告糟糕的财务状况将对一些重大未决交易（如企业合并或合同争取）产生潜在或实际的不利影响	3.69
7	投资分析师、机构投资者、重要债权人或其他外部主体因为管理层在新闻公告或年度报告过于乐观而形成不切实际的盈利或增长预期	3.61
8	管理层或董事会成员个人为企业重大债务提供担保	3.59
9	经营损失将导致企业立即破产、被取消抵押权或被接管	3.44
10	管理层和（或）董事会成员在企业拥有重大的财务利益	3.39
11	企业没有能力符合交易所的上市要求或没有能力偿还负债	3.35
12	特别容易受到技术、产品或利率迅速变化的不利影响	3.13
13	竞争激烈、市场饱和，毛利率不断下降	2.99
14	客户需求大幅下降、行业或整个经济的经营失败不断上升	2.96
15	为了维持竞争力，在主要的研究开发或资本支出方面需要获得额外的债务或权益融资	2.85
16	出现新的会计、法规或监管要求	2.56

机会层面的 14 个风险因素或预警信号，其有效性如表 2－20 所示：

表 2－20

排序	与财务报表舞弊相关的风险因素或预警信号	有效性分值
	——最有效的风险因素或预警信号	
1	对审计师接触人员、信息进行正式或非正式限制，或者限制了审计师与董事会或审计委员的沟通能力	4.97
2	在正常经营活动之外，或者与未经审计或经由其他事务所审计的关联方发生了重大关联交易	4.74
3	在由非业主管理且缺乏相应控制的企业中，管理层由一个人或一个小团体所支配	4.72

续表

排序	与财务报表舞弊相关的风险因素或预警信号	有效性分值
4	会计和信息系统失效，包括涉及可报告状况的情形	4.47
5	重大的内部控制缺乏充分监督	4.43
6	董事会或审计委员会未能对财务报告程序和内部控制系统进行有效监控	4.27
7	会计、内部审计或信息技术等部分的人员流动性很高，或者在这些部门雇佣了不称职的人员	4.25
	——有效的风险因素或预警信号	
8	在税收天堂管辖区内设有银行账户、子公司或分支机构，且缺乏明显的商业理由	4.16
9	资产、负债、收入或费用以重大估计为基础，这些估计涉及到难以证实的主观判断或不确定性	4.01
10	CEO或董事会成员离职率很高	3.91
11	难以确定在企业中拥有控制权益的组织或个人	3.88
	——较无效的风险因素或预警信号	
12	组织结构过于复杂，涉及异常的法律主体或管理权限	3.70
13	因财务实力显赫或有能力支配特定的行业领域，企业能够左右供应商或客户的交易条款或条件，由此可能产生不恰当或不公平的交易	3.35
14	重大的经营业务位于或在经营环境和文化迥异的国际边界开展	2.95

合理化借口层面的12个风险因素或预警信号，其有效性如表2-21所示：

表2-21

排序	与财务报表舞弊相关的风险因素或预警信号	有效性分值
	——最有效的风险因素或预警信号	
1	引发“实质重于形式”问题的重大、异常或高度复杂的交易，在年末发生此类交易尤其如此	4.95
2	在处理与审计师关系时，管理当局具有霸道行为，尤其是试图限制审计师的工作范围	4.92
3	存在违反证券法的不良记录，或者企业、其高管层或董事会成员因涉嫌舞弊或证券法而遭受指控	4.82
4	管理层未能就企业的价值或道德标准进行有效地宣传、实施、支持或督促，或者宣传了不恰当的价值或道德标准	4.52
5	经常与现任或前任审计师在会计、审计或报告问题上发生争端	4.35
6	管理层基于税收动机的理由，对采用不当手法尽可能减少报告盈利表现出浓厚兴趣	4.30
7	管理层经常试图以重要性为理由为一些微不足道或不恰当的会计处理进行辩解	4.22

续表

排序	与财务报表舞弊相关的风险因素或预警信号	有效性分值
8	管理层未能及时纠正内部控制已发现的可报告状况	4.17
	——有效的风险因素或预警信号	
9	不分管财务的管理层过多地参与会计原则的选择或重大估计的确定	4.09
10	管理层具有向财务分析师、债权人和其他第三方承诺过于激进或不切实际预测的做法	4.09
11	向审计师提出不合理的要求，如对完成审计工作或签发审计报告提出不合理的时间限制	3.83
	——较无效的风险因素或预警信号	
12	管理层过于热衷于保持或抬升企业的股票价格或盈利趋势	3.72

笔者认为，SAS 99 所提出的风险因素或预警信号，对于我国注册会计师判断被审计单位是否存在财务报表舞弊极具借鉴意义。在财务报表审计中，如果发现上述风险因素或预警信号，注册会计师就应当保持高度的职业怀疑态度，追加必要的审计程序，包括非常规的审计程序，如对被审计单位没有意料到的子公司、分支机构、生产经营场所或账户进行突击抽查，直至疑虑被消除。

结合我国当前的实际，注册会计师应当特别关注以下 18 个可能表明被审计单位存在财务报表舞弊的风险因素或预警信号：

(1) 高管人员异常变动（尤其是分管财务的高管或主办会计频繁辞职或被调离）；(2) 频繁变更会计师事务所（尤其是被出具“不干净”审计报告后更换会计师事务所）；(3) 被审计单位陷入财务困境（尤其是面临着退市、银行逼债等艰难处境）；(4) 原始凭证不合常规（如单据不全或缺失、银行对账单出现呆滞项目、收款人或客户名称或地址太普通、凭证篡改、付款雷同、平整号码顺序不合乎逻辑、凭证上字迹可疑、以凭证复印件取代原件等）；(5) 会计分录存在瑕疵（如缺乏原始凭证支撑、对应收应付款、收入费用项目进行未加解释的调整、会计分录由异常人士编制、临近会计期末编制的异常会计分录等）；(6) 盈利质量与资产质量相互背离，如在报告大幅增长利润的同时，不良资产大量增加；(7) 净利润与经营活动产生的现金流量持续背离（尤其是企业连续盈利，但经营活动产生的现金流量连续三年入不敷出）；(8) 销售收入与经营活动产生的现金流量相互背离；(9) 在某个会计期间出现“洗大澡”式的资产减值；(10) 将会计估计变更混淆为会计政策变更；(11) 将会计舞弊解释为会计差错；(12) 不合乎商业逻辑的资产置换；(13) 期末发生的异常销售（尤其是对新客户的大额销售）；(14) 已发货未开票的销售和已开票未发货的销售；(15) 前期“销售”在本期大量退货；(16) 企业合并日前后被合并企业的毛利率差异悬殊（这可能意味着被合并企业按合并方的要求：推迟确认收入，提前确认损失；以稳健为借口，滥提资产减值准备；以经营业务和人力资源整合为理由，计提过多的重组负债和或有负债）；(17) 与客户频繁发生套换交易（向客户出售资产的同时，向客户购入类似的资产）；(18) 通过关联方进行购销业务。

思考题

1. 试分别阐释财务报表粉饰、盈余管理、会计政策选择、收益平稳化、收益操纵和财务报表舞弊这六个概念的含义、对财务报告的影响以及它们之间的相互关系。

2. 试结合学术界的研究成果和我国的经济现实，简要阐述我国企业财务报表粉饰的主要动机。

3. 我国上市公司的财务报表粉饰有哪些常见的手法？

4. 财务报表舞弊有哪些预警信号，分析我国上市公司的财务报表时，尤其应当关注哪些可能表明存在财务报表舞弊的预警信号？

5. 针对对我国上市公司粉饰会计报表的惯用手段，作为信息使用者，我们可采用哪些方法识别会计报表粉饰、以客观评价企业的真实盈利能力？

案例分析题

广东科龙电器股份有限公司（股票代码：000921）在2002—2004年均存在着严重的财务报表粉饰行为，该公司2002—2004年的年度财务报告可通过下列网址获取：

http://www.cninfo.com.cn

http://www.kelon.com

要求：

1. 广东科龙电器股份有限公司2002—2004年财务报表粉饰的动机是什么？

2. 广东科龙电器股份有限公司在2002—2004年主要采用哪些财务报表粉饰手法？

3. 你认为广东科龙电器股份公司2002—2004年的财务报表粉饰是否存在着明显的预警信号或迹象？

4. 广东科龙电器股份有限公司2002—2004年的财务报表粉饰案在会计、审计和公司治理方面给我们留下什么警示？

本章主要参考文献

1. 葛家澍、黄世忠："反映经济真实是会计的基本职能"，《会计研究》，1999 年第 12 期。

2. 黄世忠、叶丰滢："上市公司报表粉饰新动向：手段、案例与启示：（上）（下）"，《财会通讯》，2006 年第 1 期和 2006 年第 2 期。

3. 黄世忠、黄京菁："财务报表舞弊行为特征及预警信号综述"，《财会通讯》，2004 年第 12 期。

4. 黄世忠："上市公司会计信息质量面临的挑战与思考"，《会计研究》，2001 年第 12 期。

5. 黄世忠、王建峰、叶丰滢："衍生金融工具与收益平滑游戏：美国联邦住房抵押贷款公司财务操纵案例剖析"，《财务与会计》，2004 年第 10 期。

6. AICPA. Statement of Auditing Standards, 99 Consideration of Fraud in the Financial Statement Audit, October 2002. www.aicpa。

7. W.Stenven Albrecht, Chad Albrecht. Fraud Examination & Prevention. South - Western, 2004.

8. Arthur Levitt. The Numbers Game. Remarks at the NYU Center for Law and Business. New York. September 28, 1998.

9. Glen D. Moyes, Ping Lin, Raymond M., Jr. Landry. Raise the Red Flag: A Recent Study Examines Which SAS 99 Indicators Are More Effective in Detecting Fraudulent Financial Reporting. Internal Auditor, October 2005.

10. Zabihollah Rezaee. Finanical Statement Fraud: Prevention and Detection, John Wiley & Sons, Inc.. 2002.

11. Howarn Schilit. Financial Shenanigans, second edition. McGraw - Hill. 2002.

第三章　财务报表分析逻辑切入点

信息披露犹如一把双刃剑。一方面，充分披露财务和非财务信息，有助于使用者增进对企业经营、投资和筹资活动不同经济后果的了解，从而对财务报表做出更加有效的分析和利用。另一方面，过度的信息披露可能造成信息超载（Information Overload），从而影响使用者对财务信息与非财务信息的消化、吸收和利用。

安然、世界通信等财务丑闻后，美国在2002年7月颁布了《2002上市公司会计改革与投资者保护法案》，简称萨班斯－奥克斯利法案。该法案不仅重塑了美国证券监管体系，而且强化了信息披露的责任和要求。在强化公司治理、增加财务透明度的氛围下，上市公司披露的信息呈急剧上升的态势。2005年，通用电气公司的年度报告（又称10－K报告）多达112页，外加64页的"征集代理投票权声明"（Proxy Statement）[①]；花旗集团的年度报告也长达200页，"征集代理投票权声明"多达102页。然而，与通用汽车公司和香港汇丰银行的信息披露相比，通用电气和花旗集团可谓言简意赅，因为前两家公司仅年度报告就分别长达381页和424页。

面对浩如烟海、纷繁复杂的信息披露，投资者、债权人等使用者如何有效地进行财务报表分析？本章拟通过微软公司与三大汽车公司的案例分析，阐明财务报表分析的逻辑切入点，并将这个案例推导出的逻辑切入点，用于分析中国移动、中国联通和中国石油的财务报表。

第一节　财务报表分析逻辑切入点的导入

作为全世界最大的三家汽车公司（以销售收入为衡量指标），通用汽车公司、

① 2005年度，通用电气的"征集代理投票权声明"包括以下内容：征集代理投票权声明通过披露治理结构、董事会履职情况、薪酬委员会报告、高管人员薪酬、审计准则委员会报告、会计师事务所聘任等信息，旨在让投资者了解经营层是否有效地履行其对全体股东的受托责任，以决定是否将其投票权委托给董事会成员或高管人员。毫无疑问，"征集代理投票权声明"也是财务报表分析不可或缺的资料来源。

福特汽车公司和戴姆勒克莱斯勒公司① 2005 年度的销售收入合计高达 5 470.58 亿美元，是微软公司 2005 会计年度② 销售收入 397.88 亿美元的 14 倍。然而，2005 会计年度结束时，三大汽车公司的股票市值只有 776 亿美元，相等于微软公司 2 660亿美元股票市值的 29%！堂堂的三大汽车巨头，为何敌不过一个软件大王？如何诠释这种不合常理的现象？在资本市场上"做大"为何不等于"做强"？

一、微软与三大汽车公司经营规模的比较

衡量经营规模的大小通常包括雇员人数、资产总额、销售收入和股票市值等四个指标。三大汽车公司与微软公司的经营规模也可以从四个方面进行比较。

（一）雇员人数的比较

表 3－1 列示了 2001—2005 年三大汽车公司与微软公司的雇员人数：

表 3－1　雇员人数比较　（单位：万人）

会计年度	三大汽车公司				微软公司
	通用汽车	福特汽车	戴克汽车*	合　计	
2001	36.5	35.4	37.2	109.1	4.8
2002	33.8	32.9	36.6	103.3	5.1
2003	32.6	32.7	36.2	101.5	5.5
2004	32.4	32.5	38.5	103.4	5.7
2005	33.5	32.4	38.2	104.1	6.1

资料来源：三大汽车公司与微软公司 2001—2005 年度的 10－K 报告。

＊ 即戴姆勒克莱斯勒公司，下同。

（二）资产总额的比较

表 3－2 列示了 2001—2005 年三大汽车公司与微软公司的资产总额：

① 美国的第三大汽车公司克莱斯勒于 1998 年 5 月与德国的戴姆勒—奔驰汽车公司以"对等合并"（Merger of equal）的方式合并。2005 年度，该公司的销售收入高达 1 773 亿美元，超过了日本的丰田汽车公司（全世界第四大汽车公司）1 574 亿美元的销售收入近 200 亿美元。戴姆勒克莱斯勒公司的合并财务报表以欧元表示，本案例分析采用简单的外币折算方法，将欧元换算为美元。

② 微软的会计年度为每年的 7 月 1 日至次年的 6 月 30 日。

表 3－2　**资产总额比较**　(单位：亿美元)

会计年度	三大汽车公司				微软公司
	通用汽车	福特汽车	戴克汽车	合计	
2001	3 224.12	2 765.43	1 846.15*	7 835.70	588.30
2002	3 690.53	2 952.22	1 964.12*	8 606.87	676.46
2003	4 488.19	3 107.23	2 245.64*	9 841.06	817.32
2004	4 799.21	2 993.98	2 475.72*	10 268.91	943.68
2005	4 760.78	2 759.39	2 387.73*	9 907.90	708.15

资料来源：三大汽车公司与微软公司 2001—2005 年度的 10－K 报告。

* 原报表金额分别为 2 074.10、1 873.27、1 782.68、1 828.72 和 2 016.32 亿欧元。

(三) 销售收入的比较

表 3－3 列示了 2001—2005 年三大汽车公司与微软公司的销售收入：

表 3－3　**销售收入比较**　(单位：亿美元)

会计年度	三大汽车公司				微软公司
	通用汽车	福特汽车	戴克汽车	合计	
2001	1 690.51	1 605.04	1 338.58*	4 634.13	252.96
2002	1 778.67	1 622.58	1 545.15*	4 946.40	283.65
2003	1 858.37	1 643.38	1 718.70*	5 220.45	321.87
2004	1 935.17	1 716.46	1 923.19*	5 574.82	368.35
2005	1 926.04	1 770.89	1 773.65*	5 470.58	397.88

资料来源：三大汽车公司与微软公司 2001—2005 年度的 10－K 报告。

* 原报表金额分别为 1 503.86、1 473.68、1 364.37、1 420.59 和 1 497.76 亿欧元。

(四) 股票市值的比较

表 3－4 列示了 2001—2005 会计年度结束时三大汽车公司与微软公司的股票市值（Market Capitalization)：

表 3－4　**股票市值比较**　(单位：亿美元)

会计年度	三大汽车公司				微软公司
	通用汽车	福特汽车	戴克汽车	合计	
2001	271	284	418	973	3 930
2002	206	170	310	686	2 931
2003	300	293	468	1 061	2 762
2004	227	271	487	985	3 102
2005	110	147	519	776	2 660

资料来源：华尔街日报（电子版），www.online.wsj.com。

上述比较数据显示，在2001—2005年期间，三大汽车公司的经营规模远大于微软公司。表3-5列示了三大汽车公司与微软公司在雇员人数、资产总额、销售收入和股票市值等四个规模指标的差距：

表3-5　**经营规模差距**

项目名称	2001	2002	2003	2004	2005
雇员人数（倍）	23	21	18	18	17
资产总额（倍）	12	12	11	10	12
销售收入（倍）	18	17	16	15	14
股票市值	25%	23%	38%	32%	29%

从上表可以看出，尽管三大汽车公司2005年的雇员人数、资产总额和销售收入是微软公司的十多倍，但它们的股票市值合计数还不足微软的1/3。这种不合常规的背离现象，既可从行业层面解释，也可从财务角度解释。

二、行业层面的解释

从技术上看，股票价格的高低是由市盈率[①]（Price - Earning Ratio）所决定的。市盈率越高，意味着股票价格越昂贵；反之，越便宜。剔除投机因素，市盈率的高低受到公司盈利前景的显著影响。盈利前景越好的公司，其市盈率也越高。而盈利前景既受到特定公司核心竞争力的影响，也受到该公司所在行业发展前景的影响。不同企业处于不同的行业生命周期，因而其发展前景也大不一样。

从行业层面看，三大汽车公司与微软处于不同的行业生命周期。如同自然人一样，一个企业也好，一个行业也罢，都要经历"出生—成长—成熟—衰亡"阶段。三大汽车公司属于传统的制造行业，是"旧经济"的典型代表，目前处于成熟阶段。在这一阶段，竞争异常激烈，销售收入和经营利润的成长性很低，经营风险很高。对于这类没有多大发展前景的上市公司，投资者当然不愿意为之出太高的价钱，因而其市盈率和股票市值一般也很低。反之，微软属于高新技术行业，是"新经济"的典型代表，目前处于成长阶段。在这一阶段，竞争虽然日趋激烈，但销售收入和经营利润仍然高速成长，经营风险相对较低。对于这类具有良好发展前景的上市公司，投资者往往愿意为其股票支付额外的溢价，因而其市盈率和股票市值通常也较高。

---

① 市盈率＝每股股票价格÷每股税后盈利。从静态的角度看，对于长线投资者而言，市盈率相当于财务分析中的投资回收期。譬如，20倍的市盈率意味着，假定不靠股票二级市场上的价差收入，投资者需要20年才能通过上市公司为其赚取的利润收回其投资额。

表3－6列示了三大汽车公司与微软公司2001—2005会计年度末的市盈率：

表3－6　**市盈率比较**

年度及名称	通用汽车	福特汽车	戴克汽车	微软公司
2001				
——股票价格（美元）	48.60	15.72	41.67	36.50
——每股盈利（美元）	1.09	－3.00	－0.66	0.69
——市盈率（倍）	44.6	—＊	—＊	52.90
2002				
——股票价格（美元）	36.88	9.30	30.65	27.35
——每股盈利（美元）	2.73	－0.55	4.68	0.50
——市盈率（倍）	13.51	—＊	6.55	54.70
2003				
——股票价格（美元）	53.40	16.00	46.22	25.64
——每股盈利（美元）	6.88	0.27	0.44	0.70
——市盈率（倍）	7.76	59.26	105.05	36.63
2004				
——股票价格（美元）	40.17	14.80	48.10	28.56
——每股盈利（美元）	4.96	1.91	2.43	0.76
——市盈率（倍）	8.10	7.75	19.79	37.58
2005				
——股票价格（美元）	19.42	7.72	51.03	24.84
——每股盈利（美元）	－18.70	1.10	2.80	1.13
——市盈率（倍）	—＊	7.02	18.23	21.98

＊：每股盈利为负数时，计算市盈率没有任何意义。

从表3－6可以看出，除了在极个别会计年度，微软公司的市盈率均远远高于三大汽车公司，表明投资者愿意为高速成长的微软公司支付更高的价格。买股票就是买未来。尽管微软目前的市盈率较高，但投资者显然期望高速成长的经营业绩最终将降低微软的市盈率。只要微软的成长性符合投资者的预期，其股票价格和市盈率就会维持在较高的水平上。换言之，股票价格包含了投资者对上市公司发展前景的预期。

三、财务角度的解释

股票价格的高低除了受上市公司发展前景的影响外，还直接受上市公司盈利水平和财务风险的影响。

(一) 盈利水平的比较

表 3 - 7 列示了三大汽车公司和微软公司 2001—2005 会计年度的净利润:

表 3 - 7　　净利润比较　　(单位:亿美元)

会计年度	三大汽车公司				微软公司
	通用汽车	福特汽车	戴克汽车	合计	
2001	6.01	- 54.53	- 5.89*	- 54.41	73.46
2002	15.74	- 9.80	49.47*	55.41	78.00
2003	38.59	4.95	5.64*	49.18	95.00
2004	28.04	34.87	33.38*	96.29	90.00
2005	- 105.67	25.08	33.70*	- 46.89	122.54
合计	- 17.29	- 0.57	116.30	99.58	406.54

资料来源:三大汽车公司与微软公司 2001—2005 年度的 10 - K 报告。

* 原报表金额分别为 - 6.62、47.18、4.48、24.66 和 28.46 亿欧元。

上表显示,在过去 5 年,微软公司共计实现近 407 亿美元的净利润,而三大汽车公司实现的净利润还不足 100 亿美元,约等于微软的 1/4。

从盈利能力的角度看,三大汽车公司与微软公司的差距更是天壤之别。这里所说的盈利能力,是指投入产出比。以 2004 年为例,尽管三大汽车公司当年合计的净利润为 99 亿美元,比微软公司 90 亿美元多了 9 亿元,但这并不等于说三大汽车公司的盈利能力高于微软公司。因为三大汽车公司当年投入的人力资源(雇员人数)是微软的 17 倍,投入的财务资源(资产总额)是微软的 12 倍,但其为股东创造的产出(净利润)只比微软多出约 18%。换言之,微软公司的人均净利润(人力资源投入产出比)高达 158 895 美元,是三大汽车公司人均净利润(9 312 美元)的 17 倍;微软公司的总资产回报率(财务资源投入产出比)为 9.54%,是三大汽车公司总资产回报率(0.94%)的 10 倍。盈利能力的差距令人叹为观止!正因为三大汽车公司的盈利能力远不如微软公司,其股票市值理所当然低于微软公司。

(二) 财务风险的比较

衡量财务风险的常用指标之一为净资产规模。表 3 - 8 列示了三大汽车公司与微软公司 2001—2005 会计年度结束时的净资产规模:

2001—2005 会计年度末,三大汽车公司的净资产均高于微软公司。这能否说明三大汽车公司的财务实力强于微软公司吗?答案显然是否定的。

表 3-8 **净资产比较** （单位：亿美元）

会计年度	三大汽车公司				微软公司
	通用汽车	福特汽车	戴克汽车	合计	
2001	197.07	77.86	347.17*	622.10	472.89
2002	68.14	55.90	367.02*	491.06	521.80
2003	249.03	116.51	434.36*	799.90	649.12
2004	273.60	132.92	453.82*	860.34	748.25
2005	145.95	128.74	431.63*	706.32	481.15

资料来源：三大汽车公司与微软公司 2001—2005 年度的 10-K 报告。

* 原报表金额分别为 390.04、350.04、344.81、335.22 和 364.49 亿欧元。

衡量公司财务实力强弱时，净资产规模固然重要，但更重要的是净资产与资产总额的相对比例（即净资产率）。以 2005 年为例，尽管微软公司的净资产只有 481.15 亿美元，但这一净资产支撑的资产总额只有 708.15 亿美元，净资产率高达 67.9%（负债率仅为 32.1%）。而三大汽车公司虽然持有 706.32 亿美元的净资产，但其资产总额却高达 9 907.90 亿美元，净资产率仅为 7.1%（负债率高达 92.9%。可见三大汽车公司的财务实力根本不能与微软相媲美。

表 3-9 列示了三大汽车公司与微软公司 2001—2005 会计年度的净资产率和负债率。

表 3-9 **净资产率和负债率比较**

会计年度	三大汽车公司				微软公司
	通用汽车	福特汽车	戴克汽车	合计	
2001					
——净资产率	6.1%	2.8%	18.8%	7.9%	80.4%
——负债率	93.9%	97.2%	81.2%	92.1%	19.6%
2002					
——净资产率	1.8%	1.9%	18.7%	5.7%	77.1%
——负债率	98.2%	98.1%	81.3%	94.3%	22.9%
2003					
——净资产率	5.5%	3.7%	19.3%	8.1%	79.4%
——负债率	94.5%	96.3%	80.7%	91.9%	20.6%
2004					
——净资产率	5.7%	4.4%	18.3%	8.4%	79.3%
——负债率	94.3%	95.6%	81.7%	91.6%	20.7%
2005					
——净资产率	3.1%	4.7%	18.1%	7.1%	67.9%
——负债率	96.9%	95.3%	81.9%	92.9%	32.1%

从上表可以看出，三大汽车公司在2001—2005年期间，负债率居高不下（超过90%），财务风险凸显，而微软公司负债率低下（介于20%—32%之间），财务风险微不足道。财务风险的重大差别，也是导致三大汽车公司与微软公司的股票市值产生重大差异的一个重要原因。

（三）盈利质量、资产质量和现金流量的分析

从盈利水平和财务风险的角度进行比较是一种比较直观的分析方法。另一种比较科学、有效的分析方法是，从盈利质量、资产质量和现金流量的角度，对目标公司的财务报表进行全面和系统地分析。

1. 盈利质量分析。盈利质量可以从收入质量、利润质量和毛利率等三个角度进行分析，分析方法如图3－1所示：

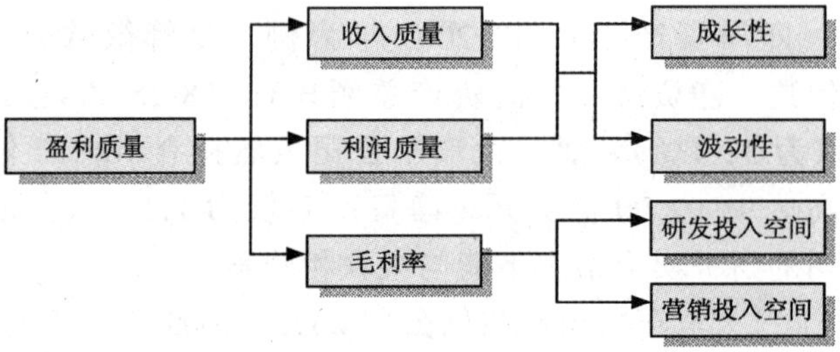

图3－1　盈利质量的分析方法

（1）收入质量的分析。盈利质量的分析，主要利用利润表提供的资料。众所周知，利润表的第一行为销售收入，最后一行为净利润。在解读利润表时，经常遇到的一个问题是：到底是第一行重要？还是最后一行重要？对于这一问题，可谓见仁见智。事实上，绝大部分的报表使用者偏好的是最后一行。他们在分析利润表时，往往是从第一行找到最后一行，其他项目基本忽略不计。对此，美国两位会计大师佩顿（W.A. Paton）教授和利特尔顿（A.C. Littleton）教授曾经幽默地建议美国会计准则制定机构将利润表的顺序颠倒，将净利润列在第一行，免得大部分报表使用者辛辛苦苦地从第一行找到最后一行。

企业是靠利润生存的吗？20世纪90年代可谓西方发达国家最辉煌的经济发展时期，但还是有不少企业破产倒闭。经验数据表明，这一时期每4家破产倒闭的企业，有3家是盈利的，只有一家是亏损的。这说明企业不是靠利润生存的。那么，企业到底是靠什么生存的呢？答案是，企业靠现金流量生存。只要现金周转失灵，资金链条断裂，则企业必死无疑。因此，老练的使用者在分析利润表时，首先应当关注的是收入质量。因为销售商品或提供劳务所获得的收入，是企业最稳定、最可靠的现金流量来源。通过分析收入质量，报表使用者就可评估企业依靠具有核心竞争力的主营业务创造现金流量的能力，进而对企业能否持续经营做出基本判断。此外，将企业收入与行业数据结合在一起，报表使用者还可以计算出企业的市场占有率，而市场占有率是评价一个企业是否具有核心竞争力的最重要硬指标之一。

收入质量分析侧重于观察企业收入的成长性和波动性。成长性越高，收入质量越好，说明企业通过主营业务创造现金流量的能力越强。波动性越大，收入质量越差，说明企业现金流量创造能力和核心竞争力越不稳定。

分析收入成长性和波动性的最有效办法是编制趋势报表。其编制方法是，分别以四家公司 1999 年的销售收入① 为基数，将 2000—2005 年度的销售收入除以 1999 年的销售收入。值得说明的是，为了剔除汇率变动对销售收入变动趋势的不当影响，图 3－2 对戴克汽车公司的销售收入采用的是原报表的欧元计量单位。图 3－2 列示了三大汽车公司与微软公司 1999—2005 年销售收入的成长性和波动性。

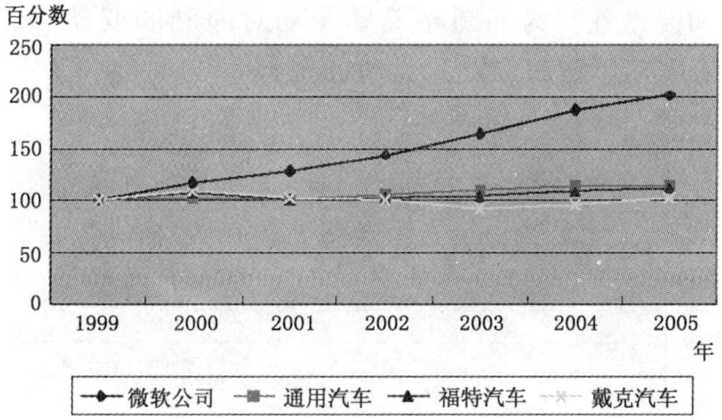

图 3－2　收入变动趋势

从上图可以看出，在过去的 6 年中，微软公司的销售收入比 1999 年增加了一倍，每年均以两位数增长，高速成长的特征显而易见。相比之下，三大汽车公司的销售收入仍围绕着 1999 年的水平徘徊不前，充分体现了成熟市场的基本特征。微软公司销售收入的成长性不仅让三大汽车望尘莫及，在波动性方面也令三大汽车公司望洋兴叹。微软公司的收入曲线呈现的是稳步上升的趋势，而三大汽车公司的收入曲线却起伏不定，表明其创造现金流量和市场竞争力的稳定性明显逊色于微软公司。

分析波动性时，将特定公司的销售收入与宏观经济周期的波动结合在一起考察，还可判断该公司抵御宏观经济周期波动的能力。以 2001 年为例，美国 20 世纪 90 年代经历了一段被美联储前主席格林斯潘称为“非理性繁荣”的时期。2000 年 3 月，以网络和电信概念股为代表的高科技泡沫开始破裂，其对宏观经济的负面影响

① 1999 年和 2000 年，这四家公司的销售收入分别是：微软公司 197 亿美元、230 亿美元；通用汽车 1 690亿美元、1 739 亿美元；福特汽车 1 601 亿美元、1 689 亿美元；戴克公司 1 482 亿欧元、1 603 亿欧元。2001—2005 年度这四家公司的销售收入见表 3－3。

在2001年体现得淋漓尽致。再加上当年的“9·11”恐怖事件的影响，2001年美国的经济陷入了低谷。面对如此不利的宏观经济环境，微软公司的销售收入仍然比1999年和2000年分别增长了28%和10%，这说明微软公司具有超强的抗击宏观经济周期波动的能力。而三大汽车公司在遭遇逆境的2001年，销售收入迅速滑落(通用汽车、福特汽车和戴克汽车的销售收入分别比2000年下降了3%、5%和6%)，表明三大汽车抵御宏观经济风险的能力十分脆弱。

(2) 利润质量的分析。利润是企业为其股东创造价值的最主要来源，是衡量企业经营绩效的最重要指标之一。与收入质量的分析方法一样，利润质量的分析也是侧重于成长性和波动性。成长性越高、波动性越小，利润质量也越好，反之亦然。

图3-3以趋势报表的方式，揭示了1999—2005年三大汽车公司与微软公司净利润① 的成长性和波动性。为了剔除汇率变动对净利润变动趋势的不当影响，对于戴克汽车同样采用其原报表以欧元反映的金额。

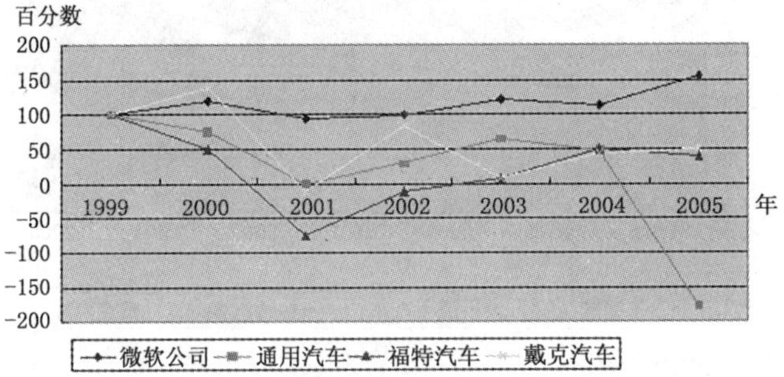

图3-3　利润变动趋势

就净利润的成长性而言，三大汽车公司与微软公司相比，显得黯然失色。福特汽车2005年的净利润比1999年下降了61%；戴克汽车比1999年下降了51%；通用汽车更是惨不忍睹，在2005年发生了近106亿美元的巨额亏损。与此形成鲜明对照的是，微软公司2005年的净利润比1999年增长了54%。

另一方面，三大汽车公司净利润的波动性明显大于微软公司。除了2001年比2000年下降了22%外，微软公司的净利润在其他年度没有出现显著的波动，表明其经营风险较低。相反地，三大汽车公司的净利润却呈现了大起大落的变动趋势，表明它们具有很高的经营风险。

值得关注的是，在2001年销售收入比2000年增长10%的情况，为何微软公司2001年的净利润却比2000年下降了22%？只要对这两个会计年度的利润表稍加分

① 1999年和2000年，这四家公司的净利润分别是：微软公司79亿美元、94亿美元；通用汽车60亿美元、45亿美元；福特汽车72亿美元、35亿美元；戴克汽车57亿欧元、79亿欧元。2001—2005年度的净利润见表3-7。

析就可以发现，微软 2001 年的销售毛利高达 218.41 亿美元，比 2000 年增加了 18.87 亿美元，增幅为 8.6%。2001 年微软的净利润比 2000 年之所以减少 21 亿美元，主要有两个方面的原因：一是微软公司在 2001 年度确认了 48.04 亿美元的投资减值损失，二是 2001 年的研究开发和广告促销费用比 2000 年增加了 13.66 亿美元。投资减值损失属于非经营性损失，与微软公司的主营业务没有任何关联性。而研究开发和广告促销费用则属于自主性支出（Discretionary Expenditure）。管理层对这两项费用发生金额的多寡、发生时间的迟早，具有很高的自由裁量权，因而往往成为管理层调节利润的便利工具。2001 年，微软公司的研究开发费用和广告促销费用分别比 2000 年增加了 16% 和 18%，大大高于 10% 的收入增幅。这很可能表明微软公司通过加大研究开发和广告促销费用，人为压低 2001 年的净利润。考虑到微软公司 1998—2002 年期间倍受反垄断诉讼官司①的困扰，这种“洗大澡式”的盈余管理不足为奇，目的可能是为了降低潜在的政治成本②。

（3）毛利率的分析。毛利率等于销售毛利除以销售收入，其中销售毛利等于销售收入减去销售成本与销售税金之和。毛利率的高低不仅直接影响了销售收入的利润含量，而且决定了企业在研究开发和广告促销方面的投入空间。在激烈的竞争环境下，企业的可持续发展在很大程度上取决于企业的产品质量和产品品牌。毛利率越高，不仅表明企业所提供的产品越高端，也表明企业可用于研究开发以提高产品质量、可用于广告促销以提升企业知名度和产品品牌的空间越大。而研究开发和广告促销的投入越多，企业就可以培育更多的利润增长点，从而确保企业发展的可持续性。

表 3-10 列示了三大汽车公司与微软公司的毛利率。通用汽车和福特汽车毛利率的计算只涵盖汽车制造和销售业务，剔除了金融和保险业务。戴克汽车提供的分部报告资料不详细，无法剔除金融和保险业务，故直接以合并财务报表上的销售收入与销售成本作为毛利率的计算基础。微软公司的销售收入全部来自软件的开发和

---

① 1998 年，美国 11 个州政府联合当地的信息技术企业，控告微软公司垄断。倘若微软公司在这起垄断官司中败诉，它很可能要重蹈美国电报电话公司（AT&T）的覆辙（1996 年被肢解为 6 个公司）。2002 年初，美国高等法院裁定针对微软公司的垄断指控不成立，微软公司最终逃脱了被肢解的命运。尽管如此，微软公司在嗣后没完没了的民事诉讼中仍付出沉重的代价。2003 年 5 月至 2005 年 6 月，微软公司共支付了 42.21 亿美元的庭外和解费用，明细情况如下：

2003 年 5 月	Time Warner 公司	7.50 亿美元
2004 年 4 月	Sun Micro 公司	19.50 亿美元
2004 年 11 月	Novell 公司	5.36 亿美元
2005 年 3 月	Burst.com 公司	0.60 亿美元
2005 年 4 月	Gateway 公司	1.50 亿美元
2005 年 6 月	IBM 公司	7.75 亿美元

② 关于政治成本的讨论，详见第二章。

销售业务，无需剔除。

表 3－10　　毛利率比较

会计年度	通用汽车	福特汽车	戴克汽车	微软公司
2001	9.2%	1.8%	16.1%	86.3%
2002	7.8%	6.8%	18.8%	81.6%
2003	8.0%	6.2%	19.4%	81.2%
2004	7.0%	7.8%	19.4%	81.8%
2005	－2.5%	5.6%	17.9%	84.4%

可见，微软公司高达 80%以上的毛利率是通用汽车和福特汽车的 10 倍，这或许是“新经济”与“旧经济”的最大差别之一。对于微软公司而言，销售成本主要包括拷贝费用、包装费用和运输费用，它们在总的成本费用中所占比例不大，广告促销和研究开发费用才是微软公司的最重要成本费用项目。2004 和 2005 年，微软公司的广告促销和研究开发费用合计数分别是 161 亿美元和 149 亿美元，是这两年销售成本的 2.4 倍！图 3－4 列示了微软公司这种独特的成本费用结构（单位：亿美元）。

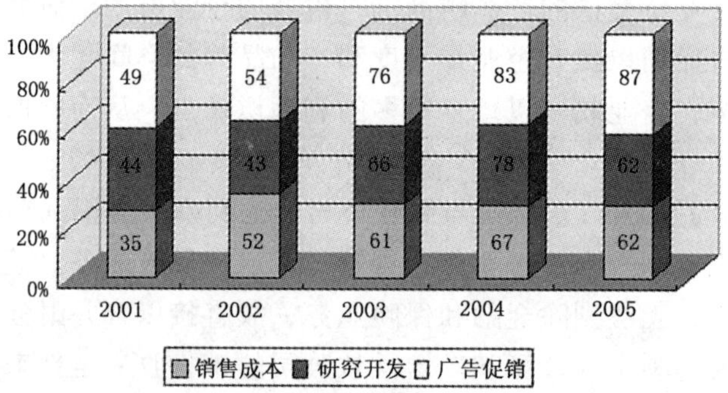

图 3－4　微软公司成本费用结构

由于毛利率居高不下，微软公司在研究开发方面的投入令三大汽车公司相形见绌。图 3－5 列示了微软公司与戴克汽车研究开发支出（通用汽车和福特汽车未单独披露）占销售收入的比重。

2. 资产质量分析。资产质量可以从资产结构和现金含量这两个角度进行分析，分析的方法如图 3－6 所示：

（1）资产结构的分析。资产结构是指各类资产占资产总额的比例。分析资产结构，有助于评估企业的退出壁垒和经营风险。资产结构的分析，最有效的办法是编制结构报表。表 3－11 至表 3－15 列示了三大汽车公司与微软公司 2001—2005 会计

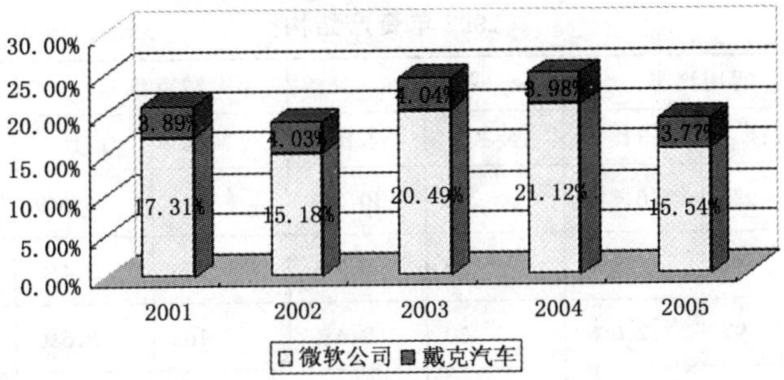

图 3-5　研究开发占销售收入比重

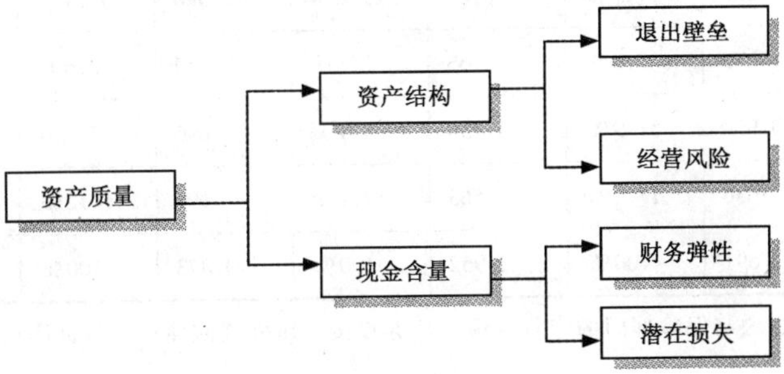

图 3-6　资产质量的分析方法

年度结束时的资产结构。

表 3-11　　2001 年资产结构　　(单位：亿美元)

项目名称	通用汽车		福特汽车		戴克汽车		微软公司	
	金额	占比	金额	占比	金额 €	占比	金额	占比
现金及等价物	300	9.3%	222	8.0%	145	7.0%	316	53.7%
应收款项	54	1.7%	22	0.80%	64	3.1%	37	6.3%
存货	100	3.1%	61	2.2%	172	8.3%	1	0.2%
长期投资	50	1.6%	25	0.90%	—	—	144	24.5%
固定资产	695	21.6%	784	28.4%	713	34.4%	52	8.9%
无形资产	137	4.2%	76	2.7%	29	1.4%	19	3.2%
金融资产*	1 475	45.8%	1 325	47.9%	787	37.9%	—	—
其他资产*	413	12.7%	250	9.1%	164	7.9%	19	3.2%
资产总计	3 224	100%	2 765	100%	2 074	100%	588	100%

* 金融资产包括金融与保险部门的应收款项、证券投资、对外贷款等；其他资产包括退休金资产、递延税款等。

€ 货币单位为亿欧元。

表 3-12

2002 年资产结构

（单位：亿美元）

项目名称	通用汽车		福特汽车		戴克汽车		微软公司	
	金额	占比	金额	占比	金额 €	占比	金额	占比
现金及等价物	225	6.1%	296	10.0%	124	6.6%	387	57.2%
应收款项	47	1.3%	20	0.7%	63	3.4%	51	7.5%
存货	97	2.6%	70	2.4%	162	8.6%	7	1.0%
长期投资	51	1.4%	25	0.8%	—	—	142	21.0%
固定资产	652	17.7%	761	25.8%	588	31.4%	23	3.4%
无形资产	75	2.0%	63	2.1%	49	2.6%	17	2.5%
金融资产*	1 914	51.9%	1 154	39.1%	696	37.2%	—	—
其他资产*	630	17.0%	563	19.1%	191	10.2%	49	7.4%
资产总计	3 691	100%	2 952	100%	1 873	100%	676	100%

* 金融资产包括金融与保险部门的应收款项、证券投资、对外贷款等；其他资产包括退休金资产、递延税款等。

€ 货币单位为亿欧元。

表 3-13

2003 年资产结构

（单位：亿美元）

项目名称	通用汽车		福特汽车		戴克汽车		微软公司	
	金额	占比	金额	占比	金额 €	占比	金额	占比
现金及等价物	416	9.3%	325	10.4%	143	8.0%	490	61.6%
应收款项	54	1.2%	27	0.8%	61	3.4%	52	6.4%
存货	109	2.4%	92	3.0%	152	8.5%	6	0.8%
长期投资	60	1.3%	19	0.6%	—	—	137	17.2%
固定资产	688	15.3%	738	23.8%	524	29.4%	22	2.8%
无形资产	15	0.3%	70	2.3%	46	2.6%	34	4.3%
金融资产*	2 431	54.4%	1 237	39.8%	685	38.5%	—	—
其他资产*	715	15.9%	599	19.3%	172	9.6%	56	6.9%
资产总计	4 488	100%	3 107	100%	1 783	100%	796	100%

* 金融资产包括金融与保险部门的应收款项、证券投资、对外贷款等；其他资产包括退休金资产、递延税款等。

€ 货币单位为亿欧元。

表 3-14 2004年资产结构 (单位：亿美元)

项目名称	通用汽车		福特汽车		戴克汽车		微软公司	
	金额	占比	金额	占比	金额 €	占比	金额	占比
现金及等价物	426	8.9%	281	9.4%	117	6.4%	606	64.2%
应收款项	67	1.4%	29	1.0%	70	3.8%	59	6.3%
存货	117	2.4%	108	3.6%	171	9.3%	4	0.4%
长期投资	68	1.3%	19	0.6%	—	—	122	12.9%
固定资产	714	14.9%	656	21.9%	565	30.9%	23	2.4%
无形资产	17	0.4%	64	2.1%	47	2.6%	37	3.9%
金融资产*	2 698	56.3%	1 224	40.9%	697	38.1%	—	—
其他资产*	692	14.4%	613	20.5%	162	8.9%	93	9.9%
资产总计	4 799	100%	2 994	100%	1 829	100%	944	100%

* 金融资产包括金融与保险部门的应收款项、证券投资、对外贷款等；其他资产包括退休金资产、递延税款等。

€ 货币单位为亿欧元。

表 3-15 2005年资产结构 (单位：亿美元)

项目名称	通用汽车		福特汽车		戴克汽车		微软公司	
	金额	占比	金额	占比	金额 €	占比	金额	占比
现金及等价物	321	6.7%	384	13.9%	126	6.3%	377	53.2%
应收款项	76	1.6%	31	1.1%	76	3.8%	72	10.2%
存货	139	2.9%	103	3.7%	192	9.5%	5	0.7%
长期投资	33	0.7%	18	0.7%	—	—	110	15.6%
固定资产	767	16.1%	633	22.9%	663	32.9%	23	3.2%
无形资产	19	0.4%	59	2.2%	51	2.5%	38	5.4%
金融资产*	2 677	56.2%	1 136	41.2%	698	34.6%	—	—
其他资产*	729	15.4%	395	14.3%	210	10.4%	83	11.7%
资产总计	4 761	100%	2 759	100%	2 016	100%	708	100%

* 金融资产包括金融与保险部门的应收款项、证券投资、对外贷款等；其他资产包括退休金资产、递延税款等。

€ 货币单位为亿欧元。

一般而言，固定资产和无形资产占资产总额的比例越高，企业的退出壁垒（Exit Barrier）就越高，企业自由选择权就越小①。当企业所在的行业竞争加剧，获利空间萎缩，发展前景不明时，企业通常面临着两种选择：退出竞争或继续竞争。

① 因为这类资产的专用性往往很强，转作他用的价值很低。关于资产专用性的讨论，读者可以参阅引用率排名前茅的经济学名篇：Benjamin Klein，Robert G. Crawford，and Armen A. Alchian. Vertical Integration，Appropriable Rents，and the Competitive Contracting Process. Journal of Law and Economics.1978。

对于固定资产和无形资产占资产总额比例不高的企业，选择退出竞争的策略需要付出的机会成本较小。反之，对于固定资产和无形资产占资产总额比例很高的企业，选择退出竞争的策略需要付出高昂的机会成本，因为它在这些资产（尤其是固定资产）上的投资很可能要成为废铜烂铁。出于无奈，这类企业只好选择继续参与竞争的策略，其结果往往是承担了巨大的市场、经营和财务风险，却只能获得微不足道的回报，甚至发生巨额亏损。

从表 3 - 11 至表 3 - 15 可以看出，三大汽车公司的固定资产占资产总额的比例很高，属于典型的资本密集型行业（Capital Intensive Industry），而微软公司的固定资产所占比重微不足道，属于典型的以知识为基础的行业（Knowledge - based Industry）。以 2005 年为例，通用汽车、福特汽车和戴克汽车固定资产占资产总额（不含金融资产）的比例分别为 37%、39%和 50%，是微软公司（3.2%）的十多倍。这说明三大汽车公司的退出门槛显著高于微软公司，自由选择权小于微软公司。

固定资产和无形资产所占比例还可以用于评估企业的经营风险。什么是风险？经济学上将风险定义为不确定性（Uncertainty）。风险可分为三种：经济风险（包括环境风险和市场风险）、经营风险（固定成本与变动成本的相对比例）和财务风险（资本结构与利率结构）。这三类风险都会导致企业利润的波动（财务学上将风险定义为利润的易变性）。由于固定资产的折旧和无形资产的摊销通常属于固定成本，这两类资产占资产总额的比例越高，固定成本占成本总额的比例一般也较高。其他条件保持相同，固定成本比率越高，企业的经营风险越大，因为这种成本结构容易导致风险传导效应的放大。

表 3 - 16 以 XYZ 公司为例，说明在其既定成本结构下，销售收入比预算数增加和减少 5%时对息税前利润和税后利润的影响程度。

表 3 - 16　　XYZ 公司成本结构与风险传导效应　　（单位：万元）

项目名称	预算数	销售收入增加 5%		销售收入减少 5%	
销售收入	50 000	+ 5%	52 500	- 5%	47 500
减：变动成本	19 000	+ 5%	19 950	- 5%	18 050
固定成本	20 000	—	20 000	—	20 000
息税前利润	11 000	+ 14%	12 550	- 14%	9 450
减：固定利息支出	2 500	—	2 500	—	2 500
税前利润	8 500	+ 18%	10 050	- 18%	6 950
减：所得税	2 805	+ 18%	3 317	- 18%	2 294
税后利润	5 695	+ 18%	6 733	- 18%	4 656

图 3 – 7 更加直观地反映了上述成本结构与风险传导效应的相互关系：

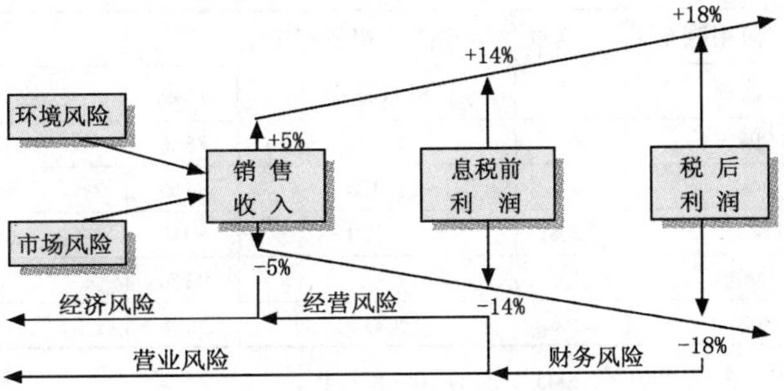

图 3 – 7　成本结构与风险传导效应

三大汽车公司固定资产占资产总额的比例显著高于微软公司，因而它们的经营风险比微软公司高出了很多倍。这也从一个侧面上解释了经营环境和市场环境发生不利变化时，三大汽车公司净利润的波动幅度明显大于微软公司的原因（详见图 3 – 3）。

(2) 现金含量的分析。资产是指企业因过去的交易、事项和情况而拥有或控制的能够带来未来现金流量的资源。根据这一定义，评价企业资产质量的方法之一就是分析资产的现金含量。资产的现金含量越高，资产质量越好，反之亦然。

首先，资产的现金含量越高，企业的财务弹性就越大。对于拥有充裕现金储备的企业而言，一旦市场出现良好的投资机会或其他有利可图的机遇，它们就可迅速加以利用；而对于出现的市场逆境，它们也可以坦然应对。反之，对于现金储备严重匮乏的企业，面对再好的投资机会和其他机遇，也只能望洋兴叹，对于始料不及的市场逆境，它们往往一蹶不振。从表 3 – 11 至表 3 – 15 可以看出，过去 5 年微软公司资产总额中的现金含量介于 53% 至 63% 之间，表明其具有无与伦比的财务弹性。而三大汽车公司资产总额的现金含量很少超过 10%，财务弹性极低。

其次，资产的现金含量越高，企业发生潜在损失的风险就越低；反之，发生潜在损失的风险越高。如果企业的大部分资产由非现金资产（如应收款项、存货、长期股权投资、固定资产和无形资产）所组成，那么该企业发生坏账损失、跌价损失和减值损失的概率就越大。从表 3 – 11 至表3 – 15可以看出，三大汽车公司最大的资产项目是金融资产。在这些金融资产中，三大汽车公司下属的金融和保险部门的应收款项（对汽车经销商的债权）高居榜首。表 3 – 17 列示了这类应收款项的金额及其占金融资产的比例。

这些应收款项金额巨大，远高于固定资产（第二大资产项目），不仅占用了三大汽车公司大量的营运资本，而且发生坏账损失的风险也不容忽视。

表 3－17 **应收款项金额及占比** （单位：亿美元）

会计年度	通用汽车		福特汽车		戴克汽车	
	应收款项	比例	应收款项	比例	应收款项	比例
2001	998	68%	1 102	83%	441*	63%
2002	1 346	70%	970	84%	546*	75%
2003	1 748	72%	1 100	89%	663*	77%
2004	1 996	74%	1 125	92%	769*	81%
2005	1 808	68%	1 114	98%	724*	88%

资料来源：三大汽车公司 2001 至 2005 年度的 10－K 报告。

*原报表金额分别为 495 亿、521 亿、526 亿、568 亿和 611 亿欧元。

相比之下，微软公司资产的现金含量很可能是世界最高的。从表 3－11 至表 3－15 可以看出，微软公司最大的资产项目是现金及现金等价物（即有价证券短期投资），其次是长期投资（主要投资于随时可以变现、但微软公司不准备在一年内变现的蓝筹股和政府债券，如果需要，这些长期投资也可随时变现）。表 3－18 列示了微软公司这两类资产的金额及其占资产总额的比例。

表 3－18 **微软公司现金性资产** （单位：亿美元）

会计年度	现金及现金等价物		可随时变现的长期投资		资产总额
	金额	比例	金额	比例	
2001	316	53.7%	144	24.5%	588
2002	387	57.2%	142	21.0%	676
2003	490	61.6%	137	17.2%	796
2004	606	64.2%	122	12.9%	944
2005	377	53.2%	110	15.5%	708

从上表可以看出，2001—2004 会计年度末，微软公司资产的现金含量接近 80%，表明其资产质量是无与伦比的，发生潜在损失的风险微乎其微。2005 会计年度末，微软公司资产的现金含量下降至 68.7%，主要原因是微软公司在 2005 会计年度向其股东派发了 361.12 亿美元的现金股利，其中包括 320 亿美元的特别现金股利①。

3. 现金流量分析。现金流量是企业生存和发展的“血液”。众所周知，现金流量表分为三大部分：经营活动产生的现金流量、投资活动产生的现金流量、筹资活动产生的现金流量。经营活动产生的现金流量相当于企业的“造血功能”，投资活

① 这是微软公司在 2004 年 7 月 20 日宣布的总额为 760 亿美元的一揽子分红的一部分，详见第九章第二节的［案例分析——喜忧参半的巨额派现］。

动产生的现金流量相当于企业的“放血功能”，而筹资活动产生的现金流量则相当于企业的“输血功能”。当“造血功能”大于“放血功能”时，企业不靠“输血”（股东注资或银行贷款）也可高枕无忧。反之，当“放血功能”大于“造血功能”时，企业只有依靠“输血”（股东注资或银行贷款）才能安然无恙。

现金流量可以从经营性现金流量（Operational Cash Flow）和自由现金流量（Free Cash Flow）这两个角度进行分析，分析的方法如图 3 – 8 所示：

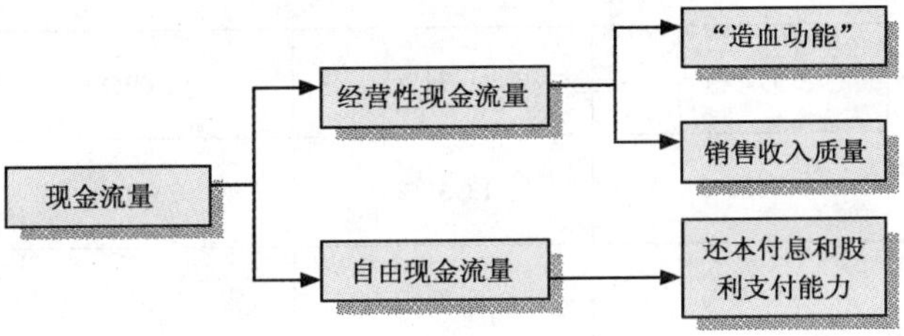

图 3 – 8 现金流量的分析方法

（1）经营性现金流量的分析。如前所述，经营活动产生的现金流量相当于企业的“造血功能”，即不靠股东注资、不靠银行贷款、不靠变卖非流动资产，企业通过其具有核心竞争力的主营业务就能够独立自主地创造企业生存和发展的现金流量。如果经营性现金流入显著大于现金流出，表明其“造血功能”较强，对股东和银行的依赖性较低。反之，如果经营性现金流量入不敷出（现金流出大于现金流入）且金额巨大，表明企业的“造血功能”较弱，对股东和银行的依赖性较高。

表 3 – 19 列示了 2001—2005 年三大汽车公司与微软公司经营性现金净流量：

表 3 – 19 **经营性现金流量比较** （单位：亿美元）

会计年度	三大汽车公司				微软公司
	通用汽车	福特汽车	戴克汽车	合计	
2001	121.80	218.80	137.82*	478.42	134.22
2002	83.82	177.62	188.90*	450.34	145.09
2003	– 23.30	192.86	207.80*	377.36	157.97
2004	93.56	228.51	149.73*	471.80	146.26
2005	– 168.56	155.53	146.28*	133.25	166.05

资料来源：三大汽车公司与微软公司 2001—2005 年度的 10 – K 报告。

* 原报表金额分别为 154.84、180、16.68、164、96.37、110.60 和 123.53 亿欧元。

从表面上看，除通用汽车外，福特汽车和戴克汽车的经营性现金净流量高于微软公司。但如果将经营规模（以销售收入为标志，见表 3 – 3）的因素考虑在内，则三大汽车公司的“造血功能”明显逊色于微软公司。表 3 – 20 列示了三大汽车公司与微软公司经营性现金流量占销售收入的比例。

表 3-20　经营性现金流量占销售收入比例

会计年度	通用汽车	福特汽车	戴克汽车	微软公司
2001	7.20%	13.63%	10.30%	53.06%
2002	4.71%	10.95%	12.23%	51.15%
2003	-1.25%	11.74%	12.09%	49.08%
2004	4.86%	13.31%	7.79%	37.76%
2005	-8.75%	8.78%	7.51%	41.73%

表 3-20 同时说明微软公司销售收入的质量显然优于三大汽车公司，因为其销售收入的经营性现金含量大大高于三大汽车公司。

（2）自由现金流量[①]。在现金流量的分析中，经营性现金流量固然重要，但更重要的自由现金流量。经营性现金流量虽然能够揭示企业“造血功能”的强弱，但即使是正值的经营性现金流量也未必代表企业可将其全部用于还本付息或支付股利。衡量企业还本付息和支付股利能力的最重要指标是自由现金流量。从定性的角度看，自由现金流量是指企业在维持现有经营规模的前提下，能够自由处置（包括还本付息和支付股利）的经营性现金净流量。从定量的角度看，自由现金流量等于经营活动产生的现金流量减去维持现有经营规模所必需的资本性支出（更新改造固定资产的现金流出）。这是因为，固定资产经过使用，必然会陈旧老化，经营活动产生的现金流量首先必须用于更新改造固定资产，剩余部分才代表企业可用于还本付息和支付股利。将自由现金流量与企业还本付息、支付股利所需的现金流出进行比较，就可评价企业创造现金流量的真正能力。

表 3-21 列示了三大汽车公司与微软公司的自由现金流量及其与还本付息的对比情况：

---

① 自由现金流量迄今为止还没有精确和权威的定义。自由现金流量有广义和狭义之分。广义的自由现金流量等于经营活动产生的现金流量减去维持现有经营规模的资本性支出，可用于衡量企业还本付息和支付现金股利的能力。狭义的自由现金流量等于经营活动产生的现金流量减去维持现有经营规模的资本性支出和现金股利，可用于衡量企业利用内部现金资源进行扩张、把握市场机遇或应对市场逆境的能力。狭义的自由现金流量不考虑偿还长期债务的因素，而是假设长期债务最终将由长期资产或偿债基金偿还。本章所提及的自由现金流量，均指广义的自由现金流量。至于狭义的自由现金流量，将在第九章进行分析和介绍。

表 3-21　　自由现金流量与还本付息的比较

会计年度及项目名称	通用汽车（亿美元）	福特汽车（亿美元）	戴克汽车（亿欧元）	微软公司（亿美元）
2001				
自由现金流量	43.48	154.79	65.88	123.19
利息费用	83.17	108.16	13.17	—*
负债总额	3 027.05	2 687.57	1 684.06	115.41
2002				
自由现金流量	16.11	110.01	108.71	137.39
利息费用	75.03	88.01	10.40	—*
负债总额	3 622.39	2 896.32	1 523.23	154.66
2003				
自由现金流量	-94.21	119.39	98.82	149.06
利息费用	94.64	76.43	34.46	—*
负债总额	4 239.16	2 990.72	1 437.87	168.20
2004				
自由现金流量	16.03	165.71	46.74	135.17
利息费用	119.80	70.71	18.33	—*
负债总额	4 525.61	2 861.06	1 493.50	195.43
2005				
自由现金流量	-250.35	84.30	57.73	157.93
利息费用	157.68	76.43	11.12	—*
负债总额	4 614.83	2 630.62	1 651.83	227.00

*微软公司没有任何银行贷款，故利息支出为零。

可以看出，三大汽车公司的自由现金流量相对于其利息支出和负债总额，可谓杯水车薪。尤其是通用汽车，每年创造的自由现金流量连支付利息费用都不够，更不用说偿还巨额的负债，资金缺口犹如吞噬一切的“黑洞”。若不尽快扭转这种入不敷出、捉襟见肘的现金流量局面，等待通用汽车的很可能只有破产倒闭这条不归路①。

相比之下，微软公司自由现金流量之充裕令人瞠目。微软公司的负债总额中没有任何银行借款，不存在付息问题。2005会计年度末，微软公司的负债主要由递延收入（91.67亿美元）、应付账款（20.86亿美元）、应付税款（20.2亿美元）、应计报酬（16.62亿美元）所组成，这4项负债占负债总额的66%，其余34%为其他负债（77.65亿美元）。正因为微软公司创造现金流量的能力如此之强大，其首席财务官才敢于向华尔街保证：在未来4年拿出760亿美元回馈给股东后，其现金储备将不低于390亿美元！这无疑是微软公司对其现金流量创造能力充满信心的一种宣示。

总之，就现金流量而言，三大汽车公司是不折不扣的“现金瘦狗” （Cash

---

① 2005年，通用汽车濒临绝境：销售收入比2004年下降了9亿美元，经营业绩由2004年的28亿元净利润变成近106亿美元的亏损（其中汽车制造亏损114亿美元），负债率高达97%，经营性现金流量入不敷出多达169亿美元。由于通用汽车的盈利质量、资产质量和现金流量奇差无比，2005年12月13日，标准普尔（Standard & Poor's）将通用汽车的信用等级降至B，这是垃圾债券（Junk Bond）等级中的最低级别。2005年11月21日通用汽车宣布将进行大规模重组时，其股票价格跌至19.85美元，创下了23年来的最低点。根据重组方案，通用汽车将在2008年前关闭北美地区的9大汽车制造中心，裁员30 000人，力争在2010年前节省110亿美元的成本。

通用汽车目前的处境与全世界最大的汽车零部件制造商达尔菲公司（Delphi，从通用汽车公司分离的子公司，2005年10月10日申请破产保护）的遭遇相差无几。作为全球最大也曾经风光无限的汽车制造商，通用汽车沦落到今天这种惨状，值得商界和学界深思。追根溯源，通用汽车的坠落，可以追溯到20世纪50至70年代其高管层的短期行为。通用汽车既属于资本密集型的行业，也是劳动力密集型的企业。为了处理好劳资关系，每隔几年，通用汽车的高管层就得与汽车工人工会（UAW）进行谈判。从50年代起，面对UAW要求提高工资的压力，通用汽车高管层采取了“以福利换工资”的策略，许诺向工人支付更高的医疗费用和退休金。根据美国当时生效的公认会计原则，这些医疗费用和退休金在实际发生时才确认为经营费用。显而易见，通用汽车“以福利换工资”的策略实质上起到推迟确认费用、提前确认利润的效果，高管层也可从中得到较高的绩效奖金和股票期权。到了80年代初期，财务会计准则委员会（FASB）改变了“游戏规则”，要求企业在工人提供劳务时就必须预计医疗费用和退休金，并在报表上确认为负债。游戏规则的改变，使积压了30多年的“隐性负债”一夜之间变成了“显性负债”。根据《华尔街日报》的分析，通用汽车目前共有110万退休员工享受医疗和退休福利，按公允价值估算，医疗和退休负债高达1 700亿美元，而相应基金资产的公允价值只有1 160亿美元，缺口540亿美元。另据《华盛顿邮报》的测算，2004和2005年，通用汽车每生产一辆汽车需要分担的医疗和退休费用分别是2 223美元和2 550美元，比丰田汽车（2005年的主要指标包括：资产总额2 064亿美元、销售收入1 574亿美元、净利润99亿美元、经营性现金净流量201亿美元）高出1 972美元和2 300美元。

鉴于通用汽车惨不忍睹的状况，华尔街的财务分析师不排除通用汽车申请破产保护的可能性，因为申请破产保护可能是通用汽车高管层与UAW就削减医疗和退休福利重新展开谈判的最后筹码。

2006年，三大汽车公司的经营业绩进一步恶化。通用汽车第一季度盈利4.45亿美元，但第二和第三季度分别亏损了33.79亿美元和1.15亿美元。福特汽车更是连续三个季度均发生亏损，亏损金额分别为11.87亿美元、2.54亿美元和58亿美元。戴克汽车虽然三个季度均体现利润，但其旗下的克莱斯勒集团在第三季度亏损了11.6亿欧元。可以看出，沉重的医疗和退休包袱，加上居高不下的油价，使2005和2006年成为三大汽车公司生死存亡的关键年份。更为严峻的是，2006年末丰田汽车的市场占有率已超过福特汽车和戴克汽车，日益逼近通用汽车的市场占有率，直接挑战通用汽车的霸主地位。

Dog)，而微软公司则是名副其实的“现金奶牛”（Cash Cow）！

正因为三大汽车公司的盈利质量、资产质量和现金流量均明显逊色于微软公司，它们的股票价格在过去 10 年的表现令人失望，与微软公司气势如虹的股价走势根本不能相提并论。图 3 - 9 形象地说明了通用汽车与微软公司股价表现的差异。

从图 3 - 9 可以看出，通用汽车的股价除在极少数交易日“跑赢”大势（道琼斯指数）外，在大部分交易日均落后于股票市场的整体走势，2001 年以来，与股票市场整体走势的背离呈扩大趋势。相反地，微软公司过去 10 年的股价表现均显著优于股票市场的整体走势，2000 年其股票价格的涨幅是道琼斯指数的 8 倍多！这在一定程度上表明微软公司的盈利质量、资产质量和现金流量得到股票市场上广大投资者的高度认可。

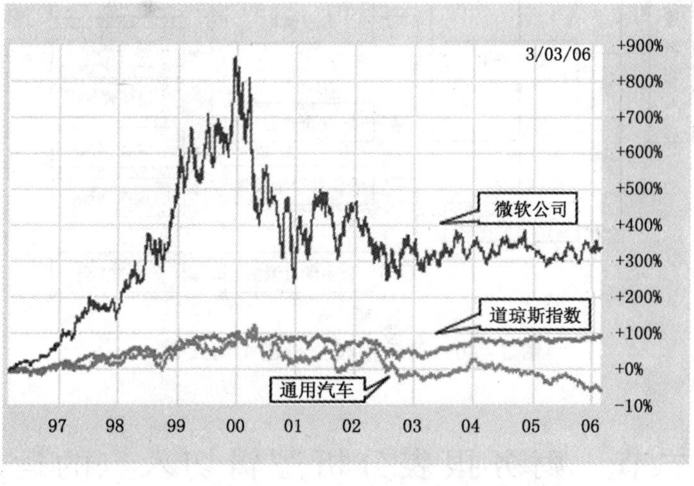

图 3 - 9　通用汽车与微软公司股票价格走势

四、盈利质量、资产质量和现金流量的相互关系

三大汽车公司与微软公司的案例分析表明，从财务的角度看，盈利质量、资产质量和现金流量是系统、有效地分析财务报表的三大逻辑切入点。任何财务报表，只有同时从这三个切入点进行分析，才不会发生重大的遗漏和偏颇。

图 3 - 10 描述了财务报表分析的逻辑切入点和关注点。必须指出，盈利质量、资产质量和现金流量是相互关联的。盈利质量的高低受到资产质量和现金流量的直接影响。如果资产质量低下，计价基础没有夯实，报告再多的盈利都是毫无意义

的①。如果企业每年都报告盈利，但经营性现金流量却入不敷出，那么，这种没有真金白银流入的盈利，实质上只能是一种"纸面富贵"。这种性质的盈利，要么质量低下，要么含有虚假成分②。同样地，资产质量也受到现金流量的影响。根据资产的定义，不能带来现金流量的资产项目，充其量只能称为"虚拟资产"。严格地说，这样的资产项目是不应该在资产负债表上确认的。

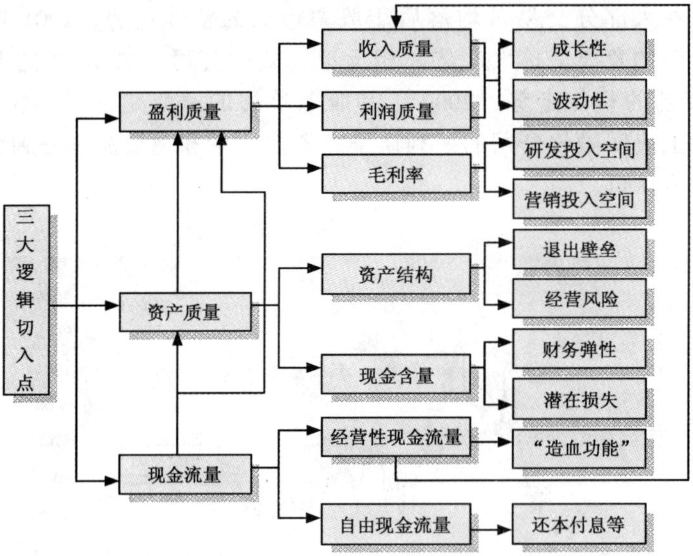

图 3－10　财务报表分析逻辑切入点

第二节　财务报表分析逻辑切入点的运用

本节以第一节推导出的财务报表分析逻辑切入点为框架，从盈利质量、资产质量和现金流量这三个角度，比较系统地分析中国移动、中国联通和中国石油的财务报表，并通过这些案例分析，补充说明财务报表分析逻辑切入点的运用应当注意的问题。

---

①　最典型的莫过于改制前的四大国有商业银行。1999—2003 年期间，四大银行的利润表上每年都体现出数十亿元甚至上百亿元的利润总额。另一方面，在它们的资产负债表上却显示出近 2 万亿元的不良贷款（包括名义上剥离给四大资产管理公司，但未作实质性处理的 1.39 万亿元不良贷款）。这是赤裸裸的盈余操纵，虚盈实亏昭然若揭！试想，如果回收无望的应收账款、滞销积压的库存商品、价值减损的长期投资、毁损过时的固定资产可以挂账而无需确认为损失，上市公司还会发生亏损吗？答案显然是否定的。

②　大唐电信就是个典型的案例，详见第九章第四节。

一、移动通信的辉煌业绩与潜在风险

中国的移动通信市场属于典型的寡头垄断，中国移动和中国联通瓜分了这个令国外竞争对手垂涎欲滴的庞大市场①，二者的市场份额大约是66%和34%。本部分将从盈利质量、资产质量和现金流量的视角，对这两家移动电信运营商2001—2005年度的财务报表进行系统、全面和深刻地分析。

（一）基本情况和经营业绩

1. 中国移动。这里所指中国移动，是指在境外上市的中国移动（香港）有限公司（以下简称中国移动）。中国移动于1997年9月3日在香港成立，1997年7月21日以每股11.68港元的价格发行了26亿股面值为0.10港元的股份，这些股份于1997年7月22日和23日分别在纽约证券交易所和香港联合交易所上市。同年11月7日，通过向专业及机构投资者配售股份的方式，以每股11.68港元发行1.70788亿股股份。两次合计共募集了约323亿港元。1998年1月27日，中国移动的股票成为香港恒生指数成分股。中国移动是中国最大的移动通讯运营商，2005年被《金融时报》评选为“全球500大企业”，被《福布斯》评选为“全球2000最大上市公司。

1997年在香港上市时，中国移动只拥有8个省公司。海外上市后，中国移动利用从资本市场上募集的充裕资金，通过不断收购兼并母公司所拥有的其他省公司，经营规模迅速扩大。至2004年末，中国移动已拥有全国的31个省公司，实现了局部改制上市向整体上市的转变。2006年，中国移动以现金要约方式收购了香港华润万众电话有限公司。截至2005年末，中国移动员工总数达9.9万人，移动用户总数超过2.466亿户，GSM国际漫游通达203个国家和地区。

表3－22至表3－24列示了中国移动2001—2005年度的简明合并利润表、合并资产负债表和合并现金流量表②。

表3－22　　中国移动简明合并利润表　　（单位：百万元）

项目名称	2001年	2002年	2003年	2004年	2005年
运营收入	100 331	128 561	158 604	192 381	243 041

① 根据信息产业部的统计，截至2006年6月底，我国电话用户已达7.91亿户，其中，移动电话4.26亿户，固定电话3.65亿户，居全世界第一。2005年，全国通信业务收入高达6 373.7亿元，其中电信业务收入5 799亿元，邮政业务收入574.7亿元。

② 中国移动和中国联通按照香港联合交易所的要求编制的财务报表格式与中国大陆存在较大差别，本节按照中国大陆的习惯，对这两家公司的财务报表格式做了适当调整。

续表

项目名称	2001 年	2002 年	2003 年	2004 年	2005 年
运营支出	59 319	79 765	105 401	132 647	169 355
其中：线路租赁费	5 005	5 287	4 914	3 861	3 224
网间互联支出	13 055	12 975	12 868	12 072	15 309
折旧	17 664	26 827	36 611	44 320	56 368
运营利润	41 012	48 796	53 203	59 734	73 686
商誉摊销	—	(936)	(1 850)	(1 930)	—
其他收入净额	1 594	1 686	2 464	3 167	3 284
营业外收入净额	(6)	571	434	900	1 025
利息收入	857	713	807	1 014	1 615
融资成本	(1 740)	(1 852)	(2 099)	(1 679)	(1 346)
税前利润	41 717	48 978	52 959	61 206	78 264
税项	(13 703)	(16 234)	(17 412)	(19 180)	(24 675)
税后利润	28 015	32 744	35 547	42 026	53 589
其中：本公司股东	28 014	32 742	35 556	42 004	53 549
少数股东	1	2	9	22	40

表 3－23　　中国移动简明合并资产负债表（截至 12 月 31 日）　　（单位：百万元）

项目名称	2001 年末	2002 年末	2003 年末	2004 年末	2005 年末
流动资产	46 811	59 218	69 457	79 909	121 076
其中：现金及等价物	21 821	32 575	39 129	45 149	64 461
银行存款	14 970	11 069	17 227	20 264	41 925
应收账款	5 728	6 066	6 116	6 553	6 603
存货	1 029	1 586	2 050	2 499	2 365
非流动资产	126 938	225 682	237 846	288 843	299 951
其中：固定资产	125 189	188 422	199 974	249 302	250 706
无形资产	—	36 522	34 373	31 239	35 300
资产总计	173 749	284 900	307 303	368 752	421 027
流动负债	35 298	60 114	78 150	97 666	109 954
其中：银行贷款	4 531	8 132	13 090	8 180	—
应付账款	11 317	19 251	25 225	35 036	41 931
递延收入	—	—	9 476	12 936	16 975
非流动负债	26 640	52 393	30 168	37 682	37 966

续表

项目名称	2001 年末	2002 年末	2003 年末	2004 年末	2005 年末
其中：银行贷款	21 591	36 348	19 407	13 000	36 545
递延收入	4 237	869	688	944	1 324
股东权益*	111 811	172 393	198 985	233 404	273 107
其中：少数股东权益	32	191	182	243	283
负债及股东权益总计	173 749	284 900	307 303	368 752	421 027

* 股东权益包括少数股东权益。2005 年，香港上市公司开始执行国际会计准则（IAS）和国际财务报告准则（IFRS），要求将少数股东权益作为合并股东权益的一部分并单独列示。中国移动过去将少数股东列在负债总额与股东权益之间，为保持前后一致，在此作了适当调整。

表 3－24　　中国移动简明合并现金流量表　　（单位：百万元）

项目名称	2001 年	2002 年	2003 年	2004 年	2005 年
经营活动现金净流量	51 025	69 422	85 534	103 779	131 709
投资活动现金净流量	(45 331)	(64 117)	(54 292)	(73 302)	(87 116)
其中：资本支出	(39 500)	(41 000)	(43 871)	(59 143)	(66 027)
筹资活动现金净流量	(11 575)	5 449	(24 688)	(24 457)	(25 173)
现金及等价物增加	(5 881)	10 754	6 554	6 020	19 420
年初现金及等价物	27 702	21 821	32 575	39 129	45 149
外币汇率变动影响	—	—	—	—	(108)
年末现金及等价物	21 821	32 575	39 129	45 149	64 461

2. 中国联通。与中国电信一样，中国联通股份有限公司（以下简称中国联通）也是通过局部改制，利用海外上市后募集的资金，通过向其母公司不断收购兼并其他省公司进而实现整体上市的。中国联通 2000 年 2 月在香港成立，2000 年 6 月 21 日以每股 19.99 美元的价格在纽约证券交易所发行了 233 617 100 股美国存托股（ADR，每股代表 10 股）并上市交易，6 月 22 日以每股 15.42 亿港元在香港联合交易所发行 122 956 000 股面值为 0.10 港元的股份并上市交易，7 月 3 日，承销商行使超额配股权，以每 15.58 港元发行了 368 869 050 股股份。扣除直接上市费用后，募集的资金折算为人民币约 453 亿元。作为中国的两家移动通信运营商之一，中国联通截至 2005 年末的 GSM 和 CDMA 移动用户已达到 1.278 亿户。按用户数为衡量标准，已成为全世界第三大移动运营商。中国联通的 CDMA 移动用户达到 3 272 万户，成为全球第二大 CDMA 运营商。

表 3－25 至表 3－27 列示了中国联通 2001—2005 年的简明合并利润表、简明合并资产负债表和简明合并现金流量表。

表 3-25　中国联通简明合并利润表　(单位：百万元)

项目名称	2001 年	2002 年	2003 年	2004 年	2005 年
运营收入	29 393	40 576	67 636	79 087	87 049
运营支出	24 130	33 252	59 122	71 126	78 979
其中：线路租赁费	853	1 583	4 320	7 398	8 747
网间互联支出	2 072	3 230	5 921	7 516	8 372
折旧	8 262	11 256	16 385	19 011	20 558
运营利润	5 263	7 324	8 514	7 961	8 070
其他收入净额	20	(16)	(655)	103	35
财务收入	2 096	470	173	103	96
财务支出	(1 917)	(1 475)	(1 936)	(1 696)	(1 099)
税前利润	5 462	6 303	6 096	6 471	7 102
税项	(1 041)	(1 752)	(1 888)	(1 977)	(2 171)
税后利润	4 421	4 551	4 208	4 494	4 931
其中：本公司股东	4 456	4 566	4 217	4 494	4 931
少数股东	(35)	(15)	(9)	—	—

表 3-26　中国联通简明合并资产负债表（截至 12 月 31 日）　(单位：百万元)

项目名称	2001 年	2002 年	2003 年	2004 年	2005 年
流动资产	49 958	31 415	22 243	17 246	15 275
其中：现金及等价物	18 413	14 433	9 170	4 630	5 472
银行存款	24 929	4 825	912	662	282
应收账款	2 498	4 327	5 471	5 230	4 548
存货	751	3 230	2 169	3 114	2 108
非流动资产	77 947	117 807	127 595	131 792	127 355
其中：固定资产	75 748	107 487	118 105	118 492	116 056
无形资产	43	2 366	3 315	3 137	3 144
资产总计	127 905	149 222	149 838	149 038	142 630
流动负债	28 917	44 609	43 907	46 124	50 862
其中：银行贷款	7 089	9 147	10 975	20 014	12 169
应付账款	15 329	19 812	17 098	16 786	18 526
非流动负债	36 481	37 800	36 316	30 472	15 481
其中：银行贷款	36 336	37 686	36 213	26 137	11 982
股东权益*	62 507	66 813	69 615	72 442	76 287

续表

项目名称	2001 年	2002 年	2003 年	2004 年	2005 年
其中：少数股东权益	826	566	—	—	3
负债及股东权益总计	127 905	149 222	149 838	149 038	142 630

* 股东权益包括少数股东权益。2005 年，香港上市公司开始执行国际会计准则（IAS）和国际财务报告准则（IFRS），要求将少数股东权益作为合并股东权益的一部分并单独列示。中国联通过去将少数股东列在负债总额与股东权益之间，为保持前后一致，在此作了适当调整。

表 3－27　　中国联通简明合并现金流量表　　（单位：百万元）

项目名称	2001 年	2002 年	2003 年	2004 年	2005 年
经营活动现金净流量	11 056	13 054	22 565	23 819	30 803
投资活动现金净流量	(43 497)	(5 166)	(19 051)	(18 958)	(16 748)
其中：资本支出	(28 547)	(21 152)	(21 184)	(18 939)	(16 643)
筹资活动现金净流量	6 138	(11 868)	(8 777)	(9 401)	(13 213)
现金及等价物增加	(26 303)	(3 980)	(5 263)	(4 540)	842
年初现金及等价物	44 716	18 413	14 433	9 170	4 630
年末现金及等价物	18 413	14 433	9 170	4 630	5 472

（二）盈利质量的分析

1. 收入质量的分析。图 3－11 列示了中国移动和中国联通运营收入的变动情况：

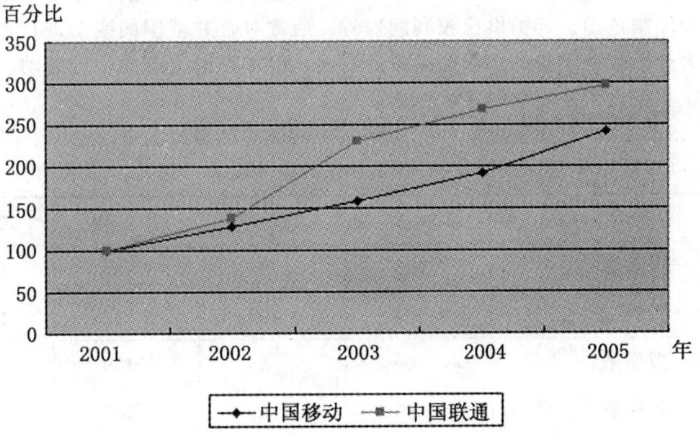

图 3－11　运营收入变动趋势

可以看出，中国移动和中国联通的运营收入在过去 5 年里均呈高速成长态势，且波动性微不足道，表明它们的收入质量都很高。在成长性方面，中国联通比中国移动略胜一筹。但中国移动基期（2001 年）的运营收入（1 003 亿元）是中国联通

（294 亿元）的 3.4 倍，运营收入的增长难度大于中国联通，而到了 2005 年，中国移动的运营收入（2 430 亿元）是中国联通（870 亿元）2.79 倍，表明两家公司的收入差距有缩小的趋势。

必须指出，对运营收入进行趋势分析蕴涵着一个基本假设：目标公司的组织结构和业务结构在分析期间未发生大幅度变动。如果这个基本假设不成立，则收入的高速成长未必代表高质量。当目标企业的收入成长时，报表使用者应提出这样的问题：收入的成长是得益于市场开拓，还是得益于资本运作？一般而言，来自于脚踏实地的市场开拓而形成的收入成长，其质量通常优于来自投机取巧的资本运作（最典型的是收购兼并）所形成的收入成长，因为前者具有较强的可持续性，而后者不仅可持续性较低，而且还导致合并报表编制范围发生变动，从而影响前后会计年度收入和利润的可比性①。

由于中国移动和中国联通采取局部改制上市，募集资金后再向集团公司购买省公司，在分析期间纳入合并报表编制范围的子公司（各省、自治区的移动通信公司）变动很大。因此，在分析这两家移动通信运营商的收入成长性时，必须考虑收购兼并的影响。

从中国移动 2001—2005 年度的报表附注可以查出相关的备拷数据。表 3－28 列示出了原始收入收据与备拷收入数据及逐年环比增幅的差异②：

① 企业收购兼并的会计处理方法包括购买法和权益结合法。在购买法下，只有购买日后的销售收入、成本和费用才能纳入合并报表的编制范围，且提供比较利润表时，通常不对合并报表编制范围的变动进行调整，而只是在报表附注披露备拷数据（Pro forma data）。在权益结合法下，购买日前后的销售收入、成本和费用均可纳入合并报表的编制范围，其提供比较利润表时，通常对合并范围的变动进行调整。我国目前的会计准则还没有要求发生大规模收购兼并的企业提供备拷数据，但在香港上市的中国移动、中国联通和中国电信根据国际会计惯例，在其报表附注中披露备拷数据。

② 2002 年 11 月 15 日和 14 日在香港联合交易所和纽约证券交易所上市的中国电信（截至 2005 年拥有 20 个省公司），在各年度也提供了比较详细的备拷资料，如下表（单位：亿元）所示：

	2001 年	2002 年	2003 年	2004 年	2005 年
经营收入——报表数	685	755	1 185	1 612	1 693
——备拷数	1 301	1 409	1 516	1 612	1 693
利润总额——报表数	69	83	139	281	280
——备拷数	83	169	247	281	280
资产总额——报表数	1 893	2 108	3 056	4 126	4 171
——备拷数	4 234	4 237	4 039	4 126	4 171
股东权益——报表数	975	1 250	1 312	1 592	1 816
——备拷数	1 694	1 870	1 508	1 592	1 816

表 3-28 收购兼并和合并范围变动对收入成长性的影响

会计年度	纳入合并的子公司家数	报表数		备拷数	
		金额（亿元）	比增	金额（亿元）	比增
2000	6	649	—	922	—
2001	13	1 003	54.5%	1 264	37.1%
2002	21	1 285	28.1%	1 438	13.8%
2003	21	1 586	23.4%	1 790	24.5%
2004	31	1 924	21.2%	2 040	12.0%
2005	31	2 430	26.3%	2 430	19.1%

图 3-12 形象地说明收购兼并和合并范围变动对收入成长的影响：

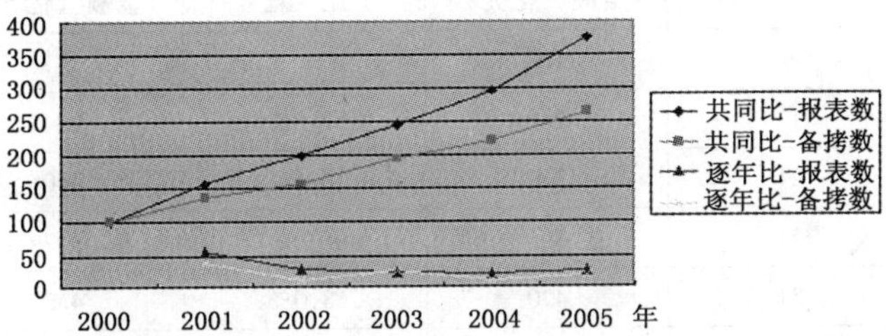

图 3-12 收购兼并和合并范围的影响

2. 利润质量的分析。图 3-13 列示了中国移动和中国联通税后利润的变动情况：

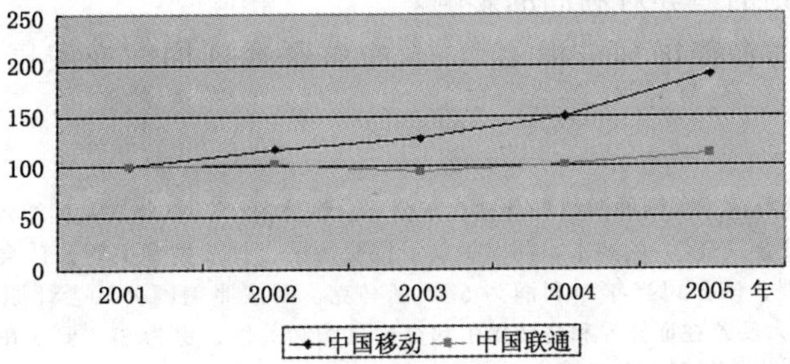

图 3-13 税后利润变动趋势

可以看出，尽管中国移动在运营收入的成长性方面逊色于中国联通，但其税后利润的成长性却令中国联通望尘莫及。除 2003 年外，中国移动的税后利润每年均以两位数高速成长，而中国联通的税后利润基本上还在原地踏步。2005 年，中国移动的税后利润（535 亿元）比 2001 年（280 亿元）增长了 91%，而中国联通 2005 年的税后利润（49 亿元）只比 2001 年（44 亿元）增长了 11%。2001 年，中国移动的税后利润是中国联通的6.36倍，而到了2005年却是中国联通的10.92倍！中国移动和中国联通的收入差距在逐步缩小，但利润差距却在放大，看来中国联通不仅存在规模经济的问题，也存在着成本控制的问题。

在波动性方面，中国移动也明显小于中国联通，这从另一个侧面表明中国移动的盈利质量优于中国联通。

与分析收入成长性必须考虑收购兼并的影响一样，分析中国移动和中国联通的利润成长性也应当考虑因这一因素。表3－29列示了过去5年收购兼并和合并范围变动对中国移动净利润的影响程度。

表3－29　　收购兼并和合并范围变动对利润成长性的影响

会计年度	纳入合并的子公司家数	报表数		备拷数	
		金额（亿元）	比增	金额（亿元）	比增
2000	6	182	—	247	—
2001	13	280	53.8%	284	15.0%
2002	21	327	16.4%	340	19.7%
2003	21	356	8.9%	347	2.1%
2004	31	420	18.0%	432	24.50%
2005	31	535	27.4%	535	23.8%

利润是按照一定游戏规则（会计准则）确定的。游戏规则不同，确定的利润也往往存在差异①。因此，在分析利润质量时，除了分析其成长性和波动性外，有时还应考虑会计准则的差异对利润的影响。

中国移动同时在美国和香港上市②，中国联通则同时在美国、香港和中国上

① 最经典的案例莫过于德国的戴姆勒奔驰汽车公司。该公司于1993年在美国纽约交易所上市时，根据美国证券交易管理委员会（SEC）的要求，同时提供了按照德国会计准则和美国公认会计原则编制的财务报表。按照德国会计准则，该公司当年净利润为6.15亿马克，而按照美国公认会计原则，该公司当年亏损18.39亿马克。这一巨大反差在证券界和会计界引起高度反响和关注，也为SEC要求在美国上市的外国公司编制会计准则差异调节表提供了充分的理由。

② 中国电信也同时在美国和香港上市，其年度报告也提供了美国会计准则与香港会计准则的差异调节表。按照这两套不同会计准则确定的净利润（单位：亿元）如下表所示：

	2001年	2002年	2003年	2004年	2005年
香港准则	68	83	139	280	280
美国准则	148	158	214	257	226

市，按照规定必须提供准则差异调节表，这无疑为报表使用者分析会计差异的影响提供了十分难得的窗口。表 3 – 30 列示了中国移动和中国联通按照不同会计准则确认的净利润。

表 3 – 30　不同会计准则下的净利润　（单位：亿元）

项目名称	2001 年	2002 年	2003 年	2004 年	2005 年
中国移动：					
国际准则	280.15	327.44	355.47	420.26	535.49
美国准则	342.36	372.02	381.88	450.61	545.04
中国联通*：					
国际准则	44.21	45.51	42.08	44.94	49.31
美国准则	50.74	50.28	47.28	47.12	50.13
中国准则	42.28	45.10	40.24	41.50	44.39

* 指联通红筹。

与人们的惯性思维不同，美国会计准则不见得总是比国际会计准则（这是香港所采用的）稳健，中国会计准则也不见得总是比美国会计准则和国际会计准则激进。在中国联通案例中，最稳健的会计准则恰好就是经常被认为最不稳健的中国会计准则！必须指出，会计准则并非越稳健越好。只要存在着会计期间，就必然出现稳健主义相对论，即某一会计期间的利润确定采用越稳健的会计原则，另一期间的利润确定就越不稳健。假设一个企业在 2006 年基于所谓的稳健主义，不分青红皂白地对短期投资、应收款项、商品存货、长期投资、固定资产、在建工程、无形资产和委托贷款全额计提了“八项准备”，当年的利润确定是绝对稳定的，但到了 2007 年这家企业就只有收入，而没有销售成本、折旧、摊销等费用，此时，它的利润确定就没有任何稳健性可言。此外，对于上市公司而言，采用过度保守稳健的会计原则，还可能造成财富的不公平分配，导致短线投资者（或投机者）本应享受的利润分配和资本利得（股票价差）被“转移支付”给长线投资者。

3. 毛利率的分析。移动电信属于资本和技术密集型行业，因此，传统意义上的毛利率分析对于中国移动和中国联通不适用。对于资本和技术密集型企业而言，毛利率的分析可以用 EBIDTA（扣除利息、折旧、税收和摊销之前的盈利）占运营收入的比例来替代。表 3 – 31 列示了中国移动和中国联通的 EBIDTA 及其占运营收入的比例。

可见，从 EBIDTA 看，中国移动和中国联通不相上下，说明两家公司在研究开发和广告促销方面的投入空间都很大。但从运营收入利润率看，两家公司却存在着极大的反差，如表 3 – 32 所示：

表 3-31　　EBIDTA 及其占运营收入比例

会计年度	中国移动		中国联通	
	EBIDTA（亿元）	占收入比例	EBIDTA（亿元）	占收入比例
2001	603	60.1%	135	48.2%
2002	773	60.1%	185	56.6%
2003	923	58.2%	249	70.1%
2004	1 068	55.5%	270	64.3%
2005	1 333	54.9%	284	53.1%

表 3-32　　税后利润及其占运营收入的比例

会计年度	中国移动		中国联通	
	税后利润（亿元）	占收入比例	税后利润（亿元）	占收入比例
2001	280	27.9%	44	15.0%
2002	327	25.4%	46	11.3%
2003	355	22.4%	42	5.3%
2004	420	21.8%	45	5.7%
2005	535	22.0%	49	5.6%

EBIDTA 与税后利润之间的差异主要是利息、折旧、税收和摊销。在这些差异项目中，折旧所占的份量最大，而折旧在成本性态上属于固定成本。尽管固定资产折旧在一定条件下不会随着运营收入的变动而变动，但运营收入规模越大，单位收入所承担的折旧费用就越低。表 3-33 列示了中国移动和中国联通的折旧费用及其占运营收入的比例。

表 3-33　　折旧费用及其占运营收入的比例

会计年度	中国移动		中国联通	
	折旧费用（亿元）	占收入比例	折旧费用（亿元）	占收入比例
2001	177	17.6%	83	28.2%
2002	268	20.8%	113	27.8%
2003	366	23.1%	164	24.3%
2004	443	23.0%	190	24.0%
2005	564	23.2%	206	23.7%

可见，在2003年之前，中国移动所拥有的规模优势是其业绩表现优于中国联通的一个重用因素。但从2003年起，中国联通在规模方面的劣势有所缓解，但其税后利润占运营收入的比例却从这一年开始起开始恶化。看来，中国联通在其他费用和成本控制方面出现了问题。一种可能的解释是，中国联通不惜代价开拓市场。表3-34列示了中国联通2001—2005年销售费用及其占运营收入的比例①。

表3-34　　销售费用及其占运营收入的比例

项目名称	2001	2002	2003	2004	2005
销售费用（亿元）	36	60	152	195	206
占运营收入比例	12.2%	14.7%	22.5%	24.7%	23.7%

（三）资产质量的分析

1. 资产结构的分析。图3-14反映了中国移动和中国联通固定资产和无形资产占资产总额的比例。

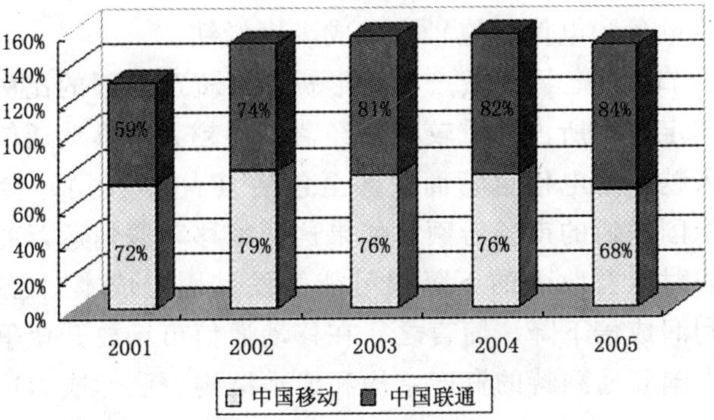

图3-14　固定资产和无形资产占资产总额的比例

可见，这两家移动电信运营商的资产总额绝大部分由固定资产和无形资产所组成，属于典型的资本密集型企业，这表明它们的退出壁垒都很高。中国移动和中国联通迄今为止得到政府的垄断保护，因而盈利能力特别强，尤其是中国移动，过去5年的净资产收益率（ROE）均在18%以上，如图3-15所示：

如此之高的净资产收益率很容易招来竞争对手的加入。目前，由于政府人为设置了很多进入壁垒，国内外的电信运营商无法进入令人垂涎的移动通信市场。但我国已经加入WTO，政府对移动通信行业的保护期即将届满。不久，中国的移动通

① 中国移动没有单独披露销售费用，故无法计算其销售费用占运营收入的比例。

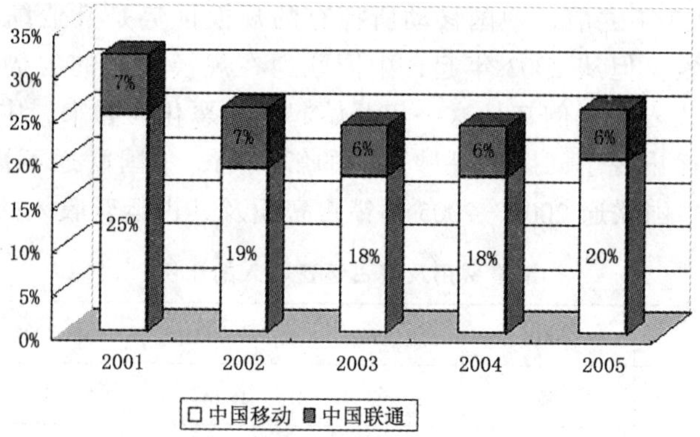

图 3-15　净资产收益率

信市场不仅要对外国电信运营商开放，也要对国内国有和民营的电信运营商开放。可以预见，移动通信市场即将由高度垄断进入自由竞争时期。将来竞争加剧，风险加大，获利下降时，中国移动和中国联通如果想退出竞争，也必将困然重重。因为它们的退出壁垒很高（固定资产和无形资产占资产总额的比例愈大，退出壁垒愈高），一旦退出移动通信行业，它们的成百上千亿元的固定资产（其中绝大部分为专用性很强的电信设备和电信设施）将变成废铜烂铁。

此外，如第一节所述，固定资产和无形资产占资产总额的比例越大，通常意味着其成本结构中固定成本所占比重较高，经营风险越大。移动通信市场解除垄断保护后，国内外越来越多的电信运营商（甚至包括 IP 电话公司）参与竞争，将不断蚕食中国移动和中国联通的市场份额。如果这两家移动通信运营商的资产结构和成本结构不改变，届时运营收入的下降很可能触发其固定成本对经营风险的传导效应，导致其税后利润成倍下降。简言之，在移动通信市场放开竞争已成大局的情况下，中国移动和中国联通独特的资产结构和成本结构，已然成为这两家公司不可小视的潜在风险源之一。

技术风险是中国移动和中国联通不得不面对的另一个风险源。固定资产占资产总额的比例越大，通常也意味着企业因技术陈旧而发生资产减值的风险越高。截至 2005 年底，中国移动的固定资产高达 2 507 亿元（其中 87% 为专用性很强的电信设备和电信设施），中国联通的固定资产也多达 1 161 亿元（其中 78% 为电信设备和电信设施）。在技术创新日新月异、信息载体推陈出新的移动通信行业，如此庞大的固定资产遭受减值的风险不可小视。尤其是第三代通讯技术（简称 3G）的推出迫在眉睫，这对电信设备制造商是个天大的利好，但对电信运营商很可能是重大的利空。首先，中国移动和中国联通可能要耗费成百甚至上千亿元获得 3G 牌照①；其次，发放多少张 3G 牌照直接关系到中国移动和中国联通能否继续瓜分中国的移动通信市场；第三，中国移动和中国联通为了迎接 3G 时代的到来可能不得不大幅增加资本性支出②；最后，3G 时代所利用的技术平台可能导致中国移动和中国联通现有的电信设施过时和闲置。

2. 现金含量的分析。图 3－16 列示了中国移动和中国联通现金及现金等价物以及银行存款占资产总额的比例。

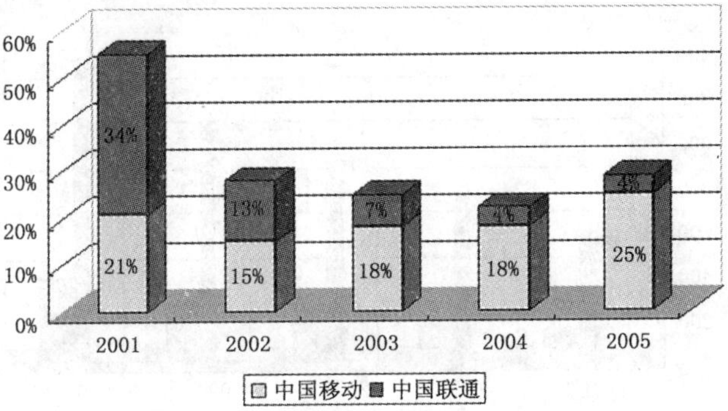

图 3－16　现金性资产占资产总额的比例

可见，从 2003 年起中国移动资产总额中的现金含量明显高于中国联通，不仅说明中国移动的资产质量优于中国联通，发生潜在损失的风险低于中国联通，而且意味着中国移动的财务弹性远高于中国联通。2005 年末，中国移动的现金及现金

① 由于占据了越来越稀缺的通信频率资源，向移动电信运营商收取 3G 牌照费有蔚然成风之势。2000 年 4 月，英国政府拍卖 3G 牌照所得收入高达 354 亿美元，同年 8 月，德国政府拍卖 3G 牌照的收入更是高达 461 亿美元，但如此高昂的 3G 牌照费却带来所谓的“赢者的诅咒”（Winner's Curse）。“赢者的诅咒”是指由于信息不对称，导致竞拍方对 3G 业务不切实际的预期因而以高于业务自身价值的非理性价格获取 3G 牌照，最终因从 3G 业务赚取的利润或现金流不足以弥补牌照费而发生经营亏损甚至破产倒闭。中国是否收取 3G 牌照费目前存在着截然不同的看法。赞成的人士认为频率资源是十分稀缺的公共资源，不论是国有电信运营商，还是外资或民营运营商，一旦占有这些公共资源，都应当缴纳相应的使用费。反对的人士则认为收取 3G 牌照费将加大电信运营商的经营成本，并最终导致它们将 3G 牌照费转嫁给电信用户。如果最后决定要收取 3G 牌照费，如何避免“赢者的诅咒”将是中国政府必须认真斟酌的问题。引自徐岩“发放 3G 牌照——避免赢者的诅咒”，《21 世纪商业评论》，2006 年第 2 期。

② 综观全球，电信市场一片萧条，惟独中国的电信市场一枝独秀（垄断使然?）。美国的电信公司经历了 20 世纪 90 年代的“非理性繁荣”后，21 世纪初开始进入举步维艰的低潮时期。作为百年老店的美国电报电话公司（AT&T）因长年亏损，2003 年被南方贝尔（SBC，20 世纪 80 年代从 AT&T 中分离出来）收购。世界通信（WorldCom）因为会计造假不得不在 2002 年底申请破产保护。欧洲和日本的电信公司也是惨淡经营。导致西方电信公司陷入经营困境的原因有很多，技术进步就是其中的重用原因之一。在电信行业，不论从事移动通信还是从事固定通信的运营商，都发现它们在很大程度上是在为电信设备制造商打工的。因此电信行业的技术进步是如此之神速，以至于它们不得不将经营活动中千辛万苦创造的现金流量，源源不断地投入电信设备和电信设施的更新改造，才能使得它们所拥有的通信技术跟上行业技术变革的步伐。

等价物加上银行存款多达654亿元，是中国联通（58亿元）的11倍。在3G即将推出、竞争日趋激烈的市场环境下，中国移动高额的现金储备，无疑是它面对挑战的一大法宝，而中国联通捉襟见肘的现金储备，将是它的一大软肋和硬伤。

（三）现金流量的分析

1. 经营性现金流量的分析。图3－17比较了中国移动和中国联通经营活动产生的现金流量规模（单位：亿元）：

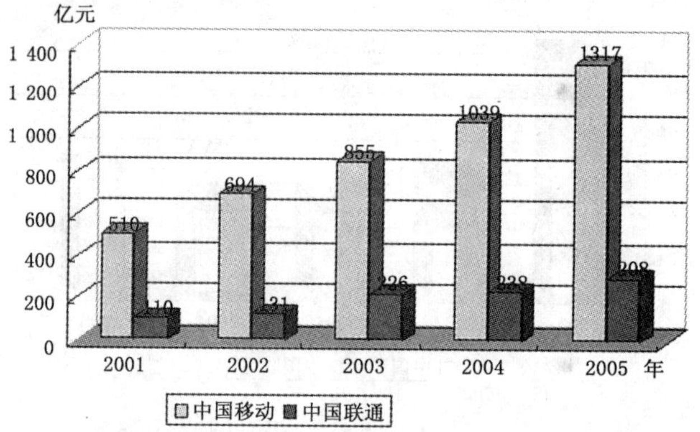

图3－17　经营性现金流量的比较

可以看出，中国移动经营活动产生的现金流量规模远大于中国联通，表明其拥有十分强盛的“造血功能”。此外，如图3－18所示，中国移动经营性现金流量占运营收入的比重也一直高于中国联通，表明其具有较高的收入质量。

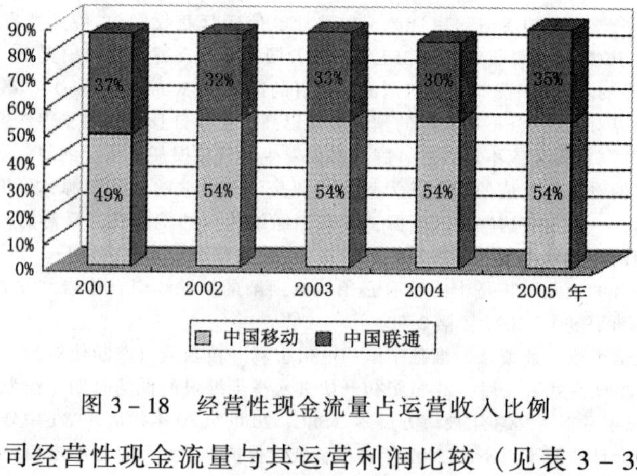

图3－18　经营性现金流量占运营收入比例

将这两家公司经营性现金流量与其运营利润比较（见表3－35），可以发现它们的盈利质量都是绝对上乘的。在这一方面，中国联通优于中国移动。不过，这在很大程度上是由于中国联通长期以来获利能力（表现为运营利润占运营收入的比例①）太低所致。

表 3－35　经营性现金流量与运营利润的比较　(单位：亿元)

会计年度	中国移动			中国联通		
	经营性现金流量	运营利润	占运营利润的比例	经营性现金流量	运营利润	占运营利润的比例
2001	510	410	124%	110	53	208%
2002	694	488	142%	131	73	179%
2003	855	532	161%	226	85	266%
2004	1 038	597	174%	238	80	298%
2005	1 317	737	179%	308	81	380%

2. 自由现金流量的分析。图 3－19 比较了中国移动和中国联通的自由现金流量：

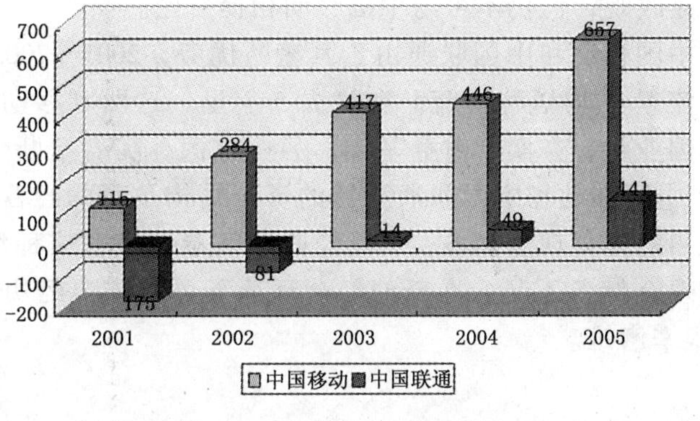

图 3－19　自由现金流量的比较（单位：亿元）

中国移动的自由现金流量规模大幅度超过中国联通，表明其具有极强的还本付息能力。尤其是中国移动的负债率② 远低于中国联通，现金储备充裕，从 2003 年起自由现金流量均超过短期和长期银行贷款，更凸显出其雄厚的财务实力，其财务风险基本上可忽略不计。表 3－36 列示了中国移动和中国联通现金性资产（现金及现金等价物和银行存款）、自由现金流量和银行贷款总额：

① 2001—2005 年，中国移动运营利润占运营收入的比例分别是 40%、38%、34%、31% 和 30%；中国联通的这一比例分别是 18%、18%、13%、10% 和 9%。

② 2001—2005 年末，中国移动的负债率（负债总额除以资产总额）分别是 36%、39%、35%、37%、35%；中国联通的这一比例分别是 51%、55%、54%、51% 和 47%。

表 3－36　现金性资产、自由现金流量与银行贷款的比较　(单位：亿元)

会计年度	中国移动			中国联通		
	现金性资产	自由现金流量	银行贷款总额	现金性资产	自由现金流量	银行贷款总额
2001	368	115	261	433	－175	434
2002	437	284	444	192	－81	468
2003	563	417	325	101	14	472
2004	653	446	212	53	49	461
2005	1 064	675	365	58	141	242

可见，从 2001—2004 年，中国移动的现金储备和自由现金流量日益增多，银行贷款日趋减少，而中国联通的自由现金流量虽然增长迅速，但现金储备日趋枯竭，且银行贷款居高不下。2005 年，中国移动的银行贷款虽然大幅上升，但增加的金额明显小于现金储备和自由现金流量的增加额。中国联通 2005 年的还本付息较之前 4 年有明显改观，但仍不可与中国移动相提并论。

综上所述，中国移动和中国联通由于其垄断优势，2001—2005 年的盈利质量、资产质量和现金流量① 均堪称一流。在过去 5 年里，这两家移动通信运营商取得了举世瞩目的辉煌业绩，夯实了财务基础。另一方面，随着垄断保护政策的淡出、3G 技术的导入，中国移动和中国联通独特的资产结构孕育的经营风险也将与日俱增。中国移动积累的充裕现金储备，可能使其能够泰然应对这种经营环境的变迁，但中国联通因其现金储备不足，在新的经营环境下可能还要经历一段相当坎坷的“二次创业”和艰辛磨难。

二、石油巨头的超额利润与绩效评价

本部分除了从盈利质量、资产质量和现金流量的角度对中国石油天然气股份有限公司（PetroChina，以下简称中国石油）2001—2005 年度的财务报表进行分析外，还说明了油价上涨、EVA（经济增加值）和局部改制等因素对财务绩效评价的影响，最后将中国石油与全世界的最大石油公司美国艾克森美孚公司（Exxon Mobil）进行比较，剖析这两大石油公司净资产收益率的差异原因。

（一）基本情况

1. 公司沿革。中国石油于 1999 年 11 月 5 日在中国石油天然气集团公司（英文

① 中国移动和中国联通相关现金流量指标（如现金流量充裕率等）的计算和分析，详见第九章。

缩写为 CNPC，以下简称中油集团）重组过程中成立。在重组过程中，中油集团向中国石油注入了与勘探和生产、炼造和营销、化工产品和天然气业务有关的大部分资产和负债。重组后，中国石油主要从事：原油和天然气的勘探、开发、生产和销售;原油和石油产品的炼造、运算、储存和销售；基本石油化工产品、衍生化工产品及其他化工产品的生产和销售；天然气、原油和成品油的输送及天然气的销售。

1999 年 11 月成立时，中国石油向中油集团发行了每股面值为 1 元的国有股 1600 亿股，以交换中油集团投入的资产和负债。2000 年 4 月 7 日，中国石油在全球首次公开发行了 17 582 418 000 股面值为 1 元的股票，其中 13 447 897 000 股为 H 股，发行价 1.28 亿港元，41 345 210 股为美国存托股（每托存股等于 100 股 H 股），发行价 16.44 亿美元。首次公开发行共筹措约人民币 200 亿元。2004 年 4 月 6 日和 7 日分别在纽约证券交易所（股票代码 PTR）和香港联合交易所上市（股票代码：857)。2005 年 9 月，中国石油以每股 6.00 港元的价格增发了 3 196 801 818 股 H 股，募集了约人民币 197 亿元。截至 2004 和 2005 年末，中油集团持有中国石油的股份比例分别为 90% 和 88%。

2. 经营业绩。以利润作为衡量指标，中国石油是中国目前最大的石油公司①。2005 年，中国石油的油气总产量达到 10.1 亿桶油当量。其中，生产原油 8.23 亿桶，比 2004 年增长 1.1%；生产可销售天然气 1.12 万亿立方英尺，比 2004 年增长 27.8%。2005 年的销售收入和净利润分别为人民币 5 522 亿元和 1 396 亿元，比 2004 年分别增长了 39% 和 30%。2005 年，它的两个主要竞争对手中石化和中海油实现的税后利润分别为 396 亿元和 253 亿元。

表 3 - 37 至表 3 - 39 列示了中国石油过去五年的简明合并利润表、简明合并资产负债表和简明合并现金流量表②：

① 2005 年度，国务院国资委直接管理的 169 家中央企业实现的利润总额为 6 277 亿元，其中前 12 家企业集团实现利润总额占全部央企利润总额的 79%，仅中国石油集团公司的利润总额就占全部央企业的 28%，央企利润高度集中的特点十分明显。12 家盈利能力最强及其实现的利润总额分别是：中国石油集团公司 1 756 亿元、中国移动集团 782 亿元、中国石化集团 552 亿元、中国海洋石油集团 376 亿元、中国电信集团 339 亿元、神华集团 221 亿元、宝钢集团 221 亿元、中国铝业集团 150 亿元、国家电网公司 144 亿元、鞍钢集团 105 亿元、中国海运集团 100 亿元。

② 中国石油分别于 2002 年和 2005 年收购了中油集团的成品油销售企业和炼油化工业务相关的资产、负债和股东权益，并于 2005 年获取了中油勘探开发公司 50% 的权益。对于这些交易，中国石油采用相同于权益结合法的会计处理方法重新编制了所列示的所有年度的财务报表，以便保持前后各个年度财务数据的可比性。追溯调整前，中国石油 2001 年至 2005 年度的税后利润分别为 455 亿元、469 亿元、696 亿元、1 029 亿元和1 334亿元。

表 3－37　　中国石油简明合并利润表　　（单位：亿元）

项目名称	2001 年	2002 年	2003 年	2004 年	2005 年
销售收入	2 455	2 493	3 104	3 974	5 522
经营支出	(1 727)	(1 754)	(2 087)	(2 463)	(3 600)
其中：采购、服务及其他支出	(787)	(714)	(897)	(1 142)	(2 003)
雇员薪金成本	(148)	(167)	(200)	(229)	(297)
勘探费用（含勘探干井）	(74)	(82)	(106)	(121)	(156)
折旧、折耗及摊销	(341)	(377)	(420)	(484)	(513)
销售、一般及管理费用	(228)	(239)	(260)	(283)	(365)
其他税款（不含所得税）	(144)	(154)	(168)	(199)	(236)
经营利润	728	739	1 017	1 511	1 922
融资成本净额	(40)	(38)	(19)	(15)	(8)
其中：利息支出	(51)	(41)	(29)	(29)	(28)
应占联营公司的利润	2	2	9	16	24
税前利润	690	703	1 007	1 512	1 938
税项	(236)	(229)	(288)	(436)	(542)
税后利润	454	474	719	1 076	1 396
其中：归属于本公司股东	454	468	698	1 038	1 334
归属于少数股东	—	6	21	38	62

表 3－38　　中国石油简明合并资产负债表（截至 12 月 31 日）　　（单位：亿元）

项目名称	2001 年	2002 年	2003 年	2004 年	2005 年
流动资产	886	781	915	1 223	1 759
其中：现金及现金等价物	203	195	116	117	809
定期存款（1 年以内）	33	26	26	14	17
存货	291	294	301	474	627
应收账款	83	65	41	47	63
预付款和其他	250	196	188	247	257
非流动资产	3 890	4 227	4 655	5 162	6 022
其中：物业、厂房及机器设备	3 724	4 041	4 423	4 856	5 639
定期存款（1 年以上）	30	35	35	38	34
资产总计	4 776	5 008	5 570	6 385	7 781
流动负债	975	945	1 223	1 305	1 538
其中：短期借款	280	232	343	349	287
应付账款及应计负债	549	600	667	731	998
非流动负债	817	820	678	650	806
其中：长期借款	720	689	516	446	445
股东权益	2 984	3 243	3 669	4 430	5 437
其中：少数股东权益	66	67	90	152	283
负债及股东权益总计	4 776	5 008	5 570	6 385	7 781

表 3-39 中国石油简明合并现金流量表 (单位：亿元)

项目名称	2001	2002	2003	2004	2005
经营活动现金净流量	839	990	1 396	1 417	2 039
投资活动现金净流量	(620)	(737)	(1 025)	(1 023)	(916)
其中：资本支出	(621)	(755)	(864)	(989)	(1 248)
筹资活动现金净流量	(288)	(265)	(356)	(396)	(426)

(二)“海归”之争

2004年和2005年，中国证券市场的一个热门话题是：应否允许已经在海外上市的中国石油回到中国证券市场发行A股股票。对于这场“海归”之争，可谓仁者见仁，智者见智。赞成派认为，中国石油的高额利润得益于垄断，主要是由国人贡献的，让中国石油成为“海归”，可以给国人以分享垄断财富的机会。反对派则声称，中国石油是个“巨无霸”，让其成为“海归”，可能对证券市场上的资金产生“虹吸”现象。从财务报表分析的角度看，是否允许中国石油成为“海归”，宜从中国石油的盈利质量、资产质量和现金流量进行理性分析。

1. 盈利质量的分析。图3-20列示了中国石油2001—2005年销售收入和税后利润的变动情况：

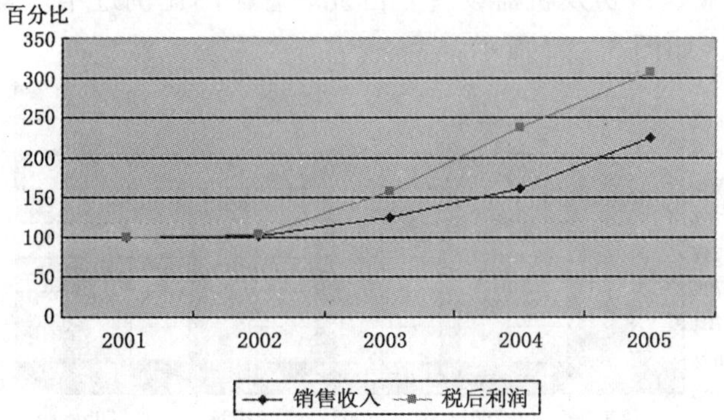

图3-20 中国石油经营业绩变动情况

可以看出，在过去五年里，除了2002年增长缓慢外，中国石油在销售收入和税后利润的成长性方面表现相当突出①。与基期（2001年）相比，销售收入增长了114%，税后利润增长了207%。此外，销售收入和税后利润的波动性微不足道，风险微乎其微。成长性和波动性均显示出中国石油的销售收入和税后利润具有很高的

① 2006年1—6月，中国石油的销售收入和税后利润分别为3 265亿元和807亿元，成长性令人瞩目。

质量。最后，除 2005 年略有下降外，中国石油的毛利率[①] 也呈上升趋势，如图 3－21所示。

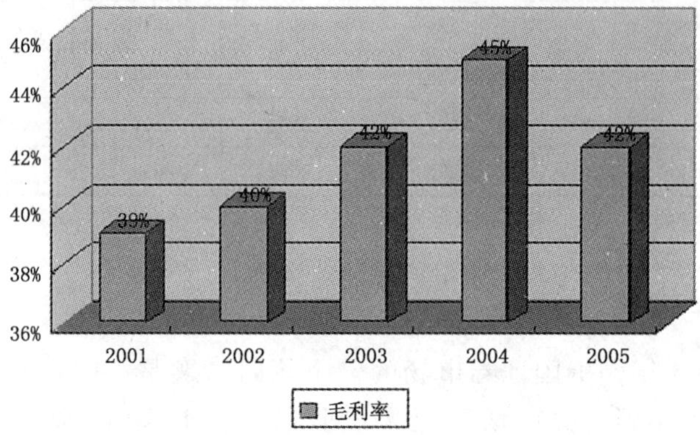

图 3－21 中国石油毛利率的变动

另一方面，销售收入的成长性明显低于税后利润的成长性，似有利用高油价发横财之嫌，难免让投资者对其业绩成长的可持续性产生疑虑。其他条件保持相同，如果油价长期看涨，则应让中国石油成为“海归”，如果油价长期看跌，则应让中国石油永保“海归”本色。

2. 资产质量的分析。中国石油属于资本密集型的资源性企业，其固定资产（即表 3－27 的物业、厂房及机器设备）占资产总额的比例近年来虽然呈下降趋势，但仍然超过 72%，如图 3－22 所示：

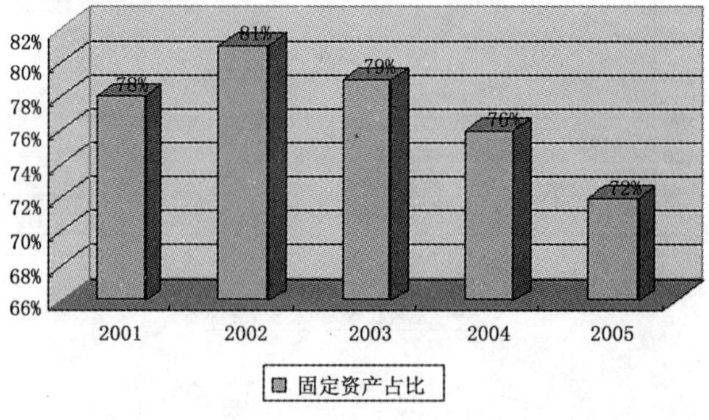

图 3－22 中国石油固定资产占比

① 中国石油没有列示销售毛利。这里的分析将表 3－27 经营支出中的“采购、服务及其他”、“雇员薪金成本”、“勘探费用”、“折旧、折耗和摊销”和“其他税款”等 5 项视为中国石油的销售成本，再与各年的销售收入相减，据此计算出的 2001—2005 年的销售毛利分别是 961 亿元、999 亿元、1 313 亿元、1 799 亿元和 2 317 亿元。

这表明中国石油的自由选择权很小，退出壁垒很高。尤其是，中国石油的固定资产专用性很强，油气资产① 金额巨大（2005 年多达 2942 亿元）且占固定资产的比例较高（2005 为 52%），一旦油气储量枯竭②，中国石油也无法改做他行。这种资产结构还意味着，折旧、折耗在中国石油的成本结构中占据较大比例。从表 3－37可以看出，"折旧、折耗及摊销"是中国石油的第二大经营支出项目。这意味着，如果垄断保护解除，市场竞争加剧，中国石油的这种成本结构可能导致收入下降导致利润急挫的放大效应。

2005 年末，中国石油的现金及现金等价物和银行存款合计为 860 亿元，这些现金性资产占资产总额的 11.05%，比 2001 年（266 亿元）的 5.57%提高了近一倍，说明中国石油的资产含金量有大幅改善，发生潜在损失的风险进一步降低。

资产质量的分析表明，如果中国石油的油气开发速度低于油气储量的发现速度，且垄断优势因进入壁垒极高而能够在相当长的时期内得以保持，则让中国石油成为"海归"无疑可使国人受益。如果这两个前提不存在，还不如让中国石油继续当"海归"，免得国人因中国石油的资产结构所蕴涵的经营风险而担惊受怕。

3. 现金流量的分析。图 3－23 显出了中国石油过去五年经营活动产生的现金流量净额和自由现金流量：

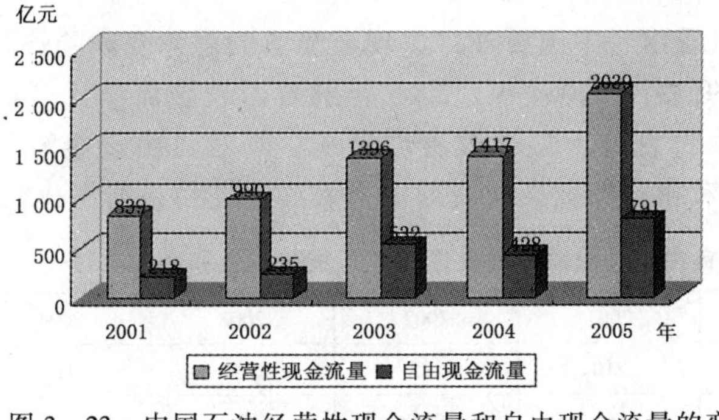

图 3－23　中国石油经营性现金流量和自由现金流量的变动

① 与油气储量不同，油气资产并非宝贝。中国石油采用成果法（Successful－efforts Method）反映油气勘探生产活动。在这会计方法下，开发油气井、支持设备和设施以及油气物业中的已探明矿产权益的所有成本均予以资本化。为在建工程勘探油气井的成本根据该油气井是否发现探明储量而决定是否资本化。探井的成本是否继续资本化取决于是否发现了足够的潜在经济可开采的油气储量。探井位于开始生产前不需要投入大量资本支出的区域时，需要在钻探工作完成一年内对油气储量的经济效益进行评估。如果不能获得经济效益，相关的钻井成本作为干井费，确认为期间费用。对于在开始生产前需要投入大量资本支出的区域发现可经济开采储量的探井，只有在进一步的钻探工作正在进行或计划确定要进行时，才予以资本化，否则探井成本作为干井费用（资料来源：中国石油 2005 年度财务报表附注）。简言之，油气资产本质上属于资本化了的勘探成本。

② 不过，这种担心在目前可能是多余的。2005 年，中国石油新增原油储量 8.64 亿桶，新增天然气储量 4.2 万亿立方英尺。原油储量接替率达到 1.04，天然气储量接替率更是高达 3.14，油气储量接替率为 1.49。如果这种势头能够长久保持，则我国的能源安全就可高枕无忧。但愿如此！

可以看出，中国石油经营活动产生的现金流量呈逐年上升趋势，2005 年经营活动产生的现金流量比基期（2001 年）增长了 175%，表明其“造血功能”大幅增强。

图 3 - 24 列示了中国石油经营性现金流量占销售收入和经营利润的比例：

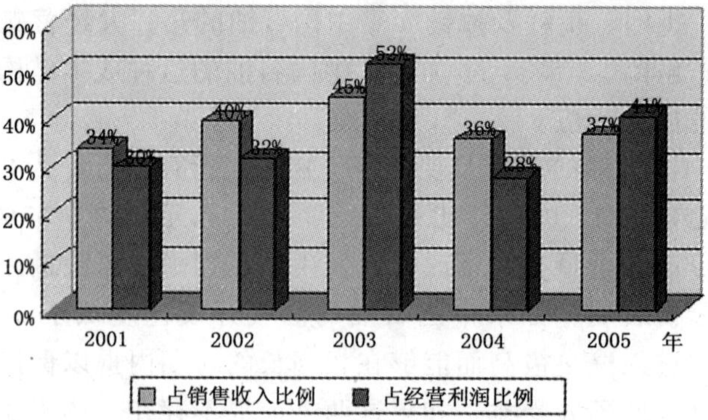

图 3 - 24　经营性现金流量占比

经营性现金流量占销售收入和经营利润的比例都很高，从另一个侧面印证了中国石油销售收入和经营利润的高质量。

从图 3 - 23 可以看出，中国石油自由现金流量的总体变动趋势与经营性现金流量基本一致，惟一的例外是 2004 年。2005 年的自由现金流量比基期增长了 276%，表明中国石油的还本付息能力显著改善。表 3 - 40 对自由现金流量、现金性资产（现金及现金等价物和银行存款）与贷款本金和利息支付进行了比较。

表 3 - 40　自由现金流量、现金性资产与贷款本金和利息支付　（单位：亿元）

项目名称	2001	2002	2003	2004	2005
自由现金流量	210	235	532	428	791
现金性资产	266	256	177	169	860
贷款本金	1 000	921	859	795	732
利息支付	51	41	29	29	28

由此可见，在经营规模逐年扩大的情况下，中国石油还本付息所需要的资金却逐年下降。2005 年末，中国石油的自由现金流量和现金性资产均超过贷款本金和利息支付额，凸显了中国石油超强的还本付息能力。

从现金流量的角度看，中国石油似乎不应成为“海归”，因为它根本就不缺资金。即使它需要资金，也不一定选择回国内发行 A 股，因为它的举债经营空间还很大。2001—2005 年末，中国石油的负债率分别是 38%、35%、34%、31% 和 30%，呈逐年下降趋势。凭借中国石油的实力和信誉，一旦它有贷款需求，商业银行一定是趋之若鹜、蜂拥而上。

综上所述，从盈利质量、资产质量和现金流量的角度看，中国石油绝对是一家绩优公司，让它成为“海归”，可使国人有机会分享其垄断暴利带来的股票增值。问题是，中国石油目前根本不缺资金，让它回国内发行A股，不仅理由不太充分，而且还将使它本来就显得过于稳健的资本结构变得更不合理。当然，倘若出于我国能源安全的考虑，中国石油需要不断到海外收购油田，则另当别论。

（三）绩效评价

中国石油在过去五年中取得了辉煌的财务绩效，销售收入增长了1.24倍，税后利润增长了2.07倍，股东权益也增长了82%。在取得优异企业效益的同时，中国石油的社会效益也令人瞩目。截至2005年底，中国石油雇佣了43.92万名员工，比艾克森美孚公司多创造了35.55万个就业机会，在过去五年里支付了1 041亿元的薪金成本。2001—2005年期间，中国石油上交了2 632亿元的税金（包括资源税、所得税等）。

中国石油取得如此优异的业绩，其高管层当然功不可没。但在利用财务报表分析对中国石油的财务绩效进行评价时，应当考虑油价上涨、EVA和局部改制等因素的影响。

1. 油价上涨因素。如前所述，过去五年中国石油税后利润的增幅明显高于销售收入的增幅，2004年和2005年尤其明显。不仅如此，中国石油销售收入的增幅也远高于油气产量的增幅。2004年，中国石油生产原油7.784亿桶，比2003年上升0.5%；生产可销售天然气7 784亿立方英尺，比2003年上升21.7%；油气总产量为9.186亿桶油当量，比2003年上升3.2%，但当年的销售收入比2003年却增加了27.9%！2005年，中国石油生产原油8.229亿桶，比2004年上升1.1%，生产可销售天然气11 195亿立方英尺，比2004年上升27.8%；油气总产量为10.095亿桶油当量，比2004年上升5.1%，但当年的销售收入比2004年增加了39%！这说明油价上涨对中国石油近年来财务绩效的提升贡献巨大。

以中国石油的核心业务原油勘探与生产板块为例。2005中国石油的经营利润高达1 921亿元，比2004年的1 511亿元增加411亿元，增幅为27.1%。其中，勘探与生产板块的经营利润高达2 081亿元，比2004年的1 302亿元增加779亿元，增幅高达59.8%。在这779亿元的经营利润增量中，油气价格上涨带来的经营利润增量高达894亿元，销售数量增加带来的经营利润增量只有64亿元，其他因素导致经营利润下降了179亿元。油气价格上涨的贡献作用之大超乎想象。在2005年度财务报告中，中国石油自己的分析表明，2005年该公司实现了每桶48.37美元的平均原油价格，比2004年的每桶33.72美元增长了43.4%！

值得一提的是，中国石油是国有控股的以油气勘探和生产为主业的垄断企业。

油气价格上涨固然使其获益匪浅，但却给下游行业的炼油、石化企业增加了成本压力，也导致了航空公司经营成本的飙升。换言之，中国石油近年来获取暴利的社会成本不可小视。2006年3月，我国对石油企业开征特别收益金①，这在一定程度上可以视为是对石油企业被扭曲的暴利倾向所做出的一种权宜之计的矫正。开征石油特别收益金，实质上对我国高度垄断的三大石油公司征收“暴利税”（Windfall Taxes）。美国在20世纪70年代面对中东战争引发的石油涨价，也征收过“暴利税”。

2．EVA因素。会计利润的增加不一定等于为股东创造财富，因为会计利润的确定对资本成本的考虑残缺不全，只扣除债务资本（Debt Capital）的资本成本，而没有扣除权益资本（Equity Capital）的资本成本。在财务绩效评价中，会计利润的这一局限性必须予以充分考虑。

经济增加值（EVA）是克服会计利润这一缺陷的一种有效方法。与会计利润只扣除债务资本的资本成本不同，EVA还考虑了权益资本（Equity Capital）的资本成本。EVA的计算公式如下：

EVA = NOPAT - CC

其中，NOPAT代表税后经营利润，CC代表资本成本。资本成本等于投入资本（债务资本与权益资本之和）乘以加权资金成本率。

EVA的另一个近似计算公式为：

EVA = 税后利润 - 股东权益 × 资本成本率

式中的资本成本率一般应高于债务资本的资本成本率，因为权益资本作为剩余权益索偿者，通常比债务资本承担更大的风险。

表3-41列示了中国石油过去五年EVA的计算过程及其与会计利润的比较。

表3-41　会计利润与EVA的比较

（单位：亿元）

项目名称	2001	2002	2003	2004	2005
税后利润（会计利润）	454	474	719	1 076	1 396
股东权益（权益资本）	2 984	3 243	3 669	4 430	5 437
权益资本率*	6%	6%	6%	6%	6%
权益资本的资金成本	174	195	220	266	326
EVA	280	279	499	810	1 070

① 根据国务院和财政部颁布的《国务院关于开征石油特别收益金的决定》、《石油特别收益金征收管理办法》，我国从2006年3月26日起，对石油开采企业销售国产原油价格超过每桶40美元所获得的超额收入，采用五级超额累进制，征收特别收益金。征收比例为：每桶40至45美元，20%；每桶45至50美元，25%；每桶50至55美元，30%；每桶55至60美元，35%，每桶60美元以上，40%。据测算，中石油、中石化、中海油等三大巨头2006年预计须交纳约300亿元的石油特别收益金。

续表

项目名称	2001	2002	2003	2004	2005
EVA 占会计利润比例	62%	59%	69%	75%	77%

* 参照一年期贷款利率经适当上浮后确定。如果没有股东投入的净资产，中国石油就得向银行贷款。从这个意义上说，6%相当于中国石油使用股东投入资本的机会成本。

从总体上看，中国石油过去五年的 EVA 合计为 2 938 亿元，占会计利润（合计为 4 119 亿元）的 71%。这意味着在其财务绩效中，29%来自股东投入资本的贡献！中国石油过去五年为其股东创造的价值是 2 938 亿元，而不是 4 119 亿元。

当然，与中石化 A 和四川长虹相比，中国石油在价值创造中还是相当出类拔萃的。图 3－25 列示了 2002 年中石化 A 与四川长虹税后利润与 EVA 的差异程度①。可以看出，中石化 A 的税后利润与 EVA 相差了近 133 亿元，EVA 仅占会计利润的 6%。四川长虹 2002 年虽然体现了 1.76 亿元的税后利润，但若考虑了所有资本成本，则 EVA 竟然变成了－7.54 亿元，说明四川长虹 2002 年不仅没有为股东创造任何价值，反而毁灭了股东 7.54 亿元的价值！

3. 局部改制因素。与海外上市的中国移动、中国联通、中国电信、中国石化、建设银行一样，中国石油也是采用局部改制上市的做法。局部改制上市时，为了营造绩优股的形象，尽可能多地募集资金，控股股东通常将盈利最强的业务、质量最

① 资料来源：思腾思特公司（Stern Steward & Company）。从 2001 年起，思腾思特公司开始以 EVA 为衡量指标，对中国上市公司进行评估和排名。下表列示了 2002 年上市公司 EVA 排行榜的前 10 名和后 10 名：

（单位：百万元）

EVA 排名前 10 名的上市公司				EVA 排名后 10 名的上市公司			
序号	公司名称	EVA	税后利润	序号	公司名称	EVA	税后利润
1	宝钢股份	2 437	4 272	1	ST 吉化	－1 056	－1 056
2	华能国际	1 533	4 082	2	ST 夏利	－830	－790
3	TCL 通讯	993	276	3	四川长虹	－754	176
4	粤电力 A	867	1 189	4	仪征化纤	－743	139
5	中石化 A	852	14 121	5	ST 天鹅 A	－559	－418
6	广州控股	742	823	6	长江控股	－522	－667
7	长安汽车	696	834	7	马钢股份	－500	384
8	上港集箱	692	778	8	科龙电器	－500	101
9	ST 厦新	597	607	9	济南轻骑	－492	－3 402
10	上菱电器	561	272	10	东方通信	－460	－206

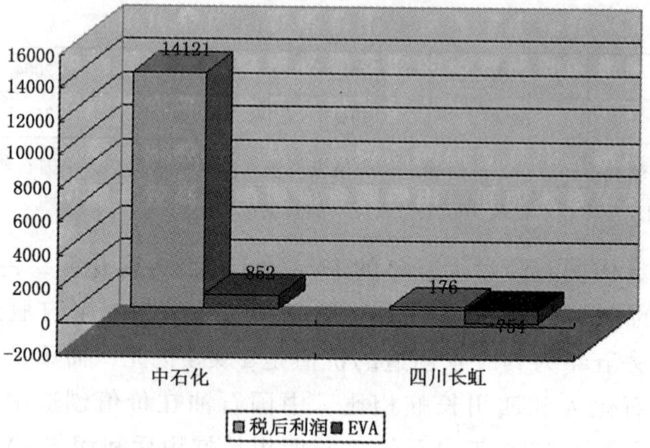

图 3-25　税后利润与 EVA 的反差

好的资产注入上市公司，而将亏损的业务、不良的资产、富余的人员留在未上市的公司。进行财务绩效评价时，必须将这种“人造盈利”的因素考虑在内，否则就会夸大上市公司的管理绩效。

表 3-42 列示了中国石油与其母公司中油集团 2000—2005 年的相关财务指标（均为调整收购兼并、会计政策变更之前的原始报表数据）。

表 3-42　中油集团与中国石油财务指标的比较　（单位：亿元）

	资产总额	股东权益*	销售收入	税后利润	少数股东损益*
2000					
——中油集团	6 565	3 939	3 451	197	52
——中国石油	4 320	2 176	2 453	546	**
2001					
——中油集团	6 751	4 089	3 435	151	83
——中国石油	4 627	2 906	2 413	455	**
2002					
——中油集团	7 361	4 504	3 792	236	94
——中国石油	4 831	3 167	2 444	469	**
2003					
——中油集团	8 083	4 969	4 753	. 371	80
——中国石油	5 317	3 566	3 038	696	**
2004					
——中油集团	9 137	5 954	5 707	725	138
——中国石油	6 099	4 252	3 886	1 029	**

续表

	资产总额	股东权益*	销售收入	税后利润	少数股东损益*
2005					
——中油集团	11 602	7 475	6 937	1 061	167
——中国石油	7 781	5 437	5 522	1 396	* *

* 在中油集团和中国石油 2005 年之前的原始报表数据中，股东权益均不包括少数股东权益，少数股东损益也作为税后利润之前的一个扣减项目。

* * 中国石油的少数股东损益与中油集团无关，在此不予列示。

由此可见，中油集团的资产总额、股东权益和销售收入均大于其控股的子公司中国石油（2000—2004 年中油集团的持股比例均为 90%，2005 年持股比例为 88%），但税后利润却远小于中国石油。即使将中油集团合并利润表上的少数股东损益因素考虑在内，二者在税后利润的反差依然存在。这种现象只有一种合理的解释，除中国石油盈利外，中油集团及其他成员公司整体上是亏损的。就是说，中国石油超常的盈利能力在一定程度是局部改制的结果。由于在改制时将获利能力最强的业务、最优质的资产注入中国石油，中油集团及其他成员公司只好承受亏损的包袱和压力。

(四) 获利能力驱动因素分解

前面的分析表明，中国石油的盈利能力是卓尔不群的，但这不等说中国石油在盈利能力方面没有进一步改进的空间。衡量盈利能力的一个重要指标是净资产收益率。其计算公式如下：

$$净资产收益率 = \frac{净利润}{净资产}$$

净资产收益率（ROE）与被誉为 20 世纪的 12 大管理创新[①] 之一的投资回报率（ROI）的原理一样，衡量的都是投入产出比，只不过角度有所不同罢了。净资产收益率实质上是从股东的角度，看待企业的投入产出比。净资产收益率的分母（净资产）包括股本、资本公积、盈余公积和未分配利润，它们的本质都属于股东的投入。股本和资本公积是股东的原始投入，盈余公积和未分配利润是股东将本可分回

① Gary Hamel、Julian Birkinshaw、Michale Mol 对 1900—2000 年间的 175 项重大管理创新，依照三个原则（是否明显脱离了以前的管理实践；是否为率先进行创新的公司带来竞争优势；是否在当今组织中留下烙印）进行了评价。根据这些原则选出了 12 大管理创新：1. 科学管理（时间和动作研究）；2. 成本核算和差异分析；3. 商业研究实验室（科学产业化，如 IBM 公司）；4. 投资回报（ROI）分析和资本预算（如杜邦公司）；5. 品牌管理（如宝洁公司）；6. 大规模项目管理；7. 事业部制（如 GM 公司）；8. 领导力开发（如 GE 公司）；9. 产业内联合（多公司合作组织，如 Visa）；10. 极度分权化（自我组织，如 Google 公司）；11. 正式化的战略分析；12. 员工驱动的问题解决方法（如丰田公司）。引自《商业评论》，2006 年 3 月号。

的利润再投入。分子（净利润）代表企业针对股东的投入每年为股东创造的产出。

根据杜邦分析法[①]（Du Pont Analysis），净资产收益率可按以下方式进行分解：

$$净资产收益率=\frac{净利润}{净资产}$$

$$=\frac{净利润}{销售收入}\times\frac{销售收入}{资产总额}\times\frac{资产总额}{净资产}$$

$$=销售利润率\times总资产周转率\times财务杠杆系数$$

可见，销售利润率、总资产周转率和财务杠杆系数是影响净资产收益率的三大因素（有时亦称获利能力驱动因素）。要提高给股东的投资回报率，必须同时从这三个方面着力。

表 3 - 43 对比分析了中国石油（下表简称 PC 公司）与艾克森美孚石油公司（下表简称 EM 公司）2001—2005 年的经营业绩和净资产收益率。

从表 3 - 43 可以看出，尽管中国石油历年的销售利润率都大于艾克森美孚石油公司[②]，但净资产收益率却不如艾克森美孚石油公司，主要原因一是中国石油的资产使用效率低于艾克森美孚石油公司，二是中国石油的财务政策和资本结构过度稳健（表现为财务杠杆系数逐年下降）。

横向比较有助于彰显差异，发现改进空间。与艾克森美孚石油公司的对比分析表明，中国石油在资产使用效率和资本结构方面还有改进的余地。如果不进一步提高资产的周转率并优化资本结构，再高的垄断利润也不见得能够给股东带来更高的投资回报。

表 3 - 43　　经营业绩和净资产收益率的比较

项目名称	2001	2002	2003	2004	2005
销售收入					
——PC 公司（亿元）	2 455	2 493	3 104	3 974	5 222
——EM 公司（亿美元）	2 087	2 009	2 371	2 912	3 590
税后利润					
——PC 公司（亿元）	454	474	719	1 076	1 396
——EM 公司（亿美元）	153	115	215	253	361
资产总额					
——PC 公司（亿元）	4 776	5 009	5 570	6 385	7 781

① 杜邦公司在 1903 年率先使用这种分解法计算 ROI 和 ROE，为提高股东的投资回报率指明了努力方向。100 多年过去了，这种分析方法还被广泛用于管理实践。将杜邦分析法评选为过去 100 年最伟大的 12 大管理创新看来名副其实。

② 这可能是中国石油的垄断性高于艾克森美孚石油公司，后者的市场化程度比较高，也可能是两家石油公司的业务结构差异所致，或者是二者兼而有之。

续表

项目名称	2001	2002	2003	2004	2005
——EM 公司（亿美元）	1 431	1 526	1 743	1 953	2 083
净资产					
——PC 公司（亿元）	2 984	3 243	3 669	4 430	5 437
——EM 公司（亿美元）	732	746	899	1 018	1 112
销售利润率					
——PC 公司	18.49%	19.01%	23.16%	27.07%	26.73%
——EM 公司	7.33%	5.72%	9.07%	8.69%	10.06%
总资产周转率					
——PC 公司	0.51	0.50	0.56	0.62	0.67
——EM 公司	1.46	1.32	1.36	1.49	1.72
财务杠杆系数					
——PC 公司	1.60	1.54	1.52	1.44	1.43
——EM 公司	1.95	2.05	1.94	1.92	1.87
净资产收益率*					
——PC 公司	15.09%	12.55%	19.71%	24.17%	25.61%
——EM 公司	20.87%	15.49%	23.93%	24.86%	32.36%

* 按“净资产收益率 = 销售利润率 × 总资产周转率 × 财务杠杆系数”公式计算，与按“净资产收益率 = 净利润 ÷ 净资产”公式计算的结果有细微差异，主要是小数点的四舍五入引起的。

思 考 题

1. 什么是盈利质量？盈利质量应从哪些角度进行分析和评价？
2. 什么是资产质量？资产质量应从哪些角度进行分析和评价？
3. 什么是自由现金流量？广义和狭义的自由现金流量如何计算，有何用途？
4. 盈利质量、资产质量和现金流量之间存在什么逻辑关系？为什么？
5. 什么是经济增加值（EVA）？EVA 与会计利润何者更适合于经营绩效评价？

案例分析题

表 1 至表 3 列示了中国电信股份有限公司 2001—2005 年的合并利润表、合并资产负债表和合并现金流量表，除了 2001 年和 2002 年合并现金流量表外，其他财务报表已经剔除了收购兼并的影响。

表 1

中国电信股份有限公司

合并利润表

截至 12 月 31 日　　　　（单位：百万元）

	2005 年	2004 年	2003 年	2002 年	2001 年
经营收入					
一次性初装费收入	6 781	8 458	9 771	10 564	10 942
一次性装机费收入	2 970	2 865	2 643	2 305	1 887
月租费	30 351	29 827	27 499	25 338	20 491
本地电话费	47 624	47 646	45 815	44 440	42 516
国内长途	25 993	26 231	25 460	25 726	26 679
国际长途	3 407	3 778	3 943	3 877	3 991
互联网	17 862	14 109	10 007	5 998	3 395
基础数据	2 958	3 015	3 210	3 147	2 660
网间结算	12 838	10 719	8 365	7 524	6 712
网元出租	4 464	4 154	5 103	5 520	5 176
增值业务及其他	14 062	10 400	9 737	6 466	5 632
经营收入合计	169 310	161 212	151 553	140 906	130 081
经营费用					
折旧与摊销	49 652	47 170	46 597	45 810	41 777
网路运营及支撑成本	47 793	43 070	44 118	46 215	46 359
销售、一般及管理费用	27 393	27 003	24 810	20 585	18 879
其他经营费用	5 518	4 139	3 176	3 188	2 352
经营费用合计	130 356	121 382	118 701	115 798	109 367
经营收益	38 954	39 830	32 852	25 108	20 714
物业、厂房及设备重估减值	—	(1 262)	(14 832)	(14 690)	(11 930)
财务成本	(4 895)	(5 340)	(3 606)	(4 071)	(2 228)
投资（亏损）/收益	(7)	6	(42)	50	261
应占联营公司的收益	62	29	35	38	22
未计所得税的本年利润	34 114	33 263	14 407	6 435	6 839
所得税	(6 160)	(5 187)	(469)	1 856	1 499
本年利润	27 954	28 076	13 938	8 291	8 338
股东应占利润：					
本公司股东应占利润	27 912	28 023	13 882	8 219	8 352
少数股东应占利润	42	53	56	72	(14)
本年利润	27 954	28 076	13 938	8 291	8 338
每股基本净利润（元）	0.34	0.36	0.18	0.12	0.12

表 2

中国电信股份有限公司

合并资产负债表

各年 12 月 31 日　　（单位：百万元）

	2005 年	2004 年	2003 年	2002 年	2001 年
资产					
物业、厂房及设备净额	328 281	320 179	309 896	311 241	312 326
在建工程	23 567	29 450	31 617	37 192	42 180
其他非流动资产	28 625	29 409	29 336	32 290	31 388
现金及银行存款	15 413	13 780	13 194	24 254	15 993
其他流动资产	21 250	19 752	19 899	18 724	21 547
资产合计	417 136	412 570	403 942	423 701	423 434
负债及股东权益					
流动负债	156 976	151 944	149 135	147 478	144 060
非流动负债	77 199	100 007	102 744	88 012	108 914
负债合计	234 175	251 951	251 879	235 490	252 974
本公司股东应占权益	181 517	159 206	150 794	187 025	169 472
少数股东权益	1 444	1 413	1 269	1 186	988
股东权益合计	182 961	160 619	152 063	188 211	170 460
负债及股东权益合计	417 136	412 570	403 942	423 701	423 434

表 3

中国电信股份有限公司

合并现金流量表

截至 12 月 31 日　　（单位：百万元）

	2005 年	2004 年	2003 年	2002 年	2001 年
经营活动产生的现金流量（a）	68 359	66 078	58 392	52 158	32 761
投资活动产生的现金流量					
资本支出	(52 083)	(56 446)	(57 692)	(45 807)	(34 761)
投资所支付的现金	—	(42)	(485)	(179)	(290)
预付土地租赁费所支付的现金	(386)	(444)	(355)	(377)	(437)
出售投资所收到的现金	—	42	52	—	—
报废物业、厂房及设备收到的现金	552	379	348	105	72
到期日在三个月以上的定期存款增加	(292)	(325)	(466)	(1 339)	(473)
到期日在三个月以上的定期存款到期	315	483	1 504	537	339
投资活动所用的现金净额	(51 894)	(56 353)	(57 094)	(47 060)	(35 399)

续表

	2005 年	2004 年	2003 年	2002 年	2001 年
融资活动产生的现金流量					
公开发股所得款项	—	12 702	—	10 659	—
融资租赁所支付的本金	(156)	(50)	(210)	(525)	(305)
取得银行及其他贷款收到的现金	95 538	77 120	83 472	61 982	21 423
偿还银行及其他贷款支付的现金	(94 584)	(81 070)	(86 147)	(63 078)	(16 979)
偿还中国电信集团第一次收购款	(10 000)	—	(11 000)	—	—
支付股息	(5 596)	(5 224)	(673)	—	—
(分配予)/收到少数股东的净现金	(11)	91	(27)	(14)	—
支付中国电信集团第二次收购款	—	(12 650)	—	—	—
中国电信集团投入的现金	—	100	3 416	1 284	3 003
分配予中国电信集团的现金			(196)	(4 418)	(14 483)
融资活动所用的现金净额	(14 809)	(8 981)	(11 320)	5 890	(7 341)
现金及现金等价物增加净额	1 656	744	(10 022)	10 988	(9 979)
年初现金及现金等价物	13 465	12 721	22 743	7 697	13 861
年末现金及现金等价物	15 121	13 465	12 721	18 685	3 882

税前利润与经营活动产生的现金净额的调节

(单位:百万元)

	2005 年	2004 年	2003 年	2002 年	2001 年
税前利润	34 114	33 263	14 407	9 263	6 793
调整:					
折旧及摊销	49 652	47 170	46 597	33 005	19 451
物业、厂房及设备的重估减值	—	1 262	14 832	14 690	11 930
呆坏账的减值亏损	1 274	1 121	1 037	625	186
投资亏损/(收益)	7	(6)	42	(63)	(310)
应占联营公司的收益	(62)	(29)	(35)	(37)	(22)
利息收入	(243)	(231)	(331)	(174)	(246)
利息支付	5 701	5 367	3 340	3 201	1 415
未实现的汇兑(收益)/损失	(390)	152	495	288	(325)
报废物业、厂房设备损失及减值准备	1 904	961	1 628	1 662	1 720

续表

	2005 年	2004 年	2003 年	2002 年	2001 年
营运资金变动前的现金流量	91 957	89 030	82 012	62 460	40 592
应收账款增加	(3 459)	(2 091)	(2 383)	(1 147)	1 336
存货减少/（增加）	65	486	(687)	484	(99)
预付款及其他流动资产减少	483	481	116	1 887	(550)
其他非流动资产减少	806	297	12	(903)	(1 139)
应付账款（减少）/增加	(253)	55	(335)	271	1 231
预提费用和其他应付(减少)/增加	(637)	1 517	34	(9)	(373)
递延收入减少	(9 063)	(9 830)	(9 320)	(7 251)	(3 691)
经营产生的现金	79 863	79 945	69 449	55 792	37 307
收到的利息	243	231	331	174	246
支付的利息	(6 772)	(6 824)	(4 944)	(3 234)	(1 408)
取得的投资收益	36	43	17	92	255
支付的所得税	(5 011)	(7 317)	(6 461)	(666)	(3 639)
经营活动产生的现金净额	68 359	66 078	58 392	52 158	32 761

要求：

根据上述财务报表资料，结合中国电信股份有限公司的其他资料（可从其网站上下载，www.chinatelecom.com)，评价该公司的盈利质量、资产质量和现金流量。你认为中国电信股份有限公司的发展前景如何？该公司的最大风险是什么？该公司能否应对未来竞争加剧和技术进步所带来的挑战和机遇？为什么？

本章主要参考文献

1. 中国移动 2001—2005 年年度财务报告，http：//www.chinamobile.com.cn。
2. 中国联通 2001—2005 年年度财务报告，http：//www.chinaunicom.com.cn。
3. 中国石油 2001—2005 年年度财务报告，http：//www.petrochina.com.cn。
4. 通用汽车 2001—2005 年年度财务报告，http：//www.gm.com。
5. 福特汽车 2001—2005 年年度财务报告，http：//www.ford.com。
6. 微软公司 2001—2005 年年度财务报告，http：//www.microsoft.com。

7. 徐岩："发放 3G 牌照——避免赢者的诅咒"，《21 世纪商业评论》，2006 年第 2 期。

8. Gary Hamel："管理创新：理由、内容与方法"，《商业评论》，2006 年第 3 期。

9. S. David Young，Stephen F. O'Byrne. EVA and Value - Based Management：A Pracitcal Guide to Implementation. McGraw - Hill. 2001.

第四章　财务报表分析逻辑框架

在上一章中，我们通过微软公司与三大汽车公司的案例分析，阐明了财务报表分析的逻辑切入点，并将这个案例推导出的逻辑切入点，用于分析中国移动、中国联通和中国石油的财务报表。通过上一章的案例分析，我们对财务报表分析的逻辑体系和分析要点有了较为直观的认识。在此基础上，本章参考了哈佛大学佩普（K.G. Palepu）、希利（P.M. Healy）和伯纳德（V.L. Bernard）在《运用财务报表进行企业分析与评估》[①] 一书中提出的融战略分析和财务报表分析于一体的“哈佛分析框架”，“由点及面”，对个案研究的结论进行总结和推广，系统地介绍财务报表分析完整的逻辑框架，并详细介绍运用该逻辑框架进行战略分析、会计分析、财务分析和前景分析的主要方法和步骤。“工欲善其事，必先利其器”，本章的内容实际上就是为读者提供进行财务报表分析的“工具箱”。

第一节　概　　述

一、企业经营活动与财务报告的关系

企业经营活动受经营环境和经营战略的影响，经营环境包括企业所处的行业、劳动力市场、资本市场、产品市场和政策法规等；经营战略决定了企业如何在经营环境中获得竞争优势。企业活动包罗万象，要将所有的企业活动逐一对外说明是不可能的，而且详细解释企业的某些活动将会泄露商业秘密。在这种情况下，会计信息系统提供了一个有效的信息披露工具，以便对企业经营活动进行筛选、计量并集合成财务报告数据。因此，分析财务报表时应意识到企业的财务报告不仅受企业经营活动的影响，还受会计系统的影响。同时，会计系统还会受会计环境和企业会计策略的影响。会计环境包括资本市场结构、会计惯例和法规、税收和会计的关系、

① Krishna G. Palepu, Paul M. Healy and Victor L. Bernard. Business Analysis & Valuation: Using Financial Statements, Text & Cases. 2nd Edition. South – Western College Publishing. 2000. 该书的中文版由孔宁宁和丁志杰翻译，中信出版社 2004 年出版。中信出版社 2002 年还出版了其英文影印本。

独立审计和争议解决的法律体系等；会计策略包括会计政策的选择、会计估计的选择、报告格式的选择和报表附注披露详尽程度的选择等。这些因素都会影响财务报告数据的质量，会计体系的制度特征决定了这种影响的程度。

企业活动与财务报告的关系以及会计系统对财务报告的影响可通过图 4－1 予以展示。

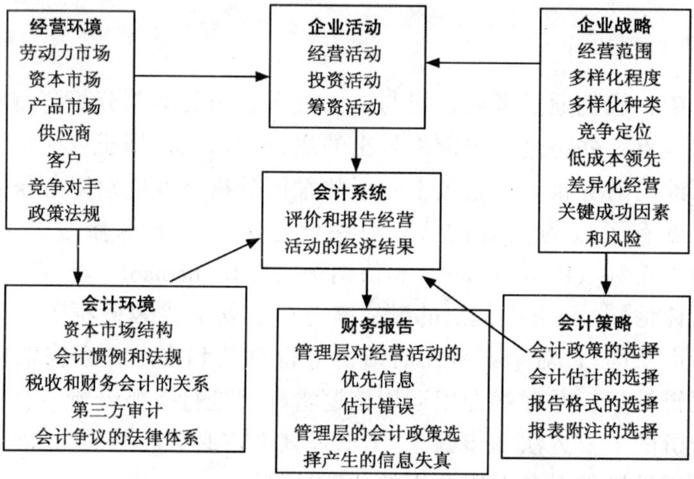

图 4－1　企业活动与财务报告的相互关系

资料来源：Krishna G. Palepu、Victor L. Bernard 和 Paul M. Healy. Business Analysis & Valuation: Using Financial Statement. Text & Cases. 中信出版社 2002 年版，第 1—4 页。

二、财务报表分析框架

从企业活动与财务报告的关系可知，财务报告的质量受经营环境、企业战略、会计环境和会计策略选择等众多因素的影响。这些影响可能妨碍会计信息系统在消除资本市场信息不对称方面的作用。为了防止“柠檬市场”崩溃的现象在资本市场中出现，就需要专业的财务报表分析人员对财务报告进行分析。有效的财务报告分析可从财务报告中提取出管理层的内部信息，并通过对企业所处的行业环境和企业竞争战略的了解与分析，对企业的财务报告做出合理的解读。虽然财务分析人员在信息占有上较管理层处于劣势，但他们在评估企业投资和经营决策的结果上比管理层更加客观。财务分析人员对企业财务报告的分析步骤如图 4－2 所示，主要包括四个方面：（1）战略分析；（2）会计分析；（3）财务分析；（4 ）前景分析。

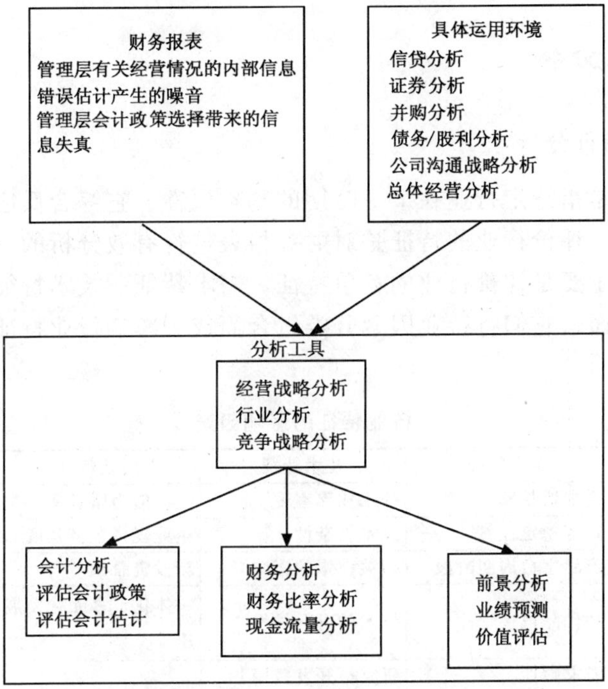

图 4－2　财务报表分析框架

资料来源：参考了 Krishna G. Palepu、Victor L. Bernard 和 Paul M. Healy. Business Analysis & Valuation: Using Financial Statement , Text and Cases. 中信出版社 2002 年版，第 1－8 页。

第二节　战 略 分 析

合理的财务报表分析必须以战略分析为逻辑出发点。通过战略分析可以对公司的经营环境进行定性的了解，为后续的会计分析和财务分析确立牢固基础。通过战略分析，还可以辨认影响公司盈利状况的主要因素和主要风险，从而评估公司当前业绩的可持续性并对未来业绩做出合理预测。

战略分析应当围绕着公司的价值创造能力展开。公司的价值创造能力取决于自身盈利能力与资本成本之间的差异。资本成本的高低主要由资本市场决定，而公司盈利能力的高低却主要取决于自身的战略选择，其影响因素具体包括：公司所处的行业、公司的竞争定位以及公司如何在各经营部门间创造协同效应。与之相对应，战略分析一般包括行业分析、竞争战略分析和公司战略分析。

一、行业分析

（一）行业特征分析

行业的特征是指特定行业在某一时期的基本属性，它综合反应了该行业的基本状况和发展趋势。评价行业的特征是对财务报表进行有效分析的一个基本前提。评价行业的特征，主要是评价行业的竞争特征、需求特征、技术特征、增长特征、盈利特征等五个方面，它们将行业因素分类组合而成。影响行业特征的一般因素如表4-1所示。

表4-1　　行业特征的影响因素

竞争特征	需求特征	技术特征	增长特征	盈利特征
竞争企业数	需求增长率	技术成熟程度	生产能力增长率	平均利润率
竞争企业战略	顾客稳定性	技术复杂性	企业规模经济程度	平均贡献率
行业竞争热点	产品生命周期阶段	相关技术的影响	新投资总额	平均收益率
资源的可得性	替代品可接受性	技术的可保护性	一体化、多元化发展速度	
潜在进入者	需求弹性	研究与开发费用		
竞争结构	互补性	增长率		
产品差异化程度		技术进步的影响		

资料来源：《市场分析案头手册》，财智在线汇编，www.wisoo.com，2004年。

（二）行业生命周期分析

生命周期理论是20世纪90年代以来国际上流行的一种管理理论。一般而言，行业生命周期是指从行业出现到行业完全退出市场所经历的时间。行业生命周期的长短主要由市场对该行业产品的需求状况所决定，一般可以分为四个阶段：投入期、成长期、成熟期和衰退期。下面分别介绍行业不同生命周期的情况。

1. 投入期。在这一阶段，由于新行业刚刚诞生或初建不久，而只有为数不多的创业公司投资于这个新兴的产业，由于投入阶段行业的创立投资和产品的研究、开发费用较高，而产品市场需求狭小（因为大众对其尚缺乏了解），销售收入较低，因此这些创业公司财务上可能不但没有盈利，反而普遍亏损；同时，较高的产品成本和价格与较小的市场需求还使这些创业公司面临很大的风险。

2. 成长期。在成长阶段，新行业的产品经过广泛宣传和消费者的试用，逐渐以其自身的特点赢得了消费者的欢迎或偏好，市场需求开始上升，新行业也随之繁荣起来。与市场需求变化相适应，供给方面相应地出现了一系列的变化。由于市场前景良好，投资于新行业的厂商大量增加，产品也逐步从单一、低质、高价向多样、优质和低价方向发展，因而新行业出现了生产厂商和产品相互竞争的局面，市场的需求日趋饱和。生产厂商不能单纯地依靠扩大生产量，提高市场的份额来增加收入，而必须依靠追加生产，提高生产技术，降低成本，以及研制和开发新产品的方法来争取竞争优势，战胜竞争对手和维持企业的生存。

3. 成熟期。行业的成熟阶段是一个相对较长的时期。在这一时期里，在竞争中生存下来的少数大厂商垄断了整个行业的市场，每个厂商都占有一定比例的市场份额。由于彼此势均力敌，市场份额比例发生变化的程度较小。厂商与产品之间的竞争手段逐渐从价格手段转向各种非价格手段，如提高质量、改善性能和加强售后维修服务等。在行业成熟阶段，行业增长速度降到一个更加适度的水平。在某些情况下，整个行业的增长可能会完全停止，其产出甚至下降。

4. 衰退期。这一时期出现在较长的稳定阶段后。由于新产品和大量替代品的出现，原行业的市场需求开始逐渐减少，产品的销售量也开始下降，某些厂商开始向其他更有利可图的行业转移资金。因而原行业出现了厂商数目减少，利润下降的萧条景象。至此，整个行业便进入了生命周期的最后阶段。在衰退阶段里，厂商的数目逐步减少，市场逐渐萎缩，利润率停滞或不断下降。当正常利润无法维持或现有投资折旧完毕后，整个行业便逐渐解体了。

行业生命周期各阶段的特征可通过表4－2予以概括。

表4－2　　行业生命周期各阶段特征

	投入期	成长期	成熟期	衰退期
市场	广告宣传，知名度，销售渠道	建立品牌信誉，开拓销售渠道	保护既有市场，渗入其他市场	选择市场区域，维持企业形象
生产经营	提高生产效率，制定产品标准	改进产品质量，增加花色品种	巩固客户关系，降低成本	裁减生产能力，保持价格优势
财力	利用财务杠杆	开发生产和技术能力	控制成本	提高管理控制系统的效率
人事	培训员工适应新的生产和市场	培育生产和技术能力	提高生产效率	转向新的增长领域
研究开发	掌握技术秘诀	提升产品质量和功能	降低成本、开发新品种	面向新的增长领域
成功关键因素	营销、市场份额、消费者信任	对市场需求反应灵敏，质量	生产效率、产品功能，新产品开发	面向新的增长领域
利润	亏损或微利	迅速增长	开始下降	下降甚至亏损
现金流	没有或极少	少量增长	增长	大量至衰竭

资料来源：黄世忠："哈佛分析框架"，高级财务报表分析讲稿，2005年。

（三）行业获利能力分析①

不同行业的获利能力有很大的差异。“竞争战略之父”、哈佛大学迈克尔·波特教授（Michael E. Porter）在1982年出版的《竞争战略》一书中，提出了分析行业平均盈利能力的“五大力量理论”。根据波特教授著名的“五大力量理论”，一个行业的盈利能力由下列五大力量所决定：（1）现有企业间的竞争；（2）新进入企业的威胁；（3）替代产品的威胁；（4）产品买方的议价能力；（5）供应商的议价能力。这五大力量对行业盈利能力的影响如图4－3所示。

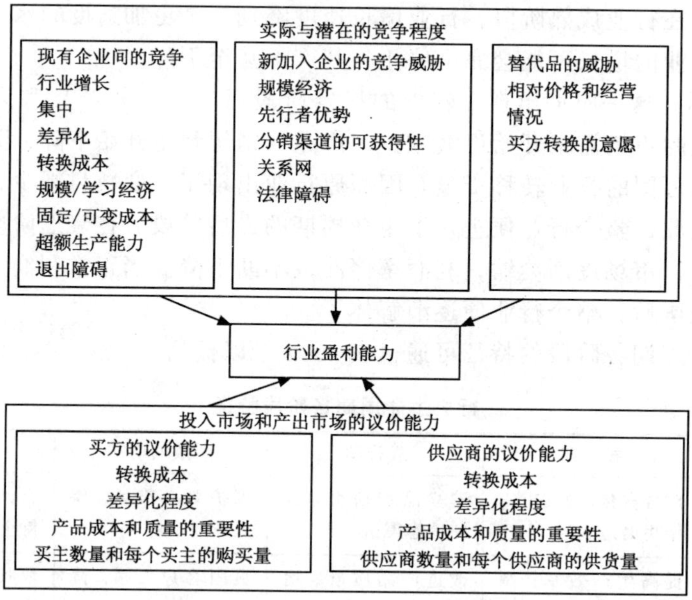

图4－3　行业盈利能力影响因素

资料来源：参考了 Krishna G. Palepu、Victor L. Bernard 和 Paul M. Healy. Business Analysis & Valuation: Using Financial Statement , Text and Cases. 中信出版社 2002 年版。

根据波特教授的框架，竞争强度（图的上半部分）决定了特定公司在行业中创造超额利润的可能性，而是否能获得这样的超额利润还受到该行业同其客户和供应商的议价能力的影响。在《运用财务报表进行企业分析与估价》一书中，佩普等三位教授对这五种竞争力量的作用机理进行了简要的阐述。

1. 现有企业间的竞争。这种竞争力量是企业所面临的最强大压力。现有竞争者根据自己的一整套规划，运用各种手段（价格、质量、品种、服务、担保、广告、销售网络、创新等）力图在市场上占据有利地位和争夺更多的消费者，对同行

① 具体行业获利能力分析可以参考本书第十章和第十一章。

其他企业构成了极大的威胁。以下因素决定了现有企业间的竞争强度：

（1）行业增长率。如果一个行业保持高速增长率，那么现有企业就无需通过从其他企业夺取市场份额来获得增长。相反，如果在一个行业增长率很低，甚至是负增长的行业中，现有企业获得发展的惟一途径只能是从竞争对手那里夺取市场份额。

（2）竞争者的集中和均衡。同行业中的企业数量及其规模决定了该行业的集中程度。集中程度影响同行业中各企业协调定价和其他竞争方式的程度。例如，如果行业中只有一个控制性企业，那么它可以制定并实施竞争规则。同样，如果行业中只有两三个同样规模的竞争者，那么它们可以通过私下协作以避免恶性价格竞争。而如果行业中有许多小规模企业，则价格竞争可能十分激烈。

（3）产品的独特性和转换成本。产品的独特性可以降低同行业中各企业直接竞争的激烈程度。如果同行业中各种产品十分相似，那么客户可能根据价格的高低随时准备从一家企业转向另一家企业，此时转换成本将影响客户的转换倾向。当转换成本很低时，可能会刺激同行业之间的价格竞争。

（4）规模经济或学习成本、固定成本与变动成本的比率。如果学习曲线很陡或行业中存在明显的规模经济效应，那么同行业各企业之间将进行争夺市场份额的激烈竞争。同样，如果固定成本与变动成本的比率很高，企业就可能诉诸于价格战以充分利用剩余生产能力，这在航空业尤其明显。

（5）剩余生产能力和退出障碍。如果行业生产能力超过市场需求，企业就会产生强烈的降价动机以充分利用其生产能力。如果企业从行业中退出存在重大障碍时，剩余生产能力问题可能加剧。当资产的专用性很高，或者存在导致退出成本很高的规则时，退出壁垒较高①。

2. 新进入企业的威胁。潜在的行业新进入者是行业竞争的一种重要力量，这些新进入者大都拥有新的生产能力和某些必需的资源，期待能建立有利的市场地位。新进入者加入该行业，会带来生产能力的扩大，带来对市场占有率的要求，这必然引起与现有企业的激烈竞争，使产品价格下跌；另一方面，新加入者要获得资源进行生产，从而可能使得行业生产成本升高，这两方面都会导致行业的获利能力下降。以下因素决定新加入企业威胁的大小：

（1）规模经济。如果存在巨大的规模经济效应，那么在与现有企业的竞争中，新进入者往往面临着明显的成本劣势。比如制药业、软饮料业和电信业等。

（2）先行优势。行业中现有企业可能通过先行优势来阻止新加入者。先行优势

---

① 我国的电信、汽车和家电等行业也具有同样的特点。这些行业产能过剩十分严重，固定资产的通用性较低，固定成本在成本总额中所占比重较大，退出壁垒或退出门槛较高。由于无法退出，企业之间的竞争十分激烈，价格战在这些行业中司空见惯，已然成为一种常态。

可能包括行业标准、与廉价原材料供应商的特别协议、政府的经营许可、学习成本、转换成本等。

(3) 分销渠道和关系网的进入。现有分销渠道的有限容量以及开发新的分销渠道的巨额成本将成为新企业进入的巨大障碍。比如会计服务业、投资银行业和广告业等。

(4) 法律障碍。一些法律障碍，如专利权和版权等，也可能阻碍新进入者，如医疗业、广播和电信业。

3. 替代产品的威胁。某一行业的企业有时常会与另一行业的企业处于相互竞争的状态中，其原因是这些企业的产品具有相互替代的性质。替代产品的价格如果比较低，它投入市场就会使本行业产品的价格上限只能处在较低的水平，这就限制了本行业的收益。本行业与生产替代产品的其他行业进行的竞争，常常需要本行业所有企业采取共同措施和集体行动。

4. 买方的议价能力。买方的议价能力主要受两个因素影响：价格敏感性和交易地位。

(1) 价格敏感性。价格敏感性决定了买方愿意进行讨价还价的程度。当产品缺乏独特性且转换成本较低，或者产品在买方成本总额中占较大比重时，买方可能更愿意花费必要的资源来寻找成本较低的产品。此外，该产品对提高买方产品质量的重要性也会影响买方的价格敏感性。

(2) 交易地位。交易地位决定了买方能否成功使价格降低。交易地位取决于各方不与对方进行交易所需付出的成本。一般而言，买方的交易地位受供应商数量、单一买方的购买数量、买方可选择的产品数量、买方的产品转换成本以及买方向后整合威胁等因素的影响。例如，在汽车行业中，汽车制造商与零部件制造商相比处于有利的交易地位，因为汽车制造商购买量大，可选择的产品多，而且转换成本低。

5. 供应商的议价能力。对供应商议价能力的分析与买方议价能力分析相同。当供应商数量很少且客户可选择的替代品很少时，供应商具有强势地位。例如，在软饮料行业，可口可乐和百事可乐的议价能力很强，而金属罐供应商的议价能力较弱，因为金属罐厂商之间竞争十分激烈，而且存在塑料瓶替代金属罐的威胁。当供应商提供的产品或劳务对购买方企业很重要时，供应商也比购买方更有优势。比如，在航空业中，飞行导航器供应商具有很强的议价能力。最后，当供应商能够实施确实有效的向前整合威胁时，供应商也会处于强势地位。比如，IBM 是计算机主机的大供应商，而且自身也从事计算机租赁业务，因此相对与计算机租赁公司而言，IBM 的议价能力更强。

（四）企业核心竞争力分析

企业的核心竞争能力一般是指企业借以在市场竞争中取得并扩大竞争优势的决定性力量。企业的核心竞争能力可能指完成某项活动所需要的优秀技能，可能指企业技术诀窍的范围和深度，也可能指那些能够产生具有很大竞争价值的生产能力的一系列具体技能的组合。通常来说，核心竞争能力的产生是组织各个不同部分有效组合的结果，是个体资源整合的结果。在实践中，不同企业所表现出来的核心能力是多种多样的：生产高质量产品的技能；创建和操作一个能够快速而准确的处理客户订单系统的诀窍；新产品的快速开发；提供很好的售后服务的能力；选择良好的零售地点的技能；开发出受人欢迎的产品和革新能力；采购和产品展销的技能；在重要技术上的特有知识；研究客户需求和品位以及准确寻求市场变化趋势的良好方法的体系；同客户就产品的新用途和使用方式进行合作的技能；综合使用多种技术创造一个全新的产品的能力等。

从外部特征分析，企业的核心竞争力主要表现在五个方面[①]：（1）价值性。核心竞争力富有战略价值，这种价值性主要表现在两个层次上，首先必须对顾客所关心的价值有关键性的贡献，即只有那些确实能为顾客提供根本性效用的技能才能表明企业在此方面具有核心竞争力。其次，能为企业创造长期性的竞争主动权，并能为企业创造超过同行业平均利润的超值利润；（2）差异性。核心竞争力是企业在长期的实践中以特有的方式逐步积累起来的，具有突出的路径依赖性，是竞争对手无法模仿的或通过努力无法很快就能建立起来的；（3）延展性。核心竞争力不是局限于某一领域或产品，而是内含于多种业务领域拓展与新产品开发中，并为此提供相应支持。如佳能公司在光学知识、微处理器、超微摄影技术方面具有核心竞争力，从而使其在照相机、显微摄影装置、激光打印机等领域取得统治地位；（4）不可交易性。核心竞争力作为企业的无形资产，与企业相伴而生，无法通过市场向企业进行交易转让；（5）阶段性。企业核心竞争力是相对其他企业的竞争能力而言，是某一时期企业在市场竞争中处于优势地位的一种表现。但这种优势地位的形成并不是相对固定的，竞争对手会通过努力来冲击这种优势地位。如果拥有核心竞争力的企业不对现有核心竞争力进行维护，并培育新的核心竞争力，那么这种竞争优势地位就有可能被对手占领。

表 4－3 列示了一些典型的中外著名企业核心竞争能力。

① 参考郑传锋："企业核心竞争力分析"，《经济师》，2002 年第 9 期。

表 4-3　中外著名企业核心竞争能力

企业名称	核心竞争力
索尼	微型化技术
3M	黏合剂、基质、涂复、先进材料研制
佳能	精密仪器研制，光学、成像和微处理器控制
惠普	电子仪器研制——MC^2：测试仪器、电脑、通讯
本田	小发动机设计和开创性的市场营销和分销能力
NEC	数字技术，特别是 VLSI 和系统集成技能
松下	开发无与伦比的加工技术和大规模生产产品的分销能力
耐克	优秀的市场营销和分销能力以及在运动服装领域的产品设计能力
微软	具有垄断性的视窗操纵和办公软件
通用电器	以前是技术，现在则是管理，尤其是人力资源培训
戴尔	直销能力
海尔	市场整合力，企业与市场机制及产品功能与用户需求的整合
长虹	技术吸收、创新能力，低成本扩展能力
中兴通讯	致力全面创新，涉及产品和管理的创新
春兰	管理体制与技术优势
上海家化	核心创造力，其中心是技术创新，外层为经营理念、企业文化
正广和	营销网络
携程	CTMS，管理团队，携程理念，商业联盟与风险融资能力

资料来源：陈继祥：《战略管理》，上海人民出版社 2004 年版。

二、竞争战略分析

（一）波特分析法①

企业的盈利能力不仅受到行业结构的影响，也受到自身所选择的竞争战略的影响。竞争战略分析涉及到确定企业在行业中进行竞争的基础。图 4-4 展示了波特教授在 1985 年出版的《竞争优势》一书中总结的能够为企业带来竞争优势的两大战略：成本优势和差异化优势。

低成本战略指的是以较低的成本提供产品或服务。企业可能通过规模经济、学习曲线、提高生产效率、简化产品设计、降低投入成本和提高组织效率等方式来获得成本优势。成本优势战略适用于对产品或服务价格弹性较为敏感的顾客。采用这

① 波特分析法的具体运用可以参考本书第十章和第十一章。

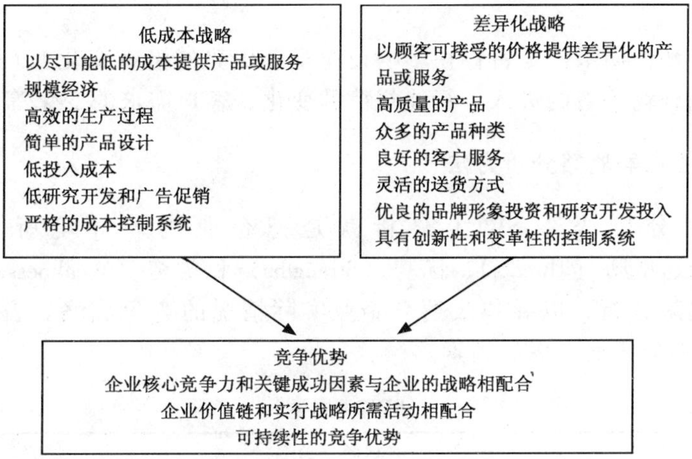

图 4－4 竞争战略

资料来源：参考 Krishna G. Palepu，Victor L. Bernard 和 Paul M. Healy. Business Analysis & Valuation: Using Financial Statement，Text and Cases. 中信出版社 2002 年版。

种战略的企业往往投资于有效的生产规模，重视能够降低生产成本的设计，努力降低管理费用，极少投资于高风险的研发费用，避免为小规模目标客户群提供服务。它们必须拥有重视成本控制的组织架构和控制系统。

差异化战略则是指以低于客户所愿意支付的溢价的增量成本，比竞争对手更好地满足特定目标客户的需求。产品差异化可以凭借产品质量、产品多样性、产品捆绑销售等方式实现，也可以通过投资于商标、产品外观、信誉等方面实现。采用此战略的企业必须对研究开发、工程技术和销售能力等进行较大投资，企业的组织结构和控制系统也需要鼓励创造和革新。差异化战略强调的是市场细分（Market Segmentation），千方百计地满足不同年龄、性别、收入的客户在消费上的独特需求和偏好，在选择了特定的竞争战略后，企业必须获取该战略所必需的核心能力，并以适当的方式构造其价值链。核心能力是企业所拥有的经济资产，而价值链是企业将投入转变为产出所执行的一系列行动。企业核心能力和价值链的独特性以及竞争对手难以模仿的程度将决定其竞争优势的可持续性。

一般而言，在分析竞争战略时，财务报表分析者应当关注以下问题：

(1) 与企业所选竞争战略相关的成功要素和风险有哪些？

(2) 企业目前拥有处理这些成功要素和风险的资源和能力吗？

(3) 企业作出承诺以缩小其现有能力与实现竞争优势的必要条件之间的差距了吗？

(4) 企业是否采取了与其竞争战略相一致的方式组织其行动（如研发、设计、生产、销售等）？

(5) 企业的竞争优势可持续吗？是否存在着使企业优势战略难以被模仿的障

碍？

(6) 在可预计期限内是否存在影响企业竞争优势的潜在变化？（如新技术新产品的引入、国外竞争者的进入、行业规范的变化、客户需求的变化等等）

(二) 其他竞争战略分析方法[①]

1. SWOT 分析法[②]。SWOT 分析就是把企业内外环境所形成的机会（Opportunities）、威胁（Threats）、优势（Strengths）和劣势（Weaknesses）四个方面的情况结合起来分析，以寻找最适合企业实际情况的竞争战略。表 4－4 列示了 SWOT 分析中一般所要考虑的因素。

表 4－4　SWOT 因素

	威胁（T）	机会（O）
外部环境	市场增长缓慢 行业竞争激烈 新的竞争者 替代产品的压力 顾客议价能力的提高 供应商议价能力的提高 政府政策的负面影响 通货膨胀	市场增长迅速 争取到新的用户群 在同行业中信誉较好 多元化经营 扩展产品线 纵向一体化 政府政策的扶持 增加互补品
	优势（S）	劣势（W）
内部条件	具有规模经济 成本优势 技术创新能力强 生产能力合理 良好的财务资源 具备核心能力 产品质量好、性价比高 营销能力强	生产能力低 成本高 研发能力低 管理不善 资金紧张 产品线范围过窄 设备老化 营销渠道不畅通

资料来源：孙希有：《竞争战略分析方法》，中国金融出版社 2003 年版。

在具体分析了公司的 SWOT 因素后，可以通过建立 TOWS 矩阵来进行竞争战略选择，即 SO 战略、WO 战略、ST 战略和 WT 战略，如表 4－5 所示：

① 本部分内容主要参考孙希有：《竞争战略分析方法》，中国金融出版社 2003 年版。

② SWOT 分析的具体运用可以参考本书第十二章。

表 4-5 TOWS 矩阵

	内部优势（S）	内部劣势（W）
外部机会（O）	SO 战略 （依靠内部优势，利用外部机会）	WO 战略 （利用外部机会，克服内部劣势）
外部威胁（T）	ST 战略 （依靠内部优势，回避外部威胁）	WT 战略 （减少内部劣势，回避外部威胁）

资料来源：孙希有：《竞争战略分析方法》，中国金融出版社 2003 年版。

SO 战略就是依靠内部优势去抓住外部机会的战略。比如，一个资源雄厚（内在优势）的企业发现某一国际市场未曾饱和（外在机会），那么它就应该采取 SO 战略去开拓这一国际市场。

WO 战略是利用外部机会来改进内部弱点的战略。比如，一个面对计算机服务需求增长的企业（外在机会），却十分缺乏技术专家（内在劣势），那么就应该采用 WO 战略培养、招聘技术专家，或购入一个高技术的计算机公司。

ST 战略就是利用企业的优势，避免或减轻外部威胁的打击。如一个企业的销售渠道（内在优势）很多，但是由于各种限制又不允许它经营其他商品（外在威胁），那么就应该采取 ST 战略，走集中型、多样化的道路。

WT 战略就是克服内部弱点和避免外部威胁的战略。如一个商品质量差（内在劣势），供应渠道不可靠（外在威胁）的企业应该采取 WT 战略，强化企业管理，提高产品质量，稳定供应渠道，或走联合，合并之路以谋生存和发展。

2. 价值链分析法。如果把企业笼统地看作一个整体，就很难清晰地分析出各个企业的竞争优势，而深入研究企业内部的设计、生产、营销、交货等环节以及辅助活动等许多相互衔接的过程，则可能有效地发现企业的竞争优势来源。基于此，波特教授提出了价值链（Value Chain）的概念，并利用这一战略工具来分析企业竞争优势的形成和建立途径。波特教授认为，企业通过完成一系列作业而产生价值。一个企业产生的最终价值是通过顾客愿意为企业的产品或劳务所支付的货币量来计算的，如果这种价值超过了完成所有要求的作业的总成本，则该企业就有利可图。

企业的价值链体现为价值系统的一系列活动，包括企业与外部环境所构成的产业价值链以及企业内部的价值链。从产业价值链的分析中，可以看出企业在整个产业价值创造中的位置，确定企业在整个产业价值创造中的份额，从而判断企业在产业内部的角色和整体竞争力的状况，以及同一产业价值链上其他企业的整合程度对自身造成的威胁。企业内部价值链是具体分析企业竞争力状况的有效工具。每个企业都是设计、生产、营销、交货及对产品生产和销售起辅助作用的各种活动的集合，所有这些活动都可以在内部价值链中表现出来。虽然相同行业的企业价值链一般有相似之处，但竞争对手之间价值链的不同之处往往就是竞争优势的关键来源。

从竞争的角度看，价值是买方愿意为企业提供给它们的产品所支付的价格，因此价值可以用总收入衡量。如果企业所得到的价值超过创造产品所花费的各种成本，那么企业就有盈利。所以在分析企业竞争地位和竞争优势时必须使用价值而不是成本，因为有些高成本的企业反而可以获得更多的价格溢价，而低成本企业可能只获得很少的价值—成本差额。

3. PEST分析法。PEST分析法主要是针对外部环境（特别是宏观环境）的分析方法。一般而言，宏观外部环境因素可以概括为以下四类：政治因素（Political）、经济因素（Economic）、社会因素（Social）和技术因素（Technological）。关于这四类因素的分析即所谓的PEST分析。

政治因素是指对企业经营活动具有现实的和潜在作用与影响的政治力量，同时也包括对企业经营活动加以限制和要求的法律和法规等。具体来说，政治因素分析主要包括企业所处地区的政局稳定状况，执政党所要推行的基本政策以及这些政策的连续性和稳定性（包括行业政策、税收政策、政府订货和补贴政策等）。

经济因素将影响企业发展速度、发展空间、经营成本和盈利水平。在众多经济因素中，首先要分析的是宏观经济的总体状况。一般来说，在宏观经济趋好的大环境下，市场扩大，需求增加，企业的发展机会就多；反之亦然。其次，必须分析社会和个人的可支配收入，因为可支配收入决定了购买能力，进而决定了潜在的市场容量。除了可支配收入总量外，可支配收入的分配结构也会影响具体行业所面临的市场容量。除了上述宏观经济总体状况外，企业还应当考虑利率水平、失业率、通货膨胀率等因素，这些因素将影响企业的投资决策和定价决策。

技术因素不但指那些引起革命性变革的发明，而且还包括与企业生产有关的新技术、新工艺、新材料的出现、发展趋势及运用前景。技术革新既为企业提供了发展的契机，也使企业面临挑战。在分析技术因素时可以从以下方面进行考察：政府对技术的支持力度、技术的最新发展、技术的发展重点、专利保护情况、技术的孵化过程、技术所能带来的效率提高等。

社会因素主要包括社会文化、社会习俗、社会道德观念、社会公众的价值观念、员工的工作态度以及人口统计特征等。变化中的社会因素将影响社会对企业产品或劳务的需要，也能改变企业的战略选择。

三、案例分析

（一）戴尔公司——低成本战略的楷模

1. 个人电脑行业分析[①]。个人电脑行业诞生于1981年，随后以惊人的速度发展，但在20世纪90年代该行业的盈利能力却不尽人意。

---

① 本部分的内容主要参考了Krishna G. Palepu、Victor L. Bernard和Paul M. Healy：Business Analysis & Valuation：Using Financial Statement，Text and Cases. 中信出版社2002年版。

这首先是由于个人电脑行业实际和潜在的竞争十分激烈，原因如下：

（1）行业被细分，许多电脑制造商生产实质上相同的产品。尽管 20 世纪 90 年代电脑市场更加集中，前 5 名零售商控制市场上接近 60%的产品，但竞争仍很激烈，导致价格逐月下降。

（2）零部件成本在个人电脑硬件总成本中所占比重超过 60%，批量采购能够降低采购成本。因此，为了扩大生产规模，降低采购成本，各制造商之间存在争夺市场份额的激烈竞争。

（3）该行业中各电脑制造商生产的产品没有实质性差异，产品缺乏独特性。尽管在行业发展初期品牌和服务是客户选择产品的重要标准，但随着个人电脑购买者对电脑技术的日益了解，这些标准的重要性逐渐下降。

（4）不同品牌个人电脑间的转换成本相对较低，因为绝大多数个人电脑使用的都是英特尔（Intel）微处理器和微软的视窗（Windows）操作系统。

（5）分销渠道的进入并没有很大的障碍。比如戴尔公司在整个 20 世纪 80 年代都是通过直接邮寄的方式销售计算机，并于 90 年代中期引入了网上销售方式。此外，计算机大型超市的出现也突破了销售渠道的限制，因为这些超市为各种品牌的计算机提供了绝佳的销售渠道。

（6）由于所有生产个人电脑所需的零部件均可轻易购买到，因此该行业几乎不存在进入壁垒。比如戴尔公司就是在 20 世纪 80 年代早期通过在创始人迈克尔·戴尔（Michael Dell）在得克萨斯大学的寝室中安装个人电脑起家的。

（7）苹果公司的 MAC 电脑作为替代品加剧了潜在的竞争。而 Sun 公司和其他零售商创建的电脑工作站也是个人电脑市场上较高层次的潜在替代品。

此外，在个人电脑行业中，供应商和购买者处于强势地位，这主要是由于：

（1）个人电脑的主要硬件和软件都由实质上处于垄断地位的公司所控制。英特尔公司控制了个人电脑行业微处理器的生产，微软公司则以其生产的 DOS 和视窗操作系统控制了操作系统市场。

（2）购买者在 1983—1993 年间获得了强势地位。代表大多数客户的公司购买者对价格非常敏感，因为在个人电脑购置上的支出构成了他们的一项重大经营成本。而且，随着对个人电脑技术的了解，客户在其购买决策中更少受品牌因素的影响，而价格因素才是他们购买决策中最主要的考虑因素。

通过上述行业分析我们发现，个人电脑行业中现有竞争十分激烈，潜在竞争不可忽视，因此各制造厂商间的价格竞争十分剧烈。此外，对制造商而言，在通过巨额投资迅速引进新产品、保持产品高质量和提供优质客户服务方面存在巨大压力。这些因素导致了该行业获利潜力较低。供应商和购买者的强势地位进一步压缩了该行业的获利潜力。因此，虽然个人电脑行业是一个技术上有生命力的行业，但其获利潜力较小。

个人电脑行业的基本结构还没有出现变革的征兆，没有出现能够挑战微软和英特尔公司在投入市场中的控制性地位的竞争者，而 IBM 等行业领袖试图创造供替代的专利技术的努力也没有成功。因此，个人电脑行业的盈利能力在近期难以有显著的提高。

2. 戴尔公司竞争战略分析。戴尔公司由迈克尔·戴尔在其得克萨斯大学的宿舍中创立，从创立之初戴尔公司就以大大低于竞争对手的价格将个人电脑直接销售给终端用户，而不是通过中间零售商。戴尔公司正是通过实施低成本战略牢固地树立了自身在个人电脑行业中的地位。表 4－6 列示了戴尔公司在过去几个会计年度[①]的经营业绩。

表 4－6　　戴尔公司经营业绩

项目名称	2001	2002	2003	2004	2005	2006
销售收入（亿美元）	319	312	354	414	492	559
净利润（亿美元）	21.77	12.46	21.22	26.45	33.23	35.72
经营活动产生的现金净流量（亿美元）	41.95	37.97	35.98	36.70	53.10	48.39
市场占有率（%）	13	15	17	18	19	20
总资本报酬率[②]（%）	50.89	38.80	48.50	50.00	51.00	65.20
流动比率	1.44	1.05	0.99	0.98	1.20	1.11

资料来源：www.dell.com。

由上表可见，戴尔公司的市场占有率由 2001 会计年度的 13%上升到了 2006 会计年度的 20%，销售收入和净利润分别由 2001 会计年度的 319 亿美元和 21.77 亿美元上升到了 2006 会计年度的 559 亿美元和 35.72 亿美元，而且历年经营活动产生的现金流量均大大高于净利润，表明戴尔公司的盈利质量很高。特别值得一提的是，戴尔公司实施的低成本战略，低成本通常也意味着低价格，但它在 2006 会计年度的总资本回报率竟然达到令人难以置信的 65.2%！与此形成鲜明对照的是，戴尔公司的流动比率总体上呈下降趋势。这是否意味着戴尔公司的短期偿债能力持续恶化？答案是否定的。

个人电脑行业的盈利潜力较低[③]，但戴尔的卓越业绩却“鹤立鸡群”，显示出

---

① 戴尔公司的会计年度结束于 1 月 31 日。

② 总资本报酬率（Return on Total Capital）＝（税前利润＋利息费用）÷（长期负债＋股东权益）。

③ 这从戴尔公司的两个主要竞争对手 IBM 和惠普在个人电脑业务糟糕的表现就可以看出。IBM 的个人电脑业务长期亏损，不得不在 2005 年出售给联想集团。惠普的个人电脑业务主要通过收购康柏（Compaq）获得，但收购后康柏的个人电脑业务仍处于亏损状态。尽管个人电脑业务盈利潜力很低，但戴尔公司却与众不同。自 1989 年上市以来，除在 1994 年发生 4 300 万美元亏损外，戴尔公司一直保持盈利记录。

了很强的盈利能力，究其原因正是由于戴尔公司成功实施了低成本竞争战略，该战略的实施主要包括了以下要素：

(1) 直销 (Direct Selling)。戴尔公司通过直销的方式，与客户的直接面对面，减少了零售商这个中间环节，从而给客户带来了竞争对手无法达到的低价。这种做法虽然为消费者提供的服务支持相对有限，但却有效地降低了电脑的价格。多年以来，事实证明这种低成本的直销模式卓有成效。尽管戴尔所售出的个人电脑数量少于竞争对手，但由于高额的利润空间，戴尔始终是保持着良好的盈利状态。

与其竞争对手 IBM 和惠普采用的经销模式相比，戴尔公司的直销模式还有下列两个优点：

①提高了市场反馈速度。直销意味着戴尔公司的市场营销人员和工程技术人员直接面对客户，客户对电脑的需求偏好、产品质量、售后服务、款式品种的变化，可以立即反馈到戴尔公司。而在经销模式下，IBM 和惠普将电脑卖给经销商，再由经销商卖给客户，客户的市场需求变化主要通过经销商反馈给 IBM 和惠普。反馈过程多了一个环节，不仅降低了市场反馈的灵敏度，而且在反馈过程中流失许多宝贵的信息；

②有利于新产品导入。个人电脑行业的一个显著特点是技术进步日新月异，品种结构推陈出新。谁能比竞争对手以更快的节奏导入新产品，谁就能占领市场，获得高额利润。相比其竞争对手，戴尔公司在新产品导入方面节奏更加灵活。这是因为，每当 IBM 和惠普拟导入新产品时，往往遭到其成千上万经销商的集体抵制，因为经销商担心新款电脑的推出会导致旧款电脑的跌价；而戴尔公司没有经销商，不存在这方面的压力。

(2) 订单制造法 (Make – to – order Manufacturing)。戴尔公司开发了一个能使公司迅速安装并运送计算机的灵活生产系统，通常在接到订单的 5 天内就能完成整个过程，这就使得公司不必持有大量的零部件和已安装完成的计算机存货。低存货水平使得戴尔公司节省了大量的营运资金成本，也减少了对过时废弃存货的昂贵冲销。有人将戴尔公司的生产装配原理比喻成像麦当劳配餐一样，比如戴尔在厦门的厂房是两层楼的建筑，楼上有 500 个电话接线员，这些接线员通过传真机或电话收到订单，输入电脑，并将订单直接发送到楼下的生产线。生产线上的装配工人按照各种订单的要求选择客户指定的零件装成电脑，每台电脑从开始装配到装箱发货只需 4 个小时。表 4 – 7 列示了戴尔公司近年来的存货周转天数。

表 4 – 7　　　　戴尔存货周转天数

年份	1999	2000	2001	2002	2003	2004	2005	2006
存货周转天数	6	6	5	4	3	3	4	4

(3) 外包维修服务 (Outsourcing Maintenance Service)。戴尔公司使用两种低成本方法进行维修服务：电话服务和第三方维修服务。戴尔拥有几百家技术支持代理人，客户可以在每天的任何时间通过电话与其联系。大多数情况下，服务代理人可以使用一个全面的电子维修系统诊断并帮助客户解决问题。在需要现场维修的极少数情况下，戴尔与施乐等办公设备公司签订第三方维修合同。通过这种服务战略，戴尔能够避免投资于昂贵的区域服务网络，同时不会降低服务质量。戴尔的外包维修服务还有助于降低戴尔的销售和管理费用，戴尔的销售和管理费用比率[①]在2005年和2006年分别为8.7%和9.2%，戴尔近年来销售和管理费用比率与竞争对手的对比情况如图4-5所示。

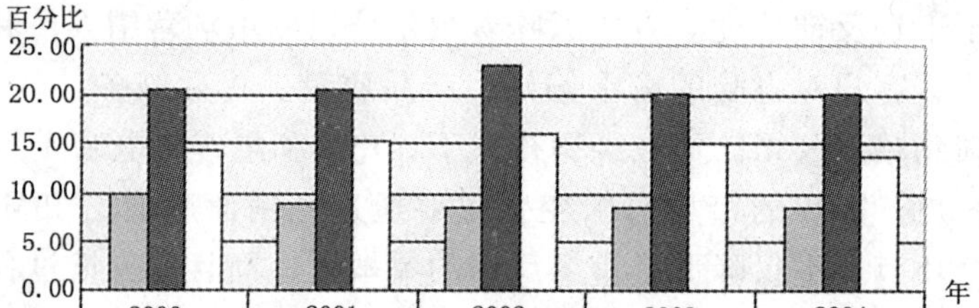

	2000	2001	2002	2003	2004
戴尔	10.00	8.90	8.60	8.61	8.55
IBM	20.44	20.50	23.00	20.03	20.13
惠普	14.30	15.30	16.00	15.07	13.80

戴尔　IBM　惠普

图4-5　戴尔销售和管理费用比率与竞争对手的对比情况

资料来源：戴尔、IBM和惠普历年的10-K报告。

(4) 选择性研究开发 (Selective R & D)。戴尔公司认为，个人电脑行业的大部分基本变革是由零部件供应商和软件生产商引导的。例如英特尔和微软两家主要供应商往往投资几十亿美元用于开发新一代信息处理器和软件。出于不同的竞争战略考虑，戴尔公司的变革主要是创建能够迅速应变的低成本和高效率组织。选择性研究开发使戴尔能够最小化研发成本并获得高额投资回报。图4-6显示了戴尔的研发支出比率与其竞争对手相比的情况。戴尔的研发支出占销售收入的比率在2005年和2006年进一步下降到了0.94%和0.80%。

(5) 低应收账款 (Low AR)。戴尔公司通过鼓励客户在购买时使用信用卡支付或在购买后立即使用电子汇款支付的方式，将收现期缩短到行业最低水平。表4-8列示了戴尔近年来的应收账款周转天数。

进一步分析戴尔公司的应付账款，我们发现戴尔公司应付账款周转速度远远低于应收账款。表4-9列示了戴尔公司近年来的应付账款周转天数。

① 销售和管理费用比率=销售和管理费用÷销售收入。

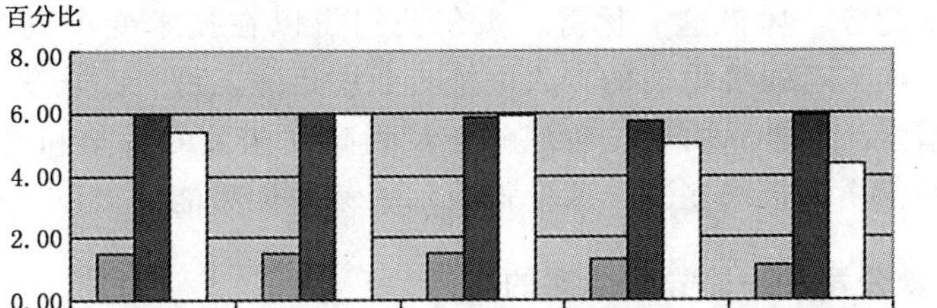

	2000	2001	2002	2003	2004
戴尔	1.50	1.50	1.50	1.30	1.11
IBM	5.97	6.00	5.85	5.70	5.89
惠普	5.40	6.00	5.90	5.00	4.39

图 4－6　戴尔的研发支出比率与其竞争对手对比情况

资料来源：戴尔、IBM 和惠普历年的 10－K 报告。

表 4－8　　戴尔应收账款周转天数

年　份	1999	2000	2001	2002	2003	2004	2005	2006
应收账款周转天数	36	34	32	29	28	31	32	29

表 4－9　　戴尔应付账款周转天数

年　份	1999	2000	2001	2002	2003	2004	2005	2006
应付账款周转天数	54	58	58	69	68	70	73	77

如果我们将戴尔公司的存货周转天数、应收账款周转天数和应付账款周转天数结合起来考虑，就可以发现戴尔公司是一个不折不扣的营运资本管理高手。如表 4－10所示。

表 4－10　　戴尔的营运资本管理

年　份	1999	2000	2001	2002	2003	2004	2005	2006
存货周转天数	6	6	5	4	3	3	4	4
加：应收账款周转天数	36	34	32	29	28	31	32	29
减：应付账款周转天数	54	58	58	69	68	70	73	77
现金转化周期	－12	－18	－21	－36	－37	－36	－37	－44

由上表可见，戴尔公司各年现金转化周期均为负数，这说明戴尔公司实际上是利用供应商的资金来“垫付”自身的营运资本需求，这无疑将极大降低戴尔公司的营运资金成本。

由于成功实施了低成本战略，戴尔公司在个人电脑行业中获得了超过其竞争对手的巨大成本优势。凭借这一优势，戴尔公司得以在技术变革迅速、市场竞争激烈、供应商和购买者强势地位的个人电脑行业中迅速发展，市场份额不断增加，盈利能力不断增强。此外，由于这种战略涉及到高度相关的行动和持续的组织变革，因此戴尔的经营模式很难复制，这使得戴尔的竞争优势能够得以持续。

（二）微软公司——差异化战略的典范

与戴尔公司不同，微软公司选择的是差异化竞争战略。微软公司成立于1975年，成立之初年收入只有2万美元。1985年微软公司发行股票并上市交易，其后迅速发展成为全世界科技含量最高、发展速度最快的IT公司，至2006会计年度[①]其销售收入高达442.82亿美元。近年来微软公司的销售收入和净利润如表4－11所示。

表4－11　微软公司的销售收入和净利润　（单位：亿美元）

年　份	1999	2000	2001	2002	2003	2004	2005	2006
销售收入	197	230	253	284	322	368	398	443
净利润	79	94	73	78	95	90	122	126

资料来源：微软公司历年的10－K报告。

微软公司如此惊人的业绩表现是得益于宽松的行业竞争环境吗？答案是否定的。软件行业的竞争是十分激烈的，在操作系统上，Linux从全球范围内展开了对微软的合纵连横之势，逐步压缩着微软的空间；在浏览器上，火狐蓬勃兴起，严重威胁微软浏览器的市场份额；在搜索市场，Google高高在上，雅虎呼风唤雨，微软的MSN相形见绌；在即时通讯领域，也有美国在线和雅虎压阵，虽然微软宣布将和雅虎实现即时通讯互联互通，然而IBM已经先行一步与Google、雅虎和美国在线展开合作，微软被排除在外；此外，微软与甲骨文在通用软件领域的竞争由来已久，SAP的加入，使得微软的市场份额又面临着被吞噬的巨大压力；而在英特网接入领域，微软面临着美国在线和索尼的竞争。

那么在如此激烈的行业竞争下，微软为何能够取得飞速的发展？而且根据预测，微软的业绩增长势头还将得以维继，2007会计年度的预计销售收入将达495亿至505亿美元。究其原因，微软的迅速发展与其成功地实施差异化战略是密切相关的。微软的差异化战略体现在以下几个方面：

1. 致力于技术创新，维护软件行业的领导地位。技术创新是微软成长的基石。对于软件企业而言，谁能够掌握更多的核心技术和行业标准，谁就能在产品研发和市场推广上占据先机。为了保障微软能够掌握最为前沿的技术，微软不仅十分强调

---

① 微软的会计年度结束于6月30日。

与学术研究界的联系，还十分注重自身的基础性研究工作。微软早在1986年就做到了将新聘雇员的1/4分配去做研究开发工作，并于1991年、1997年和1998年分别成立了美国硅谷研究院、欧洲剑桥研究院和亚洲研究院。图4-7显示了微软近年来在研发费用方面的支出。

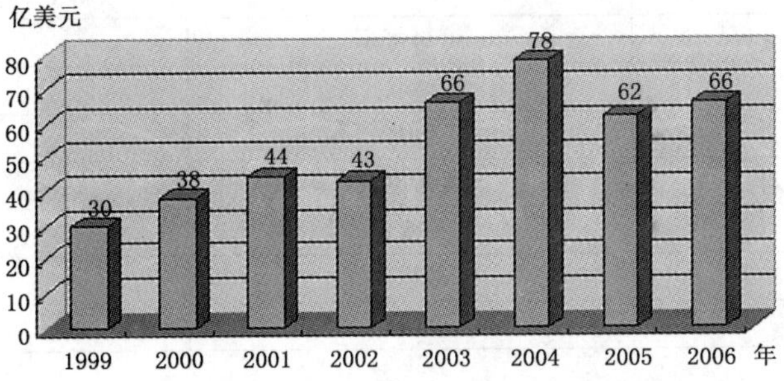

图4-7 微软公司的研发支出

巨额的研发费用支出给微软带来了巨大的技术优势，比尔·盖茨曾声称，微软拟将其软件专利申请数量提高到每年3000项，这无疑将成为微软实施差异化战略的坚实基础和核心资源。

2. 注重企业形象塑造与广告促销。微软公司十分注重企业形象塑造，并花费巨额广告费用以提升品牌价值。比如为了推出Windows95，微软花费了约2.2亿美元的广告费。据《华尔街日报》统计，在1995年7月1日至8月24日期间约有3 000个报刊标题、6 852个新闻报道、超过300万的文字与Windows95有关。此外，在产品推出周，将一面高达600英尺的Windows95旗帜悬挂在多伦多的CN塔上；用显示Windows95标识的彩灯将纽约帝国大厦整个外墙装饰一新。微软还付钱给《伦敦时报》，免费销售当天150万份报纸。微软的其他广告大手笔还包括为推出Windows Server 2003投入2.5亿美元广告费；发动为期15个月的广告促销战役，推动Windows XP操作系统的销售；投入5亿美元资金来广泛宣传自己的“People-Ready”商业策略，目的是推广今后一年中推出的一系列产品。微软近年来的广告促销支出如图4-8所示。

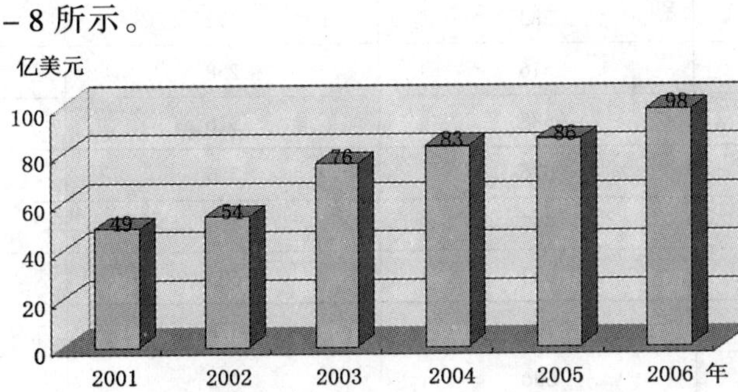

图4-8 微软公司的广告促销支出

微软公司的巨额广告支出极大地提升了品牌价值，2005 年《商业周刊》评选的全球最有价值 100 品牌榜中微软公司高居第 2 位，具体如表 4－12 所示。

表 4－12　**全球最有价值 100 品牌榜**

排　名	品　牌	品牌价值（百万美元）
1	可口可乐	67 525
2	微软	59 941
3	IBM	53 376
4	通用电气	46 996
5	英特尔	35 588
6	诺基亚	26 452
7	迪斯尼	26 441
8	麦当劳	26 014
9	丰田	24 837
10	万宝路	21 189

品牌价值的提高使得微软公司的产品获得了独一无二的差异化优势，被市场所广泛认可，目前全球每 10 台个人电脑中有超过 9 台运行的是微软公司的操作系统。

3. 专注于“拿手好戏”。许多公司都难以避免“多元化”情结，也就是当公司发展到一定程度时，总是希望通过并购等方式拓展业务范围，以期达到多元化发展。这其中当然有成功的典范，如通用电气公司。但正如惠普创始人之一 Dave Packard 所说：“大多数企业是撑死的而不是饿死的”。微软公司为了维护自身在软件行业所拥有的差异化竞争优势，并没有走多元化的道路。在微软公司的资产结构中，现金及短期投资占有很高的比例，如表 4－13 所示。

表 4－13　**微软公司的现金及短期投资比例**　（单位：亿美元）

会计年度	资产总额	现金及短期投资	比　率
1998	224	139	62.05%
1999	383	172	44.91%
2000	516	238	46.12%
2001	588	316	53.74%
2002	676	386	57.10%
2003	817	490	59.98%
2004	923	605	65.55%
2005	708	378	53.39%
2006	696	342	49.71%

资料来源：微软公司历年的 10－K 报告。

尽管微软公司现金储备十分宽裕，但它并没有像其他“暴发户”那样将这些“真金白银”大肆挥霍，用于收购兼并。相反地，面对现金过剩，微软公司毅然选择回报给股东。2004年7月20日，微软公司召开新闻发布会，宣布向股东支付750亿美元的一揽子分红计划，至2006会计年度结束时，微软公司根据该计划已经向股东派发了超过500亿美元的现金。此举意味着微软仍将专注于其“拿手好戏”——软件行业，而不是将多余的资金用于多元化拓展，对核心业务的专注将有助于保持其差异化的竞争优势。比如微软曾一度跨入媒体内容制作领域，但于2005年将其所拥有的美国第四大有线新闻频道MSNBC的全部股权出售给了NBC环球公司，把在线评论杂志《Slate》卖给了《华盛顿邮报》，这些行为更加凸现出微软维护核心业务竞争力的决心。

4. 竭尽全力保护版权。为了保护版权利益，提升产品的差异化价值，微软公司可谓不余遗力。比如启动“Windows正版增值计划”和“Office正版增值计划”；阻止盗版Windows XP下载关键补丁以外的任何更新；取消互联网激活产品的方式；利用互联网扫瞄工具软件对全球各个提供软件下载服务的网站进行全天候监视，向那些为用户提供盗版软件网站提出司法诉讼；通过网吧主管部门，强制所有营业性网吧安装正版的Windows操作系统等等。

5. 拒绝技术的授权使用。为了保持差异化竞争战略的可持续性，微软不但在研发方面投入巨资，还通过拒绝技术的授权使用来维护自身的差异化优势。

上述因素使得微软公司成为成功实施差异化战略的典范，我们可以从微软公司近年来的简要损益表看出这一点，如表4－14所示。

表4－14　　差异化战略的典型财务体现　　（单位：百万美元）

年　份	2000	2001	2002	2003	2004	2005	2006
销售收入	22 956	25 296	28 365	32 187	36 835	39 788	44 282
销售成本	3 022	3 455	5 191	6 059	6 716	6 200	7 650
研发费用	3 772	4 379	4 307	6 595	7 779	6 184	6 584
销售及营销费用	4 126	4 885	5 407	7 562	8 309	8 677	9 818
一般及管理费用	1 050	857	1 550	2 426	4 997	4 166	3 758
净收益	9 421	7 721	7 721	9 545	9 034	12 254	12 599
每股收益（美元）	1.81	1.38	1.45	0.7	0.76	1.13	1.20

资料来源：微软公司历年的10－K报告。

由上表可见，差异化战略给微软公司带来了极高的销售毛利率，其2006会计年度的销售毛利率高达83%。当然，与其差异化战略相适用，微软公司必须投入巨额研发费用和营销费用，2006会计年度两项费用合计接近了164亿美元，但总体而言其销售净利率还是相当高的，2006会计年度其净利润达到了126亿美元，销售利润率达到了28.45%。

第三节　会计分析

一、财务报告制度框架

财务报表数据是经过严密的会计程序加工后生成的信息。如果说原始的交易数据是财务报表的原材料，那么现行财务报告制度框架就是财务报表的生产线。为了进行有效的会计分析，分析人员首先必须了解会计信息的基本特征和制约它们的制度框架。

（一）权责发生制的优点和局限

现行财务报表体系（除现金流量表外）的一个重要基本特征在于它们是以权责发生制而非现金制为基础来编制的。第一章提到，经典研究学派认为权责发生制会计能够提供更为丰富的信息，而经验研究学派的众多研究成果也支持了这一观点。但权责发生制会计的使用也是导致财务报告日趋复杂的核心问题，因为权责发生制在实际运用时具有较强的主观性，需要依靠大量的假设。特别是随着经济的发展，企业的组织结构日益复杂，关联方交易极为频繁，各种融资、投资方式不断被创新。这些情况直接加大了权责发生制会计的难度，使得以权责发生制为基础的财务报表成为缺乏会计基础知识的投资者难以理解的“天书”。更为重要的是，由于公司管理层最了解实际经营情况，具有相对的信息优势，因此，他们往往受托对权责发生制财务报表的编制做出估计和假设。这进一步增加了财务报表中的“噪音”，因为会计估计和判断中往往包含了管理层的私人动机。

（二）管理层对会计政策的选择权

由于现行财务报表采用的是权责发生制基础，因此在编制财务报表的过程中不可避免地需要大量的职业判断。管理层作为公司的具体经营者，拥有特别的信息优势，因此他们往往拥有一定的会计政策选择权。赋予管理层一定的会计政策选择权是很有价值的，因为这使得管理层有机会在财务报表中更好地披露他们所拥有的内部信息。然而，这种会计政策选择权也会带来一定的负面影响。正如实证会计研究所指出，管理层的会计政策选择往往会受到薪酬计划、债务契约和政治成本的影响，因此管理层有可能通过不恰当地实施会计政策选择权达到一定的契约目标，从而使财务报表信息包含太多的“噪音”。此外，管理层虽然拥有相对信息优势，但仍是“有限理性”，无法做出完全准确的职业判断。即使管理层在做出决策时是

"最佳"判断，公司环境的变化和整体经济形势的发展也可能导致偏差。

因此，赋予管理层会计政策选择权既有收益也有成本，而制定会计准则和实施外部审计正是旨在降低成本、保持收益的制度安排，以下分别介绍之。

（三）会计准则——原则导向还是规则基础

为了限制管理层滥用会计政策选择权，各个国家都制定了相应的会计准则对资产如何计量、负债何时记录、收入何时确认、费用何时应计等重要会计问题进行约束。一般而言，会计准则的制定方式主要有两种：规则基础（以美国为典型代表）和原则基础（以国际会计准则为典型代表）。

规则基础的会计准则其优点在于：(1) 存在详细的执行指南和解释，具有很强的可操作性；(2) 由于会计准则试图涵盖所有的可能性，会计人员一般只需按照会计准则的相应规定进行处理，因此能够限制会计人员的会计选择权；(3) 发生法律诉讼时，具体详细的会计准则规定可以为会计人员和审计人员提供抗辩的理由；(4) 有利于监管部门对违反会计准则的行为进行处罚。但是，规则基础会计准则也存在明显的缺点，具体体现在：(1) 存在太多的界限检验，使得管理层可以轻易通过交易设计加以规避；(2) 存在众多的规则例外，导致具有类似经济实质的交易或事项按照迥异的方法进行会计处理；(3) 过于复杂的操作指南不可避免地造成准则制定的滞后性，并加大了会计准则运用的复杂性和不确定性。

另一方面，以原则为基础的会计准则虽然较不容易被公司管理层精心策划的"交易设计"所规避，但需要会计人员和注册会计师具有较高的职业判断能力，而不同的会计人员和注册会计师即使出于善意也可能做出截然不同的职业判断，结果可能导致"无休止"的争论。此外，由于缺乏具体的监管标准，也会使公司管理层和会计人员产生机会主义心理，利用原则的模糊性进行财务操纵。

那么，什么才是"最佳"的会计准则？实际上，会计准则的制定涉及到对各利益集团之间的关系进行调整和平衡，关于"最佳"会计准则的争论不仅是"技术"问题，而且也会涉及到经济后果问题。正如泽夫（1978）所言，会计准则在许多情况下只是"微妙的平衡"。

总而言之，无论是原则导向还是规则基础的会计准则都无法完全保证财务报表的"真实公允"，因此会计准则体系制约下的财务报表中仍然存在许多隐性信息，恰当的财务报表分析不应将原始报表数据视为"想当然"的信息输入，而是需要通过一定的会计分析程序对其进行有效的理解调整。

（四）财务报表的独立审计

独立审计通过评价公司编制的财务报表是否符合会计准则的要求，进一步限制公司歪曲财务报表的可能性，提高了财务报表的信息质量和可信程度。尽管独立审计的有效性受到颇多质疑，但审计报告仍是一种重要的财务报表派生信息，有效的财务报表分析要求在进行分析之前应查阅审计报告，以对财务报表的可信程度形成初步印象，而且审计报告往往指出了财务报表中的“高危区域”，这有助于财务报表分析人员确定相应的分析重点。

（五）财务报告的法律责任

裁定管理层、审计师和报表使用者之间会计争端的法律环境也会对财务报表信息的质量产生重大影响。巨额法律诉讼成本的存在有助于抑制管理层的财务舞弊动机，也有助于敦促审计师恪尽职守，这些都将提高财务报表信息的可靠性。但是，法律责任的威胁也可能影响信息披露质量。最典型的例子就是预测性信息的披露。虽然提供预测信息无疑有助于投资者的决策，但这样的信息披露准确程度较低，因此容易受到法律诉讼的威胁，这将极大打击管理层在披露这类信息时的积极性，影响了财务报表的信息含量。因此，报表分析人员必须意识到财务报表并非“万能数据库”，管理层也有许多难以在报表中披露的“难言之隐”。因此，应当注重对其他信息源的发掘。

二、会计信息质量影响因素分析

如前所述，会计信息质量存在众多影响因素，因此，美国哥伦比亚大学的佩因曼教授指出，分析人员应当谨慎考虑有关会计信息质量的五个问题①：

1. 公认会计原则的质量。分析人员应当关注公认会计原则是否存在可能影响报表分析质量的缺陷？比如分析人员是以价值评估作为报表分析的主要目的，而公认会计原则并没有包含与公司价值相关的所有信息，那么分析人员可能要对报表进行相应的调整。再比如公认会计原则可能限制了某些对分析人员很有用的信息在财务报表中的确认，典型的例子是人力资源、自创商誉等项目。

2. 审计质量。分析人员应当关注企业的行为是否违背公认会计原则，甚至是属于财务欺诈？公司是否在客户没有做出明确承诺的情况下就确认应收账款？是否存在应当确认但实际没有确认的费用或成本？是否使用了公认会计原则不允许的会计方法？要回答这些复杂的问题，分析人员必须对企业的业务十分熟悉，并借助注册会计师的帮助。把握审计质量是审计师的职责范围，分析人员通常必须借助注册会计师的审计意见，但也要对审计失效或注册会计师可能利用准则中的灰色区域忽视企业管理层的某些操纵行为保持警惕。

3. 公认会计原则的执行质量。分析人员应当关注公司是否滥用公认会计原则

① 佩因曼著，刘力、陆正飞译：《财务报表分析与证券定价》第 2 版，中国财政经济出版社 2005 年版。

操纵财务报表？公认会计原则在对公司所使用会计方法加以限制的同时，又允许其在众多方法中进行选择。公司管理层可以利用这些选择操纵财务报表以得到期望的数据，而且注册会计师也可能不会反对。从某种程度而言，管理层不但能够控制公司的经营，也能够控制公司的财务报表。如果再考虑权责发生制会计中不可避免的估计判断，情况可能更加复杂。管理层的操纵行为不仅会影响当期财务报表，也会影响未来的财务报表。

4. 交易确认时间的质量。分析人员应当关注公司是否通过对业务交易发生时间的操纵来影响财务报表的编制？在某些情况下，公司的确遵循了公认会计原则，但却通过对业务交易发生时间的控制达到操纵财务报表的目的。尽管这是对具体业务的操纵而不是直接针对财务报表的操纵，但却使会计确认原则无能为力的。它有两种具体方式：收入操纵和费用操纵。

(1) 操纵收入确认的时间。公认会计原则要求收入在产品发出或服务提供给消费者之后予以确认。某些公司会在一个会计期间结束之前发出大量产品以增加该期利润，或者推迟发货以减少利润，这种情况有时也称之为“渠道填塞”（Channel Stuffing）。

(2) 操纵费用确认的时间。公司可能通过控制与损益表直接相关的费用来达到控制收益的目的。比如把研发费用和广告费用先资本化再逐年摊销的做法就会增加当期的收益。相反，提前确认以后期间的费用就可以将当期的收益转移到以后各期。

5. 披露质量。分析人员应当关注公司所披露的会计信息是否足够用来分析该公司的经营状况。这些披露反映在财务报表、报表附注、管理层的讨论和分析当中。这些披露内容给分析人员提供了额外的信息。财务报表分析的质量很大程度上取决于良好的披露质量。分析人员应当特别关注四种披露信息：从报表上融资性项目中区分出经营性项目的信息；从非经常项目中区分出核心经营收益的信息；揭示核心盈利能力的信息；对使用的会计方法的解释性信息。

三、会计分析步骤

（一）辨认关键会计政策

通过前述的战略分析步骤，我们可以深入了解公司所处的行业特征和自身的竞争战略选择，而这些因素将决定公司的成功要素和所面临的主要风险。因此，财务报表中反映这些关键成功要素和风险的项目就应当成为财务报表分析的重中之重。因此，进行财务报表分析时，应当首先对公司用于衡量成功要素及风险的会计政策及估计进行确认和评估。比如，对于实施产品差异化战略并以产品质量和产品创新作为主要竞争优势的制造企业而言，与研究开发及售后服务相关的会计政策就显得十分关键；对于实施成本领先战略的零售和批发企业而言，存货管理是关键，与存货相关的会计政策如存货跌价损失准备、存货计价特别重要；对于银行等金融机构而言，利息及信贷风险管理是关键，因此，利息收入确认、贷款分类方法、贷款准备金计提、抵债资产处置等会计政策就是重中之重。

（二）评估会计政策弹性

不同公司有着不同的关键会计政策，如前所述，不同的会计政策其弹性大小可能存在显著的差异。某些公司的关键会计政策可能会受到会计准则的严格限制，从而更具“刚性”；而另一些公司的关键会计政策可能受管理层会计选择权的影响较大，存在较大的“弹性”。例如，研发支出是生物技术公司的成功要素，但根据美国公认会计原则的规定，管理层在报告研发支出时没有会计斟酌处理权，必须全部费用化；而信贷风险管理是银行的成功要素，但在信贷资产质量和计提贷款损失准备时，管理层有较大的选择余地。当然，对于某些会计政策而言，弹性是一定存在的。比如所有公司都必须对折旧政策（直线法或加速法）、存货政策（先进先出法或加权平均法）等做出选择。

显然，对于主要会计政策和估计存在较大灵活性的公司，分析人员应加倍小心，因为管理层有可能通过会计政策和估计的选择来对财务报表施加重大影响。但对于主要会计政策和估计具有较强刚性的公司，分析人员则应重点关注统一的会计处理方法是否符合公司的实际情况。

（三）评价会计策略

当管理层在重要会计政策和估计的选择方面具有较大弹性时，他们可以选择利用这种会计弹性更好地传递公司的实际经营情况，也可以选择利用这种会计弹性隐瞒公司的真实业绩。这就涉及到管理层的会计策略问题。一般而言，财务分析人员可以通过以下问题来判断管理层的会计策略是否合理：

1. 公司选择的关键会计政策与行业惯例是否一致？若不一致，是因为公司的经营战略与众不同，还是其他原因？比如当公司报告了低于行业平均水平的产品保修准备，那么分析人员应当判断是由于公司以高质量为竞争基础抑或是公司低估了其产品保修负债。

2. 公司管理层是否存在利用会计弹性进行盈余管理的强烈动机？例如，公司是否处于违反债务保证条款的边缘？经理人员实现以报表数据为基础的奖金目标有困难吗？股票期权计划是如何设计的？公司是否正在准备发行新股（IPO）或配股(SEO)？

3. 公司是否变更会计政策和估计？理由是否充分？影响如何？例如，计提的保修费用下降是由于公司为了提高产品质量而进行了大量投资吗？

4. 公司过去所采用的会计政策和估计是否合乎实际情况？例如，某年度对购入商誉的巨额冲销可能意味着以前年度预计商誉费用化的时间太长。

5. 公司是否为了特定会计目的而进行交易设计或从事缺乏商业理由的交易？比如是否为了确认收益而将非货币性交易拆分成一个销货交易和一个购货交易；或者通过对租赁期长短的设计使租赁业务符合销售型租赁的要求等等。

（四）评价信息披露质量

当前的财务报告体系不仅仅包含三张主要财务报表，还包括其他信息披露（如管理层讨论与分析、董事会报告、监事会报告、附注信息等）。会计准则只是规定了最低的披露要求，管理层还可以通过多种途径来披露公司的实际经营情况。因此，披露质量是体现公司会计信息质量的一个重要方面。在评价公司的披露政策时，分析人员可关注以下几个问题：

1. 公司是否披露了充分的资料以便让使用者评估公司的经营战略及其经济结果？

2. 附注是否充分解释公司的主要会计政策？如果公司会计政策与同行业惯例不同或发生重大变化时，是否予以说明？

3. 公司是否对当前业绩变动情况予以充分说明？

4. 若现行财务报告体系的固有限制阻碍了某些重要成功因素在报表内的披露，公司是否提供了充分的信息以帮助外部人士了解这些要素？比如难以资本化的研发费用，难以货币计量的产品缺陷率、客户满意度、市场占有率等实物指标。

5. 对于多元化经营的公司，其业务分部报告和地区分部报告是否充分？

6. 公司是否对好坏消息“一视同仁”，均予以充分披露，还是“报喜不报忧”？

根据上述标准，如果分析人员对公司报表信息披露质量不太满意，就应当扩大分析范围，注意收集表外信息作为必要的补充。

（五）识别危险信号①

会计信息系统的特性使得任何舞弊行为都会在财务报表中留下蛛丝马迹，识别这些危险信号可以引导分析人员针对特定的项目收集更充分的信息，进行更细致的分析。一些常见的危险信号包括：

1. 未加解释的会计政策和会计估计变动，经营恶化时出现此类变动尤其应当注意；

2. 未加解释的旨在提升利润的异常交易，如在期末发生了大额非经营性交易，

① 危险信号亦称预警信号（Warning Signs）、风险因素（Risk Factors）、红旗（Red Flags）。有关财务舞弊的预警信号，详见第二章。

或者在期末与新客户发生的大量购销业务；

3. 应收账款的非正常增长，如其增幅远大于销售收入的增幅；

4. 在销售规模大幅增加的同时，期末存货锐减；

5. 净利润与经营活动产生的现金流量持续背离，尤其是企业连续盈利，但经营活动产生的现金流量连续多年入不敷出；

6. 销售收入与经营活动产生的现金流量相互背离；

7. 报告利润与应税所得额之间的差距日益扩大，且缺乏正当的理由；

8. 过分热衷于融资机制，如与关联方合作从事研究开发活动，带有追索权的应收账款转让；

9. 出人意料的大额资产冲销，尤其是当年计提的资产减值准备远超过前几年利润之和，可能表明以前年度存在着严重的虚盈实亏现象；

10. 第四季度和第一季度对销售收入和成本费用进行大额调整；

11. 被出具“不干净意见”的审计报告，或频繁更换注册会计师；

12. 频繁的关联交易、资产重组和剥离、股权转让、资产评估；

13. 盈利质量与资产质量相互背离，如在报告大幅增长利润的同时，不良资产大量增加；

14. 将会计估计变更混淆为会计政策变更；

15. 将会计舞弊解释为会计差错；

16. 不合乎商业逻辑的资产置换；

17. 已发货未开票的销售和已开票未发货的销售；

18. 前期“销售”在本期大量退货；

19. 企业合并日前后被合并企业的毛利率差异悬殊（这可能意味着被合并企业应合并方的要求：推迟确认收入，提前确认损失；以稳健为借口，滥提资产减值准备；以业务和人员整合为理由，计提过多的重组负债和或有负债）；

20. 与客户频繁发生套换交易（向客户出售资产的同时，向客户购入类似的资产）。

上述危险信号是分析人员在分析财务报表时应当予以关注的，但在得出最终结论之前进行深入分析是十分重要的。每一种危险的信号都有多种解释，一些解释有其正当的理由，另一些则是由于会计处理方法的确存在问题。因此，识别危险信号只是分析人员进行深入研究的起点，远非终点。

（六）消除会计信息失真

如果通过上述分析发现应计制财务报表存在扭曲公司真实情况的现象，财务分析人员应当利用报表附注、现金流量表以及其他相关信息源，尝试采用以下方法予以还原：

1. 现金流量分析法。现金流量表提供了基于应计制会计反映的公司业绩与基于现金制会计反映的业绩之间的调和。如果财务报表分析者不能确定公司应计制财务报表信息的质量，那么现金流量表提供了反映公司业绩的另一可选基准。如果现金流量所刻画出的公司经营状况与应计制会计信息反映出的公司经营状况存在截然不同的情况，表明公司可能存在粉饰财务报表的现象。详细的现金流量分析法可以参考本书第九章的内容。

2. 虚拟资产剔除法。所谓虚拟资产是指虽然仍挂在账上，但不能为公司带来未来经济利益的资产，如技术上完全落伍的废旧固定资产、超期时间过长的应收账款、计提不合理的待摊费用、递延资产等。这些虚拟资产往往是隐藏公司费用的"黑洞"或调节利润的"蓄水池"。财务报表分析者可以评估公司划分资本化支出和费用化支出的会计政策的合理性，并将虚拟资产总额与净资产总额进行比较，如果虚拟资产在净资产中所占比重过大，说明公司存在较为明显的"资产泡沫"，持续经营能力可能有问题。

3. 审计报告分析法。注册会计师发表的审计意见类型直接反映了财务报表是否粉饰以及粉饰的严重程度，同时也表达出了注册会计师认为应当进行的会计调整。对注册会计师出具的审计报告加以分析，也是识别、调整财务报表粉饰的一个重要而且便捷的途径。

4. 关联交易分析法。关联交易分析法是指分析公司各类交易中来自于关联方的部分，判断某一特定公司在多大程度上依赖于关联方，进而分析该公司的盈利基础是否扎实，利润来源是否稳定。若公司的营业收入和利润主要来源于关联公司，就应当特别关注关联交易的定价政策，分析公司是否通过显失公允的关联方交易定价来进行财务报表粉饰。

5. 异常利润剔除法。异常利润指的是来自于债务重组、股权转让、出售长期资产、非货币性交易、财政补贴等异常事项的利润。这些事项往往是不可再生的，其产生的收益无法持续到未来，因此，在判断公司持续盈利能力时应将异常利润排除在外，以便在可持续的基础上对公司未来的盈利能力作出比较准确的判断。

第四节　财 务 分 析

一、财务分析方法概述

（一）共同比分析法

共同比分析是指在一张财务报表中列示出各具体项目占某综合项目的百分比，

以反映某一财务报表中各具体项目间的相对重要性，以及各具体项目与综合项目(共同尺度)之间的关系。关于共同尺度的选择，一般均以财务报表中某一类合计数为准。比如在共同比资产负债表中，通常以总资产作为共同尺度；在共同比损益表中，通常以主营业务收入作为共同尺度。

共同比分析法能够消除不同企业规模所带来的影响，进而揭示出企业经营活动的相关特点。就共同比资产负债表而言，分析重点主要在于企业的资本结构以及企业的资源分配情况。就资本结构而言，主要应当分析企业的总资产中股东投入与债权人投入的比例，以及企业债务中长、短期负债的配合情况，进而判断企业的资本结构是否合理；就企业的资源分配情况，应当分析企业在各类资产项目中的投入比例如何，判断企业是否存在某类资产比重过大的异常现象，比如存货所占比重过大可能意味着企业存在滞销的情况。就共同比损益表而言，其分析重点在于各项收入、费用项目的结构构成情况，以及各项成本费用是如何“侵蚀”销售收入的。

在使用共同比分析法时，通过比较不同竞争对手之间的共同比报表更能显示出目标分析企业在资金结构和资源分配方面的优势和劣势。表 4－15 和表 4－16 分别列示了四川长虹公司与其竞争对手的共同比资产负债表和共同比损益表对比，具体的分析解释可以参见第十章。

表 4－15　　长虹与竞争对手的共同比资产负债表　　(单位:%)

	长虹	康佳	海信	厦华
货币资金	5.25	13.82	18.19	23.17
短期投资	4.66	0.01	0.00	0.00
应收票据	11.81	32.86	11.81	8.08
应收账款净额	24.51	4.28	6.55	16.05
存货净额	32.79	32.89	32.68	24.23
流动资产合计	82.09	84.47	71.21	74.26
固定资产合计	15.62	14.20	24.61	17.61
资产总计	100.00	100.00	100.00	100.00
短期借款	12.67	0.24	0.77	38.14
应付款项	23.48	52.20	32.40	27.00
预收账款	3.44	6.33	5.83	2.45
未交税金	－3.61	0.42	－2.90	－0.44
流动负债合计	37.87	65.81	37.88	71.75
长期负债	0.33	0.07	0.19	2.19
负债合计	38.27	65.88	38.10	74.79
股东权益合计	61.73	34.12	61.90	25.21
负债与股东权益合计	100.00	100.00	100.00	100.00

表 4-16 长虹与竞争对手的共同比损益表 (单位:%)

	长虹	康佳	海信	厦华
一、主营业务收入	100.00	100.00	100.00	100.00
减:主营业务成本	85.49	85.29	84.74	87.23
主营业务税金及附加	0.05	0.01	0.30	0.03
二、主营业务利润	14.46	14.69	14.96	12.74
加:其他业务利润	0.39	0.11	0.24	0.31
营业费用	9.81	11.27	11.68	9.11
管理费用	3.26	2.33	2.62	2.01
财务费用	0.50	0.19	-0.11	1.51
三、营业利润	1.29	1.02	1.02	0.42
加:投资收益	0.23	-0.05	0.00	0.45
补贴收入	0.07	0.01	0.01	0.58
营业外收入	0.30	0.07	0.09	0.09
减:营业外支出	0.01	0.06	0.10	0.10
四、利润总额	1.89	0.99	1.01	1.43
减:所得税	0.42	0.12	0.23	0.00
减:少数股东损益	0.01	0.11	0.06	0.04
五、净利润	1.46	0.79	0.72	1.39

(二)趋势分析法

趋势分析是指在连续数年的财务报表中,以某一年度为基期,计算出其他各期各项目对基期同一项目的趋势百分比,从而描绘出财务报表各项目的时间变化趋势。通过恰当的趋势分析,我们不但能够了解各财务报表项目过去的变化趋势,而且通过对过去数据的研究和观察,还能对未来的发展趋势有所了解。在运用趋势分析法时,应当注意将相关联项目的变化趋势结合起来考虑,比如某企业基期净利润为100,第二年的净利润为120,趋势百分比为120%,光凭此趋势百分比我们并不能对企业经营效率下结论,如果基期企业销售收入为1 000,第二年的销售收入是1 500,那么该企业的销售净利率实际上是降低了。

在计算各期间的趋势百分比时,首先要选择合适的基期,所选的基期要尽量具有代表性,比如对医药行业的分析最好不要选SARS年份作为基期。表4-17分别列示了四川长虹资产负债表趋势分析和损益表趋势分析,具体分析解释参见本书第十章。

表 4－17　长虹资产负债表趋势分析和损益表趋势分析　（单位：百分数）

报表项目	2005 年	2004 年	2003 年	2002 年	2001 年	2000 年	绝对值（万元）
货币资金	81.95	135.54	73.61	65.96	107.99	100.00	152 379
短期投资	18.54	32.86	87.72	100.10	96.55	100.00	113 519
应收票据	144.07	70.57	263.82	123.57	115.50	100.00	95 607
应收款净额	119.28	95.20	202.48	177.75	168.25	100.00	258 641
存货净额	73.82	93.12	108.50	111.40	92.01	100.00	645 702
流动资产合计	96.96	93.68	137.92	120.00	112.04	100.00	1 271 541
固定资产合计	89.21	98.39	105.34	88.47	87.26	100.00	316 772
资产总计	95.30	94.24	128.66	112.44	106.22	100.00	1 660 500
短期借款	457.87	937.00	949.48	568.97	29.82	100.00	28 500
应付账款	109.17	90.98	119.63	114.81	114.22	100.00	180 688
应付票据	244.22	197.98	380.48	314.04	324.74	100.00	75 017
预收账款	127.68	118.43	127.41	81.30	98.82	100.00	57 654
流动负债合计	164.21	170.48	230.84	163.42	139.14	100.00	350 486
长期负债合计	311.67	1 166.00	1 166.00	0.00	0.00	100.00	600.00
负债合计	168.56	176.94	238.54	167.30	142.54	100.00	342 723
股东权益合计	74.32	71.77	99.68	98.11	96.71	100.00	1 317 462
	2005 年	2004 年	2003 年	2002 年	2001 年	2000 年	基年绝对值（万元）
主营业务收入	140.67	107.77	132.00	117.54	88.86	100.00	1 070 721
主营业务成本	138.55	108.55	132.66	117.60	91.36	100.00	910 792
主营业务利润	155.64	105.54	132.02	119.41	73.36	100.00	154 798
营业费用	147.79	98.55	122.94	125.46	91.69	100.00	112 723
管理费用	133.71	1 583.01	181.26	140.15	96.65	100.00	25 460
财务费用	－216.23	－41.38	－134.79	－31.40	149.38	100.00	－5 241
营业利润	100.34	－1 138.42	59.20	41.37	7.04	100.00	30 803
投资收益	－322.09	－1 032.88	201.42	472.40	731.67	100.00	1 643
补贴收入	501.92	779.61	1 859.93	141.54	678.99	100.00	52
净利润	103.94	－1 342.32	75.02	64.25	32.28	100.00	27 423

(三) 比率分析法

比率分析法是将同一报表或不同报表中两个项目之间的关系用百分比或倍数的关系表示出来，是目前财务分析中运用最广泛的一项分析工具。比率分析能够将大量的财务报表项目及财务数据减少为若干比率，从而使财务数据的比较突破时间及规模的限制。各种财务比率本身并不重要，只有对其进行时间序列比较或在各竞争对手之间比较时，才能在对比中发现财务比率中包含的有关企业优劣势的重要信息。财务比率分析既可以通过单项比率分析来考察特定方面的财务现象，如通过计算流动比率来概括了解企业短期债务偿付能力大小，也可以通过比率体系分析以综合评价企业的财务状况，如典型的杜邦分析体系是以净资产收益率为中心指标，逐步分解展开，以综合评价企业的经营管理效率、投资管理效率和财务管理效率。

比率分析法的具体运用我们将在下一单元中具体介绍。

(四) 现金流量分析法

前面介绍的财务分析方法主要侧重于分析公司损益表或资产负债表。随着人们对现金流量的重视程度与日俱增，现金流量表披露信息也日益完善，现金流量信息已在使用者的决策中获得越来越多的应用。现金流量分析是指对现金流量表上的有关数据进行比较、分析和研究，从而了解企业的财务状况，发现企业在财务方面存在的问题，预测企业未来的财务状况，从而为科学决策提供依据。分析师可以通过考察现金流量以获取对公司经营、投资和筹资效率的更深入的了解。

从现金流量的角度对公司进行财务分析具有以下重要作用：

1. 现金流量分析可以准确评价公司在筹资活动、投资活动和经营活动中的资金运营状况，从而能够从现金流动的角度评价公司的经营业绩。

2. 通过对经营活动现金流量、投资活动现金流量和筹资活动现金流量的分析，可以明晰公司现金存量增减变动的具体原因，从而可以为改善公司资金管理指明方向。

3. 现金流量分析对评估会计利润质量有重要作用，许多虚假的会计利润往往无法带来“真金白银”的现金流入。同时，将现金流量表提供的信息与资产负债表和损益表提供的信息结合起来，可以说明利润的形成与分配以及资金的来源与运用的关系，这对于分析研究公司总体经营与财务状况有重要的意义与作用。

具体的现金流量分析方法可以参见本书第九章现金流量分析，此处不再赘述。

(五) 模拟报表法

前面介绍的财务分析方法主要利用的历史财务报表数据，而当公司面临着分立、并购或股票回购等重大行为时，未来的财务报表数据可能会发生根本性的变化，因此如果报表使用人将自身决策建立在以历史数据为主的财务分析结果的基础上，那么就可能导致决策失误。在这种情况下，分析人员可以通过编制模拟财务报表（Pro Forma Financial Statement）来进行财务分析。通过模拟财务报表的编制，能够显示出某项特定交易（如兼并、收购、大比例资产出售、置换等）如果在更早的时期完成可能对历史会计报表产生的影响，由此来为投资者提供关于此项特定交易持续影响的信息。模拟财务报表将有助于投资者分析公司的未来前景，因为它详细阐述了交易导致的公司历史财务状况和经营成果变动的可能的范围，对投资者评价公司兼并、收购等交易活动具有预测价值。模拟财务报表一般包括模拟资产负债表（Pro Forma Balance Sheet）、模拟收益表（Pro Forma Statements Of Income）和相关解释性附注（Explanatory Notes）。一般而言，模拟财务报表并不是主要财务报表，它们仅仅是对历史财务报表的一种补充。

在编制模拟财务报表时，应当注意三张模拟财务报表之间的数据要保持正确的勾稽关系。此外，编制模拟财务报表时难免要做出一系列假设，这些假设应当与公司的实际情况相符，并考虑到公司管理层在未来可能做出的变动。

二、比率分析法①

（一）成长性与盈利性的驱动因素

从长远看，公司的价值取决于其成长性和盈利能力。这两项能力又取决于其产品市场战略和资本市场战略；而产品市场战略包括公司的经营战略和投资战略，资本市场战略又包括融资战略和股利政策。公司的成长性和盈利性的驱动因素如图4－9所示。

比率分析的目的就是评价企业在经营管理、投资管理、融资战略和股利政策四个领域的管理效果。有效的比率分析应使各财务比率尽可能与上述驱动因素相联系。尽管比率分析无法使分析人员完全掌握公司经营业绩的全部情况，但有助于分析人员确定需要进一步查明的问题。

（二）杜邦分析法及其改进

杜邦分析法是指根据各主要财务比率指标之间的内在联系，建立财务分析指标体系，综合分析企业财务状况的方法。由于该体系是由美国杜邦公司最先采用的，因此成为杜邦分析法。一般而言，净资产收益率被视为衡量公司盈利能力的最重要指标，因此，杜邦分析法将净资产收益率作为全面分析公司业绩的起点。

---

① 本部分介绍的各种比率的计算实例可以参考本书的第十章和第十一章，此处不再赘述。

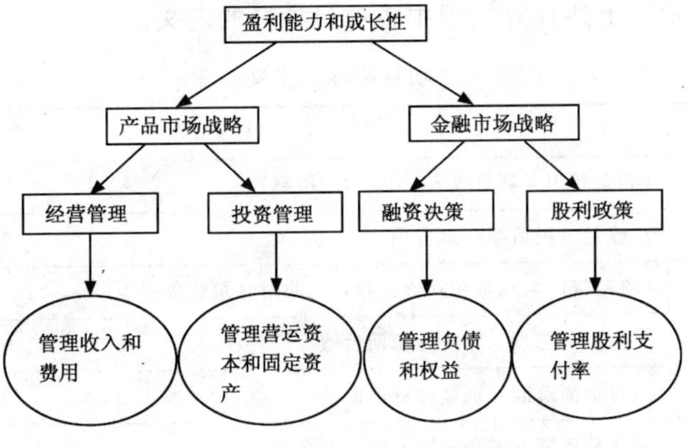

图 4-9 公司的成长性和盈利性的驱动因素

资料来源：参考 Krishna G. Palepu、Victor L. Bernard 和 Paul M. Healy. Business Analysis & Valuation: Using Financial Statement, Text and Cases. 中信出版社 2002 年版。

传统的杜邦分析法将净资产收益率分解为销售利润率、资产周转率和权益乘数三部分，即

净资产收益率 = 总资产收益率（ROA）× 权益乘数

= (净利润/销售收入) ×（销售收入/总资产）×（总资产/净资产）

这样的分解方法虽然使用普遍，但存在一定的缺陷。首先，在计算 ROA 时，分子的净利润是属于股东的，债权人无权分享，但分子的总资产却包含了股东权益和债务，而且资产还分为营业资产和金融资产（如短期投资），并非所有资产都和公司的经营活动相关。其次，净利润包括经营活动产生的收益、投资收益和利息收益等，对这些收益的区分可以更为清晰地判断公司的经营、融资和投资效率。最后，权益乘数过于简单，并未认识到公司的现金和短期投资等项目实际上是"负债务"。[①]

为了克服上述缺陷，哈佛大学佩普教授等人对传统的杜邦分析法进行了改进，他们采用如下方法对 ROE 进行分解。

$$\begin{aligned}
\text{ROE} &= \frac{\text{税后净营业利润}}{\text{股东权益}} - \frac{\text{税后净利息费用}}{\text{股东权益}} \\
&= \frac{\text{税后净营业利润}}{\text{净资产}} \times \frac{\text{净资产}}{\text{股东权益}} - \frac{\text{税后净利息费用}}{\text{净债务}} \times \frac{\text{净债务}}{\text{股东权益}} \\
&= \frac{\text{税后净营业利润}}{\text{净资产}} \times \left(1 + \frac{\text{净债务}}{\text{股东权益}}\right) - \frac{\text{税后净利息费用}}{\text{净债务}} \times \frac{\text{净债务}}{\text{股东权益}} \\
&= \text{营业资产收益率} + (\text{营业资产收益率} - \text{税后实际利息率}) \times \text{净财务杠杆} \\
&= \text{营业资产收益率} + \text{差价} \times \text{净财务杠杆}
\end{aligned}$$

① 严格地说，部分现金是公司经营必需的，只有超额现金才能被视为"负债务"。

表 4－18 列示了上述计算过程中各项目指标的定义。

表 4－18　　项目指标的定义

项　目	定　义
税后净利息费用	(利息费用－利息收入) ×（1－税率)
税后净营业利润	净收益＋税后净利息费用
营业营运资本	(流动资产－现金和有价证券) －非附息短期负债①
净长期资产	长期资产总额－非附息长期负债
债务净额	附息负债总额－现金和有价证券
净资产	营业营运资本＋净长期资产
净资本②	债务净额＋股东权益

营业资产收益率计量的是公司使用其营业资产创造营业利润的盈利能力。差价是将债务引入资本结构产生的增量经济影响，只要营业资产收益率高于借款成本，借款就会产生正的影响，反之则会降低 ROE。正或负的影响都会被杠杆效应放大，债务净额与股东权益的比率可以计量这种杠杆效应的大小。因此，差价和净财务杠杆的乘积计量了股东的财务杠杆收益，它可以用来衡量公司的财务管理水平。

营业资产收益率可以进一步分解为营业净利润率和营业资产周转率，也即：

$$营业资产收益率=\frac{税后净营业利润率}{销售收入}\times\frac{销售收入}{净资产}$$

其中，(税后净营业利润率/销售收入）代表营业净利润率，可以衡量公司的经营管理水平；(销售收入/净资产）代表营业资产周转率，可以衡量公司的资产管理水平。

佩普教授等还将传统杜邦分析法的分析起点由净资产收益率扩展到可持续增长率，计算方法如下：

可持续增长率＝净资产收益率×（1－股利支付率)

可持续增长率是公司在保持盈利能力和财务政策不变时所能取得的增长比率。如果公司打算按高于可持续增长比率的速度增长，那么分析人员应当判断这种增长是基于盈利能力的提高、财务杠杆的提高还是股利的削减。

财务比率分析的可持续增长框架如图 4－10 所示。

这样，通过对可持续增长率指标的分解，我们就能够进一步评估公司的经营管理水平，资产管理水平和财务管理水平。以下我们分别介绍这三方面的指标计算方

① 流动负债－短期借款和长期借款本年到期部分。

② 净资产＝净资本，读者可以自行证明。

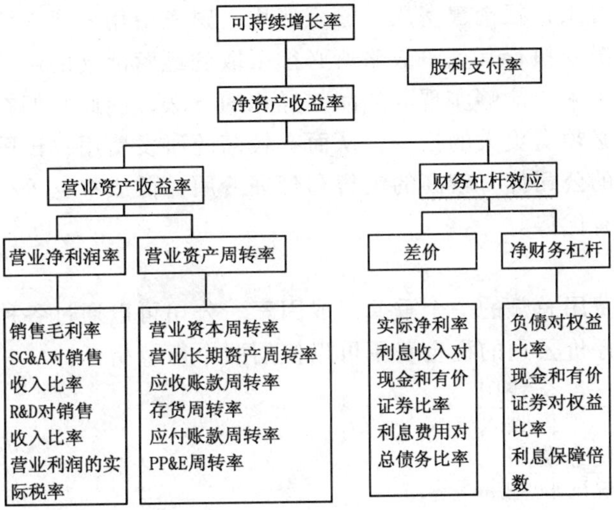

图 4－10　财务比率分析的可持续增长框架

资料来源：参考 Krishna G. Palepu、Victor L. Bernard 和 Paul M. Healy. Business Analysis & Valuation: Using Financial Statement, Text and Cases. 中信出版社 2002 年版。

法及注意事项。

(三) 经营管理水平指标的计算方法及注意事项

对营业净利润率的进一步分解可以使分析人员得以评估公司的经营管理效率。常用的分析工具是前面已经介绍过的共同比损益表，即该表中的所有项目都用一个销售收入比率表示。共同比损益表可用于企业一段时间损益表各项目的纵向比较，也可用于行业内企业间的横向比较。进行共同比损益表分析时，分析人员应当关注以下问题：(1) 公司的销售毛利率与其选择的竞争策略相符吗？一般而言，差异化战略通常比低成本战略带来更高的销售毛利率；(2) 公司销售毛利率是否发生重大波动？导致了这种波动的因素可能包括竞争地位的变化、投入成本的变化和期间费用管理效率的变化；(3) 公司对各项期间费用的管理效率如何？

1. 销售毛利率

$$销售毛利率=\frac{销售收入-销售成本}{销售收入}$$

销售毛利率主要受两个因素影响：(1) 产品或劳务的价格；(2) 原料购买成本和产品生产成本。因此，对销售毛利率的分析应当建立在前述战略分析的基础上。比如产品差异化公司往往定高价，低成本战略公司往往能够以低于竞争对手的成本购入原料或能够更有效地组织生产，这些因素都将对销售毛利率有重大影响。

2. 期间费用对销售收入比率

$$期间费用率=\frac{期间费用项目}{销售收入}$$

这里的期间费用包括销售费用、管理费用、财务费用和研发费用等。公司的费用水平及构成情况受执行其竞争战略所必须采取的经营活动的影响。执行产品差异化战略的公司必须采取能够实现其产品差异化的方法，因此它们在提高产品质量和开发新产品方面必须有更大的投资，从而有较高的研发费用；试图建立品牌形象和提供高质量服务的公司拥有较高的销售和管理费用；低成本竞争战略公司往往在营业费用控制方面有优势。

3. 实际税率

税金是公司费用总额的一个重要组成因素。公司可以通过各种税务筹划技术来降低实际税率。评价公司的税金费用可以使用两个衡量指标：

$$\text{税金费用率} = \frac{\text{税金费用}}{\text{销售收入}}$$

$$\text{平均税率} = \frac{\text{税金费用}}{\text{税前收益}}$$

在评价公司的税务筹划时，分析人员应当关注两方面问题：(1) 公司的税务政策可以持续吗？当前的税率受以前税额减免的影响吗？(2) 公司的税务筹划是否会产生其他经营成本？例如，如果经营活动在避税地发生，会对公司销售利润率和资产利用率产生哪些影响？税务筹划所带来的收益是否高于增加的经营成本？

（四）资产管理水平指标的计算方法及注意事项

由于公司将大量资源投资于各类资产，因此，各类资产的周转速度是公司资产管理水平的重要体现，也是提高公司净资产收益率的重要驱动因素。使资产具有更高的生产能力对提高总体盈利能力至关重要。详细分析各类资产周转率有助于评估公司的资产管理水平。资产管理包括两个主要方面：营运资本管理和长期资产管理。

1. 营运资本分析。传统的营运资本被定义为公司的流动资产和流动负债之间的差额，但传统定义并不区分营业营运资本（如存货、应收账款、应付账款）和融资营运资本（如现金、短期投资、应付票据）。上述区分有助于分析师对公司经营效率的理解。因此，我们可以将营业营运资本定义为：

$$\text{营业营运资本} = \left(\begin{matrix}\text{流动}\\\text{资产}\end{matrix} - \begin{matrix}\text{现金和}\\\text{有价证券}\end{matrix}\right) - \left(\begin{matrix}\text{流动}\\\text{负债}\end{matrix} - \begin{matrix}\text{短期投资和长期债}\\\text{务本年到期部分}\end{matrix}\right)$$

分析人员应特别关注的营业营运资本项目包括应收账款、存货和应付账款。一定数量的营运资本投资对公司正常业务经营是必要的。下列比率对分析公司营运资本管理水平很有用：

$$\text{营业营运资本对销售收入比率} = \frac{\text{营业营运资本}}{\text{销售收入}}$$

$$\text{营业营运资本周转率} = \frac{\text{销售收入}}{\text{营业营运资本}}$$

$$应收账款周转率 = \frac{销售收入}{应收账款}$$

$$存货周转率 = \frac{销售成本}{存货}$$

$$应付账款周转率 = \frac{购货成本}{应付账款}或\frac{销售成本}{应付账款}$$

$$应收账款周转天数 = \frac{365}{应收账款周转率}$$

$$存货周转天数 = \frac{365}{存货周转率}$$

$$应付账款周转天数 = \frac{365}{应付账款周转率}$$

在实际计算上述指标时存在一些问题。首先，在计算所有周转率指标时，分母的资产项目可以选择年末值或年初年末平均值，但正如前面所指出，财务比率的价值只有在比较中才能体现，因此只要各比较指标均采用同一标准进行计算，采用年末值或平均值并不会产生太大影响。其次，在计算应收账款周转率和应收账款周转天数时，严格而言应当使用赊销额计算，但由于分析人员一般难以获取赊销数据，因此往往使用销售收入总额来替代。同样，在计算应付账款周转率和应付账款周转天数时，往往以销售成本来代替购货成本。

此外，上述指标要结合公司经营策略予以考虑。例如，公司的信用政策和销售政策决定最佳应收账款水平；生产过程的性质和对预防存货的需求决定最佳存货水平；应付账款是公司营运资本的惯常融资渠道，行业支付惯例决定公司应付账款的平均水平。

2. 长期资产分析。资产管理的另一个方面与公司长期资产的利用效率有关。我们对长期资产净额重新定义如下：

长期资产净额 = 长期资产总额 − 非附息长期负债

长期资产通常包括固定资产净值、无形资产以及其他资产。长期资产净额占销售收入的比率和长期资产净额周转率是衡量公司长期资产使用效率的重要指标。

$$长期资产净额占销售收入比率 = \frac{长期资产净额}{销售收入}$$

$$长期资产净额周转率 = \frac{销售收入}{长期资产净额}$$

由于固定资产是公司资产负债表中最重要的长期资产，我们往往通过计算固定资产周转率来判断固定资产的使用效率。

$$固定资产周转率 = \frac{销售收入}{固定资产净值}$$

在分析公司的资产管理水平时，分析人员还应当探讨四方面问题：(1) 公司的存货管理水平如何？公司是否采用了现代化的生产技术？公司是否有良好的供应和后勤管理系统？公司对新产品作出规划了吗？存在需求预测和实际销售不相匹配的情况吗？(2) 公司信贷政策管理水平如何？这些政策与公司营销战略一致吗？公司通过扩展销售渠道增加销售收入了吗？(3) 公司利用商业信用了吗？是否过分依赖商业信用？隐含利息成本是多少？(4) 公司对厂房和设备的投资与其竞争战略一致吗？公司拥有合理的收购和剥离政策吗？

（五）财务管理水平指标的计算方法及注意事项①

只要负债成本低于投资收益率，财务杠杆就会提高公司净资产收益率。根据不同的负债成本，我们可以将公司的负债分为三类：附有明确利息费用的负债（如短期借款、应付票据、长期借款等）、没有利息费用的负债（如应付账款、递延税款等）、附有隐含利息费用的负债（如资本租赁债务、退休金负债等）。此外，一些公司持有大量现金余额或短期投资，这些现金等价物可以用于立即清偿债务，因此可以作为公司债务净额的减项。

但是，财务杠杆是一把“双刃剑”，尽管它可能会带来更高的净资产收益率，但也会增加公司风险。首先，如果债务成本高于投资收益率，那么财务杠杆反而会扩大公司的亏损情况；其次，负债具有预先确定的付款条件，如果公司不能履行付款承诺，则将面临陷入财务困境的风险；最后，债权人往往会通过一些保证条款对公司的经营、投资和融资决策作出限制。

评价公司财务管理水平一般包括两个方面：短期流动性水平和长期偿债能力。

1. 短期流动性分析。短期流动性是指公司支付即将到期债务的能力。公司如果缺乏必要的短期流动性，不但会影响日常的经营活动，而且可能由于无力偿还债务而导致破产。以下比率可用于评估公司的短期流动性水平。

(1) 流动比率。

$$流动比率 = \frac{流动资产}{流动负债}$$

流动比率反映了公司每元流动负债有多少流动资产作为支付保障。从债权人的立场上来看，流动比率越高越好，因为高流动比率意味着其债权越有保障。但从经营者和股东的角度而言，流动比率并非越高越好，在偿债能力允许的范围内进行适度的负债经营也是现代企业经营的重要策略。

流动比率是目前运用最为广泛的短期流动性指标。在评价流动比率时应当注意以下问题：(1) 对流动比率的评价应当结合公司所处行业的标准，不同行业因其资产、负债占用情况不同，正常的流动比率标准有很大差别；(2) 注意人为因素对流动比率指标的影响，例如通过在期末集中偿还短期债务，下期初再举债的方式人为调高期末流动比率；(3) 流动资产中各项目变现能力差别很大，因此相同的流动比

① 这部分内容的进一步解释，可参阅第十三章。

率不代表公司的短期流动性也相同，还需要对其他指标进行补充分析。

(2) 速动比率。

$$速动比率=\frac{速动资产}{流动负债}$$

速动资产的计算一般有两种方法：

速动资产 = 流动资产 − 存货

或

速动资产 = 货币资金 + 短期投资 + 应收票据 + 应收账款

由于存货、待摊和预付费用等项目变现较为缓慢，缺乏稳定的市场价值，因此在计算速动比率时将它们排除在外。当然，如果某一存货存在高度流动性（如贵金属、油品等），那么也可以包含在速动资产中。速动比率假定公司在面临财务危机或办理清算时，在存货、预付费用及其他不确定流动资产均假定全无价值的情况下，仅以速动资产即可支付流动负债的比率大小。因此速动比率在分析公司应付意外事件能力的高低时十分有效。

(3) 现金比率。在上述速动比率的计算中，应收票据和应收账款的按期收回仍然存在一定的风险，特别是当客户的信用状况不佳时。因此，分析人员可以进一步计算只考虑现金和短期投资的现金比率，从而更好地判断公司在紧急情况下的流动负债偿还能力。

$$现金比率=\frac{货币资金+短期投资}{流动负债}$$

一般而言，现金比率过高对公司而言并不一定是好事，这可能意味着公司的资金闲置率过高，缺乏有利的投资机会。但对某些公司而言现金比率仍是十分重要的，比如存货和应收账款周转速度很慢的公司、高投机性的公司、新成立的风险较大的公司。此外，如果分析人员发现公司的应收账款和存货存在抵押的现象，或可收回性存在问题时，使用现金比率来衡量公司的实际流动性更为合理。

(4) 经营现金流量比率。经营现金流量比率是衡量公司使用经营活动产生的现金流量偿还流动负债能力的重要指标。

$$经营活动现金流量比率=\frac{经营活动产生的现金净流量}{流动负债}$$

经营活动现金净流量与现金等价物相比，其特点在于它是一种现金的增量，而不是现金存量，而且它是减去经营活动中现金支出量后的余额，表明了公司通过正常经营活动创造净现金流入的能力。因此，经营活动现金比率在评价公司短期流动性水平中有着其他指标无法替代的作用。

2. 长期偿债能力分析。公司对外的各项长期负债，除了偿还到期本金之外，还需要按期支付利息，因此在分析公司的长期偿债能力时，必须同时评估公司偿还本金及支付利息的能力。评估公司长期偿债能力的途径有：公司资本结构比率分析、利息和固定支出保障倍数分析和现金流量与固定支出倍数分析。

（1）公司资本结构分析。公司的资本结构中引入一定的债务融资具有潜在的收益。首先，债务成本通常低于权益成本；其次，多数国家的债务利息可以抵税，而股利则是税后支付；第三，债务融资可以使管理层受到刚性约束，促使其减少不必要的支出；最后，向私人债权人传递公司私有信息通常比向公开资本市场传递信息更为便利，这种信息沟通有助于降低公司资本成本。出于上述考虑，多数公司均会使用一定的债务融资，但过度的依赖债务融资也会加大公司的经营风险和财务风险。一般而言，如果公司所处行业不存在激烈竞争和技术革命的威胁，那么未来现金流量的可预测性就比较强，经营风险较低，因此可以较多地依赖债务融资；相反，如果公司的经营现金流量具有高度的波动性，而且资本需求难以预测，则可能主要依赖权益融资。当然，公司管理层的风险偏好和对财务弹性的态度也会影响公司的资本结构。以下比率有助于评估公司资本结构的合理性。

$$\text{资产负债率}=\frac{\text{负债总额}}{\text{资产总额}}$$

$$\text{净资产负债率}=\frac{\text{负债总额}}{\text{所有者权益总额}}$$

$$\text{有形净资产负债率}=\frac{\text{负债总额}}{\text{所有者权益}-\text{无形资产}-\text{待摊费用}}$$

$$\text{长期债务比率}=\frac{\text{长期债务}}{\text{股东权益}}$$

$$\text{债务净额对权益比率}=\frac{\text{负债总额}-\text{现金和有价证券}}{\text{股东权益}}$$

上述比率可以帮助债权人判断债务的保障程度。一般而言，上述指标越低，债务的“权益护垫”就越厚，债务的保障程度就越高。

（2）利息和固定支出保障倍数分析。

$$\text{利息保障倍数}=\frac{\text{净利润}+\text{所得税}+\text{利息费用}}{\text{利息费用}}$$

$$\text{固定支出保障倍数}=\frac{\text{净利润}+\text{所得税}+\text{固定支出}}{\text{固定支出}}$$

固定支出包括了利息费用、本金偿还、租金支付、优先股股利、退休金等。

在利用上述指标判断企业的偿债能力时，应当注意以下问题：

非经常性损益。非经常性损益是指具有非常性质及不常发生的事件或交易事项。由于非经常性损益的不可再生性，在计算上述保障倍数时，一般将其从净利润中剔除。

资本化的利息。并非所有的利息费用均体现在损益表中。按照会计准则的要求，某些利息费用可能被资本化，从而进入资产负债表，比如在建工程的专项借款利息费用就被计入在建工程成本中，并在随后的固定资产使用期内分期摊销。但是，无论利息支出是费用化还是资本化，当期发生的利息支出都是必须支付的，都需要一定的盈利保障。因此我们在计算利息保障倍数时应当将资本化的利息考虑在内，此时的利息保障倍数计算公式为：

$$利息保障倍数=\frac{净利润+所得税+利息费用}{利息费用+资本化利息}$$

经营性租金。如前所述，经营性租赁作为一种表外融资方式，其经济实质与融资性租赁并无太大区别。因此，我们在计算利息保障倍数时应当将经营性租金中的隐含利息考虑在内。一般而言，经营性租金中的1/3左右属于隐含利息，因此我们可以将利息保障倍数计算公式改写为：

$$利息保障倍数=\frac{净利润+所得税+利息费用+\frac{1}{3}经营性租金}{利息费用+资本化利息+\frac{1}{3}经营性租金}$$

利息收入。公司的银行存款、短期投资等资产往往会产生可观的利息收入。许多人认为在计算利息保障倍数时应当从利息费用中扣除利息收入。但这种做法可能歪曲企业的信用质量。比如企业可能在短期内拥有大量的闲置资金，并投资于一些有价证券，这可能为企业带来大量的利息收入，如果我们在计算利息保障倍数时从利息费用中扣除利息收入，那么就会得到很高的利息保障倍数，但长期来看企业的闲置资金最终是要投资于经营性资产的，其产生的利息收入只是暂时的，因此，在计算利息保障倍数时考虑利息收入可能会导致高估未来的利息保障水平。当然，如果企业长期将大量资金投资于可以产生利息收入的有价证券（一些企业为了获得某些税收上的优惠可能这么做），那么在计算利息保障倍数时将这些利息收入考虑在内也是合理的。

(3) 现金流量与固定支出倍数分析。由于会计利润并非代表等额的现金净流入，而公司利息的支付、本金的清偿等具有刚性，需要用现金支付，因此分析人员还需要从现金流量的角度判断公司的固定支出保障能力。

$$现金流量固定支出保障倍数=\frac{经营活动现金净流入+固定支出}{固定支出}$$

（六）估价指标的计算方法及注意事项

随着资本市场的蓬勃发展，一系列结合资本市场价值的相关比率受到了投资者的广泛关注，将财务报表数据与市场价格数据结合起来能够为分析人员提供新的分析视角。对于一些已经在证券交易所上市的公司而言，进行估价指标的计算分析是很有必要的。虽然正确判断上市公司的内涵价值需要借助于更为正式的投资价值评估模型（具体见第十二章），但通过计算一些简单的估价指标能够帮助分析人员对公司的内涵价值有一个大致的了解。

1. 普通股每股净收益。普通股每股净收益是提升股价和派发普通股股利的基础，由于优先股股东对股利的受领权优于普通股股东，因此在计算普通股股东所能享有的收益额时，应将优先股股利扣除，其基本计算方法如下：

$$普通股每股净收益 = \frac{税后利润 - 优先股利}{普通股流通股数}$$

计算这一比率时，由于公司资本结构不同，应区分以下两种情况。

（1）简单资本结构公司。简单资本结构公司是指没有发行某种在履行或更换时会稀释普通股每股收益的任何证券（如可转换优先股、可转换债券、认股权证等）的公司。

但简单资本结构公司的某年度发行在外普通股股数仍可能由于增发新股或股票回购等行为而发生变化。因此在计算每股净收益时，通常采取两种方法：

全面摊薄法。这种方法直接以年末实际发行在外的普通股股数作为计算基数，而不考虑本年度增减股份因运转时间不同对其的影响。

加权平均法。这种方法是将年内增加或减少的普通股按其运转时间占全年时间的比重予以加权，计算每股净收益的方法。

发行在外普通股加权平均数 = 期初发行在外普通股股数 + 当期新发行普通股股数 × 已发行时间 ÷ 报告期时间 - 当期回购普通股股数 × 已回购时间 ÷ 报告期时间

（2）复杂资本结构公司。复杂资本结构公司是指资本结构中包含至少一种对普通股每股净收益具有潜在稀释性的证券（如可转换优先股、可转换债券等）的公司。这类公司的普通股每股收益通常需要列示两种金额：

原先的每股净收益，即假定潜在的可稀释性证券都不稀释（如可转换证券都不转换为普通股），其计算方法与简单资本结构公司相同。

完全稀释的每股净收益，即假定全部潜在的可稀释性证券都已稀释（如可转换证券都转换为普通股）。如果公司的可转换证券在本会计年度内部分或全部转换为普通股，即可导致年内发行在外的普通股股数增加，因而仍应按照全面摊薄法或加权平均法确定年末发行在外的普通股股数，并计算完全稀释的每股净收益。

由于普通股每股净收益的重要性，许多国家要求公司在财务报告中专门披露这一比率，并且有相应的会计准则加以规范，比如我国新的《企业会计准则第 34 号——每股收益》。

2. 市盈率。市盈率也称为价格与收益比率（P/E ratio），是指普通股每股市价与每股收益的比率，它代表了投资者愿意为 1 单位利润所支付的价格。其计算公式为：

$$市盈率 = \frac{普通股每股现行市价}{普通股每股净收益}$$

市盈率指标与公司规模大小、盈利水平绝对值没有直接的关系，可以用来对不同公司进行比较。市盈率水平在不同的行业间有所差别，它反映了市场对不同行业收益增长情况的不同预期，如朝阳产业的市盈率普遍高于夕阳产业的市盈率。一般而言，如果一家公司相对同行业其他公司而言连续维持较高的市盈率，说明市场较为看好其发展前景。但过高的市盈率也会增加投资风险，因此不能仅仅利用这一指标作为投资依据。

3. 每股净资产与市净率。

$$每股净资产=\frac{所有者权益总额-优先股权益}{普通股流通股数}$$

每股净资产通常被认为是股价下跌的底线，如果股价低于每股净资产，那么公司的发展前景一般而言极度堪忧。每股净资产越高，表明公司内部积累越雄厚，在经济不景气的时期拥有较强的抵御能力。在公司并购中，每股净资产也是估算并购公司价值的重要依据。

$$市净率=\frac{普通股每股市价}{普通股每股净资产}$$

每股净资产是股票的账面价值，它主要是以历史成本计量的，而每股市价是这些资产的现行市值，它是证券市场上交易的结果。一般而言，市价高于账面价值时企业资产的质量较好，有发展潜力，未来创造剩余收益的能力较强（具体分析可以参考本书第十二章的相关内容）；反之则资产质量差，没有发展前景。优质股票的市价都超出每股净资产许多，一般说来市净率达到 3 可以树立较好的公司形象。市价低于每股净资产的股票，就像售价低于成本的商品一样，属于"处理品"。当然，"处理品"也不是没有投资价值，问题在于该公司今后是否有转机，或者购入后经过资产重组能否提高获利能力。

如果同时考虑市盈率和市净率，分析人员就可以进一步洞察市场对未来获利能力的预期。表 4－19 概括了不同市净率和市盈利组合所代表的含义。

表 4－19　　不同市净率和市盈利组合所代表的含义

	低市净率	高市净率
低市盈率	同当期盈利水平相比，预期盈利增长缓慢或有所下降，且预期的股东权益报酬率较低	同当期盈利水平相比，预期盈利增长缓慢或有所下降，但预期的股东权益报酬率较高
高市盈率	同当期盈利水平相比，预期盈利增长迅速，但预期的股东权益报酬率较低	同当期盈利水平相比，预期盈利增长迅速，且预期的股东权益报酬率较高

资料来源：佩因曼著，刘力、陆正飞译：《财务报表分析与证券定价》，中国财政经济出版社 2002 年版。

4. 每股股利和股票获利率。

$$普通股每股股利=\frac{普通股股利总额}{普通股流通股数}$$

普通股股利是股权投资者获得投资收益的方式之一。按照公司价值评估理论的股利折现模型，公司的价值取决于未来的股利发放能力（具体分析可以参考本书第十二章的相关内容）。每股股利的高低一方面取决于公司获利能力的强弱，另一方面还受到公司股利发放政策与利润分配需要的影响。例如处于朝阳产业的公司为了扩大再生产、增强发展后劲，可能采取保守的股利政策，而处于夕阳产业的公司可能由于缺乏投资机会而派发较多的每股股利。

$$股票获利率 = \frac{普通股每股股利}{普通股每股市价}$$

股票获利率是衡量普通股股东当期股利收益情况的指标。当然，该指标并非股权投资的总回报率，因为它并没有包括股价变动带来的资本收益。

在引入了市场数据后，我们可以构建出一个新的财务指标体系，如图 4－11 所示。

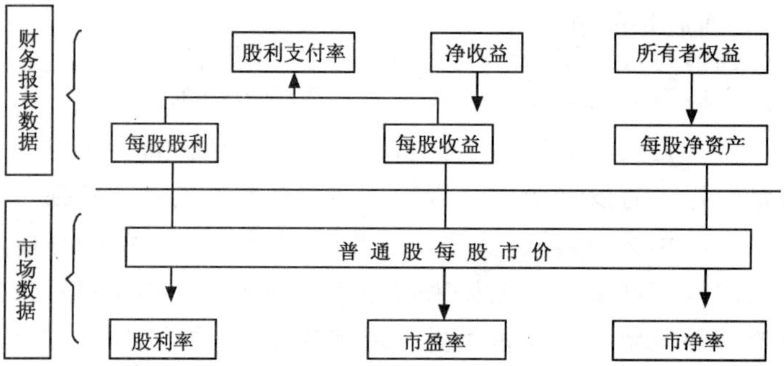

图 4－11　估价指标体系

资料来源：陈少华：《财务报表分析方法》，厦门大学出版社 2004 年版。

三、模拟报表法

当公司发生重大事件（如公司分立、公司合并、重大会计准则变更）时，采用模拟报表分析法可以从财务方面较为直观地了解重大事件所带来的影响。当然，简单的模拟报表无法完全反映出重大事件对企业未来发展前景的全部影响，因此更为深入详细的分析还需要通过战略分析、会计分析、财务分析和前景分析的步骤进行。

（一）公司分立与模拟报表的编制①

美国著名的化学品公司卡博特公司（Cabot Corporation）进行了一项重大公司分立行为，将其拥有的卡博特微电子公司（Cabot Microelectronics，以下简称 CMC）80.5%的权益以特别股利的方式发放给卡博特公司的股东，同时以 6.88 亿美元的

① 本案例引自 Financial Statement Analysis: A Practitioner's Guide, 3rd Edition, Fridson M., Alvarez F. and Fridson M. S., John Wiley & Sons, Inc.。

价格出售了其所拥有的液化天然气（Liquefied Natural Gas，以下简称 LNG）业务，但新的年度财务报表尚未出炉，分析人员只能根据最近 1 年的财务报表编制模拟财务报表，并据以判断卡博特公司未来的业绩表现，如表 4 - 20 所示。

表 4 - 20　卡博特公司模拟损益表　（单位：百万美元）

	实际数据	模拟调整			
		LNG	CMC	其他	模拟数据
收入					
销售收入	1 695	(265)	(96)	20	1 354
利息和股利收入	4	—	—	—	4
总收入	1 699	(265)	(96)	20	1 358
成本和费用					
销售成本	1 213	(248)	(45)	20	940
销售和管理费用	208	(13)	(16)	7	186
研发费用	73	—	(15)	—	58
利息费用	46	—	—	(7)	39
特殊项目	26	—	—	—	26
权益证券销售利得	(10)	—	—	—	(10)
其他费用（收入）	7	—	(1)	—	6
总成本费用	1 563	(261)	(77)	20	1 245
税前利润	136	(4)	(19)	—	113
所得税	(49)	1	7	—	(41)
子公司投资收益	13	—	—	—	13
少数股东权益	(3)	—	—	—	(3)
持续经营活动净利润	97	(3)	(12)	—	82
非持续经营活动净利润	—	3	12	—	15
净利润	97	0	0		97

总体而言，模拟调整的思路就是假设卡博特公司在去年就分立了 CMC 和 LNG，那么其损益表会发生怎样变化？比如 CMC 和 LNG 去年的销售收入分别是 9 600 万美元和 2.65 亿美元，而卡博特公司去年向这两家公司出售了 2 000 万美元的产品，在合并报表时这 2 000 万美元被抵消了，如果当时分立已完成，这 2 000 万美元是可以进入卡博特公司的损益表的，因此模拟调整应予以加回。这样，模拟损益表中卡博特公司的销售收入就是 13.54 亿美元（16.95 - 0.96 - 2.65 + 0.2 = 13.54）。

从模拟损益表中我们可以发现，公司分立后卡博特公司的毛利率将得到提高。

分立之前卡博特公司的毛利率为 28.4%（$\frac{1\ 695 - 1\ 213}{1\ 695}$ = 28.4%），而分立之后其毛利率上升到了 30.6%（$\frac{1\ 354 - 940}{1\ 354}$ = 30.6%）。但对于分析人员而言，仅凭分立当年的模拟报表难以进行深入的分析，因为我们无法获得分立公司销售收入或收益等重要信息的长期变动趋势。此外，公司分立的许多重要影响无法在模拟财务报表中得以体现，比如公司分立能够使原公司更加专注于核心业务，因此对未来业绩的提升较为有利。比如在卡博特公司案例中，公司分立之前其市值约 20 亿美元，而分立之后卡博特公司和 CMC 公司的市值总和超过了 40 亿美元，这说明分立后市场更加看好公司未来的业绩。由此可见，模拟财务报表只能够帮助我们初步了解公司分立行为对卡博特公司造成的影响。

（二）公司并购与模拟报表的编制

相对于公司分立而言，由于公司文化整合等问题的存在使得公司并购结果更加难以预料。分析人员在编制和分析公司并购模拟报表时也应当更加小心。被并购公司管理层拥有明显的信息优势，往往会在市价最高时出售公司，而此后公司的业绩可能出现下滑的趋势，因此模拟报表的盈利数据存在被高估的可能性。另一方面，由于会计准则限制某些协调效应在财务报表上的体现，模拟报表也有可能过于“保守”。以下我们通过 Broadcom 公司并购案例[①] 来介绍并购模拟报表的编制。

半导体制造商 Broadcom 公司利用换股合并的方式并购了其他三家公司：Altima、Newport 和 Silicon Spice。根据历史财务报表编制的模拟资产负债表和模拟损益表如表 4－21 和表 4－22 所示。

表 4－21　　模拟资产负债表　　（单位：千美元）

资　　产	实　际　数　据				模拟调整	模拟数据
	Broadcom	Altima	Newport	Silicon Spice		
流动资产：						
货币资金	280 880	5 045	18 120	49 716	—	353 761
短期投资	98 982	—	—	3 145	—	102 127
应收账款	117 075	5 753	54	—	—	122 882
存货	38 617	2 413	—	—	—	41 030
递延税款	8 380	520	—	—	—	8 900

① 本案例引自 Financial Statement Analysis: A Practitioner's Guide, 3rd Edition, Fridson M., Alvarez F. and Fridson M. S., John Wiley & Sons, Inc.。

续表

资　产	实际数据				模拟调整	模拟数据
	Broadcom	Altima	Newport	Silicon Spice		
其他流动资产	26 317	190	205	1 037	—	27 749
流动资产合计	570 251	13 921	18 379	53 898	—	656 449
固定资产	62 786	939	3 696	9 368	—	76 789
递延税款	293 160	—	—	—	(116 460)[1]	176 700
商誉	—	940	—	—	1 890 646[1]	1 891 586
其他资产	15 309	74	2	585	—	15 970
总资产	941 506	15 874	22 077	63 851	1 774 186	2 817 494
负债和股东权益						
流动负债：						
应付账款	62 400	3 159	699	2 864	—	69 122
应付工资	11 025	—	—	449	—	11 474
应计负债	22 139	4 324	401	—	13 770[2]	40 634
长期负债到期部分	1 167	939	889	4 636	—	7 631
流动负债合计	96 731	8 422	1 989	7 949	13 770	128 861
长期负债	966	—	2 451	3 518	—	6 935
负债合计	97 697	8 422	4 440	11 467	13 770	135 796
普通股股本	681 092	23 907	29 050	96 802	(149 759)[3] 2 941 151[4]	3 622 243
应收员工票据	(1 426)	—	—	(1 025)	—	(2 451)
递延股权报酬	(10 414)	(12 610)	—	—	(680 717)[1] 12 610[3]	(691 131)
留存收益	174 557	(3 845)	(11 413)	(43 393)	(421 520)[5] 58 651[3]	(246 963)
股东权益总计	843 809	7 452	17 637	52 384	1 760 416	2 681 698
负债和股东权益合计	941 506	15 874	22 077	63 851	1 774 186	2 817 494

对上述模拟资产负债表的各项模拟调整说明如下：

(1) 记录了并购价格在商誉、递延税款和递延股权报酬之间的初步分配；

(2) 记录了估计并购费用；

(3) 消除被并购公司的普通股、递延股权报酬和留存收益账户；

(4) 记录为了完成并购交易所发行的普通股和股票期权；

(5) 记录了并购价格分配于进行中的研发活动。

表 4-22 模拟损益表 （单位：千美元）

	实际数据				模拟调整	模拟数据
	Broadcom	Altima	Newport	Silicon Spice		
销售收入	436 768	14 722	507	—	—	451 997
销售成本	181 597	6 627	—	—	—	188 224
毛利	255 171	8 095	507	—	—	263 773
营业费用：						
研发费用	97 558	3 846	4 548	11 562	—	117 514
销售和管理费用	42 761	3 456	1 883	3 858	—	51 958
股权报酬费用	—	—	—	—	98 380[1]	98 380
商誉摊销	—	—	—	—	192 059[2]	192 059
并购费用	4 745	—	—	—	—	4 745
营业利润	110 170	793	(5 924)	(15 420)	(290 439)	(200 883)
其他利润	8 050	130	333	1 265	—	9 778
税前利润	118 157	923	(5 591)	(14 155)	(290 439)	(191 105)
所得税	23 631	140	1	—	(28 810)[3]	(5 038)
净利润	94 526	783	(5 592)	(14 155)	(261 629)	(186 067)

对上述模拟损益表的各项模拟调整说明如下：

(1) 记录了并购产生的股权报酬费用；

(2) 记录了并购产生的商誉的摊销额；

(3) 记录于预期的税收影响。由于模拟报表中调整了商誉摊消、股权报酬费用等项目，而这些项目是排除在税基计算之外的，因此应当予以调整。

由于 Broadcom 公司在并购其他三家公司时采用是换股并购的方式，以自身股票和股票期权换取其他三家公司共约 7 750 万美元的股东权益，因此并购后 Broadcom 公司的股东权益从 8.43 亿美元猛增至 26.82 亿美元。由于并购过程没有现金支出，因此 Broadcom 公司无需通过债务融资来筹集并购所需资金，并购后 Broadcom 公司的债务增长幅度较小，长期负债（包括即将到期部分）只从 210 万美元增长到 1 460 万美元。Broadcom 公司的资产负债率也从 10% 降低到了不到 5%，这似乎意味着 Broadcom 公司的信用质量得到了提高。但进一步分析我们可以发现，并购行为给 Broadcom 公司带来了约 18.92 亿美元的巨额商誉，占到了并购后总资产的 67%，而在进行信用质量分析时往往会剔除商誉等无形资产的影响①。如果我们将商誉剔除，那么 Broadcom 公司并购后的资产负债率实际上是上升到了 15%。此

① 具体的信用质量分析可以参考第十三章的内容。

外，我们还可以通过模拟损益表分析 Broadcom 公司的信用质量。从模拟损益表中我们可以发现，并购后 Broadcom 公司的营业利润从 1.1 亿美元急剧下降到 -2 亿美元，这也显示出 Broadcom 公司并购后信用质量的恶化。进一步分析模拟损益表，我们可以发现导致 Broadcom 公司营业利润急转直下的主要原因是高达 1.92 亿美元的商誉摊销。由于 Broadcom 公司采用的是换股合并法，因此必须在损益表中确认 9 800万美元的股票期权费用，这进一步降低了 Broadcom 公司的营业利润。

第五节 前景分析

前述理论部分已指出，现行财务报表体系是以决策有用观为导向的，但财务报表信息往往只提供了过去的历史数据，而决策必定是面向未来的。因此，以报表中的历史数据为基础，对未来进行前瞻性预测，是实现财务报表“决策有用性”的关键步骤。例如，投资者需要通过预测来作出买入或卖出的交易策略；公司管理层需要通过预测对未来的生产销售作出安排并提出业绩目标；分析师需要通过预测表达他们对公司前景的看法；债权人需要通过预测来评估贷款回收的可能性。因此，分析人员在经过战略分析、会计分析和财务分析之后，还需要进行恰当的前景分析，而财务预测是进行前景分析的重要工具。

一、财务预测概述

(一) 财务预测基本思路

财务预测是指基于各种合理的基本假设，根据预期条件和各种可能影响未来经营活动、投资活动和理财活动等重要事项，作出最恰当的预估结果，并将预期的财务状况、经营成果和现金流量变动等信息，编制成各项预计财务报表。财务预测并不是凭空臆断的“空中楼阁”，而是建立在之前的战略分析、会计分析和财务分析的坚实基础之上的。比如分析人员可以通过战略分析了解到公司未来的竞争战略和公司战略有何变化？是否会影响到公司的营运资本和资本支出的需求？通过会计分析可以了解到过去的收益或资产是否被高估？对未来的财务报表有何影响？通过财务分析则可以了解到公司毛利率变化的驱动因素是什么？未来的变化趋势如何？

由于财务报表体系是一个相互关联的有机整体，因此恰当的财务预测应当是全面的预测，不仅需要进行收益预测，而且应当预测现金流量和资产负债表数据。这样能够防止在预测过程中出现不切实际的假设。例如，如果在预测企业未来几年的销售和收益增长时，没有意识到由此带来的营运资本和固定资产的增加以及相应的融资可能性，那么，这种预测就是建立在对资产周转率、财务杠杆等因素进行不现实的假定基础上的，其可靠性将大打折扣。

虽然全面预测涉及到大部分财务报表项目，但由于财务报表各项目间的相互勾稽关系，因此，通常只需对一些“驱动因素”进行预测，然后利用项目间的关联关系，预测出其他项目。

（二）销售收入增长行为

对销售收入的预测是财务预测的重要起点。尽管不同行业、不同公司的销售增长率不尽相同，但长期来看总是趋于一致的。根据美国公司的历史经验，拥有高于或低于平均水平销售收入增长率的公司往往会在不超过 3—10 年的时间内（7%—9%左右）回归到“正常水平”。这可能是由于随着行业和公司的成熟，增长率会因需求饱和及行业内部竞争而减缓。因此，我们不能仅凭公司目前的高速增长就推断公司当前的高速增长可无限持续，而应当结合公司所处行业的特征、发展阶段以及公司所处的竞争战略来估计销售增长率。

（三）盈利变动行为

众多研究表明，盈利增长基本上遵循“随机游走”（Random Walk）模型或“漂移的随机游走”（Random Walk with Drift）模型。因此，以前年度盈利是考察未来盈利能力的良好起点。正如本章后面内容所指出，按最近季度的盈利变化（即在对时间序列中长期趋势进行控制后与上年该季度相比的变化）调整基准是合理的。即使是最简单的随机游走模型（也就是简单认为下年度盈利等于上年度盈利）也具有相当的准确性。当然，职业分析师的预测可能更为精确。研究表明，职业分析师的预测比简单的随机游走模型准确率高 22%①。

因此，在预测未来盈利水平时，上年度盈利水平（而非前几年的平均盈利水平）可以作为预测基础的有用数据。此外，从总体而言，盈利的长期趋势往往是可持续的，因此也值得对这一趋势加以考虑。如果同时考虑季度数据，则通常应对最近季度发生的对长期趋势的偏离予以考虑。对大多数公司而言，这些最近变化往往会在以后各季度部分重复出现。

（四）权益报酬率变动行为

尽管盈利增长遵循“随机游走模型”，但权益报酬率的变动却并非如此。研究表明，拥有异常高或异常低的权益报酬率的公司往往会逐渐回落到正常水平②。这

① Patricia O'Brien.“Analysis Forecasts as Earning Expectations”. Journal of Accounting and Economics. 1988.

② Robert Freeman, James Ohlson, and Stephen Penman.“Book Rate - of - Return and Prediction of Earning Changs: An Empirical Investigation”. Journal of Accounting Research. Autumn 1982: 639 - 653.

可能是由于两方面原因。首先，虽然前文指出一般公司的盈利水平比较符合随机游走模型，但拥有异常高（低）权益报酬率公司往往会经历盈利水平的下降（上升），从而导致权益报酬率的“正常化”[①]。其次，拥有高权益报酬率的公司往往能比其他公司更快扩展投资，这会引起权益报酬率的分母迅速提高，当然，如果公司新投资的盈利水平能够与原投资的收益水平相当，则公司仍能够保持较高的权益报酬率，但实际情况往往是盈利的增长往往跟不上投资的增长，因而权益报酬率最终下降。根据美国公司的历史经验，拥有高于或低于平均权益报酬率的公司往往会在不超过10年的时间内（10%—15%左右）回归到正常水平。这一趋势并非巧合，而是竞争性经济环境下的必然结果，高权益报酬率下降的趋势是高盈利招致竞争加剧的结果，而低权益报酬率上升的趋势反映了无利可图资本的流出。当然，现实中存在一些公司能够长期保持较高的权益报酬率，这种现象可能反映了公司具有难以被模仿的可持续竞争优势（如沃尔玛），但更多的情况下只是财务报表固有局限所导致的不实反映，比如在高科技行业中，公司的关键资源是一些无法在报表内确认的无形资产，这实际上虚减了这些公司的净资产，从而导致了异常高的权益报酬率。

通过对权益报酬率组成要素的预测，我们可以进一步了解各比率的变动趋势。如前所述：权益报酬率 = 税后净营业利润率 × 营业资产周转率 + 差价 × 净财务杠杆。在这些要素中，营业资产周转率是相当稳定的，因为它受到行业技术的限制；净财务杠杆也相对稳定，因为资本结构管理政策不常发生变化；在杠杆保持稳定的情况下，借款成本也会保持稳定，因此，如果说竞争力量使异常权益报酬趋于正常水平的话，那么，这种变化主要是通过对销售毛利率的调整来实现的。

通过上述分析，我们可以合理假设资产周转率、财务杠杆和净利息率在一定时期内保持稳定，除非公司的生产技术或财务政策发生明显变化；而高于或低于正常水平的销售毛利率则会逐渐回归正常水平[②]。当然，销售毛利率的正常水平在不同的行业之间和不同竞争战略的公司之间存在很大区别。在完全竞争均衡的条件下，资产周转率较低的公司应当保持较高的销售毛利率，这样才能使权益报酬率维持在正常的水平；反之亦然。

必须注意的是，上述规律性内容虽然有助于我们预测未来财务报表，但这些远非“公理”，在具体进行预测财务报表编制时不能完全照搬。恰当的财务报表分析不仅应当了解“正常”情况，更重要的是对具体的公司作出具体的分析，充分识别出各目标公司中的“非正常”因素，进行切合实际情况的假设和预测。以下我们将本着“具体问题具体分析”的态度介绍三张预测财务报表的编制。

---

① Robert Freeman, James Ohlson, and Stephen Penman. “Book Rate - of - Return and Prediction of Earnings Changes: An Empirical Investigation ”. Journal of Accounting Research. Autumn 1982: 639 - 653.

② 这里的正常水平受行业技术和公司战略的影响。

二、预测财务报表的编制

预测财务报表的编制一般包括以下步骤：

1. 预测未来若干时期的销售收入和其他收入；

2. 预测成本费用项目（销售成本、销售费用、管理费用等），并计算出息税前收益；

3. 预测支持第一步和第二步预测出的经营水平所需要的资产数额；

4. 预测支持第三步预测出的资产规模所需要的资本结构（负债项目和股东权益项目）；

5. 确定在第四步中预测出的资本结构产生的融资成本，从前面的经营收益中扣除融资成本和所得税费用，得出净收益，再从预测的净收益中扣除预测股利，得到预测的留存收益变动；

6. 根据预测的损益表和资产负债表，编制出预测的现金流量表。

三、预测财务报表敏感性分析

（一）敏感性分析概述

之前所介绍的财务预测过程是建立在一系列假设基础之上的“最佳预测”，或者称之为“点预测”（Point Forecast）。但是，基本假设不可能完全准确，它们受到众多不确定性因素的干扰，可能与分析人员的预期存在较大出入，进而对财务报表预测结果产生重大影响。因此，我们需要进行预测财务报表的敏感性分析，以判断预测结果对各主要假设变动的敏感性。例如，销售收入是进行财务预测的重要基础假设，而当公司所处的经营环境发生不可预测的变化时，销售收入预测可能会极大地偏离原来的估计。因此，在确定应对哪些假设进行敏感性分析时，应当具体考察公司经营业绩的历史模式、行业环境的变化和公司竞争战略的变化。财务预测的结果受各种基本假设变动的敏感度可能不尽相同。某些基本假设稍有变动就可能对财务预测结果产生重大影响，而某些基本假设即使发生较大变动也不会对财务预测结果产生太大的影响。我们试举一例[①] 加以说明：

假设某公司预测损益表如表 4-23 中第 2 列所示，现由于行业环境的变化可能导致三项假设的变动：（1）销售价格增加 5%；（2）销售成本降低 5%；（3）销售数量增加 5%，那么三项假设的变动对预测损益表的影响如表 4-23 的第 3—5 列所

① 该例引自洪国赐、卢联生：《财务报表分析》，机械工业出版社 2005 年版。

示。

表 4-23　预测损益表的敏感性分析

	基本假设不变	基本假设变动		
		销售价格增加 5%	销售成本降低 5%	销售数量增加 5%
销售收入	7 920	8 316	7 920	8 316
销售成本	5 280	5 280	5 016	5 544
销售毛利	2 640	3 036	2 904	2 772
销售和管理费用	2 088	2 088	2 088	2 192①
利息费用	126	126	126	126
营业利润	426	822	690	454
投资收入	20	20	20	20
税前净利润	446	842	710	474
所得税（35%）	156	295	249	166
净利润	290	547	461	308
净利润变动率	0	89%	59%	6%

由上表可见，净利润对销售价格的变动最为敏感，销售价格上涨 5% 将导致净利润上涨 89%；净利润对销售成本的敏感度次之，销售成本下降 5% 将导致净利润上涨 59%；净利润对销售数量的变动最不敏感，销售数量上升 5% 只导致净利润上涨 6%。我们可以进一步计算出净利润对三项基本假设的敏感系数。

$$\text{净利润对销售价格的敏感系数}=\frac{\text{净利润增加比率}}{\text{销售价格增加比率}}=\frac{89\%}{5\%}=17.8$$

$$\text{净利润对销售成本的敏感系数}=\frac{\text{净利润增加比率}}{\text{销售成本变动比率}}=\frac{59\%}{-5\%}=-11.8$$

$$\text{净利润对销售数量的敏感系数}=\frac{\text{净利润增加比率}}{\text{销售数量增加比率}}=\frac{6\%}{5\%}=1.2$$

以上仅就售价、成本以及销售数量三项假设对净利润的敏感度进行分析，实际上净利润的影响因素远不止上述三项假设。财务分析人员在必要时可以进行其他敏感性分析②。此外，基本假设的变动不仅仅只影响净利润项目，还会连带影响资产负债表和现金流量表的其他项目，分析人员可以根据上述方法进行各种敏感性测试。

① 假设销售和管理费用的增长率是销售数量增长率相同。

② 敏感性分析方法可以进一步参考本书第十二章中厦门机场和国电电力案例分析。

（二）季节性与中期预测

前面介绍的财务预测过程属于年度财务预测，但在实际运用中财务预测往往是按季度进行的。因此，我们需要了解一些季节性预测的内容。

季节性因素对销售收入和收益的影响十分重要，这可能是由于气候的原因（如对饮料行业、电和天然气行业而言），也可能是由于新产品的引入模式（如对汽车行业而言）和其他因素。对美国公司收益表现的时间序列分析表明，几乎所有主要行业均存在一定的季节性因素。

进行季节性预测时，不能仅以最近季度的业绩作为预测出发点。如果只能选取一个季度业绩出发点时，上年同一季度比最近一个季度更为合适。实际上我们在评价公司季度业绩时，也往往是以去年同一季度作为参照指标的。

具体进行季节性预测时，同样需要经过战略分析、会计分析和财务分析等基础分析过程，但我们接下来将介绍一种单纯依据以前季度数据来预测未来季度销售收入和收益的模型——Foster 模型。尽管这种模型不能涵盖所有的信息，但它有助于人们了解公司业绩的发展趋势，并作为进一步详细分析的出发点，或提供对具体预测值的合理性标杆。

Foster 模型用公式表示如下：

$$E(Q_t) = Q_{t-4} + \delta + \phi(Q_{t-1} - Q_{t-5})$$

上式中：

$E(Q_t)$ 表示第 t 季度的收益预期值；

Q_{t-4}表示预测的起点是前 4 个季度（也即上年度的同一季度）；

δ 表示各季度收益增长状况的长期趋势；

$\phi(Q_{t-1} - Q_{t-5})$ 表示最近一个季度在一年内的增长状况（$Q_{t-1} - Q_{t-5}$）的一部分（ϕ）。

运用简单的线形回归模型①，我们可以很容易得到目标公司的 δ 参数和 ϕ 参数。对多数美国公司而言，ϕ 参数往往处于 0.25—0.50 的区间内，表明各季度收益增长的 25%—50% 常常可以以另一种增长形式在后一季度保持。δ 参数反映了以前年度各季度收益的年平均变化情况，在不同公司之间存在较大差异。Foster 模型也同样适用于季度销售收入数据的预测。

许多经验研究表明 Foster 模型具有较高的准确性，虽然该模型忽略了大量信息，但在多数情况下仍可以做到“大致准确”。当然完全依赖这种简单的预测模型是不明智的，更为准确的预测应当遵循前述逻辑框架所介绍的整个分析过程，而 Foster 模型能够为我们的预测提供一个合理的标杆。

---

① 一般需要 24—40 个季度的历史收益数据进行回归。

我们试举一例[①] 来具体说明 Foster 模型的运用。

假设某公司第 0—10 年间的季度每股收益数据如表 4-24 所示。

表 4-24 季度每股收益数据

	第 1 季度	第 2 季度	第 3 季度	第 4 季度
第 0 年	0.12	0.225	0.12	0.29
第 1 年	0.14	0.235	0.135	0.195
第 2 年	0.08	0.22	0.125	0.285
第 3 年	0.155	0.305	0.12	0.25
第 4 年	0.13	0.255	0.145	0.305
第 5 年	0.07	0.26	0.155	0.37
第 6 年	0.195	0.385	0.23	0.425
第 7 年	0.17	0.325	0.18	0.335
第 8 年	0.16	0.275	0.21	0.265
第 9 年	0.205	0.38	0.235	0.38
第 10 年	0.215	0.47	0.27	0.47

由上表可以看出，该公司的每股收益具有极强的季节性波动，各年第 2 季度和第 4 季度明显具有较高的每股收益，而第 1 季度和第 3 季度的每股收益明显较低，除第 1、3、8 年外，各年第 4 季度的每股收益都是最高的。

使用 Foster 模型预测该公司第 11 年第 1 季度的每股收益时，应当以第 10 年第 1 季度的每股收益 0.215 为预测起点，然后估计每股收益的长期上升趋势 δ，并预计最近一个季度的年增长情况（0.47 - 0.38）的部分持续。使用上表数据，以（$Q_t - Q_{t-4}$）作为因变量，也就是因变量序列为（0.47 - 0.38）、（0.27 - 0.235）、（0.47 - 0.38）……；以其滞后项（$Q_{t-1} - Q_{t-5}$）作为自变量，也就是自变量序列为（0.27 - 0.235）、（0.47 - 0.38）、（0.215 - 0.205）……，然后进行回归，回归结果的截距项 0.01 就是 δ 的估计值，斜率 0.44 就是 ϕ 的估计值。估算出 δ 参数为 0.01 和 ϕ 参数为 0.44 之后，就可以利用 Foster 模型预测出该公司第 11 年第 1 季度的每股收益：

$$
\begin{aligned}
E(Q_t) &= Q_{t-4} + 0.01 + 0.44\,(Q_{t-1} - Q_{t-5}) \\
&= 0.215 + 0.01 + 0.44 \times (0.47 - 0.38) \\
&= 0.255
\end{aligned}
$$

① 该例引自佩普、希利、伯纳德著，孔宁宁、丁志杰译：《运用财务报表进行企业分析与估价》，中信出版社 2004 年版。

同样可以使用 Foster 模型预测出该公司第 11 年第 2 季度或以后各季度的每股收益，但需要使用未来季度每股收益的预测值来替代实际值。比如预测公司第 11 年第 2 季度每股收益时，必须使用第 11 年第 1 季度的每股收益预期值 0.255 代替实际值：

$$E(Q_{t+1}) = Q_{t-3} + 0.01 + 0.44(Q_t - Q_{t-4}) = 0.49$$

虽然 Forster 模型并不能取代详细复杂的预测过程，但它能够提醒我们进行前景预测时应当注意一些问题。比如它强调了由于季节性因素的存在，季度预测的合理起点通常应当是上年的同一季度，而不是最近的一个季度。此外，Forster 模型还表明通常不应当将近期的盈利增长视为具有完全的持续性，比如上例中公司近期的盈利增长只有 44%可以延续到将来。

思 考 题

1. 本章介绍了财务报表分析的四个基本步骤：战略分析、会计分析、财务分析和前景分析。请你解释每个分析步骤的必要性以及它们之间的相关性。

2. 在过去 20 多年中，内存条生产行业是发展最快的行业之一，但该行业的平均盈利能力一直很低。请你运用行业分析框架来解释可能导致这种矛盾的原因。

3. 许多公司在产品发出时确认收入，这就为通过在季度末增加货物发运而增加收入提供了动机。如果有两家公司，一家在各季度均衡发货，另一家在各季度末的最后两周集中发货，每家公司均要求客户在收货后的 30 天内付款。你如何运用会计分析对这两家公司加以区分？

4. 财务分析的主要方法有哪些？各种分析方法分别有何侧重点和优缺点？如何通过分解可持续增长率来评价公司的经营管理水平，资产管理水平和财务管理水平。有人认为公司不可能以高于可持续增长率的速度增长，你同意这种观点吗？

5. 有人认为，对销售收入增长率、销售毛利率、净资产收益率等指标作出详细预测是不值得的，因为通过随机游走模型就可以几乎不费成本地进行预测。你同意这样的观点吗？

案 例 分 析 题

2006 年 9 月，胡润百富排出了《最有投资价值的 A 股上市公司》，位居最有投资价值 A 股上市公司前十名的公司分别为：G 宝钛、G 航天、洪都航空、G 天威、中钨高新、G 鲁黄金、G 平高、G 中黄金、G 众和、G 厦钨。该榜单的排名单纯根据上市公司 2005 年 6 月 1 日到 2006 年 6 月 1 日之间的涨幅。你认为这种排名方法科学吗？请你利用本章所介绍的财务报表分析步骤，并参考第十二章的相关内容，对G宝钛进行战略分析、会计分析、财务分析和前景分析，并判断其投资价值。

本章主要参考文献

1. 黄世忠："哈佛分析框架"，高级财务报表分析讲稿，2005年。

2. 佩普、希利、伯纳德著，孔宁宁、丁志杰译：《运用财务报表进行企业分析与估价》，中信出版社2004年版。

3. 佩因曼著，刘力、陆正飞译：《财务报表分析与证券定价》，中国财政经济出版社2002年版。

4. 斯蒂克尼、布朗著，张志强、魏保、吴青根译：《财务报告与报表分析：战略的观点》，中信出版社2004年版。

5. 孙希有：《竞争战略分析方法》，中国金融出版社2003年版。

6. 陈继祥：《战略管理》，上海人民出版社2004年版。

7. 陈希圣：《财务分析学》，立信会计出版社2004年版。

8. 张先治、韩季瀛：《现代财务分析》，中国财政经济出版社2003年版。

9. 陈少华：《财务报表分析方法》，厦门大学出版社2004年版。

10. 王栋："财务报表分析方法理论研究"，厦门大学硕士论文打印稿，2000年版。

11. 洪国赐、卢联生：《财务报表分析》，机械工业出版社2005年版。

12. Martin Fridson and Fernando Alvarez. Financial Statement Analysis——A Practitioner's Guide, 3rd ed.. John Wiley & Sons, Inc.. 2002.

13. Palepu, Healy, and Bernard. Business Analysis & Valuation: Using Financial Statements. Second Edition. South - Western College Publishing. 2000.

分析重点

第三篇

第五章 资 产 分 析

“股东财富最大化”固然不是企业惟一的经营目标，但却是最重要目标之一。为了实现这一目标，企业经营者需要通过债务融资、股权融资等方式筹集足够的资金，配置到生产经营过程中，形成企业拥有或控制的经济资源，即会计上的资产。显然，资产最显著的特征是能够为企业带来未来的经济利益，否则就应当从企业的资产清单中予以剔除。但是会计信息的质量要求是相关性和可靠性要相结合，因此进行会计确认要满足可定义性、可计量性、相关性和可靠性四项确认标准。由于这些严格的确认标准，企业拥有或控制的相当一部分经济资源并没有体现在资产负债表内；而对资产负债表内确认的资产，会计的惯例是选择最为可靠的历史成本进行计量，更为相关、却不一定可靠的公允价值计量属性在一些情况下并非最优选择。例如，类似人力资源等产权不确定的资源，可能很难确定它们是否是由企业拥有或控制，这属于是否满足资产定义的疑虑；诸如品牌、商誉这样的经济资源，虽然财务报表使用者能感知和认同它们能为企业带来超额报酬，但是这样的未来经济利益究竟有多少，却难以进行计量，因而往往难以在资产负债表内确认，这属于可计量性的疑虑。此外，会计上出于可靠性要求的考虑，以历史成本的计量属性作为经营性资产的计价基础，当这些资产的公允价值显著增加时（即未来经济利益发生变动），现行的会计惯例不予确认，在这种情况下，会计信息的相关性显然存在缺陷。而金融工具、衍生金融工具这样的金融资产公允价值（未来经济利益）及其变动的会计处理是目前会计的热点难点问题。

本章侧重分析企业拥有或控制的这样一些经济资源：它们由于不符合会计确认的某一个或某几个标准而可能没有在资产负债表内确认，但它们对企业的盈利能力和核心竞争力的确立可能具有决定性作用。通过分析这类资产的经济价值和潜力，将有助于理解企业的经营前景并对企业的价值进行合理评估。此外，本章在资产分析中还特别关注巨额资产冲销或“洗大澡”（Big Bath Charges）的信号发送。计提巨额资产减值准备这一貌似稳健的会计处理，往往蕴涵着一个危险的信号，即企业的资产可能含有大量的泡沫，这使得企业管理当局不堪重负，只要寻找到有利的借口，就急不可耐地释放泡沫和风险。因此，在财务报表分析中，如果发现企业在当期计提巨额资产减值准备，就应当警觉企业是否存在报表粉饰的行为。

第一节 资产的确认和计量

本节首先介绍资产的定义和确认标准。了解资产的会计定义以及确认标准，将有助于财务报表使用者理解为何一些有价值的资源没有在财务报表中加以确认。本节还将分析以历史成本为主导的传统会计计量属性的利弊，以及作为对历史成本进行修正的稳健主义，以便财务报表使用者认清资产计量的缺陷。本节最后分析资产减值准备的含义和对企业财务状况和经营成果潜在的影响。

一、资产概述

(一) 资产的定义

在 1985 年 12 月颁布的第 6 号财务会计概念公告（SFAC 6）《财务报表要素》中，财务会计准则委员会（FASB）给资产下的定义是：

“资产是指某一特定主体由于过去的交易或事项而获得或控制的可预期的未来经济利益。”①

国际会计准则委员会②（IASC）在 1989 年颁布的《财务报表的编报框架》中，给资产所下的定义为：

“资产是指某一主体由于过去的事项而控制的预期会导致未来经济利益流入该主体的资源。”③

财政部在 2006 年 2 月 15 日颁布的《企业会计准则——基本准则》中，将资产定义为：

“资产是指企业过去的交易或者事项形成的、由企业拥有或者控制的、预期会

---

① FASB. Statement of Financial Accounting Concept No.6. “Elements of Financial Statements”. December 1985.

② 国际会计准则委员会（IASC）的存续时间为 1973—2000 年。在此期间，来自 112 个国家的 152 个会计职业团体成为 IASC 的代表，IASC 共颁布了 41 个国际会计准则（IAS）和 33 个解释公告。IASC 主要由注册会计师组成，缺乏代表性，且其菲薄的运作经费主要由国际会计公司捐赠，有损独立性。为了克服诸如此类的局限性，IASC 在 2000 年进行了大规模的重组，成立了国际会计准则理事会（IASB）。IASB 由 14 个委员组成，12 个为专职，2 个为兼职，7 个委员还肩负与其所在国的会计准则制定机构进行联络的职责。从专业背景看，5 个委员具有注册会计师经历，4 个具有财务报表编制者经历，3 个具有财务报表使用者经历，2 个具有学术研究经历。IASB 的委员由国际会计准则委员信托基金会任命，经费也由该基金会负责筹措。2001 年，IASB 正式投入运行，至 2005 年，已发布了 7 个国际财务报告准则（IFRS）。这 7 个 IFRS，连同 IASC 所颁布 41 个 IAS 中尚未被废止或取代的 32 个 IAS，统称国际通行的会计准则。

③ IASC. Framework for the Preparation and Presentation of Financial Statements. April 1989.

给企业带来经济利益的资源"①。

综合以上有关资产的权威定义，可以发现资产具有以下特点：

1. 资产的实质是可以带来未来经济利益的经济资源，也就是说，资产可以单独或与其他资产相结合，直接或间接地为企业创造未来的现金流入。可见，资产的最重要特征是为企业创造现金流量的能力。

这一特征是确认资产的最重要标准。首先，它有助于区分资产和成本。会计上的资产概念和成本概念是相联系的，即成本可以分为两个部分：已消耗的成本为费用，未消耗的成本为资产。如果把资产的实质定义为"可以带来未来的经济利益的资源"，那么，成本只是资产的一种计量属性，它可以证明资产的取得和存在，但两者之间没有必然的联系。成本的发生只是获得或增加企业未来经济利益的明显证据，但在确定资产时，还必须考虑发生的成本能否带来未来经济利益。如果某项成本支出不能给企业带来未来经济利益，或其效能已经消失，严格地说，它不能确认为资产，而应当一次性地转化为费用。与之相反，在类似捐赠资产、实物投资或有价证券溢价等某些事项或情况中，企业在没有发生成本的情况下，却获得了可带来未来经济利益的资产，因而有必要按合理的计价标准作为资产予以确认。其次，确认资产时还必须明确，带来未来经济利益的潜力是否全部或部分地得以保存。如果不含有未来经济利益或这种利益不能得以保存，就不能列为资产。

2. 作为带来未来经济利益的资源，资产应由特定主体所拥有或控制，就是说，对资产的占有和使用是企业具有排他性的权利。若一项资源的未来经济利益能为多个企业所共同享有，那么，它就不能确认为特定企业的资产。

3. 这种含有未来经济利益的资源应当是过去的交易或事项所产生，就是说，企业已通过交易或事项有偿或无偿地获取这项资源，而不是期望获得这项资源。

（二）资产质量——盈利质量的"试金石"

根据复式簿记原理，伴随着盈利的增加是资产的增加或者负债的减少。虚盈实亏必然表现为资产的高估或负债的低估。因此，资产是否真实、计价基础是否夯实，直接关系到盈利质量的高低。从这个意义上说，资产质量是检验盈利质量的"试金石"。如果企业资产质量低劣，说明企业的盈利存在虚增的可能性。

高估收入或低估费用是利润操纵的常见手法。高估收入或低估费用的一个结果是高估资产。如果企业的资产含有大量不能带来未来经济利益或现金流量的"虚拟资产"项目，通常意味着企业在高估其盈利能力和财务状况。这样的操纵手法有不少，如将本应确认为当期费用的费用挂账为待摊费用、递延资产，或者将本应确认为财务费用的利息支出资本化为固定资产、在建工程等。利用虚拟资产项目调节利

① 财政部制定《企业会计准则 2006》，经济科学出版社 2006 年版。

润的最典型公司如东北制药，该公司 1996 年通过将已发生 1.4 亿元的退税损失、利息费用、管理费用和折旧费用记录为递延资产（详见第二章），从而勉强确认 1 920万元的净利润。通过滥用利息资本化调节利润的最典型公司是渝钛白，该公司 1997 年通过将 8 064 万元的利息支出资本化为在建工程（已正式投入使用的钛白粉生产线），试图少报亏损额，最终被会计师事务所出具了我国证券市场上的第一份“否定意见”的审计报告（详见第二章）。这两个案例的共同特征是，在利润增加或亏损减少的同时，形成了大量的“虚拟资产”。

进行财务报表分析时，如果发现企业当期“虚拟资产”的增加金额超过利润的增加金额，这通常意味着该企业的盈利质量非常低劣，甚至存在着虚盈实亏的现象。如果发现企业期末的“虚拟资产”余额超过净资产，这表明除非发生奇迹（如资产剥离、资产重组、资产置换等），否则企业迟早将会出现资不抵债的现象。企业能否持续经营将充满着重大的不确定性，因为若按常规方法通过利润表进行会计处理，这些“虚拟资产”将导致企业发生巨额亏损，结转到资产负债表后，未分配利润的负数将超过企业的其他净资产项目。

二、资产的确认和计量

（一）资产的确认标准

按照 FASB 的观点，确认的基本标准除了可定义性（即符合会计要素的定义）外，还有可计量性、相关性和可靠性。IASC 则认为，一个符合要素定义的项目，必须满足以下两个标准，才能予以确认：

1. 与该项目的有关未来经济利益将流入流出企业；
2. 该项目的成本或价值可以可靠地计量。

综合上述观点，一项经济资源要确认为资产，必须同时满足以下三个主要的确认标准：

1. 经济资源为企业所拥有或控制；
2. 经济资源预期将产生未来经济利益，并足以弥补其成本；
3. 未来经济利益能够可靠地计量。

（二）资产的计量属性

为了便于投资者评价企业的管理层是否有效地履行受托责任，企业对资产进行计量必须遵循历史成本原则，即企业的资产按其获取时的交易价格计量，而不是按其现行交易价格计量。换言之，在历史成本原则下，资产反映的是投入价值，而不是产出价值。以历史成本作为资产的计量属性，最显著的优点是可以提高会计信息的可靠性，因为历史成本是资产的买卖双方达成的交易价格，具有很强的可验证性；最大的缺点是缺乏相关性，导致资产的定性与定量相背离。根据资产的定义，资产的核心是未来经济利益或未来现金流量，投资者不仅关心资产的投入价值，而且希望了解资产预期的产出价值。

正是为了解决这一缺陷，FASB、IASB 和我国财政部最新颁布的会计准则，越来越多地引入了公允价值（Fair Value)，作为特定资产（如投资性房地产、金融工具、生物资产等）的计量属性。所谓公允价值，是指“在公平交易中，熟悉情况的交易双方自愿进行资产交换或者债务清偿的金额[①]”。根据 IASB 的规定，公允价值可分为三个层次：(1) 相同资产或负债的市场价格；(2) 相似资产或负债的市场价格；(3) 按照其他估值技术估计的价值，如未来现金流量的折现值。与历史成本相比，以公允价值作为计量属性，其最大优点是提高了会计信息的相关性。缺点是，对于不存在活跃交易市场的资产，采用公允价值需要进行大量的估计和判断，据此得出的会计信息其可靠性较低。

与资产计量属性相关的另一个概念称为稳健主义（Conservatism)。稳健主义亦称审慎性原则，它是对历史成本原则的一个修正。在市场经济环境下，企业经营活动面临诸多风险和竞争，存在着很大的不确定性。稳健主义就是会计人员面对不确定性所做出的反应（Watts，2003)[②]。根据稳健主义，凡是可能发生的损失或负债应充分地估计并确认，凡是可能产生的收入、利得或资产一般不予估计和确认。在资产计价上，它要求在资产的公允价值下跌至账面价值之下时，计提资产减值准备，确认资产减值损失。从本质上看，稳健主义为投资者提供一项附加保证，确保企业的管理层不至于高估资产的价值或低估负债的价值，从而在一定程度上会抑制管理层的机会主义行为。因此，资产负债表上的资产价值是公司管理层执行经营战略所带来的未来经济利益现值的下限。

从形式上看，资产计价就是将有意义的定量货币数额分配给各项资产的过程，而这是以一定的交换价格或转换价值为依据的。但是，企业经营面临两个市场，从而形成两种类型的交换价值，即产出价值和投入价值。因此，资产的计量属性可分为以下两类：

1. 以产出价值基础的计量属性。产出价值以资产或劳务通过交换或转换最终脱离企业时可获得的现金数额或其等价物为基础。以产出价值为基础的资产计量属性主要包括：

(1) 符合要求的未来现金流量现值。未来现金流量的现值（Present Value of Future Cash Flow）应当通过折现程序确定。折现不仅包括对实际利率（资金的机会

---

① 详见 IFRS 3，Business Combination 附录 A 及 IAS 39，Financial Instrument：Recognition and Measurement 第 43 段。

② Watts，R. L.，2003. Conservatism in accounting Part I：explanations and implications. Accounting Horizon.

成本）的估计，还包括预期取得现金流入数额的可能性。等待时间越长，可收取的数额不确定性越大，折现值就越小。未来现金流量的现值不是一种计量属性，只有在符合公允价值的定义下，贴近公允价值，才是一项计量属性。

（2）可实现净值。如果企业的产品在有组织且活跃的市场上销售，其可实现净值（Net Realizable Value）等于预期售价减去相关销售费用后的余额。对于作为库存商品的存货以及接近完工阶段的产品，通常以可实现净值作为预期现金流入的折现值的近似替代。

（3）现行市价。资产项目根据其在正常情况下出售时所得到的现金或其等价物，可以用相同或相似资产在类似情况下的现行市价（Current Market Price）进行计量。以现行市价作为计量属性的主要缺点是，它所计量的财务状况，不能概括全部不具有同时期市价的项目，因为，有些不可销售的专用设备及大部分无形资产难以获取现行市价的信息。而且现行市价不具有“相加性”的特征，即各项资产显示的现金等值总和，不等于各项资产作为企业整体资产的现金等值。换言之，经过配置和组合的资产整体，其价值大于单项资产的总和。

2. 以投入价值为基础的计量属性。资产的投入价值是指为了取得资产而支付的价格，这种支付价格可以是实际和预期的。以投入价值为基础的计量属性主要包括：

（1）历史成本。这是财务会计的资产计价所使用的传统属性。资产在初始取得时一般根据发生经济业务时的原始交换价格入账，历史成本代表资产在取得时或生产过程中的投入价值。如前所述，历史成本的最大优点是可靠性较高，因为它们具有可验证的特点。历史成本是在市场上形成的，代表买卖双方自愿达成的交换价格，具有可核查的依据和交易凭证。而且，历史成本与收益计算的实现原则、配比原则密切联系。每个会计期间的净收益是实际产出价值超过实际投入价值的差额，后者是以所耗资产的取得成本计算。但历史成本的计量属性也有其缺陷，其可靠性也是相对的。虽然在交易日，资产的历史成本有凭证为据，但是资产因位移、耗用而对其初始交易成本（历史成本）的调整、分配和账面余额的计算未必是客观的。

（2）现行重置成本。以现行重置成本（Current Replacement Cost）作为计量属性，是基于如下假定：资产的历史成本和重置成本只有在取得那天是相同的，此后，同一资产或其等价物要用不同的交换价格才能获得。因此，只有现行成本才能表示在现实情况下取得同一资产或其等价物所需要的交换价格。

现行重置成本比历史成本有四个优点：① 现行重置成本表示企业在当前经营环境下获得资产所必须支付的数额，能使现行的投入价值和现行的销售收入配比，据此确定的经营成果更具现实意义；② 通过现行收入与现行成本的配比，可以对资产持有损益和经营损益进行有效区分，较好地反映经营管理的努力程度和经营环境对企业的影响；③ 若要持续获取这些资产且企业未对这些资产增添价值，则现行成本表示资产在期末对企业的价值；④ 以各项资产的现行重置成本相加的总数，比按照不同时期发生的历史成本相加的总数更具经济意义。以现行重置成本作为资产计量属性，其主要缺点是可靠性较低。除非在市场上可获取的资产在各方面与持有的资产保持一致，否则对持有资产的重置成本进行计量需要大量的估计和判断，难免受到主观随意性的不当影响。

(三) 资产减值准备——会计思想的嬗变

在持续经营的情况下，长期资产账面价值等于购买成本扣除摊销金额后的摊余价值，但是长期资产的公允价值可能因市场变化或技术进步等因素而低于账面价值，从而导致其账面价值不能代表资产的可回收金额（Recoverable Amount）。可回收金额是指资产的公允价值减去处置费用后的净额与资产预计未来现金流量的现值之间的较高者。基于稳健考虑和会计要素确认标准，《企业会计准则第8号——资产减值》要求长期资产的账面价值低于可回收金额时，确认资产的价值减损(Impairment)。

为此，企业应当在资产负债表日判断长期资产是否存在可能发生减值的迹象。存在下列迹象时[①]，表明企业的长期资产可能发生了减值：

1. 资产的市价当期大幅度下跌，其跌幅明显高于因时间的推移或正常使用而预计的下跌；

2. 企业经营所处的经济、技术或者法律等环境以及资产所处的市场在当期或者将在近期发生重大变化，从而对企业产生不利影响；

3. 市场利率或者其他市场投资报酬率在当期已经提高，从而影响企业计算资产预计未来现金流量现值的折现率，导致资产可收回金额大幅度降低；

4. 有证据表明资产已经陈旧过时或者其实体已经损坏；

5. 资产已经或者将被闲置、终止使用或者计划提前处置；

6. 企业内部报告的证据表明资产的经济绩效已经低于或者将低于预期，如资产所创造的净现金流量或者实现的营业利润（或者亏损）远远低于（或者高于）预计金额等；

7. 其他表明资产可能已经发生减值的迹象。

计提资产减值准备通常会对财务结果和财务比率产生重要的影响，其中对资产负债表项目的主要影响包括：资产账面价值减少；递延所得税负债减少；股东权益减少。资产账面价值减少是最直接的影响，从而使得资产周转率增加。递延所得税负债减少是因为减值损失直至资产被处置时才被税法确认为应税损失。股东权益减少是资产减值的净效应，这使得负债权益比指标下降，而每股净资产增加。

以后会计期间的报表数字也会受当期计提资产减值准备的影响。以后会计期间

① 《企业会计准则第8号——资产减值》第五条。

的资产折旧或摊销金额小于不计提减值准备情况下的金额，从而导致盈利相应地上升。资产收益率（ROA）或净资产收益率（ROE）等指标也随之上升。

从历史成本原则到对长期资产计提减值准备，代表会计思想的嬗变。以历史成本原则作为资产的计量属性，凸显的是配比程序，强调的是收益确定中的收入/费用观。而计提长期资产的减值准备，突出的是资产的可定义性，侧重的是收益确定中的资产/负债观。任何长期资产项目，只要其可回收金额低于其账面价值，就代表其未来经济利益或现金流量全部或部分得不到实现，就表示它们不符合或不完全符合资产的定义，因此不论其是否将继续用于生产经营过程中，都必须计提资产减值准备，并在当期利润表中确认资产减值损失。可见，长期资产减值准备的计提意味着会计中心正逐步发生转移，20 世纪 50 年代以来形成的利润表“一统天下”的格局正逐渐被 20 世纪 90 年代中期迅速崛起的以资产负债表为中心的新理念所取代，权责发生制和配比原则的重要性日益衰退，资产、负债等报表要素定义的重要性日益凸显。

第二节 资产分析的难点热点问题

企业拥有或控制的一些经济资源，甚至是关键性的经济资源，由于在会计确认和计量上存在一些难点或争议，在会计处理上并不一定作为资产加以确认。通过资产分析或其他途径，财务报表分析者应当评估这些资源潜在的经济价值及其对企业盈利能力的影响。

一、所有权不确定的资产确认和计量问题

（一）人力资源[①] ——以 MPAcc 为例

企业之间的竞争，归根到底是人才的竞争。在目前经济飞速发展，知识折旧不

① 人力资源会计长久以来一直是会计的难点、热点问题。人力资源会计可分为人力资源价值会计和人力资源成本会计。人力资源成本会计相对简单，一般采用费用化的会计处理方法。人力资源价值会计更具挑战性。虽然人力资源对企业，尤其是知识密集型企业是很有价值的，有时甚至关系到企业的核心竞争力，但人力资源的价值确认存在四个方面的问题。(1) 企业能否将员工特别是高素质的员工确认为企业的资产存在诸多争议。一旦确认为企业的资产，就意味着企业对员工具有处置权，这显然与员工具有独立人格和人身自由的身份相违背；(2) 员工的价值难以计量，且不同素质的员工对企业价值创造的贡献程度差异甚大，将不同素质的员工赋予不同价值，显然有损企业的凝聚力；(3) 员工的价值处于动态变化之中，随着知识折旧的加速，对员工计提减值准备将是可不可避免的棘手问题；(4) 员工的流动性很大，如果将员工确认为企业的资产，势必导致企业财务状况、经营业绩的大幅波动。

断加速的环境下，企业需要投入大量的资源用于员工的在职培训和职业发展。此外，完善的培训体系和职业规划也是企业吸引优秀员工的重要手段。

培训项目不仅包括只适用于特定企业的专业技能培训，还包括提升员工一般专业素质的培训。企业当然希望员工在完成一般专业素质培训后很长的一段时间里为企业服务，只有这样，它们才有为员工提供培训的动机。然而，一般专业素质培训却可能使别的企业受益，因为受过系统培训的高素质员工可能投奔其他企业。这种潜在的“外部性”，导致培训支出的会计处理趋于复杂。

目前，正在兴起的会计专业硕士（Master of Professional Accounting，简称 MPAcc）教育，就是一般专业素质培训的典型。MPAcc 教育旨在培养具备良好职业道德和法纪观念，系统掌握现代会计审计、财务管理以及相关领域的知识和技能，具有很强的分析和解决问题能力并具备会计工作领导潜质的高层次、高素质、应用型的会计专门人才。由于培养目标定位高，MPAcc 招生的对象是具有本科学历和两年以上工作经验的在职人员，培养的时间长，培养费用高（5—7 万元）。

不少企业不仅鼓励有培养前景的财务人员报考 MPAcc，而且为他们支付培养费用，期望这些财务人员学成后为企业多做贡献。但是，这笔培训支出应如何进行会计处理？是将培训支出资本化，并在预期服务期限摊销？还是在发生时计入当期费用？

从会计的角度来说，通过 MPAcc 教育获得的知识和技能与接受培训的 MPAcc 具有不可分割性，这些知识和技能的拥有者是具有独立人格的 MPAcc，而不是企业，且 MPAcc 通常不需经过企业同意就可辞职，除非他们与企业签订了具有约束力的协议。此外，接受 MPAcc 教育能够为企业带来多大的未来经济利益也难以计量。正因为 MPAcc 教育带来的知识和技能在产权上存在着重大不确定性，为此发生的培训支出所产生的未来经济利益无法可靠计量，因此，会计准则通常要求企业将类似的培训支出作为期间费用加以确认。

在会计准则要求将培训支出费用化的情形下，进行财务报表分析时应当关注企业以下问题：（1）专业培训在企业价值创造过程中是否至关重要？（2）这些培训支出是否有利于企业的价值创造？（3）培训支出与过去年度相比是增加还是减少？（4）这些培训支出是高于或低于行业标准；（5）是否存在为了增加利润而大幅裁减培训支出的行为？

（二）租赁资产

美洲航空公司（American Airlines，以下简称美洲航空）在 2005 年度的财务报告中，对飞行设备的获取方式做了详细披露，如表 5－1 所示。

表 5－1 美洲航空截至 2005 年末的飞行设备

设备类别	平均座位	公司拥有	融资租赁	经营租赁	飞机总数	平均年限
空中客车 A300－600R	267	10	—	24	34	16
波音 737－800	148	67	—	10	77	6
波音 757－200	187	87	6	50	143	11
波音 767－200	165	4	11	1	16	19
波音 767－300	220	45	2	11	58	12
波音 777－200	246	44	—	—	44	5
麦道 MD－80	136	138	72	117	327	16
合 计		395	91	213	699	13

资料来源：2005 Annual Report of American Airlines，www.aa.com。

美洲航空的合并资产负债表显示，截至 2005 年 12 月 31 日，其资产总额为 294.95 亿美元，其中飞行设备的账面净值为 148.43 亿美元（原值 224.91 亿美元，累计折旧 76.48 亿美元），占资产总额的 50.3%，而融资租赁飞行设备的净值只有 10.19 亿美元，占资产总额的 3.5%。更重要的是，213 架通过经营租赁获取的飞机，其价值在合并资产负债表上却未得到任何反映，而只是在合并利润表上反映了 5.91 亿美元的飞机租赁费。

同样地，根据中国国际航空股份有限公司（以下简称国际航空）2005 年年度报告的披露，其机群中约有一半的飞机是通过租赁而来的，如表 5－2 所示。

表 5－2 国际航空的飞机获取方式

机 型	自 置	融资租赁	经营租赁	小 计
客机				
空客系列	22	8	7	37
波音系列	64	38	26	128
CRJ－200	—	—	3	3
货机	5	—	1	6
公务机	—	—	2	2
合 计	91	46	39	176

资料来源：国际航空 2005 年年度报告。

国际航空的合并资产负债表没有单独披露融资租赁的飞机价值，只在其报表附注中披露飞机及航空设备的净值（417.68 亿元，占资产总额 682.02 亿元的 61.2%），但单独披露了融资租赁负债（100.33 亿元，占负债总额 466.51 亿元的 21.5%）。2005 年度的合并利润表显示，国际航空飞机及发动机经营租赁费用为

15.31 亿元，约占其营业收入 382.91 亿元的 4%。

另据中国东方航空股份有限公司（以下简称东方航空）2004 年年度报告，其总机群的 103 架飞机中有 59 架是租赁而来的。年经营性租赁费约为 17 亿元，未来 5 年融资租赁费从 15 亿元递增至 19 亿元，而 5 年以后总的融资租赁费用将达到 24 亿元。租赁期满后，东方航空有权以公允价值或按出租人规定的价格购买其中一些飞机。飞机折旧年限为 20 年。

通过阅读以上的资料，财务报表分析者会发出这样的疑问，谁是飞机的真正所有者？这是美洲航空、国际航空和东方航空通过出租方获得融资购买资产，还是一般的租赁行为？

评估一项租赁协议安排到底是购买行为还是一般租赁行为充满主观性，这主要取决于承租人是否真正地承担了与所有权相关的风险和报酬，比如租赁资产报废损坏的风险、使用租赁资产的经济利益归属等。为了规范租赁活动的财务呈报，会计准则列举了若干项标准[①] 来区分这两种交易。满足这些标准的租赁实质上是购买行为，被认定为融资租赁，以应付租赁款的现值确认为一项资产，同时记录相应的负债反映购买资产的融资行为。在以后期间，租赁资产在租赁期内计提折旧，应付租赁款区分为应付的负债和利息。在 2005 年，美洲航空共有 91 架飞机通过融资租赁取得，共记录租赁负债 10.88 亿美元，国际航空有 46 架飞机以融资租赁的方式获取，共记录租赁负债约 100 亿元，东方航空 2004 年有 22 架飞机报告为融资租赁，共记录租赁负债 81 亿元。

实质上不属于购买行为的租赁称为经营租赁。承租人在租赁期限内报告租赁费用。美洲航空公司在 2005 年共有 213 架飞机报告为经营性租赁。而东方航空公司共报告 37 架飞机为经营性租赁。

美国的公认会计原则在区分租赁类型时采用了很具体的量化界线，其本意是为了提高会计准则的可操作性，但量化界线的使用却为公司管理层规避融资租赁提供了可能。例如，美洲航空公司的管理层可以制定这样的合同条款，使得一项租赁活动既像融资租赁又像经营租赁，最后根据业绩报告的需要决定飞机的租赁类型。此

---

① 美国第 13 号会计准则规定，如果满足以下条件之一，必须将租赁活动视同购买，划分为融资租赁：(1) 资产所有权在租赁期末转移给承租人；(2) 承租人在租赁期末有权选择按照约定的低廉价格购买租赁资产；(3) 租赁期等于或超过资产预计使用寿命的 75%；(4) 租赁支付款现值等于或大于资产公允价值的 90%。

为了保持与国际会计准则的趋同，我国《企业会计准则第 21 号——租赁》规定，符合下列一项或数项标准的，应当将租赁活动认定为融资租赁：(1) 在租赁期届满时，租赁资产的所有权转移给承租人；(2) 承租人有购买租赁资产的选择权，所订立的购价预计将远低于行使选择权时租赁资产的公允价值，因而在租赁开始日就可以合理确定承租人将会行使这种选择权；(3) 即使资产的所有权不转移，但租赁期占租赁资产使用寿命的大部分；(4) 承租人在租赁开始日最低租赁付款额现值，几乎相当于租赁开始日租赁资产公允价值，出租人在租赁开始日最低租赁收款额现值，几乎相当于租赁开始日租赁资产公允价值；(5) 租赁资产性质特殊，如果不作较大改造，只有承租人才能使用。

外，执行租赁准则需要管理者预测租赁飞机的使用年限及其公允价值。通过比较1999—2005年的融资租赁负债和所有应付租赁款，财务分析师发现虽然美洲航空公司的融资租赁的飞机多于经营租赁的飞机，但该公司通常将最昂贵的大型飞机（如空中客车和波音757、767、777等）租赁划分为经营租赁，而只将较便宜的小型飞机（大部分为麦道）租赁划分为融资租赁。对此，财务报表分析者就要判断，这是有意识的经营战略，还是美洲航空公司通过将昂贵的飞机划分为经营租赁以达到表外融资（Off - balance Sheet Financing）目的。

（三）财务报表分析中值得深究的问题

以上分析表明，当所有权很难辨别时，公司管理层就有机会通过主观判断决定所获得的资源是否可以记录为一项资产。而在另外的情形下，公司管理层没有这样的机会，因为会计准则不允许企业把获得的资源记录为资产。两种情况都应当在财务报表分析中加以考虑。对于第一种情况，应考虑企业将所获得资源确认或不确认资产所蕴涵的基本假设。对于第二种情况，应考虑为所有权不确定的资源所发生的支出能否为企业创造未来经济利益。

如果目标企业存在着因所有权不清导致一些资产难以确认和计量时，财务报表分析者应当认真思考下列问题[①]：

因为产权或未来经济利益的不确定性，导致企业将哪些资源排除在资产负债表外？如果这些资源对企业是至关重要的，是否有其他替代方法来评估这些资源的价值以及企业是否对这些资源进行有效管理和披露？

管理当局是否在租赁协议条款上做文章，蓄意含糊资产的所有权？如果存在这种行为，其动机何在？是否基于表外融资的需要？如果将经营租赁划分为融资租赁，是否会导致企业的负债率大幅攀升并降低企业的资产报酬率？

如果租赁被用于减少关键资产和负债，那么它们对企业财务状况的影响程度如何？

企业在所有权不确定的资源项目上的支出，其会计处理方法是否改变？如果改变，解释理由是否充分？企业是否改变了经营模式？

---

① 这里以及下面的有关“财务报表分析中值得深究问题”的探讨，除了部分来自本书主编黄世忠教授多年教学科研以及实务工作的提炼外，还有很大部分受益于Palepu、Healy和Bernard主编的Business Analysis & Valuation：Using Financial Statements，Text and Cases这一财务报表分析名著中许多发人深省的提问。本着成本效益原则，本书不再详细区分这些问题来自前者还是后者，以及后面有关“值得深究的问题”探讨如无注明，其出处与这里一样，不再重复指出。同时，作者指出的发人深省的提问是Palepu等编写的财务报表分析名著中精华之一部分，如果能在财务报表分析中准确到位地把握住这些问题的实质，则报表分析可以说成功了一半以上。这一情形同样也适用于本教材。

二、未来经济利益不确定和难以计量的资产确认和计量问题

（一）商誉

从理论上说，商誉是资产①，因为它能够为企业带来未来经济利益。但与其他资产不同，商誉所能带来的未来经济利益存在着更大的不确定性。从计量的角度看，商誉是支付的合并成本与所收购净资产公允价值之间的差额。采用差额法推算出的商誉，既受到并购双方讨价还价能力的影响，也受到被并购企业净资产公允价值确定的影响。因此，商誉未必代表能够为企业带来的未来经济利益。

[案例分析：联想集团收购 IBM 个人电脑业务]

2004 年 12 月 7 日，联想集团有限公司与 IBM 签署了收购 IBM 个人电脑业务的协议，2005 年 4 月 30 日，联想集团完成对 IBM 个人电脑业务的收购。2006 会计年度（结束于 3 月 31 日）的财务报表显示，联想集团的销售收入高达 1 035.5 亿港元，比 2005 会计年度的 225.5 亿港元增长了 359%，资产总额也由 2005 会计年度末的 90.3 亿港元增至 2006 会计年度末的 393.2 亿港元。

这项令人振奋的并购业务，在大幅提升联想集团经营规模的同时，也带来了巨额商誉的确认问题，如表 5－3 所示。

表 5－3　联想集团收购 IBM 个人电脑业务形成的商誉　（单位：百万港元）

项 目 名 称	金 额
收购代价：	
（1）现金	5 411.08
（2）发行股票公允价值	4 335.39
（3）收购直接费用	546.76
（4）净流动资本“核准”调整（相当于或有对价）	106.34
收购代价合计	10 399.54
减：收购净资产之公允价值	
（1）有形资产（应收账款、存货、厂房及设备等）	37.04

① 传统上，无形资产分为可辨认无形资产和不可辨认无形资产两种，前者如专利权、版权、商标等知识产权，后者专指商誉（Goodwill）。新修订的第 38 号国际会计准则将无形资产定义为“没有实物形态的可辨认的非货币性资产”。财政部 2006 年 2 月 15 日颁布的《企业会计准则第 6 号——无形资产》借鉴第 38 号国际会计准则的定义，将无形资产重新定义为“企业拥有或控制的没有实物形态的可辨认非货币性资产”。根据无形资产的最新定义，商誉不再是无形资产，因为商誉不可辨认。

续表

项目名称	金额
（2）可辨认无形资产	4 734.60
（3）承担负债	（4 608.77）
收购净资产公允价值合计	162.87
商誉	10 236.67

资料来源：联想集团结束于3月31日的2006会计年度财务报告。

联想集团将商誉解释为“原有业务与新收购的IBM个人电脑业务的重大协同效益价值”。按照国际会计准则的最新要求，联想集团对收购IBM个人电脑业务形成的商誉，不予摊销，而是定期进行减值测试。截止2006会计年度末，此项商誉占联想集团资产总额的26%，比股东权益多出20.89亿港元！在联想集团的资产总额中，超过1/4的资产由商誉组成，这不得不令人对其资产质量和潜在风险表示关注。但愿联想集团今后不会像美国在线时代华纳公司那样，（在2002年）计提导致投资者损失惨重的减值准备①。

（二）品牌

驰名品牌是衡量企业核心竞争力的重要指标之一。然而，由于在计量上存在着重大不确定性，企业的品牌价值往往没有在财务报表上得到确认。

[案例分析：可口可乐与百事可乐的品牌价值]

表5-4列示了可口可乐(Coca-Cola)公司和百事可乐(Pepsi-Cola)公司2001—2005年的股票市值、股东权益账面价值和市净率（Market Value to Book Value Ratio）。

表5-4　可口可乐与百事可乐股票市场、净资产与市净率　（单位：亿美元）

会计年度	可口可乐			百事可乐		
	股票市值	股东权益	市净率	股票市值	股东权益	市净率
2001	1 314	114	11.53	863	87	9.92
2002	1 083	118	9.18	724	95	7.62
2003	1 239	141	8.79	795	119	6.68
2004	1 003	159	6.30	876	135	6.49
2005	955	164	5.82	978	143	6.84

① 详见第三节。

如何解释这种现象？一种解释是，股票市值与净资产账面价值之间的巨大差异主要来自未在可口可乐公司和百事可乐公司财务报表上确认的品牌价值。根据《商业周刊》一年一度的品牌价值排行榜，可口可乐品牌在过去5年连续高居榜首，百事可乐公司2005年也名列前23名，如表5－5所示。

表5－5　世界30大品牌及其价值　（单位：亿美元）

品牌名称	2005	2004	2003	2002	2001
1. 可口可乐（Coca－Cola）	675	674	705	696	690
2. 微软（Microsoft）	599	614	652	641	651
3. 国际商业机器（IBM）	534	538	518	512	528
4. 通用电气（GE）	470	441	423	413	424
5. 英特尔（Intel）	356	335	311	309	350
6. 诺基亚（Nokia）	265	240	294	300	347
7. 迪斯尼（Disney）	264	271	280	293	326
8. 麦当劳（McDonald's）	260	250	247	264	253
9. 丰田（Toyota）	248	227	208	195	186
10. 万宝路（Marlboro）	212	221	222	242	221
11. 奔驰（Mercedes－Benz）	200	213	214	210	217
12. 花旗（Citi）	199	200	186	181	190
13. 惠普（HP）	187	210	199	168	180
14. 美国运通（Amer. Express）	186	177	168	163	169
15. 吉列（Gillette）	175	167	160	150	153
16. 宝马（BMW）	171	159	151	144	139
17. 思科（Cisco）	166	159	158	162	172
18. 路易斯·威登（LV）	161	n.a	67	71	70
19. 本田（Honda）	158	149	156	151	146
20. 三星（Samsung）	150	126	109	n.a	52
21. 戴尔（Dell）	132	115	104	92	83
22. 福特（Ford）	131	145	171	204	301
23. 百事（Pepsi）	124	119	118	113	62
24. 雀巢（Nescafe）	122	118	123	128	133
25. 美林（Merrill Lynch）	120	115	105	112	150
26. 百威（Budweiser）	119	118	119	114	108
27. 甲骨文（Oracle）	109	109	123	128	122
28. 索尼（Sony）	108	128	131	139	150
29. 汇丰（HSBC）	104	87	75	n.a	n.a
30. 耐克（Nike）	101	93	82	77	76

资料来源：根据《商业周刊》过去5年颁布的"全球品牌排行榜"整理，排序以2005年的排行榜顺序为准。

如果将品牌价值计入，则可口可乐公司和百事可乐公司2005年末的市净率将分别降至1.14倍和3.66倍。可见，价值连城的品牌价值未在财务报表上确认，是造成可口可乐公司和百事可乐公司的市净率虚高的重要原因。

对于这两家软饮料公司而言，没有在财务报表上体现的无形资产，甚至超过或接近财务报表上反映的资产总额和股东权益，如表5－6所示。如果不对这些“隐匿”的价值连城的无形资产进行有效的分析，将导致财务报表分析结论产生严重偏差和疏漏。

表5－6　可口可乐与百事可乐表内和表外资产对比　（单位：亿美元）

会计年度	可口可乐			百事可乐		
	品牌价值	资产总额	股东权益	品牌价值	资产总额	股东权益
2001	690	224	114	62	217	87
2002	696	244	118	113	234	95
2003	705	273	141	118	253	119
2004	674	314	159	119	280	135
2005	675	294	164	124	317	143

可口可乐和百事可乐的品牌价值不是与生俱来的，而是经过长期的广告宣传、不懈的市场推广和精心的形象策划逐步创立的。表5－7列示了2001—2005年可口可乐公司和百事可乐公司的广告投入及其占销售收入的比例：

表5－7　可口可乐和百事可乐的广告投入　（单位：亿美元）

会计年度	可口可乐			百事可乐		
	广告支出	销售收入	比例	广告支出	销售收入	比例
2001	20			17	235	7.23%
2002	18			15	251	5.98%
2003	19	209	9.09%	16	270	5.93%
2004	22	217	10.14%	17	293	5.80%
2005	25	231	10.82%	18	326	5.52%

根据现行会计准则的规定，广告宣传、市场促销和形象策划的开支一般都列入费用，理由是很难准确地推断这些支出与品牌培育之间准确的关系。由于品牌估值存在困难，又很难判断广告宣传是有助于提高品牌价值（在什么时候、在多大程度上提高品牌价值），还是只对提升当期销售有帮助，传统的会计惯例都避讳确认品牌资产。在美国，即使购买的品牌也不会单独报告，而是作为无形资产的一部分进行报告。

而在澳大利亚和英国，企业允许确认品牌资产。这一现象背后的驱动力来自并购活动，被并购的目标公司通常会评估或重估其品牌价值。如在 1989 年，随着通用电影公司（General Cinema）对 Cadbury 公司的并购兴趣日渐浓厚，Cadbury 公司对其拥有的、购于 1985 年的一些品牌进行价值评估。这些品牌资产在以后年度里没有进行摊销，而是逐年进行减值测试。1997 年，Cadbury 公司在资产负债表上共报告了 15.75 亿英镑的品牌资产，占总资产的 1/3。

在财务报表上反映品牌资产有利于公司管理层向投资者传递企业价值的信息，有助于他们了解这些资产的重要性以及企业是否有效地管理好这些资产。但是，在资产负债表里报告品牌资产可能为公司管理层滥用主观判断提供机会。对于在财务报表上反映品牌价值的企业，投资者应当关注企业是否高估品牌价值，是否及时确认品牌的减值。当然，公司管理层也可以聘请独立的价值评估专家对品牌进行评估，以减轻投资者的疑虑。

对于大多数没有在财务报表上报告品牌资产的企业而言，需要其管理层通过其他途径披露公司拥有的品牌的价值。例如可口可乐公司在年报中披露不同品牌产品的销售增长情况。可口可乐公司还披露其品牌的推广活动，如在北美地区赞助美国全国汽车比赛协会的赛事，在遍布美国的一万多个零售店派发 500 万个可口可乐打折卡。此外，可口可乐公司在 1999 年的时候，在美国市场推出两款新口味的运动饮料、一款新口味的果汁和一款新型纯净水，来扩展可口可乐品牌。类似的活动也在其他的市场一起展开。例如，在阿根廷，市场推广活动主要在推动用餐时消费可口可乐产品。在亚洲，可口可乐公司大力推广自动饮料售货机。在墨西哥，通过赞助篮球比赛来推广雪碧饮料。

（三）财务报表分析中值得深究的问题

以上分析的是未来经济利益不确定或难以计量的支出如何在财务报表中进行报告的两种方法。第一种方法把支出立即费用化，这不需要公司管理层进行会计判断。第一种方法一般用在打造品牌的广告支出和研究开发支出。第二种方法将支出资本化，记录为一项资产，这需要管理层在以后期间里运用会计判断决定它的摊销或减值，例如商誉和固定资产。

对于未来经济利益不确定的资产，财务报表分析者应当认真思考下列问题：

资产负债表上哪一种资产的计量和估价最为困难？这些类型资产的计价基础是什么？比如说，其摊销期限是多少，公司管理层对减值准备的估计是多少？

公司管理层用以对资产进行计价所使用的假设和估计与以前年度的假设进行比较，是否发生变化？商誉假定的存续年限是否发生变化？应收款的坏账准备占总资产比例是否与以前年度发生很大变化？什么因素可以解释这些变化？是否与经营战略发生变化或经营政策发生变化？还是对行业或整个经济前景的看法发生变化？

公司管理者用以对资产进行计价所使用的假设和估计与竞争对手的假设进行比较，有何不同？什么因素可以解释这些变化？是因为各个企业有不同的商业战略？他们在不同的地理区域里进行经营吗？管理层是否有不同的动机进行盈余管理？

对难以计价的资产，管理层是否有高估或低估其价值的历史？

是否因计量困难或存在不确定性，导致公司将关键核心资产排除在财务报表之外？这包括品牌、R&D 等无形资产。企业如何管理这些资产？管理层是否讨论保持、增进和利用这些资产效能的策略？企业采用什么指标评价？如何有效地管理这些资产？

第三节 资产分析的误区与“洗大澡”的信号发送

本节首先介绍资产分析中思维定势造成的常见分析误区，在此基础上，探讨如何通过解读“洗大澡”（Big－Bath Charges，也可译为巨额资产冲销）发送的信号含义，判断目标公司是否存在财务报表粉饰行为。

一、资产分析中的常见误区[①]

在《运用财务报表进行企业分析与评估》一书中，Palepu、Healy 和 Bernard 等三位作者指出了资产分析中常见的误区，这些误区主要是由于财务报表分析者的思维定势所造成的。只有认清这些误区，才可避免被误导。

（一）如果企业为一项资源付费，该资源必定是一项资产

这一逻辑经常被用作将商誉反映为资产的理由。其基本逻辑是，如果公司管理层不是已经预期到未来的盈利前景，他们是不会耗费巨资进行收购兼并的。既然如此，将全部并购支出记录为资产那就无可非议。

然而，这一逻辑忽略了这样的可能性：即使是善意的管理层也可能犯错，况且管理层在收购兼并中的机会主义倾向有时是与股东利益最大化背道而驰的。收购兼并经常存在着一种奇特的现象，宣布并购消息时，购买方的股票价格往往下跌，而被购买方的股票价格则通常上升。例如，2000 年 1 月 10 日美国在线宣布收购时代华纳时，时代华纳的股票价格飙升了 25.31 美元，涨幅高达 39%，而美国在线的股

① 本部分的主要内容引自 Palepu、Healy 和 Bernard 撰写的《运用财务报表进行企业分析与估价》第四章中的第三部分。该书由孔宁宁、丁志杰翻译，中信出版社 2004 年 1 月出版。

票价格却下降了2%，在嗣后三个月股票价格累计跌幅超过并购前价格1/3。同样地，2004年2月10日，规模仅次于美国在线时代华纳的康卡斯特（Comcast）公司向迪斯尼公司发出收购要约，拟支付542亿美元的股票和现金并承担119亿美元的负债，收购迪斯尼公司。当天，迪斯尼的股票价格上涨了14.6%，而康卡斯特公司的股票价格却下跌了7.9%。因难以就收购价格达成共识，2004年4月28日，康卡斯特公司撤回收购要约。当天，康卡斯特公司的股票价格上涨了0.77%，而迪斯尼公司的股票价格却下跌了0.95%。

如何解释这种现象呢？1986年，里查德·罗尔(Richard Roll)教授提出了收购兼并的“自傲假说”(Hubris Hypothesis)对此做出解释。他认为，收购兼并有时并不完全是出于购买方理性的经济动机，而是出于购买方管理层的自傲。他指出，购买方的管理层为了实现自我价值(如做大企业规模以满足自己的虚荣心或增加职务消费空间)，往往急于求成，向被购买方的股东支付高于实际价值的代价。当购买方的股东认为管理层做出的并购决策不符合其利益时，就会将其解读为管理层的自傲心理在作祟，进而“用脚投票”，导致购买方的股票价格下跌。反之，被购买方的股东则对购买方管理层偏离实际价值的出价做出积极的反映，结果导致股票价格的上扬。

根据自傲假说，收购兼并形成的商誉并不一定代表能够为购买方带来未来经济利益的资产，很有可能只是收购兼并出价不合理。为非理性收购兼并支付额外的代价，显然不应确认为资产。

值得一提的是，“付款是确认资产的证明”这一逻辑在会计中并没有一贯使用。例如，尽管经理也期望研发支出能够产生未来收益，但研发支出并不被视做资产。针对这种会计处理方法的明显矛盾，存在几个理由。一个理由是任何单一研究项目都具有相当大的失败风险。然而，研究计划也极有可能获取成功。事实上，研究计划和收购计划哪一个更具风险并不很明显。另一个理由是研发支出比商誉更难验证。然而，即使这一点也不很明显。毕竟对许多失败而言，收购能够产生哪些利益并不十分明确，从而难以验证商誉是否发生了价值减损。相反，研究计划具有可识别的产出，可以验证支出是否形成了成功的产品。①

考虑到将超过被购买方净资产公允价值的收购支出确认为商誉，而不将研发支出确认为无形资产缺乏逻辑依据，国际会计准则委员会（IASC）在第38号国际会计准则《无形资产》中提出，只要同时符合6个标准，就可将研发支出中开发阶段发生的支出资本化为无形资产。借鉴这一做法，我国新颁布的《企业会计准则第6号——无形资产》规定，企业内部研究开发项目开发阶段的支出，同时满足下列条件的，才能确认为无形资产：

1. 完成该无形资产以使其能够使用或出售在技术上具有可行性；

---

① 引自孔宁宁、丁志杰翻译的《运用财务报表进行企业分析与估价》，第115页。

2. 具有完成该无形资产并使用或出售的意图；

3. 无形资产产生经济利益的方式，包括能够证明运用该无形资产生产的产品存在市场或无形资产自身存在市场，无形资产将在内部使用的，应当证明其有用性；

4. 有足够的技术、财务资源和其他资源支持，以完成该无形资产的开发，并有能力使用或出售该无形资产；

5. 归属于该无形资产开发阶段的支出能够可靠地计量。

可见，开发支出要确认为无形资产必须符合十分严格的标准，这主要是因为开发支出能否带来未来经济利益充满着诸多不确定性。

（二）如果资源不能被感受，它就不是一项资产

这一观点常被用于说明将无形资产迅速冲销或排除在资产负债表之外的合理性。难以估计一些无形资产的经济利益是事实，正如上面提到的，对商誉而言尤其如此。然而，一些资产不具有实物形态并不意味着它们不具有价值。事实上，对许多公司而言，这种类型的资产最宝贵。例如，Merck 的两种最宝贵的资产是它的研究能力和销售团队，前者使它能够生产出新药，后者则使它能够将药出售给医生。但是，这两种资产都没有计入 Merck 的资产负债表。①

为了弥补资产负债表的不足，默克（Merck）② 制药公司采用性质法③列示其利

---

① 引自孔宁宁、丁志杰翻译的《运用财务报表进行企业分析与估价》，第 115 页。

② 默克公司是规模仅次于辉瑞（Pfizer）的美国第二大制药公司，创立于 1890 年。

③ 利润表有两种披露格式：（1）性质法，即按损益项目的性质（Nature）披露；（2）功能法，即按损益项目的功能（Function）披露。第 1 号国际会计准则《财务报表列报》对两种方法都认可，而我国《企业会计准则第 30 号——财务报表列报》只允许采用功能法。对于资本和技术密集型的企业（如电信和制药企业）而言，性质法更具信息含量，能够更准确地反映它们独特的成本费用性质。这两种格式的利润表如下：

性质法的利润表格式

销售收入		×××
其他收益		×××
产成品和在制品存货的变动	×××	
消耗的原材料和其他材料	×××	
雇员福利费用	×××	
折旧和摊销费用	×××	
其他费用	×××	
费用总额		×××
利润		×××

功能法的利润表格式

销售收入	×××
销售成本	（×××）
销售毛利	×××
其他收益	×××
销售费用	×××
管理费用	×××
其他费用	×××
利润	×××

润表，十分醒目地披露其在研究开发和市场营销的支出，以凸显该公司在这两方面所拥有的优势，如表 5－8 所示。

表 5－8　　默克制药公司按性质法披露的利润表　　（单位：百万美元）

项　目　名　称	2005	2004	2003
销售收入	22 011.9	22 938.6	22 485.9
成本、费用和其他			
材料和生产成本	5 149.6	4 959.8	4 436.9
市场营销和管理费用	7 155.5	7 238.7	6 200.3
研究开发费用	3 848.0	4 010.2	3 279.9
重组成本	322.2	107.6	194.6
来自联营企业的投资收益	（1 717.1）	（1 008.2）	（474.2）
其他收益净额	（110.2）	（344.0）	（203.2）
成本、费用和其他合计	14 648.0	14 964.1	13 434.3
税前持续经营收益	7 363.9	7 974.1	9 051.6
所得税	2 732.6	2 161.1	2 462.0
税后持续经营收益	4 631.3	5 813.4	6 589.6
终止经营税后收益	—	—	241.3
净利润	4 631.3	5 813.4	6 830.9

从上表可以看出，默克制药公司 2003—2005 年研究开发费用占各年的销售收入分别是 14.6%、17.5%和 17.5%，如此高比例的研究开发投入，对于默克制药公司确保可持续盈利和核心竞争力是至关重要的，但这些能够带来未来经济利益的投入，在资产负债表上却没有得到任何体现。在这种情况下，默克制药厂公司选择按性质法披露的利润表格式并详细列示在研究开发和市场营销方面的投入，不失为明智之举，有助于向资本市场发送额外的有用信息。

其实，不能通过触摸和感觉验证的资产不仅包括无形资产，还包括货币性资产如银行存款和应收款项，差别在于无形资产属于非货币性资产①。可见，一项资源是否属于资产，关键不在于它是能够被感觉到。只要有充分的证据表明，该项资源能带来未来经济利益，且这些利益能够可靠地计量，不论是否能够通过感觉器官感觉到，都应当确认为资产。

① 所谓货币性资产（Monetary Assets）是指其货币价格是固定的资产项目，而非货币性资产（Nonmonetary Assets）是指其货币价格是不固定的资产项目。

（三）购买的资源是资产，自己开发的资源不是资产

这一说法常用于说明记录诸如研究开发和品牌等外购无形资产，而不记录内部形成的无形资产的合理性。这种区别的理由似乎在于已完成的无形资产（如已完成研发和已确立的品牌）比正在开发中的无形资产更容易计价。尽管这可能是事实，但它却允许两家拥有相同类型无形资产的公司对其业务活动采取完全不同的会计处理方法。内部形成这些资产的公司不列示资产的价值，而购入这些资产的公司将资产列示在资产负债表中。

投资者在区分购入和内部形成资产面临的实际问题是两种资产产生预计未来收益的确定性是否存在差别。如果不存在差别，投资者将把二者都视为有价值的资产，并关注它们的估价、经营以及在该期间价值是否发生了减损。因此，如果会计人员不能确认内部形成资产，则投资者将被迫寻找有关这些资产的其他信息来源。①

事实上，不确认内部自己开发的无形资产属于陈旧过时的观念。如前所述，国际会计准则和我国新的会计准则均允许将符合条件的内部开发支出资本化为无形资产。即使不完全符合资本化条件而作为期间费用的开发支出，也可能使企业收益。投资者在分析财务报表时，完全可以将这些开发支出视为“准资产”，并评估这些开发支出对于企业核心竞争力和未来盈利能力的潜在影响。

（四）只有拟出售时，资产的市场价值才是相关的

会计人员普遍认为只有当所有者打算出售资产，资产的公允价值才是相关的。例如，如上所述，美国对作为现金储备持有的有价证券的计价规则要求，只有当所有者打算出售有价证券或有价证券处于可供出售状态时，才对其按公允价值计价。如果管理层打算将金融工具持有至到期日，则对其按历史成本计价。

这一逻辑意味着只要不出售资产，就有可能避免发生经济损失。经济学家会认为这种处理方法很滑稽。如果你拥有微软公司的股票而且其公允价值上升，则你拥有的权益价值也会相应增加。无论你是否打算出售微软的股票，这都是事实。如果你出售股票，则股票的公允价值反映了市场对可获得资源的最佳估计。你的出售或持有计划与股票的价值无关。需要注意的是，对经营性资产而言可能并不是这样。厂房的公允价值可能低于其使用价值。此外，具有高使用价值的资产恰好是公司很可能继续持有的资产。因此，可区分开来的经营性资产的公允价值或许没有充分反

---

① 引自孔宁宁、丁志杰翻译的《运用财务报表进行企业分析与估价》，第115—116页。

映它们对公司的价值。①

令人遗憾的是，不论是美国的公认会计原则，还是国际会计准则或是我国的会计准则，都没有走出上述误区。我国新颁布的《企业会计准则第 22 号——金融工具确认与计量》将金融资产分为四类：（1）交易性金融资产；（2）持有到期投资；（3）贷款和应收款项；（4）可供出售金融资产。尽管初始确认时，这四类金融资产都应当按公允价值计量，但在后续计量方面却存在重大差异。对于交易性金融资产，应当按公允价值进行后续计量，并将其公允价值的变动计入当期损益。对于可供出售的金融资产，应当按公允价值进行后续计量，并将公允价值的变动作为综合收益计入所有者权益变动表。对于持有到期的投资以及贷款和应收款项，应当采用实际利率法按摊余成本进行后续计量。这种会计处理在很大程度上以管理层的意图为导向，缺乏合乎逻辑的概念基础，似乎持有到期投资以及贷款和应收款项的公允价值是不相关的。

二、“洗大澡”的信号发送含义

信号发送理论是信息经济学的一个流派，最早由诺贝尔奖获得者迈克尔·斯宾塞（Michael Spence）创立。1973 年，他发表了“人才市场信号发送”一文，指出人才市场上因信息不对称导致造假盛行，雇主只好将应聘者所选择的教育水平视作一种可信的信号发送，以此来判断应聘者的基本素质。后来，信号发送理论逐步推广，用于解释资本市场定价机制、盈余管理和会计信息质量。

资本市场之所以能够在资源配置方面起着不可或缺的作用，是因为它提供了一种定价机制②。投资者凭借过去参与交易的经验和搜集的信息，形成对企业未来的信任和对其他投资者信念的信任，得出自己认为合理的价格判断，据此交易或不交易。市场上的交易或不交易证实着投资者的价值判断，有效的市场能够迅速、不断综合所有投资者的价值判断信息，在此基础上形成动态的均衡价格，即市场保护价格。

投资者判断的基础是经验（部分源自于对过去信息，即共同知识的运用）和私人信息。在个体收集的私人信息中，会计信息十分重要。它向所有市场参与者传递有关上市公司资源配置、经营绩效和财务风险等信息。实际上，当上市公司高度依赖会计信息来表述自己的活动及活动成果时，会计信息便无可非议地成了再现上市

---

① 其中一个重要的原因是这些经营性资产含有大量专用性投资，因此对企业本身价值很高，但是如果资产用于交易，这些专用性投资对买家来说没什么价值或者价值很低，因此公平交易的公允价值并没有反映资产对公司的使用价值。引自孔宁宁、丁志杰翻译的《运用财务报表进行企业分析与估价》，第 116 页。

② 这种定价机制并非完美，因为市场上充斥着“噪音”，价格也会反映这些噪音，而且难以将之与其他市场信号对价格的影响区分开。但在一定程度上，资本市场的定价机制提供了合理的保护价格。

公司具体存在的最佳信号之一。

但是，由于存在着信息不对称，公司的管理层当然比投资者更了解公司的真实状况，它有能力决定信号的质量——在多大程度上反映公司真实[①]——以维护自己的利益。在不完全了解信号（信息）质量的情况下，投资者无法甄别出不同公司之间的价值差异。在未能对绩优和绩差公司作出有效区分的情况下，为了避免高估价值，投资者支付市场平均价格是合理的。

为得到公平的市场价值，避免价值减损，绩优公司的管理层有必要将自己较高的收益率信息如实地传递给市场，使之区别于绩差公司的收益率；绩差公司的管理层则会设法避免向市场传递真实的收益信息，因为这无疑将使其只能获得较低的市场价值。要消除市场的这种“识别”能力，那就只好“愚弄”市场，这就催生了绩差公司粉饰报表的动机。通过报表粉饰，绩差公司向市场传递较高的收益率信息，市场消化这个错误信号并形成不恰当的价值判断。Spence 指出：“公司自身都有一种内在的动机和倾向，即操纵或伪造财务报表以误导投资人，这是委托人和代理人之间存在着信息不对称而导致的必然现象。因此要以外部手段来规范和约束公司经营者，使其能在行为上有利于投资者获取充足的信息”（王坚、李巍，2002）。

在会计信息的生产过程中，公司的管理层扮演着举足轻重的角色。他们进行会计政策选择，行使估计和判断。根据信号发送理论，会计报表实质上体现了管理层进行估计判断和会计政策选择的偏好。剔除经营环境突变导致的经营性和非经营性损失，公司通过“洗大澡”导致巨额亏损蕴涵的可能信号包括：上市公司以前年度报告的利润严重不实，由此形成的“资产泡沫”或“隐性负债”使管理层不堪重负。为了释放风险，减轻负担，管理层不惜诉诸于巨额冲销，通过计提资产减值准备和确认或有损失等形式，对资产负债表进行“清洗”和“消毒”。这或许就是巨额冲销之所以被称为“洗大澡”的真正原因。巨额冲销是否发送了报表粉饰的信号？下面拟通过对中美 6 个上市公司的典型案例剖析，试图找出答案。

（一）国外相关案例分析

2001 年下半年以来，三个美国上市公司在巨额冲销方面可谓登峰造极。位居巨额冲销榜首的是美国在线时代华纳公司（AOL Time Warner Inc.）。2002 年，美国在线时代华纳公司创下了一项令人震惊的世界记录：亏损 987 亿美元，其中，因计提商誉减值准备而确认的损失竟高达 989 亿美元。奎斯特（Qwest）公司不甘其后，在 2002 年计提了 312 亿美元的无形资产减值准备，其中绝大部分是并购产生的商誉。2002 年第一季度，世界通信公司（World Com Inc.）发布了预亏公告，称正在

---

① 这里假定会计信息总是意欲反映企业的经济真实。赖利（1979）认为，在内幕人通过信号向外部人传递信息时，如果这种信号向外部人提供所有有用的信息，信号与信息具有一致性。

对商誉进行评估以便在 2002 年第二季度计提减值准备，预计金额为 150 亿至 200 亿美元，最终在 2003 年对商誉计提了 460 亿美元的减值准备。

上述三个上市公司通过计提天文数字般的商誉减值准备，报告了令人难以置信的巨额亏损。其背景主要是，FASB 于 2001 年 7 月颁布了 141 号准则《企业合并》和 142 号准则《商誉及其他无形资产》，要求上市公司从 2002 年 1 月 1 日起开始执行，并鼓励提前执行。141 号准则取消了权益结合法（Pooling of Interest Method），要求采用购买法核算收购兼并。142 号准则要求上市公司停止对企业合并中形成的商誉以及其他没有明确使用期限的无形资产进行摊销，改为定期进行减值测试，并根据测试结果确定是否计提减值准备。如果一个报告单位（Reporting Unit）的账面净资产高于其公允价值，商誉就视为已发生减值。在这三家发生巨额冲销的上市公司中，最为典型的是美国在线时代华纳公司。

[案例分析："生不逢时"的美国在线时代华纳[①]]

2000 年 1 月 10 日，美国在线宣布以换股和支付少量现金的方式，向时代华纳公司的股东支付了 1 470 亿美元的代价，与时代华纳公司实现合并，成立了美国在线时代华纳公司。这一石破天惊的并购项目不仅创下了除金融机构并购外标的最大的企业合并记录，而且在华尔街上被誉为现代网络公司与传统媒体的"天作之合"。

正当投资者期望美国在线与时代华纳这桩门当户对的"婚姻"产生协同效应（Synergy Effect）并为他们带来丰厚回报的时候，互联网行业开始步入漫漫的冬季，".Com"公司纷纷倒闭，美国在线时代华纳公司赖以生存的在线广告收入锐减。更为凄惨的是，美国在线时代华纳公司生不逢时。美国在线和时代华纳宣布合并时，正值美国股市处于巅峰状态，美国在线和时代华纳的股票价格都被严重高估。并购完成时，按照第 141 号财务会计准则《企业合并》的要求，美国在线时代华纳公司必须采用购买法反映对时代华纳的收购。以合并时的股票价格计算，这项合并的收购成本最终确定为 1 470 亿美元，减去时代华纳净资产账面价值（约为 179 亿美元）和资产负债的增减值之后，形成了约 1 100 亿美元的商誉。连同合并前时代华纳和美国在线原有的商誉，商誉总数已突破 1 300 亿美元。这些天文数字般的商誉成了美国在线时代华纳公司的沉重包袱。2001 年末，在摊销了 67 亿美元之后，商誉的摊余价值仍高达 1 274.24 亿美元。如此之大的商誉使美国在线时代华纳公司雪上加霜。2001 年，美国在线时代华纳公司亏损了 49.21 亿美元。2002 年，美国在线时代华纳根据第 142 号财务会计准则《商誉及其他无形资产》的规定，对商誉进行减值测算，分别在第一季度和第四季度计提了 542 亿美元和 447 亿美元的商誉减值准备，计提的商誉减值准备高达 989 亿美元，使 2002 年的亏损总额达到创记录的

---

① 黄世忠主编：《会计数字游戏》，中国财政经济出版社 2003 年版，第五章。

986.96亿美元！

这桩美好"婚姻"带给投资者的竟是如此凄惨的结局，令华尔街财务分析师始料不及。更为不幸的是，美国在线时代华纳公司的资产结构所蕴涵的风险还没有完全释放，令投资者深感渺茫和无奈。表5－9和表5－10分别列示了美国在线时代华纳公司2002年度商誉的增减变动和2002年末的资产结构。

表5－9　　美国在线时代华纳公司商誉增减变动表　　(单位：百万美元)

报告单位名称	2002年度期初余额	2002年度增（减）额	第一季度计提减值	第四季度计提减值	2002年末商誉余额	2002年末资产总额	商誉占总资产比例
美国在线	27 729	8 536	—	(33 489)	2 776	7 757	35.8%
有线电视	33 259	267	(22 976)	(10 550)	—	37 732	—
电影娱乐	9 110	(71)	(4 091)	—	4 948	16 401	30.2%
广播网络	33 562	(4)	(13 077)	—	20 481	31 907	64.2%
音像制品	5 477	(35)	(4 796)	(646)	—	6 080	—
出版发行	18 282	(243)	(9 259)	—	8 781	14 009	62.7%
公司总部	—	—	—	—	—	1 564	—
合　计	127 420	8 450	(54 199)	(44 685)	36 986	115 450	32.0%

表5－10　　美国在线时代华纳资产结构　　(单位：百万美元)

项　目　名　称	2002年末余额	占资产总额比例	占无形资产比例
流动资产	11 155	9.66%	13.74%
非流动性存货及电影成本	3 351	2.90%	4.13%
投资（包括可供出售证券）	5 138	4.45%	6.33%
固定资产	12 150	10.53%	14.96%
无形资产			
需要摊销的无形资产	7 061	6.12%	—
不需要摊销的无形资产	37 145	32.17%	
商誉	36 986	32.03%	—
无形资产合计	81 192	70.32%	—
其他资产	2 464	2.14%	3.03%
资产总额	115 450	100.00%	—

在计提了约989亿美元的商誉减值准备后，美国在线时代华纳公司的商誉余额仍高达369.86亿美元，占其资产总额的32%，无形资产总额占资产总额比例居然高达70.32%，相当于有形资产的2.55倍！倘若2002年度没有计提989亿美元的商

誉减值准备，则无形资产占资产总额的比例将高达84.02%。

值得指出的是，美国在线时代华纳公司在2002年度计提了如此巨额的商誉减值准备，有利用会计准则的变化进行巨额冲销之嫌。实际上，美国在线时代华纳公司在其财务报告中坦承，根据第142号会计准则的规定计提了商誉减值准备并停止对商誉和没有明确使用年限的无形资产进行摊销后，“折旧和摊销”费用每年可减少近70亿美元！换言之，美国在线时代华纳公司通过在2002年洗了个989亿美元的“大澡”，显然希望借此甩掉沉重的历史包袱，为今后年度实现盈利腾出空间。2003和2004年，美国在线时代华纳公司果然扭亏为盈，分别实现了26亿美元和32亿美元的净利润。但如果没有在2002年计提了989亿美元的亏损且继续执行其25年的摊销政策，则2003和2004年仍将亏损13.56亿美元和7.56亿美元。换言之，美国在线时代华纳公司的“洗大澡”为2002年以后的会计年度每年贡献了39.56亿美元的利润！

[案例分析：“好勇斗狠”的世界通信①]

2002年6月25日，美国第二大长途电信运营商披露了一项震撼华尔街的丑闻：2001年度及2002年第一季度，在缺乏原始凭证支撑的情况下，该公司通过将支付给其他电信公司的线路和网络日常使用费以及电信设备维护费用确认为资本性支出，低估期间费用、虚增税前利润38.52亿美元，创下了有史以来虚增利润的会计舞弊记录②。根据该公司发布的新闻，世界通信在2001年虚增税前利润30.55亿美元，占当年报告的税前利润24.28亿美元的158.6%，2002年第一季度虚增税前利润7.97亿美元，占该季度报告的税前利润2.58亿美元的308.9%。这起空前（但可能不是绝后）的会计舞弊案，使安然舞弊案黯然失色，导致世纪通信的市值大跌(1999年6月最高峰时市值为1 153亿美元，每股最高价格为62美元，宣布丑闻的第二天，每股市价跌至23美分，总市值小于10亿美元)，并殃及了其他电信公司和向其提供300多亿美元贷款的金融机构（2002年6月26日，有重大会计舞弊前科的Qwest通信公司、朗讯科技和Nortel网络公司的股价分别下跌了57%、20%和

---

① 本案例引自黄世忠：“巨额冲销与信号发送”，《会计研究》2002年第8期，第15页。

② 嗣后的调查表明，世界通信公司1998年至2002年第一季度虚假的利润超过110亿美元。在这宗史无前例的会计舞弊案中，许多高管人员被绳之以法。2005年7月，世界通信公司的前董事会主席兼首席执行官Bernard Ebbers被判刑25年（判刑时63岁），被罚款550万美元，另有价值约4 400万美元的房产和其他资产被没收。2005年8月，世界通信原首席财务官Scott Sullivan被判刑5年（被判刑时43岁），罚款500万美元，一栋3万平方英尺的别墅被没收。Scott Sullivan的刑期之所以比Bernard Ebbers短得多，是因为他作为“污点证人”，积极配合司法部门的调查，最终导致Bernard Ebbers锒铛入狱。美国司法部披露的数据表明，《萨班斯—奥克斯利法案》颁布以来，已有超过1 000名上市公司的高管人员被定罪，其中包括82名首席执行官、85名总经理、102名副总经理、36名首席财务官、14名首席运营官，被罚款、没收和追缴的款项近400亿美元。美国打击会计造假的力度由此可见一斑。

9%，收盘价分别为1.79美元、1.58美元和1.47美元；花旗银行和摩根大通银行的股价均下跌了5%，收盘价分别为37美元和31美元）。世界通信公司还宣布，将裁减17 000名员工，占其85 000名雇员的20%。2002年7月21日，世界通信公司重蹈“安达信概念股”（如安然、环球电信）的覆辙，向联邦法院申请破产保护。连续多年为其财务报表出具无保留意见审计报告的安达信会计师事务所2002年6月15日被联邦大陪审团裁定“妨碍司法调查”罪名成立，并于2002年8月31日宣告解体。

创立于1983年的世界通信公司，原来只是一个二流的从事通信折扣业务的公司。20世纪中后期，在号称“华尔街双杰”的原首席执行官Bernard J. Ebbers（2002年4月因未披露向该公司获取3.66亿美元贷款及贷款担保的丑闻辞职）和原首席财务官Scott D. Sullivan（已于2002年6月中旬被革职）的策划下，世界通信公司通过一系列好勇斗狠式的扩张并购，成为美国第二大长途电话通信公司。世界通信公司最近5年来的相关财务指标如表5－11所示。

表5－11　世界通信公司相关财务指标　（单位：百万美元）

项目名称	1997	1998	1999	2000	2001	2002第一季度
业务收入	7 384	17 678	35 908	39 090	35 179	8 120
经营收益	6 366	（975）	7 888	8 153	3 514	843
税前利润总额	660	（1 793）	6 978	7 178	2 428	258
净利润	244	（2 669）	4 013	4 153	1 501	172
资产总额	23 596	86 401	91 072	98 903	103 914	103 803
其中：商誉及其他无形资产	13 882	47 018	47 308	46 594	50 537	50 607
占资产总额比例	58.83%	54.42%	51.95%	47.11%	48.63%	48.75%
负债总额	9 795	37 722	37 235	42 696	43 991	45 845
少数股东权益	—	3 676	2 599	798	1 993	52
股东权益	13 801	45 003	51 238	55 409	57 930	57 906

资料来源：根据世界通信公司1997—2001年报和2002年第一季度报表整理而成。

早在1998年，世界通信公司收购兼并时采用的主观臆断会计手法就引起SEC的高度关注和干预。在收购兼并过程中利用所谓的未完工研究开发支出进行报表粉饰，是美国上市公司惯用的伎俩。其做法是，尽可能将收购价格分摊至未完工研究开发支出，并作为一次性损失在收购当期予以确认，以达到在未来期间减少商誉摊销和避免减值损失的目的。世界通信和思科等上市公司在过去几年曾多次采用这种手法粉饰其会计报表而受到SEC的谴责。SEC前主席Arthur Levitt在其著名的“数字游戏”一文中指出：“最近几年，各行各业纷纷通过合并、收购和剥离（Spin－offs）进行再造。一些收购方，尤其是那些以股票作为收购货币的公司，已经将这样的大环境作为从事另一种‘创造性’会计的机遇。我将之称为‘合并魔术’”(Arthur Levitt，1998)。在 Arthur Levitt 列举的五大粉饰手法（创造性并购会计、巨额冲销、饼干盒式准备、重要性和收入确认）中，世界通信公司利用了其中的前两种手法。

首先，世界通信公司利用创造性并购会计，武断地将收购价格分摊到未完工研究开发支出。1998 年 9 月 14 日，世界通信公司以 400 亿美元的代价（其中股票约 330 亿美元，现金约 70 亿美元）收购了世界最大和最先进的数字网络之一 MCI 公司。世界通信公司虽未披露收购日 MCI 公司的净资产，但相关年报资料显示：MCI 公司 1998 年末的资产总额、负债总额和净资产分别为 138.8 亿美元、109.3 亿美元和 29.5 亿美元，1998 年末世界通信公司的商誉余额为 440.76 亿美元，比 1997 年末的 133.36 亿美元增加了 307.4 亿美元。可见商誉的大幅增加与收购 MCI 有关。收购 MCI 时，世界通信公司原计划将 400 亿美元收购价格中的 60 亿—70 亿美元分摊到未完工研究与开发支出，并确认为当期损失，以降低商誉的确认额。此计划受到 SEC 的干预。SEC 认为这是世界通信公司利用未完工研究开发支出的手法进行盈余操纵。迫于 SEC 的压力，世界通信公司最终只好将这部分的分摊额确定为 31 亿美元，并在 1998 年度一次性确认为损失。这也是 1998 年世界通信公司报告 26.69 亿美元巨额亏损的主要原因。扣除这 31 亿美元的未完工研究开发支出、17 亿美元的开发技术（分 10 年摊销）以及其他资产负债增减值之后，世界通信公司将收购 MCI 公司所形成的商誉最终确认为 297 亿美元，并按 40 年摊销。从表 5-11 可以看出，由于实施激进的并购扩张政策，世界通信公司在过去 5 年来的商誉及其他无形资产占其资产总额的比例一直在 50%左右之间徘徊。其中，商誉已成为最大的资产，1997—2001 年末商誉的金额分别为 133.36 亿美元、440.76 亿美元、447.67 亿美元、448.70 亿美元、498.25 亿美元，占各该期末股东权益的比例分别为 97%、98%、87%、81%和 86%。一旦世界通信公司最终进行破产清算，股东和债权人能够收回的大部分资产就只能是这些“中看不中用”的商誉了。

其次，世界通信公司以会计准则变化为“契机”，利用巨额冲销来消化代价高昂的并购所形成的商誉。142 号准则的出台，使世界通信如获至宝。在 2001 年度财务报告中，世界通信的高管人员直言不讳地说明，由于 142 号准则不再要求对商誉及其他没有明确使用期限的无形资产进行摊销，该公司每年可减少 13 亿美元的摊销费用。此外，世界通信将根据 142 号准则的要求，在 2002 年度第二季度完成对商誉的减值测试，预计将在第二季度确认一次性商誉减值损失 150 至 200 亿美元。后因财务丑闻曝光，对商誉“洗大澡”的计划被搁置。

为了彻查会计造假，世界通信 2002 年的年度报告推迟至 2004 年 3 月才公告。姗姗来迟的 2002 年年报显示，世界通信共计提了 636.06 亿元的资产减值准备，其中仅商誉和无形资产的减值就高达 392.21 亿美元，各年计提的明细情况和理由如

表 5-12 所示。

表 5-12　世界通信巨额的资产减值准备　(单位：百万美元)

年度	财产、厂房及设备	商誉和无形资产	触发减值准备的条件
2000	14 057	33 123	(1) 因经营环境发生重大不利变化导致收入增长下降；(2) 价格下降压力；(3) 电信行业产能过剩；(4) 股票价格严重下跌；(5) 现金流量恶化；(6) 负债和无形资产的水平过高。
2001	5 729	5 698	(1) 电信市场继续恶化；(2) 股票价格持续下跌；(3) 盈利和现金流量持续恶化；(4) Intermedia 公司并购案中的资产业绩下降。
2002	4 599	400	(1) 会计和报告违规；(2) 融资能力下降；(3) 高管人员辞职；(4) 悬而未决的破产保护申请。
合　计	24 385	39 221	

世界通信对商誉和无形资产计提 392.21 亿美元的减值准备，成为仅次于美国在线时代华纳公司的第二大冲销。可见，利用会计准则的变化或财务丑闻的曝光，通过计提巨额的商誉减值准备对资产负债表进行彻底清洗，已成为美国上市公司的时尚。

[案例分析："以小搏大"的奎斯特公司①]

奎斯特公司诞生于 1995 年，时逢电信业变革的历史节点：一方面，网络技术异军突起，许多电信公司基于对网络数据传输市场需求量的乐观预期，争相斥资铺设昂贵的光纤网络；另一方面，1996 年"联邦电信法案"通过，解除了跨行业兼并禁令，美国电信业全面放松管制，合并浪潮席卷全行业。生于"乱世"的奎斯特公司顺时应势，高举财务杠杆，走上了并购扩张、超常发展的道路。

疯狂并购是奎斯特公司的一个成名手段。其中，最大手笔的一次并购发生于 2000 年 6 月。奎斯特公司以 400 多亿美元的天价对规模 5 倍于自己的美国西部电信公司（US West，以下简称西部电信）实施了"蛇吞象"式的敌意收购。完成合并后，奎斯特转型成为全方位通信巨头——既是美国西部地区 14 个州主要的移动通信运营商，也向客户提供长、短话服务以及宽带网络服务。然而，这次看似成功的并购同样为奎斯特日后的财务操纵埋下了伏笔。为了满足换股合并对收购方股价的苛刻要求（根据合并条款，如果奎斯特公司的股票价位在合并结束前维持在 28.26

① 黄世忠、连竑彬、叶丰滢："奎斯特通信公司的财务操纵游戏"，《财务与会计》，2004 年第 8 期。

至39.9美元的价位，合并采用换股方式进行，否则，部分收购款必须以现金方式支付，西部通信甚至因此享有取消合并协议的权利。经过大肆的财务操纵，在合并前，奎斯特公司成功地将其股价抬升至60美元，同时击败这场收购战中的另一个强劲对手——环球通信公司)，奎斯特公司不得不在营业收入中“灌水”，制造良好业绩的假象。合并完成后，奎斯特公司继续通过虚假交易维系其“辉煌”业绩，并自欺欺人地宣称之所以能在行业的严冬中取得其他电信公司无法企及的盈利增长是由于与西部通信的成功合并。

疯狂的并购扩张使得奎斯特公司背上了摊销巨额商誉资产的沉重包袱。2000和2001年，商誉的期末摊余价值分别为289.6亿和312.3亿美元，分别占各年资产总额的40%和43%；摊销额分别为3.78亿美元和11.8亿美元，分别占当年净亏损的36%和21%。

2001年7月，第142号会计准则《商誉和其他无形资产》的颁布，为奎斯特公司“甩包袱”提供了绝佳的机会。2002年1月1日（第141号会计准则生效日）奎斯特公司一次性计提了228亿的商誉减值损失，并在2002年6月30日（SEC要求所有上市公司报告商誉减值数额的最后期限）又再次计提了84.83亿美元的商誉减值损失。这两次“大澡”把奎斯特公司的商誉包袱甩得一干二净，为其在以后的会计期间报告经营利润“夯实”了基础。

不论是美国在线时代华纳公司，还是世界通信公司和奎斯特公司，其信息披露都是相当充分的。但令人遗憾的是，对于商誉减值的确定方法，这三家公司却只字未提。仅仅通过已披露的信息，财务报表使用者难以判断这三家公司是多计还是少计商誉减值准备。事实上，如何计提无形资产（尤其是商誉）的减值准备，已成为国际性难题。无论是财务会计准则委员会（FASB），还是国际会计准则理事会（IASB），在过去两年里均耗费了不少时间和精力来讨论无形资产减值准备的确定方法。从上数三家公司计提商誉减值的实际情况看，估计判断的成分相当大，随意性极高。如美国在线时代华纳公司约989亿美元的商誉减值准备是分两次（2002年第一季度和第四季度）计提的，世界通信对商誉减值的估计偏差也高达50亿美元，奎斯特公司更是赶在最后期限补计了近85亿美元的商誉减值准备。

美国从2002年起开始对商誉进行减值测试并计提准备，其效果如何，现在下结论为时尚早。但有一点是肯定的，不论是FASB和IASB，还是注册会计师和美国上市公司，都意识到会计界在确认企业并购中形成的商誉时，所采用的方法值得商榷。按照现行惯例：“商誉 = 购买价格 − 收购的账面净资产份额 − 资产增值（或负债减值） + 资产减值（或负债增值）”。其中，购买价格显然与讨价还价能力有关，账面净资产是按权责发生制确定的，涉及大量的估计和判断，差错在所难免，而资产负债的增减值也不可避免地受到评估误差的影响。因此，这种商誉确认方法历来为经济学家所诟病。他们尖锐地指出，会计界确定商誉的通行做法实质上意味着：

"商誉 = 讨价还价 + 会计差错 + 评估误差"。FASB 和 IASB 近年来在讨论无形资产准则时明确指出，按照现行惯例计算出的商誉，实际上包含着非商誉的因素：即会计界目前确定的商誉，不完全代表未来超额盈利的折现值。因此，这也成为计提商誉减值准备的原因之一。

（二）国内相关案例分析

2001 年开始执行的《企业会计制度》，成为我国少数上市公司进行巨额冲销难得的"契机"。以下分析的三个上市公司中，巨额冲销的方式不尽相同，但"功效"却大同小异：通过巨额冲销，消化以前年度的不良或不实资产，为未来期间的盈利营造空间。

[案例分析：ST 深中华巨亏引发的疑问①]

ST 深中华 2001 年度亏损总额 22.57 亿元，高居深沪两市亏损大户榜首。该公司 1999—2001 年度的主要财务指标如表 5 – 13 所示。

表 5 – 13　ST 深中华主要财务指标　（单位：万元）

年　度	净资产	主营业务收入	净利润
1999	20 709	6 757	20 010
2000	3 014	6 797	– 16 585
2001	– 198 868	5 187	– 225 724

可见，ST 深中华的主营业务已经极度萎缩，过去三年的主营业务收入在5 000多万元与 6 000 多万元之间徘徊，但净利润却大起大落，由 1999 年 2 亿多元跌落至 2001 年的 22.57 亿元的巨额亏损。1999 年 ST 深中华 6 700 多万元的主营业务收入之所以能够带来 2 亿多元的净利润，完全得益于债务重组收益。而 2001 年 5 100 多万元的主营业务收入，却带来 22.57 亿元的亏损，同样是非经常性损益项目所致。ST 深中华 2001 年度的资产减值准备明细表如表 5 – 14 所示。

表 5 – 14　ST 深中华 2001 年度资产减值明细表　（单位：万元）

项　目　名　称	年初余额	本年增加数	本年转回数	年末余额
坏账准备	42 724	166 049	—	208 773
其中：应收账款	32 667	128 055	—	160 722
其他应收款	10 057	37 994	—	48 051

① 黄世忠："巨额冲销与信号发送"，《会计研究》，2002 年第 8 期，第 18 页。

续表

项目名称	年初余额	本年增加数	本年转回数	年末余额
存货跌价准备	12 606	14 953	83	27 476
其中：原材料	10 855	12 572	83	23 344
长期投资减值准备	2 351	1 335	—	3 686
固定资产减值准备	—	7 657	—	7 657
在建工程减值准备	—	232	—	232
合计	57 681	190 226	83	247 824

由上表可以看出，ST深中华2001年度的巨额亏损主要与计提坏账准备有关，计提坏账准备16.60亿元占其年度亏损总额的73.55%。那么，这些坏账损失又是如何计提的？表5－15列示了ST深中华坏账准备的增减变动情况。

表5－15　ST深中华2001年度坏账准备主要构成　（单位：万元）

主要欠款单位名称	应收账款本年增加	应收账款年末余额	账龄	以前年度累计准备	本年度计提准备	年末累计坏账准备
一、应收账款						
（一）关联单位						
香港ZXC公司	19 298	59 816	5年以上	11 739	48 077	59 816
DB（HK）公司	6 138	24 155	5年以上	1 808	22 347	24 155
××国际公司	—	13 940	5年以上	3 523	10 417	13 940
关联单位小计	25 436	97 911		17 070	80 841	97 911
（二）非关联单位						
S公司	4 822	9 793	5年以上	—	9 793	9 793
AU公司	—	4 166	5年以上	—	4 166	4 166
其他出口经销商	3 674	12 711	5年以上	123	12 588	12 711
国内客户	—	35 648	3年以上	15 425	20 223	35 648
非关联单位小计	8 496	62 318		15 548	46 770	62 318
应收账款合计	33 932	160 229		32 618	127 611	160 229
二、其他应收款						
（一）关联单位						
××材料公司	—	6 128	5年以上	—	6 128	6 128
××工贸公司	—	5 029		1 807	3 222	5 029
香港ZXC公司	—	3 089		—	3 089	3 089

续表

主要欠款单位名称	应收账款本年增加	应收账款年末余额	账　龄	以前年度累计准备	本年度计提准备	年末累计坏账准备
关联单位小计	—	14 246		1 807	12 439	14 246
（二）非关联单位						
S 公司	—	22 004	5 年以上	6 449	15 555	22 004
ML 公司	—	3 006	5 年以上	—	3 006	3 006
其他	—	6 817	5 年以上	1 762	5 055	6 817
非关联单位小计	—	31 827	3 年以上	8 211	23 616	31 827
其他应收款合计	—	46 073		10 018	36 055	46 073
应收款项合计	33 932	206 302		42 636	163 666	206 302

可见，ST 深中华在 2001 年度对关联单位和非关联单位的欠款全额计提坏账准备，是导致其发生巨额亏损的主要原因。在该公司的年报附注中，ST 深中华对此的解释是：一些欠款单位已资不抵债，一些欠款单位联系不到。ST 深中华的做法表面看来似乎十分稳健，但却经不起推敲。就计提巨额坏账而言，ST 深中华 2001 年年报及其审计报告至少存在六大疑点：

1. 巨额坏账与以前年度的收入确认存在什么关系？巨额坏账是否意味着以前年度销售产品时，风险与报酬尚未转移？是否意味着以前年度存在不实销售？

2. 在 2001 年度主营业务收入只有 5 187 万元的情况下，为何当年增加的对关联单位和非关联单位的应收账款竟然增加了 33 932 万元？该公司的解释是以前年度的部分出口销售未及时入账，在 2001 年度补入账。但未及时入账的原因何在？是否还有其他未入账的账款？

3. 截至 2001 年末，ST 深中华对关联单位的应收账款和其他应收款计提的坏账准备合计 112 157 万元，主要原因是联系不到或对方已丧失还款能力。为何联系不到？谁应当承担责任？是否存在违法违规行为？这些关联单位是否存在逃废债务行为？对这些账龄在 5 年以上的关联方应收款项，为何以前年度计提的坏账准备综合比率仅 16.8%？

4. 截至 2001 年末，ST 深中华对非关联单位的应收账款和其他应收款计提了 108 391 万元的坏账准备，主要理由是联系不到这些欠款单位。为何联系不到？ST 深中华在销售和应收款项等环节上是否实施内部控制？对方是否存在逃废债务行为？

5. 截至 2001 年末，ST 深中华全额计提坏账准备的应收款项高达 206 302 万元。今后若又收回，如何进行会计处理？是作为秘密准备原渠道冲回，还是在收回当年作为当期利润确认?

6. ST 深中华已经严重资不抵债(净资产约为 - 20 亿元),计提坏账随意性很大,对这样的持续经营能力存有重大不确定性、销售和应收款项内部控制严重失效的上市公司,注册会计师为何仍对其 2001 年度会计报表发表无保留加解释性说明段的审计意见?依据何在?

[案例分析:ST 万家乐变幻无穷的资产价值①]

与 ST 深中华计提巨额坏账不同,ST 万家乐 2001 年度的巨额冲销主要是在资产减值方面做文章,与美国在线时代华纳公司和世界通信公司有异曲同工之妙。ST 万家乐 1998—2001 年的相关财务指标如下表 5 - 16 所示:

表 5 - 16　　ST 万家乐相关财务指标　　(单位:万元)

项　目　名　称	1998 年度	1999 年度	2000 年度	2001 年度
主营业务收入	112 147	111 296	105 753	112 282
投资收益	7 123	7 855	7 067	814
其中:委托贷款收益	4 362	4 702	3 252	- 25
与投资收益有关的现金流入	771	1 484	441	2 980
净利润	11 800	15 525	548	- 97 856
股东权益	123 024	132 792	122 671	24 644
关联方占用 ST 万家乐资金余额	103 594	80 570	—	—
向关联方收取的利息收入	13 108	9 220	4 676	—

可见,ST 万家乐 1998—2000 年的主要利润来源为投资收益,其中委托贷款收益约占投资收益的一半。这些投资收益的形成,主要得益于 ST 万家乐让其第一和第二大股东有偿占用资金而收取的利息,1998 年和 2000 年度向这些关联股东收取的利息占其净利润的比例分别为 111% 和 853%。若剔除这些利息收入,ST 万家乐在 1998 和 2000 年将发生严重亏损。值得一提的是,上述投资收益的质量十分低下,表现为确认的投资收益与现金流入存在巨大差距,1998—2000 年投资活动产生的现金流入总额为 5 676 万元,仅占这三年投资收益总额的 25.7%。这意味着,ST 万家乐一方面确认了向关联方提供资金的利息收入,另一方面却未能向这些关联方收回本金和利息。为了解决关联方的资金占用问题,ST 万家乐不得不与关联股东达成债务抵偿协议。2000 年 6 月,ST 万家乐将挂列于短期贷款、短期投资、应收

① 黄世忠:"巨额冲销与信号发送",《会计研究》,2002 年第 8 期,第 19 页。

账款、其他应收款和其他应付款等科目的127 568万元债权债务，与关联股东的房屋建筑物、土地使用权、商标权和股权进行置换。但仅仅过了一年半，这些抵债资产便发生严重贬值，迫使ST万家乐计提了43 007万元的减值准备，并确认为2001年度的营业外支出（总额为71 984万元，其中为关联方提供担保的或有损失为28 636万元）。表5－17列示了关联股东用于抵债的资产评估及减值情况。

表5－17　ST万家乐置入资产的价值变动　（单位：万元）

项目名称	2000年6月评估价值	2000年6月抵偿作价	2001年末减值准备	减值准备占抵偿作价比例
房屋建筑物	38 048	38 048	10 139	26.7%
土地使用权	53 520	53 520	19 438	36.3%
商标权	31 220	30 000	13 430	44.8%
股权	6 217	6 000	—	—
合计	129 005	127 568	43 007	33.70%

在短短的一年半时间里，资产减值幅度竟高达33.7%，确实令人匪夷所思。其中，闹得沸沸扬扬并一度引起其他上市公司竞相效仿的商标权买卖，其减值幅度更是高达44.8%。该公司董事会对此的解释是，房屋建筑物和土地使用权原靠近当地政府所在地，后因当地政府搬迁，导致价格下跌。但股东们不禁要问，为何2000年6月份的评估不考虑政府搬迁的因素？当地政府的搬迁难道是一夜之间便可拍板定案？至于按收益现值法评估的商标权，则是由于2001年ST万家乐发生亏损，且商标权因其他法律纠纷被查封，不得不计提减值准备。令人困惑不解的是，2002年ST万家乐再度发生逾亿元的亏损，但却未对商标权计提任何减值准备。同样是亏损的年度，2001年计提巨额减值准备，2002年分文不提，足见该公司对无形资产减值准备采用的“按需计提”的功利主义政策。

（三）“洗大澡”对资产分析的启示

由于许多资产入账价值的计量充满主观判断，加上企业所处经营环境不断变化，当资产的账面价值低于其公允价值时，企业需要计提资产的减值准备，通过夯实资产的计价基础以稳健地反映企业的财务状况。这种情形尤其适用于长期资产，它们按历史成本原则计量，同时有相当长的摊销期限。当企业的经营形势发生变化，或者由于技术进步的原因，原来拥有资产的公允价值跌至账面价值之下时，计提减值准备变得尤其必要。在这种情况下，资产减值准备可以看作资产折旧或摊销的修正。

然而，近年来证券市场上大量的案例表明，不少企业利用计提资产减值准备对原先蓄意高估的资产进行“洗大澡”，从而掩盖以前年度因高估利润而形成的资产泡沫。在释放风险的同时，“洗大澡”还可大幅降低以后年度的资产摊销，为以后会计期间创造利润空间。因此，分析财务报表时，若发现企业在当期计提了巨额资产减值准备，财务报表使用者应当保持合理的怀疑，仔细分析以前年度是否存在利润高估的情况，当期及以前各期资产是否含有泡沫成分，计提资产减值准备是否有“洗大澡”的嫌疑。经验表明，如果企业因计提大额的资产减值准备导致某一会计年度发生的巨亏超过以前若干年度的利润总和，往往意味着企业以前年度盈利不实，甚至存在着严重的虚盈实亏现象。

值得注意的是，企业通过“洗大澡”对资产进行巨额冲销往往打着稳健主义的旗号。如何辩证地看待“稳健主义”?

稳健主义（Conservatism）是会计人员和注册会计师奉若神明的会计惯例之一。从风险规避和风险管理的角度看，稳健主义无可厚非，但从公允反映的角度看，稳健主义并不可取。在经营业绩的计量上，稳健主义具有相对论的显著特征，某一会计期间特别稳健的做法，可能意味嗣后会计期间收益确定特别激进。例如，滥用“八项减值准备”，夸大固定资产和无形资产减值准备，就会低估剩余使用年限内的折旧和摊销费用。这种做法可能对长期投资者无害，但却有损短期投资者的利益。在当今证券市场上，股票换手率很高，投资者变化很快。因此，稳健主义可能导致短期投资者的利益被转移给长期投资者，造成财富分配的不公。从长远看，这也不利于证券市场的健康发展。可见，公允反映显然比稳健主义更加可取。以稳健主义为名，行收益平滑之实的盈余操纵，与虚盈实亏等盈余操纵一样，都应予以唾弃！

思考题

1. 中国国际航空公司在呈报香港联合交易所的2006年中期财务报告中披露：有36架波音系列客机按融资租赁进行会计核算，30架波音系列客机按经营租赁进行会计核算；11架空客系列客机按融资租赁进行会计核算，9架空客系列客机按经营租赁进行会计核算；5架CRJ—200通过经营租赁取得；另有2架货机和2架公务机通过经营租赁取得。以上合计有95架飞机通过租赁方式取得，占公司运营飞机总数192架的近50%。2006年前六个月飞机租赁费支出9.5亿元，截至2006年6月30日，融资租赁负债共计21.5亿元。请问中国国际航空公司对飞机租赁业务选择不同的会计核算方法的依据是什么？如果原本选择的是经营租赁核算方法，现在改为融资租赁核算方法，反之亦然，这对企业的财务状况和经营成果有什么影响？假如你是一名财务分析师，你会对此向中国国际航空公司的CFO提出什么问题？

2. 根据中国移动2005年度财务报表显示，公司总资产规模达到4 210亿元人民币，这其中并没有包含品牌资产。而Interbrand与《商业周刊》中文版联手推出

2006 年中国最佳品牌排行榜上，其品牌价值高居榜首，高达 2 830 亿，遥遥领先第二名中国银行的 820 亿元人民币。你是否认同《商业周刊》评估的数字，认为它反映了品牌未来能给企业带来的潜在经济利益吗？如果请你为中国移动这一品牌进行估价，你会采用什么方法进行估价？你认为中国移动对品牌的会计处理方法恰当吗？

3. 如果你是一家上市公司的 CFO，你该如何判断公司的长期资产是否出现减值的迹象？减值的金额是多少？如果你是一名财务分析师，你会通过哪些信息寻找公司长期资产出现减值迹象？减值金额是多少？假设你是一名财务分析师，你在事前如何分析和发现红光实业上市时的造假活动？

红光实业（600083）1997 年 6 月在上海证券交易所上市，募集资金 4.1 亿元。时隔半年多后，红光公司 1997 年年报显示，该公司当年亏损 1.98 亿元，并且戴上 ST 的帽子。上市半年即被 ST，创下中国上市公司的一项记录。随后中国证监会的调查显示，红光公司在上市前及上市后，存在多项违法、违规行为，其中，公司的主导产品之一黑白显像管到 1997 年实际上已没有市场前景，另一拳头产品彩色显像管的重要设备彩玻池炉 1996 年下半年就出现废品上升、不能维持正常生产等严重问题，但红光公司在招股说明书里隐瞒了这些事实，当时公司报告的固定资产为：账面原值 123 879 万元，累计折旧 42 684 万元，固定资产净值 81 195 万元。

4. 宜宾五粮液股份有限公司（000858）一直以来是证券市场上的绩优股，过去几年净资产收益率一直保持在 20%，这和公司拥有的“六大优势”分不开，即：独有的自然生态环境；独有的 638 年明代古窖；独有的五种粮食配方；独有的酿造工艺；独有的中庸品质；独有的“十里酒城”规模（转引自五粮液 2005 年年报）。但是在五粮液的资产负债表中，由于计量问题，我们没有发现对这些五粮液特有的、构成核心竞争力的经济资源的确认和计量。但是，忽略这部分核心资产，单纯对五粮液的财务报表分析显然不能得出有参考价值的答案。如果你是一名财务分析师，你将使用什么方法对这一部分资产的价值进行估价？估价的金额是多少？对五粮液的财务状况和经营成果有何影响？

5. 根据中国银行 2006 年半年报披露，在该会计期间内中行贷款平均余额为 2.3 万亿元，实现净利润 190 亿元，计提的贷款减值损失 51 亿元，不良贷款占贷款总额的 4.19%，其计提贷款减值损失的会计政策是：“对单笔重大贷款进行逐笔检查；对单笔非重大贷款按情况进行逐笔检查或进行组合检查。如果没有客观证据表明进行逐笔检查的贷款存在减值情况，无论该等贷款是否重大，本集团将其与其他信贷风险特征相同的贷款一并进行组合减值检查及计量。如有客观证据表明影响该贷款或影响该类贷款组合的未来现金流的事件已发生且该等事件的财务影响可以可靠计量，本集团确认该等贷款或贷款组合发生减值损失，并计提减值损失准备。贷款减值的客观证据包括但不限于借款人逾期支付利息或逾期偿还本金、发生重大财务困难等。如果有客观证据表明贷款已发生减值损失，则其损失将以贷款的账面金额与使用此贷款的原始实际利率贴现的预计未来现金流（不包括还未发生的未来信用损失）的现值之间的差额进行计量，并计入利润表。如果贷款合约利率为浮动利率，用于确定贷款减值损失的贴现率则为按合同确定的当前实际利率。抵押贷款按照执行抵押物价值减去获得和出售抵押物成本的金额估计和计算未来现金流的现值。”请问，中国银行的计提贷款减值损失的会计政策是否合理？2006 年上半年计提的贷款减值损失金额是否合理？如果不合理，你认为应当计提多少金额，对中行的财务状况和经营成果有何重大影响？

案例分析题

2004 年 1 月 13 日，TCL 集团以 1:4.96478873 的换股比例，交换其控股子公司 TCL 通讯发行在外的 44.3%流通股股权，完成对 TCL 通讯的吸收合并以及集团的首次公开发行。此次 TCL 集团吸收合并 TCL 通讯的合并基准日为 2003 年 6 月 30 日，在合并生效后，以基准日当日的财务状况编制合并报表。在基准日，TCL 集团换股和上市 IPO 前的总股本为 1 591 935 200 股。TCL 通讯在基准日股权结构为 TCL 集团拥有 56.7%的法人股，计 106 656 000 股，其余 43.3%为流通股，计 81 452 800 股。流通股折股价格 21.15 元，TCL 集团 IPO 发行价格 4.26 元/股，折股比例为 4.96478873 换股发行的股票数量为 404 395 944 股，占发行后 TCL 集团总股本的 15.64%。首次公开发行 590 000 000 股，占发行后 TCL 集团总股本的 22.81%。TCL 集团对这项企业合并选择的会计处理方法是权益结合法，你认为这项企业合并适用哪种会计处理方法，权益结合法还是购买法？分别按权益结合法和购买法编制调整分录，比较不同会计处理方法的经济后果是否存在重大差异？你认为哪一种会计处理更能体现这一合并的实质？

本章主要参考文献

1. 财政部：《企业会计准则》，经济科学出版社 2006 年版。

2. 葛家澍：《中级财务会计》，辽宁人民出版社 2000 年版。

3. 黄世忠：“巨额冲销与信号发送”，《会计研究》，2002 年第 8 期。

4. 黄世忠主编：《会计数字游戏：美国十大财务舞弊案例剖析》，中国财政经济出版社 2003 年版。

5. 黄世忠、连竑彬、叶丰滢：“奎斯特通信公司的财务操纵游戏”，《财务与会计》，2004 年第 8 期。

6. 佩普、希利、伯纳德著，孔宁宁、丁志杰译：《运用财务报表分析进行企业分析和估价》，中信出版社2004年版。

7. IASB. International Financial Reporting Standards. International Accounting Standards Committee Foundation. 2006.

8. Palepu, Healy, and Bernard. Business Analysis & Valuation: Using Financial Statements. Second Edition. South - Western College Publishing. 2000.

第六章　负债与股东权益分析

在上一章中，我们对企业拥有或控制的经济资源——会计资产进行了分析，但企业所拥有的资产并非“天上掉下来的馅饼”，而是由不同类型的投资者投入形成的，这些投资者享有相应的资产求偿权。企业的资产求偿权有两种类型：债权和股权，这两种资产求偿权的经济意义和法律意义截然不同。在经济意义上，债权人对企业资产的求偿权在金额和时间上是固定的或是可以合理预期的，而股东对企业资产的求偿权是剩余索取权，也就是企业总资产扣除债务总额以后的剩余的索取权利。在法律意义上，债权人的求偿权在先，股东的求偿权在后，只有满足债权人的求偿权后才能满足股东的求偿权。此外，更为重要的是，债务对企业的约束是硬约束（Hard Constraints），即企业到期必须偿付本息，否则要负法律责任，因无法满足债权人的索取权而被破产清算并不是不可能。相比债务的硬约束性质，股权对企业的约束属于软约束（Soft Constraints），即除非企业清算，否则股东不能从企业抽回资本，同时股利的支付可以由管理层视情况而定，企业拥有许多自由现金流但不发放股利的情形并不鲜见[①]。鉴于债务的硬约束性质，分析企业的负债性质、评估企业面临的财务风险对报表使用者来说是一个重要的步骤[②]。

企业管理层对企业真实负债水平的信息掌握比外部会计信息使用者更多（即信息不对称），而且他们可能有动机隐瞒企业实际债务水平、低估企业财务风险。因此，在负债分析中应当关注的问题主要包括：(1) 企业是否存在未经确认的现实义务；(2) 该现实义务具有什么性质；(3) 其金额计量是否存在困难。此外我们也应关注既有负债性质又有权益性质的可转换债券问题。

第一节　负债的确认与计量

随着经济业务的创新和衍生金融工具的普及，越来越多的企业开始出现两类负

① 股利发放频率及发放模式除了受公司管理层影响外，还与各国家或地区对投资者的法律保护环境、资本市场成熟程度等密切相关。一般而言，投资回报的高低决定着公司融资成本的高低，因此，面对投资者法律保护较严格、资本市场成熟度高的环境，企业发放股利的动力和压力可能更大。

② 在本书的第十三章中，我们将进一步站在债权人的角度介绍信贷决策中的财务报表分析方法。

债：表内负债和表外负债。所谓表内负债是指那些根据现行会计标准，在资产负债表表内确认的负债。而表外负债是指根据现行会计标准，暂未进入资产负债表的负债。这些表外负债有时候以附注披露的形式出现在财务报告之中，但在很多时候财务报告中难觅其踪迹。不管表外负债是否出现在财务报告中，都不能忽略其存在及其可能导致的财务风险。

本节首先介绍表内负债的性质（定义）、确认标准和计量基础，在此基础上，进一步探讨表外负债问题。

一、负债概述

（一）负债的定义

说到负债，人们自然会想到企业因借款而产生的债务。但是，会计上的负债是个广义的概念，它包括企业由于过去的交易或事项而现在承担的、需要将来清偿的各种债务。债务的承担意味着代表未来经济利益的资源将流出企业。关于负债，美国财务会计准则委员会（FASB）在1985年曾给出以下具有代表性的定义：

“负债是某一特定主体由于过去的交易或事项而产生的、现在承担的在将来向其他主体交付资产或提供劳务的义务，这种义务将导致预期的经济利益的未来牺牲。”①

国际会计准则委员会（IASC）则把上述的定义进行修正，把流出或牺牲的经济利益落实为“资源”：

“负债是由于以往事项而发生的企业的现有义务，这种义务的履行将会引起含有经济利益的企业资源的流出。”②

我国最新颁布的《企业会计准则——基本准则》在借鉴国际会计准则的基础上，将负债定义为：

“负债是指企业过去的交易或事项形成的、预期会导致经济利益流出企业的现时义务”。③

从以上的定义中可以看出，负债具有以下几方面特征：

1.负债的性质是由于过去的交易或事项而发生的，现在已经承担的义务。导致负债的交易或事项必须是已经发生，就是说，只有企业现在已经承担了这些交易或事项的义务时，会计上才确认为负债，而正在筹划中的未来交易或事项，如企业

---

① FASB. Statement of Financial Accounting Concepts No.6. “Elements of Financial Statements”, December 1985.

② IASC. Framework for the Preparation and Presentation of Financial Statement, approved by the IASC Board in April 1989 for publication in July 1989, and adopted by the IASB in April 2001.

③ 财政部：《企业会计准则——基本准则》，经济科学出版社2006年版。

的某项扩展计划，不会产生会计上的负债。

2. 负债对企业来说必须是一项强制性的责任，这种强制性通常源于法律、合同或其他类似文件的要求。有时，企业为了维护自身信誉或进行正常业务而必须承担的某些道义和推定的责任和义务，如产品担保责任等，也应包括在负债当中。如果是一项非强制性的可有可无的责任，如企业正在筹划对慈善机构进行捐赠，则不能形成一项负债。

3. 负债通常是在未来某一时日通过交付资产（包括现金和其他资产）或提供劳务来清偿。企业也可以通过承诺新的负债或转化为股东权益来了结一项现有负债，不过前一种情况只是负债的展期，后一种情况则相当于把债权转化为股权。

4. 负债是能够用货币可靠地计量或合理地估计的义务，也就是说负债通常有可确定的偿付金额，或者虽无确切金额，但可以合理地对负债金额加以判断和估计。

5. 负债一般都有确切的受款人和偿付日期，但这并不是确认负债的必要条件。只要受款人和偿付日期可以合理地估计并加以确定，即使在不知道具体受款人和偿付日期的情况下，亦可确认负债。

就上述特征而言，会计上的负债概念比法律上的负债概念范围更加广泛，实际上，稳健性会计惯例对负债确认产生重要影响。在会计实务中判断某一特定经济交易或事项是否引起负债，必须以会计上负债的基本特征为依据。

（二）负债与或有负债、或有损失、预计负债

根据定义，负债是由于过去的交易或事项而发生的，现在已经承担的义务，是一项现实承担的义务。该义务通常有可确定的偿付金额，或者虽无确切金额，但可以合理地加以判断和估计，并且在未来某一时日通过交付资产（包括现金和其他资产）或提供劳务来清偿。

为了便于分析企业的财务状况和偿债能力，负债又分为流动负债和长期负债，划分的标准是偿付时间。目前公认的做法是以“一年或一个经营周期（两者孰长）”作为划分流动负债和长期负债的界限。将在一年或一个经营周期内偿付的负债为流动负债，除此之外的负债则为长期负债。

区分流动负债的一个重要目的，是将其与流动资产相联系，以便反映企业短期的偿债能力。为此，一些财务报表分析者采用负债与流动资产之间的关系作为区分流动负债和长期负债的另一项标准，亦即：凡需要使用流动资产或增加流动负债加以清偿的负债，归入流动负债，否则作为长期负债。因此，企业现有的一项长期资产，如果将在下一会计年度到期并动用流动资产清偿，应在资产负债表上列为流动负债。

除现有负债外，企业可能还需要承担生产经营过程中产生的或有负债/预计负

债。《国际会计准则第 37 号——准备、或有负债和或有资产》把或有负债定义为：

或有负债，指以下两者之一：

（1）因过去事项而产生的潜在义务，其存在仅通过不完全由企业控制的一个或数个不确定未来事项的发生或不发生予以证实；

（2）因过去事项而产生、但因下列原因而未予确认的现时义务：

①结算该义务不是很可能要求含有经济利益的资源流出企业；

②该义务的金额不能足够可靠地计量。[①]

FASB 在 2002 年 4 月份讨论“企业合并”的会议上，把或有负债界定为：

或有负债是由过去事项引起的、可能导致未来现金流出（或其他形式的经济利益牺牲）的现时义务，该现时义务取决于不完全由企业掌控的一项或多项未来不确定事项发生与否。[②]

但是对或有负债的确认和披露，美国财务会计准则委员会曾要求按第 5 号财务会计准则公告《或有事项会计处理》的要求进行会计处理。该准则未曾对或有负债进行描述，而是启用了另一个概念——或有损失（Loss Contingencies），并规定了确认或有损失的标准（第 8 段）：

若满足下列两个条件，则来自或有损失的预计损失金额应作为收益的抵减项预提：

（1）财务报表公布之前的可获得信息表明，在资产负债表日可能已经发生资产减损负债。此种状况清楚地表明，将会发生一项或多项未来事项，以证实资产负债日的损失这一事实是极为可能的。

（2）损失金额可以合理地估计。[③]

在我国《企业会计准则第 13 号——或有事项》中，或有负债被定义为：

或有负债，是指过去的交易或者事项形成的潜在义务，其存在须通过未来不确定事项的发生或不发生予以证实；或过去的交易或者事项形成的现时义务，履行该义务不是很可能导致经济利益流出企业或该义务的金额不能可靠计量。[④]

显然，我国或有事项准则中定义的或有负债，与国际会计准则、美国财务会计准则公告中定义的或有负债含义完全不同。实际上，我国的《企业会计准则第 13 号——或有事项》明确规定，“企业不应当确认或有负债和或有资产”。至于国际会计准则和美国财务会计准则公告所称的或有负债，在我国被称为“预计负债”，并在满足条件情况下确认。即：

---

① IASC. IAS 37 “Provisions, Contingent Liabilities and Contingent Assets”.

② http://www.fasb.org/action/aa041002.shtml.

③ FASB. Statement of Financial Accounting Standards No.5. Accounting for Contingencies (amended). March 1975.

④ 财政部：《企业会计准则第 13 号——或有事项》，经济科学出版社 2006 年版。

与或有事项相关的义务同时满足下列条件的，应当确认为预计负债：

（1）该义务是企业承担的现时义务；

（2）履行该义务很可能导致经济利益流出企业；

（3）该义务的金额能够可靠地计量。

综上，与负债相比，或有负债、或有损失、预计负债在确认和计量上更为复杂。因为后三者的存在与否以及金额、受款人和偿付日期主要取决于有关的未来事项是否发生，因此带有很大的不确定性。如果未来事项确定发生，或有负债就成为一项实际的负债；如果未来事项不发生，这种债务义务就不存在。本着传统的稳健性原则，对或有负债进行确认和披露是必要的，不过或有负债的确认和计量却又比负债更为复杂。

二、负债的确认和计量

（一）负债的确认标准

确认一项负债应当满足两个标准：其一，企业已经现实地承担一项义务；其二，这一义务要求企业按照可计量的或可合理确定的金额向某一方偿付，而且其偿付的时间安排也是合理确定的。一般情况下，负债确认的时点是明确的，因为负债产生于已明确地限定支付时日和金额的交易或合同，而且负债通常是与资产或服务的获取、成本或费用的发生相关联，如企业收到采购物品或得到会计师或律师的专业服务，即产生一项支付义务，应确认为负债。更严格地说，只要企业已经享有对有关物品和服务的法定权利，即使尚未实际收到物品或实际耗用，仍有必要确认负债。

（二）负债的计量基础——面值还是现值

从理论上来说，负债的计量应当以未来应付金额的现值为基础，而未来应付金额通常由负债发生日的有关交易或合同所决定的。由于流动负债涉及的期间一般较短（通常少于一年），面值与其贴现值相差不大，因此，为方便起见，会计实务中一般都是按面值（近似于其未来应付金额的现值）计量流动负债，并列示于资产负债表上。

对于长期负债[①] 而言，由于偿还期限通常在一年以上，货币时间价值对未来应付金额的现值影响较大，其面值与其未来应付金额现值之间通常有较大的差额。因此，长期负债在发生之时通常以面值或实际发生额入账，其后分别按名义利率

① 不包括偿还期在一年以内的长期负债。

(Stated Interest Rate)、实际利率[①]（Effective or Real Interest Rate）逐期调整账面金额。鉴于长期负债不仅对企业资本结构有重大影响，也决定着企业未来的重大现金流出，其确认和披露是否恰当、充分将直接影响财务报表质量。另外，表外融资现象也是与长期负债相关的热点问题。

第二节　负债分析的难点热点问题

企业承担的现实义务可能由于种种客观或主观原因，而没有在财务报表里列报。导致负债可能的不恰当列报、漏列的常见例子有：(1) 或有负债、或有损失、预计负债的发生与否难以合理估计，或是其计量存在很大困难；(2) 企业管理层可能出于某种动机有意隐瞒债务水平，出现流动负债、长期负债划分不当；(3) 表外融资；(4) 在债务重组过程中，以重组准备等方式，多计重组负债，以及有意操控重组债务的未来应付金额（由此达到利润操控的目的）。如果企业没有在财务报表里公允地反映这些负债，可能会使财务报表使用者错误估计企业的财务风险。

一、负债的确认时点问题

(一) 重组准备

根据公认会计原则的要求，企业在制定一个正式的重组计划后，就应承担一项相应的义务，这一义务包括企业处置生产线的成本、处置工厂和安置职工的费用以及遣散职工的费用等。但是计提重组准备负债需要管理层的主观判断，这就为他们高估这些重组费用从而高估负债提供了大量可操作空间。由于企业重组时发生的费用包罗万象，一些企业以此为契机，蓄意高估重组费用，并据此计提了相应的重组准备。当这些被高估的重组准备不需要支付时，便可在以后年度转回，或者用于冲减以后年度的经营费用，为重组后的会计年度“制造”盈利预留空间。

[案例分析：阳光电器[②]]

进入20世纪80年代后，美国制造业逐步陷入衰退。面对激烈的市场竞争，众多制造业企业摒弃了传统的内部积累模式，纷纷通过银行借款或发行股票、债券等方式扩大生产经营，追求规模效应，结果导致产能过剩、产品积压，毛利率日趋萎

---

① 此利率常常根据具体交易条件、特定金融工具之特性，包括其所含的名义利率，结合其他因素推断计算，因此也称之为推断利率（Imputed Interest Rate）。

② 黄世忠主编：《会计数字游戏：美国十大财务舞弊案例剖析》，中国财政经济出版社2003年版。

缩。成立于1887年的美国老牌小家电制造商阳光电器公司也在这一背景下陷入了一片混乱的局面。进入90年代，阳光公司并未时来运转，经营仍未起色。1996年上半年公司股价与1994年同期下降了50%，利润更是下降了83%。在这一背景下，1996年被华尔街誉为“重组高手”的Dunlap成为阳光公司的首席执行官（CEO），着手重组公司的经营和管理。

Dunlap果然不负众望，在重组后14个月即1998年1月28日，阳光公司宣布重组成功：1997年销售收入增长19%，1997年毛利率达到17%（1996年只有8.5%），季度每股收益达到华尔街预测。

然而，阳光公司的成功仅仅是昙花一现。随着1998年阳光公司第一季度季报报告收入增长停滞不前，华尔街一些敏感的分析师对阳光公司一年多来的神来之笔表示怀疑。他们怀疑过去一年多阳光公司通过种种手段操纵利润，其中一个重要的手法是通过转回重组准备来虚增利润。

阳光公司在1996年共发生了3.376亿美元的重组费用，其中的20%属于预提的重组准备，拟用于重组计划中预期需支付的和业务重组有关的费用。据SEC后来的调查，这些巧立名目计提的重组准备很大一部分存在高估的嫌疑，而且至少有两方面不符合公认会计原则的规定：

（1）计提了1 900万美元与未来经营活动有关的重组准备。根据公认会计原则规定，重组准备只能就重组发生的直接支出计提，而诸如再培训和安置留用员工费用、摊销产品费用和投资新系统或销售网络费用等支出，都与企业未来经营活动有关，在资产负债表日不是一项与重组有关的现实义务，因此不能作为重组准备计提。

（2）重组准备中包括一项“有害废物”诉讼准备，金额为1 200万美元。按照公认会计原则的规定，在计提诉讼准备前，高管人员必须采取必要的步骤（包括征询律师的意见），合理估计在该项诉讼上可能发生的损失金额。然而根据SEC的调查，这1 200万美元的诉讼损失准备纯粹是阳光公司高管人员的主观臆断，如果进行合理的估计和测算，该项准备金不超过600万美元。

此外，根据SEC发布的首席会计师办公室文告（SAB）第67号的相关要求，上市公司在某一会计期间发生企业重组，必须在“管理当局讨论和分析”（MD&A）中披露重组费用的内容、性质及其对未来会计期间经营损益的影响。如果计提重组准备，除了在附注中对该项业务的性质进行简要的描述外，还必须对最终留存的经济利益的金额和时间进行预计，并就该预计的不确定性进行说明；如果预计的信息不够充分，管理当局还应当披露形成该估计金额的主要假设和依据。

阳光公司非但对上述要求置若罔闻，而且从1997年第一季度起，就在公司高管人员的授意下，大胆地将通过计提重组准备隐藏的利润拿出来。表6-1列示了重组准备（包括不符合公认会计原则规定而计提的重组准备）在1997年转回增加利润的情形。

表 6－1 **重组准备转回对利润的影响** （单位：百万美元）

时　　间	转回金额	对当期利润的贡献
1997 年第一季度	4.3	13.0%
1997 年第二季度	8.2	20.0%
1997 年第三季度	2.9	6.0%
1997 年第四季度	7.5	22.0%
1997 年全年合计	22.9	26.8%

注：前三个季度转回金额均为不符合公认会计原则规定计提的各项准备转回。1997 年第四季度转回总额为 1 390 万美元，其中有 750 万美元为不符合公认会计原则的准备转回。同时，上述转回准备均未在附注中作为重要“非常事项”披露。

（二）与里程奖励[①] 相关的或有负债

为了吸引乘客，增强乘客的忠诚度，许多航空公司纷纷推行里程奖励（Mileage Award）[②]，即对那些经常搭乘同一航空公司航班的顾客，在累积了规定里程后，赠送给他们一定的免费服务。乘客可以把获赠的里程奖励兑换成免费的机票、旅馆住宿和汽车租赁等服务。自从 20 世纪 80 年代初在美国推出以来，里程奖励越来越受大众欢迎，促使一些航空公司将部分里程奖励卖给信用卡公司和电话公司，这些公司再将其作为给予顾客的一些优惠和奖励。

里程奖励计划的推出，产生了一个会计处理问题，即：航空公司是否因将来的飞行承诺而承担了一项负债？如果里程奖励计划直接导致将来的或有负债（广义的，含或有损失和预计负债），那么就应确认此或有负债。若里程奖励导致的将来偿付义务发生的可能性较小，则可以不确认潜在的或有负债。

人们对里程奖励计划是否产生一项偿付义务尚未达成一致结论。支持里程奖励计划不会导致将来义务理由有：首先，航空公司有修改甚至放弃其里程奖励的自主权。例如在 1987 年，为了应对有关人士对里程奖励计划产生的潜在义务的日益增长的关切，美国联合航空公司修改了计划使得顾客想要赢得免费机票变得困难起来。这一修订使得常飞某条航线或在特定月份经常飞行的顾客赢得的里程奖励减少了一半，甚至更多。同时还提高了赢得一些航线免费机票所要飞行的里程数，这些地方包括最热门的夏威夷航线，以及飞往亚洲和南太平洋的一些目的地。而且，该

① 部分内容参考了 Palepu、Healy 和 Bernard：《利用财务报表进行企业分析与评估》（第二版）第 5 章，中信出版社 2002 年版。

② 如中国国际航空公司的“知音卡会员”、南方航空公司的“明珠空中俱乐部”、厦门航空公司的“白鹭里程计划”等。

公司宣布给予顾客的奖励在授予日的三年后作废。其次，航空公司也可以通过限制那些常客可以获得的座位数量来调节、控制里程计划产生的义务。1997 年在美国，顾客共持有累计 3 万亿英里的免费里程，而十年前这一数字只有 163 亿英里。然而可获得免费座位的数量并没有按相同的比率增长。一家专业航空杂志估计大部分的航线只能够提供里程奖励所需座位的 7%。不过，改变里程奖励条件、提高收集奖励的难度可能是件代价高昂的事，联合航空公司就因修改计划而被起诉。由于人们对里程奖励计划的经济性持不同的观点，对航空公司承诺性质的服务之判断仍然存在不同的看法。另一方面，航空公司已经改进了销售的里程奖励计划，大大降低了因提供相关免费服务而显著减少计划收益的可能性。

同样地，中国国际航空股份有限公司在其“知音卡会员”的规则与条款中也作了类似的规定：

国航有权在任何时候更改本计划的任何规定或终止本常客计划，并不负责事先通知，即使计划的修改或终止会影响会员累积里程或兑换奖励的权利。

“国航知音”合作伙伴及其地址如有更改或终止合作计划，国航及有关合作伙伴恕不另行通知，亦不为此类变动负责。①

除存在需要合理判断里程奖励计划是否会导致将来的偿付义务问题之外，估计里程奖励计划产生的负债金额也有难度。给定正常负载因素和新增顾客的边际成本，里程奖励的机会成本和实际成本非常小。

[案例分析：联合航空的里程奖励]

美国联合航空在 2005 年度财务报告中就其里程奖励计划做了如下披露：

本公司对乘坐本公司、泰德（Ted）、联合快运、明星联盟和其他特定航班的乘客提供“里程加计”常客奖励计划。此外，本公司将里程积分出售给航空与非航空合作伙伴。不论在哪种情况下，积累的里程数均可兑换成免费旅行机票。

当“里程加计”奖励计划的会员获得旅行奖励时，本公司根据该奖励的预计成本记录一项负债。这些成本包括会员在将来把累积里程兑换为本公司的旅行奖励，或按合同约定数额兑换为本公司航空合作伙伴的旅行奖励时，预计将发生的递增成本。

会员可能因达不到最低飞行里程要求而不能将累计里程兑换为免费机票，即使是合乎要求的累积里程也不总能被兑换为免费旅行。因此，本公司根据历史数据和其他信息，估计有多少累积里程将永远不会被兑换，并将这部分累积里程从本公司的预计负债中扣除。本公司还估计每项奖励所耗用的平均里程数，而这往往随着会员的选择而变化。

---

① 资料来源：国航知音卡会员《规则与条款》，http：//www.airchina.com.cn。

对于会员从非航空合作伙伴获得的累积里程，本公司根据预计里程兑换率将出售里程的一部分收入递延至未来期间，并在提供交通服务时予以确认。

截至2005年12月31日，本公司就常客奖励计划已记录的负债和递延的收入合计为16.02亿美元，其中包括6.79亿美元预售里程款和9.23亿美元预计旅行奖励。①

[案例分析：南方航空常客飞行奖励计划]

中国南方航空股份有限公司2005年度财务报告中，对其常客飞行奖励计划做了以下披露：

本集团执行两个常客飞行奖励计划，分别为《南航明珠俱乐部》和《白鹭里程计划》。该两个计划根据累计飞行里数提供飞行奖励予会员。免费飞行所带来的估计递增成本随着飞行里数的累积而确认为费用，并作为预提费用列于流动负债内。当会员领取飞行奖励或其领取权期限届满时，有关的债务会相应予以冲减，以反映负债的完结。②

[案例分析：国际航空的飞行常客计划]

中国国际航空股份有限公司2005年度财务报告中，对其飞行常客计划做了以下披露：

国航知音卡会员累积足够的里程记录，即可享有最低限度的免费里程，本集团按预期将提供有关旅程奖励的估计增加成本计量有关负债。增加成本包括应计燃料成本、食品及保险成本，但不包括任何飞机所有权成本、保养、劳工或杂项费用分配。有关负债按应计奖励、已用奖励及应计成本变动以及国航知音卡会员计划的变动定期调整，并计作资产负债表的流动负债。③

（三）法律纠纷引发的或有负债

[案例分析："9·11"恐怖事件引发的诉讼案件]

联合航空公司2005年度报告就"9·11"恐怖事件引发的诉讼案件作了以下披露：

"9·11"恐怖袭击事件94名遇难乘客的家属向航空业提出了一系列索赔诉讼。作为被劫持飞机的两家航空公司，联合航空和美洲航空成为诉讼的焦点，但其他主体也因此成为被告，诉讼的理由从机场安检疏漏到世贸中心塔楼的设计和建造缺

---

① 资料来源：2005 Annual Report of UAL Corporation，http：//www.united.com。

② 资料来源：中国南方航空股份有限公司2005年度报告，http：//www.cninfo.com.cn。

③ 资料来源：中国国际航空股份有限公司2005年度报告，http：//www.airchina.com.cn。

陷。97%遇难乘客的家属从“2001年‘9·11’遇难者赔偿基金”获得了赔偿，该基金由联邦政府设立，因而禁止向航空公司提出进一步的索赔。世贸中心财产公司、纽约和新泽西州港务局作为世贸中心的业主，也向航空业的被告提出诉讼，要求对袭击事件导致的财产损失予以赔偿。为世贸中心租赁者提供保险的保险公司也提出了附带的损失赔偿要求。“9·11”恐怖袭击事件的索赔要求总额远远超过100亿美元。根据法律规定，这些索赔诉讼统一由美国地区法院纽约南区法庭统一受理，航空公司的最高赔偿以恐怖袭击发生时各航空公司承担的负债范围为限。尽管有关人员伤害和过错死亡的诉讼活动暂时终止，但为诉讼达成和解的讨论继续进行，且许多诉讼方已经就若干事项达成了和解。本公司预计因“9·11”恐怖袭击事件带来的负债可能是十分重大的，但最终金额应不会超过航空保险的法定界限。①

[案例分析：CA129空难的或有负债]

中国国际航空公司2005年报对2002年发生的CA129空难所涉及的或有负债作了以下披露：

于2002年4月15日，CA129航班在接近韩国金海国际机场时坠毁，失事飞机共有129人遇难，其中包括121名乘客及8名机组人员。中国及韩国民航当局对此事进行调查，但于财务报表刊发日期尚未公布事件的起因。若干受伤乘客及死亡旅客的家属已开始在韩国法院上诉，要求中国国际航空公司赔偿损失。本集团无法预测法院裁决的日期或诉讼的可能结果，以及任何潜在上诉行动。截至2005年12月31日，本公司、中国国际航空公司及本公司投保的保险公司已支付合计约为人民币1.97亿元的旅客责任赔偿金及其他附带成本，该人民币1.97亿元中约有1.79亿元由保险公司偿付。作为重组的一部分，中航集团公司已同意为有关CA129航班坠毁的任何债务补偿本集团，惟不计及截至2004年9月30日（本公司注册成立日期）已支付的赔偿。本公司董事相信，此事不会对本集团的财务状况产生任何重大影响。②

上述三个案例表明，由于诉讼的微妙性质，公司的管理层有很强的愿望低估潜在的损失。确实，这也可能与股东的利益是一致的。然而，对于重大的诉讼案件(例如对道康宁、联合航空、国际航空的诉讼以及近年来对烟草公司提起的诉讼)，投资者只能在公司没有提供详细指引和披露的情况下，自己分析目标公司实际面对的诉讼风险和潜在成本，判断企业的负债是否被低估。

---

① 资料来源：联合航空公司2005年报，http://www.united.com。

② 资料来源：中国国际航空股份有限公司2005年报，http://www.airchina.com.cn。

二、负债的计量问题

许多负债有明确的还款时间和还款金额，例如银行借款、对外发行企业债券、融资租赁产生的长期应付款等，还本付息的时间表在负债发生之时便已确定，对这类负债而言不存在会计计量上的障碍。但是，对其他一些负债来说，就很难估计具体偿还的时间以及相应的金额，前述重组准备和航空公司的里程奖励负债即属此列。这里我们要通过案例介绍的是有关环境负债，退休福利和售后服务等负债的计量难题。

(一) 环境负债

一些特殊行业，如采掘业、化工业、造纸业，极易引发环境问题，甚至带来环境灾难。据斯坦福大学玛丽·巴斯（Mary Barth）教授的估计，仅在美国环境清理成本（Environmental Cleanup Costs）可能高达 7 500 亿美元，由此可见环境负债的确认和计量问题可能极大影响某些公司的财务报表数据。[①] 因此，进行财务报表分析时，尤其应当关注这些环境负债是否得到恰当的确认、计量和披露。忽略对环境负债的分析，可能导致企业财务风险被严重低估。

《参考消息》的下列报道，不能不引起我们对环境负债的深思：

"郝出生时，人们还没有这样谈论山西的煤。那时，山里的生活就是种高粱、玉米、小麦。然而，现在山西已成为中国的能源库，地下也变成了漏勺。如今，有的地方成了不毛之地，水流入洞里，毛驴也会掉进洞里。坐落在绵延数公里的变形坑道上的这个砖窑房村庄已被煤窑逐渐侵蚀乃至消失。据国家环保局说，该省 1 900个村庄将面临与煤炭开采有关的地质问题。"[②]

随着环保意识的增强，上市公司对环境负债的资源性披露日益普遍。然而，环境负债的确认、计量存在着诸多不确定性，因此，环境负债的披露目前仍然以定性描述为主，如以下案例所示。

[案例分析：煤炭大亨披露的环境负债]

中国神华能源股份有限公司（以下简称神华股份）于 2004 年 11 月 8 日成立，2005 年 6 月 15 日在香港联交所以每股 7.50 港元发行了 30.8962 股 H 股，募集了231.72 亿港元。作为世界上最大的煤炭企业之一，神华股份 2005 年的煤炭储量和

---

① Stanford Graduate School of Business news release. Accounting for Toxic Cleanup. http://www.gsb.stanford.edu, February 1996.

② 帕斯卡尔·尼韦勒："山西矿区村民受塌陷之苦"，《参考消息》，2006 年 12 月 10 日。

煤炭产量分别居世界煤炭上市公司的第二位和第四位。2005年，神华股份实现了399.26亿元的经营收入，创造的税后利润高达180.12亿元。其资产负债表显示，截止2005年末，神华股份的资产总额为1 392.6亿元，负债总额为667.71亿元。在其非流动负债中，预提复垦费用为8.52亿元。

在主要会计政策说明中，神华股份对“土地复垦义务”作了以下说明：

“本集团的土地复垦义务包括根据中国准则及规定，与复垦地面及井工矿相关的估计支出。本集团根据由第三方进行所需工作的未来现金支出款额及时间作出的详尽计算，估计本集团在最终复垦和闭井方面的负责。估计支出按通涨率调整后，并按可以反映当时市场对货币时间值及负债特定风险的折现率折现，以使准备的数额反映预计需要支付的债务的现值。本集团将与最终复垦和闭井负债相关的资产列账。义务及相关资产在有关负债产生期间确认。资产按预计年限以生产单位法摊销，负债则与预计支出日期挂钩。如果估计有变（例如修订开采计划、更改估计成本或更改进行复垦活动的时间），义务及资产须以适当的折现率重新确认。”①

在报表附注29，神华股份对“预提复垦费用”作了如下披露：

“预提复垦费用是根据管理层的合理估计而厘定。然而，由于要在未来期间才可以清楚知道目前所进行的开采活动对土地造成的影响，预提金额可能因未来出现的变化而受影响。本集团相信于2005年12月31日预提的复垦费用是足够的。由于预提金额是必须建立在估计的基础上，所有最终的复垦费用可能会超过或低于估计的复垦费用。”

	本集团		本公司	
	2005年	2004年	2005年	2004年
	人民币百万元	人民币百万元	人民币百万元	人民币百万元
年初余额	650	628	470	—
因重组从母公司转入	—	—	—	470
本年增加	172	—	—	—
贴现增加	30	22	27	—
本年余额	852	650	497	470

同样地，在报表附注32“承诺及或有负债”部分，神华股份对“或有环保负债”作了如下的披露：

“截至今日，本集团并未因环境补偿问题发生任何重大支出，并未卷入任何环境补偿事件，亦未就任何与业务相关的环境补偿进一步计提任何金额的准备（除复垦费用准备外）。在现行法律规定下，管理层相信不会发生任何可能对本集团财务状况或经营业绩产生重大负面影响的负债。然而，中国政府已经并有可能进一步实

① 神华股份2005年报，www.csec.com。

施更为严格的环境保护标准。环保负债所面临的不确定性因素较大，并可能影响本集团估计最终环保成本的能力。这些不确定性因素包括：(i) 相关地点（包括但不仅限于正在营运、已关闭和已出售的煤矿及土地开发区域）所发生污染的确切性质和程度；(ii) 清除工作开展的程度；(iii) 各种补救措施的成本；(iv) 环保补偿规定方面的变化；及 (v) 新需要实施环保措施的地点的确认。由于可能发生的污染程度未知和所需采取的补救措施的确切时间和程度亦未知等因素，因此未来可能发生的此类费用的确切数额无法确定。因此，依据未来的环境保护法律规定可能导致的环保方面的负债无法在目前合理预测，但有可能十分重大。”

（二）退休福利

在美国，许多公司向其雇员提供退休后的养老金或其他退休福利。此类养老金计划通常是美国联邦政府社会保障制度的有力补充，同时也是雇主吸引高素质员工长期为企业服务的一种重要手段。虽然养老金计划的支出在雇员退休后才发生，但是这笔成本或费用，与雇员提供服务期间所取得的收入直接相联系。根据配比原则，养老金计划支出应在雇员提供服务的期间内逐期作为当期收益的抵减项。不过，养老金支出的摊配存在着四大难点：(1) 雇员的服务期限和寿命有着极大的不确定性，因此养老金支出金额很难合理确定，摊销期限也不易预估；(2) 养老金的折现涉及诸多假设前提；(3) 养老金资产的规模、现值和预期回报率的确定涉及诸多估计和判断因素；(4) 养老金负债的确切金额和偿还时间不易确定，公司的现金流出也将受到波动性影响。

根据美国第 87 号财务会计准则公告（SFAS No. 87）《雇主的养老金会计》的规定，养老金现值的变动（基金资产投资增值、折现率等因素引起的变动）、预计养老金负债的变动（因员工服务年限增加、与工会达成新协议等引起的变化）需要在员工服务期内摊销，而不是在当前确认全部的变动金额。因此，在绝大多数情况下，随着预计养老金负债的调增，表内列报的养老金负债可能会被低估。此外，第 85 号财务会计准则公告还要求公司在附注中披露潜在的全部养老金负债和养老金资产的公允价值。学术研究发现（Barth，1991），投资者认为附注披露的信息比表内报告的金额更为有用。

在分析企业需要应对的养老金支出问题时，由于下列三个原因，分析者必须审慎评价养老金会计处理是否稳健：(1) 预计养老金负债的估计是建立在一系列的假设基础上，包括：根据保险精算要求做出假设的范围、折现率假设、先前服务的成本摊销期限；(2) 养老金计划资产公允价值的确认，若涉及套期、保值工具则会变得异常复杂；(3) 表内确认的养老金负债与未确认的养老金精算损失往往存在巨大差异。

[案例分析：通用汽车的退休及其他福利]

2005年末，通用汽车向其约110万名员工（其中退休员工约76万名）提供了养老金（Pension）和其他退休雇员福利（Other Postretirement Employee Benefits，简称OPEB）。在其资产负债表上，通用汽车确认了113.04亿美元的养老金净负债和339.97亿美元的OPEB净负债，两项合计453.01亿美元。然而，在"关键会计估计"（Critical Accounting Estimates）的信息披露中，通用汽车的管理层承认，对养老金和OPEB净负债的确认和计量涉及到对下列六个重大因素的估计和判断：（1）折现率；（2）保健医疗成本增长率；（3）基金资产的预期回报；（4）员工死亡率；（5）退休率；（6）报酬增长率。对这些因素的估计若与实际存在偏差，将导致养老金和OPEB净负债被高估或低估。

根据美国公认会计原则的规定，实际净负债与估算净负债之间的差额（即未确认的精算损失）应当予以累积，并在未来期间予以摊销，从而对未来期间记录的费用和养老金及OPEB净负债产生影响。截至2005年12月31日，通用汽车未确认的养老金精算损失为320.92亿美元，未确认的OPEB精算损失为322.9亿美元。通用汽车拟将这些未确认的精算损失在雇员未来的工作年限内摊销，其中2005年已摊销的金额合计为47亿美元。退休福利负债的计量难度由此可见。

表6－2摘录自通用汽车2005年度财务报表的附注18，详细反映了通用汽车养老金和OPEB净负债的增减变动情况。

表6－2　　**通用汽车养老金和OPEB净负债**　　（单位：百万美元）

项目名称	美国养老金计划		非美国养老金计划		美国OPEB		非美国OPEB	
	2005	2004	2005	2004	2005	2004	2005	2004
负债变动：								
年初负债余额	90 760	87 285	18 056	15 088	73 772	64 547	3 702	2 905
服务成本	1 117	1 097	322	247	702	566	50	39
利息成本	4 883	5 050	965	892	4 107	3 726	218	201
参与人缴费	22	22	27	26	88	85	1	2
条款修订	（65）	54	113	163	—	10	—	—
精算损失	（975）	3 683	2 233	1 040	6 720	8 527	（200）	288
支付养老福利	（6 695）	（6 605）	（911）	（806）	（4 208）	（3 690）	（118）	（114）
汇率变动	—	—	（942）	1 201	—	—	—	—
年末负债余额	89 133	90 760	20 641	18 056	81 181	73 772	3 760	3 702
基金资产变动：								
年初公允价值	90 886	86 169	9 023	7 560	16 016	9 998	—	—

续表

项目名称	美国养老金计划		非美国养老金计划		美国 OPEB		非美国 OPEB	
	2005	2004	2005	2004	2005	2004	2005	2004
基金资产回报	10 924	11 046	1 382	814	2 258	981	—	—
雇主缴费	125	117	505	802	2 008	5 037	—	—
参与人缴费	22	22	27	26	—	—	—	—
支付养老福利	(6 695)	(6 605)	(911)	(806)	—	—	—	—
汇率变动	—	—	(119)	627	—	—	—	—
裁减、结算	(12)	137	18	—	—	—	—	—
年末公允价值	95 250	90 886	9 925	9 023	20 282	16 016	—	—
基金盈余（亏）	6 117	126	(10 716)	(9 033)	(60 899)	(57 757)	(3 706)	(3 702)
未确认精算损失	25 538	31 604	6 554	5 411	30 592	27 345	1 698	1 326
未确认服务成本	4 616	5 862	770	808	(714)	(445)	(584)	51
未确认过渡负债	—	—	28	39	—	—	—	—
雇主缴费和取款	—	—	203	—	(1 176)	4 000	—	—
计量日后企业合并	—	—	(187)	—	—	—	—	—
确认净额	36 271	37 592	(3 348)	(2 775)	(31 351)	(25 857)	(2 646)	(2 325)
合并资产负债表确认的项目包括：								
预付福利成本	37 271	38 570	296	349	—	—	—	—
应计养老金及 OPEB	(1 177)	(1 152)	(10 127)	(8 303)	(31 351)	(25 857)	(2 646)	(2 325)
无形资产	—	—	743	765	—	—	—	—
累计综合收益	168	174	5 740	4 414	—	—	—	—
确认净额	36 271	37 592	(3 348)	(2 775)	(31 351)	(25 857)	(2 648)	(2 325)

资料来源：GM Annual Report of 2005，www.gm.com。

（三）售后服务

许多厂商为已售出产品提供明确或隐含的售后服务担保（Product Warranty）。售后服务担保包括向最终消费者提供免费修理、维护，甚至在某些情况下调换新品等等。不管是厂商自己开设售后服务部门，还是把售后服务外包，所需费用无疑都是厂商的一大开支。据“产品保证周刊”（Warranty Week）的统计，美国 50 大制造商 2003—2005 年报告的产品担保支出分别为 191 亿美元、204 亿美元和 222 亿美元，其中通用、福特、戴姆勒克莱斯勒等三大汽车公司2005年支付的产品担保费用分别为47亿美元、40亿美元和56亿欧元（折合66.6亿美元）。

图6-1列示了世界五大汽车公司2003年第一季度至2006年第一季度产品担保费用占各该季度销售收入的比例。

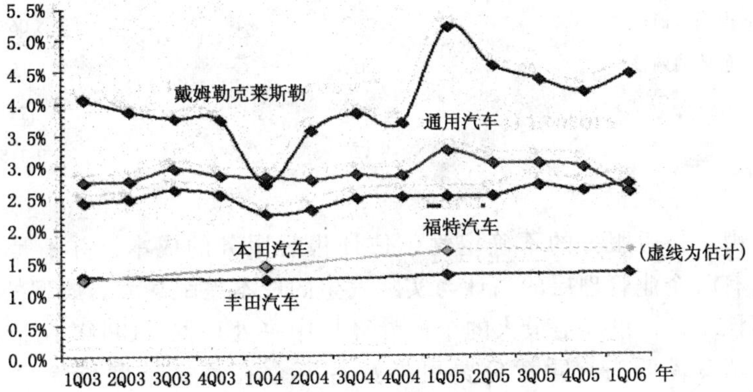

图6-1　五大汽车制造商产品担保支出占销售收入比例

资料来源：Warranty Week from SEC data。

那么，该如何在财务报表里报告这些售后服务呢？当确认销售收入时，是否相应地确认一项负债以反映对退货或维修成本的估计？或者在实际发生退货或维修时确认？

美国的公认会计原则要求在财务报表内列报所有可能已发生的损失。在产品销售交易完成时，若企业为该产品提供相关的售后服务，则应立即确认售后服务所需的成本或费用。2003年6月，财务会计准则委员会（FASB）发布了第45号解释公告，要求提供产品担保的企业披露下列信息：

（1）担保方的会计政策及其用于确定产品担保负债的方法；

（2）担保方报告期间的产品担保累计负债调节表，列示期初余额、当期减少、当期应计金额、前期估计调整和期末余额。

例如，通用汽车在2005年年报中对产品担保事项做了如下披露：

与产品担保有关的预计费用在产品销售时计提。这些预计费用是根据产品担保支出的性质、频率和平均成本等历史信息确定的。公司管理层积极研究产品担保支出的变动趋势，并采取措施以改进车辆质量、降低担保支出。有关产品担保负债的变动情况，详见附注16。①

① 资料来源：GM Annual Report of 2005，http：//www.gm.com。

附注 16　产品担保和召回负债　(单位：百万美元)

	2005 年 12 月 31 日	2004 年 12 月 31 日
期初余额	9 315	8 832
产品担保支出	(4 696)	(4 669)
当期提供的产品担保负债	5 159	5 065
对以前产品担保负债的调整	(381)	(85)
外汇折算影响	(269)	172
期末余额	9 128	9 315

当然，由于售后服务的不确定性，估计售后服务的成本，并不是一件容易的事。因此，有时企业管理层的估计与实际发生的成本差距甚大。典型的例子是，在 1994 年 12 月 21 日，世界上最大的个人计算机中央处理器（CPU）制造商英特尔公司，被迫向消费者低头，同意免费更换数百万个在最高精度长除法上有缺陷的 CPU。这是计算机史上规模最大的产品召回事件。英特尔宣布，将会更换所有有问题的 CPU，并且为消费者提供选择权，消费者可以自行把没有问题的 CPU 装在自己的电脑上，或者由经销商装卸。由于先前没有预提相应的负债以应对类似召回事件，英特尔在第四季度共发生了 4.75 亿美元的售后服务成本，这一成本包括更换成本、材料成本以及库存的有问题 CPU 存货的冲销成本。

（四）财务报表分析中值得深究的问题

企业管理层对负债的评估和确认有非常重大的影响，他们在很大程度上掌控了负债的确认时点、金额、摊销期限、与负债相关的资产之公允价值计量等等。也就是说，针对负债的财务报表分析存在严重的信息不对称，但也正因为信息不对称，恰当的财务报表分析的意义才凸显。通常，以下问题是负债分析中需要关注的：

1. 企业是否报告了金额和偿还时间主要取决于管理层判断的负债项目？判断的关键假设是什么？

2. 如果负债的价值在很大程度上取决于管理层的假设或预测，管理层是否存在信息优势？是否隐瞒重要信息？以往年度对这类负债进行预测的准确性如何？是否存在系统性高估或低估现象？

3. 管理层是否可能将关键信息告知财务分析师？管理层的负债预测是否与专家的预测存在重大差距？

三、负债的价值变动问题

到期负债的账面金额意味着企业的现金流出金额，但在负债偿还之前的各个资产负债表日，负债的账面金额应等于其到期偿付金额的现值。负债的到期偿付金额并不都是事先可以确定的。利率固定的长期借款，其到期偿付金额固定不变，但就最后付款额取决于租赁资产使用状况的长期应付款等负债而言，到期偿付金额还取决于某些不确定的将来事项。不管是前者还是后者，在各个资产负债表日，负债的到期偿付金额之现值（大多数情况下即为该笔负债的公允价值）处于波动之中。这是与整体经济社会有着不可隔断的千丝万缕联系的企业无法避免的事实。既如此，负债公允价值的变动应如何在财务报表里反映？

（一）债务重组

债务重组是指债务人在发生财务困难的情况下，债权人按照其与债务人达成的协议或者法院的裁定作出让步的事项。[①] 债务重组往往导致负债价值发生急剧变动，并使陷入困境的公司的财务状况发生脱胎换骨的改变，需要财务报表使用者高度关注。

[案例分析：世界通信的“起死回生”[②]]

因财务丑闻而陷入困境的世界通信公司，于 2002 年 7 月 21 日根据破产法第 11 章向纽约南区美国地方法院申请破产保护。当时世界通信账面上的资产总额约为 1 070多亿美元，负债约 410 亿美元。世界通信因财务丑闻曝光而成为美国历史上最大的一桩公司破产案主角。

经过一年多艰辛的谈判，世界通信于 2003 年 10 月 21 日向破产法院提出了重组计划，10 月 31 日，重组计划获得破产法院的批准。根据重组计划，世界通信准备摒弃“世界通信”这个臭名昭著的名称，将其子公司——微波通信公司（MCI，以下简称 MCI 公司）的名称升格为集团公司的名称。该重组计划的主要条款如下：

（1）世界通信并入微波通信公司，世界通信不再作为独立主体存在，MCI 公司作为合并后的存续主体；

（2）债务人的所有普通股和优先股全部注销，包括世界通信集团的普通股、MCI 集团的普通股、世界通信的 D、E 和 F 系列普通股、世界通信协调管理公司优先股、世界通信季度收益优先证券和 Intermedia 的 B 系列优先股。

（3）债务人的全部债务予以清算并注销；

（4）债务人未到期的租赁和待执行合同继续执行或终止；

（5）MCI 公司发行约 20 亿美元利率为 5.908%的优先偿付票据，发行约 20 亿美元利率为 6.688%的优先偿付票据（2009 年到期）和约 17 亿美元利率为 7.735%

---

① 财政部：《企业会计准则第 6 号——债务重组》，经济科学出版社 2006 年版。

② 本案例资料来源：WorldCom Annual Report of 2003 and 2002，http：//www.mci.com。

的优先偿付票据（2014年到期）；

（6）MCI发行约2.96亿股新股以清偿债券持有人的索赔，发行1 000万股新股以偿付SEC的民事罚款，此外，MCI预计将发行2 000万股新股以偿付无担保债权人的索赔；

（7）MCI保留约1 100万新股作为实施新管理层限制性股票激励方案的股票来源，另将通过公开市场购买约200万股，用于新员工的股票购买计划；

（8）MCI预计将支付共约26亿美元以偿付债务人的特定索赔，包括上述的SEC民事罚款；

（9）SEC的民事罚款通过支付5亿美元现金和交付价值为2.5亿美元的股票予以偿付。支付的罚款和交付的股票将根据2002年萨班斯—奥克斯利法案中的“公平基金”条款进行。

按照上述重组方案，并经过其他调整，世界通信截至2003年12月31日纳入重组范围的债务最终确定为375.32亿美元，明细情况如表6–3所示。

表6–3　世界通信纳入重组范围的债务　（单位：百万美元）

项 目 名 称	2003年末	2002年末
长期债务	30 679	30 679
应计利息	580	557
申请破产保护前的应付账款和应计联结成本	1 561	2 822
A系列利息可递延的次级债券（票面利率8%）	750	—
子公司需强制赎回的优先股	660	—
其他负债（主要为22.5亿美元的民事罚款）	3 302	3 096
纳入重组范围的债务	37 532	37 154
采用全新开始法减少的债务	(37 532)	—
存续公司的负债	—	—

表6–4列示了世界通信所获得债务重组收益的计算过程。

表6–4　世界通信债务重组收益计算过程　（单位：百万美元）

项 目 名 称	金 额
注销纳入重组范围的债务	37 532
注销纳入重组范围的优先股	436
MCI发行新的股票价值	(8 472)
MCI发行新的债务价值（已扣除1.14亿美元折价）	(5 552)
拟用现金偿付的应计负债	(1 620)
债务重组计划的利得	22 324

上述债务重组的经济影响是什么？当企业的资产或现金流入急剧萎缩时，往往会导致债务重组的发生。资产减少的主要后果通常由股东承担。但是，当企业不能偿还本息的可能性在增加时，债务人也可能蒙受损失。于是债权人被迫决定是否对企业做出让步，重新拟定债务安排，或者迫使企业破产。

根据美国公认会计原则的规定，企业应当继续按照历史成本来反映债务，但必须在财务报表附注里说明债务工具的公允价值。但是，当企业陷入困境时估计的债务公允价值可能不准确，因为这时有可能对逾期的债务进行债转股，而所有者权益估价也变得更为困难和复杂，因为它们代表对企业现金流的剩余索取权，而不是固定要求权。

世界通信如何反映上述负债重组？世界通信通过债务重组获得约 223.24 亿美元的好处，这些好处如何反映？作为当期损益，还是作为留存收益的增加？或是作为资本公积的增加？根据第 15 号财务会计准则公告（SFAS No.15）《债务人和债权人债务重组会计》的规定，直到债务重组正式发生时才改变债务的账面价值。据此规定，世界通信在其 2003 年的合并利润表中确认了 220.83 亿美元（223.24 亿美元减去支付给律师、会计师等中介机构的费用、终止合同和取消合同发生的额外损失等）的净债务重组收益。表 6－5 和表 6－6 分别列示了世界通信重组前后的合并利润表和合并资产负债表。

表 6－5　　世界通信债务重组前后的合并利润表　　(单位：百万美元)

	2003	2002*	2001*	2000*
收入	27 315	32 189	37 609	39 344
经营费用：				
联通成本（线路成本）	13 040	14 651	16 013	16 903
服务和产品成本	3 498	4 309	5 314	5 092
销售、一般和管理费用	7 222	9 142	10 602	10 337
折旧和摊销	2 647	3 291	4 770	8 485
未分类费用（收益）净额	—	(35)	(383)	426
财产、厂房和设备减值损失	—	4 599	5 729	14 057
商誉和无形资产减值损失	—	400	5 698	33 123
经营费用合计	26 407	36 357	47 743	88 423
经营收益（损失）	908	(4 168)	(10 135)	(49 079)
其他收益（费用）净额：				
利息费用	(190)	(1 372)	(2 099)	—
其他零星收益（费用）	218	(2 793)	(934)	—
债务重组净收益（损失）	22 083	(802)	—	—

续表

	2003	2002*	2001*	2000*
持续经营业务收益（损失）	23 019	(9 135)	(13 168)	(49 079)
所得税	407	54	503	—
少数股东损益	168	(193)	(702)	(716)
扣除会计准则变动影响前的持续经营业务收益	22 444	(8 996)	(12 969)	(48 363)
终止业务净损失	(18)	(145)	(2 629)	(449)
扣除会计准则变动影响前的收益	22 426	(9 141)	(15 598)	(48 909)
会计准则变动净影响	(215)	(32)	1	—
净收益（损失）	22 211	(9 173)	(15 597)	(48 909)

*经过重新表述的金额，与财务丑闻曝光前公布的金额存在重大差别。

表 6-6　世界通信债务重组前后合并资产负债表　（单位：百万美元）

	存续公司 2003年12月31日	原公司 2002年12月31日
资　　产		
流动资产		
现金及现金等价物	6 178	2 820
应收账款（已扣除坏账准备）	3 927	5 611
预付费用	377	445
递延税收	990	150
其他流动资产	459	623
持有待售资产	176	—
流动资产合计	12 153	9 649
财产、厂房及设备净值	11 758	14 190
投资	238	170
无形资产净值	2 135	1 514
递延税收	608	505
其他资产	475	734
资产总计	27 367	26 762
负　债　与　股　东　权　益		
纳入重组范围的负债		
流动负债		

续表

	存续公司 2003 年 12 月 31 日	原公司 2002 年 12 月 31 日
应付账款	1 722	1 080
应计联通费用	2 240	2 068
一年内到期的长期债务	330	885
应计利息	25	35
其他流动负债	4 361	3 354
与持有待售资产相关的负债	23	—
流动负债合计	8 701	7 422
长期债务（不含一年内到期的部分）	7 117	1 046
递延税收	1 213	226
其他负债	714	468
纳入重组范围的负债合计	—	37 154
纳入重组范围的少数股东权益	1 150	837
本公司发行的需要强制赎回的优先证券	—	750
子公司发行的需要强制赎回的优先股	—	660
纳入重组范围的 D.E.F 系列次级可转化优先股	—	494
股东权益：		
MCI 普通股面值	3	—
世界通信普通股面值	—	31
MCI 集团普通股额外缴入资本	8 469	56 384
累计亏损	—	(78 167)
库存股份及其他综合损失	—	(543)
股东权益合计	8 472	(22 295)
负债与股东权益总计	27 367	26 762

值得一提的是，世界通信尽管在 2003 年确认了巨额的债务重组收益，走出了破产保护的困境，并更名为 MCI 公司以逐步淡化其臭名昭著的公司形象，但重组后的 MCI 公司还是难逃被收购兼并的厄运。2005 年 2 月 14 日，美国电信巨头 Verizon 公司宣布收购 MCI 公司。2005 年末，收购方案获得联邦政府监管部门和股东大会的批准。2006 年 1 月 6 日，Verizon 公司最终以 85 亿美元的代价完成了该项收购。

[案例分析：备受争议的郑百文债务重组]

中国信达资产管理公司（以下简称信达）于 1999 年 12 月与中国建设银行签订

债权转让协议，受让共计193 558.4万元的郑州百文债权。2000年3月，中国信达资产管理公司向郑州市中级人民法院申请郑百文破产还债，被法院驳回。2000年11月30日严重资不抵债的郑百文公布了董事会决议及召开临时股东大会的公告，公布资产、债务重组原则的议案如下：

(1) 信达向三联集团公司出售约15亿元的郑百文债权，三联集团公司支付3亿元人民币购买信达这15亿元债权；

(2) 三联集团公司豁免了郑百文这15亿元的债务义务，但公司全体股东，包括非流通股和流通股股东需将所持公司股份的约50%过户给三联集团公司；

(3) 不同意将自己股份中的约50%过户给三联的股东将由郑百文按公平价格回购，公平价格由下一次股东大会以《独立财务顾问报告》确定的价格为准。

(4) 信达与郑百文签署协议，在本议案经公司股东大会通过之时，将立即豁免对郑百文的债权1.5亿元。

上述债务重组方案中，由三联集团豁免郑百文的债务，既可使郑百文走出资不抵债的困境，又可使郑百文节省大量的利息支出，为重组后的郑百文扭亏为盈创造条件。至于信达直接豁免郑百文的1.5亿元债务（2000年12月30日生效），完全是为郑百文在2000年扭亏为盈而设计，因为按照当时的债务重组准则的规定，“因修改其他债务条件进行债务重组的，债务人应将重组债务的账面价值减记至将来应付金额，减记的金额作为债务重组收益，计入当期损益”。

为了抑制信誉不好、弄虚作假的上市公司利用的债务重组记录令人误导的所谓“债务重组收益”，财政部后来修订了《债务重组》准则①，规定债务人接受债权人豁免的债务，视为债权人对债务人的捐赠，不得确认债务重组收益，而必须确认为资本公积。2001年1月21日，财政部在《关于郑百文资产与债务重组中有关会计处理问题的复函》中明确指出，中国信达资产管理公司豁免郑百文1.5亿元的债务不能以重组利润计入该公司2000年利润，而应当计入资本公积。郑百文利用债务重组扭亏为盈的企图最终未能得逞，备受争议的郑百文闹剧不得草草收场。

(二) 债务剥离

[案例分析：琼海德“创造性”的债务剥离]

2000年度，琼海德公司被为其审计的会计师事务所出具了保留意见的审计报告，其中的一条保留意见如下：

---

① 为了与国际会计准则趋同，财政部2006年2月15日颁布的《企业会计准则第6号——债务重组》又对债务重组收益做出了新的规定。该准则的第七条指出：“修改其他债务条件的，债务人应当将修改债务条件后债务的公允价值作为重组债务后的入账价值。重组债务的账面价值与重组后债务的入账价值之间的差额，计入当期损益。”

"如会计报表附注 8.5 和附注 9.6 所示，贵公司自 2000 年 7 月 1 日起依据与海南海莱实业有限公司签定的《资产与负债等值剥离协议》，将化纤二期工程相关资产273 357 614.96元，按评估值 272 799 059.18 元，剥离给海南海莱实业有限公司，将相关负债 273 357 614.96 元一同剥离给该公司。剥离负债中的主要债权人中国银行海南省分行的美元贷款 USD12 672 625.50 元，人民币贷款 39 100 000.00 元，美元利息 USD2 442 805.57 元，中国银行海南省分行于 2001 年 4 月 20 日致函贵公司：经中国银行总行中银险（2001）97 号文批复，同意贵公司实施债务重组，但应按总行具体要求尽快落实贷款剥离的担保条件及办理有关重组事宜。截止审计外勤结束日，有关转贷及相关手续仍在办理之中。剥离负债中应付款项及利息 84 274 916.41 元需在法定期限内取得相关债权人同意。"

首先，剥离的资产项目中，与化纤二期工程有关的资产金额高达273 357 614.96元。化纤二期工程是琼海德公司决策失误而形成的没有市场前景的不良资产。如果不剥离，该公司将不得不计提巨额的固定资产减值损失。即使不考虑减值因素，按 20 年的平均折旧年限匡算，通过剥离这一不良资产，每年可为琼海德公司减少约 1 367 万元的折旧。剥离的 108 975 101.89 元其他资产包括因产权不清屡被注册会计师提出"保留意见"的长期股权投资项目和不良债权。剥离使琼海德公司"巧妙"地逃避了计提长期股权投资减值准备和坏账准备的"厄运"。剥离的魔力非同一般。

其次，剥离的银行借款本金及利息高达 382 299 344.85 元，不仅可使琼海德公司节约大量的"真金白银"，还可使该公司的利息支出大幅下降。按 5.5%的年利率测算，剥离这些负债每年可使琼海德公司的财务费用减少 2 103 万元。可见资产与负债对等剥离的"双重效果"是多么显著。

（三）财务报表分析中值得深究的问题

不论是债权人还是股东，都对负债公允价值的变动深表关注。目前会计准则要求企业报告债务的价值和因债务重组而导致的价值变动。但是这也使企业管理层有机会利用负债价值的变动做文章。对财务报表分析人员而言，考察下列问题，有助于深入挖掘有关企业负债价值的信息：

1. 债务的公允价值是否下降？变化的原因是因为利率波动，还是由于企业的资产质量和现金流量恶化引起的？如果是后者，企业是否注销资产或为这些资产计提减值准备？

2. 债务的公允价值是否上升？变化的原因是因为利率波动，还是企业经营业务的改善引起的？

3. 如果债务的风险加大，企业管理层对这些债务价值的估算是否可靠？

4. 如果债务的价值上升，是否意味着企业经历财务困境？

5. 因债务重组导致债务的公允价值发生变动，是否在当期确认为债务重组收益？

四、负债分析的其他难点热点问题

（一）特殊目的实体的负债问题

特殊目的实体（Special Purpose Entity，以下简称 SPE）顾名思义是为了某一特定目的而临时设立的从事某项交易或一系列交易的实体。作为一种组织创新，SPE 于 20 世纪 70 年代在租赁业务中率先形成，最初主要用于出租人的出售回租等业务，后来陆续扩展到其他业务操作。到了 20 世纪 90 年代后，SPE 逐步演变为类似的交易媒介（在某些情况下相当于一种金融工具）：由 SPE 发起人或收益人向 SPE 出售资产以换取现金或其他资产。SPE 的法律形式多样，可以是公司，也可以是信托基金或合伙企业，大多数 SPE 采用有限责任的合伙企业形式。SPE 主要通过向第三者发行债券或股票获得资金来源。由于 SPE 目的单一，一旦实现特定目的，就会被解散或闲置，因此发起人或收益人对其会计处理有别于对子公司的会计处理，并不需要纳入合并报表范围。正是不合并 SPE 财务报表的条件比较宽松，安然公司处心积虑地将其发起或从中获取收益的几乎所有 SPE 设计成不需要纳入合并报表范围的实体。这样它就可以用成本法或权益法核算对 SPE 的投资，既可确认来自 SPE 的资产买卖或对冲交易利润，又不必将高度举债的 SPE 纳入合并报表，一举两得。

［案例分析：安然名目繁多的 SPE①］

安然（Enron）公司不恰当地利用 SPE 等符合特定条件可以不纳入合并报表的会计惯例，将本应纳入合并报表的三个 SPE（英文简称分别为 JEDI、Chewco 和 LJM1）排除在合并报表编制范围之外，导致 1997—2000 年期间高估了 4.99 亿美元的利润、低估了数亿美元的负债。此外，以不符合重要性原则为由，未采纳安达信的审计调整建议，导致 1997—2000 年期间高估净利润 0.92 亿美元。各年度的具体情况如表 6－7 所示：

1993 年到 1996 年，安然公司与加州公务员退休基金（CalPERS）合资成立有限合伙公司 JEDI，其中安然以 2.5 亿美元市值的安然股票出资，成为一般合伙人，对方以 2.5 亿美元现金出资，成为有限合伙人。双方各持有 50%股权，属于共同控制。按照美国 GAAP 要求采用权益法核算共同控制的投资。这样安然公司既可以享

① 葛家澍、黄世忠：“安然事件的反思——对安然公司会计审计问题的剖析”，《会计研究》2002 年第 2 期，第 3 页。

有 JEDI 的利润确认为投资收益，又不用合并 JEDI 的巨额债务。1997 年安然公司计划与 CalPERS 合资设立投资额为 10 亿美元的另一合伙企业 JEDII。安然公司认为，CalPERS 不可能同时投资于 JEDI 与 JEDII，因此提议以 3.83 亿美元赎买 CalPERS 在 JEDI 的股权。

表 6－7　安然公司虚增利润和隐瞒债务情况　(单位：亿美元)

项目名称	1997 年	1998 年	1999 年	2000 年	合计
净利润					
调整前净利润	1.05	7.03	8.93	9.79	26.8
减：重新合并 SPE 抵消的利润	0.45	1.07	2.48	0.99	4.99
审计调减的利润	0.51	0.06	0.02	0.33	0.92
调整后的净利润	0.09	5.9	6.43	8.47	20.89
调整后净利润占调整前比例	8.60%	83.90%	72%	86.50%	77.90%
债务总额					
调整前债务总额	62.54	73.57	81.52	100.23	—
加：重新合并 SPE 增加的债务	7.11	5.61	6.85	6.28	—
调整后债务总额	69.65	79.18	88.37	106.51	—
调整后债务占调整前比例	111.30%	132.10%	108.40%	106.30%	—

为了确保 JEDI 符合不并表的条件，安然公司必须寻找一个新的有限合伙人。安然的 CFO 法斯托提议由其下属库柏作为管理合伙人发起设立另一家取名为 Chewco 的 SPE，作为受让 CalPERS 所持有的 JEDI 股权的载体。成立 Chewco 的惟一目的就是要以有限合伙人的身份受让 JEDI 的股权。受让股权所需要的款项主要由三个渠道筹集：(1) Chewco 出具应付票据，向巴克莱银行贷款 2.4 亿美元，安然公司提供担保；(2) JEDI 以循环信贷协议的方式向 Chewco 预付款项 1.32 亿美元；(3) Chewco 的一般合伙人及有限合伙人投资 1 150 万美元（相当于全部资本的 3%）。

在将这个交易设计付诸实施的过程中，安然公司未能为 Chewco 寻找到一个愿意出资 1 140 万美元（1 150 万扣除库柏本人的出资）的独立第三方投资人。最终 Chewco 以本票的方式向巴克莱银行借款 1 140 万美元，但巴克莱银行要求 Chewco 开设 660 万美元的准备金账户，作为该笔贷款的保证金。这一安排是灾难性的。首先 1 140 万美元实质上并不是真正的独立第三方的投资；其次，即使视为独立第三方的投资，但由于该投资有 660 万美元的担保，不属于风险资本，根据 FASB 的 SPE 不纳入合并报表范围条件的规定，1 140 万元有至少 660 万美元不属于风险投资。若将 660 万予以扣除，导致的并发症是显而易见的：Chewco 不符合 SPE 不并表的第四个条件的规定，这反过来违反了不并表的其他两条规定。2001年11月初，安达信根据内部举报重新审查这项交易安排时，得出了Chewco从1997年设立时就违反了不并表条件的结论，并要求安然公司追溯调整，将Chewco重新纳入合并报表范围。由于JEDI是否纳入合并报表范围取决于Chewco的法律地位，一旦Chewco不符合不并表的条件，JEDI也应当纳入合并报表范围。在安达信的建议下，安然公司于2001年11月决定将Chewco和JEDI均重新纳入合并报表范围，重编1997年到2001年的合并财务报表。重编后的合并报表不仅使安然公司的净利润大幅度下降，而且使其负债陡增，其实际影响数见上表。

（二）利用关联企业举债的问题

[案例分析：Adelphia公司负债隐瞒术①]

Adelphia是位于宾夕法尼亚州美国第六大有线电视网络和本地电话公司，到2000年末其业务遍布全美2/3的州以及波多黎各，年收入达到36亿美元。公司由其前CEO John Rigas创建，并由Rigas家族控制。

从1999年5月到2001年9月28日，Adelphia进行了三次信用贷款融资，这些贷款是以Adelphia的子公司和Rigas控制的、也是经营有线电视的企业联合举贷。根据借款合同的约定，任一借款方可以在信用额度内全部拿走贷款。有部分借款需要所有借款方一起承担偿还的责任，而不管是否自身是否使用了这些信用额度。另外一部分借款，即使其中任一借款方自身没有动用信用额度，也可能要独立承担全部贷款的还款责任。截至2001年12月31日，Adelphia和Rigas控制企业的联合借款信用额度达到了56.3亿美元。

同时在1999年中期到2001年末，在公司CEO Rigas指使下，Adelphia从年度合并财务报表和季度合并财务报表里隐瞒了23亿美元银行贷款，把它转移到不在合并报表范围的关联企业报表里。Adelphia这样有目的、系统性地将贷款转移至账外来低估负债，是为了降低它的高负债比率，从而隐瞒它没有能力满足借款合同里要求的负债比率的真实情况。更为严重的是它伪造文件欺骗公众说这些贷款都已还清。实际上这些负债转移到Rigas控制的关联企业账上。

根据联合借款的信用安排合约规定，Adelphia应当一起或单独负责在贷款到期时承担还贷责任，但是在Rigas指使下，Adelphia从1999年第二季度开始每个季度都要把这些联合贷款负债的相当大一部分从其季度或年度的财务报表里转移到Rigas控制的关联企业账上。2002年3月29日，Adelphia首次披露负债可能达到23亿美元后，公司股价急剧下挫。5月公司宣布，因担保Rigas家族的贷款而形成的

---

① 黄世忠、王建峰编：《公私可以不分吗？——Adelphia财务舞弊案例分析》工作稿，2006年。

负债可能高达31亿美元。表6-8列示了Adelphia财务报表里报告的负债、Adelphia实际的负债和每个季度转移出来的负债金额[①]：

表6-8 Adelphia债务转移情况 (单位：美元)

季度	Adelphia的财务报表里报告的负债	Adelphia实际的负债	每个季度转移出来的负债金额
1999年第二季度	4 162 154 000	4 412 154 000	250 000 000
1999年第三季度	4 324 424 000	4 574 424 000	N/A
1999年第四季度	12 400 605 000	12 650 605 000	N/A
2000年第一季度	12 478 372 000	13 096 372 000	368 000 000
2000年第二季度	12 990 935 000	13 387 935 000	-221 000 000
2000年第三季度	14 083 426 000	15 225 716 826	745 290 826
2000年第四季度	16 287 376 000	17 468 058 512	38 391 686
2001年第一季度	17 270 883 000	18 500 298 239	48 732 727
2001年第二季度	17 854 801 000	19 129 787 649	45 571 410
2001年第三季度	18 604 914 000	20 440 171 099	560 270 450
2001年第四季度	N/A	N/A	448 159 322
合计	130 457 890 000	138 885 522 325	2 283 416 421

Adelphia主要使用两种手法将其负债转移到关联企业中。第一个手法是在与Rigas控制的关联企业进行股票交易时将负债转移过去。这样的机会至少有四次，都是在Adelphia公开发行证券时。这时Adelphia要和关联企业进行虚假交易，一方面由一家不进行联合借款的关联公司取得Adelphia的证券，但并没有支付任何现金，Adelphia记录一笔应收款，同时进行联合借款的关联企业承担Adelphia转过来的负债，Adelphia同时记录一笔应付款。这样的交易并不是真正的发行证券筹集资金，而是类似于质押借款的交易。因为：(1) 并没有向银行支付现金偿还借款；(2) 取得Adelphia所发行证券的关联企业并没有为此支付任何现金；(3) Adelphia仍然保持偿还借款的共同责任，甚至是独立承担这一责任；(4) 承担债务的关联公司这一承担行为是虚假行为，因为它并没有从中获得任何经济利益，而且不是公允交易。每次交易过后，Adelphia都在向SEC呈送的报告或其他公开声明中宣称公司已经把证券交易中得到的部分收入或全部收入用于偿还借款。而实际上这些交易并没有产生真正收入，而只是把其债务转移到联合借款的关联方企业中。

第二个手法在进行数字转换器销售时使用。在2001年最后一个季度，Adelphia

① 数据来自SEC起诉Adelphia的起诉书，详见http：//www.sec.gov/litigation/complaints/complr17627.htm。

通过与 Rigas 的关联企业进行虚假的数字转换器交易时，借机将 1.01 亿美元的借款从账上移出去。Adelphia 将数字转换器从账上转移到关联企业，同时将 1.01 亿美元的借款债务转移过去，造成以收入抵偿债务的假相。这是一桩虚假交易，因为关联公司并没有购买数字转换器，而且它并不经营有线业务，因此不需要数字转换器。其实这些数字转换器是 Adelphia 过剩的存货。

（三）负债分析的误区①

1. 以丰补歉，多提负债是审慎的会计惯例。一些企业在编制财务报表时，尽可能地采用稳健的会计政策，为或有事项计提尽可能多的储备。稳健主义常常为公司计提巨额损失准备（尤其是保险公司）、并购支出准备、重组准备提供了合理辩解。公司管理当局计提各种巨额准备是基于这样的假定：投资者不会看穿当前高估的费用，而当以后这些费用转回从而提高业绩时，投资者也对这样的业绩充分信任。

从财务报表使用者角度看，稳健的会计处理和“好”的会计处理并不是同义语。财务报表使用者希望会计信息能够无偏地反映企业真实经营状况。从这个角度来看，稳健的或者激进的会计处理同样具有误导作用。此外，稳健的会计处理常常为企业管理者提供收益平滑的机会，这为财务报表使用者及时发现企业真实的业绩状况制造了障碍。最后，随着时间的流逝，投资者很可能发现某些公司的会计处理过于“稳健”，于是可能对这些企业管理当局的信息披露打折扣。

2. 表外融资优于表内融资。一些企业管理者似乎相信表外融资优于表内融资，因为巧妙地利用表外融资可能会诱使不够老练的财务报表使用者低估了企业真实的负债水平。使用一些表外债务安排的方法有一些好处，例如，经营租赁会减少拥有资产的风险，而这对那些要迅速升级使用最新技术的企业来说非常重要。但是，纸包不住火，我们没有理由相信投资者永远不会发现表外负债，尤其是目前在市场中具有较强财务报表分析能力的机构投资者所起的作用越来越重要的情况下。此外，一旦投资者发现企业试图通过表外负债来误导他们，他们就会对企业以后的信息披露失去信任。

第三节　所有者权益的确认与计量

本节主要讨论所有者权益的内涵（定义）、经济意义和法律意义以及会计上确

---

① 本部分的主要内容引自 Palepu、Healy 和 Bernard 撰写的《运用财务报表进行企业分析与估价》。该书由孔宁宁、丁志杰翻译，中信出版社 2004 年 1 月出版。

认与计量问题，为下一节的所有者权益分析的热点难点问题讨论提供一个参照基准。

一、所有者权益概述

（一）所有者权益的定义

与其他报表要素的定义不一样，关于所有者权益这一重要的定义，各方的共识多于分歧。FASB 在 SFAC No.6《财务报表要素》中，将所有者权益定义为：

“所有者权益或净资产是某个主体的资产减去负债后的剩余权益。”

同样地，IASB 在其《编报财务报表的框架》中，也给所有者权益下了一个类似的定义：

“所有者权益是指企业的资产中扣除企业全部的负债后的剩余权益。”

我国 2006 年新颁布的《企业会计准则——基本准则》中规定：

“所有者权益是指企业资产扣除负债后由所有者享有的剩余权益。公司的所有者权益又称为股东权益。”

“所有者权益的来源包括所有者投入的资本、直接计入所有者权益的利得和损失、留存收益等。”

由上可见，所有者权益的定义与计量一般从属于资产和负债的定义与计量，尤其是在资产已经确定之后，所有者权益就取决于负债的确认和计量，因为它表示一种资产减负债之后的“剩余权益”。当然，这种定义方式可能导致将某些不能被列为负债的要求权均归为所有者权益，而其中可能包含某些不完全具备企业的所有者权利的项目，如优先股权和少数股东权益等。这些项目实际上是业主所有者权益和负债的混合体，或者可以看成是介于两者之间的另一类要求权。从理论上说，有必要对所有者权益作出更为严格的定义，而不是将其简单视为资产扣减负债后的剩余权益。比如说，可以再设立一类“准权益”（quasi - equities），用于归属不能充分满足所有者权益的剩余权益。①

（二）所有者权益的经济意义和法律意义

所有者权益实质上是一种财产权利（Property Right，简称产权），它包括所有者对其投入资产的所有权、占用权、处置权以及收益分配权。但是，所有者权益又是一种剩余权益。广义上的权益等于负债和所有者权益之和（用会计恒等式表示为：

① R.G.Schroeder、M.W. Clark 和 J.M. Cathey：Financial Accounting Theory and Analysis，中信出版社 2002 年版第 449 页。

资产 = 权益，或资产 = 负债 + 所有者权益），即债权人和所有者都是企业资产的提供者，他们对企业的资产都有相应的要求权。

但是，从法律角度看，负债对企业资产的要求权优先于所有者的剩余权益。就是说，当企业进行清算时，变现后的资产首先要用于偿还债务，剩余资产才能在投资者之间进行分配，因而投资者的要求权是剩余索取权（Residual Claims）。从这个意义上说，所有者权益代表企业清偿债务的物质保证，没有所有者的投资，企业是无法凭空举债的。

从经济意义角度而言，所有者权益和负债也存在显著区别，主要体现在以下两点：（1）负债到期日应支付的金额一般是固定的，而股利支付金额往往要根据企业现金流状况、投资需求而定，并且必须经过董事会正式宣告才能发放。董事会有权力决定是否发放股利，不管企业的收益状况如何；（2）负债的到期日一般是固定的，或事先确定的，而股东权益并不代表企业的法定义务，股利只有在正式宣告之后才能视为企业的负债。在企业存续期限内，股东一般不能抽回自己的投资，因此股东不能期望在一定日期或事先确定的一个日期收回其投资。

二、所有者权益的确认和计量

（一）所有者权益的确认

通常，财务报表上列示的所有者权益数字并不反映其现值，也不是从特定资产或负债项目的计价中得出①。不同于资产着眼于未来经济利益的权利和负债着眼于未来牺牲的义务，所有者权益的决定要依赖于所采用的权益概念，着眼于企业在一定时日的资源净值。目前财务会计中存在多种理论来说明对所有者权益的确认和计量，其中最有代表性的是业主权理论（Proprietary Theory）和主体理论（Entity Theory）。

1. 业主权理论。这一理论的基本观点是：会计主体与其终极所有者是一个完整不可分割的整体。从产权理论看，业主权理论强调的是终极财产权，而不是法人财产权。这一理论依据的会计恒等式为“资产 - 负债 = 所有者权益”，即业主居于权利的中心，资产是业主所有的，负债是业主的义务，所有者权益代表企业所有者拥有的企业净值。所以，业主权理论是一种净财富的概念，即代表所有者（业主）所拥有的净财富（净价值）。

按照业主权理论，收入增加即为所有者权益的增加，费用为所有者权益的减

① 葛家澍、林志军：《现代西方会计理论》，厦门大学出版社 2001 年版第 284 页。

少，收入大于费用而形成的净收益，直接归属于业主权益的增长。由于收益代表财富的增加，它应立即记为业主资本或权益的增加。发放现金股利应视为业主资本的撤出，留存收益则是所有者权益的一部分。股票股利仅仅代表业主权益之间的内部转移，并不代表股东的收益。然而，债务利息代表业主的一项费用，应在决定业主净收益之前予以扣除。公司所得税在业主权理论下也应视为一项费用，或者说它只是股东应纳的所得税而由企业代为支付而已。

业主权理论特别适合独资企业，因为在这种组织形式中，企业的业主和管理者通常是一种个人关系。当然，这一理论对合伙制企业也适用，在独资或合伙企业中，由于各期净收益是直接加入业主资本账户中，业主权理论显然占支配地位。

2. 主体理论。主体理论的基本观点是：企业主体与其终极所有者是相互分离，独立存在的，甚至具有自身的人格。从产权理论看，主体理论强调的是法人财产权，而不是终极财产权。这一理论依据的会计恒等式为“资产 = 负债 + 所有者权益，或资产 = 权益”，这里的权益包括负债，也包括所有者权益。债权人和所有者都是会计主体的资金提供者，两者的差别在于债权人的权益优先于所有者权益。

根据主体理论，资产代表企业自身获取未来经济利益的权利，负债代表企业自身偿付的义务，而净资产是企业对终极所有者的义务。收入代表企业的经营成果，费用代表企业为获经营成果而付出的经营代价，净收益代表企业的经营净成果。企业的净收益通常以所有者权益的变动来表示，但不包括股利分派和资本交易所引起的变动。但这并不是说，净收益像业主权理论的涵义那样作为股东的收益，它代表扣除其他要求权（包括长期负债利息和所得税）之后权益状况的剩余变动。公司净收益既可以用于发放股利，也可以用于扩大再投资，只有分配的股利才是股东个人财富的来源。如果从严格的主体理论来看，企业赚取的收益属于企业自身的财产，只有股利派发部分才代表股东的收益，因此留存收益应视为“企业自身的权益”。债务利息应视为收益的分配而不是费用，即对各权益持有人进行的分配，均为企业的收益分配。

主体理论是现代财务会计中主体假设的理论基础。主体假设将会计主体与终极所有者区别对待，会计主体的资产、负债、净资产、收入、费用以及相关的交易、事项与终极所有者截然分开，否则会计主体的法人财产权难以维护。

不同的权益理论强调了不同权益持有人的权益，以它们为依据的收益概念或对权益的披露方法是不同的，实际上，许多会计实务上的争论归根结底都是由于所依据的权益理论不同。这两种权益理论的主要区别可以归纳为下表①：

① 该表转引自葛家澍、林志军：《现代西方会计理论》，厦门大学出版社 2001 年版第 293 页。

表 6-9　业主权理论和主体理论的区别

交易和事项举例	业主权理论	主体理论
1. 企业的盈余是否属于股东（或其他所有者）的收益？ 按照主体理论，收益除宣布的股利和分派给股东的部分外均归企业所有；按照业主权理论，企业盈利即为股东的收益。	是	否
2. 是否需要报告每股盈利？ 按照业主权理论，每股盈利对股东来说是很重要的；而按照主体理论，盈利并不属于股东，倘若报告每股盈利数据反而会引起误解。	是	否
3. 公司的留存收益或盈利盈余是否属于股东权益部分？ 按照主体理论，留存收益应当属于企业本身所有，有些主体理论家含糊地承认这一点，但是在股东没有收到收益（直到分配前）前并无属于股东的替代利益，某些资本盈余，如捐赠盈余、涨价盈余和由于改组产生的盈余同样属于企业（主体）。然而由于出售股票产生的溢价所形成的资本盈余，则可作为股东权益。	是	否
4. 公司所得税和对公司股利征收的个人所得税是否属于双重课税？	是	否
5. 公司赚取的收益在分派股利前就征收股东所得税是否合理？	是	否
6. 现金股利是否应作为公司的费用？	否	是
7. 母公司和子公司是否应作为一个经济主体编制合并报表？ 按照主体理论，母公司和子公司各为独立的经济主体，它们只是债权人与债务人的关系，合并是不合理的；而按照业主权理论，子公司的收益属于母公司的股东（应扣除少数股权所有部分），连同母公司自己的盈利也都是母公司股东所有，合并是必要的。		
8. 母公司收益表上是否应反映子公司损益中持有的相应份额？	是	否
9. 合并公司所得税是否应予以退减？	是	否
10. 超过留存收益而宣布的股利和应付股票股利是否可视为股东的收益？ 按照主体理论，既然留存收益代表企业（主体）的权益，既转为股本（视为对股东的负债），当然应该作为股东的收益；而按照业主权理论，不论现金股利或股票股利，凡是来自股份溢价（盈余）都不应再视为股东的收益。	否	是
11. 股票出售后立即宣布的现金股利是否属于新股东的收益？ 业主权理论认为，这时的股利乃原股东所有权所发生的，而主体理论则认为，公司与股东都是独立的，股利的分发认票不认人，股东的更替与公司无关。	否	是
12. 拖欠的优先股股利是否应视为公司的费用或作为公司负债？ 按照主体理论，股利可以当作公司（主体）的费用。	否	可能
13. 一家公司的亏损（deficit）是否应在资产负债表的借方表示？ 按照主体理论，在持续经营的情况下，亏损可以期望从属于股东的未来盈利中弥补，因此，作为股本的减少是不合适的，应列为借方递延费用。	否	是

续表

交易和事项举例	业主权理论	主体理论
14. 库藏股取得时得到的利得可否借记“留存收益”? 问题的关键在于主体理论认为留存盈利不属于股东，而业主权理论则认定属于股东。	否	是
15. 成本是否是财务报告中资产计价的最好基础? 主体理论只承认股东投资的实际数（视同企业的负债），而业主权理论则认为会计是为所有者服务的，投资人有时对投资的现值比对成本更为关心。	可能不是	是
16. 计算普通股每股账面价值是否应包括留存收益? 按照主体理论，留存收益不属于股东，所以不应包括进去。	是	否
17. 资产负债表的一般格式（借方在一方，贷方在另一方）是否最清楚地表现了财务状况? 按照主体理论，资产负债表应突出企业权益，以下列恒等式为基础：资产 = 产权 = 负债 + 业主权益。 而按照业主权理论，资产负债表应突出股东的产权，以下列恒等式为基础：资产 - 负债 = 业主权益。因此应采用报告式较为合适。	否	是
18. 普通股投资是否应以股票的市价作为计价的合理基础? 按照业主权理论，公司过去和将来的盈利都属于股东，股票市价在理论上应反映企业的盈利流动，所以赞同这种计价基础；而按照主体理论，盈利在未分配给股东前属于企业，而且也不可能全部给股东，留存的盈利仍应属于企业。	是	否

（二）综合收益与所有者权益的计量

收益主要由收入和费用两个要素所决定和构成的，根据传统的观点，会计收益又称为利润或盈利，它基于企业实际发生的交易，主要是通过销售产品或提供劳务的收入减去实现销售所需要的成本。由于收入的确认计量要依据“收入实现原则”，会计收益也应当考虑“收入实现原则”。此外，会计收益要求按照历史成本来计量费用，资产以取得成本入账，直至销售之时才反映其市价变动。所以，费用通常代表已消耗资产或已消耗的取得成本。

由于历史成本和实现原则的限制，会计收益无法确认在既定期间内的持有资产的价值增减，从而不利于反映本期的实际收益。历史成本原则可能使报表使用者误认为资产表代表企业的价值，实际上它们仅仅反映了资产在特定时日的未分配成本余额。

由于上述缺陷，近些年来不少西方会计学者逐渐吸收经济学收益的某些涵义，试图形成一种新的会计收益概念。他们认为，收益应当视为企业在一个会计期间的资产净增加，所以可用资产的增减来定义收益。这样，收入代表一个会计期间内资产的增加或负债的减少，费用定义为资产的减少或负债的增加。企业的收益应当包含资产的持有利得和损失。

FASB在1980年发表的SFAC No.3《企业财务报表的要素》中提出两个不同的收益概念：盈利（Earnings）和综合收益（Comprehensive Income）。根据FASB的解释，盈利就是现行会计实务中的净收益，而综合收益则应包括“在一个期间内来自非业主交易的权益（净资产）的全部变动”，也就是包括已实现和未实现的所有者权益（净资产）的变动，可以用公式表示如下：

综合收益 = 净收益 ± 其他综合收益（包括已实现和未实现的）

某些非业主往来事项在近年来已经在资产计价时得到适当反映（如投资资产按公允价值计价），其影响结果（未实现持有收益）已纳入资产负债表上的所有者权益，但却没有计入损益表，这在理论上是说不通的。FASB提出综合收益概念也正是为了解决这一收益计量问题。

由于综合收益除了现行会计上的净收益外，还应包括各个期间内的其他非业主交易引起的权益变动（如持有资产市价变动、投资价值变动、衍生金融工具持有损益等），因此综合收益非常接近于经济学收益概念。这样，那些原先绕过损益表直接报告在资产负债表权益中的项目被报告为“其他综合收益”，作为企业业绩的组成部分进行报告，在资本公积与留存收益之间单独列示。

第四节　所有者权益分析中的难点热点问题

由于会计上将股东权益视为剩余权益，而且是用资产扣除负债后的余额来定义，这样前面讨论的资产负债所面临的挑战就自然而然地影响到我们对股东权益的评估。除此之外，还有像少数股东权益、混合证券的分类问题，也存在诸多值得探讨的地方。股东权益增值的来源是收益，而收益确定有两种观点，总括收益观和当期收益观。两种收益观下的收益与股东权益的关系也是一个值得探讨的问题。

一、混合项目的分类问题

（一）少数股东权益

企业间的合并可能使股东权益发生变化。但是，当一个企业通过支付现金或交换其他资产购买另一企业的资产时，对购入资产通常按购置成本入账，以便反映其现行价值。因此，被购企业的历史成本是不相关的，而购入企业的股东权益并不因这一交易而有所增加。以现金或其他资产购买另一企业的全部股权情况下，其结果也类似。事实上，被购入企业可被视为已解体，这一交易类似于购买该企业的资产(买方还可能承接被购入企业的负债)。此购买行为或母子公司报表合并并没有导致股东权益的变动。但是，在合并过程中存在少数股东权益的情况下，是将它作为股东权益进行披露，还是作为一项负债进行披露，或者都不是，这存在争议。

依据业主观，母子公司之间的关系是拥有与被拥有的关系，编制合并会计报表的目的，是为了向母公司的股东报告其所拥有的资源。这里所说的资源，是一种净资源的范畴，即正资源（资产）与负资源（负债）之间的差额。合并会计报表只是为了满足母公司股东的信息需求，而不是为了满足子公司少数股东的信息需求，后者的信息需求应当通过子公司的个别报表予以满足。根据这一观点，当母公司合并非全资子公司的会计报表时，应当按母公司实际拥有的股权比例，合并子公司的资产、负债和所有者权益。同样地，非全资子公司的收入、成本费用及净收益，也只能按母公司的持股比例予以合并。概而言之，业主观主张采用比例合并法，其主要特点是：(1) 在组建母子公司联合体过程中因收购兼并而形成的资产、负债升(贬）值及商誉，按母公司的持股比例合并和摊销；(2) 母子公司之间的交易及其未实现损益，按母公司的持股比例抵销；(3) 合并会计报表上既不会出现“少数股东权益”，也不会存在“少数股东损益”。

而主体观认为，母子公司之间的关系是控制与被控制的关系，而不是拥有与被拥有的关系。根据控制的经济实质，母公司对子公司的控制意味着母公司有权支配子公司的全部资产（而不仅仅是所拥有的资产）的运用，有权统驭子公司的经营决策和财务分配决策。由于存在控制与被控制的关系，母子公司在资产的运用、经营和财务决策上便成为独立于其终极所有者的一个统一体，这个统一体就应当是编制合并会计报表的主体。编制合并会计报表的目的，是为了满足合并主体所有股东的信息需求，而不仅仅是为了满足母公司的信息需求。具体地说，合并会计报表是为了反映合并主体所控制的资源。根据这一观点，当母公司合并非全资子公司的会计报表时，应当将该子公司的全部资产、负债、所有者权益予以合并。同样地，在合并利润表上，也应当将子公司的全部收入、费用及净收益合并。这种合并方法往往被冠以“完全合并法”，其主要特点包括：(1) 在组建母子公司联合体过程中因收购兼并形成的资产、负债升（贬）值及商誉，应全部予以合并和摊销；(2) 母子公司之间的交易及其未实现损益，应全部予以抵销；(3) 在合并资产负债表上，母公司未实际拥有的所有者权益反映为少数股东权益，作为合并所有者权益的一个项目单独列示；(4) 少数股东在子公司应分享的损益，视为合并净收益在不同股东之间的利润分配，应通过合并利润分配表予以反映，而不作为合并净收益的一个减项。母公司观的基本合并理念主要包括：(1) 编制合并会计报表的目的，是为了向母公司的股东反映其所控制的资源；(2) 子公司的少数股东为合并主体提供了不可分割的经济资源，少数股东对子公司净资产及净利润的相应权益，应予明确体现；(3) 子公司资产、负债以及净资产的账面价值与母公司对这些净资产的购买价格是两个独立的因素，后者包括母公司为了获得控股权而额外支付的溢价，子公司的账面价值是不可分割的，应100%予以合并，而母公司购买价格超过子公司净资产账面价值的部分只与母公司的投资活动有关，因而应当按母公司持股比例予以合并。鉴于此，编制合并会计报表时，子公司的净资产及相关资产和负债宜采用双重计价基础——成本（账面价值）与市价（公允价值）。由于母公司综合运用了完全合并法和比例合并法对报表要素进行合并，按照这种观念合并非全资子公司的会计报表时，具有以下主要特点：(1) 子公司的资产、负债、净资产、收入和费用100%予以合并；(2) 资产、负债的升（贬）值以及商誉按母公司的持股比例确认和合并；(3) 集团内公司间交易及顺流交易所形成的未实现损益100%予以抵销，但逆流交易所形成的未实现损益则按母公司的持股比例予以抵销；(4) 在合并资产负债表上，少数股东权益既不作为负债，也不作为所有者权益，而是作为一个单独项目列示于负债与所有者权益之间，在合并利润表上，少数股东应享损益作为合并收益的一个扣减项目。

业主理论所依据的会计基本恒等式为"资产－负债＝所有者权益"，它突出体现了确认、计量和报告所有者权益是财务会计的核心目标，因此，业主理论又称"所有者权益中心论"。而要体现主体理论的观点，会计的基本恒等式应为"资产＝负债＋所有者权益"。根据这一恒等式，所有者不再是财务会计的惟一中心，而是与债权人居于同等地位。由于将债权人与所有者都视为同等重要的利益当事人，主体理论十分强调"资本保全"，不允许所有者在会计主体存续期间抽回资本，以免侵害债权人的正当权益。母公司将少数股东权益列示于负债与少数股东权益之间的做法，被认为是一种回避矛盾的做法，使合并会计报表的使用者对少数股东权益的性质（负债抑或所有者权益）产生困惑。这种列示方法平添了新的报表要素，动摇了"资产＝负债＋股东权益"这一基本会计恒等式，导致新的恒等式的出现："合并资产＝合并负债＋少数股东权益＋合并股东权益"。尽管这一恒等式并不难理解，但计算负债比率、净资产比率、负债对股东权益比率、股东权益报酬率等财务指标时，对少数股东权益性质的认定问题仍然无法回避。

（二）混合证券

混合证券是指兼具股权和债权双重性质的证券，典型的混合证券就是可转换债券。与普通债券相比，可转换债券可以视做一种附有"转换条件"的公司债券，也就是债券持有者可以在将来某个规定的期限内按约定条件转换为公司普通股票的特殊债券。由于这种特殊的"转换"期权特性，使得可转换公司债券得以兼具债券、股票和期权三个方面的部分特征：首先，作为公司债券的一种，可转换同样具有确定的期限和利率；其次，通过持有人的成功转换，转债又可以以股票的形式存在，而债券持有人通过转换由债权人变为了公司股东；第三，可转换债券还具有期权性质，即投资者拥有是否将债券转换成股票的选择权。

由于可转换债券的多重性质，因此理论上应当将其债务和权益部分分开计量和披露。但目前通用的会计准则一般都将可转换债券记录为负债，而不确认其转换权的价值。这种处理方法的主要理由有二：其一，转换特征与可转换债券的负债性质不可分离；其二，负债和转换期权价值难以分开。比如美国会计原则委员会第14号意见书（APB NO.14)《可转换债券会计处理》中指出：

“由于转换权无法分离，价值无法在市场中形成，同时，价值分配到每一特征是主观的。由于存在获得股票的权利持续时间的不确定和未来转换时获得股票的价值的不确定，所以决定转换特征的价值存在困难。此外，发行者要求对没有转换选择权而其他条件相同的债券进行估价……很困难，因为这种证券不能按发行者可接受的融资成本的价格出售……”

可转换债券中所包含的选择权无疑是有价值的，而现行的会计准则却将可转换债券视同不包含转换权的一般债券进行会计处理，这一简化的处理方法抹煞了可转换债券的显著特点，因此财务报表分析人员必须关注以下问题：

1. 发行可转换债券公司财务报表中记录的利息费用可能低估了其真实的债务融资成本。

2. 可转换债券转换可能性的高低对发行公司未来的财务报表将产生重大影响。对于即将到期的可转换债券，将转换价格与普通股现行市价相比较就能大致判断出其转换的可能性高低，如果转换价格高出现行股价很多，那么该债券转换为股票的可能性就很低。对于转换时间很长的可转换债券，使用期权定价方法也可以大致估计其转换的可能性高低。

3. 在分析公司的资本结构时，应当注意公司是否有发行在外的可转换债券，因为未来可转换债券的实际转换情况可能对公司的资本结构产生重大影响。

二、所有者权益与收益确定的关系

（一）总括经营观念

所谓总括收益（All - inclusive Income Concept）是指企业在某一特定期间的经济交易或重估价（不包括股利分配和资本交易）所确认的关于所有者权益的全部变动。股东权益中的留存收益部分的变动应当只是由净收益、股利分配、净收益的分拨或转回而引起的。即使经营事项和非经营事项或不经常发生事项的结果有必要加以区分，也应当在收益表上的本期净收益之前而不是在其后。

持这一观念的人认为，企业寿命周期内各年所报告的净收益之和应当等于该企业的净收益之和。由于非经营活动、非经营事项和前期更正事项引起较大的收益减少，如果不在当期确认，将会导致许多年份净收益的高估。在期间净收益计算中省略某些损益（非经常性项目），可能使期间收益数字被人为操纵。况且，有时经营业务与非经营业务之间区别并不明显。

（二）当期经营观念

当期经营观念（Current Operating Concept）着眼于企业经营效率的衡量，表示企业资源在经营活动和盈利过程中的有效运用。因此，在衡量期间收益时，重点关注"当期"和"经营活动"的影响上。只有那些由本期经营决策产生的活动和可由管理当局控制的价值变动才能包括在内。

当期经营观念还有一层涵义，相关的净资产变动（收益）只能来自正常的经营活动的结果。所谓正常的经营活动，通常理解为有一定的重复发生性。所以，企业的经营活动和非经营活动的成果应加以区分。

目前，世界上流行的做法是采取折衷的态度，即利润总额应该反映本期所确认的所有收益和损失项目，但不包括前期调整部分。损益表同时包含两个利润数据：从经营活动获得的利润和再加计从营业外与非经常性项目获得的利润总额。由于这种折衷的态度，使得所有者权益中包含了一些绕过损益表的项目，如外币折算损益等。这些损益有时被称为"不清洁盈余"（Dirty Surplus），而将所有损益全部反映在损益表中的会计系统被称为"干净盈余"（Clean Surplus）会计。在本书第十二章中介绍以收益为基础的估值模型时，这个概念很重要。值得关注的是，"不清洁盈余"的存在使得所有者权益账面价值的变动更难预测。因为它们取决于金融工具或外币汇率的变动，而这些变动本身就很难预测。报表分析人员应当充分关注这些绕过损益表而直接进入所有者权益的"不清洁盈余"，因为它们和其他进入损益表的损益项目其实并没有本质上的区别。

三、财务报表分析中值得深究的问题

前述的资产和负债分析涵盖了所有者权益分析的多数内容。所有者权益分析特有的问题可能包括：

1. 所有者项目中是否包括了"不清洁盈余"？应如何看待这些"不清洁盈余"？

2. 公司是否有发行在外的混合证券？能否将混合证券的债务部分和股权部分区分开？发行在外的混合证券所包含的转换价值发生了怎样的变动？可转换债券的转换可能性大小如何？

思　考　题

1. 竞价排名是百度的主要收入来源。而所谓"竞价排名"，其实质类似于做广告，即客户通过购买关键词搜索排名来"推广"自己的网页，并按点击量进行付费。也就是说，对于某关键词出价越高，搜索排名越靠前，点击量越大，"表明推广效果越好"，客户需支付的费用也越高。但是自2006年6月以来，百度不断地受到用户指控，指责百度"恶意点击、擅提价格、恶意屏蔽"，骗取收入。9月14日，一些客户委托律师正式对百度提起诉讼，而天极网计划提起诉讼，指控百度恶意操纵搜索结果。假如你是百度的CFO，你该如何在财务报告中反映公司面临的诉讼风险？你将计提多少相关的费用和负债？如果你是一名财务分析师，你会对百度对诉讼风险的会计处理提出怎样的质疑？

2. 2005年的3月7日，在江西南昌市从事保险代理的吕萍将宝洁公司告上法庭。一个月前的1月23日，吕萍在南昌太平洋百货购买了一支价值840元、25克包装的SK－II紧肤抗皱精华乳，该产品宣称"连续使用28天细纹及皱纹明显减少47%"、"肌肤年轻12年"，但她非但没有实现改善肌肤的愿望，相反，皮肤却出现了瘙痒，并且时感灼痛。吕萍认为，SK－II生产商宝洁公司发布的虚假广告造成了对消费者的欺诈。一周之内，"SK－II事件"借由传媒传遍大江南北，几乎在全国各大城市引起了连锁反应。这只不过是个开始。宝洁公司随即展开危机公关，3月7日和9日，连续三次发表声明，但是声明没能将这场风波消弭于无形，而公众对SK－II的怀疑和不信任却与日俱增。此后全国各地许多商场都将这一化妆品撤柜。2006年9月22日SK－II发表声明，决定暂时退出中国，称产品是安全的。请问，宝洁公司财务部门该对这一退货事件作如何反映，是在销售时就要预估一笔产品退货负债，还是只有等到实际发生退货时冲减当期收入？不同的会计处理方法，其经济后果差异有多严重？

3. 中国联通（600050）在其2005年年报中披露该公司2004年开始实行积分奖励计划。该积分奖励计划根据用户的消费额、忠诚度及缴费记录对其进行奖励。预提费用的计提根据（1）截至会计期末/年度末，已经有权兑换积分的用户积分数，和（2）截至会计期末/年度末尚无权兑换积分但预计将会获得积分兑换权的用户积分数。当用户兑换积分或积分有效期作废时，相应减少已计提的准备。同时，中国联通认为由于过往并无充分的积分兑换经验，以后随资料的累积形成较为稳定的积分兑换率后重新评估现行的计提积分奖励计划准备所使用的假设及估计。2005年度中国联通共计提2.98亿用户积分成本，年末预提用户积分成本余额为3.37亿元。请你评估中国联通用户积分奖励计划会计政策的合理性，以及预提的用户积分成本金额的公允性。

4. 中国人寿保险股份公司2005年年报中财务报表附注13披露该公司保险负债估计依据的假设：

(1) 投资回报的假设基于对本集团未来投资收益的估计。在确定利率假设时，本集团考虑以往投资经验、目前和未来投资组合及收益率趋势。未来投资收益率假设体现高收益率证券，包括企业债、次级债券及次级债务、更长久期债权型投资和股权型投资等投资比例的增长。投资收益率假设和不利偏差准备如下：

保单发行年度	收益率假设	不利偏差准备
2003年之前	3.8%—5.0%	0.25%—0.5%
2003年	3.65%—5.0%	0.25%—0.5%
2004年	3.7%—5.17%	0.25%—0.5%
2005年	4.00%—5.20%	0.25%—0.5%

(2) 死亡率和发病率的假设是根据本集团每年签发保单的风险的敞口而决定的。死亡率和发病率因被保险人年龄和保险合同类型的不同而变化，根据保险合同签发日预期经验确定，适当的情况下，增加不利偏差边际。

本集团根据中国人寿保险业1990—1993年经验生命表确定死亡率假设，并作适当调整以反映本集团长期的历史死亡率经验。长期寿险合同，如年金型保险合同适当考虑了未来死亡率改善，死亡风险假设作适当且不过分稳健的抵减。寿险合同的不确定风险主要来自流行病，例如禽流感、艾滋病和严重急性呼吸综合病症，以及生活方式的广泛改变，这些都会导致未来死亡经验恶化，进而导致负债不足。与此相类似，医疗保健和社会条件的持续改进会带来寿命的延长以至于超过本集团确定保险合同负债时使用的假设。

本集团重大疾病保险的发病率假设以台湾重大疾病保险市场经验为基础，适当调整以反映本集团历史经验和对未来经验的预测。不确定因素主要来自两方面。首先，生活方式的改变会导致未来发病率经验恶化。其次，医疗技术的发展和保单持有人享有的医疗设施覆盖率的提高会提前重大疾病的确诊时间，导致重大疾病的给付提前。如果当期的发病率假设没有适当反应这些长期趋势，这两方面最终都会导致负债不足。

(3) 保单管理费用假设是在预期保单单位成本的基础上适当增加不利偏差边际。单位成本是基于对实际经验的分析。单位成本因素以每份保单和保费的百分比的形式表示，所示如下：

保单发行年度	个人寿险		团体寿险	
	每份保单(人民币)	保费百分比	每份保单(人民币)	保费百分比
2003年以前	15.0	2.00%	15.0	2.00%
2003年	12.5	1.75%	12.5	1.75%
2004年	10.0—17.5	1.65%—2.55%	17.5	1.65%
2005年	14.5—19.5	1.50%—1.80%	4.0	1.30%

保险合同和投资合同净负债：

	2005年（百万元）	2004年（百万元）
短期保险合同		
—未决赔款准备金	1 678	1 079
—未到期责任准备金	4 856	4 641
长期传统型保险合同	23 982	89 698
长期投资型保险合同	37 001	191 885
投资合同		
—含选择性分红特征	2 230	32 476
—不含选择性分红特征	1 872	1 635
合计（净额）	411 619	321 414

中国人寿的负债估计会计政策是否合理？估计的负债是否公允？如果你认为它估计的负债不公允，对中国人寿的财务状况和经营成果有何重大影响？如果你是中国人寿的CFO或是一名财务分析师，你会如何估计它的负债？

5. 上海复星实业股份有限公司于2003年10月28日通过上海证券交易所发行总额为9.5亿元的可转换公司债券。在2004年4月28日，转换为公司A股股份，转股价格以公布募集说明书之日前30个交易日复星实业A股股票平均收盘价为基础，上浮0.1%，确定初始转股价格为10.06元/股。假设转股当日复星实业的股价为11元，请问按面值法和市价法不同的会计处理，对公司财务状况有何不同的影响？你认为哪种会计处理方法更能反映复星实业的债转股的经济实质？为什么？

本章主要参考文献

1. 财政部：《企业会计准则》，经济科学出版社2006年版。

2. 葛家澍：《中级财务会计》，辽宁人民出版社2000年版。

3. 葛家澍、黄世忠："安然事件的反思：对安然公司会计审计问题的剖析"，《会计研究》，2002年第2期。

4. 黄世忠主编：《会计数字游戏：美国十大财务舞弊案例剖析》，中国财政经济出版社 2003 年版。

5. 佩普、希利、伯纳德著，孔宁宁、丁志杰译：《运用财务报表分析进行企业分析和估价》，中信出版社 2004 年版。

6. IASB. International Financial Reporting Standards. Internatioanl Accounting Standards Committee Foundation. 2006.

7. Palepu, Healy, and Bernard. Business Analysis & Valuation: Using Financial Statements. Second Edition. South – Western College Publishing. 2000.

8. R. G. Schroeder、M.W. Clark 和 J.M. Cathey: Financial *Accounting Theory and Analysis*，中信出版社 2002 年版。

第七章 收 入 分 析

收入确认尽管是个并不陌生的话题，但却长期困扰着会计准则制定机构。继美国财务会计准则委员会（FASB）和英国会计准则委员会（ASB）提出重新审视收入准则后，国际会计准则理事会（IASB）也拟定了修订收入确认准则的计划。SEC 最近公布的以目标为导向制定会计准则的研究报告，更是主张对收入确认的方法论进行变革，呼吁以资产负债观取代收入费用观。可见，收入确认既是一个十分棘手的实务问题，也是一个颇具争议的理论问题。既然收入确认在实务中被滥用程度触目惊心，在理论上也存在被曲解的可能，那么，系统地分析企业在收入确认方面制造的陷阱，剖析现行收入确认准则概念基础的缺陷，就显得尤其必要。

本章首先介绍收入的定义，收入确认标准以及收入在财务报表分析的地位和作用，在此基础上，着重讨论收入操纵十大陷阱，并辅以相应的案例剖析。最后讨论收入操纵识别的一些重要手段和关注收入操纵的预警信号，帮助财务报表使用者看穿企业管理层收入操纵的伎俩。

第一节 收 入 概 述

本节主要介绍收入的定义以及收入确认标准和收入确认方法，分析收入在财务报表分析中的地位和作用。

一、收入的定义及基本特征

（一）FASB 对收入的定义

作为财务报表的基本要素，收入的定义历来为会计理论界所关注。尽管迄今为止会计界尚未能在收入的定义上达成共识，但 FASB 在第 6 号财务会计概念公告《财务报表要素》中，对收入所下的定义颇具代表性和权威性：

“收入是指一个主体因销售或生产商品，提供劳务或从事构成其持续的（Ongoing）主要（Major）或中心（Central）经营活动的其他业务而形成的现金流入、或其他资产增加、或负债清偿（或兼而有之）。”①

FASB的定义从两个方面对收入进行了界定。一是收入的表现形式，包括：(1) 各种资产或资源的流入，其中主要是现金的流入；(2) 资产价值的增加，比如，企业所持有的各种附息债券，随着时间的推移，其价值会不断增加，但实际的资源流入并没有发生；(3) 负债的清偿。由于负债也可视为负资产，因此负债的减少，相当于是资产的增加。二是收入的来源。首先收入必须来自持续的、主要的或中心的经营活动。其次，这些活动又可具体分为：(1) 交付或生产商品、提供劳务；(2) 其他业务。

（二）IASC对收入的定义

国际会计准则委员会（IASC）在1982年12月颁布的第18号国际会计准则《收入确认》中，将收入定义为：

“收入是指一个企业在其正常活动中由于销售商品、提供劳务以及允许他人使用企业能产生利息、管理费收入和股利的资源而形成的现金、应收款项或其他等价物的总流入。”②

IASC于1993年发布了修订后的第18号国际会计准则，易名为《收入》，该准则重新定义了收入：

“收入，指企业在正常经营活动中形成的、导致本期内所有者权益增加的经济利益的总流入，但不包括与所有者出资有关的所有者权益增加。”③

与FASB关于收入的定义相比，IASC最新的定义较为狭窄，只是概略地说明了收入的来源是企业在一定的期间内，由正常经营活动所产生的经济利益的总流入，其实质是所有者权益的增加。FASB与IASC关于收入的定义还有一个重要的差别值得一提。FASB定义的收入是指企业“持续的主要或中心经营活动”（Ongoing Major or Central Operations）的收入，不包括非持续经营的、非主要业务的收入即利得(Gains)，而IASC的定义既包括收入又包括利得。

（三）我国对收入的定义

我国在1998年6月发布并于1999年1月1日起在上市公司执行的《企业会计准则——收入》中，对收入的定义是：

“收入，是指企业在销售商品、提供劳务及他人使用本企业资产等日常活动中形成的经济利益的总流入。”

---

① FASB. Statement of Financial Accounting Concepts No.6. “Elements of Financial Statements”. December 1985.

② IASC. International Accounting Standard 18. Revenue Recognition. December 1982.

③ IASC. International Accounting Standard 19. Revenue. December 2005.

为了与国际会计准则和国际财务报告准则实现趋同，财政部在 2006 年 2 月 15 日颁布的《企业会计准则第 14 号——收入》中，对收入的定义进行了必要的修改。

“收入是指企业在日常活动中形成的、会导致所有者权益增加的、与所有者投入资本无关的经济利益的总流入。”[①]

（四）收入的基本特征

从上述的定义描述中，可以发现收入具有以下两个基本特征：

1. 收入的实质是净资产的增加。这是因为伴随着收入的实现往往是资产（现金、应收账款或其他等价物）的增加，或负债的减少。不论是资产的增加，还是负债的减少，最终必然导致企业净资产的增加。从这个意义上说，收入最终必然导致净资产的流入。

2. 收入主要源自企业持续的主要或中心经营活动，即派生收入的经营活动具有经常性、重复性和可预见性等特点。而收入的另一个非主要来源通常称为利得，或营业外收入，通常具有不经常、不规则和难以预见等特点。

二、收入在财务报表分析中的地位和作用

净利润一直是最为引人注目的利润表项目。事实上，精明的报表使用者在关注净利润的同时，还十分重视销售收入。作为利润表的首行项目（Top Line Item），销售收入的重要性一点也不逊色于净利润这一末行项目（Bottom Line Item），因为销售收入的规模及其成长性是评价上市公司财务业绩的关键所在。销售收入既是企业创造经营活动现金流量的根本源泉，也是衡量企业核心竞争力，评价其核心盈利质量（Quality of Core Earnings）的最重要指标之一。在有效资本市场环境下，销售收入及其成长性和波动性直接关系到上市公司的证券估值。美国证券交易委员会（SEC）前首席会计师林恩·特纳（Lynn Turner）更是对收入的重要性予以高度的评价，称“收入的增减变动是投资者进行投资决策的重要指标，当投资者评价一家公司的历史业绩和展望其收益前景时，销售收入的变化趋势和成长性总像气压计一样左右着他们的思维。”

正因为销售收入的作用举足轻重，销售收入近年来已成为企业肆意粉饰和操纵的对象。早在 1998 年，SEC 前主席阿瑟·利维特（Arthur Levitt）在其著名的“数字游戏”演讲中，就尖锐地指出收入确认是美国上市公司进行盈余管理的五大会计把戏之一。1999 年，COSO[②] 发布的题为《舞弊性财务报告：1987—1997 年，美国上

① 财政部：《企业会计准则第 14 号——收入》，经济科学出版社 2006 年版。

② COSO 为 Treadway 委员会下属的赞助组织委员（Committee of Sponsoring Organizations）的英文简称。

市公司分析》的研究报告表明，在其选择的204家涉及财务舞弊的样本公司中，50%的上市公司采用了不当的收入确认手法。美国审计总署（GAO）应国会的要求，对1997—2002年上半年美国上市公司因会计造假导致报表重编进行了一项专题研究，并于2002年10月发表了题为《财务报表重编：趋势、市场影响、监管回应和面临挑战》的研究报告。报告指出，收入确认已然成为美国上市公司最热衷于采用的操纵手法①。我们最近分析了美国十大财务舞弊案，发现与收入操纵相关的高达九家②。我国上市公司近年来曝光的财务丑闻中，利用收入确认操纵利润的案例也屡见不鲜，银广夏、黎明股份、东方电子等就是典型的例证。所有这些均表明，收入确认是企业最经常采用的操纵伎俩。基于此，财务报表使用者在分析收入时，应当充分关注企业是否存在收入操纵行为，以免被误导或上当受骗。

三、收入的确认标准

（一）FASB关于收入确认标准的规定

FASB在第5号财务会计概念公告《企业财务报表的确认和计量》中指出，根据收入实现原则，收入通常在（1）收入已实现或可实现（Realized or Realizable）；（2）收入已赚取（Earned）时才予以确认。当企业已将其商品或劳务用于交换现金或现金要求权（即应收账款）时，说明收入已实现；当企业将其商品或劳务用于交换，所换取的资产可随时转化为已知金额的现金或现金要求权时，则说明收入可实现。当企业实质上已经完成它获取收入所必须付出的努力（如已向客户发出商品或提供劳务），预计不会再发生大量售后成本时，即赚取收入的过程已经完成或实质上已经完成时，则表明企业已经赚取了收入。

这样的规定过于笼统，需要会计人员大量运用专业判断。随着经济的发展，科技的进步，传统的从接受客户订单到最终收取货款的商品生产或劳务提供全过程的各个环节出现了大量创新，如何判断收入是否已实现和赚取，面临着严峻的挑战。比如软件行业，在软件销售后，后续还有一系列的服务需要跟进，这不仅包括软件安装和培训，还包括不间断的技术支持，以及不定期的产品升级和改进。这些服务持续时间一般要多个会计期间，确定什么时候收入赚取，成了一个难题。

针对一些软件开发企业利用激进的收入确认方法进行数字游戏呈愈演愈烈的趋

---

① GAO的报告将上市公司的操纵手法分为9类，各种手法被用于报表粉饰的比例依次为：收入确认手法37.9%，成本费用手法5.7%，资产减值手法8.9%，收购兼并手法5.9%，证券计价手法5.4%，重分类手法5.1%，未完工研发费用手法3.6%，关联交易手法3.0%，其他手法14.1%。

② 黄世忠主编的《会计数字游戏——美国十大财务舞弊案例剖析》列举了美国最近发生的十宗臭名昭著的舞弊大案，其中Enron、Xerox、Rite Aid、AOL Time Warner、Birstol - Myers Squibb、Cendant、Sunbeam、Health South、WorldCom均在收入确认方面进行操纵，只有Waste Management是通过成本费用进行盈余操纵。

势，美国注册会计师协会（AICPA）下属的会计准则执行委员会（ASEC）于1997年发布了97－2号立场声明（SOP 97－2）《软件行业的收入确认》。虽然这是一份行业性质的会计规范，但SOP 97－2对第5号财务会计概念公告的规定进行全面的诠释和拓展，提出了收入确认的四项基本原则。两年后，SEC在借鉴了SOP 97－2的基础上，发布了第101号职员会计文告（SAB 101）[①]《财务报表中的收入确认》，对美国现行的收入确认规则进行了总结和分类。许多学者认为，SAB 101从根本上改变了“收入的边界”，它沿用了SOP 97－2提出的四项基本原则，并以一问一答的形式涉猎了SEC关注到的诸多收入确认规则的滥用和误用现象。

SOP 97－2和SAB 101均提出的收入确认四项基本原则是：（1）有明显的证据表明交易的存在；（2）货物已发送或服务已提供；（3）卖方的成本和费用能够可靠地计量；（4）销售价款的可收回性能够合理确定。

第一条原则要求与收入有关的交易或事项必须有充分的证据，如签定了销售合同或协议；第二条原则具体指明收入已赚得；第三和第四条则提高了可实现的确定性。

（二）IASC和我国关于收入确认标准的规定

IASC着重从所售资产在所有权上的重要风险和报酬是否已经转移给买方这一基本标准来界定收入的确认时点。具体地说，第18号国际会计准则为三种类型的收入（销售商品、提供劳务和他人使用企业的资产而产生的利息、使用费和股利）提供了确认的具体标准。

1. 销售商品的收入确认。以下条件全部满足时，方可确认销售商品的收入：（1）企业已将与商品所有权有关的主要风险和报酬转移给买方；（2）企业既没有保留通常与所有权相联系的后续管理权，也没有对已售出商品实施有效控制；（3）收入的金额能够可靠地予以计量；（4）与该交易有关的经济利益很可能流入企业；（5）与该交易有关的已发生或将要发生的成本能够可靠地计量。

2. 提供劳务的收入确认。在提供劳务的交易中，当涉及提供劳务的交易的结果能够可靠估计时，与此项交易有关的收入应根据资产负债表日该交易的完成程度予以确认。所谓交易结果能够可靠估计，应同时满足以下条件：（1）收入的金额能够可靠计量；（2）与该交易有关的经济利益很可能流入企业；（3）在资产负债表日该交易的完成程度能够可靠计量；（4）该交易已发生的成本以及完成该交易所需的

---

① 英文为Staff Accounting Bulletin，简称SAB，国内经常将其翻译为首席会计师办公室公告。作者认为这一翻译是不确切的。SAB是指SEC首席会计师办公室和公司财务部的职员在管辖联邦证券法对信息披露要求时所遵循的解释和惯例。尽管SAB通常是由首席会计师办公室起草，但却是以SEC的名义，且其适用范围并不局限于首席会计师办公室的职员。

成本能够可靠计量。

3. 让渡资产使用权取得的收入确认。通过让渡资产使用权而产生的利息收入、使用费收入和股利收入，同时符合下列两个条件时应当予以确认：(1) 与该交易有关的经济利益很可能流入企业；(2) 收入的金额能够可靠计量。这类收入的确认基础是：①利息收入应当按实际利息法确认；②使用费收入应以根据有关协议的性质，以权责发生制为基础进行确认；③股利收入应在股东收取款项的权利得到确立时进行确认。

除了详细规定上述三种收入的具体确认标准外，第 18 号国际会计准则《收入》还以附录的形式，为收入确认提供了详细的指引，详见章末附录 1。

我国《企业会计准则第 14 号——收入》关于收入确认的规定，与第 18 号国际会计准则保持高度一致，惟一细小的差别是让渡资产使用权的收入只包括利息收入和使用费收入，而不包括股利收入。

综合以上关于各类收入确认基本标准和具体标准的规定，可以发现美国的公认会计原则与国际会计准则之间存在着较大的差异。FASB 突出了实现（已实现和可实现）和赚得。IASC 强调的是产品所有权上的重要风险和报酬是否转移。SEC 的 SAB101 中虽然没有明确提出实质重于形式的概念，也没有突出风险报酬转移的概念，但是在 SAB101 的具体规定中仍然可以发现 SEC 对产品所有权上的风险和报酬是否转移这一影响交易实质的标准的重视。不同之处在于 IASC 特别强调了主要的风险和报酬，而 SEC 则只是笼统地表述了风险和报酬的转移而未区分主要风险和报酬。

第二节　收入操纵陷阱

收入操纵手法，层出不穷，本节在分析近年来有关收入舞弊典型案例的基础上，总结出十大收入操纵手法，提醒财务报表使用者警惕企业可能存在的收入操纵行为。

一、寅吃卯粮，透支未来收入

稳步增长的主营业务收入是上市公司良好经营业绩的表征，也是其股价攀升的有力依托。许多上市公司均深谙此理，因此，营造一条收入稳定增长的曲线成了许多财务主管的第一要务。寅吃卯粮，提前确认收入，是他们完成这一要务的惯用伎俩。寅吃卯粮这一收入操纵手法，固然可以在短期内使销售收入大幅提升，但其实质是透支未来会计期间的收入，很容易产生两个负面效应：以牺牲销售毛利为代价，且置上市公司的持续发展于不顾。寅吃卯粮，透支收入这一操纵伎俩的主要表现方式包括：

(一) 利用补充协议，隐瞒风险和报酬尚未转移的事实

风险和报酬的转移是确认收入的前提条件。譬如，收入确认准则规定，附有退货条款的企业，如果无法根据以往经验确定退货比例，在退货期届满前，不得确认销售收入。为了规避收入确认准则在这一方面的规定，一些企业在与客户签订的正式销售合同中，只字不提退货条款等可能意味着风险和报酬尚未转移等事项，而是将这些重大事项写进补充协议（Side Agreement)，并向注册会计师隐瞒补充协议，以达到其提前确认收入的目的。

[案例分析：Informix 公司——硅谷的神话与真相①]

Informix 诞生于信息技术发祥地硅谷，是一家从事数据库管理的高科技公司。Informix 以高速成长著称，1995 年，该公司对外报告的销售收入达 7.142 亿美元，比上一年增长了 52%，1996 年，销售收入进一步增至 9.393 亿美元，比 1995 年增长了 32%。证券市场对 Informix 销售收入的高速成长给予应有的礼遇，1996 年，Informix的股票市值高达 46 亿美元。然而，好景不长。1997 年的“愚人节”，Informix 宣布两项令证券市场十分震惊的消息：开始使用以物易物的方式与其客户进行账款结算，许多经销商向 Informix 购买的软件无法出售给最终用户。Informix 披露的信息表明，1997 年第一季度的销售收入比 1996 年同期减少了 5 900 万至 7 400 万美元，因为经销商的购货承诺已荡然无存。证券市场对这些重大利空迅速做出反应，Informix 的股价开始了一轮自由落体运动，股票市值跌至 15 亿美元，跌幅高达 67%。

Informix 从辉煌灿烂到声名狼藉②，所运用的主要收入操纵伎俩就是隐瞒与其经销商签订的补充协议，其主要条款包括：(1) 允许经销商将无法出售的软件退回；(2) 承诺用自己的营销力量为经销商寻找最终用户；(3) 承诺将自己获得的最终用户订单分配给经销商；(4) 将赊销期限延长至 24 个月（软件收入确认的相关规则是不得超过 12 个月)；(5) 将自己为最终用户提供维护服务所获得的收入秘密转给经销商或最终用户，作为对它们向 Informix 购买软件的补偿；(6) 向经销商或最终用户支付虚构的咨询费用，再由它们以专利权使用费的名义支付给 Informix。可以

---

① 本案例的资料选自 Howard Schilit 所著的 Financial Shenanigans (2nd) 以及 Charles W. Mulford 和 Eugene E. Comiskey 合著的 The Financial Numbers Game—Detecting Creative Accounting Practices。

② Informix 因虚增收入和利润，导致其股东遭受惨重损失，1999 年 5 月法院做出裁决，Informix 及为其审计的安永会计师事务所向股东赔偿 1.42 亿美元，其中安永承担 3 400 万美元的赔款。

看出，上述条款表明Informix在确认软件销售时，风险和报酬尚未发生实质性的转移。通过这种手法，Informix在1995和1996年分别虚增了8 140万美元和21 150万美元，虚增收入占这两个年度对外报告收入的比例高达13%和29%。

除了操纵收入外，Informix还利用其他手法如循环交易等进行盈余操纵，1994—1996年，该公司对外报告的净利润合计为25 730万元，而实际的净利润合计为1 330万美元，虚增比例高达1 835%，Informix因此被冠以硅谷第一财务舞弊案。

类似Informix通过隐瞒补充协议进行收入操纵的案例不胜枚举，值得一提的是朗讯（Lucent）公司。朗讯于1996年从美国电报电话（AT&T）公司分立出来，在四年里，其股票价格从13美元飙升至1999年末的82美元，与安然和世界通信成为华尔街热捧的明星绩优股。2000年，朗讯舞弊丑闻曝光，其股价一泄千里，目前其股票价格不足4美元，以其巅峰期相比，投资者损失了2 500多亿美元的股票市值。朗讯的舞弊手法与Informix如出一撤，但做法更加隐蔽。譬如，2000年第四季度，朗讯向与其关系密切的经销商做出口头承诺，允许经销商在无法将所购买的电信设备出售给最终用户的情况下退货，通过这一口头上的“补充协议”，朗讯虚增了6.79亿美元的销售收入。正是这一收入操纵丑闻，导致朗讯的股票遭遇了前所未有的雪崩现象。

（二）填塞分销渠道，刺激经销商提前购货

填塞分销渠道（Channel Stuffing）是一种向未来期间预支收入的恶性促销手段。卖方通过向买方（通常是经销商）提供优厚的商业刺激，诱使买方提前购货，从而在短期内实现销售收入的大幅增长，以达到美化其财务业绩的目的。

[案例分析：百时美施贵宝公司——“健康天使”也造假①]

百时美施贵宝（以下简称BMS公司）是美国一家家喻户晓的制药公司，有“健康天使”之美誉。在2000年《财富》杂志世界500强中，BMS公司荣居第78位，全球制药业排名第四。然而，这个“健康天使”却在2002年10月爆出舞弊丑闻。经过数月的自查，2003年3月，BMS公司公布了重编后的财务报表，承认其在1999—2001年通过“填塞分销渠道”等手法，夸大其销售收入24.9亿美元，虚增净利润9.13亿美元。丑闻曝光后的短短几个月，BMS的股价下跌了59%。

在美国，制药公司的多数药品一般是通过经销商销售的，BMS公司的营销模式

---

① 黄世忠主编：《会计数字游戏——美国十大财务舞弊案例剖析》，中国财政经济出版社2003年版第六章。

2000年，在《财富》杂志举办的“全美最受尊敬的制药企业”评选中，百时美施贵宝（Bristol - Myers Squibb）公司（简称BMS公司）脱颖而出，摘得桂冠。1998年，BMS公司还获得了代表美国技术领域最高荣誉的美国国家科技奖。

也不例外。低廉的经销利润往往迫使药品经销商囤积那些价格看涨的药品。一旦分销渠道有消息暗示某种药品的价格可能上涨，经销商们就会额外增加这种药品的库存。正因为如此，制药公司为粉饰其短期收益，可以通过种种方式（如暗示药品将涨价、给予额外的价格折扣、延长付款期限、允许退货等）鼓励经销商购买更多的药品。但是，制药公司通常也会留意经销商的库存水平，并在某些药品销售激增导致经销商库存过量的情况下，负有向经销商发出降低库存警告的义务。为了迎合华尔街对其经营业绩的预期，BMS 公司通过散布药品涨价的消息，大肆刺激经销商购买其制造的药品，且在明知经销商的药品严重超储时，没有按照制药行业约定俗成的惯例向其经销商发出警告，导致分销渠道严重堵塞。然而，作茧者终自缚。填塞分销渠道不仅打乱了 BMS 公司的产销计划，而且使 BMS 公司 2002 年的销售收入锐减，因为经销商购买的药品已大大超过患者的需求。

填塞分销渠道的丑闻曝光后，BMS 公司曾一度理直气壮，拒绝对销售收入进行追溯调整，理由是它与经销商签订的合同规定，不论经销商是否完成二次销售，BMS 公司都将如期收账。然而，SAB 101 明确规定，如果被发运存货的所有权已经转移给了经销商，但交易的实质是一种寄售或筹资行为，卖方不能在销售给经销商的时点确认销售收入的实现，而必须等到经销商完成第二次销售后方可确认。SAB 101还同时列举了几种不得确认销售收入的情况，其中包括：(1) 如果经销商对卖方支付义务的履行明显有赖于它能否完成所购产品的二次销售，卖方不得在经销合约规定的付款时点确认销售收入的实现；(2) 卖方对经销商未来的经营情况负有明显的责任，而经销商未来的经营又取决于它能否完成产品的二次销售，卖方不得在产品发运后就确认销售收入的实现。

根据 SAB 101 的上述规定，如果经销商库存药品数量严重超过市场需求，就意味着它们根本不能全部实现药品的二次销售，靠二次销售赚取差价的经销商将难以履行支付义务。再者，BMS 公司对市场的药品需求负有关心的责任，且有义务向经销商发出药品储量过剩的义务。如果 BMS 肆意对经销商进行商业刺激，造成分销渠道过分阻塞，它就对经销商未来的经营负有明显的责任。以此衡量，BMS 公司将药品发运给经销商的行为并不意味着其风险和报酬已经转移，BMS 在药品发运时确认销售收入的实现是不合理的，其销售行为应视同寄售，在经销商完成二次销售时方可确认收入的实现。

（三）借助开票持有（Bill and Hold）协议，提前确认销售收入

如前所述，根据美国的相关规定，收入的确认必须同时符合四个条件，其中的第二个条件是：货物已经发出或服务已经提供。在某些情况下，卖方已将产品销售给客户，开出发票并准备将产品发运给客户，但客户因分销渠道或仓库容量等原因，可能要求卖方推迟发运时间。如果发票已开出，但产品尚未发运，卖方能否确

认销售收入的实现？对此，SAB 101 规定必须同时符合七个标准方可确认收入：(1) 所有权的风险已经转移给买方；(2) 买方应当已经做出不可更改的购货承诺；(3) 买方而不是卖方应当提出交易以“开票—持有”方式进行的要求，且买方应当具有以“开票—持有”方式进行订货的实质性商业目的；(4) 货物的发运应当有一个明确的计划，发运日期应当合理，且与买方的商业目的保持一致；(5) 卖方不应保留可能使盈利过程处于尚未完成的任何具体履约义务；(6) 买方所订货物必须与卖方的存货区分开来，且不得用于满足其他客户的订单；(7) 货物必须是已经完工且随时可供发运。

尽管 SEC 对产品发运前的收入确认做出严格限制，但一些上市公司为了迎合华尔街的盈利预期，千方百计地规避 SAB 101 的 7 个标准，借助开票持有协议，提前确认销售收入。

[案例分析：阳光公司——重组高手的秘笈①]

创立于 1897 年的阳光公司是美国一家老牌的小家电制造商，其生产的“阳光”、“咖啡先生”、“茶女士”等系列家用电器如可控温不粘锅、烤面包机、烤肉架、绞肉机、搅拌器、电热毯等深受家庭主妇的喜爱，畅销美国本土和世界市场。然而，到了 20 世纪 90 年代中期，阳光公司陷入了经营困境，销售收入不断萎缩。1996 年上半年，其股票价格比 1994 年下跌了 50%，利润下降幅度更是高达 83%。为此，该公司的董事会于 1996 年 7 月重金聘请了素有“铁腕阿尔”之称的邓拉普 (Dunlap) 出任董事会主席兼首席执行官。消息宣布的当天，阳光公司的股票价格飙升了 49%，整个华尔街都在欢呼这位重组高手的到来。邓拉普果然不负众望，经过约一年多的时间，阳光公司宣布重组成功，1997 年四个季度的销售收入比 1996 年同期分别增长了 13%、17%、28%和 31%。

然而，好景不长。1998 年 4 月，阳光公司公布的第一季度报告显示其销售收入比 1997 年同期下降了 5%，并发生了经营亏损。该公司的解释是：由于零售商的购货大量减少，户外烤肉架的销售额比预计大幅减少。销售收入和经营业绩的急转直下，令华尔街一些灵敏的财务分析师对邓拉普的重组神话产生怀疑。经过数月的调查和分析，1998 年 6 月，Jonathan R. Laing 发表了“危险的游戏：‘铁腕阿尔’邓拉普去年在阳光公司编造利润”的署名文章，对阳光公司的收入确认提出质疑。同月，SEC 宣布对阳光公司的会计问题展开调查。1998 年末，阳光公司提出破产申请。

事后的调查表明，阳光公司的舞弊手法包罗万象，其中的重要舞弊手法之一就

① 黄世忠主编：《会计数字游戏——美国十大财务舞弊案例剖析》，中国财政经济出版社 2003 年版第八章。

是利用开票持有操纵收入。仅在 1997 年，通过编造开票持有协议，阳光公司分别提前确认了逾 8 000 万美元的销售收入，为当年净利润的“大幅提升”贡献了近 50%。从收入确认的角度看，阳光公司所谓开票持有销售并不符合 SAB 101 的规定。首先，这种销售方式并不是由其客户提出的，而是阳光公司蓄意安排的。1997 年 4 月，该公司分管营销工作的一位副总裁提出：“对我们的一部分产品，可以采用‘开票持有’销售，也就是在向零售商提供‘提早购货折扣’的同时，还应当让他们选择是立即将购买的存货运走，还是等到他们需要的时候另行发运。此外，为了吸引客户，我们还可以允许他们行使退货权”。其次，买方以开票持有与阳光公司发生交易，并非出于正当的商业理由，而是阳光公司过分采用商业刺激所致。例如，为了获得本该在 1997 年 8 月才可能收到的部分“润滑剂”订单，阳光公司在 6 月份向买方提供了非常优厚的销售折扣，延展了付款期限，并根据以往的惯例与买方签订协议让买方享有未售完存货的退货权。最后，与买方达成的“泊货安排”使阳光公司的盈利过程处于未完成状态。鼓励零售商购买非季节性的存货（如在冬天购买烤肉架），阳光公司别出心裁地设计了“泊货安排”，即卖方在与买方订立销售合同后，另加附加合同，约定在特定日期之前，卖方为买方代为保管该批存货，卖方支付仓储费，承诺买方退回未出售的存货，并负责支付存货发运的双向运费。所有这些均表明，上述销售并没有实现风险和报酬的转移，从本质上看，阳光公司是以开票持有销售为名，行收入操纵之实。

二、以丰补歉，储备当期收入

以丰补歉，储备当期收入的操纵手法与寅吃卯粮的手法完全相反。这种手法往往以稳健主义为幌子，通过递延收入或指使被收购企业在收购日之前推迟确认收入等手法[①]，将本应在当期确认的收入推迟至以后期间确认，并将当期储备的收入在经营陷入困境的年份予以释放，以达到以丰补歉、平滑收入和利润的目的。

[案例分析：微软公司——利用递延收入平滑收益的高手[②]]

软件巨头微软公司是美国家喻户晓的绩优股，2005 年末，其股票市值高达 2 363亿美元，仅次于埃克森美孚（Exxonmobil）公司和通用电气（General Electrics）

---

① 另一种常见手法是蓄意延缓发货时间，以便为以后期间储备收入。最经典的案例是番茄酱生产大王亨氏（Henz）集团。20 世纪 80 年代，该公司管理层的报酬在很大程度上与利润计划完成情况挂钩，但超额完成的奖金逐步递减。为此，该公司一旦完成利润计划，就尽可能推迟延缓发货时间，将本可在当期确认的收入推迟至下一个会计年度，从而提高单位销售收入对管理层业绩报酬的边际效率。

② 本案例所运用的资料选自微软公司 1995—2003 会计年度的财务报告以及 Howard Schilit 所著的 Financial Shenanigans（第二版）。

公司[①]，连续多年在股票市值排行榜上位居第二或第三。证券市场之所以对微软公司厚爱有加，除了因为其软件以质量和品牌享誉于世外，还因为其对外报告的销售收入稳步增长，几乎不受宏观经济周期波动的影响，例如，在1999—2003会计年度[②]，微软公司的销售收入分别为197亿美元、230亿美元、253亿美元、284亿美元和322亿美元。美国的信息技术行业从1999年底开始步入漫漫的衰退期，对软件的需求日益萎缩。面对如此险恶的经营环境，微软公司为何能够逆势而上呢？

下表列示了微软公司1995—2003会计年度递延收入、销售收入和经营性现金流量的增减变动情况，如表7－1所示：

表7－1　　微软公司递延收入、销售收入和经营性现金流量变动表　（单位：亿美元）

会计年度	递延收入余额		销售收入		经营活动现金净流量	
	金额	比增	金额	比增	金额	比增
1995	0.54	——	60	——	20	——
1996	5.60	937%	87	45%	37	85%
1997	14.18	153%	113	30%	47	27%
1998	28.88	104%	145	28%	84	79%
1999	42.39	47%	197	36%	121	44%
2000	48.16	14%	230	17%	114	－6%
2001	56.14	17%	253	10%	134	18%
2002	77.43	38%	284	12%	145	8%
2003	85.32	10%	322	13%	158	9%

资料来源：微软公司1995—2003年度财务报告，www.microsoft.com。

上表显示，在1999会计年度之前，递延收入和经营活动现金净流量的增长幅度普遍明显高于销售收入的增长幅度，但这一趋势在2000会计年度发生扭转，表明微软公司从2000年度开始将以前年度计提的递延收入释放出来，转作当期的销售收入。表2列示了1998年第二季度至2000年第一季度递延收入的计提和转作收入的情况：

① 通用电气堪称是全世界最为顶尖高手的收益平衡化高手，该公司因创造了连续17个季度的每股收益与华尔街的盈利逾期基本持平或略微超过的记录，而被华尔街的财务分析师誉为全美国最具可预测性的公司，其主要做法是通过出售资产实现的非经营性收益来抵销经营和非经营性亏损的影响。

② 微软公司的会计年度为7月1日至次年的6月30日。

表 7-2　　微软公司递延收入增减变动明细表　　（单位：百万美元）

项目名称	1998年第3季度	1998年第4季度	1999年第1季度	1999年第2季度	1999年第3季度	1999年第4季度	2000年第1季度
期初余额	2 038	2 463	2 888	3 133	3 552	4 195	4 239
当期计提	885	1 129	1 010	1 768	1 768	1 738	1 253
转作收入	(460)	(704)	(765)	(942)	(1 125)	(1 694)	(1 363)
期末余额	2 463	2 888	3 133	3 552	4 195	4 239	4 129
净增加额	425	425	245	419	643	44	(110)
比　增	20.9%	17.3%	8.5%	13.4%	18.1%	1.0%	(2.6%)

资料来源：Howard Schilit. Financial Shenanigans. 2nd ed. Donnelley & Sons Company. 2002：157.

可见，微软公司之所以在1999年下半年信息技术陷入萧条时销售收入依然保持稳定增长，在一定程度上得益于该公司在1999年度之前计提的递延收入。不仅如此，为了应对行业不景气的影响，且SOP 97-2开始生效，微软公司在1999年末（2000会计年度第一季度）改变了递延收入的确认政策，将Windows桌面操纵系统的递延收入比例由20%—35%降至15%—25%，将桌面应用软件的递延收入比例从20%降至10%—20%，以达到加速收入确认，维持持续增长趋势的目的。

[案例分析：3Com公司与U.S.Robotics公司——合并前后的收入反差①]

在收购谈判即将大功告成之际，要求被收购公司推迟销售收入的确认，待收购完成后才将截留的收入予以释放，是上市公司操纵收入的惯用伎俩之一。将这一伎俩发挥得淋漓尽致的典型代表当属3Com公司与U.S.Robotics公司。1997年6月12日，3Com公司以换股的方式完成了与U.S.Robotics公司的合并，在此之前，3Com公司利用其会计年度（结束于5月31日）与U.S.Robotics公司会计年度（结束于3月31日）相差两个月的机会，要求U.S.Robotics公司尽可能推迟销售收入的确认，表3列示了收购前两个月与其他月份的对比情况：

表 7-3　　U.S.Robotics公司被收购前季度销售收入的变动情况　　（单位：百万美元）

项目名称	1996年第3季度	1996年第4季度	1997年第1季度	1997年第2季度	1997年第3季度*
季度合计	546.8	611.4	645.4	690.2	15.2
每月平均	182.3	203.8	215.1	230.1	7.6

* 1997年第3季度 只包括1997年的4月和5月份，因为3Com公司的会计年度结束于5月31日。

资料来源：3Com's 10-Q reports filed with the SEC，www.sec.gov。

① 本案例的资料选自3Com公司1996—1997年度的10-Q和10K报告。

耐人寻味的是，与3Com完成合并后，U.S.Robotics公司的会计报告期间与3Com公司保持一致，在结束于1997年8月的季度报告中，U.S.Robotics公司的季度收入又恢复到了正常水平。按1997年第一和第二季度每月平均数（2.226亿美元）测算，U.S.Robotics公司在1997年4—5月至少截留了4.3亿美元的销售收入，以此作为奉献给3Com的合并礼物[①]。

三、鱼目混珠，伪装收入性质

投资收益、补贴收入和营业外收入等收益项目虽然也与销售收入一样能够增加上市公司的利润，但由于这些项目属于非经营性收益，且难以预测，华尔街的财务分析师在评价上市公司的经营业绩是否达到他们的预期时，一般将它们剔除。此外，财务分析师对上市公司经营业绩的预期，不仅包括利润指标，还包括销售收入指标。因此，上市公司为了迎合华尔街的经营业绩预期，不惜采用鱼目混珠的方法，将非经常性收益包装成主营业务收入。尽管这种收入操纵手法并不会改变利润总额，但它却歪曲了利润结构，夸大了企业创造经营收入和经营性现金流量的能力，特别容易误导投资者对上市公司盈利质量和现金流量的判断。

[案例分析：美国在线时代华纳公司——“黑帽子里掏出大白兔”[②]]

根据公认会计原则的规定，法律纠纷收入与违约金一样，应当确认为非经营收益，因为它们不属于核心经营活动所创造的现金流入。对于这一常识，美国在线不可能不知道。然而，为了扭转在线广告收入不断下降的颓势，顺利完成与时代华纳的合并，美国在线却处心积虑地将2 380万美元的法律纠纷收入包装成广告收入，捏造了在线广告蒸蒸日上的假象。

---

① 3Com公司利用U.S.Robotics公司截留的4.3亿美元销售收入增加其1997年第四季度销售收入的同时，在1997年8月确认了4.26亿美元的重组费用（Restructuring Charges），其中包括2.13亿美元的资产注销损失和1.01亿美元的预计费用。两项相互抵销后，尽管对1997年第四季度的净利润影响不大，但由于重组费用属于一次性的非经营性损失，华尔街的分析师在评价3Com公司的经营业绩是否达到预期时，一般予以剔除。这一做法可谓一箭三雕，既增加了1997年第四季度的销售收入，又可使该季度的经营性净收益大幅超过华尔街的逾期，还可降低未来期间的销售成本、折旧费用和其他经营费用。为了粉饰其经营业绩，3Com公司真实煞费苦心。

值得一提的是，类似3Com公司和U.S.Robotics策划的收入操纵伎俩在我国相当普遍。特别是，根据财政部的规定，从1998年起上市公司在编制合并报表时，只能将被收购企业自并购日后的收入和利润纳入合并报表。为了规避这一规定，一些上市公司往往要求被收购企业在购买日前推迟确认收入。如Q上市公司于1999年12月1日完成了对S公司控股权的收购，并指使从事房地产开发的S公司伪造退房条款，将1999年1—11月的4.44亿元房地产销售收入推迟至12月份确认，12月份确认的收入占S公司全年收入的53%。

② 黄世忠主编：《会计数字游戏——美国十大财务舞弊案例剖析》，中国财政经济出版社2003年版第五章。

2000年9月，广告经营部挖空心思，策划了一起抬升在线广告收入的阴谋——将英国子公司一项悬而未决的法律纠纷转化为广告收入。这项法律纠纷可以追溯到1992年，当时一家名为MovieFone的网上售票公司拟与温布里公司合作建立一个合资企业，开发电影自动售票服务及硬件系统。这起合作因故失败，产生的纠纷被提交仲裁。三年后MovieFone公司在仲裁中获胜，温布里公司应赔付2 280万美元。1999年，美国在线收购了MovieFone公司，继承了应向温布里公司收取的2 280万美元仲裁收入外加400万美元的罚息。广告经营部认为在英国向温布里公司提起诉讼代价过于高昂，即使获胜，也不能确认为主营业务收入。为此，它于2000年9月向温布里公司提出一项和解方案：与美国在线签订一项金额为2 380万美元的广告合同，美国在线就将豁免温布里公司的全部2 680万美元欠款。

这一方案对温布里公司颇具吸引力，既可体面地解决法律纠纷，又可节省300万美元，还可做广告。但温布里公司不知道该对美国在线的用户做什么广告。温布里公司主要从事赌博业，在美国罗德岛和柯罗拉多经营赛狗生意。广告经营部的策划高手们建议：开设一个赛狗网站，取名为24dogs.com，并由美国在线为这个赛狗网站做广告。这一建议立即被温布里公司采纳。温布里公司遂着手筹建可供赌徒们查阅输赢赔率并下注的24dogs.com网站。为了在2000年第三季度确认广告收入，美国在线必须在9月30日之前就播发广告，以符合收入准则中关于"服务已提供"的规定。因此，在赛狗网站还在筹建之际，广告经营部在没有告知温布里公司的情况下，就利用美国在线及其下属的其他网站为24dogs.com这一赛狗网站发起了广告宣传攻势。由于此时离第三季度结束的时间所剩无几，美国在线推出的这场广告宣传特别密集，往往在一个网页上就有3至4只大灰狗的广告，以至于用户们一打开美国在线的网站就会发现显示屏幕上充斥着狂奔而过的大灰狗，纷纷抱怨美国在线的网站几乎变成狗窝了。美国在线是美国首屈一指的门户网站，访问量十分巨大。赛狗广告播出几小时后，温布里公司尚未完工的24dogs.com网站很快就被美国在线分流过来的访问量瘫痪了。

广告经营部精心策划的这个赛狗广告立竿见影，温布里公司立即向美国在线支付了2 380万美元的广告费，且广告何时和以什么方式播出，由美国在线全权决定。最为重要的是，美国在线终于赶在9月30日之前，按照赛狗广告播发量将这2 380万美元中的1 640万美元确认为第三季度的广告收入，其余740万美元在第四季度确认。根据《华盛顿邮报》的报道，与温布里公司签约的当天，广告经营部的策划高手们举行了一个狂欢庆祝会，反复播放一首叫做"是谁把狗放出去了"的流行歌曲。

美国在线利用类似手法在2000年第三季度将另一起未决诉讼的1 300万美元赔款包装为广告收入。《华盛顿邮报》的文章刊登后，美国在线聘请的律师还对此进行百般辩解：通过建立或修改商业关系解决法律纠纷是司空见惯和恰当的，即使该项法律纠纷已经做出判决也是如此。这种解决方法是将无益的争端化解为有益的商业关系的一种途径。对此，曾任 SEC 首席会计师的苏尔兹不以为然，他评论道：要将这 2 380 万美元说成是广告收入，我不得不提出质疑。这简直就是从黑帽子里掏出大白兔的把戏。

四、张冠李戴，歪曲分部收入

为了降低系统性的经营风险，很多上市公司实施了多元化战略。为了便于投资者识别风险，同时也为了便于他们进行跨行业的比率分析，许多国家的准则制定机构均要求上市公司在编制合并报表的基础上，以报表附注的形式，提供分部报告(Segment Report)。一些上市公司为了掩盖某些经营分部（Operating Segment）经营收入的下降趋势，不惜诉诸于张冠李戴的操纵伎俩，将其他分部的收入挪借给收入不足的经营分部。

[案例分析：美国在线时代华纳公司——拆东墙补西墙的杰作[①]]

与时代华纳合并后，美国在线急不可待地吹嘘合并的协同效应，不失时机利用一切机会夸大在线广告收入，以掩饰其在线业务江河日下的窘境。一个典型的例子就是发生在时代华纳有线电视部门与高尔夫频道之间的交易。高尔夫频道是有线电视巨头康卡斯集团控制的一个体育节目频道。2001 年 6 月，高尔夫频道拟与时代华纳签署一项协议，同意支付 2 亿美元以便在未来 5 年利用时代华纳有线电视网播发其录制的体育节目。

正当时代华纳与高尔夫频道快要达成这项交易之际，美国在线中途介入，要求从时代华纳手中分一杯羹。迫于压力，时代华纳只得通知高尔夫频道变更已草签的协议，在不改变合同性质和条件的情况下，将原先商定的 2 亿美元体育节目播发合同分拆为两份，一份为与时代华纳签订的 1.85 亿美元节目播放合同，另一份为与美国在线签订的 1 500 万美元广告合同。高尔夫频道欣然接受这一新的安排，因为这对高尔夫频道非但没有坏处（合同总金额并没有改变），反而有好处（利用美国在线做免费广告）。通过这项合同变更，美国在线顺理成章地将这 1 500 万美元确认为广告收入，在 2001 年第三季度报出较好的广告收入数字。表面上看，此项合同变更既没有改变美国在线时代华纳的收入总额，也没有增加其利润总额，但实际这是极其精明的操纵收入和利润的高招。首先，它改变了收入结构，使投资者难以判断在线广告业务的恶化程度；

① 黄世忠主编：《会计数字游戏——美国十大财务舞弊案例剖析》，中国财政经济出版社 2003 年版第五章。

其次，它加速了收入确认时间，使美国在线时代华纳2001年度的收入多增加了1 425万美元；最后，它没有产生额外的现金流量，由于高尔夫频道支付的合同总金额仍为2亿美元，美国在线实际上是在为它做免费广告，时代华纳既没有因合同金额的变更而减少体育节目的播放时间，也没有向高尔夫频道索取额外的补偿。严格地说，这是一项附带的无偿捐赠行为，而不是广告销售行为。从这个意义上说，一分钱的广告收入都不应当确认。

五、借鸡生蛋，夸大收入规模

根据公认会计原则的规定，代理代销业务分为买断式和非买断式两种，二者的差别在于风险与报酬是否转移。对于买断式的代理代销业务，由于风险和报酬已经转移给代理方或受托方，可视同销售，按代理代销总额确认收入。对于非买断式的代理代销业务，由于风险和报酬仍然保留在被代理方或委托方，代理方或受托方应当按代理代销可望收取的净额（如代理佣金）确认收入。显而易见，总额法与净额法对利润表所体现的主营业务收入将产生迥然不同的影响。一些上市公司为了夸大收入，对公认会计原则的规定置若罔闻，通过借鸡生蛋的伎俩，将本应采用净额法反映的业务，改按总额法反映。

[案例分析：美国在线时代华纳公司——不分彼此的收入确认①]

美国在线不仅自己经营在线广告业务，而且利用其庞大的营销力量，为其他网站承揽和代理广告业务。2001年7月25日，美国在线与美国最大的在线拍卖网站电子港湾（eBay）签订了广告代理协议，承诺为电子港湾寻找广告客户以充分利用电子港湾的网络空间。然而，为电子港湾代理广告业务期间，美国在线不是根据惯例按代理业务所分享的净收入，而是按代理业务的收入总额确认为广告收入。美国在线承认，2000年和2001年以及2002年第一季度，它按照这种方法共计确认了9 500万美元的广告收入，并声称它按照代理业务的总额确认广告收入的做法是恰当的，主要理由包括：

1. 美国在线直接与广告客户联系，并确定广告价格；

2. 美国在线直接向广告客户收取费用，再按协议规定将部分广告费汇给电子港湾；

3. 电子港湾只按美国在线汇给它的广告费确认收入，而不是按全部广告费确认收入。

---

① 黄世忠主编：《会计数字游戏——美国十大财务舞弊案例剖析》中国财政经济出版社2003年版第五章。

美国在线的辩解表面上看似乎有道理，但它忽略了最根本的一条，那就是在广告代理过程中风险是否已经从电子港湾转移至美国在线。如果美国在线没有在广告代理中承担实质性的风险，那么，它与电子港湾的关系就只能是非买断式的代理代销关系。

实际的情况是，美国在线既没有向电子港湾购买广告空间，再出售给广告客户，也没有就应承揽的广告量向电子港湾做出正式承诺，即使未能将广告空间出售给广告客户，美国在线也无需支付赔金。可见，承担实质性财务风险的是电子港湾，而不是美国在线。此外，电子港湾播出广告后，若广告客户未能按规定支付广告费，所形成的信用风险并非由美国在线一家承担，而是由美国在线与电子港湾共同分担，这也从另一个侧面证明广告代理业务的风险没有或至少没有全部转移至美国在线。

事实上，美国在线内部就上述广告代理的会计处理是否违反公认会计原则也存在着争议。因对广告经营部的许多激进做法表示异议的美国在线财务副总裁欧康纳曾就此事向美国在线的高层表示过不同意见，担心这一做法可能导致 SEC 对美国在线的会计问题展开调查。2002 年 2 月底，美国在线的高层通知欧康纳，鉴于他缺乏团队合作精神，他在美国在线的前途将不容乐观，欧康纳遂于 3 月初愤然辞职。

尽管美国在线为电子港湾代理广告业务的会计处理明显有别于公认会计原则，但它并没有在其财务报告中向投资者披露这一独特的做法。由于报表中相关披露缺乏透明度，投资者难以判断美国在线受广告市场不景气的冲击到底有多大。

六、瞒天过海，虚构经营收入

20 世纪 90 年代“非理性繁荣”的氛围使人们形成一种盲目乐观的思维定势，误以为“金融万有引力定律”（指股票价格的上涨应有良好的业绩作基础）已失效，股票只涨不跌。网络科技股特别是“.Com”股票被过度炒作，“.Com”公司只“烧钱”（指利用风险资本大肆进行资本性支出和广告宣传），不赚钱，衡量其股票价格高低的指标不再是市盈率，而是点击率。然而，物极必反。经过近 10 年的狂躁，投资者又趋于理性，“.Com”股票开始出现价值回归。进入 21 世纪，“金融万有引力定律”再次发威，“.Com”公司泡沫破裂，纷纷破产倒闭。为了在破产倒闭风潮中争得一线生机，很多门户网站公司与软件公司铤而走险，使出瞒天过海的招数，策划了一系列不合乎商业逻辑的交易，虚构经营收入。

[案例分析：美国在线时代华纳公司——比科幻电影还精彩的收入虚构[①]]

2000年12月21日下午，广告经营部总裁柯伯恩主持了一次别开生面的年度总结及表彰大会，约100名广告策划和营销精英看着柯伯恩隆重授予卫克福特和伟特“金星奖牌”，以表彰他们与采购专家网站公司做成的一笔交易。柯伯恩赞扬这两位营销高手与采购专家网站公司所达成的交易犹如“科幻电影”般精彩。正是由于他们的想象力，使美国在线得以在2000年以950万美元的代价换来了3 000万美元的广告和商业收益。

采购专家网站公司于1996年由约翰逊在拉斯维加斯创办，主要替赌场设计网上购物电脑软件。2000年3月，在卫克福特和伟特的策划下，美国在线与采购专家网站公司签订了一项异乎寻常的协议，由美国在线替采购专家网站公司销售软件，后者根据软件销售情况，按每1美元销售收入给美国在线3美元认股权证(Warrant）作为回报。原先预定的认股价格为每股63美元，后随着“.Com”泡沫的破裂，采购专家网站公司的股票价格大幅下跌。经过协商，两家公司同意将认股权证的行权价调低至1美分。面对如此诱人的安排，美国在线精心策划，在2000年度为采购专家网站公司带来了1 000万美元的销售收入，其中490万美元为美国在线替其10名订户支付的订阅费，使这些订户可免费享受采购专家网站公司的市场服务，460万美元为美国在线向采购专家网站公司购买的电脑软件，并免费赠送给它的商业合作伙伴，50万美元为美国在线为采购专家网站公司承揽的广告业务。作为回报，美国在线获得了3 000万美元的认股权证。换言之，美国在线只花了950万美元，就获得了2 050万美元的收益（不含认股权证的行权费30万美元），并在2000年第四季度将这2 050万美元确认为“广告和商业收入”。

这宗交易抬高了美国在线2000年第四季度的广告和商业收入。尽管这类收入包含两种不同收入来源，但华尔街的财务分析师往往根据这类收入的总额评价美国在线的广告业务。美国在线并没有在报表附注中将此类收入区分为广告收入和商业收入，而只是在会计政策中笼统地说明美国在线有时以获取认股权证作为提供广告和商业服务的回报。因此，许多会计专家认为美国在线避重就轻的披露方式误导了投资者，因为在这宗交易中，美国在线并没有为采购专家网站公司提供广告服务，而是向其提供市场营销服务。

更为严重的是，这宗交易实质上是美国在线自己出钱买利润，除了50万美元的广告承揽业务外，其余的950万美元实际上是美国在线向采购专家网站公司购买一些对它本身毫无价值的服务和软件，且都免费赠与订户或商业伙伴。此外，认股

① 黄世忠主编：《会计数字游戏——美国十大财务舞弊案例剖析》，中国财政经济出版社2003年版第五章。

权证的行权价由原来的63美元调整为1美分的事实表明，这宗交易的收益即使可以确认，也只能确认为投资收益，而不应确认为广告和商业收入。

美国在线为了淡化广告市场不景气的影响，可谓用心良苦。除了与采购专家网站公司达成上述交易外，2001年3月21日，美国在线还与这家公司签订了一笔180万美元的广告互换协议，由采购专家网站公司在美国在线下属的网景公司做广告，再由美国在线利用采购专家网站公司的网站做广告。尽管这样做并不会增加美国在线的利润，但却使美国在线的广告收入增加了180万美元。事实上，美国在线经常在季度结束之前，与其他小型网络公司达成类似协议，目的是为了使其广告收入达到华尔街财务分析师的预期。

七、里应外合，相互抬高收入

20世纪90年代末，借助循环交易（Round - Trip Transaction）虚构收入规模蔚然成风，网络公司、电信公司和能源公司更是乐此不疲，它们里应外合，纷纷卷入这场数字游戏。循环交易又称“套换交易”（Swap Transaction）和“背靠背交易”(Back - to - Back Transaction)，是指卖方在向买方出售商品或提供劳务的同时，又按与售价完全一致或十分接近的价格向买方购入资产。出售的商品或提供的劳务立即确认为收入，而向对方买入的资产一般则作为资本性支出，列为固定资产或无形资产，从而达到加速确认收入和利润的目标。

这种现象在电信业尤其普遍。20世纪90年代，由于高估用户的需求，美国电信业在光纤通讯线路的投资过热。最近几年，电信公司为了解决容量严重过剩的问题，发明了所谓的套换交易，相互之间买卖光纤或网络的“不可撤销使用权”(IRU)。例如，A公司将账面成本为3 000万美元的一条闲置光纤通讯线路的IRU以1亿美元出售给B公司，以此同时按1亿美元的价格购入B公司一条光纤通讯线路（账面成本假设也是3 000万美元）为期5年的IRU。对于A公司而言，此项交易的结果是，在当期确认了1亿美元的销售收入、7 000万美元的毛利、2 000万美元的无形资产摊销和8 000万美元的无形资产摊余价值。当期的销售收入和经营利润虽然分别增加了1亿美元和5 000万美元，但并没有带来相应的经营性现金流量。

由于循环交易并没有使买卖双方增加现金流量，且价格往往偏离公允价值，目的是为了使买卖双方都能按照被高估的价格确认销售收入，因而在美国被视为操纵收入的行为。

[案例分析：奎斯特公司和安然宽带公司——精诚合作的“难兄难弟”[①]]

总部位于丹佛的奎斯特（Qwest）是美国一家从事光纤通讯的著名跨国公司，2002年营业收入近200亿美元。2002年9月22日，奎斯特公司的董事会宣布拟重新编报已对外公布的2000—2001年度的财务报告，以更正该公司与其他公司进行容量套换过程中不恰当确认的9.5亿美元销售收入。2003年10月16日，奎斯特公布了经过毕马威重新审计[②]后的2000年至2001年度的财务报告，承认在这两个会计年度里虚增了24.88亿美元的销售收入，其中2000年度虚增销售收入9.45亿美元，2001年度虚增了15.43亿美元，占这两个年度全部销售收入的比例分别为5.7%和7.8%。

在虚增的24.88亿美元销售收入中，因套换交易而形成的不实收入高达14.55亿美元。虽然该公司披露的重编资料遮遮掩掩，但从美国国会公布的调查结果和新闻媒体的报道中，我们还是能够窥见奎斯特公司利用套换交易操纵收入的一些内幕的。其中的一起套换交易发生在奎斯特公司与安然宽带服务公司（Enron Broadband Services，臭名远扬的安然公司的子公司）之间。2001年9月30日（第三季度的最后一天），奎斯特公司与安然宽带服务公司达成了一笔奇特的套换交易：奎斯特公司将一条可随时投入使用的光纤通讯网络的25年使用权（标价1.12亿美元）和其他资产以1.955亿美元出售给安然宽带服务公司，与此同时，奎斯特公司以总价3.08亿美元向安然宽带服务公司购买了从盐湖市至新奥尔良的光纤网络的使用权（标价1.12亿美元）和其他资产。针对此笔光纤网络的套换交易，双方交换了一张1.12亿美元的现金支票，奎斯特公司据此在2001年第三季度确认了8 600万美元的收入，其余2 600万美元作为网络维护服务费，按25年分期确认。而对于购入的光纤网络使用权，则资本化为无形资产。

暂不考虑其他资产，这笔交易的实质是奎斯特公司与安然宽带服务公司相互置换光纤网络的使用权，从会计的角度看，应视同非货币性交易（尽管在这笔交易中，双方交换了现金支票，但金额正好相互抵销，双方均没有从交易中获取现金流量）的资产置换的方式进行处理。根据公认会计原则的规定，只有当换出资产的公允价值大于换入资产的公允价值，其差额才能确认为收入。而在这交易中，不仅交

① 本案例的资料取自奎斯特公司2003年10月16日公布10-K报告以及《纽约时报》等新闻媒体的报道。

② 奎斯特公司一直聘请安达信进行审计，安达信倒闭后，改聘毕马威。为了查清套换交易的影响，奎斯特公司要求毕马威对经安达信审计的2000年和2001年度会计报表重新审计。值得一提的是，利用套换交易操纵收入最臭名昭著的两家公司为奎斯特公司和环球电信（Global Crossing），均由安达信审计。臭鸡蛋为何都搁在安达信这个箩筐里，确实发人深思。与奎斯特一样，环球电信因利用套换交易虚构了近10亿美元的销售收入，目前正接受美国国会、司法部和SEC的调查。

易的价格正好相等，而且奎斯特公司换入光纤网络的公允价值被严重高估，因为这条光纤网络是安然宽带服务公司长期闲置且设备尚未配备齐全，奎斯特公司买入这条光纤网络并不能立即投入使用，而仅仅是作为备用网络。奎斯特公司将立即可以使用的光纤网络换成备用的光纤网络，而且美其名为“等价交换”，显然缺乏正当的商业理由，惟一的动机是为了使 2001 年度第三季度的销售收入和经营业绩达到华尔街的预期。

值得关注的是，奎斯特公司聘请毕马威对其商誉和其他无形资产（包括通过套换交易获得的光纤网络使用权）进行全面评估，并在 2002 年度确认了 418.08 亿美元的减值准备，其中资产减值准备高达 105.25 亿美元，其余为商誉的减值准备。奎斯特公司为迎合华尔街的预期，通过与交易方相互高估套换资产的公允价值，所付出的沉重代价由此可见一斑。

[案例分析：美国在线——广告收入不降反升的“创举”①]

2000 年 2 月起，美国网络和科技股的“泡沫”开始破灭，网络公司“不赚钱只烧钱”的商业模式难以为继，处于风雨缥缈之中的网络公司纷纷紧缩预算，裁减开支。尽管经营环境如此严峻，广告收入主要来自网络公司的美国在线 2000 年和 2001 年各个季度里不降反升，奥妙何在？

2005 年 3 月 25 日，美国证券交易管理委员会（SEC）对时代华纳② 的指控终于让真相大白。SEC 指出，在 2001—2003 年期间，美国在线利用循环交易等手段虚增了 5.655 亿美元的在线广告收入。时代华纳在不承认也不否认 SEC 指控的前提下，向 SEC 支付了 3 亿美元的罚款。根据 SEC 向哥伦比亚地区法院提交的指控书，美国在线主要利用以下三种形式的循环交易夸大其在线广告收入：

1. 利用与卖方的循环交易操纵广告收入。2000 年 6 月，美国在线与一家供应商签定了购买 2.5 亿美元网络设备的合同，供应商答应向美国在线提供合同价款 15%的折扣。为了扭转其在线广告江河日下的颓势，美国在线自愿放弃这 3 750 万美元的网络设备折扣，作为交换条件，该供应商向美国在线购买了 3 750 万美元的在线广告服务。至于广告内容、播出时间和频率，则完全由美国在线自行决定。2000 年第三季度，美国在线将这 3 750 万美元全部确认为在线广告收入。

SEC 指出，美国在线放弃本可获得的网络设备折扣以换取供应商向其购买广告服务，实质上是美国在线花钱购买自己的广告收入，属于典型的收入作假。丑闻曝

---

① 本案例的资料来自美国证券交易管理委员会（SEC）2005 年 3 月向时代华纳公司提出的起诉书。

② 2001 年 1 月 11 日，美国在线与时代华纳合并成功，冠名为“美国在线时代华纳公司”，后因美国在线在与时代华纳合并前卷入严重的财务丑闻，2003 年 10 月 16 日，公司股东大会决定将“美国在线时代华纳公司”更名为“时代华纳公司”，以彰显与美国在线会计造假划清界限的决心。

光后，美国在线不得不编制以下调整分录：

借：在线广告收入　　$ 37 500 000

　贷：固定资产（网络设备）　　$ 37 500 000

通过类似方法，美国在线在 2000—2001 年度共炮制了 7 400 万美元的在线广告收入。

2. 利用纠纷赔款操纵广告收入。2000 年 8 月和 9 月，两家公司与美国在线发生法律纠纷，同意向其分别赔偿 1 250 万美元和 2 500 万美元。根据公认会计原则的规定，这些纠纷赔款不得确认为广告收入。在这两家公司无条件答应赔款、丝毫未提出任何购买广告服务的情况下，美国在线收到这两笔赔款时，分别在 2000 年的第三和第四季度将其确认在线广告收入。利用类似手法，美国在线在 2000 年和 2001 年期间，共将 9 150 万美元的纠纷赔款确认为在线广告收入，且未作任何披露，严重误导了投资者对美国在线拓展广告收入能力的判断。

3. 利用收购兼并捏造广告收入。1995 年美国在线与德国的贝塔斯曼公司（Bertelsmannn AG，以下简称 BAG 公司）合资设立了美国在线欧洲公司。2001 年和 2002 年期间，BAG 公司与美国在线先后两次就美国在线欧洲公司的股权转让事宜进行谈判，修改了合资合同的相关条款。合资合同条款的两次修订显然有利于 BAG 公司，为此，BAG 公司主动提出了向美国在线补偿 4 亿美元的建议。为了营造广告收入蒸蒸日上的假象，美国在线放弃补偿要求，而是要求 BAG 公司分两次向美国在线购买了 4 亿美元的在线广告服务。BAG 公司并没有做在线广告的需求，广告内容和播出时间一般由美国在线决定，且广告合同往往是美国在线根据收入确认需要在播出后广告之后才由 BAG 公司补签的。根据公认会计原则的规定，这 4 亿美元的补偿收入应冲减对美国在线欧洲公司投资成本，通过与 BAG 公司签订不具经济实质的所谓广告合同，美国在线却将这 4 亿美元包装成在线公告收入。美国在线操纵广告收入的“创举”完全可以载入吉尼斯世界记录。

八、六亲不认，隐瞒关联收入

在充分竞争且已经告别短缺经济的经营环境下，最重要的或许不再是企业能够生产什么产品或提供什么劳务，而是其产品或劳务费的市场实现程度。市场实现包括两个方面：产品或劳务费是否适销对路，产品或劳务的交易价格是否足以弥补成本。市场实现的途径主要有两种，一是与独立当事人的交易，二是与关联方的交易。与独立当事人的交易一般遵循供求关系并通过价格机制决定是否成交和成交价格，以这种方式达成的交易最有价值，体现出企业的竞争力，且其价格是经过追求自身利益最大化的独立当事人讨价还价达成的，最为公允和真实。相反地，与关联方发生的交易，很可能扭曲供求关系和价格机制，掩盖企业产品或劳务的市场实现缺乏竞争力的事实①。

公认会计原则并没有禁止确认来自关联交易的收入，但要求上市公司披露与此相关的关联交易的性质、交易条件、金额和对财务报表的影响。由于证券市场对独立交易和关联交易所产生的销售收入赋予迥然不同的权重，如实披露很可能降低证券市场对上市公司的价值评估。为此，一些上市公司蓄意隐瞒关联关系，暗渡陈仓，将关联交易所产生的收入包装成独立交易的收入，以获得证券市场的青睐。

[案例分析：L&H 公司——产品热销的奥妙②]

L&H（Lernout & Hauspie）公司是一家从事语音识别软件开发的高科技创业公司。L&H公司成立的时间虽然不长，但在20世纪90年代后期却取得令人瞩目的业绩，销售收入从1997年的9 900万美元增至1998年的2.12亿美元，1999年更达到3.44亿美元，并在当年首次报告了4 200万美元的净利润。该公司的年度报告显示，销售收入中并非来自关联方，因此，投资者将这些财务奇迹解读为L&H公司的语音识别软件处于热销之中。然而，在这些骄人业绩的背后却是L&H公司蓄意隐瞒的一些有问题的关联交易。该公司的大部分收入来自30家设在新加坡和比利时新设立的创业公司，而这些公司均是由L&H公司帮助设立的关联公司。更为严重的是，该公司审计委员会嗣后公布的一份调查报告表明，上述创业公司并没有向L&H公司购买现成的软件或软件使用权，而是向L&H公司尚未开发的软件支付预付款，实质上相当于为L&H公司的研究开发提供融资。

不仅如此，L&H公司还通过其创始人发起设立的一个风险投资基金——Flanders基金，与一个大客户保持密切的商业关系。审计委员会的调查表明，Flanders基金对这一大客户进行投资后不久，后者立即签订了向L&H公司购买软件的协议。换言之，L&H公司之所以能够向这一大客户出售软件，是L&H公司向Flanders基金施加影响，要求其对这一大客户提供资金支持的结果。对于这一重要关联事项，L&H公司在其年度报告中却只字不提。显然，来自这一关联客户的收入，其含金量远比不上来自资金独立筹措的非关联方的收入。投资者没有办法判断，Flanders基金如果将来不再向这一大客户提供资金支持，这一具有间接关联关系的大客户是否会继续向L&H公司购买软件。可见，L&H公司通过隐瞒关联关系，夸大了其语音识别软件的市场实现程度。

---

① 一个典型的例子是一家从事汽车轮胎生产和销售的上市公司，其轮胎严重滞销，只好成批出售给其母公司。母公司买来的大量轮胎缺乏明确用途，又难以转手卖出，仓储空间又十分有限，最后只好雇人将轮胎扔进海里。母公司之所以出此下策，目的是为了使这家上市公司维持融资功能。

② 本案例的资料参考了Charles W. Mulford和Eugene E. Comiskey合著的The Financial Numbers Game: Detecting Creative Accounting Practices。

九、随心所欲，篡改收入分配

在一些特殊行业里，尤其是设备租赁和系统软件，企业在出售产品的同时，还向客户提供融资和售后服务。在这些行业里，允许客户分期付款，向客户提供维护和技术更新服务，往往是取得销售收入的前置条件。因此，在这些行业里，企业与客户签订一揽子协议，进行捆绑销售（Bundled Sales）的现象司空见惯。以捆绑销售的方式进行交易时，每份销售合同通常包含三个要素：产品销售、资金融通、售后服务，且往往只有一个总价。涉及的主要会计问题是这三个要素在何时确认收入的实现、确认多少。根据公认会计原则的要求，对于捆绑销售的产品销售要素，同时符合四个标准（已签订不可撤销的销售合同、产品已交付客户使用、合同后续执行成本以及货款的可回收性能够合理确定）的，可以立即确认收入的实现，而对于捆绑销售的资金融通和售后服务要素，则必须在融资和维护期限内分期确认。至于收入的确认金额，公认会计原则要求按照公允价值，将合同总价在三个要素之间进行分配。在捆绑销售中，收入确认最棘手的问题是如何将合同总价分配至各个要素。其他条件保持相同，资金融通和售后服务要素分配的金额越少，企业能够立即确认的产品销售收入就越多。为此，一些上市公司随意改变收入分配所运用的假设，低估融资收入和服务收入，夸大产品销售收入，以达到华尔街的盈利预期。

[案例分析：施乐（Xerox）公司——百年老店的糊涂账①]

施乐公司曾以技术发明闻名于世②，但近年来却成为臭名远扬的造假者。2002年4月，SEC指控施乐公司操纵收入，虚增利润。随后，施乐公司向SEC支付了1 000万美元的罚款，与SEC达成和解。作为和解的一部分，施乐公司重新编制了过去5年的财务报告，承认在1997—2001年虚增了65.03亿美元的收入和14.48亿美元的利润。在虚增的65.03亿美元收入中，有23.72亿美元属于在捆绑销售中随意改变收入分配基础而虚增的收入。

施乐公司有时也以现金方式出售复印机等办公设备，但多数情况下是与客户签

---

① 黄世忠主编：《会计数字游戏——美国十大财务舞弊案例剖析》，中国财政经济出版社2003年版第三章。

② 电脑行业的许多重大技术突破均归功于施乐公司，世界上的第一台个人电脑、第一台激光打印机、第一个鼠标、第一个视窗技术、第一个三维动画制造等等，都是施乐公司技术人员的杰作。施乐公司的研发能力举世公认，但在商业化方面也是举世公认的“笨伯”。施乐公司不懂得充分利用其技术发明，错失了进军数字化高科技行业的诸多良机，其竞争对手（如惠普和IBM）却利用这些技术发明，不断蚕食施乐公司的市场份额。面对激烈的市场竞争，施乐公司最终铤而走险，诉诸于收入操纵。一个曾经拥有辉煌历史和骄人业绩的百年老店，最近却卷入舞弊丑闻，确实发人深省。从某种意义上说，施乐公司是被它自己高超的研发能力打败的。

订捆绑式租赁协议，客户按月支付设备租金、维护和利息费用。按照租赁准则的规定，符合销售型租赁条件的，出租方可在租赁协议生效时立即确认属于设备销售的收入，至于融资和设备维护收入，则应在租赁期限内分期确认。根据公认会计原则的要求，对于"捆绑租赁"，施乐公司必须选择适当的标准，将租赁协议中的收入总额在复印机销售收入、融资收入和维护收入之间分配。在收入总额不变的情况下，分配给融资收入和维护收入的金额越少，施乐公司在租赁协议生效当期可以确认的复印机销售收入就越多。

为了迎合华尔街的盈利预期，施乐公司采用两种方法对捆绑租赁的收入进行操纵：

1. 武断确定融资权益回报率（ROE），人为压低融资收入，夸大复印机销售收入。施乐公司采用"倒轧法"[①] 确定捆绑租赁中的复印机销售收入，即先确定设备维护和设备融资的公允价值，在将租赁协议总价减去这两个租赁要素公允价值之间的差额，作为复印机的销售收入。为了在采用"倒轧法"时低估融资收入，施乐公司的高管人员不顾其子公司所处经营环境的利率和物价水平，武断地确定"复印机设备融资业务的回报率不应超过15%"，并在编制合并报表时，由总部的财会人员直接对子公司（主要是处于高通货膨胀的南美子公司）上报的财务进行调整，将融资回报率高于15%的子公司的融资收入调减，以此确认更多的复印机销售收入。

2. 以毛利率规范化为借口，高估复印机销售收入。20世纪90年代起，复印机市场的竞争日趋激励，海外生产厂商特别是日本佳能等竞争对手发展迅速，在彩色和数字复印技术上对施乐公司造成巨大冲击。随着价格战的升级，施乐复印机的销售毛利率不断下降，在美国之外尤为如此，但复印机的维护毛利却依然保持稳定。施乐公司不仅不正视复印机销售毛利率不断下降的事实，反而以所谓的"毛利率规范化"为借口，在世界范围内对捆绑租赁的总价进行重新分配，使其国外子公司报告的复印机销售毛利更接近美国公司的水平。"毛利率规范化"不仅人为地抹杀了各地子公司的售价和成本差异，违反了如实表述原则，而且使施乐公司不切实际地加速了复印机销售收入的确认，本质上是一种"杀鸡取卵"的短期行为。

操纵收入的丑闻曝光后，施乐公司的股票遭到投资者无情的抛售，股价从高峰时的124美元跌落至目前的不足5美元，施乐公司和毕马威也因此成为投资者的民事纠纷对象。

---

① 根据公认会计原则的要求，施乐公司不应采用"倒轧法"，而应采用"直接法"，即根据同类复印机的市价等因素确定复印机的公允价值，并以此作为复印机销售收入的确认基础。对此，毕马威曾提出异议，但施乐公司声称它无法确定复印机的公允价值。世界上最大的复印机生产厂家，竟然不知道复印机的公允价值，真是匪夷所思！事实上，施乐公司之所以将"直接法"弃之不用，完全是为了利用维护服务和融资服务公允价值的弹性，通过"倒轧法"操纵收入，调节利润。

第三节 收入操纵的识别

既然收入操纵是企业最经常采用的舞弊或粉饰手法，那么，如何有效地加以抑制，如何有效地识别，便成为摆在会计准则制定机构和财务报表使用面前的急迫问题。我们认为，只有从以下四个方面入手，才能从根本上抑制企业的收入操纵行为，提高财务报表的审计质量，避免在财务报表分析中上当受骗。

一、改革收入确认的概念基础，夯实收益确定根基

会计准则的制定离不开会计理论和概念基础的指导，收入确认准则也不例外。与 FASB 制定的其他会计准则一样，收入确认准则的制定也是以概念框架为基础的。然而，美国迄今颁布的 7 个概念框架公告，其逻辑一致性并不是十分严谨。例如，与收入确认准则相关的第 5 号概念框架强调的是收入/费用观（Revenue/Expense View）的概念基础，而与收入定义相关的第 3 号概念框架体现的则是资产/负债观（Asset/Liability View）的概念基础，结果导致收入定性与定量的背离，以至于未能带来现金流入的销售交易在确认收入的会计期间被确认为资产，然后再通过计提坏账或其他减值准备等方式在嗣后期间予以注销。从技术层面上看，收入确认实务中的诸多“乱象”，在一定程度与不同“财务会计概念公告”之间缺乏逻辑一致性有关。SEC 最近公布的关于建立以目标为导向的准则制定模式的研究报告，建议 FASB 以资产/负债观统一概念框架的逻辑基础，看来不无道理。

（一）资产/负债观下的收入确认

与其他准则一样，收入确认准则的制定可以依据两种不同的概念基础：资产/负债观① 和收入/费用观。在资产/负债观下，收入确认准则以报表要素定义为出发点，首先对销售交易可望流入的资产或清偿的负债进行确认和计量，然后再以相关资产和负债的变动作为确定当期收益的基础，收入和费用项目成为资产负债表的从属项目，从而避免在资产负债表上确认一些不能产生现金流量的待摊和递延。换言之，以这种概念基础制定的收入确认准则，重点在于辨认和计量与销售交易有关

---

① 如 SEC 在 2003 年 7 月提交的研究报告所指出的，资产/负债观侧重于确定交易和事项的实质，以使这些交易和事项的结果能够以对投资者更为相关的方式在财务报表（包括资产负债表、利润表、现金流量表和股东权益变动表）得到反映。在资产/负债观下，财务报表应当反映资产和负债的“流动”，正是这些“流动”在一定程度上构成了定期收益的确定基础。

的资产和负债，并以该项销售交易所带来的资产和负债能否合理确定（而不是盈利过程是否完成）作为收入确认的标准。

（二）收入/费用观下的收入确认

相反地，在收入/费用观下，收入确认准则以权责发生制和配比原则为出发点，优先考虑的是对销售交易所形成的收入和费用进行直接计量和确认，与此相关的资产和负债成为利润表的从属项目，且包含了权责发生制和配比原则所特有的不能产生现金流量的待摊和递延项目。为了实现对销售交易的收入和费用的直接确认和计量，收入确认准则不得不倚重于对盈利过程的判断。以盈利过程是否完成作为收入确认准则的标准，其最大的缺陷在于收入确认准则的规范指南要么过于宽泛，如"收入应当在已赚取和已实现（或可实现）时确认"，要么过于详细，如对特殊交易和特殊行业提供非常详细的指南①。尽管美国关于收入确认的准则和指南为数众多，但收入操纵的现象却屡禁不止，这主要应归咎于上市公司的利益驱动，但以收入/费用观的概念为基础、以具体规则为导向因而易于规避的收入确认准则也有值得重新审视的必要。或许正是基于这一原因，SEC 呼吁 FASB 以资产/负债观取代收入费用观，并特别建议 FASB 修改收入确认准则，取消对盈利过程判断的依赖。

（三）收入确认中的专业判断

不论是根据资产/负债观，还是根据收入/费用观制定的收入确认准则，都需要会计人员和注册会计师发挥专业判断，但判断所面临的不确定性程度显然有重大差别。对于会计人员和注册会计师而言，判断销售交易是否已导致资产的增加或负债的减少，显然比判断销售交易的盈利过程是否完成更具把握性。此外，不同行业的盈利过程千差万别，以盈利过程是否完成作为收入确认标准，需要准则制定机构就如何判断特殊交易和特殊行业的盈利过程提供十分详尽的指导，而以销售交易是否导致资产和负债变动作为收入确认标准，则可排除特殊行业和特殊交易的影响。更为重要的是，以资产/负债观作为制定收入确认准则的概念基础，将有助于保持资

---

① 美国关于特殊交易和特殊行业的收入确认指南，其细化程度令人叹为观止，如 SFAS No.13，"Accounting for Leases"；No. 45，"Accounting for Franchise Fee Revenue"；No.48，"Revenue Recognition When Right of Return Exists"；No. 49，"Accounting for Product Financing Arrangements"；No. 50，"Financial Reporting in the Record and Music Industry"；No.51，"Financial Reporting by Cable Television Companies"；No.66，"Accounting for Sales of Real Estate"；APB Opinion No.10，"Omnibus Opinion - 1966"；ARB No.45，"Long - Term Construction - Type Contracts"；AICPA Statements of Position No.81 - 1，"Accounting for Performance of Construction - Type and Certain Production - Type Contracts"；and No97 - 2，"Software Revenue Recognition"；EITF Issue No.88 - 18，"Sales of Future Revenues"；No91 - 9，"Revenue and Expense Recognition for Freight Services in Process"；N0.95 - 1，"Revenue Recognition on Sales with a Guaranteed Minimum Resale Value"；No.95 - 4，"Revenue Recognition on Equipment Sold and Subsequently Repurchased Subject to an Operating Lease"。

产负债表的“纯洁性”，避免不能带来现金流量的待摊和递延项目被反映在资产负债表上，使利润表上反映的收入和利润建立在一种更加稳健和牢靠的基础上。

二、甄别预警信号，改进审计方法

会计虽然算不上是一门高深的科学，但却是一门奇妙的学科。不论上市公司采用什么收入操纵手法，终归是要留下一些痕迹，这些痕迹就是我们通常所说的预警信号（Warning Signs）[①]。只要财务报表使用者保持应有的怀疑态度，审慎对待预警信号，就可提高发现收入操纵的机率。

（一）收入操纵的预警信号

具体地说，存在以下预警信号时，可能表明上市公司存在着收入操纵的行为：

1. 应收账款的增幅高于销售收入的增幅。这可能意味着：①上市公司放宽信用条件以刺激销售。例如，甲骨文（Oracle）1990 年的销售收入比 1989 年增长了 66%，但应收账款却增长了 79%，当年，甲骨文公司的应收账款周转天数高达 160 天，比软件行业的 62 天多出了近 100 天。事后调查表明，该公司在 1990 年面临着收入的巨大压力，销售人员的绝大部分报酬与销售收入挂钩，为此，销售人员不惜通过放松信用条件增加收入。这种短视行为导致甲骨文公司不得不在 1991 年初确认 4 200 万美元的坏账，占 1990 年净利润的 36%；② 上市公司利用“开票持有”或“填塞分销渠道”等方式，提前确认收入。例如，阳光电器公司 1997 年的销售收入高达 11.68 亿元，比 1996 年的 9.84 亿美元增长了 19%，但 1997 年末的应收账款却比 1996 年末增加了 39%。阳光电器操纵收入的手段就是如前所述的“开票持有”；③ 上市公司通过补充协议或口头协议隐瞒退货条件，提前确认收入。例如，朗讯公司 1999 年第四季度的销售收入比第三季度增长了约 20%，但 1999 年末的应收账款却比 1998 年增加了 49%。《华尔街日报》的记者对此提出质疑，并最终导致朗讯公司的董事会展开调查。调查显示，朗讯公司在 1999 年第四季度末向经销商赊销了 4.52 亿美元的设备，并做出口头承诺，允许经销商退货。2000 年第一季度，

---

① 美国 2001 年和 2002 年爆发的财务丑闻和审计失败危机，使长期困扰社会公众与注册会计师界的期望鸿沟（Expectation Gap）问题暴露无遗。一方面，社会公众期望注册会计师通过审计能够发现上市公司的财务舞弊，另一方面，注册会计师坚持审计并非为了查错纠弊。为了恢复社会公众的信心，AICPA 行动神速，于 2002 年 11 月颁布了第 99 号审计准则“财务报表审计中对舞弊的考虑”，取代了 1986 年颁布的第 86 号审计准则。第 99 号审计准则的公布具有划时代的意义，要求注册会计师直面舞弊，在审计计划和审计实施阶段执行有助于发现舞弊的审计程序，表明注册会计师界向弥合期望鸿沟迈出了坚实的一步。值得一提的是，第 99 号准则借鉴了 Albrecht 教授提出的“舞弊三角论”，从舞弊动机、舞弊机会和辩解借口的角度，向注册会计师提供了可用于判断被审计单位是否存在财务舞弊的近 60 个预警信号。这些预警信号对于注册会计师发现上市公司的收入操纵和其他舞弊手法，防范审计失败具有很强的针对性和可操作性。

该经销商购买的设备悉数退回，朗讯公司不得不全额冲销其应收账款。

2. 计提巨额的坏账准备。上市公司如果计提了巨额的坏账准备，可能意味着其收入确认政策极端不稳健或在以前年度确认了不实的销售收入。例如，ST 深中华 1997—2001 年的销售收入合计 7.98 亿元，但该公司在 2001 年却对应收账款计提了 12.81 亿元的坏账准备（其中 9.79 亿元为应收关联方的坏账准备），应收账款坏账准备余额高达 16.07 亿元，占过去 5 年销售收入的 201%，表明该公司不仅通过关联交易操纵收入，而且其收入确认政策极端不稳健。又如，济南轻骑 2002 年度计提了 11.11 亿元的应收账款坏账准备，占该公司过去 5 年 46.9 亿元销售收入的 24%，同样表明该公司的收入确认政策存在严重问题。再如，四川长虹 2002—2004 年的销售收入合计为 382.65 亿元，其中对美国 Apex 公司的出口销售高达 10.71 亿美元，2004 年该公司对应收 Apex 公司的账款计提了 25.07 亿元的坏账准备，约占对 Apex 公司销售收入的 1/3，表明四川长虹 2002—2004 年存在着操纵收入的重大嫌疑。

3. 收购日前后毛利率发生大幅波动。上市公司发生收购兼并时，如果收购日前后的毛利率发生大幅波动，可能意味着上市公司将购买日前的收入推迟至购买日后确认，或者将购买日后的费用提前至购买日前确认。例如，臭名远扬的亿安科技于 1999 年 6 月收购了万燕公司，万燕公司 1999 年上半年的毛利率为 5.26%，而下半年则高达 25.74%。通过推迟确认收入和提前确认成本，亿安科技如愿以偿地将一部分本应在 1999 年上半年确认的收入推迟至下半年确认，从而达到规避财政部关于只有并购日后的利润才能纳入收购企业合并报表的规定。

4. 销售收入与生产能力比例失调。销售收入显然与生产能力密切相关。销售收入容易被虚构，但生产能力却难以被篡改。一些企业在虚构销售收入时，经常会忽略销售收入与生产能力的关系。通过分析企业的生产能力，并与行业数据（如产销率）和市场占有率等信息交叉复核，是发现企业虚构销售收入的有效手段之一。例如，臭名昭著的银广夏在 1999 和 2000 年分别虚构了 2.39 亿元和 7.24 亿元的销售收入。《财经》记者通过分析 Y 上市公司的生产能力，得出的结论是：该公司的二氧化碳超临界萃取设备即使 24 小时运转，全年的产量绝对不会超过 20—30 吨萃取产品，而该公司声称向德国诚信公司出售 1.1 亿马克的萃取产品，折合的吨位数远超过 100 吨。正是发现 Y 上市公司的生产能力与销售收入比例严重失调这一重要线索，并通过调查出口报关等数据，《财经》记者才最终揭露了这宗虚构收入的惊天舞弊案。

5. 发生大量退货。当企业确认销售收入时，与所售产品所有权相关的主要风险和报酬应当已转移给买方。即使存在退货的可能性，只要其比例可以合理地估计，也可以认为风险和报酬已经转移给对方。但是，如果退货比例明显偏高，就可以合理地推断原先的收入确认标准不够稳健。倘若本期发生的退货占前期销售收入的比重明显超出合理预期水平，可能表明前期的收入确认存在舞弊行为。例如，ST纵横国际的财务舞弊案之所以曝光，就是因为其在2001年发生了大量退货，引起为其审计的会计师事务所的高度怀疑而被发现的。事后调查表明，ST纵横国际在2001年度发生的草地机械等产品大量退货所涉及的销售收入是纵横国际管理层通过编造销售合同、移库藏匿产品、虚开发票、虚构销售回款等手法形成的虚假收入。

6. 与客户发生套换交易（Swap Transactions）。如果企业在向其客户销售产品或提供劳务的同时，在缺乏正当商业理由的情况下又大量向客户购买产品或接受劳务，且交易价格具有显失公允或对等特性，那么，财务报表使用者就应当关注该企业是否利用与客户的套换交易进行收入操纵。例如，2001年EPIK公司向环球电信公司支付了4 000万美元，以获得环球电信公司所拥有的拉美热线光纤的使用权，与此同时，环球电信公司也向EPIK公司支付了4 000万美元，向其租用了连接亚特兰大至迈阿密的光纤网络，一年后，这条光纤网络仍然没有派上用场。环球电信公司以对等价格将话务量很大的光纤网络换成闲置的光纤网络，显然缺乏正当的商业理由，目的就是为了记录4 000万美元的销售收入。

7. 收入主要来自关联销售。在告别了短缺经济的市场环境下，重要的不是企业能够生产什么，而是企业能够销售什么。换言之，市场实现是检验企业核心竞争力的最重要标准。如果企业的收入主要来自关联交易，尽管也能解决其产品的市场实现问题，但这种市场实现不是企业与独立的当事人通过价值判断和讨价还价达成的，并不能反映企业的核心竞争力。通过关联交易确认的销售收入，不仅其可持续性存在不确定因素，且交易规模和交易价格容易被操纵。例如，我国的家电行业竞争激烈，价格战硝烟四起，青岛海尔2001—2005年通过将绝大部分的产品销售给其关联公司（这5年对关联公司的销售收入占全部销售收入的比例分别为98.56%、99.80%、99.33%、97.65%和97.82%。关于青岛海尔的案例分析，详见第十一章），不仅轻易地解决了其产品的市场实现，而且免受价格竞争之苦，可谓一举两得。这种高度倚重关联交易的销售模式，为其操纵收入提供了极大的便利，而且可能使投资者和债权人误判青岛海尔在家电行业的核心竞争力。

8. 销售收入与经营性现金流量相背离。提前确认销售收入是上市公司操纵收入的最常见手法，其显著的财务特征是销售收入与经营性现金流量的严重背离。图7－1列示了施乐公司1997—2001年销售收入与经营性现金净流量（已剔除非常项目，包括为重组支付的现金流量和借助应收账款保理业务创造的现金流量）的变动趋势。

从图7－1可以看出，施乐公司1997—2001年期间的销售收入与经营性现金净流入形成鲜明的反差，其中1997—2000年的反差尤其明显。该公司披露的报表重编资料显示，1997—2001年期间共虚增了65.03亿美元销售收入，其中59.18亿美

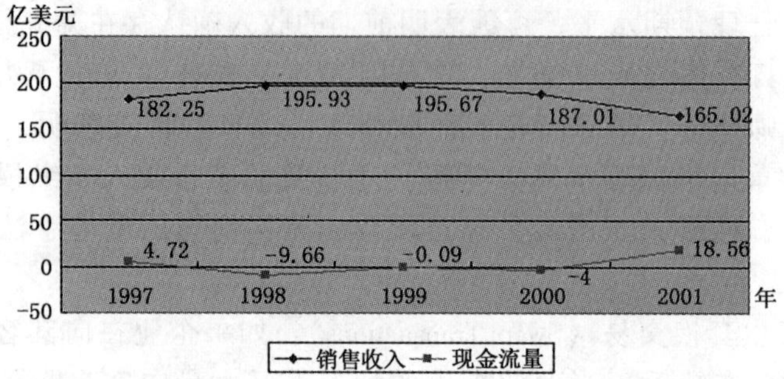

图 7-1　施乐公司销售收入与经营性现金净流量的反差

元就发生在 1997—2000 年。

四川长虹 2001—2004 年的财务报表也同样存在着销售收入与经营性现金净流量的巨大反差，如图 7-2 所示。

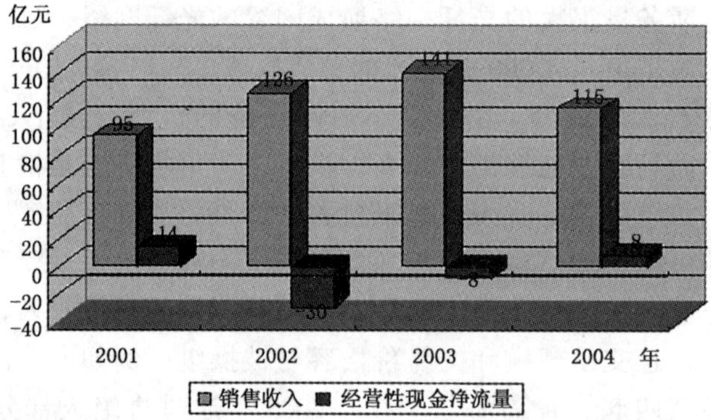

图 7-2　四川长虹销售收入与经营性现金净流量的反差

可见，充分关注销售收入与经营性现金流量的关系及其变动趋势，是发现收入操纵的有效手段之一。

（二）改进审计方法

注册会计师的审计质量，直接关系到财务报表的信息质量。改进审计方法，提高审计质量，确保财务信息质量，是防止财务报表使用者免受收入操纵祸害的根本途径。

注册会计师应从以下五个方面改进审计方法，才能有效发现企业的收入操纵行为。

1. 牢记“现金为王”，甄别单证真伪。“现金为王”是理财学的座右铭，也是审计学的至理名言。货币资金余额真实与否，从一个侧面印证了销售收入的真实性，重视对货币资金的审计，是发现虚假收入等舞弊线索的捷径。然而，货币资金的审计存在两个亟待解决的突出问题：(1) 注册会计师对银行存款的审计重视不够，往往指派没有审计经验和缺乏专业判断能力的助理人员负责银行存款的审计，错失通过银行存款发现收入操纵的机会；(2) 轻信银行存款函证的真实性，对被审计单位与银行相互勾结或利用高科技手段伪造银行对账单① 准备不足。获取银行对账单等单证是审计银行存款的一项标准取证程序，但随着造假手段日益"高明"，银行对账单的真实性应审慎评价，切不可为貌似真实的印章签字和电脑记录所蒙蔽。对重大银行存款余额的确认，应当以询证为主。为保证询证的有效性，避免被审计单位利用高科技手段篡改、变造和伪造银行对账单，防止银行与被审计单位通同作弊，注册会计师应当寻求被审计单位的配合，亲自前往银行询证。

2. 提防"询证陷阱"，倡导眼见为实。强化对应收账款的审计是发现虚假销售收入的有效手段。然而，众多收入操纵案件表明，常规的询证程序存在着明显的局限：(1) 注册会计师通常仅根据被审计单位提供的询证单位和地址进行函证，缺乏对询证单位和地址的真实性进行验证，容易掉入被审计单位设下的"询证陷阱"；(2) 注册会计师一般只对应收账款余额进行询证，忽略了对相关销售额和销售条件(如有无退货的补充协议等) 的询证。为此，注册会计师应保持应有的职业审慎，对被审计单位提供的客户名称、询证地址与有关记录（如销售合同和销售发票上的记录）进行核对，此外，还应通过各种途径（如 Internet）查询被询证单位的工商注册登记情况。如果核对结果存在重大差异，注册会计师应当引起警觉，查清被审计单位是否存在舞弊行为。

3. 关注"物流信息"，避免"重账轻物"。追查存货的永续记录，关注被审计单位的实物流向，也是发现虚假销售收入的重要手段。许多收入操纵案件表明，"重账轻物"（即重视财务信息，忽略物流信息）很容易导致审计失败。为了确证销售收入的真实性，注册会计师实施的常规审计程序包括：审阅销售收入明细账中大额或非正常交易的会计记录并追查至相应的销售合同、销售发票、发运单据、银行对账单等原始凭证。然而，随着高科技的发展，上述单据很容易被篡改、伪造或变造②。基于此，当注册会计师对其中特别重要的销售交易或原始凭证的真实性存有

① 例如，美国 HPL 技术公司于 2001 年 7 月 31 日完成首发并上市，在 2001—2002 年的 5 个季度里，就虚构了 2 847 万美元的销售收入，占这 5 个季度对外报告收入的 77%。该公司除了伪造销售和发运合同外，还利用电脑图片等高科技手段提取篡改银行对账单、伪装客户传真和提起客户签名，欺骗了普华永道（PwC）的注册会计师（黄世忠、叶丰滢，2002）。

② 比如，美国 HPL 技术公司的高管人员就是利用高科技手段伪造单据的高手，主要包括 (1) 借助电脑图片程序，提取客户相关负责人的签字，移植至伪造的订单和销售合同；(2) 利用扫描技术和图片程序，编造与虚构销售有关的银行对账单；(3) 修改传真机的电脑程序，伪造客户的询证回函。通过这些高科技手段，该公司在上市的第一年，就虚构了 80% 的销售收入，并且蒙骗了大名鼎鼎的普华永道（PwC）的注册会计师。

疑虑时，有必要再进一步追查存货的流转记录，测试存货余额的真实性。凭空捏造的销售收入一般不会伴随着真实的存货流转，因此，追查存货的实物流向往往能够有效地揭露虚假的销售收入。

4. 扩大审计范围，赋予注册会计师更大的外调权限。财政、审计、证券监管等部门经常提出这样的疑问：为什么我们能发现的重大财务舞弊和收入操纵问题，"经济警察"却发现不了？在我国，注册会计师的确享有"经济警察"之美誉，然而，盛名之下，其实难副。"经济警察"不仅要靠"被侦查对象"维持其生计，而且其"侦查范围"往往由"被侦查对象"直接圈定。其结果，在"猫鼠游戏"中，被捉的总是"猫"。监管部门之所以经常发现一些大案要案，并不表明其审计水平高于注册会计师，关键在于他们拥有了注册会计师所没有的"外调权"。就收入操纵而言，如果被审计单位与其客户或关联方通同舞弊，注册会计师依靠常规的审计方法是无法发现的。相反地，如果赋予注册会计师"外调权"，允许他们将审计范围扩大至被审计单位的客户和关联方，则核实销售收入的真实性就不再困难重重了。例如，锦州港通过伪造港口费收入，虚构了巨额的利润，注册会计师因缺乏"外调权"，在多年的审计中一直上当受骗。这起收入操纵案件的最终曝光，得益于财政部门利用其"外调权"，将检查范围延伸至锦州港的数十户客户，核实它们是否向锦州港支付港口费。试想，倘若注册会计师也拥有同样的"外调权"，该上市公司的收入操纵把戏能够得逞吗？

既然市场经济秩序的正常运转和社会资源的优化配置离不开真实可靠的高质量会计审计信息，那么，通过立法途径，赋予注册会计师相应的"外调权"，不仅有助于防范审计失败，更有利于维护社会公众的正当权益免受不实信息之祸害。诚然，赋予注册会计师的"外调权"可能增加相应的审计成本，甚至可能侵犯被审计单位及其相关当事人的"隐私权"，但在当前会计信息失真已然成为一大社会公害的环境下，只要能够从根本上遏制会计造假，真正发挥高质量会计审计信息在资源配置中的信号显示机制，付出上述代价显然是符合"成本效益"原则的。

5. 完善审计聘任机制，切实维护注册会计师的独立性。众多审计失败案例表明，不少收入操纵之所以没有被揭露，并非注册会计师缺乏专业胜任能力，而是独立性缺失使然。例如，施乐公司利用所谓的"高层会计调整"操纵收入的手段并不高明，早已被毕马威的注册会计师和合伙人所洞悉，但由于担心失去这一给毕马威带来丰厚咨询收入和审计收入的客户[①]，毕马威的主审合伙人还是对施乐公司的收入操纵视而不见。可见，只有完善审计聘任机制，确实维护注册会计师的独立性，使会计师事务所真正克服"拿人钱财，替人消灾"的心态，才能从根本上确保注册

① SEC 提供的资料显示，在施乐公司发生严重收入操纵的 1997—2000 年期间，毕马威共向施乐公司收取 5 600 万美元的咨询费用和 2 600 万美元的审计费用。

会计师对发现的收入操纵予以无情地揭露。

安然事件后，关于完善审计聘任机制的呼声不绝于耳。例如，纽约大学的Ronen教授在“会计丑闻不良后果下的政策改革”一文中，建议由上市公司向保险公司购买“财务报表险”，再由保险公司出资聘请会计师事务所对上市公司进行审计（Ronen，2002）。这一建议的精华在于利用市场机制，引入保险公司作为将会计师事务所与被审计单位隔离开来的“缓冲器”，一劳永逸地终结会计师事务所与被审计单位的直接聘任关系，以提高注册会计师的独立性。上述建议对于改革和完善我国的审计聘任机制也极具借鉴意义。作者认为，另一种方案是，由证券监管部门或证券交易所统一向上市公司收取审计费用，再由它们直接聘请会计师事务所对上市公司进行审计。这一做法对于提高注册会计师的独立性将起到立竿见影的作用，可从根本上抑制收入操纵等财务舞弊行为。为了防止证券监管部门或交易所在聘请会计师事务所的过程中滋生“权力腐败”，必须对监管者加强监管。如果所有上市公司的审计均有证券监管部门或证券交易所进行委托在短期内尚不可行，亦可考虑分阶段实施的方案。在现阶段，可由证券监管部门或证券交易所委托会计师事务所对拟再融资、其股票被特殊处理或暂停交易、提出复市申请以及曾因违反财务规定而受处罚的上市公司进行审计。

附录 1

第18号国际会计准则关于收入确认的指引[①]

本附录是第18号国际会计准则的附件，但不是本准则的组成部分。附录中的示例侧重于交易的特定方面，而不是对所有可能影响收入确认的相关因素的综合讨论。这些示例通常假设收入的金额能够可靠计量、经济利益很可能流入企业、已发生或将发生的成本能够可靠计量。

一、销售商品

1．开票持有销售（Bill and Hold Sales）

开票持有销售是指应买方要求延迟交货，但买方取得了所有权并接受账单。

收入应在买方取得所有权且满足下列条件时予以确认：

① 本附录根据International Financial Reporting Standards（2006）和《国际会计准则2002》的资料整理而成，个别中文翻译略有修改。

(1) 交货很有可能发生；

(2) 该项目在确认销售时已经完工、标明并可随时交付给买方；

(3) 买方明确提出了推迟交货的指令；

(4) 适用通常的付款条件。

如果仅有购买或制造及时交货的意向，不得确认收入。

2. 附带条件的发货（Goods Shipped Subject to Conditions）

(1) 安装和检验

收入通常在买方接受交货且安装和检验均已完成时才予确认。但在以下情况下，一俟买方接受交货，就应立即确认收入：

① 安装过程性质简单，例如安装一台工厂测试过的电视接收天线，只需要开箱、接通电源和天线；

② 进行检验只是为了最终确定合同价格，例如装运铁矿石、食糖大豆。

(2) 准许买方享有商定的有限退货权

如果退货的可能性存在着不确定性，则只有在买方正式接受了发货，或者货物已经发运且拒收期限已经届满，方可确认收入。

(3) 收货方（买方）同意代表发货方（卖方）销售货物的寄售

收货方将商品出售给第三方时，发货方才可确认收入。

(4) 货到收款

卖方或其代理商已经交货并已收到现金时，即可确认收入。

3. 预收定金销售（Lay Away Sales）

在预收定金销售中，只有当买方在一系列分期付款中支付了最后一笔款项时商品才予发运。对于这种销售，应当在发运时确认收入。然而，当经验表明大多数这种销售可顺利完成，如果该商品已经完工、标明并可随时交付给买方，则在收到重大定金时，亦可确认收入。

4. 预收货款的订单（Order When Payment is Received）

预收货款的订单，是指货款（或部分货款）已经预先收取，但该商品目前不在库存存货中，例如，商品尚需制造或者将由第三方直接发运给客户。对于这种销售，应当在商品发运给买方时才予确认。

5. 出售回购协议（Sale and Repurchase Agreements）

出售回购协议（不包括套换交易），是指在销售产品的同时，卖方同意在日后再将同样的商品买回，或卖方具有对商品的买入期权，或买方具有要求卖方回购的卖出期权。对于资产（金融资产除外）的出售回购协议，应当对协议的条款进行分析以确定卖方是否在实质上将所有权上的风险和报酬转移给买方，从而确认收入。如果卖方保留了所有权上的风险和报酬，即使法定所有权已经转移，该交易只是一项融资安排，并不产生收入。对于金融资产的出售回购协议，应当按第39号国际会计准则《金融工具：确认与计量》的要求进行处理。

6. 对中间商的销售（Sales to Intermediate Parties）

对中间商如批发商、经销商或其他转销商的销售，通常在所有权上的风险和报酬已经转移时确认收入。但是，如果买方实质上扮演着代理商的角色，则此类销售应作为寄售处理。

7. 征订出版物或类似项目（Subscriptions to Publications and Similar Items）

如果涉及的项目在每个期间具有类似的价值，则应在这些项目发送的期限内按直线法确认收入。如果这些项目在不同期间的价值存在差异，则应按其发送项目的售价占所有征订项目的估计总售价的比例确认收入。

8. 分期收款销售（Installment Sales）

在分期收款销售中，价款分若干期收取。与售价有关的收入（不包括利息）应在销售日进行确认。售价是按推算利率对分期应收款进行折现所确定的价款现值。利息部分采用实际利率法在赚取时确认为收入。

9. 不动产销售（Real Estate Sales）

收入通常在法定所有权转移给买方时予以确认。然而，在某些司法管辖权范围内，在法定所有权转移之前，财产上的公平权益可能已赋予买方，因此，所有权上的风险和报酬在这一阶段就已经转移。在这种情况下，如果卖方在完成合同上不需要有进一步的实质性行动，则确认收入可能是恰当的。在任何一种情况下，如果在转移了公平权益和（或）法定所有权后，卖方有义务履行重大活动，则只有在履行了这些活动后方可确认收入。工程尚未完工的建筑物或其他设施就是一个例子。

在某些情况下，不动产的销售可能要求卖方具有某种程度上的继续介入，因而所有权上的风险和报酬并没有转移。这类情况的例子包括买入和卖出期权的出售回购协议、卖方保证在指定期间内占用不动产的协议、或保证在指定期间内给予买方一定的投资回报。在这种情况下，卖方继续介入的性质和程度决定着该交易应如何进行处理。它可能作为销售、融资、租赁或其他利润分享安排进行处理。如果作为销售处理，卖方的继续介入可能延迟收入的确认。

卖方还必须考虑付款方式以及买方承诺完成付款义务的证据。譬如，如果已收到的价款总额（包括买方的首期或后续付款）不足以提供买方将付清全部价款的证据，则收入只能按收到的款项进行确认。

二、提供劳务

1. 安装费（Installation Fees）

除非安装是销售产品的附带条件，否则安装费应按照安装的完工进度确认为收入。在安装是附带性的情况下，安装费应在销售商品时确认为收入。

2. 服务费（Serving Fees）

如果产品售价包括用于后续服务（如软件的售后服务和产品升级）的可辨认款项，则该款项应予以递延并在提供服务的期间确认为收入。递延的金额应足以弥补依据协议提供的服务成本，并为这些服务提供合理的利润。

3. 广告费（Advertising Commissions）

传播媒体的收费应在相关广告或电视节目向公众刊登或播出时确认为收入。广告制作费则根据该项目的完工进度确认为收入。

4. 保险代理佣金（Insurance Agency Commissions）

已收或应收但无需代理商提供进一步服务的保险代理佣金，应由代理商在有关保单开始生效或在续保开始日确认为收入。然而，若代理商很可能需要在保单生效期间提供进一步服务，则全部佣金或部分佣金应予递延并在保单生效期内确认为收入。

5. 金融服务费（Financial Service Fees）

金融服务费收入的确认取决于所收取费用的目的及相关金融工具的会计处理基础。对金融服务费的描述可能并不能说明所提供服务的性质和实质。因此，有必要将作为金融工具实际收益组成部分的服务费、因提供服务而赚取的服务费以及因实施重大行动而赚取的服务费区分开来。

（1）作为金融工具实际收益组成部分的服务费。这种服务费通常作为对实际收益的调整。但是，如果金融工具按公允价值计量并将公允价值的变动确认为利润或损失，则应在金融工具初始确认时，将这种服务费确认为收入。

① 企业收取的与金融资产（不包括按 IAS 39 划分为按公允价值计量并将其变动反映为利润或亏损的金融资产）的设立或取得有关的启动费。这些服务费可能包括：对借款人的财务状况进行评估的报酬、对评估和记录抵押、担保和其他保证安排的报酬、对洽谈金融工具的条款、编制和处理文件及结束交易等活动的报酬。这些服务费是继续介入最终形成的金融工具的成本组成部分，应与相关的直接成本一起递延作为实际收益率的调整。

② 企业收取的启动贷款（在 IAS 39 范围之外的贷款）的承诺费。企业很可能参与一向特定的贷款安排且贷款承诺超出了 IAS 39 号的范围，收取的承诺费被视为因获取金融工具而不断介入的报酬，它应当与相关的直接成本一起递延，作为实际利率的调整。如果承诺期满企业并没有发放贷款，则承诺费应在期满时确认为收入。

③ 企业收取的发行金融负债（按摊余成本计量）的启动费。这些服务费是参与该项金融负债的组成部分。如果金融负债未按公允价值计量且未将其变动反映为利润或损失，企业收取的这些启动费，连同已发生的交易成本，应包括在金融负债的初始账面余额，并确认为对实际利率的调整。企业应将那些属于金融负债实际利

率组成部分的启动费及成本与那些和提供服务（如投资管理服务）权利相关的启动费和交易成本区别开来。

(2) 因提供服务而赚取的服务费。

① 为提供贷款而收取的服务费。企业因提供贷款而收取的服务费应在提供服务时确认为收入。

② 启动贷款（贷款承诺超出 IAS 39 的范围）的承诺费。如果特定的贷款安排不大可能做出，且该项贷款承诺超出 IAS 39 的范围，则这种承诺费应按时间比例在承诺期内确认为收入。属于 IAS 39 范围内的贷款承诺，应作为衍生工具并按公允价值计量。

③ 投资管理费。因管理投资而收取的费用应在提供服务时确认为收入。

可直接归属于为获得管理合同而发生的递增成本，若可单独辨认、能够可靠计量且很有可能弥补，应确认为资产。正如 IAS 39 所规定的，递增成本是指倘若企业没有获得该项管理合同就不会发生的成本。确认的资产代表企业通过提供投资管理服务而受益的合同权利，并在企业确认相关收入时进行摊销。如果企业拥有一组投资管理合同，可以该组合为基础评估它们的可弥补性。

某些金融服务合同涉及到启动一项或多项金融工具并同时提供投资管理服务。与管理一组权益证券挂钩的长期月度储蓄合约，就是一个例子。合约的提供者应当将启动金融资产相关的交易成本与获得提供投资管理服务权利的成本区别开来。

(3) 因实施重大行动而赚取的服务费。

这种服务费应在重大行动已经完成时确认为收入，举例如下：

① 将股份分配给委托人而收取的佣金。收取的佣金应在将股份分配时确认为收入。

② 在借款人和投资者之间安排贷款的中介费。这种服务费应在贷款安排完毕时确认为收入。

③ 组织银团贷款的服务费。从事银团贷款安排但没有为自己保留任何贷款（或按与其他参与者具有类似风险确定的相同实际利率保留一部分贷款）的企业收取的费用，属于提供银团贷款的报酬。这种服务费应在银团贷款安排完毕时确认为收入。

6. 入场费（Admission Fees）

文艺演出、宴会和其他特定活动的收入，应在这些活动发生时确认。如果售出的订票涉及多项活动，则入场费应分摊到每项活动，分摊的基础应反映每项活动中的劳务提供程度。

7. 学费（Tuition Fees）

收入应在整个教学期间确认。

8. 发起、入会和会员费（Initiation，Entrance and Membership Fees）

收入确认取决于所提供服务的性质。如果收费只限于取得会籍，其他所有服务或产品都要求会员另行付费，或者要按年另行订购，则当其收回的可能性不存在重大不确定性时，这种收费应确认为收入。如果收费需在会籍期内向会员提供各种服务或出版物，或者允许会员以低于向非会员收取的价格购买商品或劳务，则该项收费应以反映受益的时间、性质和价值为基础确认。

9. 特许权费（Franchise Fees）

特许权费可能包括提供初始和后续服务、提供设备和其他有形资产以及专有技术的收费。相应地，特许权费应以反映该项收费的目的为基础确认为收入。对于特许权费，采用下列方法确认收入是恰当的：

（1）提供设备和其他有形资产。以出售资产的公允价值为基础的金额，应在交付资产或转移所有权时确认为收入。

（2）提供初始和后续服务。提供连续服务的收费，不论是初始收费的一部分，还是一项单独的收费，均在提供服务时确认为收入。如果单独的收费不足以弥补后续服务的成本加上合理的利润，则在初始收费中应留出足以弥补后续服务的成本加上合理利润的部分，予以递延并随着服务的提供确认为收入。

特许权协议可能规定特许人以低于向其他人收取的价格或以不能从这种销售中取得合理利润的价格，提供设备、存货或者其他有形资产。在这种情况下，初始收费中应留出足以弥补超过该价格的估计成本和在这种销售中提供合理利润大部分，予以递延并在商品可能售予受许人的期间确认为收入。初始服务费的余额应在完成所有初次服务和要求特许人履行的其他义务（如帮助选址、人员培训、融资和做广告）时，确认为收入。

在地区特许权协议中的初始服务费和其他义务可能是根据在该地区所设营业点的数目而定的。在这种情况下，归属于初始服务的收费应根据基本上已完成了初始服务的营业点数目，按比例确认为收入。

如果初始服务费需要延期收取，而且全额回收的可能性存在很大的不确定性，则该项收费应在收到分期现金付款时分别确认为收入。

（3）持续特许权费。对于协议允许持续使用的特许权，或因在协议期内提供其他服务而收取的服务费，应在提供服务或使用特许权时确认为收入。

（4）代理交易。这些交易可能发生在特许人与受许人之间，其实质上是特许人为受许人充当了特许权的代理人。例如，特许人可能不是为了赚取利润而代受许人订购供应品并安排送货。这种交易不产生收入。

10. 开发定制软件的收费（Fees From the Development of Customized Software）

开发定制软件的收费应根据开发的完工程度（包括售后服务的完成程度）确认为收入。

三、利息、特许使用费和股利

1. 许可证费和特许使用费（License Fees and Royalties）

他人使用企业的资产（如商标权、专利权、软件、音乐版权、唱片和电影）所支付的许可证费和特许使用费，通常根据协议的实质予以确认。事实上，这可能在协议生效期内（例如，当许可证持有人有权在指定时期内使用某种技术时），按直线法确认为收入。

对于一项固定收费的权利转让，或是根据一项不可撤销的合同规定不能退回的保证金的转让权利，并且允许许可证受让人自由使用那些权利，而许可证让予人不再具有应履行的余留义务，这样的权利转让实质上是销售。许可证让予人在交货后无需履行后续义务的软件使用许可协议就是一个例子。另一个例子是，许可证让予人对所允许的在市场上放映电影的权利，并对其发行商不再实施控制，也不期望从票房收入中获得更多的收入。在这种情况下，应在销售时确认收入。

在某些情况下，许可证费或特许使用费是否能收到，取决于某一未来事项是否发生。此情形下，只有当许可证费或特许使用费很有可能收到时（通常是在该事项发生时），才确认收入。

附录 2

朗讯财务舞弊案例剖析[①]

——收入舞弊手法之集大成

黄世忠　王建峰

一、欲盖弥彰，监管介入

2001 年 2 月 9 日《华尔街日报》披露，由于在财务报告中虚报了 6.79 亿美元的销售收入，朗讯科技公司（以下简称朗讯）涉嫌用财务报表误导投资者，美国证券交易委员会（SEC）已展开正式调查。

消息传出，朗讯的股票暴跌 10%，证券市场哗然。当日，朗讯股票以 15.36 美元收盘，逼近了 2000 年 12 月创下的 13.50 美元最低点。早在 2000 年底，市场上就

① 本附录节选自黄世忠、王建峰："从耀眼明星到蒙羞于世：朗讯财务舞弊案例剖析"，《财务与会计》，2006 年第 4 期。

盛传朗讯财务报表有水分。问题出在朗讯 2000 年会计年度（结束于 9 月 30 日）的财务报表上，SEC 怀疑朗讯虚列了 6.79 亿美元的营业收入。

SEC 介入此事之前，朗讯也进行了自查。而且，在其于 2000 年 12 月再次发布的财务报表中，从营业收入里悄悄地剔除了三项不应该计算在内的 6.79 亿美元收入。虽然朗讯偷偷地修改了报表，但还是被 SEC 觉察，并导致 SEC 强势介入调查。

经过两年的调查，SEC 并没有对朗讯做出处罚。朗讯表示已经与 SEC 达成协议，朗讯既没有承认，也没有否认舞弊行为，但表示在未来的商业活动中，支持反欺诈行动，积极约束员工遵守联邦证券法。朗讯逃过一劫，但其股价走势犹如自由落体运动，从财务丑闻曝光至 2003 年末下跌了 92%，投资者损失了超过 2 500 亿美元的股票市值。虽然 SEC 没有处罚朗讯，但对与财务舞弊有关的直接参与者和责任人并没有心慈手软，收集了充分证据后，2004 年 5 月 18 日，SEC 以证券舞弊罪起诉了朗讯 9 名管理人员及 WinStar 电信公司的一名管理人员。SEC 指控朗讯在 2000 会计年度编造假账，虚报销售收入 11.5 亿美元，夸大税前利润 4.7 亿美元。同一天，朗讯与 SEC 达成和解，为在这起案件中未能与政府调查人员充分合作支付 2 500 万美元的民事罚款。这是 SEC 因上市公司拒绝合作而课以的最大一笔罚款。

二、出身名门，蒙羞于世

朗讯的前身为美国电报电话公司（AT&T）的网络系统与技术部，1996 年 10 月 1 日从 AT&T 分拆出来，总部设在美国新泽西州茉莉山。作为全球通信网络领域的领导者之一，朗讯主要从事通讯设备的研发、制造、销售和服务，产品包括公用和专用网络、有线与无线通讯系统和软件、数据网络系统、网络产品、商用电话系统和微电子。大名鼎鼎的贝尔实验室在分拆中也并入朗讯。截止目前，该实验室共产生了 11 位诺贝尔奖获得者，晶体管、激光器、自动电话交换机、Unix 和分组交换机等当今信息产业的核心技术都源于贝尔实验室。

1991 年 3 月至 2001 年 3 月，在网络技术为代表的高科技带动下，美国经济经历了长达 10 年的高速增长。经济的强劲增长，带动了股票市场上的“非理性繁荣”。1996 年完成新股首次发行（IPO）后，由于互联网的兴起刺激了对网络设备的需求，朗讯的业绩突飞猛进，股价节节攀升，朗讯股票成为炙手可热的华尔街明星股，也是美国众多中产阶级家庭为子女教育和退休养老积蓄财富的投资工具。1999 年 12 月，郎讯股价超过 84 美元，到达历史高点。华尔街的热捧，公众的期盼却让朗讯背负了沉重的业绩预期和压力。

但好景不长，随着美国经济在新世纪初走入疲软和衰退，欣欣向荣的股市急转直下。2000 年 1 月，在连续 15 个季度的收入都低于华尔街的预期之后，朗讯在 2000 年第一季度报告了每股亏损 0.18 美元的糟糕业绩，销售收入也下降了 10 亿美元。许多在搭乘经济顺风车时被掩盖的问题在发展速度趋缓的情况下开始“显山露水”。在高速发展的时候往往呈现皆大欢喜的繁荣场面，而一旦速度慢下来，很多问题就会暴露无遗，矛盾就会激化。这时，管理层面临的压力最大。为了缓解压力，管理层甚至会铤而走险，干出做假账、编利润之类的勾当。朗讯就是在这样的背景下，不计后果地提前确认收入，甚至虚构收入，期望能填平与预期利润之间的沟壑。

三、舞弊手法，五花八门

（一）寅食卯粮，提前确认收入

1. 利用补充协议，隐瞒所售产品风险和报酬尚未转移的事实。所谓补充协议，指的是买卖双方在正常的商业购销合同之外另行订立补充协议，以对原先销售合同中的部分条款进行澄清或修改。一般而言补充协议应与原销售合同视为同一个整体。补充协议本质上只是一种商业手段，本身并不存在固有的缺陷。许多公司的管理者为了确保客户下定决心购货，通过补充协议变更或取消原合同条款，给予对方诸如自由退货权、信用优惠待遇。这些条款改变了原先购销活动的条件，所售货物上的风险和报酬是否转移可能因此存在重大不确定性。根据收入确认准则，在这些不确定性消除前，上市公司不得确认销售收入。问题在于，这些销售补充协议往往游离于上市公司的正常报告系统之外，它们一般由上市公司的高管与客户私下订立，根本没有得到披露或没有得到完全的披露。这是明显的舞弊行为。

朗讯的两位高管熟练地利用补充协议导演了收入操纵的游戏。

李娜·阿卫萨诺（Nina Aversano）1998—2000 年担任朗讯北美地区销售网络的总裁。列斯李·多恩（Leslie Dorn）1998 年 11 月—2000 年 12 月担任负责对北美分销商进行销售的副总裁，直接对阿卫萨诺负责。两人的精明之处在于，尽量利用口头承诺的方式达成补充协议，以免留下把柄。

1999 年初，朗讯的一个重要分销商 Anixter 公司试图以载波通讯产品销售为突破口，帮助朗讯把直接销售模式（将产品直接出售给最终用户）转化为间接销售模式（通过分销商将产品销售给最终用户）。载波通讯产品由诸如通讯接线器和光通讯产品等精细设备组成，这些设备通常为一位最终用户特别制造，并且不经过重大修改不易卖给其他客户。

Anixter 公司一位高级经理告诉阿卫萨诺，朗讯需要为转向间接销售模式提供重要帮助。阿卫萨诺向他保证，即使转向间接销售模式不成功，Anixter 公司也不会因为取得这些货物而承担最终的财务责任。为了刺激销售，阿卫萨诺还告诉这位高级经理，若销售没有达到预期，朗讯将用最终客户可能需要的其他产品替换 Anixter 公司所购产品，或者为 Anixter 公司寻找其他客户购买朗讯的产品。更有甚者，阿卫萨诺还承诺，如果 Anixer 公司最终未能找到客户，朗讯将取回产品。在许多场合，多恩也向 Anixter 公司的经理做出类似的承诺。自此以后，两位总裁多次利用口头补充协议，做成几宗大单生意。

第四季度销售：2000 会计年度第四季度即将结束的 9 月末，朗讯将 1.1 亿美元的产品出售给 Anixter 公司，这是它在 1999 和 2000 会计年度通过这家分销商出售给世通公司 3.5 亿美元产品的一部分。

对于这笔交易，一位 Anixter 的高级经理告诉阿卫萨诺和多恩，假如朗讯不保证必要时改装这些产品以出售给世通之外的客户，或者可以退货，Anixter 公司承接这批产品的风险太大。在多恩面前，阿卫萨诺向这位高级经理保证这不是个问题，朗讯不会让 Anixter 公司吃亏。且在 2000 年 6 月，朗讯将价值 1.22 亿美元的产品出售给 Anixter 公司，这也是准备转售给世通公司的。为了安抚 Anixter 公司，阿卫萨诺给予相似的承诺。在第四季度销售谈判中，Anixter 公司的一位高级经理曾要求阿卫萨诺把退货权明确写入合同。阿卫萨诺不同意，只是一再口头承诺，假如世通公司不买这些产品，朗讯将准许 Anixter 公司退货。

虽然阿卫萨诺不愿意把退货权写入合同，为了明确第四季度的销售条件，她于 2000 年 9 月 29 日写了谅解函给 Anixter 公司。信函中说，若六个月后 Anixter 公司没有卖掉设备，它有权退货。朗讯的首席会计师看到谅解函的草稿，认为信函中的一些条款从收入确认的角度看是不允许的，明确地告诉阿卫萨诺不能做出这样的承诺。朗讯的首席会计师高度关注谅解函中这些有悖于收入确认原则的条款，后来特意询问阿卫萨诺谅解函是否为完整协议的组成部分，是否还有其他承诺。但阿卫萨诺隐瞒了所做的口头承诺。

2000 年 10 月 12 日，阿卫萨诺故意签发一封 2000 年第四季度管理者报告函，谎称她负责的范围里不存在（1）要回购或接受客户，包括分销商退货的协议；(2) 除了正常的担保责任外，卖给客户，包括分销商的存货不存在其他未来的履约责任。阿卫萨诺知道朗讯的审计师将依靠这一严重失实的报告函评价朗讯 2000 年第四会计季度的财务报表。

向 Anixter 公司销售光学设备：2000 会计年度的第一季度末，朗讯向 Anixter 公司销售价值 3 800 万美元的光学设备。多恩告知 Anixter 公司的多位经理，这些设备随时可以退回，并明确声称这是阿卫萨诺的授权。由于 Anixter 公司最终不能卖掉这些设备的大部分，朗讯不得不向 Anixter 公司支付持有费，直到 2000 年 9 月最终退回。

卖给 Anixter 公司并准备转售给 ICG 通讯公司的销售：这笔销售价值 8 900 万美元，多恩在阿卫萨诺的授意下，向 Anixter 公司的经理保证不会让 Anixter 公司在这笔交易中受损，若卖不掉，有权退货。此外，多恩同意向 Anixter 公司提供持有费以补偿因超过预期销售时间而持有设备，补偿因此未收回的应收账款余额。朗讯最终同意对 ICG 的未收回应收款提前赎回补偿 4 600 万美元。

卖给 Graybar 电气公司的准备转售给西部公司的销售：Graybar 电气公司也是朗讯的一个重要分销商。2000 会计年度的第一至第三季度，朗讯将 2.5 亿美元拟最终销售给西部公司的产品卖给 Graybar 电气公司。多恩对 Graybar 电器公司的经理做出如下承诺：Graybar 账上的朗讯产品将在 2000 年 12 月 31 日前出售；如果不能出售给西部公司，朗讯将重新配置产品，并安排把它们卖给其他地方的贝尔电话公司；Graybar 不会从交易中受损。墨菲定律再次应验，最糟的情形总是最可能发生。Graybar 电气公司 2000 会计年度的第二和第三季度从朗讯购买的几乎所有产品在 2000 年 12 月都被退回。

在 2000 会计年度，朗讯在与 Anixter 公司和 Graybar 电气公司这两位重要分销商的交易中共有 3.52 亿美元的产品在 2000 年 12 月被退回，导致 2000 会计年度的税前收益被高估了 7%。

2. 利用“开票持有”，提前确认收入。在一些销售活动中，卖方已经依据买方发出的订单备齐买方所需要的全部货物并等待发运，但买方却因为仓储容量受限或分销渠道不通畅等原因无法及时地接收存货。这时买方可以与卖方协商推迟发运时间，进行所谓的“开票持有销售”，即卖方将买方所需货物与卖方的其他货物进行分离、单独管理，等待买方发出发运指示。但是在这一过程中，所有与该批存货相关的风险和报酬必须全部由买方承担。若开票持有销售成立，卖方可以在货物已经发运（或服务已经提供）之前确认销售收入的实现。由于开票持有销售从形式上有违 SEC 第 101 号会计公报（SAB 101）提出的收入确认四原则中的第二个条件——货物已经发出或服务已经提供，因此 SAB 101 特地规定，只有七个条件同时得到满足，卖方方可在货物未发运时确认收入的实现。

2000 年 3 月，环球电信（Global Crossing）公司同意在月底前向朗讯购买 5 800 万美元的光学网络设备——这是朗讯 2000 会计年度的第二季度结束日。然而，朗讯没有把设备发运给环球电信公司，而是同意将付款期限延至设备安装到环球电信公司网络中后，并将这些设备存放在自己的仓库。

SAB 101 的七个条件中，其中一个条件是必须由买方主动要求交易以开票持有为基础，卖方不得诱导买方采用开票持有销售的方式。在与环球电信的交易中，作为卖方的朗讯，主动要求开票并持有。进一步地说，朗讯放宽常规的开票条件，允许环球电信公司在把设备装入其网络时才支付价款。这显然与 SAB 101 的规定相互抵触。由于缺乏有效的内部控制，朗讯在不满足开票持有交易确认条件下，在 2000 年 3 月 31 日的季度报告中确认了 5 800 万美元的收入。

3. 在一揽子产品服务尚未完全提供下，提前确认收入。2000 年 9 月，忠诚通讯公司同意向朗讯购买价值 2 800 万美元的连接硬件和软件。在 9 月 29 日，该公司致函给朗讯确认收到硬件，但没有确认收到软件和硬件安装。根据这封信，朗讯在结束于 2000 年 9 月 30 日的那个季度，确认了 2 800 万美元的收入。

这一交易应当按美国注册会计师协会（AICPA）1997 年发布的第二号声明《软件收入确认》（SOP97—2）进行会计处理，因为这笔交易既包括软件销售，也包括硬件销售和安装服务。SOP97—2 规定，在多种业务捆绑销售的一揽子安排中，若其中某些业务尚未被接受或履行，且没有明确证据表明卖方能够对一揽子安排中各项业务的公允价值进行确定，则不得对一揽子销售安排确认收入，朗讯对忠诚通讯公司的这一交易就属于这样的情形。

朗讯 2000 年 9 月确认收入时，它既没有收到软件和安装服务的接受证明，也未能提供有关软件和安装服务公允价值的明确客观证据。根据 SOP97—2，朗讯尚未完成确认收入所必须履行的所有业务，它应当将收入递延确认，直至一揽子销售安排的所有业务已经完成。

4．在退货存在重大不确定的情况下，提前确认收入。2000 会计年度第二季度，朗讯将价值 9 000 万美元的设备出售给朗讯技术上海公司，并全额确认收入。为了开拓中国这一新兴市场，朗讯的光学网络分部负责中国区业务的副总裁在一封附加信里授权买方有不受限的退货权。显然，这批所售产品的上风险和报酬是否转移存在着重大不确定性。根据公认会计原则，在这些不确定性消除前，不得确认收入。

由于缺乏足够的内部控制，朗讯的财务部门没有发现到朗讯技术上海公司被授予这一退货权。因此，朗讯在 2000 会计年度第二季度，违反公认会计原则的规定，确认了 9 000 万美元的收入和 600 万美元的经营利润。这些错误的金额包含在朗讯结束于 2000 年 3 月 31 日的第二季度报告。这一交易在第四季度被冲回，因此没有包含在 2000 年 10 月 23 日未审计财务报表中。

5．在销售款不确定的情况下，提前确认收入。1999 年夏天，朗讯和 AT&T 无线服务公司（AWS）开始谈判一项新的业务模型，称为语音路径定价（VPP）。传统的模式是 AWS 向朗讯按组成电信网络的各个单一设备付款。现在 AWS 将按每一语音路径付款，即对每一个在终端网络处理的数据/语音连接付费。

双方预期 VPP 在 2000 年 4 月 1 日生效，但实际上新合同直到 2000 年 8 月才生效。虽然 VPP 协议尚处于谈判阶段，朗讯负责 AT&T 业务单元的总裁卡特（Carter）授权下属与 AWS 的人员达成口头协议。通过口头协议，朗讯和 AWS 同意 2000 年 4 月 1 日至协议最终达成期间购买的产品可以追溯使用 VPP。作为补充协议的一部分，一旦 VPP 协议最后达成，VPP 和传统产品定价之间的价差通过提供信用“纠正”程序进行调整。实际上，双方同意 VPP 在 2000 年 4 月 1 日开始。

在这期间，朗讯向 AWS 提供网络交换设备，按传统定价方法总值 5 300 万美元。而实际上这批设备没有购货订单，因此在朗讯内部报告里反映为已装运但未开票的存货。而且朗讯为此项交易提供全额赊销。为了确认这笔收入，卡特指示下属从 AWS 取得购货订单。在朗讯 2000 会计年度的第三季度末，AWS 提供一份购货订单，明确地表明朗讯将对发票金额提供一部分的商业折扣，AWS 最后按 VPP 价格付款。

2000 年 6 月 30 日，即朗讯 2000 会计年度的第三季度末，这一连接设备按传统定价开票，在货款可回收性存在不确定性的情况下，确认了 5 300 万美元的收入。卡特知道这是违反公认会计原则的，但却想办法误导朗讯的首席会计师，隐瞒了与 AWS 达成的附加协议及相关内容。

根据公认会计原则的规定，朗讯确认的收入必须是可实现（Realizable）和已赚得（Earned）的。可实现意味着销售款的可收回性必须得到合理保证。而且，尽管连接设备的法律权利已转移，但朗讯要确认收入，前提条件是 AWS 最终支付的价格要么固定，要么是可确定的。而上述附加协议导致的结果是 AWS 最终支付的价格既不固定也不可确定。而且，朗讯并不期望能收到 5 300 万美元，因为双方同意 AWS 将从这 5 300 万美元交易中获得一部分商业折扣。可见，在与 AWS 的交易中，销售款不能合理地确定。这项舞弊行为导致朗讯高估税前收益 5 300 万美元，占第三季度报告收益的 13%。

（二）大胆“开源”，虚构经营收入

1. 精心策划不符合商业逻辑的交易，虚构经营收入。2000 年 9 月，朗讯紧急服务提供部的副总裁帕兰克特（Plunkett）在销售人员哈里斯（Harris）和皮特瑞尼（Petrini）的协助下，与 Winstar 软件公司的阿克曼（Ackerman）达成销售 1.35 亿美元软件的一揽子交易。软件一揽子协议允许 Winstar 软件公司在 2001 年 9 月 29 日前选定软件，且允许朗讯在 2000 年 9 月 30 日会计年度终了确认 1.35 亿美元的收入。在双方同意给予这笔交易 1 000 万美元的商业折扣后，朗讯在 2000 会计年度确认 1.25 亿美元的收入。这项交易对朗讯特别重要，因为该笔收入不存在任何需要配比的费用。

实际上，Winstar 软件公司并不需要购买这么多的软件。2000 年 9 月在对软件销售一揽子协议进行谈判时，阿克曼明确告诉帕兰克特，Winstar 软件公司只需要其中的 2 500 万美元软件。如果购买超过 2 500 万美元的软件，朗讯需要给 Winstar 软件公司更多的回报。为了应对来自朗讯高层的收入确认压力，帕兰克特与阿克曼在口头上达成了附加协议：Winstar 软件公司支付 1.35 亿美元向朗讯购买软件，但必须通过合同条款提高 Winstar 软件公司所应得到的回报。这些回报的形式包括给 Winstar 软件公司 3 500 万美元的商业折扣用于将来向朗讯购买软件，4 500 万美元的商业信用用于支付 Winstar 软件公司网络集成实验室的成本，对 Winstar 软件公司购买用于网络中心的设备给予价格优惠。

2000 年 9 月 29 日，在双方签署软件一揽子协议前，阿克曼提出朗讯应当将上述口头附加协议书面化，帕兰克特答应照办。此时，他们俩都知道一揽子协议和附加协议是单一交易的组成部分。

为了确保朗讯的会计人员不至于从 1.25 亿美元的收入中扣除附加协议所承担

责任的金额，帕兰克特指示皮特瑞尼起草三封信并推迟签署日期，这些信试图证明附加协议的签署日期是 10 月，而不是 9 月。推迟签署日期旨在制造一种表象，附加协议是在 2000 年 9 月 30 日后达成的，与软件销售一揽子协议无关。

阿克曼在 2000 年 9 月 29 日收到这三封推迟签署日期的信，知道它们没有准确地反映软件销售一揽子协议。尽管如此，阿克曼仍同意帕兰克特推迟签署日期。阿克曼还同意在购买用于网络中心的设备实行优惠价格的信件上联署。他把信件签署日期推迟到 2000 年 10 月 20 日，并在 2000 年 9 月 29 日寄回给帕兰克特。

哈里斯清楚地了解 Winstar 软件公司并不需要 1.35 亿美元的软件，因此它要求得到更多的回报以换取这笔交易付诸实施。在软件销售一揽子协议谈判中，皮特瑞尼和哈里斯也知道朗讯提供了附加协议，因此一揽子协议和附加协议都是该笔交易不可或缺的组成部分。

2000 年 10 月 4 日，朗讯的一位会计主管向哈里斯和皮特瑞尼发送了电子邮件，询问朗讯除了给予 1 000 万美元的商业折扣外，是否还给予 Winstar 软件公司其他形式的折扣或商业刺激。尽管知道附加协议的存在以及对 Winstar 软件公司做出让步的真实性质，哈里斯和皮特瑞尼却没有向这位会计主管披露真实的信息。

通过隐瞒三项信用和折扣，朗讯在 2000 会计年度第四季度，违反公认会计原则的规定确认了 1.25 亿美元的收入，占该季度税前收益的 26%，占当年税前收益的 4%。这项舞弊之所以得逞，在于销售人员和客户里应外合，串通欺骗朗讯的会计人员。

2. 隐瞒信用与折扣情况，虚增营业收入。2000 年 9 月 30 日，朗讯和南方贝尔通讯公司达成软件一揽子协议，称为 LOA105，要求南方贝尔在 2001 年 4 月 1 日支付 9 500 万美元向朗讯购买软件。为了诱使南方贝尔同意购买这些软件，朗讯负责对南方贝尔销售业务的副总裁贝瑞腾（Bratten）同意给予南方贝尔 2 000 万美元的信用和 100 万美元的价格折扣，但却向朗讯的会计主管隐瞒了这些附加的销售条件。

除了没有披露上述信用和折扣，贝瑞腾 2000 年 10 月 10 日致函给南方贝尔，谎称信用和折扣是在当天授予的而非在 9 月 30 日。信函由埃利奥特（Elliot）起草，他是朗讯负责与南方贝尔进行合同安排的高级经理，不仅参与全程的谈判，而且知道贝瑞腾诱使南方贝尔同意 LOA105 协议而在 9 月同意提供信用和折扣。

当朗讯的会计人员包括首席会计师询问有关信用授予和价格折扣时，贝瑞腾和埃利奥特声称所提供的信用和折扣与 LOA105 协议无关，直至朗讯已经把收入包括在财务报表里呈报给 SEC 后，他们才向首席会计师承认这些信用和折扣确实是 LOA105 协议的组成部分，导致朗讯在 2000 会计年度记录 9 500 万美元的收入（朗讯本该只确认 7 400 万美元的收入）。由于将 2 000 万美元的信用和 100 万美元的折扣确认为收入，致使朗讯当年的税前收益被虚增了 4%。

思考题

1. 天津环球磁卡股份有限公司（600800）（天津磁卡）2000年年报披露，其控股子公司海南海卡有限公司（海卡公司）将委托他人开发的两项pos机技术协议转让给另三家公司，收取技术转让费5 500万元，扣除委托开发成本230万元，形成营业毛利5 270万元。经查，海卡公司与受托开发方签订的委托开发合同规定，海卡公司除需支付全部开发经费和报酬外，还需支付约定的“技术转让费”后，方可对研究开发成果享有完全的使用权和转让权，但截至年报审计报告日，海卡公司尚欠79万元开发及转让费未付清。海卡公司在尚未享有pos机技术完全使用权和转让权的情况下，向三公司转让使用权，并将所收取的费用确认为收入，提前确认收入5 500万元，提前确认成本230万元，虚增利润5 270万元。

请对其2000年财务报表进行分析，并找出该公司收入异常的预警信号。

2. 财政部驻辽宁省财政监察专员办事处检查组对黎明股份1999年会计信息进行了质量抽查，结果发现该公司1999年度对外公布的会计信息严重失真。其中，公司资产虚增8 996万元，主营业务收入虚增1.5277亿元，利润总额虚增8 679万元。其经营业绩90%以上是人为编造虚构盘算出来的。黎明股份使用的造假手法主要有以下几类：

(1) 虚开产品销售发票，捏造销售收入。为了捏造收入，黎明股份虚构了大量的销售业务和销售对象，并不惜以付出真税款作为代价。譬如该公司的营销中心虚拟了两个销售对象：沈阳红尊公司、宜昌盛泰服饰公司，在1999年6月和12月份多次对这两个假对象开出增值税发票进行“销售”，虚增主营业务收入2 269万元，虚增利润1 039万元。对应资产负债表，应收账款凭空增加1 748万元，坏账准备、预提费用、应交税金分别多出105万元、174万元和224万元，内部往来虚减206万元。

(2) 利用有关出口货物的优惠政策，虚增收入。利用出口货物企业可以自制销售发票的条件，黎明股份大量虚拟外销业务，以达到虚增收入的目的。例如，1999年6月该公司所属的进出口公司通过这种方式虚增主营业务收入582万元，虚增主营业务成本519万元虚增利润63万元，相应虚增应收账款582万元虚减存货519万元。

(3) 人为扩大企业销售业务的核算范围，虚增收入。为了把收入做大，黎明股份将本不属于销售产品的业务收入纳为销售收入核算。例如在长达两年的时间里，黎明进出口公司擅自将本应在委托发出材料核算的外委加工服装业务，通过与被委托方对开发票的形式，进行销售核算，虚增销售收入888万元。与银广夏类似，黎明股份也采用了一条龙的造假手段——假订单、假购销合同、假货物出库单、假货物保管账、假成本计算单等一应俱全。而且全部采取假账真算的办法，根据假的原始凭证，认认真真进行会计核算，着实让人叹为观止。

请对该公司 1999 年财务报表进行分析，并找出该公司收入异常的预警信号。

3. 大连北大科技（集团）股份有限公司（600878）2001 年年报称，公司“技术服务收入 3 760 万元，占公司营业收入的 43.28%，纺织品销售加工收入3 991.79 万元，占公司营业收入的 47.99%。”经中国证监会稽查，发现北大科技通过虚构合同履行的方式，虚构取得技术服务收入 3 760 万元，虚构取得纺织品加工收入 3 063 万元，虚增利润 3 662 万元。

请对该公司 2001 年财务报表进行分析，并找出该公司收入异常的预警信号。

4. 吉林吉诺尔股份有限公司（000669）1996 年为了上市，虚开价值达 2 620 万元的冰箱销售发票，发票日期大都开列在 1996 年 1—6 月，虚增利润达到上市目的，实际上这些冰箱并未离开过吉诺尔的仓库大门。而后在 1996 年 12 月至 1997 年 12 月间开具红字发票冲销这些虚假收入。

请对该公司 1996 年财务报表进行分析，并找出该公司收入异常的预警信号。

5. 江西洪都航空工业股份有限公司（600136）在其 2005 年年报中披露其飞机建造的收入确认会计政策为：(1) 如果建造合同的结果能够可靠地估计，根据完工百分比法在资产负债表日确认合同收入和费用；(2) 如果合同预计总成本将超过合同预计总收入，将预计损失立即确认为当期费用。2005 年度飞机销售实现收入 5.7 亿元，销售成本 4.44 亿元。请问，如果其收入确认分别只用完工百分比法和合同完成法，对企业的财务状况和经营成果有何重大影响？如果你是洪都公司的 CFO，你同意他们的会计政策吗？为什么？

本章主要参考文献

1. 财政部：《企业会计准则》，经济科学出版社 2006 年版。

2. 陈守德：“收入确认若干问题研究”，厦门大学博士学位论文打印稿，2003 年。

3. 葛家澍：《中级财务会计》，辽宁人民出版社 2000 年版。

4. 黄世忠：“收入操纵的九大陷阱及其防范对策（上）”，《中国注册会计师》2004 年第 2 期。

5. 黄世忠：“收入操纵的九大陷阱及其防范对策（下）”，《中国注册会计师》2004 年第 3 期。

6. 黄世忠主编：《会计数字游戏：美国十大财务舞弊案例剖析》，中国财政经济出版社 2003 年版。

7. 佩普、希利、伯纳德著，孔宁宁、丁志杰译：《运用财务报表分析进行企业分析和估价》，中信出版社2004年版。

8. IASB. International Financial Reporting Standards. Internatioanl Accounting Standards Committee Foundation. 2006.

9. Charles W. Mulford, Eugene E. Comiskey. The Financial Numbers Game—Detecting Creative Accounting Practices. John Wiley & Sons, Inc.. 2002.

10. Palepu, Healy, and Bernard. Business Analysis & Valuation: Using Financial Statements. Second Edition. South – Western College Publishing. 2000.

第八章　成本和费用分析

在上一章中，我们介绍了收入项目的分析方法，在本章中，我们将介绍与收入项目相辅相成的成本和费用项目的分析方法。企业在经营过程中，为了获得收入，就必然会发生各类支出，但是企业的一项支出在当期并非全部形成费用或成本。遵循配比原则，如果支出为企业带来的收益仅限于当期，这些支出就全部转化为当期的费用；反之，如果支出能为企业带来超过一年的多期收益，则这项支出将资本化为企业的资产成本，并在该资产的有效使用年限内逐期转化为各期的费用。①

在成本和费用的会计处理方面同样存在诸多难题,例如,某些费用(如巨额广告支出)能够在未来多个期间为企业带来收益,但收益期的长短以及具体收益大小难以衡量,此时应资本化该项费用抑或直接计入当期损益？按照权责发生制,某些费用(如退休福利)的实际承担期在前,但是以后支付的时间与金额难以确定,对此类费用如何处理？股票期权费用以及利用资产减值损失“洗大澡”也是长期以来报表使用者的关注焦点。因此在本章着重讨论上述成本和费用分析的热点难点问题。

第一节　成本和费用的确认与计量

本节主要介绍成本和费用的内涵（定义），以及确认标准问题。同时指出，稳

---

① 当然，并非所有的支出都会转化为费用或成本，如偿债性支出和分配性支出。支出、费用和成本的关系可以用下图表示：

- 支出
  - 偿债性支出
  - 分配性支出（如股利）
  - 资本性支出
    - 以后期间耗费 ┐ 资本性支出 ┐ 资产成本（与“因承担债务而取得资产”合为资产成本）
    - 本期耗费 ┐ 费用
  - 收益性支出 ┐ 费用
  - 因承担负债而发生的费用 ┐ 费用

（图示：因承担债务而取得资产、资本性支出 → 资产成本；本期耗费、收益性支出、因承担负债而发生的费用 → 费用）

该图引自葛家澍：《中级财务会计学》（下），中国人民大学出版社 2004 年版，第 96 页。

健主义是个相对的概念，当期会计信息的稳健往往意味着以后期间会计信息的不稳健。另外，成本和费用的错误分类也有可能误导报表使用者。

一、成本和费用概述

（一）成本和费用的定义

美国财务会计准则委员会（FASB）在概念框架的研究中，认为费用是：“一个主体在某一期间由于销售或生产货物，或从事构成该主体不断进行主要经营活动的其他业务而发生的现金流出或其他资产的耗用或债务的承担（或兼而有之）。”

根据这一定义，企业不断进行的主要经营活动所发生的耗费，构成费用。反之，非主要经营活动的耗费或资源的牺牲，则不构成费用，而被称之为损失(losses)。因此，按照 FASB 的观点，费用和损失是一个平行的概念。

国际会计准则委员会（IASB）在《编报财务报表的框架》里，对费用作了如下描述：

“费用是指会计期间经济利益的减少，其形式表现为资产流出、资产折耗或负债的承担而引起所有者权益的减少，但不包括与所有者分配有关的类似事项。”这一定义没有区分主要经营活动和非主要经营活动，所有导致企业经济利益减少的交易或事项，无论来自主要经营活动，还是非主要经营活动，都被列为费用。因此，按照 IASB 的观点，损失是包含在费用之中的。

从上面的定义可以看出，费用从性质上说，是企业资源的减少，最终会减少所有者权益。

成本是一个很容易与费用发生混淆的概念，从成本这个概念使用的历史轨迹上看，成本甚至一度与费用概念混淆使用。① 到目前为止，没有一个公认的成本定义，不同的组织或学者对成本的界定存在很大的分歧。如著名会计学家佩顿和利特尔顿在《公司会计准则绪论》中认为，成本是所接受商品、服务或者拟发行证券的交易价格，而相关的交易是在独立的各方之间进行的。美国会计程序委员会在1957年的《会计术语公报》中认为，“成本”包括“所支出的现金、所转让的其他财产、所发行的股票、所履行的服务或所承担的债务”。美国财务会计准则委员会在第 1 号概念公告中认为，成本是经济活动中发生的牺牲，即为了消费、储蓄、交换、生产等所放弃的。上述概念界定均不是很明确，且彼此之间存在较大差异，这

① 葛家澍：《中级财务会计学》（下），中国人民大学出版社 2004 年版，第 95 页。

导致了成本概念在实际使用时较为混乱。就目前来看，成本一般是同资产相联系的。① 成本概念用在资产上，有广义和狭义之分。广义的成本是指取得的资产的代价，如取得固定资产的代价就是固定资产的成本，购买原材料的代价就是原材料的成本，生产产品所花费的代价就是产品成本，如此等等。当资产在本期全部或部分被耗用时，相关的成本就转化为费用。狭义的成本是指企业为生产产品而发生的各种耗费，即狭义的成本仅指制造业的产品制造成本。

在我国会计界，费用和成本是两个并行使用的概念。其中，费用主要是一定期间所发生的全部收益性支出（资本性支出记为资产的成本）；而成本是按一定对象归集的支出，它包括收益性支出，也包括资本性支出，前者形成产品的成本，后者形成资产的成本。在我国会计实务中，如不特别指明，一般所说的成本就是指与收入相配合的产品成本，也就是狭义的成本概念。而本章中所使用的成本主要是广义的成本概念，读者应注意区分。

（二）成本和费用的分类及对报表分析的含义

最近十几年来，投资者对损益表的关注目光已经从底线的净利润项目，转移到其间的小计项目，如主营业务利润、营业利润等。相对净利润项目，投资者认为营业利润项目是反映企业管理当局是否有效地经营企业的一个重要的指标。另外，借助对利润各个构成项目的分析，投资者也可以合理评价企业利润的持续性。实际上，人们在利用损益表数字进行财务分析时，不再仅仅关注企业当期的盈利能力，而是更侧重于考察企业的盈利质量，包括未来一段时间的盈利能力。报表使用者分析偏好上的变化，促使企业管理当局更为重视利润构成状况。相应地，粉饰损益结构有时也成为盈余管理的对象之一。损益表主要是由收入和费用两大类项目构成的，对收入结构进行粉饰已经在上一章中详细介绍了，本部分将通过两个案例向读者展示某些企业如何通过对费用项目的“张冠李戴”来误导报表使用者。

[案例分析：IBM 篡改收益结构②]

1999 年，IBM 宣布的业绩状况相当地出色。在这一年前九个月，其收入增长了 12%，达到 634 亿美元；营业利润激增 53%，达到 89 亿美元。不过，营业利润的高速增长主因是营业费用的大幅度下降（约十几亿美元）。IBM 的 CEO 郭士纳称赞“强有力的费用控制”为第三季度的盈利提供强劲动力，并且有理由相信良好业绩将接踵而至。IBM 的股价因这一利好消息刺激，触底反弹，把前一段下跌的股价给

① 当然，成本有时也可以用在负债和所有者权益上，如债券或股票的发行价格被称为债券或股票的成本。

② Mulford, C. W., Comiskey, E. E.. The financial Numbers Game. John Wiley & Sons, Inc. 2002.

拉了回来。

但是，分析 IBM 财务报表附注发现，IBM 对一次性利得的会计处理存在问题。在第二和第三季度期间，IBM 把全球网络业务卖给 AT&T，这一交易为 IBM 赚取了 40 亿美元的利得。但是在会计处理上，IBM 把这一利得作为销售、一般和管理费用的抵减项目处理。这样做的后果是直接导致当期报告的成本和费用大幅下降，营业利润大幅上升。实际上，自 1994 年以来，IBM 一直把一次性利得或损失记录在销售、一般和管理费用中，把它们归类为“一般”费用。

由于没有独立的线上项目反映类似一次性项目，IBM 对此类交易的会计处理对报表使用者具有一定的迷惑性。它通过混淆一般费用和利得的划分，把不可持续的一次性利得，伪装成可持续的营业利润（以削减营业费用的方式拉升营业利润），从而误导使用者。

[案例分析：AIG 公司将保险业务损失“改造”成投资损失①]

全球最大的保险公司美国国际集团（American International Group，Inc. 以下简称为 AIG）在 1995 年左右开始涉足汽车保证险（auto warranty insurance），但却遭遇了“滑铁卢”，1999 年该业务导致了 2.1 亿美元的损失。由于担心这一失败影响投资者对 AIG 核心保险业务能力的怀疑，AIG 公司的 CEO 格林伯格和 CFO 史密斯决定将这一敏感的保险业务亏损“改头换面”为投资者相对较为忽视的投资业务亏损。2000 年 4 月 20 日的一份秘密备忘录勾勒出了格林伯格和史密斯的“如意算盘”：首先成立一个海外再保险子公司，并由其对 AIG 所持有的汽车保证险保单进行再保险，然后 AIG 将通过一系列交易出售该子公司，并确认投资损失。当保险损失实际发生时，AIG 将可以获得全额的再保险赔偿，因此实际损失将由这家海外再保险子公司承担，而此时该子公司已不在 AIG 的报表合并范围，从而可以避免在 AIG 的合并报表中披露这一巨额保险业务损失。

为了规避法律、监管和税收方面的限制，该计划的具体实施需要较为复杂的结构安排。首先必须寻找一个合适的海外“壳公司”。恰好当时与 AIG 保持长期业务往来的保险公司西部通用保险（Westernal General Insurance）正计划出售其海外子公司——CAPCO 再保险公司，双方一拍即合。西部通用保险公司随即将 CAPCO 几乎所有的业务和资金转出，从而使之成为符合 AIG 要求的“壳公司”，然后由 AIG 的海外子公司 AIRCO 出资 1.7 亿美元购买 CAPCO 的无投票权股份。但是，AIG 不能“光明正大”地显示出对 CAPCO 的实际控制权，否则 CAPCO 就必须进入报表合并范围，那么 AIG 的如意算盘就会落空，因此 AIG 必须寻找一个“替身”作为名义控制人。在总部位于瑞士的 AIG 私人银行（AIG Private Bank Ltd.）的帮助下，AIG 选

① 引自黄世忠、连竑彬：“AIG 公司舞弊案例分析”，工作论文，2006 年。

出了三名合适的海外消极投资者，并资助这三名“投资者”出资 1 900 万美元购买 CAPCO 的有投票权股份，成为 CAPCO 的名义控制人。通过上述安排完成对 CAPCO 的暗中操控后，AIG 开始将保险业务损失转移至 CAPCO，为此，AIG 设计了一份使 CAPCO“稳赔不赚”的再保险合同，由 CAPCO 对 AIG 已发生的 2.1 亿美元汽车保证险损失提供再保险，而这笔风险如此之高的再保险业务收费却仅为 2 000 万美元。根据这份风险收益显失公平的再保险合同，CAPCO 不断向 AIG 支付到期的汽车保证险理赔损失，到了 2001 年底，CAPCO 几乎赔光了所有的资产，仅剩空壳的 CAPCO 对 AIG 而言已经失去了利用价值，最终 AIG 以 6 800 万美元向 CAPCO 回售所持有股份，相应确认了巨额投资损失。值得注意的是，AIG 和三名“投资者”共向 CAPCO 注资约 1.9 亿美元，而其设计的再保险合同恰好能通过 CAPCO 获得 1.9 亿美元的净赔偿额，由此可见 AIG 只是通过复杂的资金周转游戏将保险业务损失转移给了投资者看不见的表外实体，从而将敏感的保险业务损失改造为较为隐蔽的投资损失。

二、成本和费用的确认

（一）成本和费用的确认原则与标准

如前所述，企业在生产经营中的支出有些构成本期费用，有些计入资产成本并在随后会计期间内摊销。那么，究竟如何区分支出的费用化或资本化？这就涉及到成本和费用的确认原则。总体而言，成本和费用的确认应当遵循划分收益性支出与资本性支出原则、配比原则和稳健原则。

1. 划分收益性支出与资本性支出原则。按照该原则，如果某项支出的效益能够持续到未来几个会计期间，那么该项支出就属于资本性支出，并应予资本化；如果某项支出的效益仅体现在当期，则该项支出就属于收益性支出，应在当期确认为费用。比如购买固定资产的支出，由于固定资产的使用期限超过 1 年，因此相应的支出应资本化为固定资产的成本，并在随后各期计提折旧费用；又如企业为销售产品而发生的运输费用，该支出只对本期收入有用，因此属于收益性支出，应计入当期费用。

划分收益性支出与资本性支出原则为成本和费用的确认给定了一个时间上的总体界限。正确区分收益性支出和资本性支出，保证了正确地计量资产的成本和正确地计算各会计期间的损益。

2. 配比原则。配比原则是指费用应当与其相联系的收入相配比，当与费用相联系的收入已经实现时，就应当确认相应的费用。配比原则实际上是权责发生制原则在费用确认时的具体运用，也就是当与某项费用相联系的收入已经实现时，企业就具有承担某项费用的义务。

根据配比原则，费用是在与其相联系的收入已经实现时确认，而不是现金支出发生时确认，因此费用的确认时间和现金支出时间就有可能不一致。通过收入费用的配比，财务报表使用者可以合理地评估企业管理当局的经营效率到底如何。为了能够符合配比原则，在会计实务中，资本性支出的会计处理通常分为两步：首先把资本性支出记为资产成本，代表企业拥有的服务潜力或未来的经济利益；其次，把这些资产成本加以摊销，计入各期费用，以确认这一期间由于取得收入所耗费的资产。这样的配比程序对正确计量不同期间的经营成果是十分重要的。

3. 稳健性原则。稳健性原则是会计对经营环境中不确定性因素所作出的一种反应，它要求对收入、费用或损失的确认持谨慎态度，凡是可能的费用和损失应予以充分估计，而对可能的收入或利得尽量少记或不记。计提各类资产减值损失就是运用稳健性原则的典型例子。

根据上述原则，我们可以将费用分为三类：（1）与当期收入存在因果关系的资源耗费，例如企业销售出去的产品是直接与当期营业收入相联系的，那么该销售产品的成本就随同本期实现的销售收入而作为该期的费用；（2）与收入不存在明确因果关系的资源的成本在资源被耗用的期间记为费用，例如管理费用、财务费用等；（3）在资源预期的未来收益下降时，将其价值减损记为费用。

（二）配比原则与稳健性原则相对论

配比原则和稳健性原则从出发点来看基本上是一致的，都是旨在提高会计确认、计量和报告的质量，使财务报表能够客观真实地反映企业的收益情况。但这两个原则并非总是协调一致的，存在着一些相互背离的地方。典型的例子如研发支出的会计处理问题，由于研发支出带来的收益能够持续未来的许多会计期间内，因此，根据配比原则，研发支出应当予以资本化，并在未来各受益期内逐步摊销，从而与所带来的收入增加相配比；但由于研发活动具有较大的不确定性，往往难以估计某项研发活动能否为企业带来未来收益，因此，根据稳健性原则，将研发支出计入当期费用似乎也是合理的[①]。可见，对一些会计事项在处理方法的选择上遵循了稳健原则的思想往往就淡漠了配比原则的精神；反之，符合了配比原则的要求却会违背稳健原则的宗旨。

既然稳健性原则和配比原则可能存在潜在的冲突，那么我们就需要一定的标准以便在二者之间进行权衡，可能的参考标准包括：（1）重要性原则。重要的会计事项应谨慎对待，仔细斟酌，非重要的会计事项可适当忽略。应根据对会计报告系统影响的大小来选择稳健性原则或配比性原则；（2）成本效益原则。会计环境经常变化，要做到准确的配比不仅需要技术的完善，还需要一定的时间成本和人力成本，

① 在下一节中我们将对研发支出进行进一步分析。

因此有必要将其所花的成本与效益进行权衡；（3）企业经营性质。不同经营性质的企业在选择上有所不同。经营风险较高的企业，应该更关注稳健原则，注意风险的防范。

此外，我们还需注意配比原则与稳健原则有可能成为某些企业进行财务造假的“挡箭牌”。比如管理当局可以以配比原则为借口，将以计入当期费用的支出资本化，从而实现虚增当期利润的目的，典型的例子如厦新电子股份有限公司将 1997 年和 1998 年近亿元的广告费用资本化，以及重庆渝港钛白粉股份有限公司 1997 年将 8 064 万元的利息费用计入工程成本，这两家公司最后都被注册会计师出具了非标准审计意见，均属于滥用配比原则。同样，稳健原则也存在被滥用的可能。会计处理上的稳健和激进只是同一事物的两个方面而已，过度的稳健也是一种激进，当期会计处理过度稳健，往往意味着下一会计期间的会计处理的激进。例如，臭名昭著的“洗大澡”行为往往就是以稳健原则为幌子的，典型的例子如美国在线时代华纳 2002 年以稳健原则为名计提了 989 亿美元的商誉减值准备，这意味着从 2003 年起每年将减少 39.56 亿美元（平均摊销年限 25 年）的商誉摊销，相应地，每年将增加相同金额的利润。

第二节　成本和费用分析的难点热点问题

对成本和费用的确认和计量面临四类挑战，它们分别是：耗费的资源能够在多个期间提供经济利益；资源已耗费，但在未来付款的时间和金额具有不确定性；已耗费资源的价值难以计量；未使用资源的价值下降。对这些成本和费用的确认和计量往往依赖于管理当局的估计和判断。相对于企业外部相关者，管理当局对资源耗费的情况拥有较为明显的信息优势，但是作为可能的机会主义者，管理当局并不一定根据其所掌握的信息对成本和费用进行恰当的确认和计量。同时，由于现行会计信息系统的固有局限，对某些支出的会计处理方法难免存在较大的争议。这些局限性使得财务报表中的成本和费用数据未必能够如实地反映出企业的资源耗费情况，因此有必要进行成本和费用分析。

一、在多个期间产生经济利益的支出确认问题

企业的许多经济资源能够在若干年里为企业创造经济利益，例如厂房设备等固定资产、研究开发支出、广告支出等，那么如何在多个受益期内分摊这些资源的成本呢？是否在这些会计期间平摊这些成本？还是在发生此类经济业务时，按稳健性

原则立即确认为当期的费用？按照配比原则的要求，如果这些资源的成本与未来的收入存在清楚的因果关系，或是可以合理地确定因果关系，那么应当将成本在这些经济资源预期能够产生经济利益的年限里进行摊销。相反地，如果这样的因果关系不清楚，或是高度不确定，资源成本应当在当期全部确认为一项费用。

（一）固定资产折旧

固定资产的有效使用寿命长达数年（例如个人计算机），甚至数十年（例如房屋建筑物）。毫无疑问，它们可以在这些期间帮助企业创造未来的经济利益。因此，我们可以认为这些资源的耗费与未来的经济利益之间的因果关系能够合理地确定。根据配比原则，将外购或自行构建的固定资产支出资本化为固定资产成本，并在固定资产使用期内逐步摊销为各期的折旧费用，这是通用的会计处理方法。

但是，这些固定资产的成本如何与未来的经济利益进行匹配，也就是如何能够合理地对固定资产成本进行摊销，却使我们面临着很大的挑战。公认会计原则要求管理当局对这些资产的使用寿命以及终了净残值进行估计。然后利用这些估计，在固定资产使用寿命期内将其成本进行系统性的摊销。

固定资产的使用寿命和最终的净残值不仅由其物理损耗所决定，而且由其技术进步所决定。管理当局对这两种情况的估计要依赖企业的经营战略，以及先前的使用、维护和转卖类似资产的经验。因此，不同的经营战略、不同的业绩压力等众多因素均会对管理当局对固定资产使用寿命和净残值的估计产生影响，进而对各期间应分摊的折旧费产生影响。

[案例分析：达美航空公司和新加坡航空公司不同的折旧政策[①]]

1998 年，美国的达美航空公司（Delta Air lines）和新加坡航空公司的年报分别显示：前者的飞机折旧年限为 25 年，飞机预计残值为 5%，而后者的飞机折旧年限为 10 年，飞机预计残值为 20%。不同的会计估计部分地反映了两家航空公司经营战略的差异。达美航空公司的目标市场是对价格比较敏感的低收入乘客，票价是主要竞争手段，飞行舒适度、航班准时率居于次要地位。新加坡航空公司的目标市场是对安全舒适、航班准时率比较敏感的中高收入乘客，票价是居于次要地位。因此，两家航空公司对它们的飞机遵循不同的运营策略。达美航空公司选择较长的飞机折旧年限，从而可以降低年折旧费用，但是要付出保养费用增加和不够高的航班及时到达率的代价。而新加坡航空公司定期更换老机型以保持相对新的机队。这样就减少了因飞机保养问题而导致的飞行延误的风险，保证公司的航班有很高的及时

---

① 本案例选自：Palepu、Healy 和 Bernard：《利用财务报表进行商务分析与评估》（第 2 版），中信出版社 2002 年版，第 7 章 3—4 页。

到达率。两种不同的运营策略就会体现在两家公司的折旧政策选择之中。当然，还有其他的因素影响两家公司管理当局的估计判断，比如达美航空公司是百分百由公众持有的上市公司，因而面临很大的业绩压力；相反地，新加坡航空公司主要股东是新加坡政府，所面临的业绩压力相对较小。

除固定资产使用期限及其净残值外，固定资产的折旧方法也会对各期间的折旧费用造成重大影响。按照公认会计原则，企业的固定资产折旧可以选择直线折旧法、加速折旧法和工作量法。企业在具体选择哪种折旧方法时仍然需要依靠管理当局的判断。即使对固定资产使用期限和净残值的估计相同，如果采用不同的折旧方法，那么固定资产成本在各期间的摊销也会存在重大差异。一般而言，加速折旧法在资产使用的前期所摊销的折旧费用要高于直线折旧法，而在资产使用的后期所摊销的折旧费用要低于直线折旧法。

由上分析可见，由于计提折旧过程中折旧年限、净残值和折旧方法均存在较大不确定性，因此，各会计期间的折旧费可能难以完全以资产在当期所带来的收益相匹配，而且管理当局的会计政策选择也可能扭曲各期的折旧费分布。

（二）商誉和无形资产摊销

由于商誉和无形资产所提供经济利益的不确定性，这些项目的账面金额往往不能全面反映企业商誉和无形资产的经济价值和潜力，同样，商誉和无形资产的摊销问题也存在较大争议，因为商誉和无形资产的摊销往往不能真实反映其价值的减损。

随着企业间并购活动的日益频繁，并购所产生的商誉摊销问题也愈发尖锐。当企业并购另外一家企业并使用购买法来核算兼并业务时，往往会因为购买价和被收购企业可辨认资产的公允价值之间的差异而记录巨额商誉。商誉代表被收购企业未来赚取超额收益的能力，支付差价就表示收购企业对商誉价值的评估。商誉的来源可能包括品牌名称、研究开发、良好的客户源、优良的管理、训练有素的员工、专利以及其他能带来超额收益的资源。

并购商誉和未来收入之间的因果关系并不如固定资产那么明显，而且为商誉支付的价款可能仅仅是收购方在收购企业时多付的价款，而非代表收购方对商誉支付的对价。由于这些不确定因素，各国准则制定者所规定的商誉摊销政策也存在较大差异。例如，在荷兰，商誉摊销并不冲减收益，而是在并购日冲减股东权益；日本要求在5年期限内按直线法摊销商誉，而德国要求的摊销期限是4年；在英国，商誉确认为一项资产，不进行摊销，但要进行商誉减值测试；美国原先要求按不超过40年的期限摊销商誉，但是2002年FASB颁布的SFAS No.12《商誉和其他无形资产》不再要求摊销，改为进行商誉减值测试。

无论采取何种摊销政策，均需要对对商誉的经济寿命或预期价值进行估计，而恰当的估计取决于许多因素：首先，有赖于收购方管理当局对目标企业商誉和无形资产的进行正确定价的能力，这样才能避免并购价差是由于定价错误而非商誉的存在；其次，有赖于收购方管理当局有能力整合被收购企业而不破坏所收购的商誉和无形资产，例如优良的管理、现存的客户或关键员工；最后，有赖于合并后新企业的战略以及战略执行能力，而这可能使被收购企业的商誉和无形资产增值，也可能毁掉其价值。

[案例分析：美国在线时代华纳巨亏的症结[①]]

正如在第五章里所讨论的，2000 年 1 月 10 日，美国在线（AOL）宣布以换股的方式，通过向时代华纳公司的股东发行价值相当于 1 470 亿美元的股票，扣除掉时代华纳公司账面资产的公允价值后形成 1 100 亿美元的商誉，加上原有的商誉，新公司美国在线时代华纳公司（AOLTW Inc.）商誉总额突破 1 300 亿美元。这些天文数字般的商誉成了公司沉重的包袱。2001 年末，摊销了 67 亿美元后，商誉的摊余价值还剩下 1 274.24 亿美元。如此巨大的商誉使美国在线时代华纳公司雪上加霜。2001 年 AOLTW 公司亏损 49.21 亿美元。2002 年，根据 SFAS No.142 的规定，AOLTW 公司对商誉进行减值测试，分别在第一和第四季度计提了 442 亿美元和 447 亿美元的商誉减值准备，总额高达 989 亿美元，使得 2002 年亏损总额达到创纪录的 986.96 亿美元。1999—2002 年，AOLTW 经营收入和经营利润的对比如下（前一数字是营业收入，后一数字是净利润，单位：亿美元）：(312.07,29.75)，(362.13，-43.7)，(382.34，-49.21)，(410.96，-986.96)。尽管 AOLTW 公司 2002 年和 2001 年的合并收入分别比 2000 年增加了 48.52 亿美元和 20.21 亿美元，但节节下降的净利润却使其颓势凸显。

在计提了 989 亿美元的商誉减值准备后，AOLTW 公司的商誉摊余价值还有 369.86 亿美元，占资产总额的 32%，商誉和无形资产占资产总额高达 70.32%，相当于有形资产的 2.55 倍。假如没有计提 989 亿美元的商誉减值准备，商誉和无形资产占资产总额的比例高达 84.02%。

AOLTW 公司在 2002 年计提如此巨额商誉减值准备，有利用会计准则的变化进行巨额冲销的嫌疑。实际上 AOLTW 公司在其财务报告里坦承，根据 SFAS No. 142 会计准则的规定计提了商誉减值准备，并停止对商誉和没有明确使用的无形资产进行摊销后，“折旧和摊销”费用每年减少 70 亿美元。通过 2002 年洗了个 989 亿美元的大澡后，AOLTW 公司甩掉沉重的历史包袱，为以后年度盈利腾出空间。2003 年 4 月底，AOLTW 宣布 2003 年实现盈利近 4 亿美元，与 2002 年第一季度的 543 亿美元亏损形成天壤之别。

---

① 黄世忠：《会计数字游戏：美国十大财务舞弊案例剖析》，中国财政经济出版社 2003 年版。

[案例分析："奇圣胶囊"魔法①]

通化金马1999—2002年的经营业绩经历了翻天覆地的变化。2000年的销售收入和净利润分别达到50 419万元和24 191万元，与1999年相比，增幅分别为177%和297%。然而，2001年通化金马的经营业绩却发生了"变脸"，销售收入锐减至10 043万元，净利润跌至-58 412万元。2002年，通化金马"起死回生"，销售收入增至16 099万元，实现了净利润1 642万元。

通化金马的经营业绩在2000年达到历史最高水平，主要原因是在2000年9月该公司以31 800万元向ZHC公司购买了"奇圣胶囊"的全部生产及经销权。然而，好景不长。2001年，通化金马的经营业绩跌入了低谷，其主要原因一是"奇圣胶囊"的销售收入锐减，且2000年销售的2.77亿元"奇圣胶囊"中有近一半发生了"退货"（实际上是2000年确认了虚假的销售），二是该公司在2001年末对"奇圣胶囊"的摊余价值28 090万元全额计提了减值准备。到了2002年，通化金马成功地"扭亏为盈"，实现了1 642万元的净利润。扭亏的秘笈在于：2001年对"奇圣胶囊"全额计提减值准备，使2002年"节省"了3 180万元的无形资产摊销费。剔除这一因素，通化金马2002年实际上亏损了1 538万元。正是因为通过滥用无形资产减值准备，通化金马避免了连续两年亏损，逃脱了被"特别处理"的命运。

那么，"奇圣胶囊"到底价值几何？通化金马公司的年度报告显示，"奇圣胶囊"转让之前在张恒春公司的账面上的余额为1 245万元，2000年6月通化金马和张恒春公司聘请一家知名评估事务所对"奇圣胶囊"的评估结果为44 300万元，评估增值高达3 458%，2000年9月，通化金马与张恒春公司达成的转让价格为31 800万元（相当于评估值的72%），2000年和2001年这项无形资产的摊余价值分别为31 270万元和零。不到两年的时间，"奇圣胶囊"的价值发生如此天翻地覆的变化，足见收益现值法的"魔力"之大，通化金马"善用"无形资产减值准备更是令人叹为观止！

（三）研究开发支出

研究开发的支出可能为公司在未来创造更多的价值。根据配比原则，研发支出理论上应当在研发出来的新产品带来的收入被确认的期间里费用化。但是，研究开发又是一项高度不确定的活动，人们往往难以预料某项研发活动能否成功，以及成功后能否为公司带来收入的增加。因此，出于稳健性的考虑，将研究开发支出在当期费用化也不无道理。在配比原则和稳健原则的权衡下，目前世界各国的会计准则一般对研发支出采取费用化或有条件资本化的会计处理方法。

---

① 黄世忠："巨额冲销与信号发送"，《会计研究》2002年第8期，第20页。

费用化模式的主要代表是美国《财务会计准则公告第2号——研究与开发支出的会计处理》，该公告指出，为研究与开发而发生的支出均应作为费用计入当期损益。[①] 其主要理由有三点：（1）从研发支出中获得的未来收益具有高度不确定性；（2）现在的研发支出与未来的收入之间的因果关系没有得到证实；（3）研发支出产生的收益无法得到客观计量。[②] 因此，按照谨慎性原则，研发支出应当计入当期损益。这种会计处理方法较为简单，既不考虑资本化金额，也不考虑摊销期，更不用考虑如何摊销。

有条件的资本化模式的主要代表是国际会计准则委员会颁布的国际会计准则第38号。该准则将研究与开发分别定义，同时指出，研究活动是一个初步性的分析和调查阶段，未来是否会带来经济利益很难确定，应将其支出费用化；开发活动是将技术或计划用于实践之中，具有实质性的改进，其所能带来的未来经济利益是比较确定的，应将其资本化。

我国在新会计准则出台以前，对研发费用的会计处理采用与美国相同的方法，即将其全部计入当期损益。研发费用在发生当期直接予以费用化，等到研发成功后按法律程序申请取得无形资产，再依法将取得时发生的注册费、聘请律师费等中介费用资本化，并在一定期限内进行摊销。在2006年颁布的新《无形资产》准则中，对研究开发费用的会计处理进行了修订：企业内部研究开发项目的支出，应当区分研究阶段支出与开发阶段支出，分别按本准则规定处理。研究费用依然是费用化处理；进入开发程序后，对开发过程中的费用如果符合相关条件[③]，就可以资本化。

由上分析可见，对研发支出的会计处理有可能导致财务报表中无法反映出某些对企业很有价值的无形资产。比如宝丽来公司花费大量研发支出进行即时成像技术的开发，但这些支出全部被费用化了，其1991年报显示“专利权”价值仅为1美元。然而，在同一份年报的附注中，我们可以发现在当年的一起诉讼案中，宝丽来公司起诉柯达公司侵犯了其即时成像技术的专利权，最终柯达公司赔偿了9.245亿

---

① 在美国也存在一些研发支出资本化的例外情况。比如从其他公司购买的已完成的研发项目，其使用特性在目前的研究开发项目之外，应当资本化，并在其有效年限内进行摊销。而对于购买的处于开发中的研究开发项目，如果也是如此，其购买支出应当资本化。还有一种情况是，对于出售、出租以及以其他方式上市的计算机软件开发成本，一旦技术可行性得到确认，就应当予以资本化。

② 实证研究的结果并不支持FASB的观点。比如Sougiannis（1994）的研究指出，研发支出每增加1美元就会导致七年中利润累计增加2美元，同时导致市场价值平均增加5美元。该研究证明了研发支出和未来收益是存在一定联系的。

③ 这些条件包括：（1）从技术上来讲，完成该无形资产以使其能够使用或出售具有可行性；（2）具有完成该无形资产并使用或出售的意图；（3）无形资产产生未来经济利益的方式，包括能够证明运用该无形资产生产的产品存在市场或无形资产自身存在市场；无形资产将在内部使用时，应当证明其有用性；（4）有足够的技术、财务资源和其他资源支持，以完成该无形资产的开发，并有能力使用或出售该无形资产；（5）归属于该无形资产开发阶段的支出能够可靠计量。

美元。由该例可见，宝丽来公司的研发活动是非常有价值的，但这些研发支出在发生当期就被费用化了，因此财务报表使用者无法判断出这些研发活动的真实价值。在高科技行业中，这种现象可能非常普遍，报表分析人员应当注意到研发能力可能是一个企业的核心成功要素，并对其未来的业绩产生至关重要的影响。

[案例分析：大唐电信研发费用的争议]

大唐电信科技股份公司（600198）是由电信科学技术研究院为主要发起人发起并设立的一家高科技上市公司，主要经营电子通讯设备、微电子器件、光电缆的技术开发和产品生产及销售等业务。作为高科技企业，大唐电信每年都要提取销售收入的10%作为研发经费。研发人员占员工总数的41%，而通过资本市场募集的十几个亿资金也主要投在研发项目上。最为引人注目的是，大唐电信的兄弟公司大唐移动股份有限公司拥有3G移动通讯标准TD－SCDMA，并继续从事第三代移动通信技术的纵深研究。一旦TD－SCDMA成为未来中国的3G标准之一，出于大唐在TD－SCDMA的地位，大唐电信的子公司，设计生产TD－SCDMA芯片的大唐微电子将成为手机产商极为重要的芯片供应商，这是大唐电信所期望的。但是，高报酬通常意味着高风险，先期的高额研究开发支出，漫长的研究开发周期，并不明朗的市场前景，给大唐电信的经营活动带来很大的不确定性。

2001年，大唐电信在2001年半年报中承认，将募集的资金投入研究开发支出列入"长期待摊费用"、"在建工程"中有误，对这一会计差错进行追溯调整，导致2000年净利润被高估了10 849万元。更正这一"会计差错"后，2000年的净利润由17 844万元锐减至6 995万元。换言之，2000年的实际利润仅为对外报告数的39.2%。1998年、1999年、2000年三年的管理费用调整前平均为1.1亿元，而经过追溯调整后，2001年和"调整后"的2000年管理费用平均上升至2.4亿元，其中增加的管理费用1亿多。研究开发支出费用化还是资本化？在大唐电信，我们都可以找到支持这两种观点的理由。大唐电信自主研发的大容量数字程控交换系列产品已陆续承建全国30余省骨干网的重点工程项目，其中大容量程控交换机SP30机是我国通信网上新增容量选用的主导机型之一，目前使用国产机超过万门以上的市话局有2/3左右都使用SP30交换机。公司的研究开发支出为企业带来近十年的增长，为公司从小企业发展成为资产规模超过50亿、年销售收入达到20亿水平做出重要贡献。从会计的角度来说，应当资本化确认为一项资产，因为这项研究开发项目为企业创造了未来经济利益。然而2002年开始的巨额亏损，除了因为三项费用大幅增长和传统交换机业务萎缩之外，一些业内人士和投资者认为像大唐的光通讯产品和无线产品在设计上存在缺陷而造成销售停滞不前，也是一个重要因素。因此在这些产品上的研究开发支出似乎应当费用化，计入当期损益。

从上述案例可以看出，研究开发支出无论是费用化还是资本化都有其合理的一面和不合理的一面，因此财务报表很难完全如实地反映出研发活动对当期的损益以及以后各会计期间损益的影响。因此，在这种情形下，财务报表分析人员应当借助其他的信息来源来评估企业的研究能力和成功的概率，例如企业专利的数量及其增长速度等。目前许多准则制定机构也意识到了这个问题，它们试图通过完善相关信息披露来帮助报表使用者，例如美国公认会计原则（GAAP）要求将已经费用化了的全部研究与开发支出分别予以披露，报表分析人员可以运用这些信息披露来重新估计如果 GAAP 允许研发支出全额资本化时的资产和各期摊销金额。

此外，我们还应当关注并购过程中的研发支出问题。当购买一家有较强研发能力的公司时，通常可以同时获得该公司还在进行当中的研究开发项目。因此，并购价款中有一部分是用来购买这一进行中研究开发项目。如果不知道所获得的研究开发项目将来是否有新的用途，最适当的会计处理是费用化。然而一些公司乘此机会将并购价中尽可能多的部分分配到这些进行中研究开发项目来，尽可能将并购支出费用化，从而减少账面上商誉的金额。因为如果商誉账面价值比较大，在将来计提减值准备时对以后各期的利润将造成较大的负面影响。而将这些金额转移到购买进行中研究开发支出，在并购当期一次性费用化，就减少了未来的商誉摊销金额，对未来利润的影响。而且相比较将支出算在商誉头上，将支出算在研究开发项目上具有暗示外人公司以后有更多的战略机会和未来高的回报的功能，这听上去美妙一些。

[案例分析：思科公司的并购魔术①]

思科公司将并购作为增长战略的重要组成部分。在并购目标是技术企业的情况下，我们经常在思科的损益表里看到购买的进行中研究开发项目支出。例如，在其结束于每年 7 月 31 日的 1997—1999 年会计年度，思科公司分别在其损益表里报告了购买的进行中研究开发项目费用为 5.08 亿美元、5.94 亿美元和 4.71 亿美元。而在同期，其自身内部的研究开发费用分别是 7.02 亿美元、10.26 亿美元和 15.94 亿美元。

在其 1999 年年报里，思科公司披露其购买进行中研究开发支出的会计政策为：

通过使用高科技通信行业里常用的估价技术，思科公司来确定有多少金额分配到购买的研究开发项目。同时将这些支出费用化，因为公司在购买时并不知道它们的技术可行性和未来使用前景如何。

思科公司依据什么主观判断确定有多少比例的并购价款划到进行中研究开发项目而不是其他包括商誉在内并购的资产？上述会计政策概略地反映了思科公司的判

---

① Charles W. Mulford, Eugene E. Comiskey. The Financial Numbers Game—Detecting Creative Accounting Practices. John Wiley & Sons, Inc. 2002.

断依据。

根据思科公司1999年年报的披露，1999年思科公司并购活动中并购价格和进行中研究开发支出的金额比较列示如下：

表 8-1　思科公司并购价与进行中研究开发支出比较　(单位：百万美元)

被并购公司	并购价格	并购日期	购买的研究开发支出	比例
1999 会计年度				
美国互联网公司	58	1998年10月	41	70.69%
Summa Four 公司	129	1998年11月	64	49.61%
Clarity 无线公司	153	1998年11月	94	61.44%
Selsius 系统公司	134	1998年11月	92	68.66%
PipeLinks 公司	118	1998年12月	99	83.90%
Amteva 技术公司	159	1999年6月	81	50.94%

通过这张表我们很清楚地看出每一笔并购价款中研究开发支出的比例均占据主要部分，在1999会计年度，进行中研究开发支出占并购价款的比例平均为63%，而1997年和1998年更是达到令人惊讶的86%。

在上述案例中，思科公司通过将并购价款大量分配于研发支出，避免确认巨额商誉，从而减少未来的商誉摊销，这实际上也是一种洗大澡行为。美国证券交易委员会（SEC）前主席阿瑟·利维特将类似于思科公司的做法戏称为“合并魔术”(Merger Magic)。

（四）广告促销支出

广告支出在财务报告上面临的挑战更甚于研究开发支出。目前，会计界对广告支出的处理持有三种不同的观点：第一种观点是将广告费作为期间费用，直接计入当期损益；第二种观点是将广告费作为无形资产，予以资本化；第三种观点是将广告费作为待摊费用或长期待摊费用，在受益期内分期摊销。正像前面所讨论的可口可乐公司的例子，通过大量的广告宣传，公司可以在未来许多期间内获得长期稳定的超额利润。但是，由于产品定价、促销、竞争策略、产品生命周期等众多因素都会对企业未来的收入造成显著影响，我们很难搞清楚当期广告支出和未来的业务收入之间存在怎样的明确关系，同时也无法明确广告的受益期的长短。在这种情况下，根据稳健性原则，各国会计准则一般要求广告支出在发生当期予以费用化。在目前企业界日益重视广告宣传作用的情况下，广告支出在企业经营费用中的比例越来越高，财务报表分析人员应当充分关注这些广告支出对企业未来经营业绩的影响，特别是在进行前景分析的时候。

[案例分析：Windows 95 的广告宣传战①]

1995 年，微软花费 2.2 亿美元为 Window 95 的推出作广告宣传，这场广告活动对 Windows 95 的成功起的作用难以估计。由于微软在软件业里的统治地位，在 1995 年 8 月 24 日 Windows 第一次广告宣传开始前，就引起公众的极大兴趣。根据《华尔街日报》统计，1995 年 7 月 1 日至 8 月 24 日（第一则广告播出日）期间，关于 Window 95 的报道包括：3 000 个头条、6 852 个故事、300 万字介绍。Window 95 推出的第一周，微软发起一系列促销活动。在多伦多电视塔挂了一条 600 英尺长的微软旗帜，在纽约帝国大厦点燃了象征微软标识的灯光，在伦敦免费赠送 150 份刊登 Window 95 广告的《伦敦时报》。

在上述案例中，2.2 亿美元的广告宣传支出显然在 Window 95 的成功销售中发挥了重要作用，甚至可以通过提升微软公司的企业形象使得微软的其他产品销售也从中获益。但是，我们很难准确评估该广告活动带来的长期效果，因为除广告战略以外的许多其他因素可能影响广告活动的效果，如公司自身的定价和促销决策；竞争对手对公司定价、促销和广告活动的反应；公司相对于竞争对手的市场地位；产品的生命周期；宏观经济环境等。考虑到量化上述因素的影响并明确广告支出与未来收入之间的因果关系很困难，将这些广告支出作为当期的期间费用或许是合理的，但合格的财务报表分析人员必须意识到这些广告费用的受益期并不仅仅在当期。

[案例分析：厦新电子广告支出引发的争议]

厦新电子是最早在我国证券市场和学术界引发关于广告支出是予以资本化还是费用化争议的上市公司。1998 年中期财务报告显示，厦新电子 1998 年 1—6 月实现的净利润为 7 870 万元，比 1997 年同期增长了 258%。然而，伴随着净利润大幅增长的是长期待摊费用中广告支出的“突飞猛进”，如表 8－2 所示：

表 8－2　厦新电子广告支出变动表　（单位：万元）

	年初数	本期增加	本期摊销	期末数
长期待摊费用——广告费	3 828.68	6 080.47	1 102.07	8 807.08

该公司对广告费的会计政策说明为：“集中发生的大额广告费按 3 年摊销”。

厦新电子 1998 年的中期报告公布在证券市场引起广泛的质疑，监管部门和很

① 本案例选自：Palep、Healy 和 Bernard：《利用财务报表进行商务分析与评估》第 2 版，中信出版社 2002 年版，第 7 章 6—7 页。

多投资者认为这是典型的盈余管理，违反会计规定。但厦新电子的管理层和少数投资者认为这种处理方法符合“配比原则”，因为该公司在中央电视台上所做的广告，不仅使当年的促销活动受益，也使以后年度受益。

厦新电子将巨额广告支出资本化，并分3年摊销的会计处理方法显然违反了会计规定。尽管以配比原则进行辩护在理论上似有一定的说服力，但广告支出到底能使该公司的销售活动在多大程度上受益、在多少个会计年度受益充满着不确定性，因为广告支出与销售收入的因果关系难以判断和量化。鉴此，国内外的会计惯例[①]要求企业将广告支出作为发生当年的费用。

或许是意识到了将如此巨额的广告费挂在长期待摊科目上并不合规，厦新电子同年8月27日发表公告称：“公司决定……修订与控股公司——厦新电子有限公司签订的《注册商标使用许可合同》，规定自1998年7月1日起，由“厦新”、“Amoisonic”等商标拥有者厦新电子有限公司承担有关商标广告宣传费用，本公司只负责产品销售的广告费用并计入当前费用；自1998年7月1日起，公司与中央电视台所签订的广告合同转由厦新电子有限公司负责履行”。通过一纸公告，厦新电子将广告费推给母公司，至于母公司怎么摊销处理这笔广告费，厦新电子就不必操心了。

值得注意的是，厦新电子通过将广告费剥离到其母公司账上来支撑其盈利的作法正是我们在第二章提出的、并在多处指出和反对“剥离和模拟”方法。这一方法背离了会计主体假设和配比原则。厦新电子的收入，是其全体员工努力的成果，包括广告费在内的全部费用是为此付出的努力，两者比较后的净结果是全体员工努力的净成果。如果什么都可以剥离，为什么不把厦新电子的所有费用都剥离？那样，厦新电子要体现优良业绩岂不是更容易，但这样的业绩有什么意义呢？“剥离和模拟”危害甚大！

（五）财务报表分析中值得深究的问题

由上分析可见，对于那些能够在多个期间产生经济利益的支出项目，存在着诸如应予当期费用化还是资本化、资本化后如何摊销等问题。对这些问题的解答有时候需要依靠管理当局的判断（如固定资产的净残值），有时候由会计准则统一规定（如广告支出的费用化）。无论何种情况，对这些支出的会计处理并不总是能够反映其经济实质，因此财务报表分析人员应当根据不同公司的具体情况加以分析，以区

---

① 2001年颁布的《企业会计制度》规定，企业为扩大其产品或劳务的影响而在各种媒体上作广告宣传所发生的广告费，应于相关广告见诸媒体时，作为期间费用，直接计入当期营业费用，不得预提和待摊。如果有确凿证据表明企业实际支付的广告费，其相对应的有关广告服务将在未来几个会计年度内获得，则本期实际支付的广告费应作为预付账款，在接受广告服务的各会计年度内，按照双方合同或协议约定的各期接受广告服务的比例分期计入损益。

分能从这些支出中得到多期收益的公司和那些不能从中得到多期收益的公司。下面的问题有助于财务报表分析人员做出恰当的判断：

1. 对于能够在多个期间为企业带来经济利益的资源耗费，管理当局在分摊成本和费用时做了哪些假设？这些假设与企业的经营战略是否吻合？这些假设与行业惯例是否保持一致？若存在重大差异，有哪些因素可以解释？

2. 企业是否改变折旧和摊销政策？理由是否充分？是否有利润操纵嫌疑？

3. 是否有证据（如出售或处置资产经常获得巨额利得、不断注销资产或计提巨额减值准备）表明企业在过去系统地高估或低估经营性资产的折旧和摊销？

4. 当期支出予以资本化的项目，可望带来的经济利益能否可靠计量？是否因利润压力不惜代价进行企业并购（如巨额商誉）？

5. 如果会计准则要求将无形资产支出作为期间费用（如 R&D、广告等），这些支出对当期和未来期间的损益有何影响？

二、时间和金额难以确定的支出确认问题

由于相关的法律规定或社会责任，企业必须为某些不会带来长期经济利益的资源做出长期支付承诺。例如，必须为其雇员提供养老金和退休福利；必须要承担因破坏环境而应承担的清理责任；可能遭受诉讼面临的诉讼成本，这些责任都代表着费用，因为它不能为企业带来未来经济利益，而与之相关的经济利益在当期和以前各期都已经实现。由于这些支出的金额和时间安排常常很不确定，因此如何计量存在很大的挑战，比如是否应将预计支出的现值作为费用计入当期损益？如果是这样，那么如何调整反映管理当局对这些支出金额和利率的预测误差？或者是将费用递延到支出的时间和金额能够准确确定时再加以记录？以下我们将通过对退休福利、环境成本和诉讼成本的分析来探讨上述问题。

（一）养老金和其他退休福利费用

在国外，许多企业会为员工提供养老金计划和其他形式的退休福利。员工在为企业服务一定的年限后就会在退休后收到某些形式的福利。当员工每服务一年，其退休福利就会增加一些。根据配比原则，包括美国在内的大多数国家的会计准则均要求企业在员工在企业的工作期内（而非退休后实际收到退休福利时）将这些福利的成本确认为费用。

正如第六章负债与股东权益分析里所讲的通用汽车和福特汽车的案例，公司要对在养老金和退休福利计划下，因未来预期责任而导致的负债进行估计。对这样的负债进行计量是个挑战，因为管理当局要对雇员的未来为公司的服务年限、他们的寿命预期、退休年龄以及未来退休福利的成本进行预测。他们需要根据这些数据估

计所有员工的未来退休福利的现值，并将这些现值在员工为公司服务的预期年限里按直线摊销法进行摊销，确认为相应各期间的费用。

[案例分析——通用汽车的养老金费用]

美国通用汽车公司近年来的养老金费用和其他退休福利费用如表 8－3 和表 8－4[①] 所示：

表 8－3 通用公司养老金费用表 （单位：百万美元）

	美国养老金计划			非美国养老金计划		
	2005 年	2004 年	2003 年	2005 年	2004 年	2003 年
费用构成						
服务成本	1 117	1 097	919	322	247	228
利息成本	4 883	5 050	5 162	965	892	803
养老金计划资产收益	（7 898）	（7 823）	（6 374）	（740）	（669）	（573）
先前服务成本摊销	1 164	1 279	1 148	102	93	101
因采用 SFAS87 而产生的养老金负债（资产）的摊销	0	0	0	6	7	11
精算损失（利得）的摊销	2 065	1 857	1 744	281	188	167
其他	115	34	27	114	204	49
净费用	1 446	1 494	2 626	1 050	962	786
精算假设						
折现率	5.60%	6.00%	6.75%	5.61%	6.12%	6.23%
养老金资产的预期收益率	9.00%	9.00%	9.00%	8.50%	8.40%	8.50%
报酬增长率	5.00%	5.00%	5.00%	3.20%	3.40%	3.40%

表 8－4 通用公司其他退休福利费用表 （单位：百万美元）

	美国其他退休福利			非美国其他退休福利		
	2005 年	2004 年	2003 年	2005 年	2004 年	2003 年
费用构成						
服务费用	702	566	503	50	39	34
利息费用	4 107	3 726	3 630	218	201	168
养老金计划资产预期收益	（1 684）	（1 095）	（444）	0	0	0
先前服务费用摊销	（70）	（87）	（19）	8	8	7

① 资料来源：GM Annual Report of 2005，www.gm.com。

续表

	美国其他退休福利			非美国其他退休福利		
	2005年	2004年	2003年	2005年	2004年	2003年
因采用SFAS87而产生的养老金负债（资产）的摊销	0	0	0	0	0	0
精算损失的摊销	2 250	1 138	722	88	62	46
其他	0	0	0	2	0	3
净费用	5 305	4 248	4 392	366	310	258
精算假设						
折现率	5.75%	6.25%	6.75%	6.00%	6.75%	7.00%
养老金资产的预期收益率	8.80%	8.00%	7.00%			
报酬增长率	3.90%	4.20%	4.40%	4.00%	4.00%	4.00%

对表8-3和表8-4中各费用构成的说明如下：

服务成本：养老金账户中预计支付义务的现值每年都会因为员工工作年限的增加而增加，公认会计原则将这项增加内容称为服务成本（Service Cost），雇主需要每年在养老金费用的账户中增加这项数额。

利息成本：养老金账户中预计支付义务的现值每年也会因为距离养老金实际支付的年份越来越近而增加，公认会计原则将这项增加内容称为利息成本，雇主需要每年在养老金费用的账户中增加这项数额。

养老金计划资产收益：公司每年将养老金投资的实际收益作为养老金费用的扣除项。如果实际收益超过了预期收益，雇主需要将超额收益作为未来年度养老金费用的扣除项递延并摊销雇主披露时将实际收益作为养老金费用的扣除项，超额收益作为养老金费用的加回项。两个数额相抵后的最终影响是养老金费用因为投资的预期收益而减少。如果实际收益低于预期收益，公司又会将实际收益作为养老金费用的扣除项披露。这两个数额的总和是由养老金投资的预期收益而减少的养老金费用。

先前服务成本摊销：公司改变养老金支出计算公式，并按照新公式为员工以前工作期间所提供的服务计算出的福利信用称为先前服务成本（Prior Service Cost），这项变化往往会立即增加养老金的预期福利义务，但雇主确不必立即增加养老金费用，而是采用递延摊销的方式。

因采用SFAS87而产生的养老金负债（资产）的摊销：绝大多数公司都是在1986—1988年间开始采用SFAS No.87《雇主的养老金会计》。采用之初，公司的养老金资产和负债往往不相等。在计量养老金费用时，公认会计原则并不要求立即披露利得或损失的差额，而是要求雇主将这些差额在员工的剩余工作年限内摊销。

精算损失（利得）的摊销：当投资的实际收益与预期不同时以及当养老金计划

采用的精算假设发生变化时，就会产生精算利得或损失。公认会计原则要求公司将这些利得或损失递延并摊销。

由上案例可见，对养老金和其他退休福利费用的估计极为复杂，具有很大的挑战性，但是进行这样的估计很有必要，因为通过估计养老金和其他退休福利费用，可以使财务报表反映出相关的风险（例如员工离职、医疗费用的飞涨、员工预期寿命的不确定性等）。对管理当局和外部的财务报表使用者来说，理解这些风险的含义可能会影响他们对企业未来的预期。

（二）环境成本

在许多行业中（如石油、煤炭、化学工业等行业），由于行业特点，很难避免发生破坏环境的情况。由于人们环境保护意识的日益增强，迫于各方面的压力，企业不得不履行其保护环境资源的社会责任，因此环境成本逐渐成为企业成本的重要组成部分。例如，2002 年雪佛莱—德士古公司用于环保的开支是 13 亿美元，其中 3.99 亿美元是环境资本支出（Environmental Capital Expenditures），9.25 亿美元用于减低当前项目的危害性。这笔开销占当年雪佛莱—德士古公司运行费用的 11.8%。

在本书的第六章中我们已经讨论过了环境负债问题。计量环境负债所面临的挑战同样影响着环境成本在财务报表中的披露，使得环境成本记录的时间和金额均存在较大的不确定性。例如：应在计量环境负债的同时记作一次性费用还是应在相关期间内摊销？应将其作为非常项目还是正常经营活动的一部分？

[案例分析：中石油开县井喷事故]

2003 年 12 月 23 日，中石油集团下属的四川石油管理局川东钻探公司在重庆开县发生了特大的井喷事故，造成 243 人遇难，549 人住院治疗，18 000 多人门诊就医，65 000 多人被迫连夜紧急疏散。为此。中石油集团先后向遇难家属和遭受财产损失的村民赔偿了约 5 000 万元。

这起环境灾难发生后不久，中石油的全体员工向开县发了一封公开信，全文如下：

亲爱的开县人民：

半个月前，四川石油管理局川东钻探公司在罗家 16H 井钻井施工过程中，不幸发生了“12.23”特大井喷事故。这一惊人事件，不仅将我们一直笼罩在一片深深的悲痛和歉疚之中，而且也将我们广大石油职工与开县受灾人民紧紧连在了一起。

这场突如其来的灾难，造成了大量的人员伤亡，给开县人民的生命和财产带来巨大损失，令人十分痛心。面对这场灾难，灾区人民坚强不屈的品质、顾全大局的胸怀和勇于战胜困难的实际行动，使我们受到了深刻的教育。事故发生后，灾区党委、政府不畏艰难，广大干部日夜奋战在救灾第一线，做了大量艰苦细致的工作，伤员救治、灾民安置及时有效，他们从维护受灾群众切身利益和长远发展出发，积极推进事故理赔和善后处理工作。又一次体现了党、政府和人民，党员、干部和群众的鱼水之情。险情解除后，受灾情况最为严重的高桥镇的中小学校已全面复课，住院伤员病情好转，危重病人得到救治，灾区群众的生产、生活已基本恢复正常，对此，我们十分感动。

目前，事故理赔和善后工作进展很快，但我们深知，事故造成的损失和创伤，有些是不可挽回、不可弥补的，更不是靠钱和物所能解决的。然而受灾群众的实际困难和我们与受灾群众的朴素情感，驱使我们要为灾区恢复正常生产和生活尽一份自己的力量。事故发生以来，捐款捐助成了我们队伍中特别是广大干部和机关人员中的一种自觉行动。连日来，共捐款1 165万元。

面对如此惨重的事故，作为石油人，我们不仅感到愧疚和痛苦，更感受到自己所肩负的责任。痛定思痛，举一反三，在挫折中反思工作，在事故中汲取教训，是我们面对未来的惟一选择，也是我们的工作传统。我们敢于正视自己的问题，承认并勇于改正自己的错误，从现在做起，从每一个岗位做起，现场查隐患，管理查漏洞，干部查作风，工人查操作，找出工作中的薄弱环节和问题所在，立即整改，立即落实。我们有改进工作、做好工作的坚定信心和决心。我们坚信，通过我们每一个人的不懈努力和扎实工作，一定能够创造能源与环境的和谐，实现企业生产与群众生活的协调发展。

亲爱的开县人民，让我们共同携起手来，赢得救灾重建的胜利。在这里，我们向开县人民致以最诚挚的祝福和最美好的祝愿！

中国石油天然气集团公司广大干部职工

从公开信可以看出，中石油对这起环境灾难深感歉意和内疚。这起恶性公共事件如果发生在国外，不知中石油集团要赔偿多少钱，尤其是遇到中石油这样“深口袋”更是如此。但不可思议的是，一年赚了1 000多亿元的中石油，只用了区区的5 000万元的赔款就与受害村民达成了和解。诚如公开信所说的，“事故造成的损失和创伤，有些是不可挽回、不可弥补的，更不是靠钱和物所能解决的”。

透过开县井喷事故，我们发现中石油集团在赚取高额盈利的同时，其面临的与日俱增的环境成本也不容忽视。下表列示了中石油近年来的环保支出及其占销售收入的比例。

表 8-5　　中石油环保支出情况　　(单位：百万元)

	2001年	2002年	2003年	2004年	2005年
环保项目资本支出	1 205	1 363	1 076	1 345	1 633
排污费	113	113	155	182	199
销售收入	245 536	249 386	310 431	397 354	552 229
比例	0.54%	0.59%	0.40%	0.38%	0.33%

由上表可见，虽然环保支出逐年上升，但环保支出占销售收入的比例却呈现下滑趋势。相比之下，埃克森美孚石油公司 2004 年和 2005 年的环保支出分别为 28.54 亿美元和 33.29 亿美元，占销售收入的比例也均在 1% 左右。

值得关注的是，作为对环境问题极为敏感的石油行业，多数国外的石油公司都会在财务报告中加入有关环境影响和环境保护的说明内容，中石油作为在美国上市的企业，在其向 SEC 提交的 2003 年度财务报告中虽然对重庆开县井喷事故进行了说明，但在其中文的财务报告中没有提及此事，直到 2004 年的财务报告才在“或有事项”中作了如下披露：

“2003 年 12 月，本集团的一口气井发生天然气井喷事故。这次井喷造成大量硫化氢泄露，导致附近大量居民中毒或死亡。经过中国政府对该事故调查认定，这是一起责任事故，由为本集团提供钻井服务的中油集团对这次井喷事故负责。本公司认为这次事故不会（同时将来也不会）对本集团的经营业绩和财务状况造成重大负面影响。”

（三）诉讼成本

诉讼成本是一类较为“敏感”的费用，在企业面临各类诉讼时，由于最后判决结果的不确定性，在会计确认和计量上存在很大困难。按照配比原则和稳健原则，提前确认可能发生的赔偿金额可能是合理的，但这可能会使企业面临主动承认败诉的尴尬境地，甚至对最终的判决结果造成不利影响。而且过高的诉讼成本也可能影响企业的形象。

[案例分析：官司缠身的菲利普·莫里斯公司[①]]

Altria 集团下属的菲利普·莫里斯公司，包括 Philip Morris USA（以下简称 PM 美国公司）和 Philip Morris International（以下简称 PM 国际公司）是全世界当之无愧的烟草大亨。2003—2005 年，这家烟草公司的主要经营业绩如表 8-6 所示：

① 本案例的资料取自 Altria 集团公司 2005 年年报。由于担心菲利普·莫里斯（Philip Morris）的名字容易让人与没完没了的烟草诉讼案件联系在一起，2003 年 1 月 27 日起，以“万宝路”牌香烟蜚声全球的烟草和食品大亨菲利普·莫里斯集团正式改名为 Altria 集团，希望新名字将帮助公司树立更鲜明的企业形象。

表 8-6　　菲利普·莫里斯公司经营业绩　　(单位：百万美元)

	2005 年	2004 年	2003 年
销售收入			
——PM 美国公司	18 134	17 511	17 001
——PM 国际公司	45 288	39 536	33 389
销售收入合计	63 422	57 047	50 390
经营利润			
——PM 美国公司	4 581	4 405	3 889
——PM 国际公司	7 825	6 566	6 286
经营利润合计	12 406	10 971	10 175

资料来源：Altria 集团 2005 年年报，www.altria.com。

然而，在获得令人垂涎高额利润的同时，菲利普·莫里斯公司面临的经营环境却随着如火如荼的禁烟活动而日趋恶化。对于菲利普·莫里斯公司而言，官司缠身已经是司空见惯，见怪不怪①。在菲利普·莫里斯公司 84 页的 2005 年年报里，就有

① 1998 年，包括莫里斯·菲力普公司在内的主要烟草公司与美国的 46 个州、哥伦比亚特区和其他领地签署了政府对烟草行业索赔的“和解总协议”（Master of Settlement Agreement，以下简称 MSA）。MSA 的主要条款如下：

1. 从 2000 年起的 25 年内，烟草公司必须赔偿协议签署州 1 988.9 亿美元，其中 2000 年 45 亿美元、2001 年 50 亿美元、2002 年和 2003 年各 65 亿美元、2004—2007 年各 80 亿美元、2008—2017 年各 81.39 亿元、2018—2024 年各 90 亿元。各烟草公司根据其市场份额进行分摊；

2. 在未来 10 年支付 2.5 亿美元设立一项全国基金，在 2000—2003 年支付 14.5 亿美元设立一项公共教育基金；

3. 支付政府聘请的诉讼律师费 12.5 亿美元；

4. 一次性支付 5 000 万美元作为 MSA 的监管基金；

5. 禁止向年轻人进行广告、营销和促销活动，包括：

(1) 禁止在香烟广告中使用卡通人物；

(2) 限制在有大量年轻观众的运动和集会中从事旨在提升品牌的商业赞助；

(3) 禁止进行户外香烟广告；

(4) 禁止向年轻人提供免费的样品；

(5) 设定每盒香烟不得超过 20 支香烟；

(6) 不得在电影中插播香烟广告。

6. 要求烟草公司改变企业文化，包括：

(1) 承诺降低年轻人的吸烟率和香烟消耗量；

(2) 解散烟草行业协会；

(3) 限制烟草行业的游说活动；

(4) 向社会公众公开烟草行业的记录和研究结果。

MSA 具有里程碑意义，因为它既强化了美国烟草行业的社会责任，也改变了美国烟草行业的行为模式。除了 MSA 外，美国政府 1999 年在哥伦比亚特区法院向菲力普·莫里斯公司等美国烟草公司提出诉讼，指控烟草公司的产品损害了美国人民的身体健康，导致美国联邦政府为此每年多支付了 200 亿美元的医疗保险费用，要求烟草公司予以相应的赔偿。尽管美国联邦政府没有提出明确的索赔要求，但一些公众健康组织和政府聘请的专家证人建议烟草公司至少应赔偿 1 300 亿美元。尽管这一诉讼案尚未审理完毕，但 2006 年 8 月 16 日，美国地区法官 Gldays Kessler 签发了最终意见（Final Opinion），认定烟草公司违反了美国的民事讹诈法并在数十年中在吸烟危害健康方面说谎从而欺骗了美国人民。Kessler 法官要求烟草公司：(1) 停止虚假性、误导性和欺骗性宣传；(2) 禁止使用“低焦油含量”、“超低焦油含量”、“薄荷型”、“自然”等在过去严重误导了消费者关于吸烟危害健康的术语；(3) 在报纸、电视广告、公司网站和香烟包装盒上对烟草公司过去就吸烟和吸二手烟的健康危害所做的不实宣传和欺诈性做法做出更正性声明；(4) 在诉讼中公开其内部资料；(5) 每年向政府报告市场营销数据。烟草公司不服 Kessler 法官的裁定并提出上诉。2006 年 10 月 31 日，美国上诉巡回法庭要求在上诉期间暂缓将 Kessler 法院的判决要求付诸东流。

长达10页的篇幅用于介绍该公司所面临的诉讼官司。截至2005年末，针对菲利普·莫里斯公司未决的诉讼案件多达268件。表8－7列示了自1999年1月起法院已经做出有利于原告判决但尚未执行的12个未决案件及其庭审后续发展。

表8－7　　菲利普·莫里斯公司的12个重大诉讼案件

日　期	法院及原告	案件类型	法院判决	庭审后续发展
2005年3月	纽约/Rose	吸烟及健康个人诉讼	包括PM美国公司在内的两个被告应赔偿342万美元；PM美国公司应支付惩罚性伤害赔款1 710万美元。	2005年12月，PM美国公司对法院判决的上诉被审判法庭驳回。
2004年12月	佛罗里达/Arnitz	吸烟及健康个人诉讼	PM美国公司应支付24万美元赔款。	PM美国公司的上诉仍未判决。
2004年5月	路易斯安那/Scott	吸烟及健康集团诉讼	包括PM美国公司在内的所有被告应支付5.9亿美元，作为一项为期10年的戒烟运动的资源来源。	2004年6月，州审判法庭做出了5.9亿美元加上自审判日起应计利息的判决。至2005年12月31日，应计利息约为3.9亿美元。PM美国公司应分担的罚款和应计利息尚未确定。所有被告已提起上诉。
2003年12月	密苏里/Thompson	吸烟和健康个人诉讼	所有被告应支付210万美元补偿性伤害赔款，其中PM美国公司应支付83.74万美元。	PM美国公司的上诉仍未判决。
2003年3月	伊利诺伊/Price	低焦油或超低焦油含量集团诉讼	PM美国公司应支付71亿美元补偿性伤害赔款和30亿美元惩罚性伤害赔款。	2005年12月，伊利诺伊高等法院推翻了审判法庭做出的有利于原告的判决，将该案件发回审判法庭并要求其撤销对PM美国公司的案件。原告不服，提出了重新听证的动议。
2002年10月	加利福尼亚/Bullock	吸烟及健康个人诉讼	PM美国公司应支付85万美元的补偿性伤害赔款和280亿美元的惩罚性伤害赔款。	2002年12月，审判庭将惩罚性伤害赔款减至2 800万美元；PM美国公司和原告均已提出上诉。
2002年6月	佛罗里达/Lukacs	吸烟及健康个人诉讼	包括PM美国公司在内的所有被告应支付3 750万美元的补偿性伤害赔款。	2003年3月，审判庭将赔款数减至2 486万美元，PM美国公司应分担约600万美元。法院尚未对陪审团的裁定做出判决。若做出判决，PM美国公司拟上诉。
2002年3月	俄勒冈/Schwarz	吸烟及健康个人诉讼	PM美国公司应支付16.8万美元补偿性伤害赔款，1.5亿美元惩罚性伤害赔款。	2002年5月，审判庭将惩罚性伤害赔款减至1亿美元。PM美国公司和原告均提出上诉。

续表

日　期	法院及原告	案件类型	法院判决	庭审后续发展
2001年6月	加利福尼亚/Boeken	吸烟及健康个人诉讼	PM美国公司应支付550万补偿性伤害赔款和30亿美元惩罚性伤害赔款。	2001年8月，审判庭将惩罚性伤害赔款减至1亿美元。2004年9月，加利福尼亚第二区上诉法庭将上述赔款进步降至5 000万美元，但维持法院判决。原告和PM美国公司均寻求重新听证。2005年4月，上述法庭再次维持2004年9月的判决。2005年9月，加利福尼亚高等法院拒绝PM公司和原告的听证要求。之后，PM美国公司在2005年利润表记录了约8 000万美元（包括利息）与此案相关的诉讼费用。PM美国公司和原告均已向美国最高法院提出重审的请求。
2000年7月	佛罗里达/Engle	吸烟及健康集团诉讼	所有原告应支付1 450亿美元惩罚性伤害赔款，其中PM美国公司应支付740亿美元赔款。	2003年5月，佛罗里达第三区上诉庭推翻了州审判庭原先做出的判决，并要求取消集团诉讼资格。原告关于重新考虑的动议在2003年9月被否决，原告为此向佛罗里达高等法院申请进一步审查。2004年5月，佛罗里达高等法院同意审查该案件，并在2004年11月听取了口头辩论。
2000年3月	加利福尼亚/Whiteley	吸烟及健康个人诉讼	PM美国公司和另一被告应支付172万美元补偿性伤害赔款，1 000万美元惩罚性伤害赔款。	2004年4月，加利福尼亚第一区上述庭做出了有利于被告的判决，被告关于转移审判地点的请求尚未获准。
1999年3月	俄勒冈/Williams	吸烟及健康个人诉讼	PM美国公司应支付80万美元补偿性伤害赔款，2.15万医疗费用和7 950万美元惩罚性伤害赔款。	审判庭将惩罚性赔款降至3 200万美元，原告和被告提出上诉。2002年6月，俄勒冈上诉庭维持7 950万美元赔款的判决。在俄勒冈高等法院拒绝被告的诉讼要求后，PM美国公司记录了3 200万美元的诉讼准备，并向美国最高法院提出复审要求。2003年10月，美国最高法院推翻了俄勒冈上诉法庭的裁决，并指示俄勒冈法院根据限制惩罚性赔款的精神，重新考虑该案件。2004年6月，俄勒冈上诉庭再次做出7 950万美元赔款的判决。2006年2月2日，俄勒冈高等法院支持上诉庭的决定。PM美国公司拟再次向美国最高法院申诉并寻求其他解决方法。

资料来源：Altria集团2005年年报，www.altria.com。

对于菲利普·莫里斯公司来说，在财务报表上该如何反映这样的巨额诉讼成本呢？如果立即确认，一方面将使其陷入资不抵债的境地，另一方面，立即确认诉讼成本将为原告提供被告已承认造成伤害的口实，这将对被告的上诉造成不利影响。正如表8－7所反映的，惟有三审定案，菲利普·莫里斯公司才必须履行赔款责任，而原告在获得赔偿前，可能还得历经马拉松式的诉讼。法院针对烟草公司做出的天文数字般的赔付判决从来就是雷声大、雨点小，最终实际赔付金额往往小得多，甚至化为乌有。

从上述案例可以看出，在公司面临巨大诉讼风险情况下，不对可能承担的诉讼成本或损失进行估计显然是不够稳健的，而且很有可能歪曲企业真正的财务状况和经营成本。但在财务报表中充分披露相关信息也可能带来负面的影响，比如对最终的诉讼结果造成不利影响，损害公司声誉等。基于上述原因，多数公司在面临诉讼问题时往往选择“三缄其口”。因此，在阅读财务报表时，我们应当结合其他方面的信息来对公司所面临的诉讼成本进行分析。例如我们应当参考法律专家对诉讼案件的专业分析，来评估诉讼风险大小，对公司的财务状况、经营风险的影响，判断诉讼对当期以及今后各期损益的影响。

（四）财务报表分析中值得深究的问题

对于上述讨论的支付时间和金额均存在较大不确定性的未来支出而言，存在着极大的会计弹性，对这些支出的表内确认和表外披露很大程度上取决于管理当局的意愿。因此，某些企业财务报告中披露的未来支出可能存在低估的现象。上述众多案例均表明这些未来支出可能会对企业未来的财务报表造成重大影响，因此必须引起财务报表分析人员的关注。下面的问题有助于财务报表分析人员作出恰当的判断：

1. 企业管理当局在确认支付时间和金额高度不确定的未来支出时，采用什么假设？这些假设与过去所作假设是否一致？导致假设发生变化的因素是什么？是否提高退休福利？使用的折现率是否变化？利率和投资回报率是否发生变化？

2. 企业估计此类未来支出所采用的假设与行业惯例是否保持一致？不一致的原因是否合理？

3. 企业在过去是否系统地高估（如经常转回巨额预计负债）或低估（如经常补计预计负债）这类未来支出？

4. 企业确认环境成本所具有的高度不确定性是否会因为法律法规和会计准则的改变而改变？企业是否对此有充分准备？

三、价值难以量化的支出确认问题

（一）股票期权

在国外，股票期权已成为大多数上市公司为其主要管理者提供报酬的主要方式。一份典型的股票期权允许持有人在特定时期后以特定价格购买特定数量普通股的权利，特定的价格称为行权价，它一般等于或大于期权授予时股票的市场价格。作为一种长期、灵活、极富创意的激励机制，股票期权具有以下优点：(1) 股票期权能够促使高管人员和股东的利益趋于一致，因为股票期权的价值最终取决于未来的股价；(2) 股票期权提供了一个既能保留足够现金用于发展，又能吸引有才能的员工的方法，这对于那些出于起步阶段，现金较为缺乏的公司尤为重要；(3) 只要行权价大于或等于期权发行时的股价，持有人在期权行权前无需纳税。

如果从会计的角度考察，股票期权还有一个很重要的优点：在很长的一段时间内，财务报表中并不确认股票期权费用。关于股票期权是否应当费用化的问题，有过不少争论。我们简单假设一个例子：一个员工同意今年只得到少量薪金，同时被许诺5年后可以得到额外的现金报酬。在这种情况下，该员工当年的薪金无疑应当作为今年的费用入账，但许诺的未来报酬如何处理？是将其作为5年间的费用分摊入账还是推迟到5年后该员工真正收到现金时再记为费用？如果5年后的额外报酬具有不确定性，那么情况就更复杂了，如何在5年间分摊这笔不确定的报酬费用？以上问题其实就是股票期权会计处理争论的核心。

关于股票期权的会计准则制定问题也是美国会计准则制定历史上的“经典之战”[①]。美国会计原则委员会（APB）于1972年制定的第25号意见书（简称“APB 25”）采取授予日内在价值法来确认股票期权成本，按照APB 25，只有在行权价格低于股票授予日的市场价格时，内在价值才会大于零，才能将两者之间的差额确认为费用支出，并在服务期内分期摊销，待授予人行权后再将期权转为股本。由于股票价格会随着时间的推移而变动，而内在价值也会随之变动，因此在每个会计期末必须对递延报酬成本进行调整，直到服务期满。内在价值法忽视了期权的时间价值，没有真正反映股票期权的成本。更为严重的是，一些企业为了不计薪酬费用，往往规定股票行权价格等于该股票的市场价格，这使得巨额的股票期权报酬无法在财务报表中体现，从而虚增了企业的利润[②]。APB的继任者——美国财务会计准则委员会（FASB）在修改股票期权会计时支持了费用化的观点，其理由如下：

① 葛家澍：《中级财务会计学》（下），中国人民大学出版社2004年版，第635页。

② 根据《环球时报》报道，如果微软将期权费用作为成本扣减的话，那么其截至2002年6月财政年度的净收益将为53.5亿美元，较原来报告中的78.3亿美元减少了24.8亿美元，降幅高达近32%。

(1) 股票期权是有价值的；(2) 给予员工有价值的股票期权所导致的报酬成本应包括在企业净收益的计算中；(3) 员工股票期权可以在可接受的程度内合理估计，以满足财务报表的确认。由于股票期权的费用化将会极大降低上市公司的盈利水平，因此遭到了企业界的强烈反对和游说，甚至惊动了美国国会和总统。在各方的压力下，FASB 于 1995 年颁布的第 123 号公告（简称“SFAS 123”）。SFAS 123 鼓励企业按公允价值法计算股票期权费用，即在授予日按股票期权的公允价值确认递延报酬成本，并将递延报酬成本在服务期内分期摊销。采用这种方法确认股票期权成本，期权的时间价值能够得以计量，即使是平价期权或虚值期权，也确认费用。公允价值在授予日一经确定就不用再调整，会计期末也不必对报酬成本进行再处理。采用公允价值法往往要确认一大笔费用，这在很大程度上会对企业利润造成不利影响。但 SFAS 123 同时仍允许企业沿用内在价值法核算期权成本，只需在财务报告的会计附注中提供扩充的注释。

由于 SFAS 123 并没有强制要求将股票期权费用化，因此股票期权报酬仍然很大程度上游离于财务报表之外。根据美联储官员的调查，1995—2000 年标准普尔 500 家企业收益的年增长率中有 2.5%是由于未将股票期权费用化而虚增的。前美联储主席格林斯潘也指出，如果不将期权费用化，就会虚增公司利润，导致股价上涨，使得投资人为购买股票必须付更多的钱，进而扭曲了在公开市场上的资本配置的效率。美国著名的投资家巴菲特的一段话反映了投资者对不确认股票期权费用的不满：

“如果期权不是报酬的一种形式，那它是什么？如果报酬不是一种费用，那它是什么？如果费用不列入收益的计算中，那它到底应怎么处理？”①

安然丑闻出现之后，著名的信用评级机构标准普尔宣布，在评价上市公司投资价值时，将引入“核心盈利”概念，在计算核心盈利时，将剔除股票期权费用等项目的影响。同时，国际上相关的权威部门做出了积极的回应：2004 年 2 月 19 日，国际会计准则理事会（IASB）发布了《国际财务报告准则第 2 号——以股份为基础的支付》（IFRS2），要求将企业所有以股权为基础的支付（包括雇员股票期权）都作为费用处理；FASB 在 2004 年年底发布了修订后的 SFAS 123，要求企业按照公允价值法处理包括股票期权在内的所有以股份为基础的支付，并要求企业自 2004 年 12 月 15 日起在财务报告中报告以股票期权等基于股权的补偿成本；2005 年 2 月 8 日，欧盟委员会批准欧洲采用 IFRS2，并将其生效日追溯调整至 2005 年 1 月 1 日；2005 年 4 月 14 日，美国证券交易委员会（SEC）宣布，将修订后的 SFAS 123 延迟至 2005 年 6 月 15 日之后的第一个会计年度实施。至此，将股票期权费用化并采用公允价值法确认股票期权已成为国际趋势。

---

① 转引自葛家澍：《中级财务会计学》（下），中国人民大学出版社 2004 年版，第 647 页。

在股票期权是否应当费用化的问题得到解决后，人们开始更加关注股票期权会计的计量问题，如何用公允价值来可靠的计量股票期权，解决将股票期权纳入会计报表的障碍就成为了费用化的关键所在。该问题实际上包括三个内容：(1) 如何计量股票期权的薪酬费用；(2) 如何确定薪酬费用的分摊年限及在各年度如何合理分摊；(3) 如何核算每股收益以反映股票期权对每股收益的稀释作用。显然第一个问题是重中之重，后两者都需要以计量的结果为前提。在计量股票期权的定价模型中，FASB 首推布莱克—斯科尔斯模型（Black - Scholes，以下简称 B - S 模型）。美国斯坦福大学教授迈伦·斯科尔斯因此获得 1997 年度的诺贝尔经济学奖，原因在于自 1973 年该模型创立以来，这一抽象的数学公式解决了大量的实际问题，在实务中得到了广泛地运用。B - S 模型如下：

$V = SN(d_1) - Ee^{-rt}N(d_2)$

其中，N（d）为一标准正态分布函数

$d_1 = [\log(S/E) + (r + 0.5\sigma^2)t]/\sigma t^{1/2}$

$d_2 = d_1 - \sigma t^{1/2}$

上式各符号的含义是：S 代表当前的股票价格；E 代表行权价格；t 代表期权到期时间；r 代表无风险利率；σ 代表股价的波动率。

由于在运用 B - S 模型确定股票期权价值时需要对股价波动率、未来股利和无风险利率进行估计，因此其价值的衡量存在一定的不确定性。

[案例分析：思科公司的股票期权①]

翻开思科公司 2005 年财务报告，我们发现思科公司采用的是 APB 25 所规定的内在价值法来计量股票期权。由于行权价等于股票期权授予日的股票市价，因此在其损益表中没有记录任何股票期权费用。按照 SFAS 123 的规定，思科公司在报表附注中披露了如果将股票期权费用化对净收益影响的模拟数据，如表 8 - 8 所示，股票期权的价值是在期权授予日运用 B - S 模型估计出的，估计过程所运用的加权平均假设如表 8 - 9 所示：

表 8 - 8　　思科公司的股票期权费用模拟报表

（单位：百万美元，每股数据单位为美元）

	2005 年 7 月 30 日	2004 年 7 月 31 日	2003 年 7 月 26 日
净收益（报告）	5 741	4 401	3 578
模拟股权报酬费用	（1 628）	（2 025）	（2 098）
模拟抵税收益	594	810	839

① 本案例资料来源 Cisco's 2005 annual report。

续表

	2005年7月30日	2004年7月31日	2003年7月26日
模拟税后股权报酬费用	(1 034)	(1 215)	(1 259)
净收益（模拟）	4 707	3 186	2 319
基本每股收益（报告）	0.88	0.64	0.50
稀释每股收益（报告）	0.87	0.62	0.50
基本每股收益（模拟）	0.73	0.47	0.33
稀释每股收益（模拟）	0.71	0.45	0.32

表8-9　　股票期权价值估计假设

	职工股票期权计划			职工股票回购计划		
	2000年7月29日	1999年7月31日	1998年7月25日	2000年7月29日	1999年7月31日	1998年7月25日
预期股利收益率	0.0%	0.0%	0.0%	0.0%	0.0%	0.0%
无风险利率	3.6%	3.9%	3.2%	2.0%	2.8%	1.1%
预期波动性	39.6%	40.0%	45.7%	33.2%	43.2%	45.7%
预期寿命（年）	3.3	5.6	5.8	0.6	1.9	0.5

由上案例分析可见，股票期权费用对思科公司的净收益将产生十分重大的影响，思科公司各年的股票期权费用均在20亿美元左右。按照思科公司2005年报披露，公司将从2006年开始采纳修订后的SFAS 123，从而将股票期权费用计入各期的损益表中。股票期权费用化对诸如思科之类的高科技公司影响到底有多大？我们拭目以待。此外，思科公司也承认，在运用B-S模型时需要依赖于一些高主观性的假设（如预期的股价波动程度、期权的预期寿命等），而且B-S模型主要是用于估计没有授予限制和完全可交易的交易期权（Traded Options），而公司职工股票期权与此类交易期权有着显著的不同，因此，“管理层认为该估值模型并不能提供关于股票期权价值的可靠计量”。由此可见，即使将股票期权费用化已经不存在争议，但由于股票期权支出的不确定性，如何在财务报表中恰当地反映股票期权费用仍然任重而道远。当然，我们也可以将此看成是为财务报表分析人员提供的机会和挑战。

[案例分析：DELL的股票期权激励方案①]

根据DELL公司2002年度的征集投票权说明书的披露，在2002会计年度，公

① 本案例资料引自DELL公司2002年度的征集投票权说明书，http：//www.dell.com。

司共授予关键的5位高管人计1 280万股的股票期权。其中公司CEO戴尔共得到130万股期权，其中的50万股在2001年2月12日授予，按当时的市场价格22.94美元作为执行价格，在授予日以后5年里每年执行20%；2001年3月23日授予的30万股是作为现金奖励的替代，执行价为授予日市价的80%，在两年里每年各执行50%；2001年6月18日还授予50万股期权，执行价为授予日市价24.09美元，在今后5年里每年执行50%，而且即使退休仍然可以执行。公司的首席运营官（COO）罗林斯得到556万股期权，其中的35万股在2001年2月12日授予，按当时的市场价格22.94美元作为执行价格，在授予日以后5年里每年执行20%；2001年3月23日授予的21万股是作为现金奖励的替代，执行价为授予日市价的80%，在两年里每年各执行50%；2001年6月18日还授予500万股期权，在今后5年里每年执行50%，而且即使退休仍然可以执行。董事会副主席Vanderslice共得到305万股期权，其中的35万股在2001年2月12日授予，按当时的市场价格22.94美元作为执行价格，在授予日以后5年里每年执行20%；2001年3月23日授予的20万股是作为现金奖励的替代，执行价为授予日市价的80%，在两年里每年各执行50%；2001年6月18日还授予250万股期权，执行价为授予日市价24.09美元，在今后5年里每年执行50%，而且即使退休仍然可以执行。欧洲、中东和非洲地区高级副总裁Bell先生共得到148万股期权，其中的140万股在2001年2月12日授予，按当时的市场价格22.94美元作为执行价格，在授予日以后5年里每年执行20%；2001年3月23日授予的8万股是作为现金奖励的替代，执行价为授予日市价的80%，在两年里每年各执行50%。美洲地区高级副总裁Marengi共得到140万股期权，在2001年2月12日授予，按当时的市场价格22.94美元作为执行价格，在授予日以后5年里每年执行20%。

[案例分析：Yahoo的股票期权激励方案①]

根据Yahoo公司2005年4月4日发布的征集投票权说明书的披露，在2004年4月，根据薪酬委员会对公司CEO Semel的2003年度经营业绩进行考核，决定授予他180万股的计划外的股票期权奖励（奖金期权），来替代现金奖励，同时也为Yahoo的长期业绩对其进行激励。这一奖金期权在授予日即可执行。同时薪酬委员会还授予Semel 400万股的年度综述期权（Annual Review Option），这一期权在四年后可以执行。但是如果公司的盈利业绩在这四年里提前达到某一水平，这400万股的期权中有200万股被允许2004年12月31日提前执行，另外200万股在2005年12月31日提早执行。

2004年12月，薪酬委员会根据对Semel 2004年度的经营业绩进行评估，认为

---

① 本案例资料引自Yahoo的2005年征集投票权说明书，http：//www.yahoo.com。

公司的核心业务在加强，财务业绩和股价表现在提升，于是决定授予 Semel 120 万股的奖励期权。同时根据期权计划条款，授予 Semel 20 万股的年度综述期权，其授予日期跨度达 4 年，第一年授予 25%，其余的在以后三年的每个季度授予。

2005 年 2 月，薪酬委员会决定提供保持期权来保住其关键员工。根据这一决定，Semel 共取得 200 万股的保持期权，25 万股的限制性保持期权。这些期权在授予日四年后可执行。但是如果公司在经营性现金流量方面的业绩能够在这四年里提前达到某一标准，就可以提早执行这些期权，其中 2005 年 12 月 31 日执行 100 万股，其余的 100 万股在 2006 年 12 月 31 日后可执行。

（二）财务报表分析中值得深究的问题

当面临诸如股票期权这类价值难以确定的支出时，往往会面临着大量的假设与估计，这一方面为财务报表分析带来了挑战，另一方面也为财务报表分析提供了机会，下列问题可能有助于报表分析人员的判断：

1. 企业采用什么方法对股票期权以及其他价值难以确定的资源进行计量？这些方法在不同年度是否发生变化？如果在各年间变化极大，有无正当理由？

2. 企业所采用的方法与行业惯例是否一致？不一致是否由于采用不同策略（如 Yahoo 和 Novel 给管理人员和雇员的主要报酬形式是股票期权，而不是工资和奖金）而产生？

3. 如果股票期权确认为费用，对企业盈利能力将产生什么影响？

四、未使用资源价值减损的确认问题

（一）经营性资产价值减损

成本和费用分析的最后一个挑战来自未使用资源价值随着时间推移而发生减损的问题。在大多数情况下，会计准则要求根据稳健性原则来报告这些资源的价值变动，也就是在资源的价值发生永久性减损时要报告为损失，但如果资源的价值提高，则在该资源出售前不确认收益。

确认资产减值损失面临的主要挑战是如何判断资产是否确实发生减值以及减值的金额是多少。

对于如何判断资产是否发生了减值，国际会计准则第 36 号《资产减值》为我们提供了有益的指导，它要求通过对外部信息源和内部信息源的分析作出判断。其中，外部信息源包括：(1) 资产的市价在当期下跌，下跌的幅度大大高于因正常的时间推移或正常使用而发生的下跌；(2) 技术、市场、经济或法律等企业经营环境或资产提供服务的市场，在当期或未来期间发生重大变化，对企业产生负面影响；(3) 市场利率或市场其他投资报酬率在当期已经提高，这可能影响企业计算资产使用价值时采用的折现率，从而大幅度降低资产的可收回价值；(4) 企业净资产的账面价值大于其资产的市场资本化金额。内部信息源包括：(1) 有证据表明，资产已经陈旧过时或发生损坏；(2) 资产的使用方式或程度已经发生或将要发生重大变化，对企业产生负面影响，如计划中止或重组业务，或者在预定的日期之前进行处置；(3) 内部报告提供的证据表明，资产的经营业绩已经或将要不及预期。我国在2006年颁布的新准则第8号《资产减值》中，也列举了资产可能发生减值的迹象，这些迹象主要是参考国际会计准则第36号《资产减值》的内、外信息源提出的，在此不再赘述。

对于资产减值损失如何计量，国际会计准则第36号《资产减值》指出，资产减值损失以账面价值与可收回金额的差额计量，同时将可收回金额定义为资产或现金产出单元（Cash Generating Unit）[①] 的销售净价与其使用价值二者之中的较高者。美国的SFAS 144《长期资产减值或处置的会计处理》指出，为使用而持有的长期资产，减值损失等于长期资产或资产组合的账面价值超过其公允价值的差额；为出售而持有的长期资产或待处置资产组合应以账面价值与公允价值扣除出售费用孰低计量。我国在2006年颁布的新准则第8号《资产减值》基本上与国际会计准则实现了趋同，其主要差别在于资产减值能否转回的问题上，国际会计准则规定在特定的情况下可以转回，而我国新准则明确规定已计提的减值准备不允许转回。产生该差异的原因可能是我国上市公司利用资产减值转回人为调整利润的现象频频发生。

由上介绍可见，无论是资产减值损失的确认还是计量，均极大依赖于管理当局的估计与判断，存在相当大的操纵空间，这使得计提资产减值损失成为某些别有用心者进行“洗大澡”或“贮藏甜品罐”的最佳工具。前SEC主席利维特曾对管理当局滥用资产减值损失的判断权表示担心，他指出：“华尔街不看重一次性损失而只会将注意力集中在未来盈利上。况且，如果这些费用按留有余地的方式予以保守估计，这些所谓的保守估计便会在未来盈利达不到要求时奇迹般地再生为收益”。[②] 因此，该领域也是财务报表分析中的危险“雷区”。

[案例分析：思科公司的资产减值[③]]

不管计提巨额存货跌价损失的原因是以前期间有意高估存货成本，还是由于对环境变化而作出的恰当反应，以前会计期间的财务数字都折射出对盈利能力的乐观估计。计提减值使得财务报表中的泡沫被蒸发，并提醒财务报表使用者需要对企业

---

① 现金产出单元是不依赖于别的资产组合就能为企业产生现金流量的最小的可辨认的资产组合，可以是某一单项资产，也可以是若干资产的组合体。它的提出为分析资产的可收回价值奠定了基础。

② Arthur Levitt，“The Numbers Games”，September 28，1998，转引自黄世忠主编：《会计数字游戏》，中国财政经济出版社2003年版，第387页。

③ Mulford C.W.，Comiskey E.E.. The Financial Numbers Game. John Wiley & Sons，Inc.2002：247.

的经营前景重新进行评估。

在2000年11月，思科公司订单年增长率达到70%。事实上，公司面临的最大问题是需要有足够的存货满足迅速增长的需求。因此，公司采取措施增加采购部件进行生产，而且常常在预期要满足的需求出现前数月就下单订购部件。

到了2000年12月，由于互联网泡沫破灭的滞后效应以及电信运营商对电信设备投资的萎缩，思科公司订单直线下降。在谈到订单迅速缩水的问题时，公司的CEO钱伯斯说道："我不知道有谁可以扭转这样的颓势。"实际上，公司的经营仿佛是一夜之间发生一次重大的地震，2000年晚些时候收入增长率还在60%到70%，而到了2001年上半年却出人意料地下降了30%。结果公司发现，它拥有太多过剩的存货，于是被迫在2001年4月计提了25亿美元的存货跌价损失。

显然，没有证据表明思科公司有意高估存货价值。巨额冲销源于经营环境的迅速变化，而这在之前没有明显的证据表明可以合理地预计。但是，巨额冲销毕竟是件令人痛苦的事，而且它提醒人们公司的前景并不是如他们在6个月前所想的那样。

从进行巨额冲销的季度及其先前几个季度的季度报表中，我们可以发现一些有意思的现象，其中储备存货余额的变化最值得关注。

表8-10　　思科公司季度报表财务数据　　（单位：百万美元）

	2000年1月	2000年4月	2000年7月	2000年10月	2001年1月
收入	4 350	4 919	5 782	6 519	6 748
比前一季度增长	—	13.10%	17.50%	12.70%	3.50%
销售成本	1 536	1 748	2 098	2 378	2 581
存货	695	878	1 232	1 956	2 533
较前一季度增长	—	26.30%	40.30%	58.80%	29.50%
存货周转天数	41.3	45.8	53.6	75.1	89.6

从表8-10我们可以看出存货增长速度比收入增长速度快很多。每一季度的存货增长速度都超过25%，其中2000年10月更是增长了58.8%。相应的存货周转天数从41.3天延缓到89.6天。在一年之内，相对收入的存货储备金额翻了一番。

对思科公司来说，持有存货是为了保证满足未来订单的需要，而不是需求下降的结果。这一点我们可以从思科公司的存货构成中看出来：在结束于2000年7月的会计年度，思科公司报告原材料和产成品分别占存货11.8%和49.9%；而在2001年1月结束的第二会计季度，原材料和产成品分别占存货37.2%和27.2%。

当一家公司面临订单减少的情况时，它会减缓购买原材料的速度来减少产品的生产，这样有助于减少完工产品的积压。对思科公司来说，有证据表明在2001年1

月的那一季度收入增长趋缓，如上表所示只有3.5%，但思科公司仍然坚持认为未来订单还会持续升高，因此必须继续购入存货以满足未来的需求，在这种情况下2001年1月思科公司的存货增长率仍然高达29.5%。当2001年4月公司发现预期当中的订单并没有出现，对存货计提巨额跌价损失势在必行。

（二）财务报表分析中值得深究的问题

由上分析可见，资产减值损失的确认和计量均需要管理者的许多主观判断和估计，这使得报表分析人员面临重大的挑战，下列问题有助于分析人员判断财务报表中确认的资产减值损失是否合理：

1. 企业确认巨额资产减值损失，是否意味着企业过去高估资产价值和经营业绩？

2. 企业是否利用资产减值准备的计提“洗大澡”？

3. 资产减值准备提得越多，是否意味着企业的会计政策越稳健？

4. 企业对经营性资产计提大额减值准备的时机是否与企业的经营业绩或行业的经营环境变化基本同步？是否存在推迟或提前确认资产减值的现象？

5. 企业过去是否通过高估或低估资产减值而使其实际的经营业绩难以评价？企业管理当局是选择“长痛”（经常报告小额资产减值损失）还是“短痛”（一旦报告金额出乎意料）？

6. 企业确认资产减值损失时，是如何对资产的公允价值进行估计的？在报表中是否对估计基础和依据进行详细披露？还是含糊其词，言简意赅？

7. 企业是否持有大量的金融工具，特别是衍生工具？这些金融工具按什么基础进行计价？价格的波动对企业财务状况和经营业绩的影响程度如何？

8. 企业的外币净头寸是什么？汇率波动对其财务状况和经营业绩有何影响？

思考题

1. 中国联通（600050）2005年披露，该年度全面落实品牌规划，初步形成“世界风”、“UP新势力”、“如意通”、“新时空”四大客户品牌为核心的分品牌营销体系，因此本年度的广告支出高达13.77亿元。中国联通的广告支出全部费用化。如果广告支出全部资本化，以后逐年摊销，对中国联通的财务状况和经营成果有何重大影响？你认为哪一种会计核算更为合理，依据是什么？

2. 渤海集团股份有限公司（渤海集团，600858）于1993年兼并济南火柴厂时承担的欠中国工商银行济南市经二路支行的债务本息合计2 049万元，在济南市政府的“两年挂账停息，三年减半收息”的政策未得到银行批准且与银行就此发生诉讼的情况下，公司未计提1994年、1995年的利息，也未计提1996—1998年的减半利息，导致这三年年度财务报告存有虚假。1999年渤海集团补提了此笔贷款1996年、1997年、1998年三年的减半利息，其中1996年度74.8元；1997年度64.1万元；1998年度51.4万元，合计190.3万元。请通过财务报表分析，识别上述低估利息费用的现象是否存在。

3. 中兴通讯股份有限公司（000063）分别在深圳证券交易所和香港联交所（763）上市，两地分别执行中国的企业会计准则和香港会计准则。根据中国会计准则，研究开发支出在发生时全部费用化；而根据香港会计准则，所有研究支出费用化，开发支出在满足以下条件时予以资本化：有关项目经清楚界定；有关开支能独立划分和可靠量度；而合理确定项目在技术上可行；及产品具商业价值。2005年度按香港会计准则，中兴通讯有1.07亿元的研发支出资本化，占当年总研发支出20.67亿元的5.18%。这些研究开发支出主要用于TD—SCDMA、CDMA2000、WCDMA三种制式的无线通信产品，交换接入产品，数据通讯产品以及3G手机的研究和开发。多年来研发支出一直占中兴通讯销售收入10%以上，是中兴通讯跨越式发展的关键因素。请问：这些研究开发支出是全部费用化，还是全部资本化，更能反映中兴通讯的财务状况和经营状况？你认为哪些研究开发支出应当费用化，哪些支出应当资本化？

4. 黑龙江省科利华网络股份有限公司（600799）2005年半年报披露盈利339万元，而公司实际上没有取得一毛收入，盈利完全来自以前年度全额计提2 875万元家庭教师软件减值准备转回，转回金额2 125万元。该公司的解释是对软件进行整合升级，使得该软件价值得以恢复。你同意该公司的观点吗？如果你不同意该公司的观点，你会向该公司CFO提出什么问题？

5. 四川长虹（600839）2004年年报报表附注22“会计估计变更的原因、内容及其影响”披露：“由于美国进口商APEX公司2004年由于经营不善、涉及专利费、美国对中国彩电反倾销等因素，其全额支付本公司货款存在较大困难……截至2004年12月31日，APEX公司对本公司欠款为463 814 980.60美元。根据本公司与APEX签订的相关协议，本公司估计APEX公司所欠本公司货款尚能收回150 000 000美元，按个别认定法计提坏账准备金额为313 814 980.60美元折合人民币2 597 289 686.94元；若按账龄分析法计提坏账准备，计提金额为43 579 788.21美元折合人民币360 688 117.14元。该项会计估计变更对2004年利润总额影响数为270 235 192.39美元，折合人民币2 236 601 569.80元。”

四川长虹以过去几年是否存在高估应收账款可收回金额以及经营业绩的嫌疑？是否存在利用计提坏账准备进行“洗大澡”？计提坏账准备的时机是否与企业的经营业绩或行业经营环境变化同步？如果你是一名财务分析师，你是否会对此项会计处理提出疑问？

6. 中国国际航空公司（601111）在其2006年半年报中披露其飞机以及发动机

固定资产执行的会计政策是：直线折旧法，折旧期20年，预计净残值率5%，年折旧率4.75%。这一折旧法是否合理？是否与该公司的经营策略相一致？假如公司选择加速折旧法，这对公司的财务报表会产生怎样的影响？如果你是一名财务分析师，你会对该公司的折旧会计政策提出疑问吗？

本章主要参考文献

1. 财政部：《企业会计准则》，经济科学出版社2006年版。

2. 葛家澍：《中级财务会计》，辽宁人民出版社2000年版。

3. 葛家澍：《中级财务会计学（下）》，中国人民大学出版社2004年版。

4. 黄世忠："巨额冲销与信号发送"，《会计研究》，2002年8月。

5. 黄世忠主编：《会计数字游戏：美国十大财务舞弊案例剖析》，中国财政经济出版社2003年版。

6. 佩普、希利、伯纳德著，孔宁宁、丁志杰译：《运用财务报表分析进行企业分析和估价》，中信出版社2004年版。

7. IASB. International Financial Reporting Standards. Internatioanl Accounting Standards Committee Foundation. 2006.

8. Charles W. Mulford, Eugene E. Comiskey. The Financial Numbers Game—Detecting Creative Accounting Practices. John Wiley & Sons, Inc.. 2002.

9. Palepu, Healy, and Bernard. Business Analysis & Valuation: Using Financial Statements. Second Edition. South - Western College Publishing. 2000.

第九章　现金流量分析

经营成功的企业，各有不同的战略和秘密，但经营失败的企业，都有共通的问题和征兆，那就是现金链条断裂。大部分发达国家的统计数据显示，每五家破产倒闭的企业，有四家是盈利的，只有一家是亏损的[①]。可见，企业主要是因为缺乏现金而倒闭的，而不是因为盈利不足而消亡的。因此，现金流量分析在财务报表分析中具有举足轻重的作用。本章第一节介绍现金流量表的架构和解读方法，第二节阐述与现金流量分析相关的生命周期理论和波士顿矩阵，第三节介绍如何利用现金流量分析评价企业的财务弹性，最后一节说明如何利用现金流量评估企业的盈利质量。

第一节　现金流量表的解读

能否产生持续稳定的现金流量对企业的投资者和债权人意义非凡。投资者之所以愿意为企业的高盈利能力支付高股价是预期这类企业能够产生持续，甚至是持续增长的现金流量。即使企业短期内不支付现金股利，投资者也相信企业创造的现金流量迟早会以现金股利的方式回报给他们。投资者正是通过对企业现金流量的金额(Amount)、时间分布（Timing）和不确定性（Uncertainty）进行评估和折现，对所持股票进行估值的。对债权人来说，持续、稳定的现金流量是企业按时还本付息的根本保证，其重要性远高于担保、抵押和质押。

正因为现金流量信息的独特作用，正确地解读分析现金流量信息的载体——现金流量表就显得尤其重要。本节首先介绍现金流量表的结构及其编制方法。在具体介绍现金流量表结构之前，有必要先明确与现金流量表相关的定义。根据《企业会计准则第 31 号——现金流量表》，现金流量表是指反映企业在一定期间现金和现金等价物的流入和流出的报表。而现金是指企业库存现金以及可以随时用于支付的存

---

① Gabriel Hawawini, Claude Viallet. Finance for Executives: Managing for Value Creation. 2nd ed. South Western. 2002.

款。现金等价物是指企业持有的期限短、流动性强、易于转换为已知金额现金、价值变动风险很小的投资。

一、现金流量表的结构

（一）直接法下的现金流量表结构

所谓直接法（Direct Method），是指通过现金收入和现金支出的主要类别列示经营活动的现金流量。在直接法下，企业的现金流量可以分为三类：经营活动产生的现金流量，投资活动产生的现金流量和筹资活动产生的现金流量。经营活动产生的现金流量来自于企业投资活动和筹资活动以外的所有交易和事项。在直接法下，对于经营活动产生的现金流量，企业应当分别提供经营活动的现金流入（现金收入）和现金流出（现金费用）信息。经营活动的现金流入至少应当单独列示下列项目：(1) 销售商品、提供劳务收到的现金；(2) 收到的税费返还；(3) 收到的其他与经营活动有关的现金。经营活动的现金流出至少应当单独列示下列项目：(1) 购买商品、接受劳务支付的现金；(2) 支付给职工以及为职工支付的现金；(3) 支付的各项税费；(4) 支付其他与经营活动有关的现金。

投资活动产生的现金流量来自于企业长期资产的购建和不包括现金等价物范围的投资及其处置活动。对于投资活动产生的现金流量，企业应当分别提供投资活动的现金流入和流出信息。投资活动的现金流入至少应当单独列示下列项目：(1) 收回投资所收到的现金；(2) 取得投资收益收到的现金；(3) 处置固定资产、无形资产和其他长期资产收回的现金净额；(4) 收到的其他与投资活动有关的现金。投资活动的现金流出至少应单独列示下列项目：(1) 购建固定资产、无形资产和其他长期资产支付的现金；(2) 投资支付的现金；(3) 支付的其他与投资活动有关的现金。

筹资活动产生的现金流量是指来自于导致企业资本及债务规模和构成发生变化的活动。对于筹资活动产生的现金流量，企业应当分别提供筹资活动的现金流入和现金流出信息。筹资活动的现金流入至少应单独列示下列项目：(1) 吸收投资收到的现金；(2) 取得借款收到的现金；(3) 收到的其他与筹资活动有关的现金。筹资活动的现金流出至少应当单独列示下列项目：(1) 偿还债务支付的现金；(2) 分配股利、利润或偿付利息支付的现金；(3) 支付的其他与筹资活动有关的现金。

表 9－1 列示了宝钢股份 2004 年和 2005 年采用直接法编制的合并现金流量表。

表 9－1　宝钢股份合并现金流量表（直接法）　（单位：元）

项　　目	2005 年度	2004 年度
一、经营活动产生的现金流量		
销售商品、提供劳务收到的现金	150 388 952 348.78	67 978 188 468.71
收到的税费返还	120 612 995.88	4 516 760.82
收到的其他与经营活动有关的现金	163 097 730.87	55 279 850.21
现金流入小计	150 672 663 075.53	68 037 985 079.74
购买商品、接受劳务支付的现金	104 426 075 970.62	37 779 995 402.67
支付给职工以及为职工支付的现金	4 672 764 738.75	3 007 855 531.39
支付的各项税费	14 891 878 690.98	8 852 386 650.21
支付的其他与经营活动有关的现金	3 960 086 765.78	1 599 526 065.89
现金流出小计	127 950 806 166.13	51 239 763 650.16
经营活动产生的现金流量净额	22 721 856 909.40	16 798 221 429.58
二、投资活动产生的现金流量		
收回投资所收到的现金	1 245 828 541.84	354 001 627.45
取得投资收益所收到的现金	102 869 178.45	38 327 913.15
处置固定资产、无形资产和其他长期资产而收回的现金净额	65 205 321.57	1 190 646 937.01
联营公司转为子公司核算而导致的现金及现金等价物净增加	19 048 323.88	—
收购子公司的现金净流入	39 452 986.04	—
收到的其他与投资活动有关的现金	55 875 874.69	10 736 413.36
现金流入小计	1 528 280 226.47	1 593 712 890.97
购置固定资产、无形资产和其他长期资产所支付的现金	9 833 579 702.79	8 848 225 342.45
投资所支付的现金	1 068 085 055.15	887 347 352.81
增发收购目标公司的现金流出	9 314 087 814.98	—
增发收购目标资产的现金流出	16 026 161 168.18	—
吸收合并益昌薄板所支付的现金	—	139 435 000.00
现金流出小计	36 241 913 741.10	9 875 007 695.26
投资活动产生的现金流量净额	（34 713 633 514.63）	（8 281 294 804.29）

续表

项　　目	2005 年度	2004 年度
三、筹资活动产生的现金流量		
吸收投资所收到的现金	25 410 718 814.51	—
借款所收到的现金	50 829 059 796.26	8 677 674 040.00
收到的其他与筹资活动有关的现金	6 942 478.31	746 972 857.66
现金流入小计	76 246 721 089.08	9 424 646 897.66
偿还债务所支付的现金	51 450 838 223.33	9 966 948 115.59
分配股利、利润或偿付利息所支付的现金	7 394 675 206.76	3 514 020 221.00
支付三期资产和部分托管资产收购款	3 200 000 000.00	3 200 000 000.00
分配给少数股东股利或利润支付的现金	420 676 369.32	—
现金流出小计	62 466 189 799.41	16 680 968 336.59
筹资活动产生的现金流量净额	13 780 531 289.67	(7 256 321 438.93)
四、汇率变动对现金的影响	(4 441 206.64)	16 879 580.09
五、现金及现金等价物净增加额	1 784 313 477.80	1 227 484 766.45

（二）间接法下的现金流量表结构

一般来说，企业经营活动产生的现金流量与净利润之间并不协调一致。其中最重要的一个原因是净利润的计算是以权责发生制为基础，而经营活动产生的现金流量只计算其中有现金收支的部分，即以收付实现制为基础。此外两者所含的项目还有重大的差别。例如，处置投资或固定资产所产生的利得或损失包含在净利润中，而处置这些投资或资产所产生的现金流量却反映为投资活动产生的现金流量。

由于净利润和经营活动产生的现金流量之间的确定基础不一致，于是产生了如何把握两者之间关系的疑问和需求。现金流量表的间接法顺应这种需求，将净利润调整为经营活动产生的现金流量。

我国的《企业会计准则 31 号——现金流量表》要求企业采用直接法列示经营活动产生的现金流量，同时在附注中披露将净利润调节为经营活动现金流量的信息。而根据第 7 号国际会计准则（IAS 7）和美国 95 号财务会计准则（SFAS 95）的要求，企业可以在直接法和间接法中任选一种，作为报告经营活动产生的现金流量的基础，大多数企业选择的是间接法，将权责发生制下确定的净利润调节为收付实现制下经营活动产生的现金流量。我国同时采用直接法和间接法报告经营活动现金流量，一方面可以向财务报表使用者提供更加充分的信息，另一方面也增加了企业的遵循成本①。

表9－2列示了宝钢股份2004年和2005年采用间接法将净利润调节为经营活动产生的现金流量的过程。

表9－2　宝钢股份合并现金流量表（间接法）　（单位：元）

补充资料	2005年度	2004年度
1. 将净利润调节为经营活动产生的现金流量		
净利润	12 665 528 991.45	9 395 231 383.35
加：计提的资产减值准备	442 228 718.56	10 039 780.19
固定资产折旧	10 615 802 853.14	8 640 094 266.72
无形资产及其他资产摊销	57 249 017.01	—
长期待摊费用的摊销	58 340 920.92	33 224 639.27
待摊费用减少（减：增加）	103 928 166.01	—
预提费用增加（减：减少）	(181 687 178.39)	2 800 265.15
处置固定资产、无形资产和其他长期资产的损失（减：收益）	243 906 480.56	(31 080 232.97)
财务费用	1 006 707 090.67	442 691 886.75
投资损失（减：收益）	(184 152 693.92)	(10 661 195.90)
少数股东损益	(131 322 362.18)	44 455 078.17
递延税款贷项（减：借项）	(125 887 503.65)	(9 524 005.91)
存货的减少（减：增加）	5 138 876 332.57	(1 858 911 814.75)
经营性应收项目的减少（减：增加）	13 485 802 419.09	(896 736 653.13)
经营性应付项目的增加（减：减少）	(20 473 464 342.44)	1 036 598 032.64
经营活动产生的现金流量净额	22 721 856 909.40	16 798 221 429.58
2. 不涉及现金收支的投资和筹资活动		
债务转为资本	3 525 465.48	8 628 547.37
3. 现金及现金等价物净增加情况		
现金的年末余额	4 857 302 510.99	1 581 342 234.69
减：现金的期初余额	1 581 342 234.69	1 795 504 266.74
加：现金等价物的期末余额	—	1 491 646 798.50
减：现金等价物的期初余额	1 491 646 798.50	—
现金及现金等价物净增加额	1 784 313 477.80	1 277 484 766.45

① 可以说，我国在现金流量表方面的要求很可能是全世界最高的。但这种严要求、高标准的做法是否符合成本效益原则不得而知。不可否认的是，我国的投资者、债权人和监管部门对现金流量表的分析和利用还不是十分普遍。尤其是我国的证券监管，从新股发行（IPO）、后续发行（SEO），到股票特殊处理、退市和复市，基本上是以资产负债表和利润表为导向的，很少涉及以现金流量为基础的监管指标。

从表9－1和9－2可以看出，不论是直接法，还是间接法，报告的经营活动现金流量都是相等的。两种方法各有利弊。按直接法列示经营活动产生的现金流量，优点是直截了当，易于理解，能够反映企业现金流量的来踪去迹，缺点是编制成本较高。按间接法列示经营活动产生的现金流量，优点是可节省大量的编制成本，缺点是编制过程不够直观，需要有一定的会计基础知识方能理解。

（三）现金流量的分类问题

财务报表使用者通常认为，较之权责发生制下的净利润，经营活动产生的现金流量比较客观，主观判断成分较少，不容易被操纵。这一想法是基于这样的理由，即公司管理层可以利用公认会计原则赋予的弹性空间，根据需要虚增利润或隐匿利润，而现金流量需要经过银行账户的进出，具有很高的可验证性，操纵难度很大，操纵成本高昂。

现金流量的计量和报告弹性虽然小于净利润，但实践表明，现金流量在分类问题上也存在着令人惊奇的弹性。譬如，企业将应收票据向银行贴现所得到的现金流量，是划分为经营活动产生的现金流量，还是划分为筹资活动产生的现金流量？实践中，这两种划分都有。2004年5月，财政部发布《关于执行〈企业会计制度〉和相关会计准则有关问题解答（四）》之前，大部分企业将应收票据获得的现金流量划分为经营活动产生的现金流量。“问题解答四”认为应收票据贴现的实质是，以应收票据为质押，向商业银行贷款，因而要求将应收票据贴现的相关现金流量列示为筹资活动产生的现金流量。尽管如此，仍有一些上市公司[①] 置“问题解答四”于不顾，将应收票据贴现的现金流量划分为经营活动产生的现金流量。

既然企业总的现金流量可以划分为经营活动、投资活动和筹资活动产生的现金流量，那么，如何分配这三部分的现金流量有时就让公司管理层煞费苦心。投资者和债权人更加看重的是经营活动产生的现金流量，并以此评估企业的盈利能力和还本付息能力。通过把投资活动和筹资活动产生的现金流量伪装成经营活动产生的现金流量，不仅可提高现金流量在投资者和债权人心目中的重要性，而且还可起到掩饰经营业绩不佳的功效。

[案例分析：世界通信事半功倍的舞弊手法[②]]

2002年度对于美国第二大长途电信运营商世界通信公司来说，是灾难性的一年。6月25日，在位于密西西比州的世界通信总部，上任不到两个月的首席执行

① 四川长虹2004年12月将10.75亿元应收票据贴现的现金流量划分为经营活动产生的现金流量，详见第四节的案例分析。

② 黄世忠主编：《会计数字游戏：美国十大财务舞弊案例剖析》，中国财政经济出版社2003年版。

官发布消息：内部审计发现，2001 年度和 2002 年度第一季度，世界通信公司通过将支付给其他电信公司的线路和网络费用确认为资本性支出，在五个季度里低估期间费用、虚增利润 38.25 亿美元。消息公布后，世界通信的股价跌至 0.06 美元。6 月 26 日美国证券交易委员会（SEC）迅速向联邦法院对请对世界通信的诉讼。司法部和国会宣布对世界通信的财务丑闻展开调查。8 月 8 日，世界通信再次宣布通过延伸至以前年度的自查自纠发现，1999 年和 2000 年度税前利润被高估 34.66 亿美元。11 月 5 日，世界通信第三次宣布，又发现了 20 亿美元的虚假利润，至此世界通信承认的子虚乌有的利润超过 93 亿美元。司法部门介入调查后，发现世界通信在 1998—2002 年第一季度虚假的利润已经超过 110 亿美元，创下财务舞弊空前的世界记录①。

世界通信的主要会计舞弊手法之一，就是以“预付容量”为借口，要求分支机构将原已确认为经营费用的线路成本转至固定资产等资本支出账户，以此降低经营费用，高估经营利润。相应地，将经营活动支出的现金转移至投资活动支出的现金，从而改变了现金流量结构，达到隐瞒虚增利润的目的。根据 SEC 和美国司法部的调查，这类造假金额高达 38.52 亿美元。

2001 年 4 月，世界通信的首席财务官苏利文（Scott Sullivan）在审阅了第一季度的财务报表后，发现线路成本占营业收入的比重居高不下。他意识到继续沿用 2000 年的造假花招，用准备金冲销线路成本将难以掩盖利润继续下滑的颓势。为此，他与公司的主计长决定改变做法，将已计入经营费用的线路成本以“预付容量”的名义转移至固定资产等资本支出账户。

为此，苏利文要求总账会计部给各地分支结构分管固定资产记录的会计人员下达指令，在各季度结账后，根据指令借记固定资产账户。这一类的会计分录和金额列示表 9－3 所示：

表 9－3　　世界通信线路成本舞弊性会计分录　　（单位：百万美元）

会计分录	2001 年第一季度	2001 年第二季度	2001 年第三季度	2001 年第四季度	2002 年第一季度
借：固定资产	771	560	762	941	818
贷：线路成本	771	560	762	941	818

上述舞弊性会计分录既缺乏原始凭证支撑，也没有任何批准授权手续。这种造假手法在夸大利润的同时，虽然不改变现金流量净额，但却改变了世界通信公司的

① 2005 年 7 月，这起舞弊案的主谋世界通信原董事长兼首席执行官、现年 63 岁的 Bernard Ebbers 被判刑 25 年，罚款 550 万美元，价值 4 400 万美元的不动产被没收。而舞弊案直接操刀者 43 岁的 Scott Sullivan 因检举有功，同年 8 月只被判刑 5 年，罚款 500 万美元，另有一栋 3 万平方英尺的别墅被没收。这是美国通过萨班斯—奥克斯利法案后加大对会计造假者严惩的重大举措。

现金流量结构，可谓一箭双雕。由于世界通信公司使用间接法编制现金流量，经营活动产生的现金流量是以净利润为基础，通过对不涉及现金和现金等价物的事项进行调整得出的。其他条件保持不变，高估利润必然会夸大经营活动产生的现金流量。此外，按照美国的现金流量表准则，在线路成本方面的支出属于经营活动的现金流出，而资本支出则属于投资活动的现金流出。将线路成本转化为资本支出，相当于将线路成本作重分类，因而，本应在现金流量表反映为经营活动产生的现金流出，结果被反映为投资活动产生的现金流出，严重误导了投资者、债权人等报表使用者对世界通信现金流量创造能力的判断。简言之，世界通信的舞弊性会计分录不仅夸大经营利润，而且高估了经营活动现金流量，使投资者误以为世界通信的经营利润有相应的“真金白银”的流入，具有很高的欺骗性。这也是导致 SEC 失察、投资者上当的主要原因之一。

[案例分析：东方电子的“暗渡陈仓”洗钱术①]

东方电子是由烟台东方电子信息产业集团公司作为独家发起人，于 1993 年 3 月采用定向募集方式设立的。1996 年 12 月 17 日，经中国证监会批准，公司向社会公开发行 1 030 万股，发行价 7.88 元，总股本变为 6 830 万股，其中国家股 2 200 万股，社会法人股 150 万股，社会公众股 1 720 万股（包括原内部职工股 690 万股），内部职工股 2 760 万股。1997 年 1 月 21 日，东方电子 1 720 万股社会公众股在深交所挂牌上市。东方电子上市伊始就开始了业绩造假。1997 年东方电子上市前夕，董事长兼总经理隋元柏、董事兼副总经理高峰等就认为它盘子小，流动性强，具有较大的升值空间，炒作公司自己的股票稳赚不赔。1997 年 1 月 20 日，即股票挂牌交易的前一天，隋元柏指使财务人员将东方电子自有资金 5 000 多万元转入了该公司掌控的 44 个账户中。1 月 24 日，亦即公司股票上市流通的第 2 个交易日，买入了 200 多万股，耗资近 5 000 万元。该批股票于当年 11 月底抛出，获利 5 000 多万元，全部计入了当年主营业务收入，为当年大比例分红送股打下基础。

首次试水成功，东方电子主要负责人开始策划如何利用证券市场完成原始积累。上市后，隋元柏和高峰就商议，为提高经营业绩和企业形象，利用该公司掌控的大量内部职工股，将内部职工股出售，再将出售后的收入包装成主营业务利润，利润上升和股本的扩张会刺激股价的上涨和股票数量的增加，又为公司业绩的增长提供了基础，形成所谓的“良性循环”。东方电子的神话是在证券市场中造就的，而这神话的源头与其内部职工股密不可分。

东方电子上市后，每年初都制定了一个年增长速度在 50% 以上的发展计划和

① 本案例的资料引自网络新闻：“东方电子：一个绩优神话的来龙去脉”，新华网，http://big5.xinhuanet.com/gate/big5/news.xinhuanet.com/fortune/2002-12/04/content_649322.htm。

利润目标，而根据该公司的实际生产情况，这是“不可能完成的任务”，于是在年中和年底，根据实际完成情况与计划目标的差异，由抛售股票收入来弥补。从1998年开始抛售持有的内部职工股，一直到2001年8月份，每年抛售的时间大约都集中在中期报告和年度报告披露前，每次抛售的数量根据业绩需要而定。高峰再给证券部的两名工作人员下指令，在证券公司抛售股票，并将所得收入转入该公司在银行的账户。经营销售部门负责伪造合同与发票。隋元柏指使销售部门人员采取修改客户合同、私刻客户印章，向客户索要空白合同、粘贴复印伪造合同等四种手段，从1997年开始，先后伪造销售合同1 242份，合同金额17.2968亿元，虚开销售发票2 079张，金额17.0823亿元，占历年销售收入总额的47%。同时为了应付审计，销售部门还伪造客户的函证。为了把假象做得更真实，隋元柏还指使销售部门人员与个别客户串通，通过向客户汇款、再由客户汇回的方式，虚增销售收入。东方电子的洗钱术可谓别出心裁，用心良苦！

东方电子舞弊案和其他上市公司舞弊案的不同之处在于它有真实的现金流入，而不是凭空画饼充饥。但是将违法炒作公司自己股票上的收益和现金流伪装成销售收入和经营活动产生的现金流量，导致投资者严重误判东方电子主营业务的核心竞争力和现金流量创造能力。

世界通信和东方电子案例说明，在不改变现金流量的情况下，通过改变现金流量的分类，同样会导致严重的误导和误判。投资者、债权人在分析财务报表时，尤其应当关注现金流量表的分类是否存在“鱼目混珠”或“暗渡陈仓”的蛛丝马迹。

二、现金流量财务指标的计算方法和潜在用途

传统财务指标的计算分析主要涉及资产负债表之内项目的比较、损益表之内项目的比较以及两张报表项目之间的比较，有关现金流量的指标使用得比较少。这与现金流量表出现的时间较晚有关。第7号国际会计准则《现金流量表》于1977年颁布，美国的第95号会计准则《现金流量表》1987年颁布，而我国直至1998年才开始提出现金流量表的编制要求。

常用的现金流量指标主要包括：

（一）现金流量充裕率（Cash Flow Adequacy Ratio）

现金流量充裕率的计算公式如下：

$$\text{现金流量充裕率}=\frac{\text{经营活动产生的现金流量}}{\text{购建固定资产现金流出}+\text{偿还借款现金流出}+\text{支付现金股利}}$$

现金流量充裕率大于1，表明企业经营活动产生的现金流量足以更换陈旧、报废的固定资产、偿还债务和发放现金股利。反之，现金流量充裕率小于1，则表明

企业经营活动产生的现金流量不足以更新固定资产、偿还债务和支付股利。从另一个角度看，如果现金流量充裕率计算公式的分子大于分母，差额部分代表自主性现金流量（Discretionary Cash Flows）。这种性质的现金流量提高了企业的流动性（Liquidity）和财务弹性（Financial Flexibility）。

根据章末附录1和附录2的资料，中国移动和中国联通2004年和2005年的现金流量充裕率计算如表9-4所示：

表9-4 现金流量充裕率计算过程 （单位：百万元）

项目名称	中国移动		中国联通	
	2004	2005	2004	2005
(1) 经营活动现金净流量	103 779	131 709	23 819	30 803
(2) 购建固定资产现金流出	58 367	66 027	18 939	16 643
(3) 偿还银行借款现金流出	9 784	2 455	29 517	40 032
(4) 支付现金股利	8 349	18 894	1 256	1 257
(5) 现金流量充裕率 (5) = (1) ÷ [(2) + (3) + (4)]	1.36	1.51	0.48	0.53

可以看出，中国移动的现金流量充裕率远优于中国联通，其经营活动产生的现金流量用于购建固定资产、偿还银行借款和支付现金股利绰绰有余，而中国联通经营活动产生的现金流量仅够用于购建固定资产和支付现金股利，尚不足以偿还银行借款。

（二）经营性现金流量对资本支出比率

经营性现金流量对资本性支出比率的计算公式如下：

$$\text{经营性现金流量对资本支出比率} = \frac{\text{经营活动产生的现金净流量}}{\text{购建固定资产的现金流出}}$$

该比率用于衡量企业利用经营活动产生的现金流量进行固定资产更新改造的能力。该比率越大，表明企业更新改造固定资产的能力越强。中国移动2004年和2005年经营性现金流量对资本支出比率分别为1.78和1.99，而中国联通这两年这一比率分别为1.26和1.85，略逊色于中国移动。

（三）经营性现金流量对借款偿还比率

经营性现金流量对借款偿还比率的计算公式如下：

$$\text{经营性现金流量对借款偿还比率} = \frac{\text{经营活动产生的现金净流量}}{\text{偿还银行借款的现金流出}}$$

该比率用于衡量企业利用当年经营活动产生的现金流量偿还银行借款的能力。

比率越高，表明企业偿还银行借款的能力越强。中国移动 2004 年和 2005 年这一比率分别是 10.61 和 53.64，而中国联通这两年的相应比率分别是 0.81 和 0.77，可见中国联通利用经营活动产生的现金流量偿还银行借款的能力远不如中国移动。

（四）经营性现金流量对股利支付比率

经营性现金流量对股利支付比率的计算公式如下：

$$经营性现金流量对股利支付比率 = \frac{经营活动产生的现金净流量}{支付股利的现金流出}$$

这一比率用于衡量企业利用经营活动产生的现金流量发放现金股利的能力。比率越高，企业发放现金股利的保障能力越高。2004 年和 2005 年，中国移动的这一比率分别为 12.43 和 6.97，相比之下，中国联通这两年的相应比率分别为 18.96 和 24.51。从表面上看，中国联通的现金股利支付能力高于中国移动，但进一步分析表明，这主要是由计算公式的分子分母所导致的。尽管中国移动这两年经营活动产生的现金流量分别是中国联通的 4.36 倍和 4.27 倍，但中国移动这两年现金股利的支付金额分别是中国联通的 6.65 倍和 15.03 倍！

（五）自由现金流量

诚如第三章所指出的，自由现金流量缺乏权威、一致的定义和计算方法。自由现金流量有广义和狭义之分。广义的自由现金流量，其计算公式和用途已在第三章介绍，这里不再赘述。

狭义的自由现金流量，其计算公式如下：

自由现金流量 = 经营活动产生的现金净流量 - （资本支出 + 现金股利）

狭义的自由现金流量可用于评估企业的财务弹性（利用市场新出现的机遇和应对市场突发的逆境的能力）和利用内部资源进行扩展的能力。2004 年和 2005 年，中国移动狭义的自由现金流量分别为 454.12 亿元和 656.82 亿元，中国联通相应的指标分别是 48.80 亿元和 141.60 亿元，表明其财务弹性和内部扩展能力不如中国移动。

（六）折旧摊销影响比率

折旧摊销影响比率的计算公式如下：

$$折旧摊销影响比率 = \frac{折旧费用 + 摊销费用}{经营活动产生的现金净流量}$$

这个比率用于衡量企业经营活动产生的现金净流量有多大比例来自于长期资产的定期折旧和摊销。该比率越小，表明企业的现金流量质量越高，净利润与经营性现金流量的差异越小[1]。从附录 1 和附录 2 可以算出，2004 年和 2005 年中国移动的这一比率分别是 0.45 和 0.43，中国联通的相应比率分别为 0.80 和 0.66，表明其现金流量的质量逊色于中国移动，净利润与经营性现金流量的差异也大于中国移动。

（七）销售收入的现金含量比率

销售收入的现金含量比率的计算公式如下：

$$销售收入的现金含量比率 = \frac{经营活动产生的现金净流入}{销售收入}$$

该比率越高，表明企业通过销售商品或提供劳务创造现金净流量的能力越高，销售收入的质量越高，发生坏账损失的风险越小。根据附录 1 和附录 2 以及第三章表 3－24 提供的资料进行计算，2004 年和 2005 年，中国移动这一比率分别是 0.54 和 0.54，而中国联通的这一比率分别为 0.30 和 0.35，明显低于中国移动，表明其销售收入的质量不如中国移动。

（八）经营指数（Operation Index）

经营指数的计算公式如下：

$$经营指数 = \frac{经营活动产生的现金净流量}{经营利润}$$

经营指数越大，表明企业的盈利质量越高。根据附录 1 和附录 2 以及第三章的表 3－22 和表 3－25 的资料可以算出，2004 年和 2005 年中国移动的经营指数分别为 1.74 和 1.79，而中国联通的经营指数分别 2.99 和 3.82。为何中国联通销售收入的现金含量明显低于中国移动，但其经营指数远高于中国移动？这主要是由于中国联通的经营利润远低于中国联通所致。2004 年和 2005 年中国联通的经营利润分别为 79.61 亿元和 80.70 亿元，相当于中国移动这两个年度经营利润（597.34 亿元和 736.86 亿元）的 13.32% 和 10.91%。因此，利用经营指数评价企业的盈利质量时，应当同时考虑销售收入的现金含量比率。

第二节　现金流量分析的相关理论

本节介绍与现金流量分析相关的生命周期理论（Business Life Cycle）和波士顿矩阵。掌握这两个相关理论，有助于分析和评估企业的现金流量特性及其演变趋势。

---

① 这是因为折旧费用和摊销费用都属于非现金性支出，这两类费用会减少净利润，但并没有产生现金流出，故在将净利润调节为经营活动产生的现金流量时，折旧费用和摊销费用必须作为加项予以调整。

一、生命周期理论与现金流量分析

如同自然人一样，一个行业、一个企业和一种产品都要经历着“出生—成长—成熟—衰亡”的生命周期（Life Cycle）[①]。生命周期理论是分析现金流量的重要工具。生命周期理论是基于这样的假设，即一个企业从创立到衰亡通常要经历四大发展阶段：创业阶段、成长阶段、成熟阶段和衰退阶段。

在这些不同的生命周期阶段，企业经营活动、投资活动和筹资活动产生的现金流量均呈现不同的特征，如图 9-1 所示：

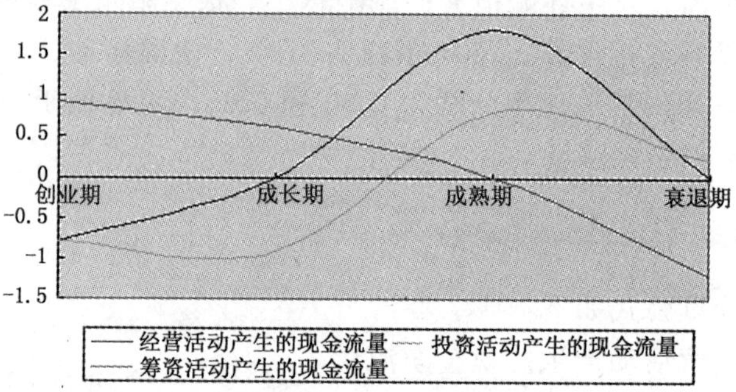

图 9-1 生命周期不同阶段现金流量表现特征

（一）创业企业及其现金流量趋势分析

在创业阶段，企业患有现金饥渴症，它们需要资金支付员工工资、购买设备和原材料，加快生产产品和开拓市场。由于市场尚未打开，产品质量和品牌知名度不高，资金周转困难，企业面临的经营风险和财务风险都很高。对于这种类型企业的财务报表，很难用传统的报表分析方法进行分析。在公开资本市场发行证券、并将经营状况报告给投资者前，这样的企业通常由私人拥有，或者接受风险投资。风险资本家是一种专业的投资者，他们有特殊的专长对创业阶段的企业进行评估，他们看中的是未来收入和现金流量的前景。

在创业阶段，企业的财务特征主要表现为：(1) 没有销售收入或只有少量的销售收入；(2) 经营亏损或勉强盈利；(3) 经营活动产生的现金流量入不敷出；

① 生命周期理论的一个重要流派是产品生命周期（Product Life Cycle，简称 PLC）理论。PLC 理论的创始人是 Theodore Levitt，他于 1965 年 12 月在《哈佛商业评论》第 63 卷上发表了一篇题为“探索产品生命周期”（Exploit the Product Life Cycle）的文章，率先提出了 PLC 理论，将 PLC 分为导入阶段、成长阶段、成熟阶段和衰退阶段。市场营销学中，也有将 PLC 分为六个阶段的，即开发阶段、导入阶段、成长阶段、成熟阶段、饱和阶段和衰退阶段。

(4) 投资活动产生的现金流出金额巨大；(5) 筹资活动产生的现金流量是维系企业正常运转的首要资金来源。

(二) 成长企业及其现金流量趋势分析

企业的成长阶段可以分为两个时期，前一时期是新兴成长期，这是生存下来的创业企业发展进程的转折点。在这一时期，企业产品或服务得到市场的认可，产品市场高速成长，但由于需要大量的资本支出，且产品的规模经济还是不很明显，达到盈亏平衡点还需要艰辛的努力。造成亏损的原因很大一部分来自非现金支出的费用，主要是固定资产的折旧和其他长期资产的摊销等。销售收入的增加和回笼以及应付账款的增加，使经营活动产生的现金流量大为改观。这一阶段的资本支出很大，持续的固定资产购建活动需要大量的外部融资，如长期负债和股票融资。

第二时期是高速成长期，此时，企业的产品得到市场的广泛接受，市场占有率迅速扩大，企业的投资回报丰厚，经营风险微不足道。在这一阶段，企业的财务特征主要表现为：(1) 销售收入快速增长；(2) 经营利润大幅提升；(3) 经营活动产生的现金流量增长迅速，但并不宽裕，因为面对众多的投资机会和诱人的投资回报，企业会毫不犹豫将经营活动产生的现金流量用于扩大经营规模；(4) 投资活动产生的现金流出呈减缓趋势；(5) 对筹资活动产生的现金流量的依赖性大为降低，给股东的回报（如现金股利）有所增加。

(三) 成熟企业及其现金流量趋势分析

进入成熟期后，市场容量日趋饱和，企业面临的市场竞争日益白热化。此时，企业的市场占有率不断被蚕食，经营风险加大，投资回报下降。在这一阶段，企业的财务特征主要表现为：(1) 销售收入增长缓慢或急剧减少；(2) 经营利润停滞不前；(3) 经营活动产生的现金流量十分充裕，因为面对日益险恶的市场环境，企业只好让经营活动产生的现金流量大量沉淀，或用于偿还负债；(4) 投资活动产生的现金流量大幅增加，因为此时的固定资产折旧和其他资产的摊销往往大于资本性支出；(5) 筹资活动产生的现金流量快速下降，因为企业此时除了加快偿还银行借款外，通常还会通过回购库存股份或提高派现比例，将剩余的资金回馈给股东。

(四) 衰退企业及其现金流量趋势分析

处于衰退时期的企业，竞争空前惨烈，产品面临被淘汰或被新产品替代的局面，经营风险和投资风险居高不下。在这一阶段，企业的财务特征主要表现为：(1) 销售收入极度萎缩；(2) 经营巨额亏损；(3) 经营活动产生的现金流量急剧下降，甚至可能出现入不敷出的局面；(4) 投资活动产生的现金流量因企业的战略撤退而持续下降；(5) 筹资活动产生的现金流量因企业经营规模的裁减等原因而日益枯竭。

二、波士顿矩阵与现金流量分析

波士顿矩阵（The Boston Matrix）为现金流量分析提供了一个全新的视角。波士顿矩阵是由从事企业战略和市场营销咨询业务的波士顿咨询集团于1968年提出的，这一理论提供了一个将市场成长性、市场占有率与现金流量相互联系在一起的分析框架。根据波士顿矩阵，企业的产品可分为四类：现金明星（Stars）、现金奶牛（Cash Cows）、现金瘦狗（Cash Dogs）、问题小孩（Problem Children），它们与市场成长性、市场占有率的相互关系如图9-2所示。

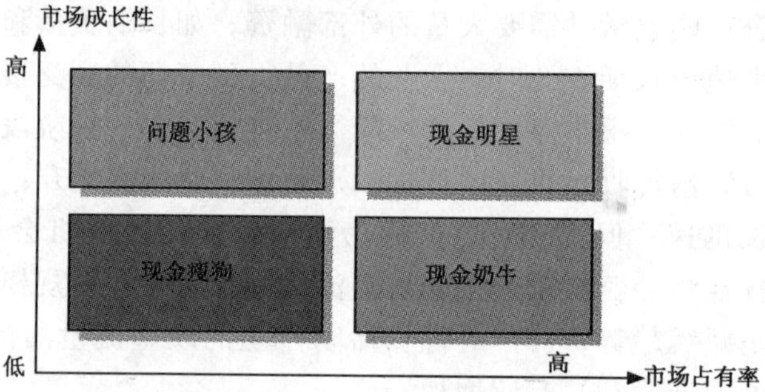

图9-2　波士顿矩阵

（一）现金明星

这是企业产品处于成长时期的最佳状态。在这一象限里，企业的产品市场具有很高的成长性，且企业产品的市场占有率很高。拥有这类产品的企业，其销售收入具有很高的成长潜力，但现金流量并不十分充裕。现金明星的“强项”在于创造利润，而非现金。

（二）现金奶牛

这是企业产品处于成熟时期的次优状态。在这一象限里，企业产品的市场占有率虽然很高，但产品市场处于产品生命周期的成熟阶段，成长性较低，产品所需的支持成本也较低。拥有这类产品的企业，其销售收入的成长性有限，但现金流量十分充裕。现金奶牛“吃进去的是青草，挤出来的是现金”。

[案例分析——喜忧参半的巨额派现]

2004年7月20日，微软公司董事会主席 Bill Gates、首席执行官 Steve Ballmer、

首席财务官 John Connors 代表微软公司召开了新闻发布会，宣布了一个震撼华尔街的一揽子现金分红方案。根据这一方案，微软公司在未来的 4 年里，将向股东支付 760 亿美元的现金，包括：（1）从 2004 会计年度起，现金股利翻番，向每股普通股支付 0.32 美元的现金股利，每年 35 亿美元，连续 4 年，总计 140 亿美元；（2）在未来 4 年内回购 300 亿美元的股票；（3）在 2005 会计年度支付每股 3.00 美元的特别现金股利，总计 320 亿美元。这是迄今为止上市公司给予其股东最慷慨的回报。除了丰厚的现金回报外，微软公司在股票市场上给予投资者的回报也是卓尔不群。微软公司创立于 1975 年，1986 年股票公开上市。根据《华尔街日报》的测算，如果投资者以 100 美元在上市日购买微软公司的股票，至 2004 年 7 月 20 日，其股票价值已高达 33 000 美元，就是说，微软公司的股票在 19 年内增值了 329.9 倍。

值得一提的是，为了打消华尔街财务分析师的担心，微软公司的首席财务官信心十足地承诺，在支付了 760 亿美元后，微软公司 4 年后的现金储备将不低于 390 亿美元，而这还不包括可以随时变现的长期投资。微软公司的财务实力之强盛、现金储备之充裕着实令人叹为观止。

微软公司宣布这个极具轰动效应的一揽子巨额派现消息的当天，其股票价格上涨了 3.7%。但好景不长，第二天其股票价格开始下跌，因为华尔街的财务分析师将巨额派现解读为微软公司已由高速成长期过渡到相对成熟期。事实上，微软公司自己也承认步入成熟期，并明确提醒投资者，期望微软公司继续保持 20 世纪 80 和 90 年代的高速成长性是不切合实际的。与此同时，微软公司宣布调整投资者关系管理策略，它今后最欢迎的机构投资者不再是追求高成长、高回报的风险资本，而是养老基金，因为养老基金最看重的就是其投资对象经营的稳定性和现金流量的充裕性。

760 亿美元的一揽子派现计划，一方面雄辩地证明微软公司是全世界当之无愧的“现金奶牛”，另一方面也昭示了微软公司的产品已经进入成熟期，导致其经营活动产生的充裕现金流量大量沉淀。此外，由于担心再次遭到垄断指控，微软公司不敢轻易将这些沉淀的现金流量用于收购兼并其他软件公司，这一事实也是微软公司不断囤积现金流量的重要原因之一。导致微软公司经营活动产生的现金流量居高不下的另一个原因与它的薪酬制度设计有关。微软公司上市后，充分利用其蓝筹绩优股和股价不断上涨的优势，大量采用股票期权（Stock Options）作为关键管理人员和核心技术人员的薪酬方式。这种薪酬方式不仅为微软公司增加了可观的利润①，而且使它

① 根据美国公认会计原则的要求，股票期权不需要作为费用在表内确认，仅需在表外披露。安然事件后，这种会计惯例遭受非议，很多有识之士如格林斯潘、巴菲特认为将股票期权表外披露的做法是诱发财务舞弊的重用原因之一。面对这种指责，一些企业形象较好的企业如通用电气、微软、波音、花旗等，在安然事件后主动将股票期权作为费用在表内确认。2002—2005 会计年度，微软公司确认的股票期权费用分别为 37.84 亿美元、37.49 亿美元、57.34 亿美元和 24.48 亿美元。

节省了大量经营活动产生的现金流出。换言之，采用股票期权这种薪酬制度，意味着微软公司只需要支付向高管人员和技术人员支付少量的现金性报酬，相反地，高管人员和技术人员因为行使股票期权，反而要源源不断地将现金付给微软公司。

（三）现金瘦狗

这是企业产品处于衰退时期的最差状态。在这一象限里，企业的产品市场不断萎缩，企业产品的市场占有率很低，产品的开发和销售需要大量的资金支持。拥有这类产品的企业，其销售收入每况愈下，现金流量入不敷出、捉襟见肘。现金瘦狗非但“挤不出”现金，反而“吃掉”现金。

（四）问题小孩

这是企业产品处于成长时期的次优状态。在这一象限里，尽管企业的产品市场处于高速成长阶段，但企业产品因缺乏竞争力或促销不力，市场占有率偏低，且产品的开发和销售需要大量的资金支持。拥有这类产品的企业，其销售收入成长潜力充满不确定性，现金流量缺乏稳定性，有时甚至入不敷出。问题小孩麻烦不断，投入多，产出少。“调教”得好，问题小孩可以转化为现金明星，“调教”得不好，问题小孩可能转化为现金瘦狗。

第三节　现金流量在财务弹性评价中的运用

除了反映企业不同发展阶段面临不同的风险，现金流量表也提供了有关企业财务弹性的重要信息。通过分析现金流量，财务报表使用者可以据此对下列问题做出判断：

1. 面对市场突然出现的机遇或逆境，企业的现金流量和现金储备是否足以应对？

2. 企业支付股利的保障能力如何？

3. 假如企业的外部融资渠道突然变得很窄或融资成本升高，企业是否有能力依靠内部资金维持或扩大经营？

4. 假如企业所经营恶化，它是否有能力偿还到期债务？

这些问题的实质是财务弹性，通过现金流量分析，评估企业的财务弹性是财务报表分析的重要目标之一。

一、财务弹性与现金流量的关系

所谓财务弹性，是指企业对市场机遇和市场逆境的应变能力。对于拥有充裕经营性现金流量和现金储备的企业而言，一旦市场出现难得的投资机会或其他有利可图的机遇，它们就可迅速加以利用，而一旦市场出现意想不到的市场逆境，它们也可以游刃有余，坦然应对，还本付息和股利支付的能力也能得到很好的保障。反之，对于经营性现金流量捉襟见肘、现金储备严重匮乏的企业，面对再好的投资机会和其他机遇，也只能望洋兴叹，对于始料不及的市场逆境，它们丧失还本付息和股利支付能力，并有可能从此一蹶不振。

衡量企业财务弹性的一个最重要的财务指标就是现金流量充裕率，这一指标的计算公式和涵义已经在第一节介绍，这里不再赘述。衡量企业把握投资机会的另一个重要财务指标是现金投资满足比率，其计算公式为：

$$现金投资满足比率 = \frac{经营活动产生的现金流量}{资本支出 + 现金股利}$$

该比率越大，说明企业投资所需要的资金自给率越高，从而对投资机会的把握能力就越大。

衡量企业应对债务压力的现金流量指标有两个。第一个财务指标是现金流量利息保障倍数，其计算公式如下：

$$现金流量利息保障倍数 = \frac{经营活动产生的现金流量}{利息支出}$$

该比率反映企业对利息支付的保障程度，该比率越大，表明企业利息支付的保障能力越强。如果有足够的经营性现金流量用于利息支出，企业就可以防止债权人要求提前还贷的压力，从而减轻债务负担。

第二个财务指标是经营性现金流量对短期负债的比率，其计算公式如下：

$$经营性现金流量对流动负债的比率 = \frac{经营活动产生的现金流量}{流动负债}$$

这一财务指标用于衡量企业按时偿付即将到期债务的能力。该比率越高，企业按时偿付到期债务的能力越强。

二、OPM 策略对财务弹性和现金流量的影响

在分析财务弹性与现金流量之间的关系时，还必须考虑企业运营资本管理中 OPM（Other People's Money）策略的影响。所谓 OPM 策略，是指企业充分利用做大规模的优势，增强与供应商的讨价还价能力（Bargaining Power），将占用在存货和应收账款的资金及其成本转嫁给供应商的运营资本管理策略。简言之，OPM 策略本

质上是利用供应商的钱做生意。衡量 OPM 策略是否卓有成效的关键指标是现金转化周期（Cash Conversion Cycle），其计算公式如下：

现金转化周期 =（应收账款周期天数 + 存货周转天数）– 应付账款周转天数

现金转化周期越短，表明企业在运营资本管理中所采用的 OPM 策略越成功。成功的 OPM 策略不仅有助于增强企业的财务弹性，还可增加经营活动产生的现金流量①。

三、案例分析

（一）一枝独秀的戴尔电脑

追求低成本战略的戴尔（Dell）公司，堪称个人电脑业的传奇。自 1989 年上市以来，戴尔公司除了在 1994 会计年度② 发生 4 300 万美元的亏损外，其他会计年度均连续保持盈利，而其竞争对手 IBM 的个人电脑业务连年经营亏损，最后不得不卖给联想集团，康柏电脑也因为经营亏损被惠普（HP）收购，真可谓“冰火两重天”。表 9 – 5 列示了戴尔公司过去五个会计年度的主要财务指标。

表 9 – 5　戴尔公司主要财务指标　（单位：百万美元）

项目名称	2002 年	2003 年	2004 年	2005 年	2006 年
资产总额	13 535	15 470	19 311	23 215	23 109
负债总额	8 841	10 597	13 031	16 730	18 980
其中：流动负债	7 519	8 933	10 896	14 136	15 927
股东权益	4 694	4 873	6 280	6 485	4 129
销售收入	31 168	35 404	41 444	49 205	55 908
净利润	1 780	2 122	2 645	3 323	3 825
经营性现金净流量	3 797	3 538	3 670	5 310	4 839
资本性支出	303	305	329	525	728
偿还借款现金流出	530	506	505	505	504
利息支出	29	17	14	16	28
支付现金股利	—	—	—	—	—
总资本收益率*	38.8%	48.5%	50.0%	51.0%	65.2%

* 总资本收益率 =（税前利润 + 利息费用）÷（长期负债 + 股东权益），取自戴尔公司网站披露的资料，www.dell.com。

① 这从采用间接法编制的现金流量表中就可以看出。将净利润调节为经营活动产生的现金流量时，存货和经营性应收项目的减少作为加项，而经营性应付项目的增加却作为加项。

② 戴尔的会计年度结束于每年的 1 月底或 2 月初。

戴尔公司过去五年的销售收入和净利润每年以两位数高速成长，总资本收益率高得令人难以置信，而且，戴尔公司的财务弹性也十分出类拔萃。表 9-6 列示了衡量戴尔公司财务弹性的相关指标。

表 9-6　　戴尔公司财务弹性指标

项目名称	2002	2003	2004	2005	2006
现金流量充裕率	4.56	4.36	4.40	5.16	3.93
现金投资满足比率	12.53	11.60	11.16	10.11	6.64
现金流量利息保障倍数	130.93	208.12	262.14	331.88	172.82
经营性现金流量对流动负债比率	0.51	0.40	0.33	0.38	0.30

可以看出，除了经营性现金流量对流动负债比率较低外，其他财务指标都非常高，表明戴尔公司具有异常强的财务弹性。戴尔公司超强的财务弹性，主要归功于它在运营资本管理中对 OPM 策略的运用卓有成效。表 9-7 列示了戴尔公司的现金转化周期。

表 9-7　　戴尔公司现金转化周期*

项目名称	2002	2003	2004	2005	2006
存货（百万美元）*	278	306	327	459	576
应收账款（百万美元）*	2 269	2 586	3 071	3 563	4 089
应付账款（百万美元）*	5 075	5 989	7 316	8 895	9 840
存货周转天数**	4	3	3	4	4
应收账款周转天数**	29	28	27	27	29
减：应付账款周转天数**	69	68	70	73	77
现金转化周期**	-36	-37	-40	-42	-44

* 资料来源：Condensed Consolidated Statement of Financial Position，www.dell.com。

** 资料来源：Selected financial data & ratios，www.dell.com。

现金转化周期由 2002 会计年度的 -36 天扩大至 -44 天，说明戴尔公司占用在存货和应收账款上的资金不仅完全由供应商解决，而且还无偿占用了供应商提供的资金长达 36 至 44 天。可见，OPM 战略不仅降低了戴尔公司的利息负担，而且赋予它无与伦比的财务弹性，这也解释了为何戴尔公司经营性现金流量对流动负债比率偏低的原因。戴尔公司现金转化周期之所以如此神奇，除了归功于其在运营资本管理上成功地运用了 OPM 策略，也与它奉行的其他低成本战略如定单制造法（Make-to-order Manufacturing）和战略联盟（Strategy Alliance）有关。定单制造法大幅降低了戴尔公司的存货周转天数，战略联盟的选择使戴尔公司有机会利用其全世界最大个人电脑制造商的地位，增强其与零部件供应商的讨价还价能力，不断延长零部件采购的付款期限。这些独特的经营战略，加上在研发支出、广告销售支出和管理费用上的严格控制，是造就戴尔公司在竞争空前惨烈的个人电脑行业中一枝独秀的秘笈。

（二）树大招风的沃尔玛

山姆·沃顿（Sam Walton）1962年创立的沃尔玛（Wal – Mart Stores）公司，是全世界最大的连锁超市，截至2006会计年度[①]末，沃尔玛公司雇佣的员工超过180万人，在美国、中国、日本、英国、德国、加拿大、墨西哥等15个国家开设了超过5 000家的超市，在世界范围内拥有130万家联属企业，被《财富》杂志评选为“最受尊敬的零售商”。据统计，全球每周有超过一亿顾客光顾沃尔玛连锁超市。2006年5月底，其股票市值超过1 950亿美元。表9 – 8列示了沃尔玛公司过去五年的主要财务指标。

表9 – 8　　沃尔玛公司主要财务指标　　（单位：百万美元）

项目名称	2002年	2003年	2004年	2005年	2006年
资产总额	83 527	94 808	105 405	120 154	138 187
负债总额	48 425	55 347	55 347	61 782	85 016
其中：流动负债	27 282	32 519	37 840	43 182	48 826
股东权益	35 102	39 461	43 623	49 396	53 171
销售收入	204 011	229 616	256 329	285 222	312 427
净利润	6 592	7 955	9 054	10 267	11 231
经营性现金净流量	10 519	13 005	15 996	15 044	17 633
资本性支出	8 285	9 245	10 308	12 893	14 563
偿还借款现金流出	3 519	1 261	3 541	2 131	2 724
利息支出	1 080	799	729	934	1 171
支付现金股利	1 249	1 328	1 569	2 214	2 511

根据上述资料，可以计算出沃尔玛公司的相关财务弹性指标，如表9 – 9所示。

可见，除了现金流量充裕率和经营性现金流量对流动负债比率较低外，沃尔玛公司的财务弹性整体而言还是比较强的，这在一定程度上得益于沃尔玛公司在运营资本上采用的OPM策略，如表9 – 10所示。

---

① 沃尔玛公司的会计年度结束于每年的1月31日。

表 9-9　沃尔玛公司财务弹性指标

项目名称	2002 年	2003 年	2004 年	2005 年	2006 年
现金流量充裕率	0.81	1.10	1.04	0.87	0.89
现金投资满足比率	1.10	1.23	1.34	1.00	1.03
现金流量利息保障倍数	9.74	16.28	21.94	16.11	15.06
经营性现金流量对流动负债比率	0.39	0.40	0.42	0.35	0.36

表 9-10　沃尔玛公司现金转化周期

年度 / 项目名称	2002	2003	2004	2005	2006
存货（百万美元）	22 614	24 401	26 612	29 762	32 191
应收账款（百万美元）	2 000	1 569	1 254	1 715	2 662
应付账款*（百万美元）	16 360	17 908	22 692	25 799	29 127
存货周转天数	40	39	42	38	38
应收账款周转天数	4	2	2	2	3
减：应付账款周转天数	29	28	32	33	34
现金转化周期	15	13	12	7	7

* 含应付给供应商的商业票据。

沃尔玛公司的现金转化周期由 2002 会计年度的 15 天降至 2006 会计年度的 7 天，说明其 OPM 策略运用得比较成功。也因为如此，沃尔玛公司不断遭受供应商的非议，它们指责沃尔玛公司不仅利用其全球最大连锁超市的地位，不断挤压供应商的价格空间，而且一再延长货款支付期限。沃尔玛公司遭受的其他非议还包括压低雇员薪资水平，利用其雄厚财务实力不断排斥竞争对手，让成千上万的小型社区商店痛失生存机会等。但沃尔玛公司将这些指责解释为其经营策略，并声称从这些低成本战略① 中得到的好处并没有独享，而是通过“天天低价”（Everyday Low Prices）的促销战略，将这些好处回馈给广大顾客。顾客得到实惠后，再回到沃尔玛连锁超市购买更多的商品，从而促成“薄利多销”经营模式的良性循环。这种“薄利多销”经营模式不仅使沃尔玛公司获益匪浅，也惠及广大消费者和供应商，从而形成所谓的“三赢”格局。

① 沃尔玛公司的低成本战略得益于精明的低价采购，这显然与其无与伦比的讨价还价能力有关。中国作为全球低成本生产中心的崛起，也为沃尔玛公司实施低成本战略提供了长效机制。近年来，沃尔玛公司每年从中国直接采购可超过了 75 亿美元的商品，并通过其供应商间接从中国采用了超过 75 亿美元的商品。沃尔玛宣称，其“天天低价”促销战略加上中国源源不断提供的低成本商品，为降低美国的通货膨胀率做出了巨大的贡献。

（三）"价格屠夫"的盈利模式

近年来异军突起的以国美电器① 和苏宁电器② 为典型代表的"大卖场"，打破了我国家电行业里制造厂商与其客户的力量平衡，使家电制造厂商在一定程度上丧失了在定价上的"话语权"，价格战的主导权有被"大卖场"取而代之的趋势。事实上，过去几年家电市场的很多价格战都是由"大卖场"挑起的，"大卖场"也因此被戏称为家电市场上的"价格屠夫"。

那么，"大卖场"为何能够在空前残酷的价格战中生存？国美电器和苏宁电器的盈利模式又有何奥秘？

表 9 – 11 列示了国美电器和苏宁电器 2004 年和 2005 年度的相关财务指标。

表 9 – 11　　国美电器和苏宁电器财务指标　　（单位：百万元）

项目名称	国美电器		苏宁电器	
	2004 年	2005 年	2004 年	2005 年
资产总额	5 113	9 367	2 051	4 327
负债总额	3 742	7 496	1 186	3 089
其中：流动负债	3 576	7 496	1 186	3 086
股东权益	1 371	1 871	865*	1 238*
销售收入	9 715	17 959	9 107	15 936
净利润	580	777	190*	372*
经营活动产生的现金流量	591	523	121	228
资本性支出	53	549	155	258
偿还银行借款现金流出	10	—	40	40
支付现金股利	30	—	4	4
利息支出	2	—	13	26

* 国美电器在香港上市，从 2005 年执行新的国际财务报告准则，并将少数股东权益作为合并股东权益的一部分，苏宁电器在深圳证券交易所上市，执行《企业会计制度》，将少数股东权益作单独项目列示于合并负债与合并股东权益之间。为了保持可比性，已将苏宁电器的少数股东权益改列为合并股东权益。相应地，少数股东权益不再作为合并净利润的扣除项目。

① 这里所说的国美电器，其全称为"国美电器控股有限公司"，其前身为一家经营计算机绣花机械和软件开发公司，1992 年在香港上市（股票代码：HK0493）。2004 年 7 月收购创立于 1987 年的国美电器的 65%股权并在同年 8 月正式更名为"国美电器控股有限公司"。国美电器目前是中国最大的电器及消费电子产品零售连锁商，在中国 69 个城市设立 259 家连锁店。

② 苏宁电器是中国 3C（家电、电脑、通讯）家电连锁零售企业的领先者。截至 2005 年末，苏宁电器在中国 27 个省和直辖市的 90 多个城市设立了 300 多家连锁店，员工人数 7 万多人。苏宁电器于 2004 年 7 月 21 日在深圳证券交易所上市（股票代码：002024）。

从上述资料可以看出，国美电器 2005 年的销售收入比 2004 年增长了 85%，但净利润比 2004 年增长了 34%。苏宁电器 2005 年的销售收入比 2004 年增长了 75%，但净利润比 2004 年增长了 96%。从财务弹性看，国美电器比苏宁电器略胜一筹，但两家公司 2005 年的财务弹性均明显逊色于 2004 年，如表 9－12 所示。

表 9－12　　国美电器和苏宁电器财务弹性指标

项目名称	国美电器		苏宁电器	
	2004 年	2005 年	2004 年	2005 年
现金流量充裕率	6.35	0.95	0.61	0.75
现金投资满足比率	7.12	0.95	0.76	0.87
现金流量利息保障倍数	295.50	—	9.30	8.77
经营性现金流量对流动负债比率	0.17	0.07	0.09	0.07

除了现金流量利息保障倍数外，其他财务弹性指标，尤其是经营性现金流量对流动负债比率都偏底，这意味着国美电器和苏宁电器的财务弹性都不理想，但这显然与它们的 OPM 战略有关，表 9－13 列示了这两家电器“大卖场”现金转化周期的计算过程。

表 9－13　　国美电器和苏宁电器现金转化周期

项目名称	国美电器		苏宁电器	
	2004 年	2005 年	2004 年	2005 年
存货（百万元）	1 109	2 725	769	2 017
应收账款*（百万元）	128	236	64	206
应付账款*（百万元）	3 193	6 805	912	2 767
存货周转天数	42	55	31	46
应收账款周转天数	5	5	3	5
减：应付账款周转天数	120	138	37	63
现金转化周期	－73	－78	－3	－12

* 应收账款包括预付给供应商的账款，应付账款包括应付给供应商的票据。

可见，国美电器和苏宁电器在运营资本管理中对 OPM 策略的运用都很成功，尤其是国美电器更是运用自如。2005 年，国美电器的运营资本净额为负 38.44 亿元，按 5.85%的贷款利率测算，仅此项一年就可节约 2.25 亿元的利息支出，约占其 2005 年净利润的 29%。同样地，苏宁电器通过 OPM 战略节省的利息支出约占其 2005 年净利润的 9%。OPM 战略不仅为国美电器和苏宁电器贡献利润，而且极大弥补了这两个“大卖场”财务弹性的不足。

上述分析表明，国美电器和苏宁电器的财务状况、财务弹性都不甚理想。2005年，这两个“大卖场”之所以能够依靠少量的净资产（2005年末国美电器约19亿元，苏宁电器约12亿元）维持179亿元和159亿元的营业规模，并分别实现7.77亿元和3.72亿元的净利润，主要是利用其销售网络优势增强与家电制造厂商的讨价还价能力，不断降低采购价格，延长付款期限。换言之，在家电市场残酷的价格战中，“大卖场”盈利模式的奥秘在于不断压榨加点制造厂商的利润空间、无偿占用家电制造厂商的营运资金。这种盈利模式虽然高明，为其股东带来丰厚的回报（国美电器和苏宁电器2005年的净资产收益率分别为42%和30%），但却蕴涵着极大的经营风险和财务风险。

第四节　现金流量与盈利质量的关系

现金流量不仅可用于分析企业还本付息和股利支付的能力、评价企业的财务弹性，而且可用于评估企业的盈利质量。本节首先回顾现金流量与盈利质量的实证研究结果，最后以案例分析的方式说明如何利用现金流量评估企业的盈利质量。

一、现金流量与盈利质量实证研究结果概述

“财务报告提供的信息应当有助于投资者、债权人以及其他会计信息使用者评估企业未来净现金流量的金额、时间分布和不确定”（FASB，SFAC 1）。可见，提供现金流量信息是财务会计的目标之一。通过评估现金流量的金额、时间分布和不确定性，投资者就可据以做出股票买卖决策，力争获得高于市场平均回报的报酬。在实证会计研究中，高于市场平均回报的股票投资报酬率，称为股票的非正常报酬。股票的非正常报酬（Abnormal Return）是当期未预期的现金流量与在当期对未来现金流量的预期进行修正的函数（Watts & Zimmerman，1986，第26页）。实证研究表明会计盈利数字具有信息含量或价值相关性（Ball & Brown，1968）[①]。如果会计盈利质量好，核心盈利具有持续性、成长性，能够带来稳定充足的现金流量，显然对投资者评估企业未来净现金流量更具有相关性。而且FASB认为基于权责发生制基础的会计盈利比基于收付实现制的现金流量在帮助投资者预测现在和将来现金流量方面更有优势。

果真如此，现金流量表的编制和披露有何意义呢？现金流量表只有在利润表基础上具有增加会计信息的价值相关性，才有披露的需要。会计盈利的编制含有公司

① Ball，R.，P.Brown. An empirical valuation of accounting income numbers. Journal of Accounting Research.1968.

管理层大量的主观判断，容易被操纵。现金流量的编制较为客观，较不容易被操纵。因此，从逻辑推理的角度看，较不不容易被操纵的现金流量信息理应具有增量的价值相关性。

(一) 盈利反应系数

会计盈余具有信息含量，无论是理论界和实务界都有共识。但是对于不同的盈余质量，证券市场的反应程度是不同的。测度证券市场对盈利信息中非预期部分的反应程度的指标是盈余反应系数（Earnings Response Coefficient，ERC）。直观上说，盈利质量高，ERC 较高。但是，如何刻画盈利质量不是件容易的事。Lev 和 Thiagarajans（1993）① 引入一项有创意的刻画盈利质量的方法。他们找出财务分析师用来评估盈利质量的 12 项基本财务和非财务指标：存货、应收账款、资本支出和 R&D 支出、毛利率、管理费用、应收账款坏账准备、实际税率、订单数、员工生产力、存货发出假设、审计意见类型。对样本公司按照 12 项指标进行对照，符合的赋值 1，否则为 0，相加得出总分来测度盈利质量。然后作者每年将样本公司按盈利质量按大小顺序分 5 组，通过回归分析，发现盈利质量高的组，平均的 ERC 水平也高，与理论和人们的直觉一致。

如果未预期的盈利只在当期存在，则每一美元非预期盈利反映为股价增加一美元，如果未预期的盈利具有持续性，则未来预期的盈利被修正一美元，其折现值为 1/折现率，则具有持续性的非预期盈利的 ERC 为（1 + 1/折现率），所以盈利具有持续性，其 ERC 更高。Kormendi 和 Lipe（1987）为这一理论推导提供经验证据支持。他们对 145 家样本公司在 34 年的时间跨度里所进行的时间序列回归分析发现，ERC 与盈利持续性正相关，ERC 从 -2.28 到 17.98，均（中位）值 3.38（2.5）。

(二) 现金流量的价值相关性

既然盈利信息具有价值相关性或信息含量，那么，现金流量信息能否有助于投资者看穿公司管理层进行盈余管理从而具有增量信息，这是学者进一步关心的问题。有关实证研究还没有对此形成一致看法，这也许与如何选择或构造现金流量指标有关，因为 FASB 直至 1987 年才颁布现金流量表准则（SFAC 95），之前的研究文献都只能由作者自己构造现金流量指标。最早的相关研究是 Ball 和 Brown（1968），他们发现股票报酬率与应计收益之间的相关性高于与营运资金的报酬率，营运资金被简单定义为净收益加折旧和摊销。Schaefer 和 Kennelley（1986）② 共构造三种现金

① Lev，B.，S.R. Thiagarajans. Fundamental information analysis. Journal of Accounting Research. 1993.

② Schaefer，T.，Kennelley，M.. Alternative cash flow measures and risk - adjusted returns. Journal of Accoutnting. Auditing and Finance. 1986.

流量指标：第一种是净收益加折旧、摊销；第二种是经营性营运资本加非现金流动资产的减少，加上流动负债的增加，减去非现金流动资产的增加，再减去流动负债的减少。第三种指标是在第二种指标中扣除一年内到期的长期负债，因为这一资金不是用于营运，而是用于资本性支出。最后的回归结果没有发现三个现金流量指标有增量信息含量。

Bowen，Burgstahler 和 Daley（1987）[①] 认为，前述的研究没有发现现金流量有增量信息，可能存在以下一些原因：（1）现金流量的测度存在偏差；（2）市场的期望现金流量测度存在偏差；（3）非常报酬的测度存在偏差；（4）研究的时间段设置可能存在问题；（5）现金流量本身可能真的没有增量信息含量。他们定义两个应计变量（不包含非经常性损益的收益和来自经营活动的营运资本），两个现金流量变量（经营性现金流量，等于来自经营活动的营运资本减去经营性非现金流动资产变动，加上经营性流动负债的变动；投资活动后现金流量，等于经营性现金流量加固定资产、投资处置收入本期资本性支出）。通过回归分析，他们发现现金流量指标不仅在收益基础上有增量信息，在收益和来自经营活动的营运资本基础上也有增量信息含量。反过来，在现金流量基础上，两个应计变量单独或联合有增量信息含量。他们的研究没有发现来自经营活动的营运资本在盈利基础上有增量信息含量。

Cheng 等（1997）研究了 SFAC 95 发布后，公司所提供的直接的现金流量信息是否具有增量信息含量（价值相关性）。结果发现，控制住盈利信息后，现金流量表的现金流量信息具有增量价值相关性。而且较之利用资产负债表和利润表数据估计的现金流量指标更具有增量价值相关性。反过来，在现金流量表的现金流量信息基础上，估计的现金流量信息没有增量价值相关性。

国内研究虽然对现金流量有没有增量信息含量这一问题尚无定论，但有证据支持现金流量有增量信息含量，而且随时间推移，这一增量作用在加强。赵春光（2004）[②] 发现，现金流量本身有信息含量（价值相关性），但是比盈利数字的信息含量要弱。从较长的时间窗口来看，2001 年以后经营性现金流量具有增量价值相关性，而之前的没有，而且一年窗口看不出来，说明现金流量表的作用在颁布三年后才显现出来。

从以上实证结果来看，投资者在分析盈利数据帮助作其投资决策基础上，还依靠现金流量信息来挖掘增量决策信息，这意味着通过现金流量表的分析，有助于验证或发现真实的盈利质量，以防被盈余管理、甚至是利润操纵所迷惑。

---

① Bowen, R.M., Burgstahler, D., and L.A.Daley. The incremental information content of accrual versus cash flows. Accounting Review. 1987.

② 赵春光："现金流量价值相关性实证研究——兼评现金流量表实施效果"，《会计研究》，2004 年第 2 期。

二、利用现金流量评估盈利质量的案例分析

(一) 欲盖弥彰的施乐公司[①]

在 2000 年 5 月，施乐公司被 SEC 指控存在着提前确认收入的问题。于是在向 SEC 呈报结束于 2000 年 12 月 31 日年度财务报表前，施乐公司被迫调整了 1998 年和 1999 年的财务数据，它承认“公司误用了一些会计政策，包括一些有关其复印机租赁业务的会计处理。”

既然施乐公司承认在 1998 年和 1999 年提前确认收入，那么这就为我们提供了一个很好的机会来展示使用下面要介绍的调整的现金流量—收益比率来甄别创造性会计。也就是说，因为通过舞弊手段虚增收入并不相应地伴随经营性现金流量的增长，比率值随时间在下降。表 9－14 列示了 1994—1999 年调整后的现金流量对净收益比率的计算过程，这些数据是施乐公司调整前的会计数据。

表 9－14　施乐公司调整的现金流量——净收益比率计算表　(单位：百万美元)

	1994	1995	1996	1997	1998	1999
来自现金流量表：						
持续经营活动产生的现金流量	479	599	324	472	－1 165	1 224
调整：						
与重组有关的现金支出—除税净额	254	199	118	—	199	262
来自应收账款证券化的收入	—	—	—	—	—	－1 495
持续经营活动产生的调整现金流量	733	798	442	472	－966	－9
来自损益表：						
持续经营活动的净收益	794	1 174	1 206	1 452	585	1 424
调整：						
重组费用和资产减值—除税净额	—	—	—	—	919	—
存货费用—除税净额	—	—	—	—	68	—
股票附属销售利得	—	—	－7	—	—	—
持续经营活动产生的调整净收益	794	1 174	1 199	1 452	1 572	1 424
调整后的现金流量对净收益比率	0.92	0.68	0.37	0.33	－0.61	－0.01

从上表可以看出，施乐公司 1999 年报告的 12.24 亿美元经营活动产生的现金

① Charles W. Mulford, Eugene E. Comiskey. The Financial Numbers Game – Detecting Creative Accounting Practices. John Wiley&Sons, Inc. 2002.

流量明显多于以前年度。这些现金流量弥补了1998年经营活动产生的-11.65亿美元。但是，1999年经营活动产生的现金流量主要是因应收账款证券化而暂时迅速增长。施乐公司把它的一大部分应收账款出售，相当于从未来借入经营性现金流量。其他的调整包括加回重组支出。

经过调整，持续经营活动产生的现金流量就不那么好看了，从1994—1998年，几乎每年都在下降，虽在1999年略微反弹，但净额仍为负数，而且在1998年的持续经营产生的现金流量出现巨额的负数。

如果使用持续经营产生的净收益作为业绩标准，施乐公司在1994到1999年经历了一段时期的繁荣增长。在经过剔除非经常性发生项目的收益后，持续经营活动产生的收益从1994年的7.94亿美元增长到1998年的16亿美元，在1999年略降至14亿美元。

调整后的现金流量对净收益比率发出了清晰的预警信号，即施乐公司的盈利质量有恶化的倾向。这一比率逐年递减，并且在1998年变成负数，而有意思的是，就在这一年公司调整后的持续经营业务产生净收益达到顶峰。虽然在1999年该比率有所提升，但仍然为负数，较之1994年的0.92，下降幅度非常显著。

即使不了解施乐公司存在的收入确认问题①，调整后的现金流量对净收益比率逐年下降，也值得财务报表使用者充分关注。该比率的持续下降，通常意味着公司的盈利质量在恶化，这可能是由于企业激进的收入确认政策所导致的，也有可能是因为企业进行盈余管理甚至是财务舞弊所诱发的。

（二）纸面富贵的大唐电信

大唐电信是为我国数不多的拥有自主知识产权的高科技上市公司之一，它曾经是证券市场上被投资者推崇的绩优股。然而，自从我国要求上市公司自1998年编制现金流量表以来，大唐电信不断遭遇尴尬，因为在1998—2002年期间，尽管它每年都对外报告可观的净利润，但其经营活动产生的现金流量却连续五年入不敷出，如表9-15所示。

净利润与经营活动产生的现金流量连续五年出现巨大反差，让投资者纷纷对大唐电信的盈利质量提出质疑。2001年，审计署在对有资格执行上市公司财务审计的会计师事务所审计质量进行抽查中，通过延伸审计，发现大唐电信在收入确认和费用认定方面存在重大问题。其中，大唐电信2000年对外报告的17 844万元的净

① 2002年4月21日，SEC指控施乐公司进行财务舞弊，欺诈投资者。事后调整显示，施乐公司在1997—1999年期间，高估的复印机设备销售收入分别为15.52亿美元、16.72亿美元和14.74亿美元，高估的税前利润分别为7.18亿美元、5.92亿美元和6.20亿美元。详见黄世忠主编的《会计数字游戏：美国十大财务舞弊案例剖析》第100—101页。

利润中，虚假利润高达 10 849 万元，占当年对外报告净利润的 61%，主要是将本应作为期间费用的研究开发费用资本化为在建工程或计入长期待摊费用。调整后，大唐电信的净利润由 17 844 万元降至 6 995 万元，就是说，真实的利润只占对外报告数的 39%。

表 9－15　大唐电信净利润与经营性现金流量的反差　（单位：万元）

会计期间	净利润	经营活动产生的现金流量净额
1998	109 871 741.39	－134 581 240.43
1999	126 308 453.64	－212 476 392.96
2000	178 439 756.90	－311 431 613.53
2001	36 100 018.51	－25 935 787.57
2002	22 806 858.61	－848 077 387.48

净利润持续高于经营性现金流量属于典型的“纸面富贵”，但是这种“富贵”难以为继。2003 年大唐电信首次报告了 18 683 万元的亏损，经营活动产生的现金流量为－15 544 万元。2004 年大唐电信扭亏为盈，报告了 1 982 万元的净利润，但剔除非经营性损益项目后，亏损 641 万元。2005 年，大唐电信再次报告了 6.96 亿元的巨额亏损。令人略感欣慰的是，大唐电信经营活动产生的现金流量长期入不敷出的局面在 2004 年和 2005 年得到了扭转，高达 4.53 亿元和 2.16 元。但愿这是大唐电信重获生机的一个积极信号。

（三）“乐极生悲”的四川长虹

四川长虹是我国最大的彩电制造厂商，一度与“深发展”并列为家喻户晓的“绩优股”。但从 1998 年后，四川长虹的销售收入就萎靡不振，不断下降。这种局面一直到 2002 年才得到改观，如图 9－3 所示。

可见，四川长虹的销售收入在 2002 年出现了拐点，比 2001 年增长了 31 亿元，净利润也由 2001 年的 8 900 万元猛增至 2002 年的 1.76 亿元。但与销售收入和净利润大幅增长相背离的是经营活动产生的现金流量急转直下，如图 9－4 所示。

与 2002 年和 2003 年销售收入和净利润“欣欣向荣”局面背道而驰的是经营活动产生的现金流量的急剧萎缩。2004 年经营活动产生的现金流量之所以显著好转，与应收票据贴现有关。2004 年一至三季度现金流量表显示的经营活动产生的现金流量为－5.88 亿元，第四季度之所以使现金流量彻底改观，主要是四川长虹在 2004 年 12 月将 10.72 亿元的应收票据向商业银行贴现，并将其列示为经营活动产生的现金流量，而按照财政部的规定（2004“问题解答四”），这些现金流量本应列

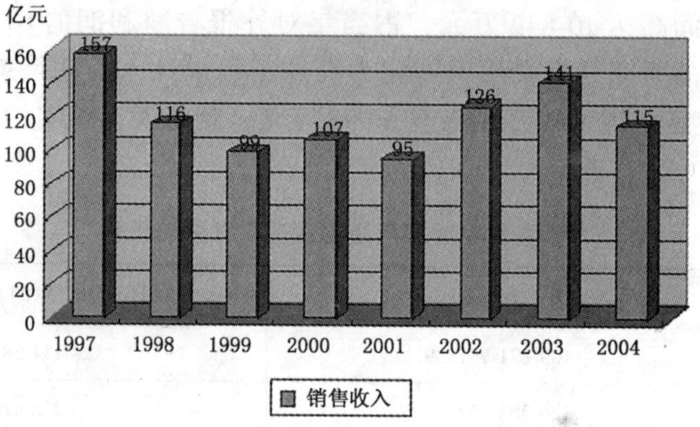

图 9－3　四川长虹销售收入变动情况

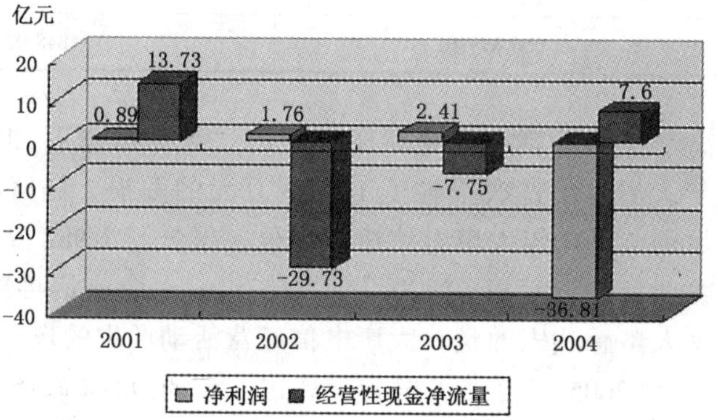

图 9－4　四川长虹净利润与经营性现金流量的反差

示为筹资活动产生的现金流量。剔除这一影响，四川长虹 2004 年度经营活动产生的现金流量应为－3.12 亿元。

2004 年四川长虹报告了 36.81 亿元的巨额亏损，刷新了我国上市公司的亏损记录。在这 36.81 亿元亏损中，因计提对美国 Apex 公司应收账款的坏账准备就高达 25.07 亿元。事实上，2002 和 2003 年，四川长虹大幅增长的销售收入几乎都来自对 Apex 公司出口彩电的收入。2002 年对 Apex 公司的销售收入为 61 095 万美元，但仅回收 19 007 万美元的货款。2003 年对 Apex 公司的销售收入为 42 442 万美元，但回收的货款（包括 2002 年的货款）只有 34 990 万美元。这就是 2002 年销售收入比 2001 年增长了 31 亿元的情况下，经营活动产生的现金流量反而由 2001 年的近 14 亿元降至约－30 亿元的主要原因。

2004 年四川长虹报告的 36.81 亿元亏损，是它 2002 年和 2003 年所报告的 4.17 亿元净利润的 8.8 倍！四川长虹与 Apex 公司上演的这场“乐极生悲”闹剧，留给财务报表使用者的警示是，对经营业绩（包括销售收入和净利润）与经营性现金流量相互背离的公司，应当保持高度关注。当销售收入和净利润的大幅增长主要来自单一或极少数客户时，尤其应当关注货款的回收情况，审慎评估这些客户的信用风险。

三、利用现金流量甄别创造性会计要点提示

通过创造性会计（例如使用激进的会计政策，甚至进行会计利润操纵）而增加的利润并不会带来经营性现金流量的增加。譬如，提前确认收入或虚构收入，尽管会增加利润，但与之相对应的是应收账款的增加，而不是经营性现金流量的增加。又如，通过虚增期末存货成本而低估当期销售成本，可以虚增毛利和净利润，却不会产生相应的现金流量。此外，将期间费用资本化为固定资产、在建工程或无形资产，也只能产生"纸面富贵"，而不会带来"真金白银"的流入。

由于通过创造性会计改变利润却不会改变经营活动产生的现金流量，那么利润与现金流量之间的关系可以用来甄别创造性会计。尤其是来自持续经营业务的现金流量和来自持续经营业务的净收益的比率，即调整后的现金流量对净收益比率，对没有现金支撑的盈利变动更加敏感。

持续经营业务是指重复发生的业务，也就是剔除非经常性发生业务之后的业务。例如厂场设备等固定资产的处置、外币报表折算、重组行动以及法律诉讼等都属于非经常性业务，由此产生的损益不包括在来自持续经营业务的净收益中，由此产生的现金流量也不包括在来自持续经营业务的现金流量。

对调整后的现金流量对净收益比率进行时间序列分析，效果可能更好。就是说，通过计算多个年份或多个季度的比率来发现其中的变化趋势，往往能够发现企业是否利用激进的会计手法粉饰经营业绩。

为了消除季节效应，季度比率的比较应当按不同年份的相同季度数据进行比较。季度数据比较较之年度数据比较有及时性的优点，但其波动性较大而且可靠性不如年度数据。因此在研究季度数据时应当谨慎，若有可能应尽量通过年度数据予以验证。

无论是季度数据还是年度数据比较，调整后的现金流量对净收益比率呈下降趋势，通常意味着盈利增长快于经营性现金流量的增长。此时，企业很可能在利用创造性会计虚增利润。

反之，经营性现金流量增长速度超过盈利增长速度使得该比率突然增加时，也应引起财务报表使用者的警惕，因为这可能表明企业管理层蓄意隐藏利润，进行所谓的收益平滑化处理。

Mulford 和 Comiskey 在其《财务数字游戏》一书中提供了如何调整和计算现金

流量和收益数据来甄别创造性会计的要点。这些要点提示既实用，又极具启发性，特通过表 9 - 16 予以详细列示。

表 9 - 16　　使用经营活动产生的现金流量甄别创造性会计提示要点

（一）分离出非经常性业务产生的现金流量并调整经营活动产生的现金流量，包括：
1. 来自非持续经营业务的经营净收益的现金流量
2. 因投资或筹资活动而产生的所得税支出或冲回，包括：
（1）资产、投资或业务部门出售的利得或损失
（2）非持续经营业务的处置
（3）非经常性损益，尤其是提早退休负债
（4）会计政策变更
（5）非激励性股票期权的税收好处
3. 来自为交易而持有证券买卖而产生的现金流量
4. 本公司进行资本化，而其他公司费用化的支出
（1）尤其是进行资本化的软件开发成本
5. 非经常性发生的现金收入和现金费用
（1）因非经常性收入而收到的现金
（2）因非经常性费用而发生的现金支出
6. 导致经营资产和负债变动的、可以单列出来的重要事件
（1）应收账款出售或证券化
（2）在正常渠道之外特别存货削价销售
（二）计算来自持续经营活动产生的调整现金流量
1. 从来自经营活动产生的现金流量中扣除可辨认的非持续经营活动产生的现金流量
（三）计算来自持续经营活动的调整收益
1. 从来自持续经营活动产生的净收益中扣除掉非经常性项目产生的损益
（四）计算调整的现金流量—净收益比率
1. 来自经营活动产生的调整现金流量除以来自持续经营活动产生的调整净收益
（1）计算几年或几个季度的数据
（2）检查结果并找出其中的趋势

资料来源：Charles W. Mulford and Eugene E. Comiskey. The Financial Number Game, Detecting Creative Accounting Practices. John Wiley & Son, Inc.. 2002.

附录 1

中国移动 2004 年和 2005 年度合并现金流量表 （单位：百万元）

	2005 年	2004 年
经营业务		
除税前利润	78 264	60 951
调整：		
——物业、厂房及设备折旧	56 368	44 186
——预付土地租赁费摊销	169	134
——商誉摊销	——	1 930
——出售物业、厂房及设备亏损	411	535
——物业、厂房及设备注销	5 645	5 900
——呆账减值亏损	2 968	2 273
——递延支出摊销	——	47
——利息收入	（1 615）	（1 014）
——利息支出	1 346	1 679
——股息收入	（51）	（84）
——股份支付费用	1 553	255
——未实现汇兑亏损净额	108	24
营运资金变动前的营运利润	145 166	116 816
存货减少/（增加）	134	（106）
应收账款增加	（3 037）	（2 082）
其他应收款减少	134	377
预付款及其他流动资产增加	（609）	（555）
应收同级附属公司款项减少	——	896
应收最终控股公司款项减少	293	662
应付账款增加	2 303	2 707
应付票据增加	11	——
递延收入增加	4 419	2 724

续表

	2005年	2004年
应计费用及其他应付款增加	7 670	6 365
应付同级附属公司款项减少	——	(4 661)
应付最终控股公司款项减少	(190)	(1 257)
经营业务现金流入	156 294	121 886
税项——已付中国所得税	(24 585)	(18 107)
经营业务现金流入净额	131 709	103 779
投资业务		
收购附属公司（扣除购入现金及等价物）付款	——	(12 238)
资本开支	(66 027)	(58 367)
预付土地租赁费	(1 079)	(776)
出售物业、厂房及设备所得款项	132	93
银行存款增加	(21 661)	(3 037)
已收利息	1 468	939
股息收入	51	84
投资业务现金流出净额	(87 116)	(73 302)
融资业务		
行使认股权计划发行股份所得款项	3 422	703
可转换债券赎回	(5 611)	——
定息票据赎回	——	(4 978)
偿还银行及其他贷款	(2 455)	(9 783)
偿还融资租赁租金的资本部分	——	(10)
已付利息	(1 635)	(2 040)
已付股息	(18 894)	(8 349)
融资业务现金流出净额	(25 173)	(24 457)
现金及现金等价物净增加	19 420	6 020
年初现金及现金等价物	45 149	39 129
外币汇率变动的影响	(108)	——
年末现金及现金等价物	64 461	45 149

附录 2

中国联通 2004 年和 2005 年度合并现金流量表 (单位：千元)

	2005 年	2004 年
经营活动所产生的现金流量净额	33 974 778	27 703 311
已收利息	95 731	106 365
已付利息	(1 792 398)	(2 310 270)
支付的中国所得税	(1 474 423)	(1 680 111)
经营活动所产生的净现金流入	30 803 686	23 819 295
投资活动的现金流量		
购入固定资产	(16 643 005)	(18 939 138)
出售固定资产	91 851	53 970
短期银行存款减少	379 568	250 769
支付收购联通新世纪之直接费用	——	(4 566)
支付收购联通新世界之直接费用	——	(14 039)
收购联通国际，扣除购入之现金	——	44 267
出售国信寻呼所收到之现金	——	450 000
购入其他资产	(576 755)	(799 866)
投资活动所支付的净现金	(16 748 341)	(18 958 603)
融资活动的现金流量		
行使股份期权所获得之现金	52 134	64 125
收到的子公司少数股东投资款	2 500	——
短期债券的增加	9 690 800	——
长期银行借款的增加	12 532 071	10 224 971
偿还短期银行借款	(20 104 146)	(12 271 753)
偿还长期银行借款	(19 928 416)	(17 245 641)
支付股息	(1 256 924)	(1 256 160)
融资活动所支付的净现金	(13 213 324)	(9 401 075)
现金及现金等价物净增加/（减少）	824 023	(4 540 383)
现金及现金等价物，年初余额	4 629 553	9 169 936
现金及现金等价物，年末余额	5 471 576	4 629 553
补充资料		
年度盈利	4 931 286	4 493 451
调整项目：		
所得税	2 170 411	1 977 141

续表

	2005年	2004年
折旧及摊销	20 368 181	19 011 074
资本化获取CDMA合约用户成本的摊销	5 947 631	6 120 737
利息收入	（96 196）	（102 907）
利息费用	1 060 271	1 668 467
处置固定资产损失	25 134	10 537
计提的坏账准备	108 417	88 957
营业资金变动：		
应收账款增加	（816 959）	（1 915 496）
存货减少/（增加）	1 006 820	（939 899）
其他资产增加	（2 728 580）	（5 536 980）
预付账款及其他流动资产增加	（477 665）	（792 416）
应收境内运营商款减少/（增加）	131 434	（85 306）
应收联通集团款减少	61 401	——
应收关联公司款（增加）/减少	（191 483）	70 516
应付账款及预提费用增加	604 410	1 835 813
预收账款增加	851 629	367 431
递延收入（减少）/增加	（492 261）	244 486
应付境内运营商款（减少）/增加	（126 568）	169 733
应付联通集团款增加/（减少）	38 094	（943 448）
应付关联公司款增加/（减少）	110 861	（230 400）
经营活动所产生的现金流入净额	33 974 778	27 703 311

思 考 题

1. 根据湖北蓝田股份有限公司（600709）1999年、2000年年报披露的销售收入、应收账款余额情况，分析其现金流量表结构，你能发现其中存在的财务舞弊的预警信号吗？蓝田股份1999年年报下载地址：

http：//www.sse.com.cn/cs/zhs/scfw/gg/oldBulletin/600709_1999_0.pdf。

蓝田股份2000年年报下载地址：

http：//www.sse.com.cn/cs/zhs/scfw/gg/oldBulletin/600709_2000_0.pdf。

2. 根据TCL集团股份有限公司（000100）和四川长虹电器股份有限公司

(600839) 2005年度现金流量表计算以下指标：现金流量充裕率、经营性现金流量对资本支出比率、经营性现金流量对借款偿还比率、经营性现金流量对股利支付比率、自由现金流量、折旧摊销影响比率、销售收入的现金含量比率、经营指数。比较两家公司上述指标差异，分析它们经营状况的差异，以及可能的原因。TCL集团股份有限公司2005年度报告下载网址：

http：//disclosure.szse.cn/main/finalpage/2006-04-28/16999984.PDF。

四川长虹电器股份有限公司2005年度报告下载网址：

http：//www.sse.com.cn/cs/zhs/scfw/gg/ssgs/2006-04-18/600839_2005_n.pdf。

3. 厦门国贸集团股份有限公司（600755）和厦门建发股份有限公司（600153）同属商业经济代理业，根据它们的2005年度财务报表计算其财务弹性指标：现金流量充裕率、现金投资满足比率、现金流量利息保障倍数、经营性现金流量对流动负债比率以及现金转化周期。通过上述指标的计算，请评述两家运用OPM策略对财务弹性和现金流量的影响。厦门国贸2005年年报下载网址：

http：//www.sse.com.cn/cs/zhs/scfw/gg/ssgs/2006-03-28/600755_2005_n.pdf。

厦门建发2005年年报下载网址：

http：//www.sse.com.cn/cs/zhs/scfw/gg/ssgs/2006-04-08/600153_2005_n.pdf。

4. 福建东百集团股份有限公司（600693）和上海九百股份有限公司（600838）同属日用百货零售业，根据它们的2005年度财务报表计算其财务弹性指标：现金流量充裕率、现金投资满足比率、现金流量利息保障倍数、经营性现金流量对流动负债比率以及现金转化周期。通过上述指标的计算，请评述两家运用OPM策略对财务弹性和现金流量的影响。福建东百集团股份有限公司2005年年报下载网址：

http：//www.sse.com.cn/cs/zhs/scfw/gg/ssgs/2006-04-15/600693_2005_n.pdf。

上海九百股份有限公司2005年年报下载网址：

http：//www.sse.com.cn/cs/zhs/scfw/gg/ssgs/2006-04-15/600693_2005_n.pdf。

案例分析题

2006年6月一网名为"申草"的作者在新浪上发表文章，对保定天威保变电气股份有限公司（600550）2003—2005年年度财务报表以及2006年第一季度财务报表进行分析，G天威三年又一期的累计实现净利2.19亿元，但经营性现金净流入是-2.11亿元，而且细心的投资者会发现，G天威净利呈现增长趋势，但经营性现金净流入呈下降趋势，形成非常明显的背离现象。G天威2003年实现净利8.09亿元，2006年是19.63亿元，取得了142%增长，但是预付账款2006年第一季度末与2003年初相比增加了701%，存货也增加了265%，预付账款与存货明显呈现非正常增长（详见http：//www.esnai.com/news/showdoc.asp？NewsID=25556）。但是对申草的质疑，G天威和一些券商分析人员有不同的看法，详见：http://finance.sina.com.cn/stock/s/20060718/10532741317.shtml。

请你利用Mulford和Comiskey的调整和计算现金流量和收益数据来甄别创造性会计的要点，分析G天威有关的财务报表，给出你对这一纷争的观点。G天威年报的下载网址：

http://www.sse.com.cn/sseportal/webapp/datapresent/SSEQueryBulletinCompanyAct?PRODUCTID = 600550&REPORTTYPE = DQBG&COMPANY_CODE = 600550&COMPANY_NAME=保定天威保变电气股份有限公司。

本章主要参考文献

1. 葛家澍：《中级财务会计》，辽宁人民出版社2000年版。

2. 黄世忠主编：《会计数字游戏：美国十大财务舞弊案例剖析》，中国财政经济出版社2003年版。

3. 赵春光："现金流量价值相关性实证研究——兼评现金流量表实施效果"，《会计研究》，2004年第2期。

4. 佩普、希利、伯纳德著，孔宁宁、丁志杰译：《运用财务报表分析进行企业分析和估价》，中信出版社2004年版。

5. Ball, R., P.Brown. An empirical valuation of accounting income numbers. Journal of Accounting Research. 1968.

6. Bowen, R.M., Burgstahler, D., and L.A.Daley.The incremental information content of accrual versus cash flows. Accounting Review. 1987.

7. Gabriel Hawawini, Claude Viallet. Finance for Executives: Managing for Value Creation. 2nd ed. South Western. 2002.

8. Schaefer, T., Kennelley, M.. Alternative cash flow measures and risk - adjusted returns. Journal of Accoutnting, Auditing and Finance.1986.

9. Charles W. Mulford, Eugene E.Comiskey. The Financial Numbers Game - Detecting Creative Accounting Practices. John Wiley & Sons, Inc. 2002.

10. Palepu, Healy, and Bernard. Business Analysis & Valuation: Using Financial Statements. Second Edition.South - Western College Publishing. 2000.

11. Lev, B., S.R. Thiagarajans. Fundamental information analysis. Journal of Accounting Research.1993.

第四篇

分析运用

第十章　追求低成本战略的四川长虹报表分析案例

2004年，曾是中国股市耀眼夺目的绩优股——四川长虹（600839）报出了上市10年来的首次亏损，而且不亏则已，一亏就创下了中国股市创市以来的亏损之最——当年亏损36.8亿元。时隔一年之后，长虹以惊人的速度跳出巨亏的泥潭，在中国电子行业2005年整体发展放缓、利润普遍下滑的情况下，四川长虹当年实现净利润2.85亿元，并以107.74%的净利润增长率再次成为行业最大亮点。那么，"长虹神话"是如何破灭的？长虹2004年的巨亏是"突发事件"抑或早有先兆？巨亏之后的长虹为何能迅速扭转乾坤？账面上的"扭亏为盈"是否就意味着长虹的前景一片"长红"？本章试图从财务报表分析的角度对上述问题进行探讨。

第一节　战 略 分 析

一、公司背景分析

（一）公司简介

四川长虹创业于1958年，作为我国建国初期重点建设项目之一，长虹刚开始是我国研制生产军用、民用雷达的重要基地。从20世纪70年代起，长虹开始走军民结合的道路，研制电视机。1986年，长虹从松下引入当时的先进技术，建成了第一条彩色电视机自动流水生产线，1992年全国销量首次突破100万台。1994年，长虹股票在上海证券交易所挂牌上市。自上市以来的10年间，长虹销售收入累计突破1 200亿元，净利润累计达到90.19亿元。长虹彩电先后创造了一个又一个的行业奇迹，囊括了"中国最大彩电基地"以及"中国彩电大王"等行业最高荣誉，并获得"中国免检产品"称号。根据国家统计局行业企业信息发布中心2004年度彩电产业市场调查报告显示，截至2004年，长虹连续16年保持中国彩电行业销量第一。

同许多国有大型企业一样，四川长虹也有较为浓重的政治背景。作为绵阳市的老牌国有企业，用“举足轻重”四个字来形容长虹在绵阳的重要地位毫不为过，绵阳与长虹之间可谓是“一荣俱荣、一损俱损”。在过去十多年中，长虹对绵阳贡献了绵阳市工农业税收的40%，绵阳平均每年财政收入的2/5以上来自长虹，长虹直接创造的就业占绵阳当地就业人口的5%—10%。在这种情况下，长虹的高管人员不仅是企业家，更是政府公职人员，他们的任免往往由四川省政府决定。而政府往往非常重视“做大”，而不太重视“盈利”，甚至愿意牺牲利润来换取销售规模，因为销售额的上升能给政府带来直接的税收增加和GDP增长，这比利润上升给政府(同时也是股东）带来的贡献要大得多。在此背景下，长虹在做出重大决策时往往需要考虑许多政治因素。比如2001年长虹试图对会计报表中存在的潜亏因素进行一次较为彻底的清理，并在压缩库存方面取得一定的成果，这一举措虽然有助于长虹甩开历史包袱、轻装前进，但也导致了长虹销售收入下滑，并连累四川省的GDP指标大幅下降。在片面追求GDP的年代里，绵阳市要追求GDP增长，四川省要追求GDP增长，四川省不止一位主要领导前往长虹，希望长虹在四川省经济发展中发挥重要作用，这就在某种意义上决定了“大象”不能瘦身，长虹要继续增长。为了支持省政府完成GDP指标，长虹2001年后重新走上了“粗放型”增长的老路。但在产品没有明显技术优势且国内市场日趋饱和的情况下，长虹只有想方设法扩大海外市场份额这一条路可走。这迫使长虹在外销应收账款高达几十亿元的情况下，依然坚持宽松的对外信用销售政策，从而积累了大量的坏账。可以说，四川长虹的“政治背景”对其经营决策的干扰是造成长虹2004年巨亏的重要因素。

（二）主要经营业绩和财务数据

图10－1列示了长虹上市以来主营业务收入和净利润的变化趋势，由上表我们可以看出长虹的发展大致可分为五个阶段：

第一阶段：突飞猛进。1994—1997年间，是长虹发展最快的时期，主营业务收入从42.7亿猛增至156.7亿，净利润也从7.1亿猛增至26.1亿，增幅均接近4倍，品牌市场占有率也迅速攀升至全国第一。这一时期也是国内彩电行业发展的黄金时期。

第二阶段：由盛而衰。1998—2001年间，我国彩电行业逐渐进入成熟期，传统彩电市场日趋饱和，市场竞争日益激烈，彩电行业利润率大幅度下降。长虹的业绩也随之迅速下滑，主营业务收入下降到了2001年的95.1亿，而净利润仅为0.9亿。

第三阶段：回光返照。2002—2003年，长虹的业绩似乎出现了反弹的迹象，主营业务收入连续两年大幅增长，并在2003年恢复到了141.3亿的水平，与鼎盛时期相差不多。但与主营业务收入的高速增长相比，净利润的增幅却小得多，2003年的净利润还不到1997年的10%。这意味着长虹这一时期的主营业务收入增长只

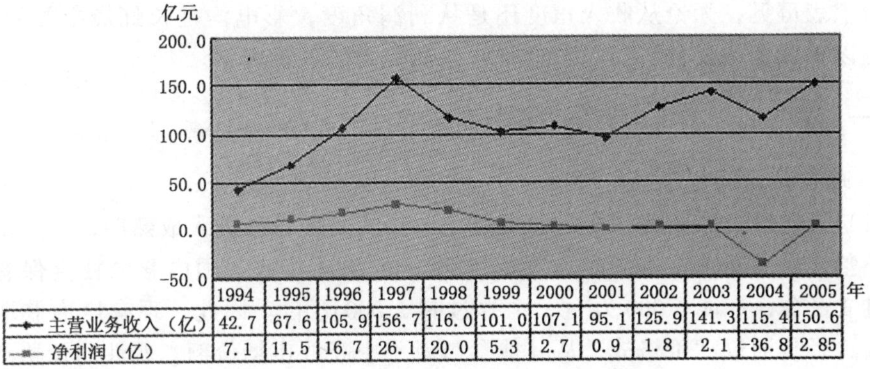

图 10－1　长虹主营业务收入及净利润变化趋势

资料来源：本章所使用的上市公司财务数据均引自各上市公司所公布的年度财务报告。

是一种“粗放型”的增长，长虹的业绩反弹似乎质量不高。

第四阶段：跌入谷底。由于长期的“讳疾忌医”，长虹并没有及时清理财务报表中的众多隐患。2004 年，这些“会计地雷”被集中引爆，长虹报出了 36.8 亿的巨亏，创造了中国股市的亏损之最。

第五阶段：浴火重生。虽然 2004 年长虹报出巨亏，但不排除其中有利用管理层更迭进行洗大澡的嫌疑。而且在新管理层上任后，实施了一系列有效的改革措施，使长虹的发展战略发生了变化，不再片面追求规模的增长。因此，我们有理由相信长虹能在未来几年交出比较“漂亮”的财务报表，从而进入新的“浴火重生”阶段。2005 年，四川长虹成功扭亏为盈，当年主营业务收入再次突破 150 亿元，基本上恢复到历史最高水平，并实现净利润 2.85 亿元。

二、战略分析

四川长虹目前的经营业务包括视频视听产品、空调产品、电池、网络产品等等，表 10－1 列示了 2005 年长虹主营业务分产品情况表：

表 10－1　　2005 年长虹主营业务分产品情况

分产品	主营业务收入（亿元）	所占比例	主营业务利润（亿元）	所占比例
彩电	99.3	66%	18.3	79%
空调	19.0	13%	3.5	15%
IT 产品	20.2	13%	0.1	0.4%
其他	12.0	8%	1.3	5.6%

由上表可见，无论从收入角度还是从利润角度，彩电均是长虹最主要的业务。因此，以下我们主要分析影响彩电行业盈利能力的各种因素。

（一）彩电行业的五大竞争力量分析

1. 现有公司间竞争。

（1）行业增长率。我国彩电业经过几十年的发展，已进入成熟期，行业增长率缓慢，整体供过于求，生产能力严重过剩。至2004年底，国内彩电社会保有量已经超过3亿台，产能6 000万台，至少过剩2 000万台。因此，现有厂商获取发展的重要途径是通过“价格战”从其他参与者手中夺取市场份额。恶性的价格战使得彩电行业步入微利时代。

（2）竞争者的集中和均势。激烈的价格战还使得市场集中度不断提高。目前国内的彩电市场基本上掌握在几大彩电巨头手中。但并没有一个控制性的公司，即使市场份额最大的长虹2004年的市场占有率也只有17%，目前长虹、康佳、TCL、创维、海信、海尔、厦华等公司均有较强的实力，相互之间竞争激烈。

（3）产品的独特性和转换成本。国内传统彩电技术含量较低，产品同质化程度较高，无论是哪一品牌，绝大部分是用国外元件组装的，采用的是通用的标准件，各品牌间的性能，差别不大，转换成本较低。

（4）规模/学习经济。彩电行业具有较为明显的规模/学习经济，这刺激了各彩电生产企业不断通过扩大产能来降低成本，并利用价格优势争夺市场份额。但当彩电市场逐渐趋于饱和时，各厂商高速的产能膨胀之后反而堆积起一个巨大的库存包袱，导致整个行业因为高库存产生的供求不平衡而逐渐丧失了价格的话语权。

（5）退出壁垒。彩电生产设备专用性较强，一旦退出，生产线、销售渠道等将打水漂。因此彩电业退出壁垒高，原有企业纵使经营状况不佳也苦苦支撑，使相互竞争异常激烈。对于大企业而言，由于规模报酬的存在，他们一般都不愿意主动降低其产出水平，部分让出生产份额。

2. 新进入者的威胁。彩电行业的进入壁垒较高，新进入者威胁不大，主要有以下几方面原因：

（1）规模经济。彩电行业具有较强的规模经济性，它迫使新进入者必须以较大的规模进入，并冒着现有企业强烈反击的风险；或者以小规模进入，但要长期忍受产品成本较高的劣势。这二者都给新进入者带来障碍或压力。

（2）原有品牌的优势。彩电行业经过多年的发展，特别是经历了“价格战”的历炼，现有企业在顾客服务、促销、知名度、信誉、顾客忠诚度等方面已形成了一定的优势，这些优势使潜在进入者受到压力，它要获得同样的优势必须耗费大量的资金、人力和时间，而且很可能得不偿失。

（3）销售渠道。“价格战”使彩电巨头们重新审视了自己的分销渠道、营销网络、以及同经销商的关系，加强并改善了供应链管理。由于行业的正常销售渠道已经被现有企业占有，潜在进入者只有通过让价、提供广告补贴等方法，才能使中间商接受其产品，这就必然降低自己的利润，从而形成进入壁垒。

(4) 资本需求。随着彩电业的竞争向高端市场发展，产品科技含量不断增加，投入研发的资金需求增多，因此新进入者需要投入大量的研发资本，这就给它们带来极大的障碍。

由此可见，彩电业的竞争主要是现有企业间的竞争。但不可忽视的是洋品牌的“卷土重来”。国产品牌曾一度代替洋品牌在消费者中的地位，可是现今洋品牌不甘示弱，卷土重来。在洋品牌的这一轮反击中，许多国外企业深入研究了中国企业的低成本优势，调整了自身战略，对自身的高成本体制进行了彻底改革，加强了价格方面的竞争力。同时，由于现今中国家电产品的升级换代早已被提上日程，高端彩电产品已成为目前国内家电产业发展的必然趋势，而国外企业在这方面优势明显，并力图抢占先机。因此，国内彩电生产企业将面临洋品牌强有力的挑战。

3. 替代产品的威胁。彩电现已成为家庭生活必需品，因此被其他产品替代的可能性不大。但不可忽视的是彩电目前正处于更新换代的时期，新产品的不断推出将加快原有产品的淘汰速度。

4. 买方议价能力。由于传统彩电的同质化程度很高，因此消费者对价格较为敏感。而且由于彩电对普通百姓而言属于相对大宗的消费，因此他们愿意花时间寻找性价比较高的产品。最后，由于信息交流的便利化，消费者能以较低的成本掌握充分的彩电市场行情，从而增加了其议价能力。

更为重要的是，国美、苏宁等大型连锁家电超市的崛起，形成了所谓的“渠道霸权”，大大提高了买方议价能力。这些家电超市在彩电销售市场中占有相当大的份额，这使得他们在产业链中的腰板越来越硬，拥有了越来越多与生产企业讨价还价的筹码，从而压低了产品价格。此外，彩电生产企业为了吸引这些大型连锁家电超市，还不得不提供优惠的购货条件，例如延长信用期限等。这一方面增加了厂商的收款风险，一方面又降低了厂商的资金使用效率。

5. 卖方议价能力。对于传统彩电的核心部件——彩管和高频头而言，国内市场基本处于供过于求的状态，而且由于彩管的针对性很强，因此，卖方的议价能力较弱。但国内8大彩管生产厂2001年采用集体停产的方式一定程度上提高了议价能力。此外，彩电行业属于典型的“无芯工业”，对于高端彩电的核心芯片大部分依赖进口，卖方议价能力较强。

(二) 四川长虹竞争战略分析

“成本领先，价格致胜”一直是四川长虹坚持的竞争战略。采取成本领先战略，要求企业具备较高的市场份额、良好的原材料供应，通过规模经济，来达到降低产品总成本，获取竞争优势。

生产方面，长虹作为中国彩电行业的领军人物，提出了“航空母舰战略”：在彩电的技术、设备、生产能力上加大投入，逐步形成自我配套体系，千方百计增强自配能力，全力以赴降低产品成本，走规模经济之路。在此战略的指引下，长虹在绵阳建立了全国最大的彩电生产制造基地，对其上游供应链（除显像管外）都进行了整合，拥有行业内最大、最完整的配套产业链，从模具、器件到机壳等多数配套产品都可以自己生产。为了进一步降低成本，长虹还在生产场地旁边建立了库房，并租给显像管厂，通过这种类似储备库的方式，来保持比较低的库存。

投资方面，长虹利用其“彩电大王”的独特品牌优势，充分发挥股权融资潜力，依靠“配股筹资——扩大产能、降低成本——降价——再配股筹资——再扩大产能、降低成本——再降价”的模式抢占市场。长虹通过配股融资先后从股市中获取约 44 亿元的资金，这笔巨额资金多数被用于固有彩电生产线技改以及配套加工能力的扩建，主要是为了降低产品成本，而非进行技术革新和产品研发。比如 1997 年长虹募集的 22.9 亿资金中，有 15 亿投向了著名的指向农村低端市场的“红太阳一号”工程①。

营销方面，长虹为了集中精力扩大生产规模，不愿投资于费用高昂的分销渠道。因此，长虹的渠道策略采取的是选择式分销模式，主要依靠批发大户来批销长虹产品，长虹称之为“傍大款策略”。如长虹在 1996 年与当时中国的十大批发商之一郑百文结合，使郑百文长虹彩电的销售额一度超过长虹总收入的 30%。长虹在拓展海外市场时同样也是采取“傍大款策略”，绝大部分外销都是由美国 APEX 公司代理的。这种营销策略有助于节约企业的营销费用，使企业可以将主要资源与精力集中在产品生产方面。

成本方面的优势使得长虹特别钟情于价格战，可以说正是凭借着在中国彩电业策动的多番价格战才成就了长虹“彩电大王”的地位。1989 年，长虹打响了价格战的第一枪，平均降幅为 600 元，通过这次价格战，长虹的市场占有率迅速扩大。1996 年，为了挑战在关税由 35%下降到 23%以后蜂拥而入的洋货，长虹再次大幅降价 18%，使长虹的市场占有率一度达到了 35%，成了名副其实的中国彩电第一品牌。依靠接连不断的价格战，长虹从只有三四千万资产的规模，发展到 2002 年的全球彩电销量亚军。

但价格战并非万能。根据波特理论，当消费者对价格过于敏感时，企业的重点可以放在尽可能降低产品的价格及成本，但是当市场行情呈现出消费者钟情于产品质量这一趋势时，企业就不要过于强调产品的价格与成本。在 1999 年以前，彩电

① 事后证明，由于用电问题、农民收入增长缓慢等因素，农村市场的启动并不如意，这也造成了长虹产品的大量积压。

仍属于是奢侈消费品，消费者对价格还是非常敏感的，因此，长虹的低成本竞争策略频频奏效，带来了巨大的成功。但长虹的低成本策略并不具备可持续性优势。首先，随着消费者逐渐将注意力转向产品质量，长虹的低成本战略反而在一定程度上伤害了品牌形象，可能造成“长虹产品档次低”的消费者印象，许多消费者在说到长虹时会使用“这个品牌比较土”、“产品档次不是很高”、“市场主要在农村”之类的表述，这说明长虹的品牌美誉度在过度价格战之下已经“自残”。其次，过分专注于大规模、低成本的经营模式使得长虹忽略了技术创新和产品的更新换代，这使得长虹产品线相对单一，款式陈旧，产品面对日益钟情于产品质量的消费群体严重缺乏竞争力。除了 2002 年进入 CRT 背投电视领域取得重大胜利之外，在数字电视和平板电视产业上，长虹远远落后于竞争对手。拿平板电视来说，目前整个社会基本上已经形成“平板电视代表彩电未来”的共识，但是作为中国彩电的主流企业之一，长虹竟然迟至 2004 年底才宣布进军这一产业。即使是曾经给长虹带来巨大成功的背投电视，当竞争对手大力推广 DLP 背投、LCD 背投等新型背投产品的时候，长虹却极力维护 CRT 背投这一落后技术，仍然希望通过低价格来抢占市场。最后，持续不断的价格战已使得彩电业的利润空间被压缩到了极限，长虹在成本方面的优势已难以体现，往往会陷入“只见价格降，不见销量增”的尴尬境地。

此外，长虹“傍大款”式营销策略虽然可以节约一定的成本，但也加大了企业的收款风险。比如郑百文从长虹进货不需支付现金，由银行向长虹开具 6 个月的承兑汇票，用于支付郑百文所欠货款，郑百文在出售长虹产品后再向银行还款。虽然长虹在 1998 年的郑百文事件中侥幸得以全身而退，但与 APEX 公司的合作却没有那么幸运（在以下的分析中我们会发现对 APEX 公司的坏账损失是造成长虹 2004 年巨亏的主要原因）。“傍大款”式营销策略同时也增加了企业的经营风险，因为一旦“大款”出现不测，那么企业就将面临缺乏销售渠道的窘境。比如 1998 年的郑百文事件导致长虹的商品销售严重不畅，1999 年的销售业绩同比下滑 14.5%。长虹原来以郑百文为代表的大户政策的失败，还造成应收账款和库存猛增，这些都给盈利带来了沉重的压力。

（三）四川长虹公司战略分析

1．“独生子”战略。从 20 世纪 80 年代中期开始，长虹集中有限的资源，围绕彩电的规模，将几乎所有的资金和技术力量都投向彩电的技术、设备和生产能力上，持续加大投入，采取填平补齐、梯度推进的技改方式，从前端到终端，又从终端到前端，轮番推进，滚动发展。正是这一优生优育的“独生子”战略，成就了长虹“中国彩电大王”的行业地位。

随着彩电行业由投入期、成长期发展到成熟期，行业增长速度开始迅速下降，长虹的业绩也随之急剧下滑。为了扭转颓势，长虹开始尝试多元化战略，先后收购了长虹集团的空调和数字视听产品业务，并开始投资于电池业务。但长虹并未从彩电情结中走出来，没花大力气培育这些新的经济增长点产品，营销重心也并未转移到这些毛利率高得多的新产品上。以空调销售为例，长虹的整个营销体系是以彩电为核心，同时包容空调、背投、视听、电池、液晶等众多产品。这其中，空调业务并不是公司营销部门的工作重心。在大多时候，公司总部只有少数三四个人负责空调的市场营销工作。而长虹对下属分公司或分公司经理的考核虽然是将彩电、空调、背投、DVD、电池等所有产品纳入统一考核之中，但如果一个分公司的空调销售特差，而彩电销售情况良好，那么，这个分公司最终很可能会得到嘉奖，而不是得到“下台”的惩罚。长虹空调往往是将全年的希望寄托在旺季的短短几天冲锋中，对于日渐重要的淡季市场却置若罔闻、视而不见。因此，长虹新产品未能及时接替彩电成为长虹的新支柱产品，造成支柱产品青黄不接，企业缺乏新经济增长点，陷入困境就在所难免。由此可见，长虹的“独子政策”并未得到实质性改变，2005 年彩电销售业务仍然贡献了 66%的主营业务收入和 79%的主营业务利润。

2. 国际化战略。相对于其他彩电企业，长虹在国际化的道路上起步较晚。面对日益饱和的国内市场，长虹于 2002 年 5 月提出了新的国际化发展战略：以市场为导向，以技术开发为手段，以信息家电为主业，以大规模制造为基础，充分利用全球技术资源，提升全球竞争力，将长虹打造成为世界级企业。在该战略的支持下，长虹的全球品牌效应正迅速在海外新兴市场得到体现。尽管 2004 年遭遇到局部市场政治动荡、汇率持续波动等政治经济因素的影响，长虹在东南亚、澳洲、拉美、中东、独联体、非洲等市场仍取得长足发展，并在印度尼西亚等多个海外市场占据销量第一的位置。目前，长虹系列数字高清电视、数字背投、数字平板已销往全球 100 多个国家和地区，全球用户成功突破 9 000 万。

但是国际化战略也为长虹带来了隐患。由于开拓海外市场的时间较晚，市场销售网络较为贫乏，因此只能采取大经销商的营销模式。另一方面，由于国际市场经验不丰富，加之存在急躁冒进的思想，在竞争日趋激烈的国际市场上并没有采取传统的现汇结算方式，而是加大信用赊销力度，在贸易结算方面采取了设定账期、分期付款的方式，这使得长虹的应收账款急剧增加。在随后的分析过程中我们可以发现应收账款问题正是“长虹神话”破灭的重要因素。

第二节　会 计 分 析

一、识别关键会计政策和会计估计

作为一个典型的制造企业，特别是采取大规模生产、低成本竞争战略的制造企业，对存货和应收账款的有效管理无疑是其重要的成功要素。翻开长虹的财务报表，我们可以发现应收账款、存货构成了其资产的大部分，如表10－2所示。

表10－2 应收账款及存货比率

	1999年	2000年	2001年	2002年	2003年	2004年	2005年
应收账款比率①	16.03%	10.97%	16.34%	22.62%	23.79%	30.58%	35.60%
存货比率	41.40%	40.40%	35.23%	40.01%	34.27%	46.91%	31.97%
合　计	57.43%	51.37%	51.57%	62.63%	58.06%	77.49%	67.57%

由上表可见，长虹的应收账款与存货所占比率极高，因此，与应收账款及存货相关的会计政策和会计估计是否合理，将直接关系到长虹的财务报表是否能如实反映其实际的财务状况和经营情况。在这些会计政策和会计估计中，坏账准备和存货跌价准备的计提具有较高的会计灵活性，比如不同账龄的应收账款坏账计提比率、存货跌价准备按照项目计提还是按照总体计提等方面均需要管理当局进行判断。因此，管理当局是否利用上述会计灵活性隐瞒或歪曲公司的真实情况理所当然成为我们的分析重点。

此外，长虹从2000年开始涉足短期投资，而且金额巨大，一直保持在10亿元左右。短期投资虽然能够提高企业闲置资金利用率，但也给企业带来了额外的风险。长虹作为一家典型的制造企业，却如此热衷于短期投资业务，这必须引起我们的注意。

最后，作为一家上市公司，长虹的主营业务收入和净利润显然是报表使用者关注的焦点。长虹自1994年上市以来净利润一直为正，但2004年却成为中国股市的“亏损之王”。为什么经营业绩会发生如此惊人的“大变脸”？长虹一直以来的盈利质量如何？这也是我们关心的问题。

二、分析关键会计政策和会计估计

（一）应收账款质量分析

1.应收账款的异常增长。正常情况下，应收账款的增长比率应当与主营业务收入的增长比率相匹配。随着彩电行业逐渐进入成熟期和各厂商之间竞争的加剧，长虹的主营业务收入从1997年起逐年下滑，但却在2002年和2003年出现强劲反弹。与主营业务收入的增长相比较，2004年之前长虹应收账款的增长却明显更快

① 应收账款原值/总资产。

(如表 10 - 3 所示),特别是在 2001 年,当年主营业务收入同比下降了 11%,而应收账款却增长了 58%。应收账款的异常增长难免让人怀疑长虹利用放宽信用条件以刺激销售增长。

表 10 - 3 **长虹应收账款的异常增长**

	2001 年	2002 年	2003 年	2004 年	2005 年
主营业务收入增长比率	- 11.14%	32.27%	12.30%	- 18.36%	30.53%
应收账款增长比率	58.27%	46.51%	20.36%	- 5.87%	17.72%
应收账款占总资产比率	16.34%	22.62%	23.79%	30.58%	35.60%

为了证实我们的怀疑,我们首先必须了解长虹近年来主营业务收入的增长情况。长虹近年来的收入构成情况如表 10 - 4 所示:

表 10 - 4 **长虹主营业务收入构成** (单位:亿元)

	2001 年	2002 年	2003 年	2004 年	2005 年
主营业务收入	95.1	125.9	141.3	115.4	150.6
外销	7.8	55.4	50.4	28.7	22.5
内销	87.3	70.5	90.9	86.7	128.1
外销比率	8.2%	44.0%	35.7%	24.9%	14.9%

由上表我们可以发现,相对于 2001 年,长虹 2002 年和 2003 年主营业务收入中的内销金额并无太大变化,而外销比率显著高于其他年份,可见这两年主营业务收入的强力反弹很大程度上归功于外销金额的急速增长,相对于 2001 年的外销金额分别增长了 610% 和 546%,外销比率分别达到了 44% 和 35.7%。

在了解了长虹 2002 年和 2003 年主营业务收入"反弹"的动力源泉之后,我们进一步对长虹的应收账款构成进行分析,如表 10 - 5 所示。

表 10 - 5 **长虹应收账款构成** (单位:千元)

2001 年			2002 年		
单　　位	欠款	比率	单　　位	欠款	比率
APEX	34 632	12.01%	APEX	383 005	90.68%
陈氏辉煌	3 593	1.25%	陈氏辉煌	3 189	0.76%
北京国美	2 863	0.99%	Thomson Multimedia	1 586	0.38%
北京大中	2 883	1.00%	Klh AUDIO SYSTEM	534	0.13%
福州华虹	1 925	0.67%	南京港泰	428	0.10%
合　　计	45 896	15.92%	合　　计	388 742	92.04%

续表

2003年			2004年		
单　位	欠款	比率	单　位	欠款	比率
APEX	444 661	87.47%	APEX	383 876	80.22%
陈氏辉煌	4 001	0.79%	陈氏辉煌	6 161	1.29%
Thomson Multimedia	3 301	0.65%	TOYOICHIYSUSHOCO	1 973	0.41%
PETTERS CONSUMER	18 906	3.72%	PETTERS CONSUMER	4 191	0.88%
ETRON ELECTRONICS	1 870	0.37%	四川省教育厅	1 831	0.38%
合　计	472 739	92.99%	合　计	398 032	83.18%

由上表我们可以发现，从2002年开始长虹的应收账款客户开始高度集中，2001年前五大应收客户所占比率合计不到16%，而2002和2003年该比率均在90%以上，而且这两年的前5大应收客户中除了南京港泰外均为国外进口代理商，由此我们可以推断长虹2002年和2003年外销收入的大幅增长很大程度是由于外销信用条件的放宽。更值得我们关注的是从2002年其APEX成为了长虹的“欠账巨头”。表10－6列示了双方的交易及货款回收的主要情况。

表10－6　　长虹与APEX的交易情况　　（单位：美元）

	销售金额	占外销比率	回收金额	应收账款余额
2002年	610 949 126	91%	190 074 801	462 716 807
2003年	424 424 014	70%	349 896 993	537 243 828

由上表可知长虹外销收入的巨额增长主要依赖于与APEX公司的巨额交易，甚至可以说APEX公司是帮助长虹走出2001年业绩低谷，迎来2002和2003年“第二春”的最大功臣。2001年长虹彩电的出口量仅为12万台，而2002年长虹的出口迅速攀升至398万台，一年内增长了33倍多，一举夺得全国出口冠军，这其中绝大多数是通过APEX公司完成的。但我们应当注意到这些巨额交易的货款回笼率却不高，两年合计只有50%左右，特别是在2002年，货款回笼率只有31%。APEX究竟是何方神圣能让长虹如此信赖呢？

APEX公司成立于1997年，由美籍华人季龙粉创办。长虹与APEX的正式大规模合作始于2002年，但在此前APEX早已因为“空手套白狼”的劣迹声名狼藉。该公司抓住中国企业急于进入美国市场的心态，在国内寻找合作企业，合作初期尚能支付一定数量的货款，一段时间后就以各种理由拖欠货款，最终使中国企业不能忍受，合作破裂，钱也就打了水漂。四川电子进出口公司、上海电子进出口公司、武汉电子进出口公司、宏图高科、天大天财、新科和中国五矿等均发生过被APEX

拖欠巨额货款的先例，中国五矿还与 APEX 公司公堂对簿，并于 2002 年底胜诉。长虹的竞争对手——海信和 TCL 为了开拓美国市场也曾与 APEX 进行接触，但均因风险太大而不了了之。APEX 公司董事长季龙粉最终由于涉嫌诈骗于 2004 年 10 月被四川省公安厅经侦总队刑事拘留。

那么，为何身为后来者的长虹却没有吸收“前车之鉴”，仍然冒天下之大不韪与一个在信用上有如此污点的企业进行大规模的做作，而且是风险极高的先发货后收款的营销合作呢？这显然同前述战略分析中论及的长虹国际化战略分不开的。由于缺乏国际分销渠道，长虹只能回到过去“傍大款”的营销策略，可惜同上次的郑百文事件一样，这次长虹依然“看走了眼”。不同的是在郑百文事件长虹尚能全身而退，而这次 APEX 所拖欠的巨额应收账款却给长虹带来了毁灭性的打击。

值得关注的是，根据 APEX 公司的说法，长虹发到美国的货并不属于 APEX，货权仍然是长虹的，保理公司、长虹公司和 APEX 之间有个三方合约，约定彩电销售以后由保理公司向零售商收款，再由保理公司把 90% 的货款给长虹，把 10% 的货款给 APEX。由于此案尚在审理之中，我们无从得知长虹和 APEX 之间的具体协议，但如果上述情况属实，那么长虹与 APEX 之间实质上是一种代销的关系，因此长虹在出口货物装船时就确认销售收入便属于提前确认收入，而因此产生的应收账款也就无从谈起。

由上分析可见，长虹应收账款的异常增长主要是由于放宽信用政策以刺激销售增长所导致。

2. 坏账准备分析。如上分析可见，长虹的巨额应收账款问题重重，质量堪忧。那么，长虹是否充分意识到这点，并相应计提充分的坏账准备呢？

长虹在 1998 年之前按照应收账款余额的 0.3% 计提坏账准备，1999 年起开始按照账龄分析法计提坏账准备，各年坏账准备的计提情况如表 10 – 7 所示。长虹与其竞争对手的计提政策和计提比率比较则如表 10 – 8 所示。

表 10 – 7　　长虹的坏账准备　　（单位：万元）

	计提比率	1999 年	2000 年	2001 年	2002 年	2003 年	2004 年	2005 年
应收账款原值		269 123	182 145	288 278	422 356	508 351	478 535	563 335
其中：								
1 年以内	0	268 823	181 564	287 715	421 340	414 115	122 313	190 486
1—2 年	10%	193.2	504.9	0.0	527.9	93 378	352 030	29 830
2—3 年	30%	105.9	0.6	485.7	0.0	398.5	3 414.2	340 949
3—4 年	50%	0.0	76.1	0.6	411.0	0.0	317.4	1 293
4—5 年	80%	0.0	0.0	76.1	0.6	398.5	0.0	317
5 年以上	100%	0.0	0.0	0.0	75.8	61.7	460.2	460

续表

	计提比率	1999 年	2000 年	2001 年	2002 年	2003 年	2004 年	2005 年
1 年以内应收账款比率		99.89%	99.68%	99.80%	99.76%	81.46%	25.56%	33.81%
坏账准备余额		51.00	88.70	206.90	334.64	9 838	260 506	254 839
平均坏账计提比率		0.019%	0.0487%	0.072%	0.079%	1.94%	54.44%	45.24%

表 10－8　　各公司坏账准备计提政策对比

	康　佳	海　信	厦　华	长　虹
1 年以内应收账款坏账计提比率	2.00%	5.00%	3.00%	0.00%
2001 年平均坏账计提比率	6.70%	6.20%	5.20%	0.072%
2002 年平均坏账计提比率	8.60%	5.50%	5.80%	0.079%
2003 年平均坏账计提比率	23.00%	5.83%	5.81%	1.94%
2004 年平均坏账计提比率	17.30%	5.70%	4.89%	54.44%

由表 10－7 我们可以发现，2004 年以前长虹的实际坏账计提比率几乎接近零，这主要是由于长虹反常规的计提政策：1 年以内的应收账款不计提坏账准备。由表 10－7 我们可以看出 1 年以内的应收账款构成了长虹应收账款总额的绝大多数，连续多年都在 99%以上，因此，长虹实际上几乎不计提坏账准备。长虹对其特殊计提政策给出的解释是：账龄在 1 年以内的应收账款，一般可以在次年年初收回，故不计提。但是，如果真如其言，那么 2005 年 1 年以上的高达 37.2 亿的巨额应收账款从何而来？由表 10－8 则可以看出，2004 年以前长虹的平均坏账计提比率远低于其竞争对手，而 2004 年长虹的计提比率则比同行业其他公司激进得多。

我们进一步分析长虹的应收账款周转情况来判断其回收情况，如表 10－9 所示：

表 10－9　　长虹的应收账款周转情况

项　　目	2000	2001	2002	2003	2004	2005
应收账款周转率①	4.75	4.05	3.54	3.07	3.22	5.72
应收账款周转天数	77	90	103	119	113	64

由上表可知，长虹的应收账款回收期较长，2001—2004 年平均在 100 天左右，而 2003 年其他竞争对手的应收账款平均回收期在 25 天左右②。由此可见长虹的应

① 主营业务收入/［(年初应收账款净值＋年末应收账款净值）/2］。

② 关于应收账款周转情况在财务分析部分有进一步讨论。

收账款并非像其声称的那么安全。而且我们发现 2004 年之前长虹的应收账款周转天数不断拉长，这也印证了长虹通过放宽赊销政策来刺激销售增长的推断。

面对质量低下且数额巨大的应收账款，长虹居然采取如此激进的会计政策，这不禁让我们怀疑长虹的资产负债表中充满了“水分”。而长虹 2004 年的财务报表证实了我们的怀疑。当年长虹宣布对 APEX 所欠应收账款按照个别认定法计提 26 亿元的坏账准备，这也使得当年的坏账计提比率达到了 54%，远远高出了行业平均水平。表面上长虹宣布是根据谨慎性原则进行大额计提的，但实际上当期的过度谨慎其实也是一种变相的激进，长虹深知“长痛不如短痛”，通过 2004 年的“洗大澡”为今后的扭亏为盈奠定了“坚实”的基础。

（二）存货质量分析

与其竞争战略相适应，长虹采取的是大规模、低成本的经营模式。1996 年长虹正是凭借大规模生产所产生的成本优势，赢得了对国外彩电品牌的胜利，将中国彩电产业带入一个发展高峰。但是市场的逐渐饱和使得长虹的规模优势反而成为沉重的负担，库存居高不下，特别是在 1998 年，长虹为了遏制对手，扩大生产规模，大量吃进 200 万只彩管，使得当年存货余额比上年增加了 117%，并使应付款和应付票据从 35.51 亿元猛升至 61.9 亿元，达到长虹应付款项的峰值，但由于后来销售市场的持续低迷，这些存货始终无法消化，而且由于长虹屯积的多为 14 到 25 寸的低端彩管，随着消费者消费层次的提高更加难以消化，据称当时彩管多得连仓库都放不下，只能露天存放，到 2002 年长虹的存货已经接近 75 亿元的水平。表 10－10列示了长虹历年存货及跌价准备计提情况与其竞争对手的比较。四川长虹的存货问题不仅是存货金额巨大，而且更严重的是，库存商品占存货总额比例一直保持在 64%以上，2001 年达到创记录的 82%，截至 2005 年末，库存商品占存货总额比例为 75%。

表 10－10　　　　各公司存货及跌价准备计提情况

	长　虹	康　佳	海　信	厦　华
2001 年				
存货比率①	35%	41%	33%	23%
存货余额（亿元）	62.15	29.25	13.07	7.28
跌价准备	2.73	0.99	0.52	0.77
计提比率	4.39%	3.38%	3.98%	10.58%

① 存货余额/总资产。

续表

	长　虹	康　佳	海　信	厦　华
2002 年				
存货比率	40.01%	38.50%	33.10%	22.10%
存货余额（亿元）	74.7	27	13.14	6.9
跌价准备	2.77	1.17	0.31	0.45
计提比率	3.71%	4.33%	2.36%	6.52%
2003 年				
存货比率	34.27%	34.36%	33.29%	25.08%
存货余额（亿元）	73.21	33.11	13.02	7.87
跌价准备	3.16	1.41	0.24	0.27
计提比率	4.31%	4.26%	1.84%	3.43%
2004 年				
存货比率	46.91%	39.14%	41.00%	22.43%
存货余额（亿元）	73.42	37.57	17.96	7.51
跌价准备	13.29	1.76	0.26	0.18
计提比率	18.10%	4.68%	1.45%	2.40%

由上表可以发现长虹存货的绝对值水平一直远远高于竞争对手，存货比率也处于较高水平，这与长虹采取的大规模生产方式是相对应的。2004 年以前长虹的跌价准备计提比率与其竞争对手相比较为适中，这似乎意味着长虹的存货“水分”较少。但事实如此吗？

长虹的存货跌价准备是按照存货按成本和可变现净值孰低法计价，并且是按单个存货项目计提。在长虹的巨额存货中，原材料和库存商品占了绝大多数，因此我们对这两个项目的跌价准备情况进行进一步分析，如表 10－11 所示。

表 10－11　　长虹的存货构成及相应跌价准备　　（单位：万元）

年　份	1999 年	2000 年	2001 年	2002 年	2003 年	2004 年	2005 年
存货余额	694 900	670 801	621 410	747 031	732 144	734 153	505 938
其中：							
原材料	95 034	146 930	112 148	214 875	225 685	228 117	95 618
库存商品	547 727	496 523	485 818	499 463	462 104	469 155	378 358
跌价准备	18 728	25 098	27 280	27 743	31 585	132 864	29 263
其中：							

续表

年　份	1999 年	2000 年	2001 年	2002 年	2003 年	2004 年	2005 年
原材料跌价准备（计提比率）	1.8（0.002%）	0（0%）	0（0%）	0（0%）	56（0.02%）	29 071（12.74%）	284（0.3%）
库存商品跌价准备（计提比率）	18 726（3.42%）	25 098（5.05%）	27 280（5.62%）	27 743（5.56%）	31 240（6.76%）	99 636（21.24%）	28 899（7.6%）

由上表我们发现，长虹近年来的原材料水平从 1999 年的 9.5 亿元迅速增长到 2004 年的 22.8 亿元。但是，对于逐年猛增的原材料长虹在 2004 年之前居然几乎不计提跌价准备，而长虹的竞争对手除海信外均对原材料计提了跌价准备（如表 10－12 所示）。考虑到前述的长虹彩管的囤积以及 20 多亿元的原材料余额，特别是近年来彩电行业的技术不断变革，产品更新换代很快，不对原材料计提跌价准备显然是极不稳健的做法。此外，由于长虹一直钟情于低端产品市场（比如为打开农村市场所制定的“红太阳计划”），因此其库存彩电很大一部分属于低端产品，在高端彩电逐渐成为市场主流的情况下，长虹库存商品的跌价幅度显然高于其跌价准备计提比率，2004 年长虹库存商品跌价准备的计提比率高达 21.24%，这也证明了长虹一直以来存在着库存商品跌价准备计提不足的情况。

表 10－12　　各公司原材料跌价准备计提比率

	康　佳	厦　华	长　虹
2002 年原材料跌价准备计提比率	2.00%	13.00%	0.00%
2003 年原材料跌价准备计提比率	1.80%	9.40%	0.02%

其次，存货的周转情况是存货是否积压的重要标志，由于技术发展迅速，存货的积压往往意味着价值的降低。同过表 10－13 我们可以发现，长虹的存货周转率远远落后于竞争对手，这意味着长虹的存货积压极为严重。2001 年后彩电行业开始较大规模的存货清理，因此存货的周转比率均有较大的提高，但正如战略分析部分指出，方方面面因素使得长虹无法抓住这一契机进行“瘦身”，因此长虹对积压存货的清理力度却远远落后于其竞争对手，存货周转比率并无明显改善。

表 10－13　　存货周转率比较表①

	康　佳	海　信	厦　华	长　虹
2001 年	1.57	2.40	2.35	1.20

① 主营业务成本/［（年初存货净值＋年末存货净值）/2］。

续表

	康　佳	海　信	厦　华	长　虹
2002 年	2.51	3.81	3.92	1.63
2003 年	3.80	3.79	3.64	1.70
2004 年	3.37	4.22	5.07	1.52

综上所述，虽然长虹的平均存货跌价准备计提比率与竞争对手相比较为适中，但考虑到其原材料的积压问题以及极低的存货周转率，我们认为其存货跌价准备计提比率偏低，未能充分反映出存货公允价值的降低。这一点从 2004 年长虹计提巨额存货跌价准备可以得到证明，当年长虹计提了约 3 亿元的原材料跌价准备和约 10 亿元的库存商品跌价准备，这显然反映出以前跌价准备计提的不充分性。

(三) 短期投资质量分析

长虹是从 2000 年开始涉足短期投资业务的，其后投入短期投资中的资金一直保持在 10 亿元左右的水平。近年来短期投资及其收益情况如表 10 - 14 所示。

表 10 - 14　　长虹短期投资及其收益情况　　（单位：万元）

项　　目	2000 年	2001 年	2002 年	2003 年	2004 年	2005 年
短期投资	113 519	109 598	113 635	99 573	63 107	52 658
短期投资跌价准备计提比率	0	2%	0	0	41%	60%
短期投资收益	1 600	6 611	7 764	7 667	- 17 049	- 5 690
平均收益比率①	1.41%	5.93%	6.96%	7.19%	- 24.91%	- 9.83%
占净利润比率	6%	75%	44%	37%	4.60%	- 21%

运用闲置资金进行短期投资虽然可以提高资金的使用效率，但也给企业带来了额外的投资风险。长虹不仅在短期投资中投入了巨额资金，而且从 2001 年开始，为了提高短期投资收益率，长虹将投资重点由风险较小的国债投资转向了风险较大的股票投资和委托理财。投资重心的转移虽然使长虹的平均投资收益比率由 2000 年的 1.41%迅速提高到 2003 年的 7.19%，但也大大提高了长虹的投资风险，在这种情况下，长虹却始终坚持“按投资总体计提短期投资跌价准备”的会计政策，在 2004 年之前几乎不计提短期投资跌价准备，这显然是较为激进的。比如 2002 年末长虹短期股票投资的账面成本约为 2.3 亿元，而按照 2002 年 12 月 31 日的收盘价计

① 当年短期投资收益/（年初短期投资 + 年末短期投资）/2。

算的股票市值仅为1.78亿元，减值幅度约为6 000万元；2003年末短期股票投资的账面成本约为1.15亿元，而按照2003年12月31日的收盘价计算的股票市值仅为0.78亿元[①]，减值幅度约为4 000万元，但长虹均以委托理财的可收回金额高于账面价值的部分超过股票投资的减值幅度为理由，并未计提短期投资减值准备。然而，长虹的短期投资真的是稳坐钓鱼台，只有收益没有风险吗？2004年的南方证券事件给了长虹当头棒喝。2004年1月2日，南方证券由于违规经营被行政接管，并冻结了委托理财资金，这显然意味着长虹委托理财资金的回收存在极大风险，但长虹的2004年3月26日报出的2003年年报中仍然没有对此计提相应的减值准备，因此被注册会计师出具了带说明段的审计意见。直到编制2004年年报时，长虹才利用"洗大澡"之机全额计提了1.82亿元的减值准备，而前四年的短期投资收益总额也才2.36亿元，一笔失败的短期投资就亏掉了77%。

（四）收益质量分析

只有夯实了资产负债表，才能够得到高质量的收益。由前述分析可知，长虹2004年以前的资产负债表中水分较多，这无疑将直接影响了其收益质量。

长虹对1年以内的应收账款和原材料不计提减值准备是造成资产负债表水分较多的主要因素，如果我们按照5%的计提比例进行调整，如表10－15所示，我们将会发现长虹实际上从2001年开始就处于巨额亏损状态，早已戴上了ST的帽子，甚至可能面临退市的危险。

表10－15　　长虹资产价值准备模拟表　　（单位：万元）

项　目	1999年	2000年	2001年	2002年	2003年
1年以内应收账款	268 823.40	181 563.70	287 715.20	421 340.00	414 114.90
原材料	95 034	146 930	112 148	214 875	225 685
合计	363 857.4	328 493.7	399 863.2	636 215.0	639 799.9
按5%计提准备	18 192.87	16 424.69	19 993.16	31 810.75	31 990.00
当年净利润	51 103.92	27 423.65	8 853.59	17 620.27	20 573.80
调整后净利润	32 911.05	10 998.97	－11 139.57	－14 190.48	－11 416.20

此外，从损益表结构来看，长虹近年来的非经常性损益金额极高，占净利润的比重极大，如表10－16所示。这也从另一方面证明了长虹的盈利质量之低下。

① 由于长虹对北亚集团的短期股票投资比重较大，根据《企业会计制度》应当按照单项投资基础计提短期投资跌价准备，因此长虹在2004年7月被迫发布了"补丁公告"，宣布对北亚集团的短期股票投资计提约3 600万元的跌价准备。

表 10－16　　长虹的非经常性损益　　（单位：万元）

项　目	2000 年	2001 年	2002 年	2003 年
非经常性损益税后净影响	7 978.97	14 660.00	7 384.00	12 152.00
税后非经常性损益/净利润	29.10%	165.58%	41.91%	59.07%

最后，长虹经营活动产生的现金净流量从 1999 年起一直处于下滑趋势，如图 10－2 所示。这也证明了长虹会计收益的含金量不足。

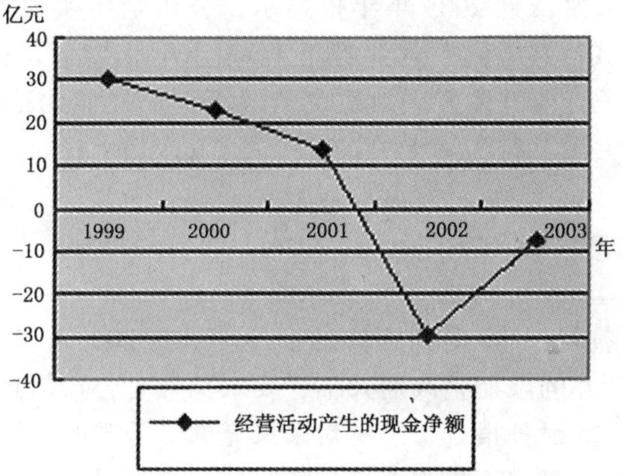

图 10－2　长虹经营活动产生的现金净流量

“冰冻三尺，非一日之寒”，由上分析可见，长虹 2004 年以前的账面收益质量极低，而 2004 年的 37 亿元巨额亏损只不过是多年累积潜亏的一次性爆发。

三、会计策略分析

由前述会计分析可见，2004 年以前长虹的管理当局一直采取较为激进的会计策略，这一战略虽然可以帮助长虹保住“面子”，使得账面盈余始终保持微利状态，但却在财务报表中埋下了众多“会计地雷”。2004 年长虹资产减值计提政策的重大改变，表面上看来是采取了较为保守的会计策略，但实际上却存在利用管理层更迭“洗大澡”嫌疑，是一种变相的“激进”。由于我国目前尚无有关资产减值准备的会计准则，有关减值准备的规定主要体现在《企业会计准则》和相关的单项会计准则中，两者都没有明确规定减值准备应采用的确认标准，因此对各项资产减值准备的确认和计量的规定并不系统，这使得资产减值准备在一定程度上成为消化历史包袱及调节各年度利润的蓄水池。这一点在处于更新换代期的家电行业中体现得较为明显，比如 2001 年科龙、康佳等也曾通过一次性巨亏，摆脱了历史包袱。而四川长虹2004年累计37个亿的巨亏主要是由于计提了26个亿的应收账款坏账准备和11个亿的存货跌价准备，二者合计正好约等于当年的亏损总额，这难道只是巧合？通过这样的“洗大澡”行为，一方面能够帮助长虹清空历史包袱，另一方面也为以后的“扭亏为盈”打下了基础，因为撇清历史旧账有利于轻装上阵。

正是在“洗大澡”会计策略的帮助下，长虹得以在2005年4月16日和18日这两天内发布两份业绩迥异的财务报告：前一份2004年年报显示上市公司巨亏36.81亿元，而后一份2005年一季报披露，上市公司实现净利润1.74亿元，同比增长431.89%。而根据长虹2005年年报显示，公司全年实现净利润总额2.85亿元，比上年度增长107.74%；主营业务毛利率上升了22%，由13.3%上升到了16.21%。在中国电子行业整体发展放缓的情况下，长虹如此抢眼的业绩表现显然与其2004年的“洗大澡”行为不无关系。

四、信息披露质量分析

长虹的信息披露质量一直受到媒体的批评。早在2003年2月，长虹就曾收到中国证监会成都证管办的限期整改通知书，要求长虹对公司信息披露等问题进行整改。翻开长虹历年来的财务报告，总是对未来充满了乐观的估计，而对经营过程存在的困难和风险却几乎只字不提或者轻描淡写地一笔带过。

比如对于给长虹带来沉重打击的APEX事件，在长虹历年年报中的“重大合同及履行情况”中从未提及与APEX公司的交易细节。直到2004年10月29日长虹发布当年第三季度财务报告时仍只字不提对APEX公司的坏账准备之事，并声称“APEX公司的应收账款的重点回款期在年底（2004年）这一现实情况，导致了公司没有在2004年中期及第三季度对该项应收账款按更为谨慎的个别认定法计提坏账准备。”但是，APEX公司的董事长季龙粉正是在2004年10月被四川警方在深圳拘捕的，作为主要当事人的四川长虹对此真的就不知情吗？再者，四川长虹一再声称应收账款一般于次年初就可回收，那么2003年底的巨额应收账款怎么重点回款期拖到年底？纸终究包不住火，2004年12月28日长虹正式公告“由于近日《21世纪经济报道》刊出《骨牌季龙粉》一文，涉及到本公司对APEX公司应收款事宜，公司对此高度重视。……公司对美国突如其来的彩电反倾销、其他外国公司征收高额专利费的影响以及对APEX的应收账款可能会因前述影响产生的风险难以估计，据此，公司董事会决定按更为谨慎的个别认定法对该项应收账款计提坏账准备”。但长虹的说法显然是难以服众的。首先，《21世纪经济报道》并非第一家报道“长虹—APEX”事件的媒体，早在2003年3月5日，《深圳商报》就曾披露长虹遭APEX诈骗的消息，但长虹当时却坚决予以否认，并在第二天就发表声明“公司在美遭巨额诈骗纯属捏造……，应收账款情况正常”，甚至称此报道是“对手放暗箭”。其次，彩电反倾销一事在2003年5月美国商务部就立案调查，长虹没有考虑过自己会被认定倾销成立吗？该案2004年5月的时候才由美国国际贸易委员会才做出认定，怎么会到了12月就突然产生了如此大的影响呢？

即使在2004年报中被迫计提巨额减值准备后，长虹仍然大言不惭地宣称“公司目前依然是行业内资产状况最为优良的企业之一”，而在2004年报中提及对APEX计提巨额坏账准备的原因是也只是轻描淡写的一句话：“因美国进口商APEX公司2004年由于经营不善、涉及专利费、美国对中国彩电反倾销等因素，其全额支付所欠本公司货款存在较大困难”。

2004年长虹的业绩“大变脸”，但在年报中的董事会报告部分对前、后期财务状况和经营成果变动原因进行解释时却“惜字如金”，仅仅列举了总资产、主营业务利润、净利润、现金及等价物增加额和股东权益5项总体指标，对各项指标的变动原因也都是一笔带过。这极大地增加了报表使用者了解长虹业绩变化原因的难度。反观业绩较好的2003年和2002年，在谈到前、后期财务状况和经营成果变动原因分别列举了25和14项详细指标。

由上分析可见，长虹的信息披露存在“报喜不报忧”的问题。

第三节　财务分析

一、与过去年度相比的纵向分析

（一）财务状况纵向分析

表10－17列示了以2000年为基年，长虹部分资产负债表项目的变动情况。

表10－17　　长虹资产负债表趋势分析

报表项目	2005年	2004年	2003年	2002年	2001年	2000年	
							绝对值（万元）
货币资金	81.95%	135.54%	73.61%	65.96%	107.99%	100%	152 379
短期投资	18.54%	32.86%	87.72%	100.10%	96.55%	100%	113 519
应收票据	144.07%	70.57%	263.82%	123.57%	115.50%	100%	95 607
应收款净额	119.28%	95.20%	202.48%	177.75%	168.25%	100%	258 641
存货净额	73.82%	93.12%	108.50%	111.40%	92.01%	100%	645 702
流动资产合计	96.96%	93.68%	137.92%	120.00%	112.04%	100%	1 271 541

续表

报表项目	2005 年	2004 年	2003 年	2002 年	2001 年	2000 年	
							绝对值（万元）
固定资产合计	89.21%	98.39%	105.34%	88.47%	87.26%	100%	316 772
资产总计	95.30%	94.24%	128.66%	112.44%	106.22%	100%	1 660 500
短期借款	457.87%	937.00%	949.48%	568.97%	29.82%	100%	28 500
应付账款	109.17%	90.98%	119.63%	114.81%	114.22%	100%	180 688
应付票据	244.22%	197.98%	380.48%	314.04%	324.74%	100%	75 017
预收账款	127.68%	118.43%	127.41%	81.30%	98.82%	100%	57 654
流动负债合计	164.21%	170.48%	230.84%	163.42%	139.14%	100%	350 486
长期负债合计	311.67%	1166%	1166%	0.00%	0.00%	100%	600
负债合计	168.56%	176.94%	238.54%	167.30%	142.54%	100%	342 723
股东权益合计	74.32%	71.77%	99.68%	98.11%	96.71%	100%	1 317 462

1. 流动资产分析。

（1）短期投资在 2004 年以前一直保持 10 亿元左右的水平，可能是吸取了“南方证券”事件的教训，2004 年后长虹开始出售国债投资并收回委托理财资金，短期投资逐年大幅下降。

（2）应收票据在 2004 年以前逐年递增，2003 年是基期（2000 年）的 2.6 倍。这主要是由于长虹为了扩大市场销售，在销售回款结构中提高了收取银行承兑汇票的比率。而 2004 年应收票据从峰值直接跌至谷值主要是由于长虹对部分应收票据予以贴现（当年贴现银行承兑汇票约 11 亿元），并增加了销售回款中现金的比率。值得注意的是，长虹并未对应收票据计提坏账准备，这说明长虹认为其应收票据的回收是没有风险的，但在现金充足的情况下（2004 年底货币资金余额约为 20.6 亿元），却愿意花费财务成本进行巨额票据贴现，此举颇令人费解。2005 年应收票据再次出现反弹，主要是由于在空调销售中实行“保兑仓”业务。

（3）应收款净额在 2004 年以前也是逐年递增，2003 年达到峰值，是基期的 2 倍左右。如会计分析部分所述，应收款的异常增长主要是由于在海外销售中采取较为宽松的赊销政策所致。2004 年后应收款净额的大幅下降则主要是由于长虹在 2004 年计提了约 26 亿元的巨额坏账准备。

（4）由于吸取了前两年盲目放宽销售信用政策带来的巨额坏账的教训，长虹 2004 年加大了销售现金收款力度，在加上短期投资的变现收回，使得货币资金在经历了 2002 年和 2003 年的低水平后，在 2004 年有了较大的提高，约为 20.6 亿元。2005 年货币资金有所降低主要是由于加大了银行借款的偿还力度。

(5) 存货水平在2001年由于清理工作的开展有所降低，但随着2002年和2003年重新走上“规模扩张，以量取胜”的路线，存货水平又有了一定的增长，随着2004年计提近10亿元的跌价准备，存货水平再次回落。2005年长虹的存货水平将到了近年来的最低点，这一方面是由于当年开始实施供应商管理库存模式，使原材料库存从约23亿元下降到不到10个亿；另一方面是由于加大了产成品的销售力度，使库存商品由47亿元下降到了38亿元。

由于上述因素的共同作用，长虹的流动资产变化不大，2004年的流动资产数额虽然略有下降，但由于货币资金的大幅增加，而且原有资产中的水分被充分蒸发，其资产质量和流动性反而有所增加。

2. 流动负债分析。

(1) 短期借款在2001年大幅减少，主要是由于当年长虹处于经营调整期，2001年之后激增，2003年最多时约为基期的10倍，主要是为了满足生产经营规模扩大所需要的流动资金。2005年长虹的经营现金流量情况有所好转，因此加大了短期借款的偿还力度，使得短期借款余额有较大的下降。

(2) 应付票据在2000年后有较快增长，主要是由于改变采购政策，大量使用银行承兑汇票所致。这一政策在2004年得到改变，由于当年加大了现金支付和贴现支付的比率，应付票据大幅降低。

3. 长期资产和长期负债分析。

长虹的长期资产在总资产在比重不大，主要是固定资产，在各年间变化也不大。长虹资本结构中对长期负债依赖极低，1997年的5年期600万元长期借款已于2001年提前还清。2003年为了配合为期3年的信息化技术改造借入了3年期7 000万元长期借款，年利率为5.49%。

总体而言，长虹的流动负债增加较快，而流动资产的相对降低，长虹的短期偿债能力有所降低。但考虑到当地政府对长虹的扶持力度，以及长虹充足的现金和较强的融资能力，其财务状况还是较为优良的，财务风险较低。

(二) 盈利能力纵向分析

表10-18列示了以2000年为基期，长虹部分损益表项目的变动情况。

表10-18　　长虹损益表趋势分析

	2005年	2004年	2003年	2002年	2001年	2000年	基期绝对值（万元）
主营业务收入	140.67%	107.77%	132.00%	117.54%	88.86%	100%	1 070 721
主营业务成本	138.55%	108.55%	132.66%	117.60%	91.36%	100%	910 792
主营业务利润	155.64%	105.54%	132.02%	119.41%	73.36%	100%	154 798

续表

	2005年	2004年	2003年	2002年	2001年	2000年	基期绝对值（万元）
营业费用	147.79%	98.55%	122.94%	125.46%	91.69%	100%	112 723
管理费用	133.71%	1 583.01%	181.26%	140.15%	96.65%	100%	25 460
财务费用	-216.23%	-41.38%	-134.79%	-31.40%	149.38%	100%	-5 241
营业利润	100.34%	-1 138.42%	59.20%	41.37%	7.04%	100%	30 803
投资收益	-322.09%	-1 032.88%	201.42%	472.40%	731.67%	100%	1 643
补贴收入	501.92%	779.61%	1 859.93%	141.54%	678.99%	100%	52
净利润	103.94%	-1 342.32%	75.02%	64.25%	32.28%	100%	27 423

1. 由于海外扩展政策的实施，长虹的主营业务收入从2002年起有了一定的增长，但相对于应收款的巨额增长而言，主营收入的增长并不明显。主营业务成本的增长和主营业务收入的增长基本上相匹配，因此带来了主营业务利润的相应增长。

2. 对于以低成本为竞争战略的长虹而言，营业费用和管理费用原本应当是成本控制的重点，是维护其竞争优势的关键，但长虹的营业费用和管理费用的平均增长幅度要高于销售收入的增长，这显示出其低成本竞争优势正在弱化。2004年的管理费用更是接近基年的16倍，主要是由于大额计提减值准备所致。2005年的主营业务利润为2000年的1.56倍，但由于营业费用、管理费用的大量蚕食，营业利润基本与2000年持平。

3. 2000年和2001年财务费用为负数，这主要是由于收取母公司长虹集团资金占用费所致。2002年开始的财务费用增长主要是由于短期借款的大幅增长导致利息支出的增长，而且由于母公司资金占用的减少导致利息收入的减少。2005年财务费用达到近年来的最高点，主要是由于当年度人民币升值所产生的约8 000万元汇兑损失。

4. 营业费用、管理费用和财务费用的急剧增加，蚕食了长虹辛辛苦苦拓展海外市场所增加的毛利，因此，在主营业务利润略有增加的情况下，长虹的营业利润在2004年之前急剧下降，而2005年主营业务利润的较大增幅也没能带来营业利润的相应增长。

5. 同营业利润的急剧下滑相比较，长虹的投资收益、补贴收入和营业外收支净额均有较大幅度上升。投资收益的增长主要是由于向母公司的股权转让收益和委托理财收益。补贴收入的增长主要是四川省财政厅支付的出口贴息和绵阳市财政局支付的贷款贴息。

6. 在上述“线下项目”增长较快的帮助下，长虹净利润的下滑幅度虽大，但明显低于营业利润的下滑幅度。

总体而言，长虹近年来的主营业务收入虽然略有增长，但属于典型的“粗放式”增长，由于各项费用控制不力，主营业务收入增长带来的收益被逐步蚕食，结果净利润反而下降严重，这也显示出长虹的低成本竞争优势正在逐步丧失。

二、与竞争对手相比的横向分析

(一) 财务状况横向分析①

1. 绝对值比较分析。表 10 – 19 列示了 2003 年以长虹为基准，其竞争对手的资产、负债和股东权益的相对比率。

表 10 – 19　　各公司资产、负债和股东权益的相对比率

	长 虹	康 佳	海 信	厦 华
资产总计	100%	45.11%	18.31%	14.68%
负债合计	100%	77.66%	18.23%	28.69%
股东权益合计	100%	23.25%	17.89%	5.93%

由上表可见，长虹拥有极为庞大的资产规模，这是与其大规模、低成本的经营模式相适应的。

2. 利用共同比报表法进行横向分析。表 10 – 20 列示了长虹与其竞争对手的资产分布情况和资金来源情况。

表 10 – 20　　各公司资产分布情况和资金来源情况

	长 虹	长 虹	康 佳	海 信	厦 华
	2004 年	2003 年			
货币资金	13.20%	5.25%	13.82%	18.19%	23.17%
短期投资	2.38%	4.66%	0.01%	0	0
应收票据	4.31%	11.81%	32.86%	11.81%	8.08%
应收账款净额	15.73%	24.51%	4.28%	6.55%	16.05%
存货净额	38.42%	32.79%	32.89%	32.68%	24.23%
流动资产合计	76.12%	82.09%	84.47%	71.21%	74.26%
固定资产合计	19.92%	15.62%	14.20%	24.61%	17.61%

① 由于长虹 2004 年财务报表存在“洗大澡”的嫌疑，导致了 2004 年和 2005 年的财务报表缺乏可比性，而且本案例的讨论重点是长虹 2004 年的巨亏是否属于“突发事件”，因此在进行横向比较时以 2003 年为主。

续表

	长　虹	长　虹	康　佳	海　信	厦　华
	2004 年	2003 年			
资产总计	100%	100%	100%	100%	100%
短期借款	17.06%	12.67%	0.24%	0.77%	38.14%
应付款项	20.00%	23.48%	52.20%	32.40%	27%
预收账款	4.36%	3.44%	6.33%	5.83%	2.45%
未交税金	-5.49%	-3.61%	0.42%	-2.90%	-0.44%
流动负债合计	38.18%	37.87%	65.81%	37.88%	71.75%
长期负债	0.45%	0.33%	0.07%	0.19%	2.19%
负债合计	38.75%	38.27%	65.88%	38.10%	74.79%
股东权益合计	61.25%	61.73%	34.12%	61.90%	25.21%
负债与股东权益合计	100%	100%	100%	100%	100%

由上表可知：

(1) 长虹 2003 年的货币资金比率远低于竞争对手，而短期投资比率远高于竞争对手。这反映出长虹将较多的资金分配到短期投资，此举虽然有助于充分利用闲置资金，但也存在一定的风险。经过南方证券事件的教训后，长虹 2004 年大幅减少了短期投资力度，从而使货币资金比重增加，短期投资比重下降。我们将在现金流量分析部分进一步分析长虹热衷于短期投资的原因。

(2) 长虹的应收账款比率远高于竞争对手，而对应收票据的利用则不够。产生这一现象的原因在前面的分析中已有论述。2004 年的“洗大澡”行为虽然使长虹的应收账款比率大大降低，但相对于竞争对手而言，仍处于较高的水平。

(3) 存货比率较高是彩电行业的通病，这也证明了彩电市场已经趋于饱和。

(4) 长虹的应付款项比率较低，预收账款的比率也比较低，这表明长虹未能充分利用商业信用来获取成本较低的融资。

(5) 彩电行业整体长期负债比率极低，这可能是由于彩电行业已步入成熟期，并没有值得投资的大项目工程，因此无需长期负债的资金支持。

(6) 长虹的总体负债比率较低，主要是依靠权益融资，这一方面降低了财务风险，但另一方面也导致了财务杠杆未能得到合理运用。同时还使得长虹的加权平均资本成本较高，从而对其经济增加值造成不利影响。

(二) 经营效率横向分析

1. 绝对值比较。表 10－21 列示了 2003 年以长虹为基准，其竞争对手主营业务收入、营业利润和净利润的相对比率。

表 10－21 各公司经营业绩相对比例

	长 虹	康 佳	海 信	厦 华
主营业务收入	100%	90.61%	40.57%	20.81%
营业利润	100%	71.64%	32.20%	6.81%
净利润	100%	49.13%	20.12%	19.91%

由上表可见，长虹的绝对值指标远远领先于竞争对手。但考虑到长虹资产规模的庞大，其经营业绩的领先似乎不足。比如长虹的总资产分别是康佳、海信和厦华的2.22、5.46和6.81倍，但运用这些资产所获得的主营业务收入分别只是1.10、2.46和4.81倍，这说明长虹的资产使用效率较为低下。不过长虹在营业利润和净利润指标上的领先距离有所拉大，其净利润分别是康佳、海信和厦华的2.03、4.97、5.02倍，这是由于长虹采取的低成本策略所获得的竞争优势吗？我们将进一步采取共同比报表法进行横向分析。

2. 利用共同比报表法进行横向分析。表10－22列示了长虹及其竞争对手损益表的构成情况比较。

表 10－22 各公司损益表的构成情况比较

	长 虹	长 虹	康 佳	海 信	厦 华
	2004 年	2003 年			
一、主营业务收入	100%	100%	100%	100%	100%
减：主营业务成本	85.68%	85.49%	85.29%	84.74%	87.23%
主营业务税金及附加	0.16%	0.05%	0.01%	0.30%	0.03%
二、主营业务利润	14.16%	14.46%	14.69%	14.96%	12.74%
加：其他业务利润	0.12%	0.39%	0.11%	0.24%	0.31%
营业费用	9.63%	9.81%	11.27%	11.68%	9.11%
管理费用	34.85%	3.26%	2.33%	2.62%	2.01%
财务费用	0.19%	0.50%	0.19%	－0.11%	1.51%
三、营业利润	－30.39%	1.29%	1.02%	1.02%	0.42%
加：投资收益	－1.47%	0.23%	－0.05%	0.00%	0.45%
补贴收入	0.03%	0.07%	0.01%	0.01%	0.58%
营业外收入	0.07%	0.30%	0.07%	0.09%	0.09%
减：营业外支出	0.07%	0.01%	0.06%	0.10%	0.10%
四、利润总额	－31.83%	1.89%	0.99%	1.01%	1.43%

续表

	长　虹	长　虹	康　佳	海　信	厦　华
	2004 年	2003 年			
减：所得税	0.12%	0.42%	0.12%	0.23%	0.00%
减：少数股东损益	-0.05%	0.01%	0.11%	0.06%	0.04%
五、净利润	-31.90%	1.46%	0.79%	0.72%	1.39%

如果光看最后一行，长虹 2003 年的销售净利率与其竞争对手相比还是比较理想的，这似乎证明了长虹的低成本竞争战略取得了成功。但我们进一步分析发现，长虹的主营业务成本率并不低，甚至还处于中上水平（高于康佳和海信），管理费用和财务费用也没有得到很好的控制，特别是管理费用比率远高于竞争对手，这使得长虹 2003 年的主营业务利润率和营业利润率与其竞争对手相差无几。如果进一步考虑会计分析中对长虹资产减值政策的探讨，那么长虹实际管理费用所占比率要远高于 3.26%，这更说明的其低成本的竞争战略优势已不复存在。但是，长虹的"线下项目"——投资收益、补贴收入和营业外收支净额却远远高于对手，正是在这些项目的支持下，长虹的销售利润率和销售净利率有了较大的提升，约为康佳和海信的 2 倍。因此，长虹较高的销售净利率主要是因为"线下项目"的支持，并不能证明其低成本竞争战略的成功。厦华也存在类似的情况，其营业利润率远低于其他厂商，但凭借投资收益和补贴收入的支撑，其销售净利率还是比较高的。

此外，长虹 2004 年的巨亏主要是由于管理费用比率的激增。但相比 2003 年而言，2004 年财务费用和营业费用比率均有所降低，对"线下项目"的依赖程度也有所减轻。

三、比率分析

（一）杜邦分析法的简要分析

1. 趋势分析。表 10-23 列示了长虹近年来净资产收益率及其驱动因素的变化趋势。

表 10-23　　长虹的净资产收益率及其驱动因素

长　虹	净资产收益率	销售净利率	资产周转率	权益系数
1999	3.84%	5%	0.59	130%
2000	2.42%	3%	0.64	126%
2001	0.69%	0.93%	0.54	138%

续表

长　虹	净资产收益率	销售净利率	资产周转率	权益系数
2002	1.36%	1.40%	0.67	144%
2003	1.56%	1.46%	0.66	162%
2004	-38.42%	-31.90%	0.73	165%
2005	2.91%	1.89%	0.95	162%

说明：净资产收益率=销售净利率×资产周转率×权益乘数。

由上表我们可以看出，长虹的净资产收益率总体呈递减趋势，2002年和2003年虽然有所反弹，但好景不长，2004年跌到了-38.42%的谷底。2005年长虹的销售净利率和资产周转率均有较大提高，因此净资产收益率也有较为明显的反弹。进一步观察净资产收益率的驱动因素，我们可以发现导致净资产收益率变动的主要因素是销售净利率的波动，而资产周转率和权益系数反而稳中有升。销售净利率的下降也表明了长虹的低成本竞争策略缺乏可持续性，当传统彩电行业步入“微利时代”后，长虹已经很难在价格上面再做文章。

2. 与竞争对手比较分析。表10-24列示了长虹及其竞争对手的净资产收益率对比情况。

表10-24　　各公司净资产收益率对比情况

	净资产收益率	销售净利率	资产周转率	权益系数
2002年				
长虹	1.36%	1.40%	0.67	144%
康佳	1.20%	0.44%	1.15	237%
海信	1.47%	0.60%	1.42	172%
厦华	1.44%	0.36%	0.92	435%
2003年				
长虹	1.56%	1.46%	0.66	162%
康佳	3.31%	0.79%	1.33	316%
海信	1.76%	0.72%	1.47	166%
厦华	5.26%	1.39%	0.94	403%

说明：净资产收益率=销售净利率×资产周转率×权益乘数。

由上表可知，即使在情况较好的2002年和2003年，长虹的净资产收益率也低于其竞争对手，并且差距逐渐拉大。进一步分析净资产收益率的三大驱动因素，我们发现长虹的销售净利率一直处于最高的水平，但是资产周转率和权益系数却远远低于其竞争对手，这表明资产管理效率低下和财务管理效率低下是造成长虹净资产收益率较低的主要原因。

（二）经营管理效率分析

长虹较高的销售净利率是否意味着较高的经营管理效率？我们进一步对其经营管理效率指标进行分析，如表 10–25 所示。

表 10–25　　各公司经营管理效率指标

2003 年	长　虹	康　佳	海　信	厦　华
销售净利率	1.46%	0.79%	0.72%	1.39%
毛利率（主营业务利润/主营业务收入）	14.46%	14.69%	14.96%	12.74%
管理和营业费用/主营业务收入	13.06%	13.60%	14.30%	11.12%
营业利润率（营业利润/主营业务收入）	1.29%	1.02%	1.02%	0.42%

由上表我们发现，虽然长虹的销售净利率较高，约为康佳和海信的两倍，但从反映经营管理效率的三个指标——毛利率、管理和营业费用率、营业利润率来看，长虹与其竞争对手相比并无明显优势，考虑到长虹过于激进的资产减值政策，管理费用存在虚减的嫌疑，情况更是如此。正如共同损益表横向分析部分所指出，长虹高销售净利率的主要来源于投资收益、补贴收入和营业外收支净额，因此并不能说明其经营管理效率较高。

（三）资产管理效率分析

由于公司将大量资源投资于各类资产，这些资产的生产能力对于提高公司总体盈利能力至关重要，因此，投资管理水平是影响净资产收益率的重要驱动因素。反映长虹及其竞争对手资产管理效率的指标如表 10–26 所示。

表 10–26　　各公司资产管理效率指标

2003 年	长　虹	康　佳	海　信	厦　华
资产周转率	0.66	1.33	1.47	0.94
应收账款周转率	3.07	41.85	23.12	7.41
应收账款周转天数	119	8.7	15.8	49.3
存货周转率	1.7	3.8	3.79	3.65
存货周转天数	215	96	96	100
固定资产周转率	4.6	9.42	6.39	5.28

由上表可知，长虹的资产周转率远低于竞争对手。这主要是由于长虹未能有效管理总资产中比重最大的三项投资——存货、应收账款和固定资产。平均而言，长

虹的应收账款回收期长达119天，而康佳只需9天；长虹的存货平均215天才能销售出去，而其他竞争对手只需100天左右。长虹的固定资产周转率与其竞争对手相比也是最低的。低下的资产周转率使长虹这头“大象”行动笨拙，无法充分发挥其规模优势，大大降低了长虹创造价值的能力。

（四）财务管理效率分析

财务管理效率主要体现在财务杠杆带来的效益和风险。如前所述，长虹对财务杠杆利用不充分是导致其净资产收益率低下的重要原因。接下来我们通过流动性比率和长期偿债比率来考察财务杠杆带来的风险。

反映长虹与其竞争对手短期流动性的指标如表10－27所示。

表10－27　**各公司短期流动性指标**

2003年	长　虹	康　佳	海　信	厦　华
流动比率	2.17	1.28	1.88	1.03
速动比率①	1.22	0.77	0.97	0.66
现金比率②	0.26	0.21	0.48	0.32
经营现金流动比率③	－0.09	0.055	－0.06	0.06

由上表可见，长虹的流动比率和速动比率远高于竞争对手，但是现金比率却处于较低的水平，这是由于长虹的应收款项数额巨大，而在计算现金比率时剔除了应收款项，从而导致了现金比率的降低。考虑到会计分析部分中提到的长虹应收款项质量较低，因此剔除应收账款后的现金比率似乎更能反映长虹的实际流动性，由此看来，长虹的流动性并不理想。再加上长虹的经营现金流动比率为负，这说明长虹完全无法利用经营活动产生的现金流来偿还短期负债，因此虽然长虹的财务杠杆很低，但仍存在一定的流动性风险。

反映长虹与竞争对手长期清算能力的指标如表10－28所示。

表10－28　**各公司长期清算能力指标**

2003年	长　虹	康　佳	海　信	厦　华
资产负债比率	0.38	0.66	0.38	0.75
有形净值债务率④	0.64	2.12	0.66	3.22
利息保障倍数	4.78	6.31	－7.82	1.95

①　现金、短期投资和应收款项净值/流动负债。

②　现金、短期投资/流动负债。

③　经营性现金净流量/流动负债。

④　负债/（股东权益－无形资产）。

由上表可以看出，长虹和海信的资产负债比率较低，而康佳和厦华更加偏好利用财务杠杆，与此相对应，长虹和海信的有形净值债务率远低于康佳和厦华。由此可见，长虹和海信的长期偿债能力较高。但从利息保障倍数来看，长虹低于康佳和海信[①]，这说明虽然康佳和海信的负债比率较高，但其负债中很大部分为不计息的债务，因此融资成本很低，付息风险不大，是比较合理的资本结构，而长虹既没有享受到财务杠杆的好处，其利息偿付能力也低于康佳，从这一方面说，长虹的财务管理效率是较低的。

（五）投入资本回报率分析

我们可以换个角度进行权益回报率分析，如以下公式所示：

$$\text{权益回报率}=\frac{\text{净利润}}{\text{所有者权益}}$$

$$=\frac{\text{息税前利润}}{\text{销售收入}}\times\frac{\text{销售收入}}{\text{投入资本}}\times\frac{\text{税前利润}}{\text{息税前利润}}\times\frac{\text{投入资本}}{\text{所有者权益}}\times\frac{\text{净利润}}{\text{税前利润}}$$

其中，$\left(\frac{\text{息税前利润}}{\text{销售收入}}\times\frac{\text{销售收入}}{\text{投入资本}}\right)$代表投资及经营决策对权益回报率的影响，$\left(\frac{\text{税前利润}}{\text{息税前利润}}\times\frac{\text{投入资本}}{\text{所有者权益}}\right)$代表财务政策对权益回报率的影响，$\left(\frac{\text{净利润}}{\text{税前利润}}\right)$代表税收对权益回报率的影响。

上述权益回报率分解方法的优点在于能够显示出投入资本报酬率（Return of Invested Capital，ROIC）的高低，也即投入资本报酬率 $=\frac{\text{息税前利润}}{\text{销售收入}}\times\frac{\text{销售收入}}{\text{投入资本}}$。其中，投资资本是指需要企业付出成本的资本，包括股东权益和计息负债。只有当公司的投入资本报酬率高于加权平均资本成本，才能创造出正的经济增加值（Economic Value Added，EVA）。表 10－29 列示了长虹近年来权益回报率及其驱动因素的变动情况。

表 10－29　　长虹的权益回报率及其驱动因素

年份	销售利润率	投入资本周转率	投入资本报酬率	财务杠杆系数	税前权益报酬率	税收效应	权益报酬率
1996	20.30%	1.09	22.13%	1.80	39.83%	0.85	33.85%
1997	21.32%	1.12	23.88%	1.43	34.15%	0.86	29.37%
1998	20.25%	0.67	13.57%	1.55	21.03%	0.86	18.09%
1999	6.35%	0.69	4.38%	1.09	4.78%	0.85	4.06%

① 海信利息保障倍数为负数是由于财务费用是负数。

续表

年份	销售利润率	投入资本周转率	投入资本报酬率	财务杠杆系数	税前权益报酬率	税收效应	权益报酬率
2000	2.56%	0.76	1.95%	1.28	2.49%	0.84	2.09%
2001	0.35%	0.62	0.22%	4.02	0.87%	0.79	0.69%
2002	1.77%	0.74	1.31%	1.21	1.58%	0.85	1.35%
2003	2.38%	0.75	1.79%	1.13	2.02%	0.77	1.55%
2004	-31.64%	0.84	-26.58%	1.46	-38.80%	1	-38.80%
2005	2.73%	1.16	3.17%	0.96	3.04%	0.96	2.91%

上表中投入资本=（所有者权益+短期借款+应付票据+长期借款）。由上表可见，长虹的投入资本报酬率从1998年开始迅速下降。假设债务融资成本为6%，权益融资成本为9%，那么，加权平均资本成本（WACC）应当在6%~9%之间，而长虹的ROIC从1999年起便一直低于5%，因此，长虹实际上是个价值摧毁者！更为严重的是，根据经济增加值的计算公式EVA=（ROIC-WACC）×IC，由于长虹的ROIC长期低于WACC，长虹庞大的投入资本规模反而扩大了价值摧毁的程度。如果我们简单假设长虹的债务融资成本为6%，权益融资成本为9%，那么近年来长虹的价值摧毁程度如表10-30所示①。

表10-30　　长虹价值摧毁程度　　（单位：万元）

年　份	2005	2004	2003	2002	2001	2000
IC	1 292 800	1 368 098	1 876 238	1 690 368	1 526 242	1 421 580
ROIC	3.17%	-26.58%	1.79%	1.31%	0.22%	1.95%
WACC	8.1%	8.1%	8.1%	8.3%	8.5%	8.8%
EVA	-63 735	-473 772	-118 391	-118 157	-126 373	-97 378

表10-31列示了2003年长虹及其竞争对手权益回报率及其驱动因素的对比情况。

表10-31　　2003年各公司权益回报率及其驱动因素

2003年	销售利润率	投资资本周转率	投入资本报酬率	财务杠杆系数	税前权益报酬率	税收效应	权益报酬率
长虹	2.38%	0.75	1.79%	1.13	2.02%	0.77	1.55%

① 关于四川长虹EVA业绩评价的问题在本书第十四章第三节中有更为详细的讨论。

续表

2003年	销售利润率	投资资本周转率	投入资本报酬率	财务杠杆系数	税前权益报酬率	税收效应	权益报酬率
康佳	1.18%	1.87	2.21%	1.89	4.17%	0.79	3.31%
海信	0.90%	2.28	2.05%	1.21	2.47%	0.71	1.76%
厦华	2.94%	1.18	3.47%	1.56	5.41%	0.97	5.26%

由上表可见长虹的投入资本报酬率和财务杠杆系数均低于竞争对手，这也使得长虹的权益报酬率处于较低的水平。

四、现金流量分析

（一）现金流量总体分析

表10－32列示了长虹以2000年为基年的各年现金流量对比情况。

表10－32　　长虹各年现金流量情况对比

项　目	2005年	2004年	2003年	2002年	2001年	2000年	基期金额（万元）
经营活动产生的现金净额	62.48%	33.43%	－32.70%	－131.34%	60.37%	100%	227 497
投资活动产生的现金流量净额	33.89%	－7.00%	9.29%	－32.91%	37.68%	100%	－271 546
筹资活动产生的现金流量净额	－15 988.54%	－369.19%	13 302.80%	17 409.76%	－2 670.37%	100%	829
现金及现金等价物净增加额	190.85%	－215%	－26.57%	149%	－27.76%	100%	－43 836

1. 如前所述，长虹的主营业务收入在2002年和2003年呈现出反弹的迹象，但与此形成鲜明对比的是经营活动产生的现金净额却急剧恶化，在2002年和2003年均为负数。销售收入的增长与经营活动现金净流量的背离显示出长虹这一阶段销售收入“含金量”的低下，存在明显的虚增销售收入的痕迹。

2. 长虹用于投资活动的现金也在逐年缩减，且2002年、2004年和2005年投资活动产生的现金流量净值为正值。进一步分析投资活动资金去向，我们发现2002年和2003年绝大部分的投资资金被用于权益性投资、债权性投资和其他与投资活动相关的项目，而用于购建固定资产、无形资产和其他长期资产的资金极少。这也印证了传统彩电行业已经进入了衰退期，投资机会已不多，而且长虹仍未发现新的业绩增长点。

3. 2002 年和 2003 年筹资活动产生的净流量激增，这不符合衰退期的资金状况。出现这种情况的主要原因是长虹在 2002 年和 2003 年花费了近 10 亿元的现金大量进行权益性和债权性投资，而经营活动并没有带来正的现金流，因此长虹必须大量依靠筹资活动筹集现金，以弥补经营现金的缺口和满足投资活动。由于经营业绩欠佳，2000 年后长虹并不具备股权再融资的资格，因此绝大部分再筹资活动现金流入必须依靠短期借款，这无疑加大了长虹的财务风险。而 2004 年经营活动产生的净现金流量情况有所好转，加上大幅削减投资活动，使得公司有充分的资金来偿还债务，这使得长虹的负债在连续几年的高速增长之后开始下降，从 2003 年的 81.8 亿下降到了 2005 年的 57.8 亿，降幅达到了 30%。

总体而言，从现金流量的角度分析，长虹处于较为典型的行业衰退期，经营性现金净流量日益萎缩，与主业相关的投资机会减少，而且由于长虹一直以来的“独子政策”，对其他产业的培植力度一直不够，新的业务增长点仍未形成，许多资金被投向了与主业无关的投资项目。2004 年长虹的应计制会计报表虽然“惨不忍睹”，但从现金流量表来看，2004 年的现金流动情况反而有所好转。当年的经营活动产生了正的现金流量，同时大幅削减了与主营业务无关的投资活动，这使得长虹不再过度依赖短期借款来获取资金，反而能在缩减短期借款规模的基础上实现了现金净流入的大幅增长。

（二）经营活动现金流量分析

表 10 – 33 列示了与长虹经营活动现金流量指标的纵向变化趋势。表 10 – 34 列示了长虹 2003 年经营活动现金流量指标与竞争对手的对比情况。

表 10 – 33　　长虹历年经营活动现金流量指标

	1999 年	2000 年	2001 年	2002 年	2003 年	2004 年	2005 年
每股营业现金流量①	1.4	1.051	0.635	– 1.38	– 0.34	0.35	0.66
主营业务现金比率②	0.3	0.21	0.14	– 0.23	– 0.05	0.065	0.094
结构分析③	308%	– 519%	1 128%	466%	– 639%	81%	– 170%
营业活动收益质量④	4.77	7.39	63.29	– 23.45	– 4.08	– 0.22	4.60

① 经营活动净现金/总股本，长虹从 1999 年起总股本保持在 216 421.14 万股不变。

② 经营活动产生的现金净额/主营业务收入。

③ 经营活动净现金/现金及等价物净增加额。

④ 经营活动现金净额/营业利润。

表 10－34　　2003 年各公司经营活动现金流量指标

项　目	长　虹	康　佳	海　信	厦　华
每股营业现金流量	－0.34	0.58	－0.19	0.37
主营业务现金比率	－5%	2.74%	－1.60%	4.60%
结构分析	－639%	122%	45%	－96%
营业活动收益质量	－4.08	2.69	－1.58	10.9

由上表可见，长虹的每股营业现金流量在迅速减小，2002 年和 2003 年均为负数，这反映了长虹经营现金净流量的日益萎缩。1999 年较高的每股营业现金流量得益于当年加大了应收票据的回收力度（1999 年应收票据的余额只有 1998 年的 10%）。2000 年和 2001 年是彩电行业的“严冬”，长虹每股营业现金流量的下滑是与其每股收益的急剧下滑相适应的。与 1999 年相比，长虹 2000 年和 2001 年的 EPS 分别下滑了 50%和 85%左右，相比之下每股营业现金流量的下滑幅度还是较小的。但异常的是长虹在 2002 年和 2003 年实现了经营业绩的强力反弹，EPS 分别比 2001 年增加了 112%和 150%左右，可是每股营业现金流量却急剧下降至负数。考虑到我们会计分析中所提到的长虹 2001 年后的业绩增长主要是由于采取较为宽松的赊销政策，也就不难理解这种异常现象了。因为长虹的所谓业绩增长带来的只是不断增加的应收账款，而非“真金白银”。2002 年和 2003 年负的营业活动收益质量也说明了这一点。主营业务现金比率的递减趋势也证明了长虹主营业务收入的“含金量”在降低。从结构分析中我们还可以看出 2001 年以前经营活动产生的现金净流量均超过了当年现金净增加额①，而 2002 年经营活动产生的负的现金净流量反而成了当年现金持有量迅速减少的最大原因。2003 年的现金持有量虽然有所增加，但经营活动产生的仍是负的现金流。

长虹的经营性现金流量情况在 2004 年有所改观，当年的主营业务收入带来了正的经营性现金净流量，而且由结构分析可以看出经营性现金净流量成为当年持有现金量大幅增长的最大来源，营业活动收益质量仍为负数的原因在于当年的营业利润为负数。

通过经营性现金流量分析我们发现这样一个有趣的现象，当长虹 2002 年和 2003 年会计利润强力反弹时，经营性现金流情况却快速恶化，反而当长虹在 2004 年报出巨额会计亏损时，经营性现金流情况却有所好转。应计制会计报表与现金流量表之间的这种“背离”让我们不得不怀疑其会计报表对公司真实情况的反映程度。

① 2000 年负数的原因是当年现金净增加额是负数。

（三）投资活动现金流量分析

表 10 – 35 列示了长虹近年来投资项目的金额和比率。表 10 – 36 列示了 2003 年长虹投资项目的金额和比率与其竞争对手的对比情况。

表 10 – 35　长虹近年来投资项目的金额和比率　（单位：万元）

项　　目	2000 年	2001 年	2002 年	2003 年	2004 年	2005 年
购建固定资产、无形资产和其他长期资产所支付现金	9 503	22 586	28 899	59 715	20 695	18 847
权益性、债权性投资所支付现金	96 755	264 405	85 601	104 926	39 302	10 702
投资活动现金流出合计	277 096	286 990	116 492	164 641	183 769	255 069
购建固定资产、无形资产和其他长期资产所占比率	3.43%	7.87%	24.81%	36.27%	11.26%	7.39%
权益性、债权性投资所占比率	34.92%	92.13%	73.48%	63.73%	21.39%	4.20%

表 10 – 36　各公司投资项目比较

投资项目	长　虹	康　佳	海　信
购建固定资产、无形资产和其他长期资产所支付现金	59 715	18 086	13 650
权益性、债权性投资所支付现金	104 926	364	0
投资活动现金流出合计	164 641	18 451	13 650
购建固定资产、无形资产和其他长期资产所占比率	36.27%	98.02%	100%
权益性、债权性投资所占比率	63.73%	1.97%	0

由上表我们可以发现，长虹很少投资于与主营业务关系较为密切的购建固定资产、无形资产和其他长期资产项目，即使是在投资力度最高的 2003 年，其比率也只有 1/3 左右。相比之下，长虹显然更热衷于将资金投入权益性、债权性等短期投资项目，特别是在 2001—2003 年间，短期投资项目所占比率一度突破了 90%。

长虹在主业投资方面的“吝啬”与其所处行业特征及其竞争战略是有关系的。传统彩电行业的“日薄西山”已使得长虹现有产能大量闲置，无需进一步投资，而长虹一贯坚持的低成本战略又使得长虹不舍得在平板电视等高端产品上进行大量投资。

长虹在各种短期投资项目上的“慷慨”也有其深层次原因。在前面的分析中我们已经谈到长虹的经营业绩每况愈下，为了掩盖公司经营颓势，将资金投资于各种短期投资项目无疑能起到立竿见影的效果。比如长虹于 2003 年 5 月 26 日将 2 亿元资金委托南方证券进行资产管理，而 2003 年 7 月 7 日就收到了 1720 万元的投资收益，不到 1 个半月就得到了 8.6%的收益率。正如前面经营效率分析中提到的，大量的投资收益是造成长虹销售净利率较高“假相”的重要原因，特别是 2001 年的投资收益甚至超过了净利润，2002 年和 2003 年的投资收益也分别占到了当年净利润的 44%和 16%。

但是，热衷于短期投资也给长虹带来额外的风险，比如 2004 年的南方证券事件就给长虹带来了近 2 亿元的损失。此外，这种利用短期投资来暂时提升公司业绩的做法显然是一种短视行为，这将严重影响企业未来的发展潜力，使企业丧失下一轮成本战或技术战的先机。特别是对于正处在更新换代关键时期的彩电行业，技术含量较高的高端产品将成为未来市场的主流，在这种情况下长虹投资方向的“不务正业”将极大影响其未来的竞争力。

（四）筹资活动现金流量分析

由于长虹近年来业绩欠佳，因此无法进行权益性融资，其筹资活动中的现金流动主要是短期借款的流转。表 10－37 列示了长虹近年来短期借款流转情况。

表 10－37　　长虹近年来短期借款流转情况　　（单位：万元）

项　目	2000 年	2001 年	2002 年	2003 年	2004 年	2005 年
借款所收到现金	25 500	38 500	188 727	502 018	529 159	304 138
偿还债务所支付现金	23 398	60 100	41 626	392 295	532 253	441 198

由上表我们发现，由于长虹经营性现金流量情况在 2002 年和 2003 年严重恶化，因此为了填补经营性现金流缺口和投资项目需要，长虹大量依靠短期借款融资，这虽然在一定程度上解决了长虹的资金问题，但也加大了长虹的清偿风险。由于长虹过度依赖于短期借款，其短期借款余额已经从 2000 年底的 2.85 亿元累积到 2004 年底的近 27 亿元，增长了近 10 倍。由于业绩问题长虹在未来三年内无法进行配股融资，经营性现金流量也难以得到根本性改观，因此长虹未来存在较大的还款压力。

第四节 前景分析

一、生存还是发展?

2004年的巨亏虽然给了长虹沉重的打击,但糟糕的财务表现并不意味着长虹已经病入膏肓。

首先,长虹仍然具有较强的财务实力。所有失败的公司,失败之处几乎一致:现金流枯竭,丧失支付能力。但四川长虹经历巨亏之后的净资产仍然超过90亿,2005年一季度末持有现金及等价物约为23亿元,在目前国家紧缩银根的情况下,四川长虹资金运转仍然十分良好,各大银行的授信额度加起来有近百亿。此外,四川长虹还拥有十分成熟的产业链,是全球最强的电视研发和制造商、亚洲最大的电子部品器件研发和制造基地、中国最大的数字电视机顶盒产品和技术供应商、中国最大的环保电池生产基地之一、西南最大的数字环保变频空调基地。这些有形资产的价值不可低估。

其次,作为一个国内家喻户晓的品牌,四川长虹的无形资产依然很有价值。虽然经历了动荡不安的2004年,但在2005年"世界品牌实验室"发布的《中国500最具价值品牌》品牌价值榜中,四川长虹仍然以398.61亿元的品牌价值高居最具价值家电品牌第二位,在2004年330.73亿元的基础上净增67.88亿元,增幅达20.52%,创下家电品牌价值增长的最高纪录。

第三,长虹在2004年进行了重大高管更迭,目前以赵勇、王凤朝为首的四川长虹中高层平均年纪仅30多岁,年轻人特有的冲劲、活力,将使四川长虹焕发勃勃生机。另外,四川长虹经过几十年发展,也积累了一大批企业管理、技术等方面人才,人才队伍配套,结构合理。

最后,正如我们前面分析中所指出,长虹2004年的巨亏中包含着明显的"洗大澡"的因素,通过这样的"洗大澡"行为,长虹彻底甩开了多年累积的历史包袱,充分蒸发掉财务报表中的水分,有利于轻装上阵,开始新一轮的"健康跑"。

综上所述,2004年的巨亏给了长虹一个"浴火重生"的契机。因此,长虹未来面临的并非生存问题,而是发展问题。

二、竞争战略转型——以技术战代替价格战

长虹2004年换帅之后,开始反思过去惟规模是举,以低价取胜的竞争战略,逐步走向技术革新、质量取胜的路线。为了取得技术优势,长虹高层拿出500万的

资金奖励科技创新项目，并表示将在未来3年内追加投入10亿元用于科研投入和团队建设，进军平板电视领域，并打通上下游企业的“通路”，整合完成平板产业链。通过实施技术创新战略，长虹已经造就三大核心技术能力：以虹微公司为主体的IC芯片开发能力；以长虹国家级技术中心为主体的集成电路开发能力；以长虹工业设计中心为主体的工业设计能力。从实质而言，三大技术能力是行业发展共同面临的问题，是构筑企业核心竞争力的源头，长虹的强势将为其提供巨大的差异化竞争优势。

在技术型路线的指引下，长虹积极调整彩电产业结构，在传统彩电和背投继续拉动的基础上，加大了长虹平板电视的研发、生产和销售力度。2005年6月，四川长虹建成了完全自主知识产权的国内最大的平板电视生产线，首创55英寸液晶电视和65英寸等离子电视，并实现批量生产。长虹新建成的生产线是迄今为止国内最大、技术含量最高的平板电视生产线，可以满足从7英寸到120英寸以上全系列平板电视的批量生产要求，为开拓国际市场，挽回传统彩电的不利影响打下了良好的基础。据长虹发布的信息，2005年1月1日至2月8日，长虹数字高清彩电销量比去年同期增长312%，背投产品同比增长182%，平板产品同比增长15.8倍，业绩创5年历史新高。受益于平板电视的高速发展，长虹本已微利的彩电业务销售毛利率不但没有下降，反而有所提高，盈利能力增强。

三、公司战略转型

为了使长虹走出“彩电情结”，寻找到新的业绩增长点，长虹开始改变已往的“独子战略”，力图实现从“一只拳头”到“把每一根指头都当作一个拳头使用”的公司战略转变。希望在传统的彩电之外，以新的事业部负责制，将空调、影音产品、信息家电等分别培养成利润中心和成长点。

在空调业务方面，长虹以近年来房地产行业的高速增长为契机，实施营销改革，注重渠道的有效整合，将空调销售网点数量拓展到5 000个以上，全面完成了专业营销体系的转型。截至2005年7月31日，长虹空调经过一年左右的独立运作，国内销量突破100万套，已经超过了长虹空调去年国内全年的销售数量，创下历史同期最高水平。此外，上半年长虹空调的外销量也接近26万台。鉴于上半年空调产业良好发展态势，四川长虹已经将空调年度销售目标从年初的135万台提高到了155万台。

在信息家电方面，基于家电、IT和通信的3C融合紧迫呼声，长虹宣布将从传统家电向“中国3C融合的终端解决方案提供商和内容服务商”进军，在确保现有核心产业的前提下，以3C融合为契机，重点以信息家电为主要发展方向，从而实现从传统家电业向信息家电业的转型。为了完成战略转型，长虹出资与上海朝华科技有限责任公司共同组建四川长虹朝华信息产品有限责任公司（长虹占51%的股份），主营业务涉及计算机软件、硬件及配件、电子及非专控通信设备的研发、销售、生产、制造和服务。长虹还进一步强化与微软、德州仪器等国际大企业的合作，希望在软件及服务、关键部品、IC设计、等离子屏幕制造、空调压缩机等方面取得突破。此外，长虹从开发信息家电、IT产品出发，直面应用环境，与中国电信等通信运营商联手，挖掘互联星空、IPTV、新视通等新市场。通过成立长虹朝华、国虹通讯、长虹信息及四川虹微等子公司，长虹初步构架成功3C产业群，从而加速实现长虹从传统家电向面向家庭或个人的消费电子产品、技术与服务供应商战略转型。2005年4月，长虹朝华跻身中国百强IT分销商第四位，2005年8月，长虹朝华相继成为北电网络全线产品及索尼投影产品中国区总分销商，截至2005年上半年，以长虹朝华为主体的IT业务收入突破8亿元。

四、财务报表扭亏为盈

四川长虹竞争战略和公司战略的转型必然在销售、利润、资产负债率、现金流量、库存等财务指标上有所体现。2006年4月18日，四川长虹正式发布2005年年报，经营业绩主要指标如表10－38所示：

表10－38 长虹2005年经营业绩主要指标

项　　目	金额（亿）	同比增长
主营业务收入	150.61	30.53%
主营业务成本	126.19	27.65%
主营业务利润	24.09	47.52%
营业费用	16.66	50%
管理费用	3.4	－91.54%
利润总额	2.98	108.12%
净利润	2.85	107.74%

由上表可见，在经历的2004年巨亏之后，长虹2005年的业绩“果然”强力反弹，仅上半年就实现净利润2.16个亿，创下了长虹有史以来的最佳记录。进一步分析长虹的收入结构，我们发现本次半年报有三大亮点，一是作为长虹核心业务的彩电进账约100亿元，同比增长15.62%，主营业务利润率也比上年增长了约4%。除了受传统彩电、背投的拉动外，长虹平板电视的高速扩张是一个极大的促动因素，长虹“大平板战略”已经步入实效期；二是作为长虹战略业务的空调业务收入

达到19亿元，同比增长26.63%，成为继彩电后的又一支柱性产业；三是IT产品分销继续保持旺盛增长势头，全年20亿元的IT产品业务收入，为长虹总销售收入贡献13.45%。

上述三大亮点的出现无疑是长虹战略转型的财务体现。虽然长虹没有在年报中具体披露彩电销售中平板彩电的销售情况，但透过其他彩电上市公司披露的平板彩电产销信息，可以推算出长虹从平板彩电中的受益。比如海信电器称，电视高端产品的销售额超过总销售额的一半以上，电视毛利率为17.47%，同比提高3.08个百分点；平板电视的收入占到海信电视出口收入的60%以上；厦华电子上半年销售彩电116万台，较去年同期增长22.1%，其中平板电视占销售收入的比例为55.83%。由此我们可以推断四川长虹业绩剧增同样受益于平板彩电。此外，平板彩电的良好销售情况还提高了长虹彩电产品盈利能力，长虹2005年的主营业务利润率达到了16.21%，比去年同期提高了1.89个百分点，这与公司第一大主导产品彩电毛利率的明显提升有直接的关系。公司去年底彩电的毛利率还不足15%，短短1年时间，彩电毛利率已上升到了18.44%的水平。此外，空调销售和IT产品的异军突起也是长虹多元化战略的必然结果。

除了主营业务收入涨势喜人之外，长虹在成本费用控制方面也有所改善。主营业务成本在连续多年涨幅超过主营业务收入涨幅之后，在2005年首次实现涨幅低于主营业务收入，这也使得主营业务利润同比猛增47.52%。管理费用在销售大幅增长的情况下反而下降了91.54%，但营业费用的快速增长很大程度上影响了长虹业绩的进一步提高。

当然，长虹2005年的顺利“扭亏为盈”在一定程度上是意料之中的，因为2004年的“洗大澡”行为已经为2005年的账面扭亏打下了坚实的基础。但2005年的良好业绩并不意味着长虹能够持续“长红”，长虹目前仍处于战略转型期，虽然基于全球竞争及消费趋势的3C产业生态雏形已经显现，但电子信息业务对长虹销售的贡献不是很大，彩电和空调仍然是长虹的主要盈利来源。由于传统家电的发展空间已经非常有限，因此长虹能否整合全球资源，深化技术创新战略，成功实现产业转型，将是决定未来长虹是否能够重现昨日辉煌的关键所在。

思考题

1. 结合最新的市场情况和经济环境（如新的彩电业整合高潮、价格战引发的反倾销调查等），你如何对彩电行业目前的五大竞争力量进行评价？

2. 根据2006年前6个月的相关统计，液晶电视产量增164.5%，而传统CRT电视机产量下降，两者发展趋势如冰火两重天。但中国的实际情况与发达国家完全不同，有近60%的彩电市场在农村，城市居民的水平也相差甚远。中国的市场不可能在短期内实现从 CRT 到平板电视的转换。在这种复杂的情况下，如果你是四川长虹的 CEO，你会如何调整四川长虹的竞争战略？

3. 结合四川长虹最新的财务报告，你认为四川长虹最危险的“会计雷区”在哪里？其资产质量和盈利质量如何？其竞争战略在财务报表中是否有所体现？

4. 你认为相对主要竞争对手而言，四川长虹目前的财务状况和经营业绩有什么亮点？有什么地方需要改进？

5. 如何评价四川长虹的发展前景？影响四川长虹未来是否能重现辉煌的关键因素是什么？

案例分析题

结合最新的资料和 TCL 集团（股票代码：000100）2003—2005 年的财务报告，对该公司进行完整的战略分析、会计分析、财务分析和前景分析（TCL 集团的财务报告可以从中国证监会网站 http：//www.csrc.gov.cn/ 下载）。

本章主要参考文献

1. 黄世忠：“哈佛分析框架”，高级财务报表分析讲稿，2005 年版。

2. 黄世忠主编：《会计数字游戏——美国十大财务舞弊案例剖析》，中国财政经济出版社 2003 年版。

3. 马贤明、郑朝晖：《会计谜局》，大连出版社 2005 年版。

4. 洪国赐、卢联生：《财务报表分析》，机械工业出版社 2005 年版。

5. 佩普、希利、伯纳德，孔宁宁、丁志杰译：《运用财务报表进行企业分析与估价》，中信出版社 2004 年版。

6. 斯蒂克尼、布朗，张志强、魏保、吴青根译：《财务报告与报表分析——战略的观点》，中信出版社 2004 年版。

7. 本杰明·格雷厄姆、戴维·多德，邱巍等译：《证券分析》，海南出版社 1999 年版。

8. 伯恩斯坦，怀尔德，许秉岩等译：《财务报表分析》，北京大学出版社 2001 年版。

9. 四川长虹及其竞争对手历年财务报告，Http：//www.csrc.gov.cn。

10. Martin Fridson and Fernando Alvarez. Financial Statement Analysis—A Practitioner's Guide. 3rd ed.. John Wiley & Sons, Inc.. 2002.

11. Charles W. Mulford and Eugene E. Comiskey. The Financial Number Game — Detecting Creative Accounting Practices. John Wiley & Sons, Inc.. 2002.

12. Howard Schilit. Financial Shenanigans. 2nd ed.. McGraw - Hill. 2002.

13. Peter M. Bergevin. Financial Statement Analysis—An Integrated Approach. Pearson Education Inc.. 2002.

第十一章　追求差异化战略的青岛海尔报表分析案例①

青岛海尔（600690）是证券市场蓝筹绩优股的典型代表，上市至今经营业绩始终保持较快的速度增长，而且几乎每年都有现金分红。但就是这样一只名声显赫且业绩优良的蓝筹股，却得不到资本市场的认同，图 11－1 列示了青岛海尔与其竞争对手近年来的市净率对比情况。

图 11－1　青岛海尔与竞争对手的市净率对比

由上图我们发现青岛海尔的市净率处于较低的水平，2005 年股价甚至一度跌破了净资产。是什么导致了青岛海尔的资本市场形象与产业地位如此不相称？我们试

① 本章部分内容参考李淑钗："财务报表分析框架及其在青岛海尔中的运用"，厦门大学硕士论文打印稿，2003 年。

图从财务报表分析角度进行探讨。

第一节　战略分析

一、公司背景分析

（一）公司简介

青岛海尔股份有限公司（以下简称青岛海尔）成立于1989年4月28日，它是在原青岛电冰箱总厂改组的基础上，以定向募集资金方式设立的股份有限公司。公司于1993年10月12日向社会公开发行股票，并于11月19日在上海证券交易所上市交易。上市十多年来，公司取得了长足的发展，主营业务收入由上市初的6.8亿元增长到2005年的165亿元。在股本大比例扩张的情况下，2004年和2005年的每股收益分别为0.309元和0.2元。同时，公司由原先只生产电冰箱这一个产品扩展到目前涉及电冰箱、空调、冷柜、系列小家电、滚筒洗衣机、电脑板、注塑件、电子商务等业务。公司挂牌证“青岛海尔”连续入围上证180指数和道中88指数，并连续入选“上市公司50强”、“中证亚商中国最具发展潜力上市公司50强”。

（二）青岛海尔与海尔集团的关系

1. 海尔集团简介。青岛海尔的实际控股公司——海尔集团创立于1984年，经过20年来持续稳定发展，已成为在海内外享有较高美誉的大型国际化企业集团。海尔集团的产品从1984年的单一冰箱发展到拥有白色家电、黑色家电、米色家电在内的96大门类15 100多个规格的产品群。在国内市场，据中怡康公司统计，海尔集团在中国家电市场的整体份额已达21%，大大领先于竞争对手，是名副其实的中国第一品牌。特别是在白色家电市场上，海尔集团处于垄断地位，市场份额为34%，已经大大超过国际公认垄断线。同时，海尔集团坚持全面实施国际化战略，已建立起一个具有国际竞争力的全球设计网络、采购网络、制造网络、营销与服务网络，包括工业园13个、海外工厂及制造基地30个、海外设计中心8个、营销网点58 800个。2004年海尔全球营业额突破1 016亿元，产品出口到世界100多个国家和地区。据全球权威消费市场调查与分析机构EUROMONITOR最新调查结果显示，按营业额统计，海尔集团目前在全球白色电器制造商中排名第四。2004年海尔集团以高达612.37亿元人民币的品牌价值雄居《中国500最具价值品牌》榜首，充分显示了海尔精心创建的这一品牌的价值！

2. 失宠的青岛海尔。虽然青岛海尔有海尔集团这个“好父亲”，但却似乎没有沾到多少光。比如海尔集团在最近的15年内销售收入以平均每年81.60%的速度高速增长，但青岛海尔的增长速度却大大慢于海尔集团①，而且无论就销售收入、资产还是利润来说，青岛海尔都只占整个集团的百分之十几。因此，媒体往往将海尔集团比喻为一艘快速航行的巨轮，而上市公司青岛海尔只是一艘勉强跟在后面的小舢板。

此外，青岛海尔与海尔集团还在业务方面存在同业竞争的现象。青岛海尔一直只占有冰箱、空调、洗衣机、冰柜等公司的部分股权，集团公司或其下属企业拥有余下的股份，或者在全国各地另外拥有同一行业的分支公司。为了避免关联企业间的潜在竞争，青岛海尔只好不断向集团收购这些资产，从而使得现金不断地流向集团手中。

更为特殊的是，海尔集团似乎对青岛海尔这个“孩子”极不放心，青岛海尔的研发、销售和采购三大功能基本上均由海尔集团控制，这使得青岛海尔实质上只是海尔集团家电制造的“大车间”②。而青岛海尔倒还称得上“孝顺”，不仅先后向海尔集团分配了近5亿元的现金红利（投资回报率高达439%），还将超过30亿元的融资资金用于收购海尔集团资产，为海尔集团输送了大量的现金。

但是，孝顺的青岛海尔并不得宠。海尔集团现任总裁杨绵绵曾多次在公开场合表示，由于历史因素的影响，目前在内地A股上市的青岛海尔并不能完全反映海尔集团的现状，且融资渠道也比较有限，海尔要成为国际化企业，就必须另寻国际资本平台。为了找到合适的国际资本平台，自2000年开始，海尔集团开始谋求在香港“借壳”，经历了一系列复杂的资本运作，2004年4月海尔宣布注资海尔中建，并将注入洗衣机和手机业务。2005年1月31日起，“海尔中建集团有限公司”正式更名为“海尔电器集团有限公司”，简称“海尔电器”。而A股上市公司青岛海尔旗下的电器（除冰箱）、电力产品和通讯设备也可能将分拆出去并注入海尔电器。以后的青岛海尔业务将以冰箱、吹风机和洗碗机等为主，而海尔电器将取代青岛海尔的位置，成为研究、发展、生产及销售白色家电的“上市旗舰”。由此可见，随着同父兄弟——海尔电器的横空出世，青岛海尔可能进一步“失宠”。我们在接下来的分析中将发现，海尔集团对于青岛海尔的关照程度将极大影响青岛海尔的业绩，而青岛海尔的“失宠”无疑将使其未来充满了疑问，这也是资本市场投资者不看好青岛海尔业绩前景的重要原因。

（三）主要经营业绩和财务数据

图11-2列示了青岛海尔自上市以来的主营业务收入和净利润的增长趋势。

---

① 在随后的财务分析部分中有进一步分析。

② 海尔集团对青岛海尔的特殊控制将对青岛海尔的财务报表产生重大影响，我们将在会计分析部分进一步分析。

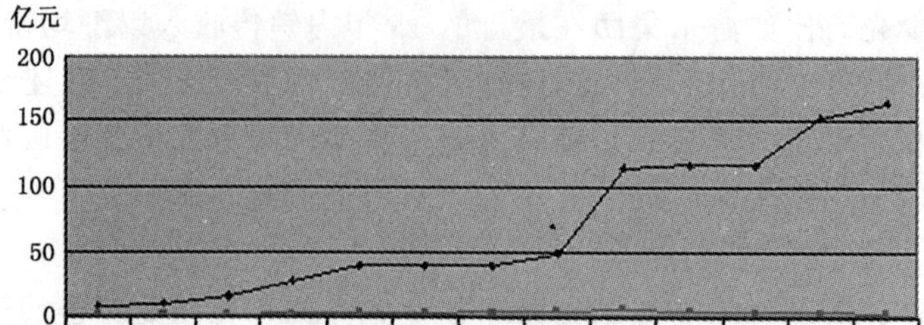

	1993年	1994年	1995年	1996年	1997年	1998年	1999年	2000年	2001年	2002年	2003年	2004年	2005年
主营业务收入	8.0	9.3	15.3	26.4	38.3	38.2	39.7	48.3	114.4	115.5	116.9	153.0	165.1
净利润	0.7	1.0	1.2	1.8	2.4	2.7	3.1	4.2	6.2	4.0	3.7	3.7	2.39

图 11－2　青岛海尔主营业务收入和净利润的增长趋势

资料来源：本章所使用的财务数据均引自各上市公司公布的年度财务报告。

由上图我们可以发现，虽然青岛海尔的主营业务收入自上市以来增长迅猛，2005 年的销售收入是 1993 年的 20 多倍，但相比之下净利润的增长速度要缓慢得多，只增长了 3 倍多，特别是从 2001 年以来，在主营业务收入不断增长的情况下，净利润反而迅速下滑，2005 年的主营业务收入是 2001 年的 144%，但净利润还不到 2001 年的 40%。2005 年青岛海尔共实现销售收入 165.09 亿元，主营业务收入增幅为 7.91%，而青岛海尔净利润指标却继续大幅下滑，净利润和每股收益均只有 2004 年的 35%。销售收入和净利润的逆向变动使得青岛海尔的销售净利率迅速下降，从 2001 年的 5.4%下降到 2005 年的 1.4%，降幅达到了 74%。

二、战略分析

（一）白色家电行业分析

青岛海尔的主要产品是空调和冰箱，二者贡献的销售收入约占总销售收入的 80%以上，因此青岛海尔属于典型的白色家电企业。以下我们通过分析现有企业间的竞争、新加入企业的竞争威胁、替代品的威胁、买方的议价能力和卖方的议价能力这五个因素来了解白色家电行业（特别是空调业和冰箱业）目前的盈利能力情况。

1. 现有企业间的竞争。

（1）随着空调行业逐渐步入成熟期，市场需求增长放缓，供过于求的现象日益严重。根据国家统计局的数据显示，2004 年中国空调企业共生产 6 600 万台空调，其中出口约 2 334 万台，国内市场需求约合 2 000 万台，这意味着中国空调过剩量在 2 000 万台以上。截至 2005 年上半年，排名前十位的空调企业产能已经突破 7 500 万套，同期增长比例为 23%，远远大于空调消费市场需求增长速度 7%，这直接导致了产能的严重过剩。为了争夺有限的市场，各大厂商不惜一切代价利用“价格大战”、“超值服务”、“变频技术”等新老战术，竞争惨烈程度使得媒体以“血色黄昏”来形容空调市场。

冰箱业是中国最早实现国产化的制冷行业，从80年代初起步，经过20多年的发展，已步入成熟期。冰箱行业素以稳健著称，少有波澜起伏的总量变化，同时在价格恶战连连不断的家电业，冰箱价格也是亦步亦趋几乎没有什么变化，即使个别企业偶尔发起的价格战事对总体格局并无太多影响，跟进者乏之。可是，随着供需矛盾的日益加剧，特别是进入2004年以来，海尔、新飞、科龙等冰箱巨头先后发动价格攻势，素来高举“免战牌”的冰箱行业的价格体系彻底动摇。2004年初，新飞在广州宣布降价，对旗下15款主销型号冰箱实施降价促销。随后，科龙电器便大张旗鼓地将旗下三大品牌80余款冰箱降价。各大厂商的价格大战使得2004年冰箱价格降到了历史最低点，与往年同期相比，整体冰箱产品价格的平均降幅至少25%，个别品牌甚至超过40%。尤其是进入2004年8月后，各大品牌冰箱的降价频率比往年都高出许多，几乎平均10天左右就会调整一次，幅度也颇为惊人。“价格战”的全面爆发意味着冰箱行业的“好日子”已经过去，开始进入激烈竞争的“战国时代”。

（2）品牌集中度进一步提高。随着竞争的加剧，我国空调市场的品牌集中度呈现出越来越集中的趋势，市场上的空调品牌已从2000年的400个降到2005年的50个左右，并形成海尔、美的、格力三大品牌分割市场的“巨头争雄”格局。据统计，2005冷冻年[①]上半年海尔、美的和格力三大品牌的零售量占有率较2004冷冻年同期增长了1.8个百分点；2005冷冻年上半年零售量前4—10名的品牌占有率也较2004年同期增长了1.9个百分点，这使得2005冷冻年上半年零售量前10名的品牌占有率已经由2004年的69.6%上升到了73.3%，增长了3.7个百分点。而且随着《空调能效等级国家标准》的颁布实施，那些技术落后、无研发能力的小空调企业将会退出这个市场，空调市场将会是一个强者更强、品牌集中度进一步提高的市场。

冰箱行业中同样呈现出品牌集中的趋势，优势企业的市场份额逐年上升，而其实力也日趋增强，前10位的占有率总和超过了90%。

但是，在空调业和冰箱业中都不存在绝对的霸主，经过优胜劣汰后存留下来的厂商都具有较强的实力，而且在各种专用设备上大量投资，使得退出成本极高，谁也不愿轻言放弃。

（3）产品的独特性和转换成本。白色家电行业的市场高度细分，许多企业实际生产相同的产品，产品的主要功效几乎是一样的，因此不同品牌产品之间的转换成

① 第一年的8月份到第二年的9月份称为一个冷冻年。

本相对较低。

在上述因素的共同作用下，白家电行业现有企业间的竞争是十分激烈的。

2. 新加入企业的威胁。虽然由于规模经济，品牌优势、销售渠道等因素，新生企业进入白家电市场的壁垒较高。但黑色家电和白色家电的分销渠道和关系网等的一致性使得传统黑色家电企业进入白家电行业的壁垒相对较低。比如长虹、康佳、TCL等黑色家电巨头纷纷进军白色家电领域，导致白家电行业竞争进一步白热化，毛利率不断萎缩。

此外，由于高端市场的逐渐启动，以西门子、东芝、LG、三星、伊莱克斯为代表的外资企业开始重新掌握话语权，比如在大容量高端冰箱（如对开门冰箱、三门冰箱等，250升以上）市场，外资品牌的市场占有率已经达到60%，而国产品牌的市场占有率仅占40%。不仅如此，在产品后续力量的储备上似乎也无法看到国产品牌绝地反击的希望，因为高端产品在国产品牌的产品结构中并不占主要比例。

由此可见，黑家电厂商进入和洋品牌的卷土重来进一步加剧了白家电行业的竞争。

3. 替代产品的威胁。随着人民生活水平的提高，空调和冰箱已经成为了生活必需品，由于其性能的独特性，被其他产品替代的威胁并不大。但随着技术的不断进步和消费者对产品质量要求的不断提高，白家电产品的更新换代速度也在不断加快，技术落后的低端产品被技术先进的高端产品所替代的趋势越来越明显。

4. 购买者的议价能力。就低端产品而言，不同企业生产的产品几乎是一致的，其主要功效是一样的，因此买方对品牌的敏感度较低，对价格的敏感较高。对于一些技术含量较高的高端产品，其消费市场就比较有限。而且中国大部分地区的生活水平较低也决定了价格竞争是家电行业的主要竞争方式，因此买方的议价能力较高。

而且国美、苏宁等大型连锁家电超市的崛起，也大大提高了买方议价能力。比如2004年格力电器由于价格问题与国美发生分歧，此后国美逐步在全国范围内将格力产品撤柜“封杀”，由此事件可以看出经销商的强大议价能力。买方议价能力进一步挤压了白家电企业原本就不大的利润空间。

5. 供应商的议价能力。我国家电企业大部分核心技术和部件都需要依靠国外进口，这使得他们在与国际家电巨头的竞争中，处于天然劣势，因此企业与供应商的议价能力还是较弱的。即使是国内研发能力较强的海尔，虽然于1998年成立了海尔中央研究院，而且也取得了一些成果，但总体上来看，远不足以支持其众多关键元器件和零部件的需求，其核心部件仍然大多依赖国外供应商的供给。

此外，从2004年底开始的钢铁铜等生产原材料全线涨价，给家电企业的生产成本造成了很大的压力，从而使得厂家的原本就不大利润空间进一步被压缩。

（二）青岛海尔竞争战略分析

“不打价格战，只打价值战”的青岛海尔口号旗帜鲜明地表明了青岛海尔选择的竞争战略是差异化经营。青岛海尔通过持续的品牌投资，致力于树立质量卓越、服务领先的企业形象，并通过工艺设计投入不断推出新款式、新概念的产品来保持产品的独特性，从而将自己与其他家电企业区分开来。在实际经营过程中，青岛海尔以其全面质量管理、以星级服务为特色的营销方式，和顾客导向的产品改进与开发，“三位一体”地形成了一个高效率、高品质的经营管理体系，并配合以“真诚到永远”一类的广告宣传，力图在消费者心目中树立起质量超群的国产品牌形象。青岛海尔的这一竞争战略在家电行业发展的早期取得了巨大的成功，在中国市场上成功地树立起自己高价高质的市场形象，并顺利地将产品线从电冰箱扩展到冷柜、洗衣机、空调。表 11－1 列示了青岛海尔的空调和冰箱产品在各地区的市场占有率及排名。

表 11－1　　青岛海尔在各地区的市场占有率（排名）

项　目	西北	东北	华北	华东	西南	中南
空调占有率①	24.14%（1）	37.22%（1）	20.59%（1）	16.04%（1）	14.00%（2）	17.77%（3）
冰箱占有率②	26.55%（1）	29.38%（1）	28.92%（1）	22.56%（1）	20.48%（1）	24.70%（1）

资料来源：慧聪家电网 www.hc360.com。

青岛海尔差异化战略的成功在某种程度上是由于中国的家电行业启动较晚，刚开始时毛利率较高，竞争不甚激烈，市场有空白，因此采用高价位、高质量的战略可以迅速攫取高额利润。但是，采用单纯的差异化战略也存在一定的风险。首先，如果采用低成本战略的竞争对手压低产品价格，使其与实行差异化战略的厂家的产品价格差距拉得很大，就可能丧失部分客户。因为在这种情况下，用户为了大量节省费用，只得放弃取得差异的厂家所拥有的产品特征、服务或形象，转而选择物美价廉的产品。其次，当用户变得越来越老练时，对产品的特征和差别的体会变得不明显，可能会发生忽略差异的情况。最后，大量的模仿缩小了产品间的差异，特别是当行业发展到成熟期时，拥有技术实力的厂家很容易通过逼真的模仿，减少产品之间的差异。

上述风险正逐步在中国白家电市场上体现出来。随着白家电行业的逐步成熟，竞争也越来越激烈，进入了价格、品牌、产品、质量、服务等全方位比拼的“巨头

① 2005 年 3 月份数据。

② 2005 年 4 月份数据。

争雄”时代。首先，各厂商的产品质量和服务品质日趋接近，比如格力空调2005年1月1日起率先将其售后期延至8年；志高空调也打出了除压缩机免费保修6年外，其余所有零部件均可在10年内免费更换的口号。其次，价格战成为家电行业的“家常便饭”，各厂商都将价格利器视为争夺市场的尚方宝剑。新飞电器副总王建华更是直接指出：我们一手“以暴制暴”，直接操作价格比拼；另一手则“另辟蹊径”，通过“节能+健康”产品的推广，走差异化路线。

在这种全方位竞争的格局下，青岛海尔单纯的高价高质的竞争战略优势越来越不明显，反而有危及其市场占有率的倾向，特别是在其他品牌不断涌入，通过价格大战抢占市场的战鼓越敲越急的情况下，青岛海尔依旧反应迟钝，其主导产品的价格似乎已成空中楼阁，青岛海尔在市场上的地位也越加被动。市场占有率的下降和青岛海尔产能的大规模扩张的冲突越来越明显了。一旦青岛海尔庞大的产能得不到充分的利用，就意味着一笔庞大的固定费用无法摊平，对企业来说意味着更大的浪费。这一切预示着青岛海尔纯粹的差异化竞争战略已经不太合适宜，青岛海尔再也不能和从前一样只是做高端的“贵族”，而更应当做一个大众性的品牌，从而占领中低端更为广大的市场地盘。

第二节 会计分析

一、特殊经营模式下的关键会计政策和会计估计

由于青岛海尔与海尔集团之间的特殊关系，其业务经营模式极其特殊，如图11-3所示。

在原材料采购方面，青岛海尔与青岛海尔零部件采购有限公司、青岛海尔国际贸易有限公司签订了《采购配送合同》，委托其采购物资及对物料及产成品进行配送。青岛海尔与青岛海尔零部件采购有限公司、青岛海尔国际贸易有限公司采用代理供货方式，根据青岛海尔提出的具体物资采购目标，为公司采购及配送生产用物资、非生产用物资和保税物资。

在产品销售方面，青岛海尔生产的产品委托青岛海尔工贸公司等全国42家工贸公司销售，公司支付的经销费用是以工贸公司经销各类产品所发生的销售费用占各类产品对外销售价格的比率确定的。

在资金结算方面，青岛海尔与海尔集团财务有限责任公司签订了《金融服务协议》，将青岛海尔原与银行发生的结算业务，改为凡在海尔集团财务有限责任公司经营范围之内且对青岛海尔有利的业务均通过海尔集团财务有限责任公司进行，并规定青岛海尔在财务公司的存款利率不低于同期商业银行存款利率，在财务公司的

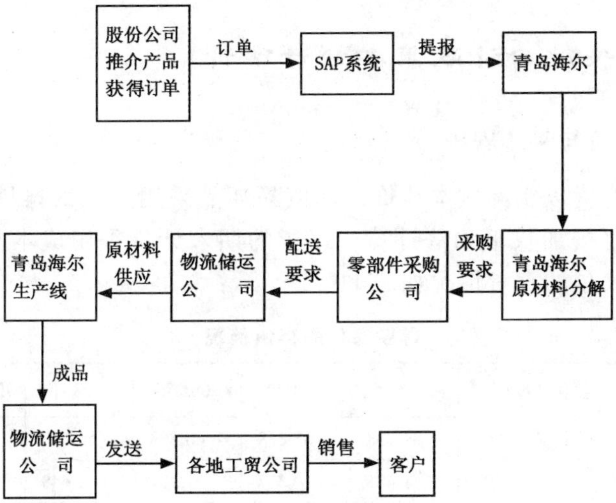

图 11－3　青岛海尔的业务经营模式

资料来源："青岛海尔关联交易致使估值困难"，华泰证券调研简报。

贷款利率不高于同期商业银行贷款利率。

在运输方面，原材料的供应以及产成品的发送均委托青岛海尔物流储运有限公司运输。

应该承认青岛海尔这种业务模式有一定的合理性，正如青岛海尔自己所说的那样：青岛海尔零部件采购有限公司、青岛海尔国际贸易有限公司拥有为海尔集团公司采购物资的国际分供方网络，可以在全球范围内，通过不断优化分供方，采购到质优价廉、交货及时的物资。同时这些分供方可参与本公司新产品的前端设计和现有产品的改进。而青岛海尔工贸公司等 42 家各地海尔工贸公司拥有遍及全国的批发、零售、服务网络，这些网络可以准确及时地把消费者的需求信息传回公司。同时其拥有国际一流的营销及服务水平，该网络是以获取有价值定单为中心的网络，并且能协助公司创造有价值的定单。

但问题在于，这样一来，青岛海尔的所有重大经营业务都是通过关联方交易进行的，这使得衡量青岛海尔财务状况和经营情况的关键会计政策和会计估计存在近乎无限大的弹性，特别是在存货的计价和收入的确认方面，存在极大的操纵空间。因此，青岛海尔的有关会计处理应当成为会计分析的重中之重。此外，由于青岛海尔实施追求高质量和优异客户服务的差异化经营的竞争战略，因此，有关研发费用、售后服务以及品牌投资的会计政策和会计估计也是我们分析的重点。

二、分析关键会计政策和会计估计

(一) 存货计价与采购安排

青岛海尔的存货以实际成本计价，低值易耗品采用“一次摊销法”进行摊销，其余存货在发出时按加权平均法计算；存货的期末计价采用成本与可变现净值孰低。近年来青岛海尔的存货情况如表 11 – 2 所示：

表 11 – 2　　青岛海尔的存货情况　　(单位：万元)

项　目	1999 年	2000 年	2001 年	2002 年	2003 年	2004 年	2005 年
存货余额	55 594	34 838	61 828	60 888	60 648	85 523	88 235
存货跌价准备	1 607	1 483	307	307	448	403	423
存货净值	53 987	33 355	61 522	60 582	60 200	85 121	87 812
跌价计提比例	2.89%	4.26%	0.50%	0.50%	0.74%	0.47%	0.48%
存货周转率①	11.66	9.04	20.04	16.47	16.51	18.27	16.77
存货比率②	14.28%	8.27%	8.86%	8.19%	8.17%	11.98%	12.96%

由上表我们发现，青岛海尔的存货水平呈上升趋势，2005 年的存货金额为 2000 年的 253%，这在一定程度上与青岛海尔 2001 年从集团公司购入空调业务有关。但在购入空调业务之后，青岛海尔的存货跌价准备计提比率急剧下降，在产品更新换代速度不断加快的情况下，大幅降低存货跌价准备计提比率似乎不太合理。此外，虽然青岛海尔的存货水平呈上升趋势，但总体而言青岛海尔的存货比率相对较低，相比之下，2005 年其竞争对手格力电器和美的电器的存货比率分别为 25.02%和 34.10%，这表明青岛海尔能够较为有效地控制存货水平。而且青岛海尔的存货周转率一直保持较高的水平，2005 年为 16.77，相比之下，2004 年格力电器和美的电器的存货周转率分别为 4.44 和 4.93，这似乎显示出青岛海尔的存货管理效率较高。

但是，如前分析所述，青岛海尔没有自己独立的原材料采购部门，各种零部件和原料的采购都要委托青岛海尔零部件采购有限公司和青岛海尔国际贸易有限公司来办理。青岛海尔近年来向关联方采购总额占同类交易额比率如表 11 – 3 所示。

---

① 主营业务成本/存货的平均值。

② 存货净值/总资产。

表 11-3　　青岛海尔关联方采购总额占同类交易额比率[①]　　(单位:%)

项　目	2000 年	2001 年	2002 年	2003 年	2004 年	2005 年
向关联方采购比例	94.91	96.87	98.99	97.64	93.55	88.79

由上表可见，青岛海尔几乎所有材料采购都是通过关联方进行的，在此情况下，关联方交易价格将对青岛海尔的存货水平产生极大的影响。在青岛海尔的年报中我们发现，青岛海尔零部件采购有限公司和青岛海尔国际贸易有限公司对采购及配送后的供货价格构成是“实际采购价 + 代理费”，其中代理费按实际采购价的 2.6%计算，同时规定该供货价格的定位以不高于公司在市场上的自行采购价格为原则。这样的定价方式是有很大操纵空间的。首先，青岛海尔并未说明如何得出 2.6%这一精确的代理费率，考虑到 2004 年青岛海尔的采购额接近 140 亿元，代理费率每上升 1 个百分点都将使存货增加 1.4 个亿，因此，代理费率是否合理将极大影响青岛海尔的存货水平。其次，存货的采购成本真的如青岛海尔报告中所说的“不高于青岛海尔在市场上的采购价格吗”？我们知道采购价格随不同时间、采购数量、买卖双方的谈判能力等改变。那么青岛海尔又是如何判断关联方提供的存货价格不高于自己在市场上的采购价格呢？难道青岛海尔每次从海尔集团购入存货都去考察市场的价格行情吗？如果是，那么岂不是失去了海尔集团统一采购的初衷——专业人做专业事，还增加了青岛海尔的采购费用；如果不是，那么青岛海尔报表中披露的采购价格不高于市场价格又从何谈起呢？另一方面，“不高于青岛海尔在市场上的采购价格”耐人寻味，是否可以理解为低于市场采购价格？若真如此，那么前述分析中青岛海尔较低的存货比率和较高的存货周转率是否是由于利用关联方交易压低存货价格？

由此可见，在家电行业普遍为存货大量积压问题所困扰的大背景下，青岛海尔能够保持较低的存货比率和较高的存货周转率，在一定程度上是与其采购价格确定的随意性相关。由于关联方交易价格对存货计价的重大影响，我们无法判断青岛海尔较低的存货比率和较高的存货周转率是否意味着较高的存货管理效率。

（二）收入确认与关联交易

表 11-4 列示了青岛海尔近年来通过关联方实现的销售收入占总销售收入的比例。

---

① 2006 年的中期财务报告显示，青岛海尔 2006 年 1—6 月向关联方购买商品、接受劳务的金额高达 90.02 亿元，占同类交易金额的比例高达 99.33%。2006 年初，青岛海尔承诺在 2006 年年底解决关联交易问题，能否兑现其诺言，已成为证券市场关注的焦点。

表 11－4　青岛海尔关联方销售比例①　（单位：%）

项　目	2000 年	2001 年	2002 年	2003 年	2004 年	2005 年
向关联方销售比例	99.24	98.56	99.80	99.33	97.65	97.82

由上表可知，青岛海尔几乎所有的销售都是通过其关联公司完成的，这种特殊的销售方式为其收入确认提供了两方面操纵空间。

首先，在前面的战略分析部分我们已经发现白家电市场竞争相当激烈，在这种环境下，是否能将产品销售出去是企业最为关键（也是最难实现）的成功要素，因此各大厂商都在使尽浑身解数来推销自己的产品，以期将大量的库存转化为实际的销售收入。但在青岛海尔独特的销售模式下，只需将产品生产出来，然后运输到各海尔工贸公司，就轻而易举地解决了销售问题。这样的收入确认表明青岛海尔不需承担任何销售风险，所有的销售风险都转嫁于各海尔工贸公司了。但是，这种特殊的销售模式也意味着青岛海尔的市场命脉掌握在别人手中，海尔集团完全有能力决定青岛海尔的各年收入高低。而且一旦海尔集团决定不再承担青岛海尔产品的销售重任，让青岛海尔自行解决销售问题，那么一直在“温室”中长大的青岛海尔能否适应激烈的市场竞争环境?

其次，青岛海尔与关联方的销售交易定价政策是以工贸公司对外销售价格为基础，并根据各类产品所发生的销售费用占各类产品对外销售价格的比率确定经销费用（包括统筹广告费、售后服务费、现场促销费、储运费等项目）。由此可见，经销费用率的确定对青岛海尔销售收入的确认将产生重大的影响。但青岛海尔并未说明工贸公司对外销售的价格以及各类产品经销费用率的确定方法，而且各类产品的经销费用率时常发生变动，如表 11－5 所示。

表 11－5　青岛海尔产品经销费用率　（单位：%）

经销费用率	2000 年	2001 年 1 月 1 日—9 月 26 日	2001 年 9 月 27 日—12 月 26 日	2001 年 12 月 27 日—2005 年 12 月 31 日
电冰箱	17.00	17.50	10.50	12.06
空调器	17.00	17.50	8.50	11.56
电冰柜	17.00	19	12	13.56

① 中期财务报告显示，2006 年上半年，青岛海尔共向关联方销售 103.54 亿元的商品，占同类交易的 89.98%。在家电行业产能严重过剩的情况下，证券市场对青岛海尔的主要销售收入均来自关联交易深表关注，因为关联交易可能扭曲真实的供求关系。

由于青岛海尔与关联方之间的销售额巨大（2005 年约 160 个亿），那么经销费用率平均增加 1 个百分点的变动就意味着青岛海尔的销售收入和利润将减少 1.6 个亿。我们可以通过简单的测算来进一步了解经销费用率的变化对青岛海尔经营业绩的影响，由上表可知青岛海尔 2002、2003、2004 年和 2005 年的平均经销费用率不超过 13.5%，而 2001 年初的平均经销费用率在 17.5% 以上，二者间至少相差 4 个百分点，保守估计 2002—2005 年间每年的关联销售额至少 100 个亿，如果平均经销费用率保持 2001 年初的水平，2002—2005 年间每年的利润至少减少 4 个亿，而这三年的实际净利润仅为 3.97 亿、3.69 亿、3.69 亿和 2.39 亿。由此可见关联方销售定价的随意性对青岛海尔经营业绩的重大影响。

通过上述存货计价和收入确认方面的分析，我们可以发现作为全国首屈一指的白家电上市企业，青岛海尔在材料采购和产品销售方面严重依赖关联方，缺乏应有的独立性，这在 1 300 多家上市公司中可以说是绝无仅有的。我们甚至可以这样推测：当海尔集团愿意让青岛海尔多赢利的时候，就可以将原材料以较低的价格销售给青岛海尔，同时以更高的价格收购青岛海尔更多的产品，从而给青岛海尔带来高额的利润；而当海尔集团觉得应当让青岛海尔承担亏损的时候，就可以将原材料以较高的价格销售给青岛海尔，同时按低的价格收购或者将库存的产品退回给青岛海尔，从而让青岛海尔的利润降低甚至亏损。

（三）研究开发与关联交易

对坚持差异化战略的青岛海尔来说，研究开发活动是其关键成功因素之一，但会计准则严格规定了青岛海尔处理这些费用的弹性，所以这些费用一发生即直接计入管理费用。可是在青岛海尔的年报中没有对管理费用项目的任何说明，因此我们无法直接从青岛海尔的财务报告中得知青岛海尔研究开发活动的效率高低，只能从财务报告外的资料来评估。如曾经闹上法庭的一篇文章“海尔的真相：居危思进”里指出：“海尔强项是工艺，是设计，但不是科技含量较高的研发，有些人一直在偷换概念，力图让消费者看到新款式、新概念就认定海尔技术很高明。事实上，据媒体报导，与青岛海尔同在青岛市的海信公司，尽管规模小过青岛海尔甚多，每年申请下来的经有关部门认定的科技成果要比青岛海尔多。”在 2004 年年报中，海信未摊消的专利权和专利技术接近 1 个亿，而青岛海尔却只有 78 万，这似乎可以从侧面印证上述文章的观点。

此外，青岛海尔还与海尔集团签署了《专利实施许可合同》，有偿使用海尔集团公司的专利。表 11－6 列示了近年来青岛海尔上交海尔集团的专利费。

表 11－6　**青岛海尔上交海尔集团的专利费**　（单位：万元）

年　份	2000	2001	2002	2003	2004	2005
专利费	220	1 144	1 155	1 168	285	143

由上表可见，青岛海尔每年都要向海尔集团上交大量的专利费用。难道青岛海尔的研究开发全部由海尔集团一并承担了吗？还是青岛海尔在研发上的投资不够或是投入产出的效益太低了？此外，我们还注意到从 1999 年起青岛海尔的无形资产中专有技术项目没有任何的增加，虽然会计准则规定自行研发费用不能资本化，但申请专利所发生的注册费、律师费等却应当计入无形资产，那么青岛海尔无形资产的只减不增是否意味着青岛海尔缺乏研发投入（包括自行研发或从外部购入）或者是研发活动效率极低，没有值得申请的专利？

值得注意的是，青岛海尔年报显示自 2000 年开始的专利费上交标准均为销售收入的 1‰，而 2001—2003 年也的确是严格按此标准计提专利费，但 2000 年、2004 年和 2005 年的销售收入分别为 48.29 亿、152.99 亿和 165.1 亿，按 1‰的标准应当分别上交 483 万、1 530 万和 1 651 万元，但实际上交数却远低于此，特别是 2004 年和 2005 年，在销售收入大幅上升的情况下，上交的专利费反而急剧下降，2005 年的销售收入是 2003 年的 141%，但专利费用仅为 2003 年的 12%，实在令人费解，难道当年销售的都是“无专利”甚至“侵权”的产品？这可不符合青岛海尔一贯坚持的“高质高价”形象。

由上分析可见，青岛海尔自身的研发能力及效率值得怀疑，其能否成功实施差异化战略很大程度上取决于海尔集团的专利支持，而其上交集团的专利费也存在较大的随意性，对其经营业绩影响极大。

（四）品牌投资与关联交易

对青岛海尔的差异化竞争战略而言，品牌塑造也是其关键成功因素，但青岛海尔并不拥有商标权，而是根据与海尔集团签订《商标使用许可合同》，有偿使用海尔集团公司的商标，并按照销售收入的 8‰支付费用，近年来支付的商标费用如表 11－7 所示：

表 11－7　**青岛海尔上交海尔集团的商标费**　（单位：万元）

年　份	2000	2001	2002	2003	2004	2005
商标使用费	1 763	9 153	9 243	9 351	8 353	6 370

由上表可见，青岛海尔每年都要向海尔集团上交近亿元的商标使用费。这是否意味着青岛海尔在品牌上的投资完全转嫁给集团公司呢？还是集团公司只凭原来的

"海尔"两个字就可以每年从青岛海尔中按销售收入提取商标使用费？如果是这样的话，那青岛海尔在品牌上的投资效益就太低了。此外，我们还注意到自2000年开始的商标使用费上交标准均为销售收入的8‰，而2001—2003年也的确是严格按此标准计提专利费，但2000年、2004年和2005年的销售收入分别为48.29亿、152.99亿和165.1亿，按8‰的标准应当分别上交3 863万、12 239万和13 208万，但实际上交数却远低于此，这是否意味着商标使用费的上交存在极大的随意性？

（五）其他值得关注的"红旗"

由于青岛海尔的销售和采购等重要业务均是通过关联交易进行的，因此产生了大量的关联方应收应付款项，具体比例如表11－8所示：

表11－8　　青岛海尔的关联方应收应付款项　　（单位：%）

关联方应收应付款项	2000年	2001年	2002年	2003年	2004年	2005年
应收账款	92.32	97.00	68.34	99.52	89.48	94.06
应收票据	89.14	100.00	46.40	95.22	76.39	82.80
其他应收款	59.62	38.65	8.32	53.88	44.49	22.37
预付账款	47.93	33.81	89.78	97.55	74.66	93.05
应付账款	82.71	19.46	51.96	80.99	70.33	43.84

青岛海尔与关联方的资金均通过"海尔集团资金结算中心"结算。2002年，海尔集团资金结算中心从集团总部分离，成为独立核算、具有法人资格的海尔集团财务有限责任公司，并与青岛海尔签订了《金融服务协议》，规定凡在海尔集团财务有限责任公司经营范围之内且对公司有利的业务均通过海尔集团财务有限责任公司进行。海尔集团资金结算中心以及后来的海尔财务公司的存在使海尔集团成为完全封闭的资本流动王国，而作为上市公司的青岛海尔在会计处理上便有了一般上市公司所不曾拥有的得天独厚的条件，比如青岛海尔与其关联企业之间每年数以亿计的应收款和应付款可以一抵了之，原本需要进行详细信息披露的关联交易也可一笔轻松带过，其中掩盖了多少鲜为人知的内幕，犹如庐山迷雾。青岛海尔各年① 抵销应收关联公司款和应付关联公司款数额如表11－9所示：

表11－9　　青岛海尔各年关联方抵消款　　（单位：万元）

年　份	1998	1999	2000	2001	2002	2003	2004
抵销额	23 791	34 362	27 719	54 337	35 005	65 000	41 700

① 青岛海尔2005年年报中并未披露该数据，且没有说明停止披露的原因。

在解释数额如此巨大的关联方抵销款时，青岛海尔只是以“海尔集团公司清理内部往来”一笔带过，并未给出进一步的说明，我们也难以判断这些抵销款对青岛海尔财务状况的影响。

此外，青岛海尔与海尔物流储运公司签订了《物料配送合同》和《储运合同》，由海尔物流储运公司负责运输青岛海尔生产所必需的原材料、零部件，并将青岛海尔的合格产成品从厂内成品库运送到青岛海尔指定的目的地，运输价格按照市场公平价格确定。青岛海尔各年支付的运输费用如表 11－10 所示：

表 11－10　　青岛海尔各年支付的运输费用　　（单位：万元）

年　份	1998	1999	2000	2001	2002	2003	2004	2005
运输费用	318	0	3 878	9 100	14 456	22 286	23 009	31 562

由上表可见，青岛海尔支付给关联方的运输费用呈爆炸式增长，虽说随着生产规模的扩大，运输量在增多，但也不至于在 7 年间增长了约 100 倍。这只能说明，运输费用的支付具有极大的随意性，集团可以根据需要在内部任意调节。

三、信息披露质量分析

“真诚到永远”是海尔的一句著名的广告词，但青岛海尔的信息披露也如广告所言那么“真诚”吗？

首先，由上述分析我们可以发现青岛海尔在材料采购、产品销售、研发活动、物流、财务等诸方面均严重依赖于海尔集团及其关联企业，但在其年报中仍然声称“公司拥有独立完整的经营系统、辅助生产系统和配套设施”，试问一个没有自己独立的供应系统和销售系统的企业，如何称得上已经形成独立完整的经营系统呢？此外，青岛海尔还声称“上市公司与控股股东在财务方面已经分开”，但我们知道，从海尔资金结算中心到海尔财务公司，青岛海尔的对外借款以及资金结算都是由海尔集团所控制，截至 2005 年 12 月 31 日，存放在海尔财务公司的现金就超过 6 个亿，更不用说高达数十亿的关联方应收应付款，在这种千丝万缕的资金关系下，如何称得上财务已分开？在业务方面，青岛海尔承认上市公司与控股股东在业务方面部分存在同业竞争，但同时又称：控股股东已作出承诺，不会利用其控股地位达成不利于本公司利益或非关联股东利益的交易和安排，目前公司与控股股东正在着手解决同业竞争问题。可是对于如何解决同业竞争问题，青岛海尔并没有提及，青岛海尔此前已经花费近 30 亿元用于收购海尔集团资产，此事一直受到众多的质疑，难道这意味着青岛海尔要继续花费大量“真金白银”向集团公司收购相关资产？同时，对于倍受投资者关注的香港上市的海尔电器与青岛海尔的关系，年报中也只字不提，难道真如媒体所猜测的青岛海尔的主营业务将被分拆并注入海尔电器，从而被“空心化”？我们不得而知。

其次，虽然青岛海尔的关联方交易数额极大，但在相关信息披露方面却不能让人满意。比如经销费用的比率如何确定，包含了哪些项目？各工贸公司对外销售的价格是多少？采购代理费率如何确定？而且在提及关联方交易定价时充满了诸如“交易价格按公平定价的原则确定”、“不高于公司在市场上的自行采购价格”等模糊字眼，使我们无法对关联方交易定价的合理性作出判断。此外，由于经销费用、代理费用、支付给关联方的运输费用、商标和专利费用等的很大一部分要计入营业费用，而且我们发现青岛海尔近年来的营业费用呈异常上涨趋势，特别是2003年的营业费用在主营业务收入只增长了1%的情况下猛增73%，达到了6.3个亿。青岛海尔给出的解释是“根据市场竞争和业务发展的需要，加大了营业费用的投资”，这样简单的解释显然缺乏信息含量。而且，在青岛海尔的报表附注中没有提及营业费用项目，这使我们无法了解青岛海尔营业费用的异常增长与支付给关联方各项费用间的关系。

最后，在接下来的趋势分析中，我们发现青岛海尔许多重要会计科目的金额在各年间变化极大，但青岛海尔的报表附注却极其简单，往往是只列数据而不加解释，这极大地增加了财务报表分析活动的难度。

综上所述，难怪美国《商业周刊》会用“海尔是个谜”来形容海尔的信息披露透明度极低。

四、会计分析简要结论

通过分析青岛海尔关键成功因素中的主要会计政策，我们可以发现青岛海尔在原料采购、产品销售、研发活动、品牌投资、财务以及物流等重要方面严重依赖于关联方，这使得青岛海尔的关键成功因素成了“空中楼阁”，必须依附于海尔集团其他机构才能生存。同时名目繁多、数额巨大的关联交易使青岛海尔的会计弹性显著提高，而其不透明的信息披露也阻碍了我们透过财务报表洞穿青岛海尔的真实财务状况和经营情况，因此有必要通过进一步的财务分析来“拨云见日”。

第三节 财务分析

一、趋势分析

我们以2001年为基年，然后将2002年、2003年、2004年和2005年的报表数据与 2001 年相比较，计算出青岛海尔损益表和资产负债表主要项目的趋势变动如表 11－11 所示：

表 11－11（1）　　青岛海尔趋势损益表

项　目	2005 年	2004 年	2003 年	2002 年	2001 年	2001 年金额（万元）
一、主营业务收入	144.29%	133.71%	102.15%	100.98%	100%	1 144 182
减：主营业务成本	153.20%	139.63%	104.87%	105.77%	100%	950 884
主营业务税金及附加	94.98%	54.14%	60.01%	24.80%	100%	2 926
二、主营业务利润	100.56%	105.41%	89.22%	78.19%	100%	190 371
加：其他业务利润	40.67%	60.61%	133.52%	177.87%	100%	3 248
营业费用	263.38%	238.23%	181.41%	104.89%	100%	34 775
管理费用	97.59%	95.65%	82.09%	86.52%	100%	58 861
财务费用	－16.24%	58.27%	163.12%	160.79%	100%	1 251
三、营业利润	44.50%	63.57%	61.53%	66.05%	100%	98 733
加：投资收益	106.89%	114.75%	112.85%	130.97%	100%	－10 592
营业外收入	31.53%	18.81%	40.78%	134.10%	100%	1 827
减：营业外支出	339.44%	35.74%	62.45%	53.84%	100%	181
四、利润总额	36.28%	56.78%	55.05%	59.81%	100%	89 788
减：所得税	37.90%	56.24%	49.66%	53.60%	100%	20 060
减：少数股东损益	13.36%	34.70%	32.35%	40.78%	100%	7 944
五、净利润	38.70%	59.79%	59.72%	64.27%	100%	61 784

表 11－11（2）　　青岛海尔趋势资产负债表

项　目	2005 年	2004 年	2003 年	2002 年	2001 年	2001 年金额（万元）
货币资金	106.03%	113.13%	134.34%	92.12%	100%	63 209.13
应收票据	574.69%	484.51%	517.71%	185.17%	100%	18 503.60
应收账款净额	93.89%	96.77%	72.33%	74.78%	100%	115 473.32
预付账款	17.48%	44.18%	88.29%	117.50%	100%	85 014.71
存货	142.02%	137.67%	98.09%	98.48%	100%	61 828.17
流动资产合计	111.60%	114.89%	116.69%	101.42%	100%	344 494.58
长期股权投资	78.81%	86.31%	90.70%	101.20%	100%	168 523.18

续表

项目	2005年	2004年	2003年	2002年	2001年	2001年金额（万元）
固定资产合计	89.55%	94.44%	101.55%	122.74%	100%	171 566.07
资产总计	97.62%	102.37%	106.20%	106.51%	100%	694 240.50
短期借款	1.50%	0.00%	142.01%	199.65%	100%	45 420.00
应付账款	62.99%	61.39%	44.03%	44.00%	100%	52 882.29
预收账款	18.98%	89.04%	32.99%	37.86%	100%	15 581.37
其他应付款	113.97%	115.95%	225.43%	229.91%	100%	9 713.99
未付股利	27.67%	19.27%	26.98%	116.11%	100%	26 056.95
流动负债合计	44.74%	48.56%	86.30%	117.96%	100%	161 330.66
长期负债合计	61.99%	6 641.01%	6 538.57%	0.00%	100%	221.16
负债合计	44.76%	57.59%	95.13%	117.80%	100%	161 551.83
股东权益合计	113.51%	115.94%	109.26%	103.20%	100%	493 218.01

由上趋势分析表可以发现：

1. 青岛海尔的主营业务收入自2001年起稳中有升，特别是在2004年和2005年有较大幅度的增长，但考虑到前述会计分析中提到青岛海尔的平均经销费用率从2001年后有明显下降，因此，青岛海尔的主营业务收入增长似乎包含水分。但是与销售收入的稳中有升相比，青岛海尔的应收账款净额却有所缩减，特别是2002年和2003年有较大幅度的下降。这难道是青岛海尔缩紧信用政策或是加强应收账款的收款力度的成果吗？由前面会计分析可知，青岛海尔应收账款中90%以上是关联方应收款，因此不应该出现改变信用政策与加强收款力度产生的应收账款与销售收入增长的“背道而驰”。这或许和海尔财务公司内部抵消巨额关联方往来款有关？由于青岛海尔对这些关联方往来款的披露不够充分，我们不得而知。

2. 相对于主营业务收入的增长速度，主营业务成本的增长速度显然更快，这使得青岛海尔2002年和2003年的主营业务利润反而有所下降，而2004年和2005年在销售收入大幅增长的情况下主营业务利润的增长也不明显，2005年的销售收入是2001年的144.29%，而主营业务利润仅为2001年的100.56%。

3. 青岛海尔营业费用增长迅速，远远超过了主营业务收入的增长速度，2005年的营业费用是2001年的2.6倍。由前面会计分析可知，青岛海尔的许多营业费用（如统筹广告费、促销费等）实际上是由关联方承担的，那么，是什么导致了青岛海尔营业费用的巨幅增长？遗憾的是，青岛海尔的年报中并未对营业费用有进一步的说明。但是，由于青岛海尔的销售、运输、研发、品牌投资等各个方面均严重依赖于关联企业，因此，营业费用的异常增长应当与支付给关联方的各项费用有关系。正是由于营业费用的大幅增长，使得青岛海尔在主营业务收入略有增长的情况下，营业利润却急剧缩水，2005 年的营业利润仅为 2001 年的 44.50%。

4. 投资收益从 2001 年开始就一直为负数，且数额较大。这主要是因为 2001 年青岛海尔利用募集资金和自有资金 20 亿元向海尔集团收购青岛海尔空调器有限总公司 74.45%的股权，巨额收购后留下了 14.5 亿多元投资差额，要分十年摊销，从 2002 年起每年要摊销 1.45 亿元。2001 年青岛海尔从联营或合营公司分得近 2 000 万的利润，而 2001 年以后青岛海尔从联营或合营公司分得的利润几乎为零，这也导致了投资收益的进一步减少。在随后的结构分析中我们将发现青岛海尔的长期股权投资占有很大比重，这似乎说明了青岛海尔的投资效率较为低下。投资亏损的进一步加大导致了利润总额和净利润的进一步下滑，2005 年的净利润仅为 2001 年的 38.70%。

5. 青岛海尔总资产规模和流动资产规模变化不大。在流动资产中，公司应收票据增长迅速，主要是因为通过票据结算的业务量增大，导致银行承兑汇票增加；应收款和预付账款均有较大幅度的减少，可能是由于关联方减少了对青岛海尔的资金占用。值得我们关注的是，与主营业务成本的增长趋势不同，存货水平在 2002 年和 2003 年反而有所下降，这是不是由于青岛海尔一直提倡的流程再造降低了存货资金占用量抑或是产品的热销降低了库存？我们进一步分析了青岛海尔的存货构成，发现 2002 年和 2003 年存货中的产成品其实是有较大增长的，2001 年的产成品不到 2.3 亿，而 2002 年和 2003 年的产成品均在 3.3 亿左右，增长了约 44%，因此，存货的下降似乎并非产品热销所致。此外，通过流程再造降低存货所采用的方法是通过客户定单来拉动整个供应链，因此首先降低的是产成品库存量，而不太可能出现产成品大幅度上升，在产品和原材料却下降的情况。考虑到会计分析部分中对存货计价的探讨，青岛海尔存货水平的异常变动可能是海尔集团利用关联方交易定价进行调控的结果。

综上分析，就经营状况而言，青岛海尔的主营业务收入虽然略有增长，但主营业务成本、营业费用的大幅上涨和投资亏损的扩大使得青岛海尔陷入了“增收不增利”的怪圈中。这其中有行业因素，如原材料价格上涨和不断的价格战降低了行业毛利率，但同时也有青岛海尔经营管理效率不高的因素，我们将在比率分析中进一步探讨。就财务状况而言，青岛海尔的流动资产略有增加，而且流动性较强的货币资金和应收票据增长迅速，而流动负债大幅下降，2005 年流动负债合计和负债合计均只有 2001 年的 44%左右，从而降低了青岛海尔的财务风险，这在一方面提高了青岛海尔的财务安全性，但另一方面也产生了财务杠杆运用不足的问题，我们将在比率分析部分进一步探讨此问题。

二、结构分析

（一）资产负债表结构分析

表 11－12 列示了 2005 年青岛海尔的资产负债结构比例以及与竞争对手[①] 的比较。

表 11－12　　**各公司资产负债结构比例比较**

项　目	青岛海尔		格力电器		美的电器	
	亿元	百分比	亿元	百分比	亿元	百分比
货币资金	6.70	9.89%	5.72	4.51%	12.44	12.95%
应收票据	10.63	15.69%	38.88	30.66%	1.76	1.83%
应收账款净额	10.12	14.93%	11.15	8.79%	8.71	9.06%
预付账款	1.49	2.20%	9.46	7.46%	7.27	7.57%
存货	8.78	12.96%	31.73	25.02%	32.77	34.10%
流动资产合计	38.45	56.74%	98.48	77.66%	63.68	66.27%
长期股权投资	13.28	19.60%	3.74	2.95%	1.51	1.57%
固定资产合计	15.36	22.66%	23.92	18.86%	24.85	25.86%
无形资产	0.67	0.99%	0.65	0.51%	5.22	5.43%
资产总计	67.77	100%	126.81	100%	96.09	100%
短期借款	0.07	0.10%	3.76	2.97%	6.55	6.82%
应付账款	3.33	4.91%	49.21	38.81%	23.41	24.36%
应付票据	0.00	0.00%	17.6	13.88%	15.82	16.46%
预收账款	0.30	0.44%	18.39	14.50%	7.57	7.88%
流动负债	7.22	10.65%	98.66	77.80%	56.72	59.03%
长期负债合计	0.01	0.01%	0.04	0.03%	0.49	0.51%
负债合计	7.23	10.67%	98.72	77.85%	57.22	59.55%
股东权益合计	55.99	82.62%	27.22	21.47%	30.59	31.83%
负债与股东权益合计[②]	67.77	100%	126.81	100%	96.09	100%

---

① 青岛海尔的主营产品是空调（2005 年约占销售收入的 50%），而青岛海尔、格力电器、美的电器是 2004 年空调市场的前三强，因此，我们选择格力电器和美的电器作为青岛海尔的比较参照公司。青岛海尔的另一拳头产品是电冰箱（2005 年约占销售收入的 34%），但由于冰箱市场的主要品牌如科龙、美菱、容声等均属于臭名昭著的“格林科尔”系，其会计问题倍受质疑，缺乏可比性，因此我们没有选择冰箱类上市公司为参照对象。

② 负债与股东权益合计≠负债合计＋股东权益合计，主要是由于存在少数股东权益。

由上表可知：

1. 青岛海尔虽然有海尔集团这个名声显赫的靠山，但其实际资产规模并不大，2005年末总资产分别只有格力电器和美的电器的53%和71%。这也显示出青岛海尔只是海尔集团庞大资本网络上的一个节点。

2. 在资产结构方面，青岛海尔应收账款的比重明显高于格力电器和美的电器，考虑到应收账款中大部分为应收关联方款，因此可能是由于关联方过多地占用青岛海尔资金。

3. 青岛海尔的存货金额和比重都远远低于竞争对手，这可能是由于青岛海尔一直致力于通过流程再造来减少库存，降低存货资金占用量，但正如会计分析部分所言，青岛海尔的存货计价受关联方交易价格影响极大，这将影响我们对青岛海尔的存货管理效率的判断。

4. 由于存货水平较低，青岛海尔的流动资产比例远低于竞争对手。但在长期资产方面，青岛海尔的长期股权投资比例和绝对值水平均远高于竞争对手，而这与海尔集团内部各关联企业间相互投资、相互持股的复杂资本关系有关。这种错综复杂的投资关系将青岛海尔的利益与各关联方紧密联系在一起。

5. 在资金来源方面，青岛海尔的流动负债各项目比例均远远低于竞争对手，2005年末青岛海尔的流动负债仅占资金来源的10%左右，而格力电器和美的电器的比率分别为78%和59%，这虽然降低了青岛海尔的财务风险，但也表明青岛海尔未能充分利用商业信用优势获取低成本融资。

6. 青岛海尔的负债比例远远低于其竞争对手，主要是依靠股权融资来筹集资金。这说明青岛海尔未能充分利用财务杠杆，在接下来的比率分析中我们将发现较低的财务杠杆是极大地影响了青岛海尔的净资产收益率。过多地依赖权益融资还使得青岛海尔的加权平均资本成本较高，从而对其经济增加值造成不利影响。

（二）利润表结构分析

表11－13列示了2005年青岛海尔的损益表结构比例以及与竞争对手的比较。

表11－13　　各公司损益表结构比例比较

项　目	青岛海尔		格力电器		美的电器	
	亿元	百分比	亿元	百分比	亿元	百分比
一、主营业务收入	165.09	100%	182.48	100%	213.14	100%
减：主营业务成本	145.67	88.24%	148.75	81.52%	173.83	81.56%
主营业务税金及附加	0.28	0.17%	0.52	0.28%	0.01	0.00%
二、主营业务利润	19.14	11.59%	33.21	18.20%	39.29	18.43%
加：其他业务利润	0.13	0.08%	2.85	1.56%	0.49	0.23%

续表

项目	青岛海尔		格力电器		美的电器	
	亿元	百分比	亿元	百分比	亿元	百分比
营业费用	9.16	5.55%	23.13	12.68%	23.72	11.13%
管理费用	5.74	3.48%	5.79	3.17%	7.88	3.70%
财务费用	-0.02	-0.01%	0.88	0.48%	1.32	0.62%
三、营业利润	4.39	2.66%	6.25	3.43%	6.88	3.23%
加：投资收益	-1.13	-0.68%	0.06	0.03%	0.10	0.05%
补贴收入	0.00	0.00%	0.05	0.03%	0.00	0.00%
营业外收入	0.06	0.04%	0.04	0.02%	0.25	0.12%
减：营业外支出	0.06	0.04%	0.28	0.15%	0.25	0.12%
四、利润总额	3.26	1.97%	6.12	3.35%	6.98	3.27%
减：所得税	0.76	0.46%	1.19	0.65%	0.61	0.29%
减：少数股东损益	0.11	0.07%	0.07	0.04%	2.54	1.19%
五、净利润	2.39	1.45%	5.10	2.79%	3.82	1.79%

由上表可知：

1. 虽然青岛海尔的资产规模较小，但其创造的销售收入却不低，甚至接近了资产规模最大的格力电器。这说明青岛海尔的资产管理能力是比较强的，利用加快资产周转速度弥补了其资产规模上的劣势。

2. 青岛海尔的主营业务成本率远高于竞争对手，2005年青岛海尔的主营业务成本率分别比格力电器和美的电器高出了3.29和5.43个百分点，这直接导致了青岛海尔的毛利率远低于竞争对手。这种情况似乎与青岛海尔的差异化竞争战略不相符合，因为以差异化经营为主要竞争方式的企业的毛利率一般高于以低成本为竞争战略的企业。那么青岛海尔低毛利率的原因何在？我们知道毛利率的高低主要决定于产品的销售价格和采购及生产效率。从销售价格来看，青岛海尔产品的品牌优势较为明显，其产品的价格也一直是保持在高价位，因此其产品的溢价应该是不会低于美的电器和格力电器的，但考虑到会计分析中提到的青岛海尔必须从销售市价中扣除一定的经销费用给关联企业，这无疑将大大降低青岛海尔的实际销售价格；从生产效率来看，青岛海尔一直着力进行业务流程再造，因此其生产效率应该是不低于美的电器和格力电器的；从采购效率来看，青岛海尔的材料采购也是由关联方代理的，同时必须支付一定的采购费用。由上分析可见，由于青岛海尔的采购和销售均委托关联方代理，因此，较低的毛利率也有可能是经销费用率和采购代理费率定价不合理的结果。

3. 青岛海尔的营业费用率远低于竞争对手，2005年的营业费用率还不到竞争对手的一半。我们知道采用差异化经营战略的企业，其营业费用率和管理费用率应该比低成本战略的企业高，因为广告费、运输费、销售费和科研开发费等较高。比如在2005年的空调广告投放排行榜中，青岛海尔高于格力电器和美的电器，但为什么青岛海尔的营业费用率却远低于格力电器和美的电器呢？由前面会计分析可知，青岛海尔的许多营业费用实际上转嫁给了其他关联方，而青岛海尔再通过从销售收入中扣除经销费用来弥补关联方所承担的营业费用。将低毛利率和低营业费用率结合起来考虑，我们可以发现毛利率较低的原因可能是由于部分销售毛利转移到其他关联方以间接弥补这些关联方为青岛海尔承担的各种营业费用。

4. 虽然青岛海尔的营业费用率较低，但由于过高的主营业务成本率，2005年青岛海尔的营业利润率仍然低于竞争对手。而且在“线下项目”中，青岛海尔的投资收益一直为负数，从而进一步拉大了青岛海尔的销售利润率和竞争对手的差距。我们知道青岛海尔的投资项目绝大多数是用于收购海尔集团的其他资产，而青岛海尔的投资收益一直为负数是否意味着收购价格过高，投资效率低下？比如2001年收购青岛海尔空调器有限总公司74.45%的股权就使青岛海尔背上了14.5亿元投资差额的沉重包袱。该收购的质量也倍受媒体质疑，因为收购海尔空调虽然使青岛海尔的主营业务收入从2000年的48亿猛增至2005年的165亿，但净利润反而从4.2个亿下降到了2.4个亿，由此可见青岛海尔的投资活动效率低下。甚至有人批评海尔集团通过向青岛海尔大量出售资产来进行巨额套现，将青岛海尔视为“资金供应器”。

三、比率分析

（一）杜邦分析法的运用

1. 趋势分析。表11－14和图11－4列示了青岛海尔自上市以来的净资产收益率及其构成要素的变化情况。

表11－14　　青岛海尔净资产收益率及其构成要素

年　份	销售净利率	资产周转率	权益乘数	ROE
2005	1.45%	2.44	1.21	4.28%
2004	2.41%	2.15	1.24	6.43%
2003	3.16%	1.59	1.37	6.88%
2002	3.44%	1.56	1.45	7.78%
2001	5.40%	1.65	1.41	12.56%

续表

年　份	销售净利率	资产周转率	权益乘数	ROE
2000	8.78%	1.20	1.40	14.75%
1999	7.82%	1.05	1.46	11.99%
1998	7.17%	1.11	1.86	14.80%
1997	6.39%	1.13	2.12	15.31%
1996	6.74%	2.01	1.45	19.64%
1995	7.67%	1.57	1.59	19.15%
1994	10.41%	1.15	1.21	14.49%
1993	8.74%	1.07	1.31	12.25%

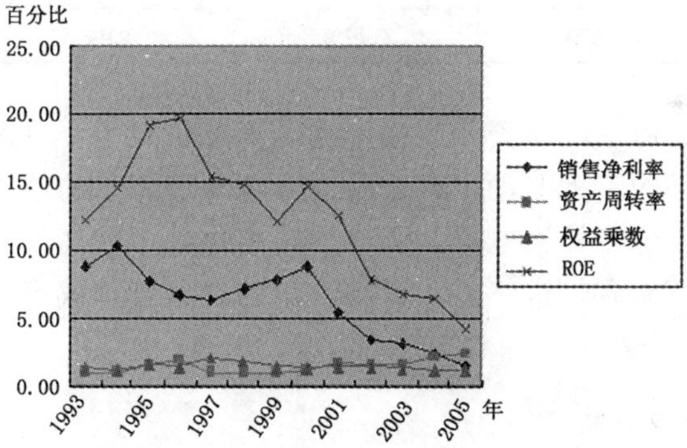

图 11－4　青岛海尔净资产收益率及其构成要素变动趋势

由上图表可见，青岛海尔的净资产收益率在上市之初增长较快，并在 1996 年达到 19.64%的峰值，而随着白家电行业逐渐走向成熟，青岛海尔的净资产收益率也开始不断下滑，跌至 2005 年的 4.28%。从影响净资产收益率的三大因素来看，权益乘数变化不大，资产周转率则稳中有升，导致净资产收益率逐年下滑的主要因素是销售净利率的降低，从上市之初的 8.74%降到了 2005 年的 1.45%。这一方面是白家电行业竞争日益激烈的体现，另一方面也说明了青岛海尔的差异化竞争优势在逐步削弱，无法通过保持“高质高价”策略来保持较高的销售净利率。

2. 与竞争对手比较分析。表 11－15 列示了 2003—2005 年青岛海尔与竞争对手的净资产收益率及驱动因素的比较。

表 11 - 15　　各公司净资产收益率及驱动因素的比较

2003 年	净资产收益率	销售净利率	资产周转率	权益乘数
青岛海尔	6.85%	3.16%	1.59	1.37
美的电器	7.05%	1.22%	1.6	3.61
格力电器	15.53%	3.36%	1.21	3.82
2004 年	净资产收益率	销售净利率	资产周转率	权益乘数
青岛海尔	6.43%	2.41%	2.15	1.24
美的电器	12.23%	1.70%	1.75	4.11
格力电器	17.17%	3.04%	1.08	5.23
2005 年	净资产收益率	销售净利率	资产周转率	权益乘数
青岛海尔	4.28%	1.45%	2.44	1.21
美的电器	12.42%	1.79%	2.21	3.14
格力电器	18.72%	2.79%	1.44	4.66

由上表可见，青岛海尔的净资产收益率远低于竞争对手，且差距逐渐拉大。进一步分析净资产收益率的三大驱动因素，我们发现青岛海尔的销售净利率属于中等水平，高于美的电器但低于格力电器，资产周转率也处于较高的水平，但权益乘数远小于竞争对手。接下来我们进一步对青岛海尔的经营管理效率、资产管理效率和财务管理效率进行分析。

（二）经营管理效率分析

表 11 - 16 列示了 2001—2005 年青岛海尔与竞争对手的经营管理效率指标比较。

表 11 - 16　　各公司经营管理效率指标比较

	青岛海尔	美的电器	格力电器
毛利率			
2005 年	11.76%	18.44%	18.49%
2004 年	13.12%	18.56%	16.18%
2003 年	14.53%	22.02%	17.10%
2002 年	12.88%	25.38%	20.24%
2001 年	16.64%	23.77%	21.51%
营业和管理费用率			
2005 年	9.03%	14.83%	15.85%
2004 年	9.09%	15.23%	14.43%

续表

	青岛海尔	美的电器	格力电器
营业和管理费用率			
2003 年	9.53%	18.53%	14.84%
2002 年	7.56%	20.61%	16.03%
2001 年	8.18%	18.82%	17.16%
销售净利率			
2005 年	1.45%	1.79%	2.79%
2004 年	2.41%	1.70%	3.04%
2003 年	3.16%	1.22%	3.36%
2002 年	3.44%	1.42%	4.22%
2001 年	5.40%	2.39%	4.14%

在损益表结构分析中我们已经对青岛海尔及其竞争对手的经营效率进行了初步比较。由上表我们进一步发现，由于白家电行业竞争的日益激烈，三家企业的销售净利率均呈现出下降的趋势，但相比之下，青岛海尔的下降幅度最大，2005 年比 2001 年下降了 73%，而美的电器和格力电器分别下降了 25% 和 33%。此外，青岛海尔各年的毛利率以及营业和管理费用率这两项指标均远远低于竞争对手，这与青岛海尔所采取的差异化竞争战略似乎不相符合。因为一般而言，采用差异化战略的企业会产生较高的毛利率以及营业和管理费用率。如前所述，青岛海尔的这种反常的现象可能与其在生产经营过程中严重依赖关联交易有关，比如关联交易定价中的经销费用率和采购代理费率的高低将直接影响青岛海尔的毛利率，而青岛海尔营业和管理费用率较低的重要原因在于许多费用实际上转嫁给了其他关联方承担。因此，虽然青岛海尔的销售净利率总体而言介于美的电器和格力电器之间，但由于关联方交易的干扰，我们难以对其经营效率做出准确判断。

（三）资产管理效率分析

表 11－17 列示了 2005 年反映青岛海尔及其竞争对手资产管理效率的一些主要指标。

表 11－17　　　　2005 年各公司资产管理效率指标比较

	青岛海尔	美的电器	格力电器
应收账款周转率	16.76	17.72	17.38
应收账款周转天数	21.78	20.60	21.00

续表

	青岛海尔	美的电器	格力电器
存货周转率	16.84	4.93	4.44
存货周转天数	18.27	74.04	82.21
应付账款周转率	44.28	5.64	2.99
营业营运资本周转率①	12.24	21.65	-8.99
固定资产周转率	10.46	7.77	8.38
总资产周转率	2.38	2.07	1.43

由上表可见：

1. 青岛海尔的应收账款周转速度略低于竞争对手，平均21.78天可回收，其竞争对手的回收期也都在20天以上。但我们知道，青岛海尔2005年的应收账款中约94%是应收关联方款项，而2005年美的电器和格力电器的这一比例分别为9.88%和2.56%，远低于青岛海尔。显而易见，向“自家人”催账和向“外人”催账的难度是不一样的，再加上海尔集团每年末内部抵销掉数亿元的关联方往来款，也会在一定程度上提高了青岛海尔的应收账款周转速度。考虑到上述因素，青岛海尔的应收账款管理效率低于其竞争对手。

2. 青岛海尔的存货周转率远远高于竞争对手，2005年美的电器和格力电器的存货平均要78天左右才能销售出去，而青岛海尔只需不到20天。这是否意味着青岛海尔一直坚持的流程再造发挥了作用，或者是青岛海尔的产品热销？进一步分析青岛海尔的存货项目，我们发现产成品的数量上涨了三成多，从2001年的2.3个亿上涨到2005年的5.22个亿，涨幅达到了127%，而且白家电市场的竞争日益惨烈，产品销售速度高出行业平均水平这么多也不太现实。而通过流程再造降低存货所采用的方法是通过客户定单来拉动整个供应链，因此首先降低的是产成品库存量，而不太可能出现产成品大幅度上升，在产品和原材料却下降的情况。综上分析，虽然青岛海尔的存货周转速度远高于竞争对手，但我们对其存货管理效率仍存有疑虑，特别是考虑到会计分析中提及青岛海尔的材料采购和产品销售均为关联方交易。海尔集团的“统筹安排”很容易对青岛海尔的存货周转速度造成重大影响。因此，存货周转速度难以成为衡量青岛海尔存货管理效率的有效指标。

3. 青岛海尔的应付账款周转率远远高于竞争对手。2005年青岛海尔的应付账款周转率为44.28，而美的电器和格力电器分别为5.46和2.99。这说明青岛海尔没有充分利用应付账款这一成本极低的融资手段。

4. 虽然青岛海尔的应收账款周转速度和存货周转速度均高于竞争对手，但是

① 主营业务收入/（应收账款平均值+存货平均值-应付账款平均值）。

由于没能充分利用应付账款这一商业信用，青岛海尔的营业营运资本周转率是最低的。格力电器出现负的营业资本周转率是由于其应付账款的平均值超过了应收账款平均值和存货平均值之和，这意味着由于格力电器较为充分地利用应付账款融资，自身无需垫付营业营运资本。

5. 青岛海尔的固定资产周转率和总资产周转率均略高于竞争对手。如前所述，青岛海尔正是通过较快的资产周转速度弥补了其资产规模上的劣势。

(四) 财务管理效率分析

前面我们已经评估了青岛海尔的利润率和资产管理效率的高低，最后我们要评估青岛海尔的财务管理水平。财务管理水平主要体现在财务杠杆带来的效益和风险。在债务成本低于这些资金产生的收益时，财务杠杆就可以提高企业的净资产收益率，但同时也提高了企业的风险。在前述的杜邦分析中我们已经发现青岛海尔的净资产收益率低于竞争对手的重要原因就在于未能充分利用财务杠杆。接下来我们通过流动性比率和长期偿债比率来衡量三家公司的财务风险。

表 11-18　　各公司流动性比率比较

项目	青岛海尔			美的电器		格力电器	
	2003 年	2004 年	2005 年	2004 年	2005 年	2004 年	2005 年
流动比率	2.89	5.05	5.33	0.99	1.12	1.02	0.99
速动比率①	1.76	3.28	3.81	0.33	0.40	0.56	0.56
现金比率②	0.61	0.91	0.93	0.11	0.22	0.06	0.06
经营现金流动比率	0.31	0.94	0.65	0.17	0.33	0.01	0.08

由表 11-18 可见，青岛海尔的各项流动性比率指标均远远高于竞争对手，显示出青岛海尔具有较强的短期偿债能力，这是由于青岛海尔的流动负债规模极小，2005 年末青岛海尔的流动负债分别仅为美的电器和格力电器的 12.7%和 7.3%。此外，我们注意到青岛海尔 2005 年的流动性指标比 2003 年提高了许多，其主要原因是 2003 年后青岛海尔的流动负债持续下降，2005 年末流动负债仅约 2003 年的一半左右，从将近 14 亿下降到了 7.2 亿。导致流动负债大幅缩水的主要原因是短期借款突然间从 6.45 亿元下降到了 2004 年的 0 元和 2005 年的 0.07 亿元。青岛海尔 2001—2003 年的平均短期借款为 6.6 个亿，为什么 2004 年会出现无短期借款的现象？遗憾的是，青岛海尔的年报中对此没有做出任何的解释，这再次显示出青岛海尔信息披露的不够充分。

① （现金 + 短期投资 + 应收票据 + 应收账款）/流动负债。

② （现金 + 短期投资）/流动负债。

表 11－19　　各公司长期偿债比率比较

项　目	青岛海尔			美的电器	格力电器
	2003 年	2004 年	2005 年	2005 年	2005 年
资产负债率	20.85%	13.09%	10.67%	59.54%	77.84%
有形净值债务率①	0.29	0.16	0.11	2.33	3.72
利息保障倍数②	25.23	70.96	－159.08③	6.3	7.91

由表 11－19 可见，青岛海尔的资产负债率和有形净值债务率均远远低于竞争对手，可见青岛海尔主要是依靠权益融资，这虽然有助于降低财务风险，但由于权益融资资本成本要高于债务资本成本，因此青岛海尔的加权平均资本成本显然较高，这将影响其创造经济增加值。从利息保障倍数来看，由于青岛海尔的负债极少，2005 年的实际利息支出仅为 67 万，远低于利息收入，因此财务费用为负数。但我们发现美的电器和格力电器的利息保障倍数已经足够高了，显示出了充分的利息支付能力。这说明虽然美的电器和格力电器的负债比率较高，但其负债中很大部分为不计息的债务，因此融资成本很低，付息风险不大，是比较合理的资本结构，而青岛海尔的资本结构显然过于保守，几乎放弃了财务杠杆对净资产收益率的放大作用，同时也增加了公司的加权平均资本成本。

四、现金流量分析

（一）现金流量总体分析

表 11－20 列示了青岛海尔以 2001 年为基年的近年来现金流量的变化趋势。

表 11－20　　青岛海尔现金流量变化趋势

项　目	2005 年	2004 年	2003 年	2002 年	2001 年	2001 年金额（万元）
经营活动产生的现金净额	66.67%	105.18%	60.34%	55.66%	100%	70 188
投资活动产生的现金流量净额	6.88%	6.29%	－8.72%	27.83%	100%	－236 534
筹资活动产生的现金流量净额	－18.29%	－36.78%	－18.97%	11.38%	100%	191 361
现金的期末余额	106.03%	113.13%	134.34%	92.12%	100%	63 209

① 负债总额/（净资产－无形资产）。

② （利润总额＋财务费用）/财务费用。

③ 2005 年青岛海尔财务费用为负数。

在主营业务活动现金流量方面，虽然青岛海尔的主营业务收入在2001—2003年之间几乎保持不变（三年分别为114.4亿、115.5亿和116.9亿），但2002年和2003年经营活动产生的现金净额却急剧缩水，分别只有2001年的55.66%和60.34%。虽然2004年和2005年青岛海尔的主营业务收入有了较大的增长，分别为2001年的134%和144%，但2004年经营活动产生的现金净额增长并不多，只有2001年的105.18%，2005年的经营活动现金净流入甚至只有2001年的66.67%。由此可见，青岛海尔主营业务收入的含金量在下降。我们将在接下来的经营活动现金流量分析部分进一步探讨这个问题。

在投资活动现金流量方面，青岛海尔2001年投资活动现金支出远远高于其后年份，这主要是由于青岛海尔于2001年1月21日一次性支付现金20亿元以购买海尔空调74%的股份，从而收购了集团的空调业务。虽然在收购海尔空调后，青岛海尔在投资支出方面没有什么大手笔，但正如我们在战略分析中所提及，青岛海尔与海尔集团一直在业务方面存在同业竞争的情况，而青岛海尔的年报中也多次提及要着手解决与控股股东的同业竞争问题，而解决这一问题最可能的方法就是向海尔集团购买相关资产。因此，不排除青岛海尔在未来仍可能出现较大的现金投资支出。此外，青岛海尔与海尔集团的另一香港上市公司海尔电器间的复杂关系也将影响青岛海尔未来的现金流动情况。一旦如媒体所言，青岛海尔的许多业务将分拆注入海尔电器，那么青岛海尔可能获得较大的投资现金流入，但经营活动现金将进一步萎缩，因此青岛海尔可能需要投资新的项目来寻找新的业绩增长点。可以预计，海尔集团对青岛海尔的定位将对青岛海尔投资现金流动情况产生巨大影响。

在筹资活动现金流量方面，由于2001年青岛海尔的经营活动现金净流入远无法满足投资资金需求，因此青岛海尔通过增发股票募集了近18亿的现金。而其后年度青岛海尔并没有什么大的投资行动，因此无需筹资活动的资金支持，2003年、2004年和2005年反而用现金偿还了大量的债务，使得资产负债率从2001年的23%进一步下降到了2005年的10.67%。值得注意的是，由于青岛海尔的净资产收益率从2001年开始迅速下滑，均在10%以下，因此青岛海尔在短期内无法通过增发股票来进行权益融资，一旦未来有大的项目需要资金支持，只能依靠债务融资来解决。但是考虑到极低的资产负债率和海尔集团这一“大靠山”，我们认为青岛海尔的融资压力并不大。

从现金的期末余额来看，青岛海尔的现金一直保持较高的水平。2003年之后虽然大幅削减负债，但由于投资支出的减少，现金余额反而有所增加。

（二）经营活动现金流量分析

青岛海尔近年来经营活动现金流量主要项目如表11－21所示。

表 11 - 21　　青岛海尔经营活动现金流量主要项目　　(单位：亿元)

项　　目	2005 年	2004 年	2003 年	2002 年	2001 年
销售商品、提供劳务收到的现金	39.73	40.88	60.74	67.05	93.05
购买商品、接受劳务支付的现金	19.93	20.66	42.99	55.33	72.21
经营活动产生的现金净额	4.67	7.38	4.24	3.91	7.02

由上表可见，虽然青岛海尔自 2001 年起主营业务收入和主营业务成本均有所增长，但销售商品、提供劳务收到的现金和购买商品、接受劳务支付的现金却逐年递减，二者的变动趋势如图 11 - 5 所示：

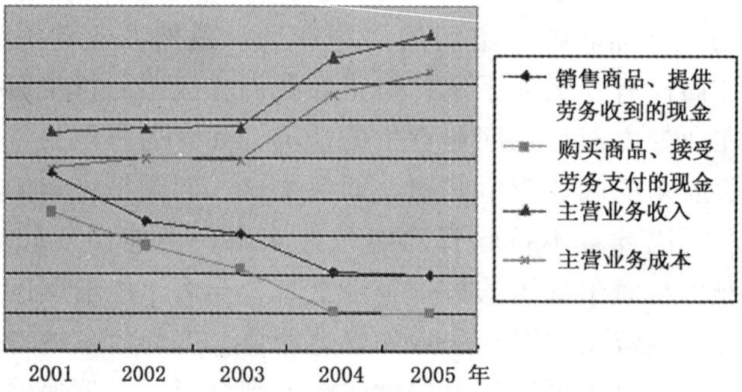

图 11 - 5

一般而言，主营业务收入与销售现金流入变化趋势的背离往往是由于企业放松信贷销售条件所导致的，在这种情况下企业的应收款项往往会相应出现异常增长。通过前面的趋势分析我们发现，青岛海尔的应收账款自 2001 年起并无明显增长，相反，2002 年和 2003 年的应收账款均只有 2001 年的 72%左右，即使在销售收入与销售现金流入差距最大的 2005 年，应收账款也只有 2001 年的 93.89%。导致销售收入与销售现金流入差距的另一个原因在于应收票据的猛增，应收票据 2001 年末余额为 1.85 亿，此后逐年猛增，2002—2005 年的应收票据分别为 3.43 亿、9.58 亿、8.97 亿和 10.63 亿。如果不考虑会计分期，青岛海尔 2001—2005 年总销售收入约为 665 个亿，这一期间销售商品、提供劳务所收到的现金合计约为 300 个亿，2005 年年末的应收账款和应收票据合计约 21 个亿，那么其间的 340 多亿差额哪里去了？

同样的情况也出现在主营业务成本与购买商品现金支出。一般而言，主营业务成本与购买商品现金支出变化趋势的背离往往是企业推迟了付款时间，在此情况下企业的应付账款或应付票据应当会出现相应的异常增长。但青岛海尔的应付账款从 2001 年起也没有明显的增长。相反，2002 年和 2003 年的应付账款均只有 2001 年的 44%左右，即使在主营业务成本与购货现金支出差距最大的 2005 年，应付账款仍然只有2001年的62.99%。青岛海尔应付票据最多的2002年也只有6 000万。如果不考虑会计分期，青岛海尔2001—2005年总销售成本约为580个亿，而这一期间购买商品、接受劳务所支付的现金合计约为210个亿，2005年年末的应付账款约3个亿，之间相差了约370亿。

造成这种情况的原因可能是青岛海尔与关联方的资金往来都是通过海尔集团财务有限责任公司结算，而海尔集团以清理内部往来为理由进行数以亿计的关联方往来款抵销，此外还采取协议抵账的方式进行结算，从而减少了内部现金流动。由前述分析我们知道青岛海尔的商品销售和原材料采购几乎都是通过关联方进行，而海尔集团本身是一个近乎封闭的资本流动王国，或许这一特殊背景正是导致青岛海尔的会计数据与现金数据相差甚多的主要原因吧。这种特殊的背景使得青岛海尔的现金流动情况犹如庐山迷雾，难以分析。难怪有人将其比喻为“海尔资本迷宫”。

(三) 投资活动现金流量分析

表11－22列示了青岛海尔近年来投资活动现金流量主要项目情况。

表11－22　　青岛海尔投资活动现金流量　　(单位：亿元)

项　目	2005年	2004年	2003年	2002年	2001年
投资活动现金流入小计	0.08	0.01	3.85	0	3.81
购建固定资产、无形资产和其他长期资产所支付的现金	0.8	1.00	1.79	4.96	4.51
股权投资所支付现金	0.9	0.50	0	1.63	22.95
投资活动现金流出小计	1.71	1.50	1.79	6.58	27.46
投资活动产生的现金流量净额	－1.63	－1.49	2.06	－6.58	－23.65

2001年的投资活动现金流入是由于当年新纳入合并报表范围的海尔空调公司和海尔洗碗机公司合并初始日持有现金的合计数。2003年的投资活动现金流入主要来源于青岛海尔将闲置的生产设备和房屋建筑物出售给关联企业。虽然我们在结构分析部分曾指出青岛海尔的长期股权投资比重极大，但投资收益产生的现金流入却极少。

青岛海尔2001年和2002年购建固定资产、无形资产和其他长期资产所支付的现金较多，主要是投资于在建工程，特别是特种冰箱项目。从2003年起，青岛海尔就没有新增的在建工程，主要是对原有在建工程的收尾工作，因此这方面的现金支出明显下降。而无形资产并没有增加，正如我们在会计分析部分所指出，对于坚持差异化竞争战略的青岛海尔而言，在无形资产投资方面却如此吝啬，实在令人费解。

在股权投资方面，青岛海尔 2001 年以 20 亿现金购入海尔空调公司 74.45% 的股权，从而将海尔空调公司纳入合并报表范围。此次大手笔现金投资虽然使得青岛海尔的资产规模和销售收入有了大幅度的增长，但其投资效率仍倍受质疑。我们在前面的分析中已经指出，除了并购当年净利润有所增长之外，其后年度的净利润反而均低于 2000 年，这也使得青岛海尔的净资产收益率从 2000 年的 14.67% 一路下滑到 2005 年的 4.28%，降幅达到了 70%。此外，该次投资还为青岛海尔带来了约 14.5 亿元的股权投资差额，每年需要摊销近 1.45 亿元，这也为青岛海尔未来的盈利带来了沉重的负担。2002 年的股权投资主要是出资 1.5 亿元与其他关联企业共同组建海尔集团财务有限责任公司。

总体而言，青岛海尔的现金投资力度呈下滑趋势，但由于近年来业绩欠佳，因此很可能在未来有较大的投资举措，以寻求新的业绩增长点。当然，青岛海尔的新投资很可能是向海尔集团收购相关资产，因此收购资产的质量情况以及收购价格是否合理也将对青岛海尔未来的业绩产生至关重要的影响。

（四）筹资活动现金流量分析

青岛海尔近年来筹资活动现金流量主要项目如表 11－23 所示。

表 11－23　　青岛海尔筹资活动现金流量　　（单位：亿元）

项　　目	2005 年	2004 年	2003 年	2002 年	2001 年
吸收权益性投资所收到的现金	0	0	0	0.21	17.58
借款所收到的现金	0.07	0	9.16	13.43	6.88
筹资活动现金流入小计	0.07	0	9.42	13.64	24.46
偿还债务所支付的现金	0	6.45	10.40	8.91	3.98
分配股利、利润或偿付利息所支付的现金	3.3	0.3	2.65	2.56	1.30
筹资活动现金流出小计	3.57	7.04	13.05	11.47	5.33
筹资活动产生的现金流量净额	－3.5	－7.04	－3.63	2.18	19.14

青岛海尔在 2001 年通过股票增发筹集了 17.58 亿现金，由于近年来业绩欠佳，在短期内青岛海尔不可能吸收到权益性投资现金。在借款方面，青岛海尔 2001 年和 2002 年借款活动所收到的现金均超过了偿还债务所支付的现金，这使得青岛海尔的短期借款余额在这一期间增长较快，增长率分别为 176% 和 99.6%。因此青岛海尔的短期借款在 2002 年末达到了历史峰值，超过了 9 亿元。从 2003 年开始，青岛海尔开始加大现金偿还债务的力度，特别是在 2004 年，当年并未通过债务进行

现金筹资，却支付了6.45亿的现金用于偿还债务，这使得青岛海尔的短期借款余额和流动负债合计在这一时期逐年下降。到2004年末，青岛海尔的短期借款余额为0，流动负债也只有2002年的41%。青岛海尔债务筹资现金流动的变化趋势或许与其近年来缺乏大的投资项目有关，但债务融资的减少直接导致了青岛海尔的权益乘数在近年来不断降低。2005年青岛海尔的权益乘数为1.21，而美的电器和格力电器的权益乘数分别为3.14和4.66，过低的权益乘数也正是青岛海尔的净资产报酬率远低于竞争对手的最重要原因。我们不知道青岛海尔短期借款现金流动的变化趋势是否同海尔集团财务公司有关，但从青岛海尔年报的中，我们发现青岛海尔与海尔集团财务公司签订的《金融服务协议》中规定“青岛海尔在财务公司的贷款利率不高于同期商业银行贷款利率”。换言之，青岛海尔的特殊背景使其短期借款成本是小于等于其竞争对手的，而且由于是向“自家人”借钱，偿还行为无疑具有较大的弹性，偿债风险要小得多。那么，青岛海尔为何不充分利用这一特殊优势，充分利用债务融资的杠杆效应以提高净资产收益率？相反，青岛海尔一直热衷于的股权融资，自上市以来已经进行了5次权益融资，总筹资额约36亿元。为什么青岛海尔宁愿采取资本成本较高的股权融资，而放弃资本成本较低的债务融资？难道正如媒体所言，海尔集团将青岛海尔视为外部资本流入海尔资本王国的重要入口，因此青岛海尔非但很少占用关联方的资金，反而向关联方输送了大量的现金，比如历次权益融资中的20多亿资金通过收购海尔集团各类资产的形式输送给了海尔集团。

最后，青岛海尔在分配现金股利方面还是比较慷慨的，其控股股东海尔集团也因此得到了约5亿元的现金红利，而海尔集团在青岛海尔上市前的总投入也才1.05亿元，投资回报率之高可见一斑。

第四节 前景分析

由前述分析可知，青岛海尔的销售收入、销售费用、营业费用等主要财务数据因其庞大复杂的关联交易而变得扑朔迷离，且在未来充满了各种非经营性变数。用这些充满悬念的、易变的财务数据来进一步预测青岛海尔的发展前景就变得没有什么现实意义了。因此我们不对青岛海尔未来的经营业绩做定量预测，只对其做定性分析。

根据青岛海尔2005年年报显示，2005年青岛海尔的主营业务收入达到了165亿余元，比2004年增加了近12亿元，同比增长约为8%。然而，由于2005年公司主营业务成本比2004年同期增长了约9.7%，这使得青岛海尔的主营业务收入增长被主营业务成本的增长所抵消，净利润反而出现大幅下滑。青岛海尔2005年的净利润仅有2.39亿元，是自收购海尔空调业务之后最差的业绩，比去年净利润减少了35%左右。与此形成鲜明对比的是，青岛海尔的竞争对手大部分实现了主营业务收入和净利润“双赢”，比如格力电器2005年主营业务收入同比增长31.93%，净利润同比增长21.19%；美的电器2005年主营业务收入同比增长11%，净利润同比增长16.87%；海信电器则实现主营业务收入和净利润同比增长35%和75%。青岛海尔将其增收不增利的原因归结为“原材料上涨，以及整个行业竞争环境的恶化”，但在其竞争对手均出现利润大幅增长的情况下，上述原因显然不能成为利润下滑的惟一解释。青岛海尔之所以会出现净利润的“孤独下滑”的局面，或许与其竞争优势的弱化不无关系。首先，在产品质量上，青岛海尔的传统家电更新换代的速度放慢，难以适应市场需求。虽然青岛海尔的冰箱在同行业中仍然保持销量第一，但是其产品运用的都是早几年的技术，在技术方面属于“吃老本”阶段。因此虽然青岛海尔的主营业务收入在2005年有所增长，但增幅却明显低于其竞争对手，其市场地位已经受到很大威胁。其次，在价格方面，青岛海尔却还是坚持其“贵族”形象，空调和冰箱的价格比同行业的价格平均高出10%—15%，这使得海尔在市场竞争中受到进一步的制约。最后，关联公司的竞争影响了青岛海尔的业绩。青岛海尔2005年的销售增长主要来自于海外销售的增长，而国内市场销售甚至出现了0.89%的下降。据了解，国内市场增长的停滞原因主要是青岛海尔面临着多家关联公司同业竞争的问题，在空调领域关联公司的销售收入几乎与青岛海尔持平。

为了进一步巩固差异化竞争优势，挽回业绩下滑的颓势，青岛海尔在2005年宣布将计划投资8个亿用于建立海外研发中心、建立空调、冰箱基地、特种冷柜项目和数字家电产品的研发等。投资具体计划包括：投资1.3亿元于数字家电产品研发项目；投资1.5亿元用于欧洲“WEEE”标准技术改造项目；投资1.3亿元于特种冷柜项目；投资9 000万元于冰箱国际三期工程技改项目；投资1.5亿元在重庆建设一个新的空调生产基地；在美国和欧洲各投资8 000万元，建立当地化产品研发中心（主要针对3C产品）。这一系列投资是长线投资与中短线投资的结合，也是行业共性与企业个性的结合。比如海外研发中心及数字家电的投资便是长线投资，也是反映企业个性化的一种投资，而对特种冷柜的投资便是短线投资（也是共性的投资，因为大家都在寻求能快速盈利的办法）——特种冷柜项目是海尔自主研发的技术，具有相当的创新性与市场竞争能力，它能对海尔利润率的贡献起到较快的效果。青岛海尔力图通过这一巨额投资计划来加快技术升级，并实现向“网络家电”的转型。此外，青岛海尔也试图对其价格进行调整。比如一向只关注中高端市场的青岛海尔宣布海尔空调将全面拉长产品线，从高、中、低端全线出击，争取更多的市场占有率。同时，青岛海尔主动地通过价格策略的出击抢占中低端冰箱市场，甚至针对农村市场推出了每升7元的海尔特价机。

但是，“网络家电”、“数字家电”、“3C融合”之类的概念目前仍只停留在纸面上，未来能否为青岛海尔带来实际利益？究竟多快能产生效益？这一切目前都还是未知数。

总而言之，青岛海尔未来的经营业绩一方面取决于其差异化竞争优势是否能得到巩固，另一方面也取决于海尔集团对其的扶持力度。由于青岛海尔与海尔集团之间的特殊关系，海尔集团完全有能力决定青岛海尔未来交出的成绩单是否“漂亮”。值得我们关注的是，随着香港上市公司海尔电器逐步成为海尔集团白家电业务的“旗舰”，并成为海尔集团重要的国际融资平台，海尔集团对青岛海尔的定位可能发生变化，这将极大地影响其未来的发展情况和经营业绩。扑朔迷离的前景意味着投资者将面临较大的风险，因此要求更高的风险报酬，这或许就是资本市场“低估”青岛海尔股价的重要原因！

思　考　题

1. 你如何评价青岛海尔和海尔集团之间特殊关系对报表分析所造成的影响(结合2006年颁布的新关联方交易准则)?

2. 青岛海尔2006年中报有如下内容:

“由中央电视台经济频道年度特别节目—《CCTV 2005创新盛典》公布了2005年度创新获奖结果，其中，海尔宇航变频对开门冰箱凭借强大的技术优势从上千个全球知名品牌中脱颖而出，一举夺得家电领域惟一最佳年度特色设计大奖，充分表现了民族品牌在创新领域的强大的领先优势。《CCTV 2005创新盛典》是由中央电视台联合国家知识产权局共同推出的中国设计界的最高荣誉，被业界称为中国设计领域的“饕餮之夜”。而海尔宇航变频对开门冰箱从众多全球家电品牌中杀出重围，问鼎家电类惟一“最佳年度特色设计”大奖，更充分证实了海尔冰箱全球领先的创新水平和雄厚的科技实力。2006年2月23日，中国家电协会在北京召开“中国家电品牌零售终端竞争力监测报告发布会暨2005中国家电品牌零售终端竞争力研讨会”，海尔冰箱、海尔空调以超强覆盖率以及竞争力总体表现指数力压群雄，成为中国家电零售终端卖场综合竞争力最强冰箱品牌、空调品牌，显示出了海尔冰箱、空调强大的市场影响力和号召力。2006年3月，世界权威工业设计协会暨德国国际论坛设计协会公布了2006年度工业设计奖全球获奖产品名单，海尔“三超双新风”空调凭借新颖的创新、精致的外观设计、健康高效的品质，获得了国际顶级设计师评委团的广泛赞誉，荣膺设计大奖。海尔空调此次获奖，不仅是本届获奖品牌中惟一的空调品牌，也是该奖项创立以来首次捧杯的中国家电品牌。“

结合上述资料，对青岛海尔所采取的竞争战略进行分析。

(1) 针对青岛海尔的特殊经营模式，哪些会计政策和会计估计是我们必须特别关注的？

(2) 你认为青岛海尔净资产收益率一直低于竞争对手的原因是什么？应从哪些方面入手以提高青岛海尔的净资产收益率？

(3) 2006年9月27日，青岛海尔发布公告，宣称拟向海尔集团公司定向发行14 204.6万股股票，每股作价4.97元，购买其持有的青岛海尔空调电子有限公司75%的股权、合肥海尔空调器有限公司80%的股权、武汉海尔电器股份有限公司60%的股份及贵州海尔电器有限公司59%的股权，标的股权价格的汇总值为70 597万元。同时，青岛海尔还宣称从2006年10月1日起，青岛海尔将免缴商标许可费，无偿使用“海尔”商标。你认为这一重大公告对青岛海尔的前景分析有何影响？

案例分析题

结合最新的资料和宝钢股份（股票代码：600019）2001—2005年的财务报告，对该公司进行完整的战略分析、会计分析、财务分析和前景分析（宝钢股份的财务报告可以从中国证监会网站 http：//www.csrc.gov.cn/ 下载）。

本章主要参考文献

1. 李淑钗：“财务报表分析框架及其在青岛海尔中的运用”，厦门大学硕士论文打印稿，2003年版。

2. 佩普、希利、伯纳德著，孔宁宁、丁志杰译：《运用财务报表进行企业分析与估价》，中信出版社2004年版。

3. 黄世忠主编：《会计数字游戏：美国十大财务舞弊案例剖析》，中国财政经济出版社2003年版。

4. 张先治：《财务分析》，中国财政经济出版社2004年版。

5. 洪国赐、卢联生：《财务报表分析》，机械工业出版社2005年版。

6. 李若山、方军雄：《香饽饽臭馍馍——财务报表里的“馅饼”与“陷阱”》，中国时代经济出版社2003年版。

7. 查尔斯·吉布森著，刘莜青等译：《财务报表分析——利用财务会计信息》，中国财政经济出版社1999年版。

8. 青岛海尔及其竞争对手历年财务报告，http：//www.csrc.gov.cn。

9. Martin Fridson and Fernando Alvarez. Financial Statement Analysis—A Practitioner's Guide. 3rded.. John Wiley & Sons, Inc.. 2002.

10. Charles W. Mulford and Eugene E. Comiskey. The Financial Number Game —

Detecting Creative Accounting Practices. John Wiley & Sons, Inc.. 2002.

11. Howard Schilit. Financial Shenanigans. 2^{nd}ed. McGraw - Hill. 2002.

12. Peter M. Bergevin. Financial Statement Analysis—An Integrated Approach. Pearson Education Inc.. 2002.

第十二章 投资决策中的财务报表分析

如何看待上市公司的价值，是证券市场是否成熟的重要标志。在目前的中国证券市场上，投资者虽然也应用技术分析，但炒作概念、投资以短线为主并追求短期效应的特征也比较明显。在一个投机氛围比较浓厚的市场上，投资者对公司的内在价值关注可能较少。这将严重影响我国证券市场的资源配置效率。显然，无论是当前还是未来，理性的证券市场和理性的股票价格都有赖于理性的投资者。如果投资者的交易都是基于对公司价值的分析，那么证券市场上的投机行为也许会减少，证券市场的资源配置效率也会提高。正如璞玉需要我们细心擦去泥尘，并使用精密的仪器精雕细琢一样，公司的价值并非自然而然地显示出来，它总是深藏不露，只会让崇尚价值投资、勤于报表分析的投资者见识其庐山真面目。随着中国证券市场的不断发展，价值型投资的理念已越发地深入人心。这种投资理念正是以发掘上市公司的内在价值为依托，也就是更多地依据对上市公司所谓基本面的分析来判断其投资价值，而恰当的财务报表分析可以说是价值投资的基础所在。由此可见财务报表分析在投资决策中的重要作用。

本章将分析有效资本市场中利用财务报表分析进行投资决策的重要性，并借鉴哥伦比亚大学佩因曼（Penman）教授在《财务报表分析与证券定价》① 一书中对权益价值评估方法的精彩论述，介绍投资价值估价的各种模型，最后通过厦门机场和国电电力的价值评估案例来具体说明如何通过财务报表分析来帮助投资决策。

第一节 投资者类型与投资策略

一、有效市场与投资策略

（一）有效市场信念与投资策略选择

正如本书第一章所指出，有效市场理论的提出对财务报表分析，特别是投资决

① 佩因曼著，刘力、陆正飞译：《财务报表分析与证券定价》，中国财政经济出版社 2002 年版。

策中的财务报表分析有重大的影响。投资者对于市场有效性的信念将会影响其投资策略（如图 12－1 所示）。

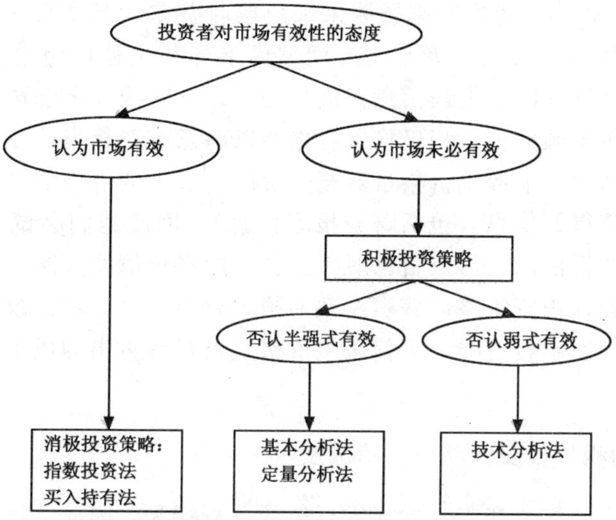

图 12－1　投资者对于市场有效性的信念与其投资策略

资料来源：Leonard Soffer，Robin Soffer．Financial Statement Analysis：A Valuation Approach．Prentice Hall，Inc．．2004：P30。

在世界各国证券市场上，投资者每天都在进行大量买卖或持有的投资决策。不可否认这些投资者中有的属于直觉型投资者（Intuitive Investor），他们的投资决策纯粹依赖直觉，无需投资策略，完全是“跟着感觉走”。当然，有的投资者拥有自己的投资策略或投资风格。总体而言，我们可以将投资策略分为消极投资策略和积极投资策略两大类。

有效市场理论的绝对支持者可能会选择消极的投资策略。消极投资者认为市场价格是包含风险的合理价格，市场力量已经把股票价格确定在一个合理的价位上。因此，他们认为不管对公开信息进行怎样的分析，都无法获得超额回报。为了降低交易成本，他们宁可不以信息分析为基础，而是通过投资组合策略来进行投资，比如采取简单的指数投资法。他们是市场价格的无条件接受者，并将市场价格等同于价值。

有效市场的怀疑者往往会选择积极的投资策略，以期获得超额回报。这些投资者相信通过恰当的信息分析，是有可能战胜市场的。根据对市场有效程度的信念不同，积极投资者还可以进一步分为两类：（1）如果投资者认为市场连弱式有效都没有达到，那么他们就会根据股票价格过去的波动情况来预测股价的未来走势，也就是通常所说的技术分析法。因为他们认为当前的股价并未充分反映出过去的股价波动信息；（2）如果投资者认为市场弱式有效，但质疑市场半强式有效，那么他们将愿意花费成本进行定量分析或基本分析。定量分析主要是根据一系列因素，如市盈率、市净率等指标来筛选股票，或者根据回归分析、概率分析和神经网络分析（Neural Network Analysis）等方法来预测未来股票收益率。基本分析法（Fundamental Analysis）首先选择单个公司或者某个时间截面上的某个公司组合，然后对这些公司的相关信息（特别是财务报表信息）进行分析，试图搜寻出公司内在价值的合理区间，并据此获得超额回报。积极投资者之所以愿意花费相当的成本进行基本面分析，是因为他们认为当前股票价格虽然充分反应了过去的价格信息，但是并未充分反应目前可公开获得的信息（包括财务报表信息），因此他们会试图分析除股价波动之外的公开可获得信息，形成自己对特定公司内在价值的判断，以期发现定价错误的证券，进而设计投资策略以获得超额回报。总而言之，积极投资者坚信价格和价值是不同的，他们奉行这样一个信条：价格是投资者付出的成本，而价值是投资者得到的收益。

（二）简单的积极投资策略——筛选法

直觉投资者和消极投资者显然无需复杂的分析行为，因此，接下来我们主要介绍积极投资策略。如前所述，积极投资策略包括技术分析法、定量分析法和基本分析法。本部分主要介绍简单的技术分析法——技术筛选法和简单的基本分析法——基本筛选法。这两种筛选法都是较为简单的投资策略，它不需要对股票的未来收益做出预测，也不需要进行价值评估，而是通过一些指标来判断股票是否定价错误，进而做出投资决策。完整的基本分析法将在随后的章节中讨论。

1. 技术筛选法。技术筛选法主要是根据历史经验来做出投资决策，常见的技术筛选有①：

（1）价格筛选：买入那些股价相对于市场价格下降很多的股票，卖出股价已经上涨很多的股票。该筛选的依据是偏离内在价值太远的股价终究会回归。

（2）小盘股票筛选：购买市场价值低的股票。该筛选法的依据是历史资料表明小盘股票通常能获得更高的收益。

（3）季节性筛选：在一年中的特定时期购买股票，例如一月初。该筛选法的依据是历史资料表明在这些时候购买股票的收益率较高。

（4）惯性筛选：购买在销售额、盈利或股价等方面有大的增长的股票。该筛选法的依据是这种增长往往会以一定的惯性持续下去。

有经验证据表明，采用技术筛选法可能获得较高的收益率，表 12－1 列示了美国证券市场从 1963 年 7 月到 1990 年 12 月 10 组不同规模企业的平均月收益率情况。

---

① 佩因曼著，刘力等译：《财务报表分析与证券定价》，中国财政经济出版社 2002 年版。

表 12-1　　美国证券市场不同规模企业的平均月收益率

规模分组（从大到小）	1	2	3	4	5	6	7	8	9	10
平均月收益率	0.89%	0.95%	1.10%	1.07%	1.17%	1.29%	1.25%	1.24%	1.29%	1.52%

资料来源：佩因曼著，刘力等译：《财务报表分析与证券定价》，中国财政经济出版社 2002 年版。

上表的规模分组是按照股票的市值大小来划分的，第一组是市值最大的 10%，第二组是其次的 10%，依此类推。由上表可见，平均月收益率显然与公司规模相关，规模最小的 10% 的公司的平均月收益率比规模最大的 10% 的公司的平均月收益率高出 0.63%，也就是平均年收益率高出约 7.7%。因此，如果你在 1963 年采取小盘股筛选法进行投资决策，那么是可以获得超额回报的。

采用技术筛选法的优点在于所需信息量较少，无需预测未来，因此分析成本较低，但有其局限性，主要体现在如下几方面：

首先，技术筛选法并非通过对股票内在价值的全面分析来进行投资决策，而是将投资决策建立在历史经验的基础上。但历史收益情况只不过是过去的事情，并不能保证在将来也会发生同样的情况，特别是还没有一个很好的理论能够证明历史会重演。因此，采用技术筛选法所获得的超额收益率有点类似于“事后诸葛亮”。

其次，显示技术筛选法获得成功的历史收益数据有可能只是数据选择的结果。因为在利用技术筛选法进行投资决策方面存在大量的研究，但可能只有那些符合要求的结论数据才得以公布。如果考虑到所有的研究情况，那么技术筛选法的成功可能只是一种偶然的现象。

再者，对比本书第一章关于有效市场的介绍，我们可以发现技术筛选法其实就是利用了某些市场异常现象，比如价格筛选是利用了股价的过度反应现象；小盘股筛选是利用了股价的规模效应现象；惯性筛选是利用了股价的公布后漂移现象。因此，市场的有效性程度将会对技术筛选法产生重大影响。如果考虑到投资者会从过去的错误中学习，并在将来对股票进行更有效的定价，那么以前成功的技术筛选法在未来也可能失效。比如，如果投资者都意识到了消息公布后漂移现象，并都采用惯性技术筛选法，那么公布“好消息”的公司股价，在消息公布之初甚至公布之前就会有更大幅度的上涨，从而使消息公布后的漂移现象消失，甚至发生过度反应现象，从而导致投资者蒙受损失。

最后，采用技术筛选法往往要承担额外的风险以及更多的交易成本，因此，获得的超额回报可能只是对风险和交易成本的补偿。

由上分析可见，技术筛选法是否能够成功存在较大的偶然因素，而且其未来适用性也值得怀疑。这些缺点是技术分析方法的通病，因此本书主要讨论基本分析法。

2. 基本筛选法。基本筛选法是最为简单的基本分析法，它将股价与公司财务报表中的一些数据进行比较，并将得出的指标视为股票定价错误的迹象。典型的基本筛选方法有①：

（1）市盈率筛选：买入低市盈率的股票，卖出高市盈率的股票；

（2）市净率筛选：买入低市净率的股票，卖出高市净率的股票；

（3）价格现金流量比率筛选：买入相对于经营活动产生的现金流量来说股价较低的股票，卖出相对股价较高的股票；

（4）价格股利比率筛选：买入低价格股利比率的股票，卖出高价格股利比率的股票。

基本筛选法将高比率公司股票称为“辉煌股”（Glamour Stocks），因为它认为投资者将这些公司未来看得太辉煌了，以至于将它们的股价抬得过高了。与之相反，低比率的股票被称为“反转股”（Contrarian Stocks）或“价值股”（Value Stocks）。因为与“辉煌股”相比，这些股票被投资者所忽视，它们的价格相对于价值而言被低估了。按照基本筛选法，投资者应当购入“价值股”，售出“辉煌股”。

同样有经验证据表明基本筛选法可能获得超额回报。表 12－2 列示了美国证券市场从 1963 年 7 月到 1990 年 12 月 10 组不同市净率公司企业的平均月收益率情况。

表 12－2　　美国证券市场不同市净率公司企业的平均月收益率

市净率分组	1	2	3	4	5	6	7	8	9	10
平均月收益率	0.49%	0.87%	0.97%	1.04%	1.17%	1.30%	1.44%	1.50%	1.59%	1.88%

资料来源：佩因曼著，刘力等译：《财务报表分析与证券定价》，中国财政经济出版社 2002 年版。

表 12－2 显示出股票的收益率显然与市净率（第一组市净率最高，第十组市净率最低）相关，低市净率组与高市净率组的年收益率差异超过了 17%，投资者通过买入低市净率股票或卖出高市净率股票，能够获得相当可观的超额回报。类似的，对于不同市盈率、价格股利比率、价格现金流量比率的分组数据也得到了同样的结论。

基本筛选法需要的信息很少，仅仅需要极为有限的会计数据，这是它的一个主要优势。但是，忽略其他重要会计信息是要付出成本的，因为低比率的股票仍有被高估的风险，高比率的股票也有被低估的风险，在这些情况下使用基本筛选法将使投资者蒙受损失。解决这一问题的办法是建立一个综合了所有重要信息的预测模型，而这需要正式的基本分析过程来提供公司内在价值数据。本章随后的内容将进一步讨论这一问题。

① 佩因曼著，刘力等译：《财务报表分析与证券定价》，中国财政经济出版社 2002 年版。

二、基本投资策略与股票定价错误风险

从成本方面考虑，直觉投资策略和消极投资策略无需任何分析行为，不需要投入大量精力，因此成本最低。但是采用这些投资策略将使投资者承受比他们购买股票的企业自身风险更高的风险：股票定价错误风险。该风险的存在，可能使投资者的买入价格过高或出售价格过低，从而遭受损失。

最近的一个典型例子是在上世纪末开始的网络股狂热。随着以网络科技为代表的新经济的崛起，美国股市成了“大牛市”，当时标准普尔500的股票平均市盈率和市净率分别达到了33倍和5倍（历史平均值为13倍和1.5倍），纳斯达克综合指数一度突破5 000点，比1995年初上升了近6倍。一些所谓的新经济公司股价更是高得离谱，比如思科公司的市盈率居然达到了135倍。投资大众开始“全民陶醉”。此时的直觉投资者可能在众多媒体、投资顾问等信息中介的影响下对所谓的明星公司“感觉良好”，认为它们是值得投资的好公司。但他们没有意识到即使是好公司其股票价格也可能被高估，而购买价格被高估的股票将面临很大的跌价风险。同样，对于消极投资者而言，他们相信市场价格就是其价值的合理反映，因此，更不会意识到股价被高估的风险。此外，他们采取的分散投资（甚至是指数投资策略）虽然可以有效地抵消公司特有风险，但面对股市整体的价格高估，他们的分散投资策略也是无能为力的。表12－3列示了如果一个投资者投资于标准普尔500指数，他在1998—2002年间的收益率。

表12－3　　投资于标准普尔500指数的收益率

	1998年	1999年	2000年	2001年	2002年
标准普尔500指数收益率	28.0%	20.7%	－9.1%	－11.9%	－22.1%

由上表可见，虽然在上世纪90年代末的牛市中，指数投资者可以得到较为可观的收益，但是好景不长。进入新世纪后美国股市开始一泻千里，纳斯达克指数和标准普尔500指数不断下跌，到2002年中期标准普尔500指数下降了45%，而纳斯达克指数更是下跌了75%。股市泡沫的破灭使得指数投资者在2000—2002年间损失惨重。一些明星公司的股价下降超过了大市，比如思科公司股价下跌了80%，微软股价下跌了40%，英特尔公司股价下跌了50%，甚至出现了所谓的“99%俱乐部”——专指那些股价下跌超过99%的公司。网络股泡沫的破灭使盲目的投资者损失了上万亿美元的财富。当然，这种情况并非首次出现，远的有荷兰郁金香事件、英国南海事件，近的有美国1929—1934年大萧条，可以说早有先例，而且在未来也可能继续发生。前美联储主席格林斯潘总结道：“历史告诉我们，信心的急

剧逆转总是忽然发生的。通常在绝大多数情况下，几乎没有一点前兆……让人好奇的是，历年以来人们的反应总是相似的，不管是对荷兰的郁金香还是俄国的权益证券，市场价格走势总是大致相似的”。

那么，如果投资者采取积极的基本投资策略，是否可以有效避免这种购买定价不当证券所带来的风险？基本投资策略的主要方法是通过搜寻股票的内在价值，并以此作为标杆来判断股价的高估或低估，进而进行投资决策。内在价值指的是基于公司未来收益所确定的投资价值。长期来看，内在价值对股票价格起着决定性的影响，图 12－2 显示了 1979—1999 年道琼斯工业指数股票的市价/内在价值[①] 比率。

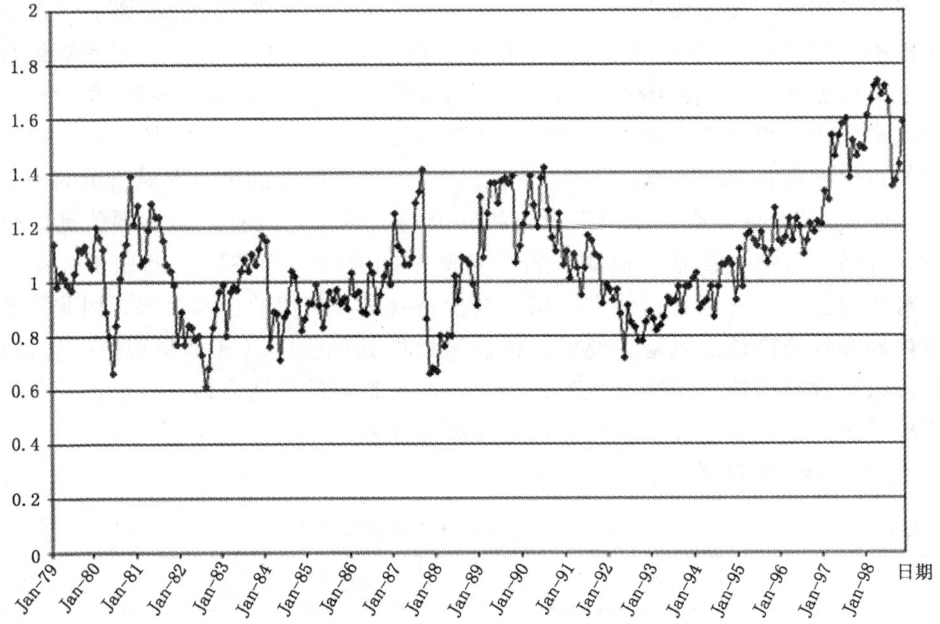

图 12－2　道琼斯工业指数股票市价/内在价值比

资料来源：佩因曼著，刘力、陆正飞译：《财务报表分析与证券定价》，中国财政经济出版社 2002 年版，第 85 页。

由图 12－2 我们可以发现[②]：(1) 市价/内在价值比率保持在 1.0 左右，20 年间该值的平均数为 1.07，可见市价的波动是以其内在价值为基础的；(2) 市价/内在价值比率往往不等于 1，这说明市场价格时常会偏离内在价值。行为金融学通过流动性理论和股市心理理论等来解释股价对内在价值的偏离；(3) 市价/内在价值比率发生偏离后会逐步回到 1.0 附近，这表明市场价格有向内在价值回归的趋势。近

① 内在价值的确定方法将在随后的内容中介绍。

② 佩因曼著，刘力等译：《财务报表分析与证券定价》，中国财政经济出版社 2002 年版，第 84 页。

入新世纪后网络公司的股价大跌实际上就是市场价格向其内在价值的回归；(4) 市价/内在价值比率处于极高或极低点时，往往预示着市场价格将发生重大的逆转，比如 1987 年 9 月该值达到了 1.41 的高点，但随后立即下滑，11 月份甚至降到了 0.65 左右的低点。

我们可以将上述趋势形象地称之为证券市场的“万有引力定律”，也就是说股票价格的高低虽然受到诸多主观和客观因素的影响，但长期而言还是要回归于公司的内在价值。

正是由于证券市场的“万有引力定律”的作用，如果投资者能够通过基本分析合理地把握住股票的内在价值，那么就能够对股价的未来走势做出合理的判断，从而制定出合理的投资决策，有效避免购买定价不当证券的风险。事实上，我们只需通过简单的基本分析就可以对网络狂热时整体市价的高估情况有一直观的了解：1999 年网络公司的整体市值超过了 1 万亿美元，但销售收入总额却只有 300 亿美元，市价/收入比率达到了 33，而历史上该比率的平均值在 1 左右。更为离谱的是，这些网络公司的净收益总和是负的 100 亿美元左右。在随后的内容中，我们将看到净收益在利用财务报表分析以搜寻公司内在价值中的重要作用。由上简单分析可见，这些网络公司的股价显然脱离了其内在价值，被严重高估了。如果投资者能够通过基本分析意识到股价的高估，那么就可以避免投资于股价被严重高估的股票所带来的风险，甚至可以通过卖空股价被高估股票来获利。Bernstein 和 Wild (2001) 做出了以下精辟比喻：它（基本分析）能够提醒人们在评估股票未来潜力时注意一些必要的戒律，它是防止人们陶醉于投机事业的快感中而出现判断错误的卫士①。

总而言之，采用基本分析投资策略能够有效地规避股票定价错误的风险。

三、财务报表分析在基本投资策略中的作用

由上分析可知，能否合理估计公司内在价值区间将决定基本投资策略是否有效。一般认为，公司内在价值来源于公司的经营活动和投资活动，而财务报表则是公司经营活动、投资活动的透视镜，因此财务报表中包含着有关公司内在价值的信息。这一观点在 1998—2000 年的股票市场泡沫中曾经受到质疑。当时一些批评家认为，从工业时代就开始使用的传统财务报告模式，已经不能适用于信息时代。他们甚至认为“盈余和资产负债表都不再重要”。因为在所谓的“新经济”下，价值来源于知识资产和其他无法在资产负债表中反映的无形资产。为了证明畸高市盈率的合理性，他们使用点击率、网页浏览率等新指标来代替传统的会计指标。新经济泡沫的破灭有力地回击了这些质疑。那些屡屡报出亏损的“新经济”公司大部分最

① 伯恩斯坦、怀尔德著，许秉岩等译：《财务报表分析》，北京大学出版社 2001 年版。

后都倒闭了。投机者对所谓“无形资产”所做出的美好设想大部分都被蒸发掉了。广受批评的财务报表显示出了良好的预测能力。

虽然财务报表中的确包含有关公司内在价值的信息[①]，但是由于种种局限，财务报表折射出的往往是模糊不清的图像。因此有必要通过财务报表分析将我们的注意力聚焦到公司创造内在价值的活动上来。按财务报表分析展开的基本分析在投资策略中起着核心作用。基本分析包括以下方面：

首先，预测未来收益是基本分析的核心内容。未来收益有两种主要的体现方式：会计收益和现金流量。未来的会计收益将体现在未来的损益表中，未来的现金流量将体现在未来的现金流量表中。因此，通过财务报表分析能够获得基本分析所需要的未来收益信息。

其次，除了公布收益和现金流量外，财务报表还包括了许多其他科目。通过对这些科目的分析，可以进一步了解公司是如何创造收益和产生现金流量。比如损益表列示了销售收入、生产成本和其他费用，这些成本和费用是进行销售所必需的；现金流量表列示了现金流量的来源；资产负债表列示了用来创造收益和现金流量的资产。因此，我们可以说财务报表体系给出了创造收益和现金流量的“动因”。如果我们深入分析财务报表中各个科目的相互联系，我们将会明白价值的创造过程。如果我们能预测完整的、详细的财务报表，我们就能预测驱动收益和现金流量的因素，从而合理预测未来收益。预测未来的财务报表也被称为预计分析（Pro Forma Analysis）。具体的预计分析方法在本书财务报表分析框架部分已有详细介绍。

总而言之，财务报表中包含有关公司内在价值的信息，财务报表分析是基本分析投资策略的核心。

第二节　投资价值估价模型

如前所述，财务报表分析是基本分析的核心内容。在本书的第二篇方法论中已经完整地介绍了经营战略分析、会计分析、财务分析和前景预测等重要内容。但投资者进行投资决策时，还需要将上述分析结果转换成为对公司内在价值的判断。这需要通过投资价值估价模型来完成。在选择估值模型时，我们会面临这样的权衡：较为简单的估值模型往往会忽略一些重要的信息，而包含这些重要信息的模型又往往比较复杂。在本节中，我们在借鉴哥伦比亚大学佩因曼教授在《财务报表分析与证券定价》一书中对权益价值评估方法的精彩论述的基础上，介绍一些较为简单的估值模型和较为正式的估值模型，并对各种模型的优劣作简单评述。

---

① 有关这一点在第一章也有相关的理论探讨。

一、无需预测的简单估值法

（一）乘数估值法（Multiples Valuation）

乘数估值法在实务中被广泛采用，其受欢迎的主要原因是使用简便。与接下来将要介绍的正式估值模型相比，乘数估值法不需要对投资增长率、盈利水平、资本成本等变量进行详细的多期预测，而只需使用极为有限的财务报表信息，无需对会计有太多的了解。其基本步骤如下：

1. 选择与目标定价公司有相似运营状态的同类公司；
2. 选择同类公司的某个业绩或价值指标（常用的如收益、销售收入、现金流量、股东权益账面价值等），计算市场价格对这些指标的乘数；
3. 将由第 2 步计算出的乘数运用于目标定价公司，确定目标定价公司价值。

[案例①] 下面我们利用乘数估值法来估算 Genentech 公司价值。表 12 – 4 列示了与 Genentech 公司类似的 5 家公司的相关数据。

表 12 – 4　Genentech 与类似公司的相关数据

公　　司	市场价值	市净率	市价/销售收入比率
Amgen	8 096.71	5.6	5.15
Biogen	1 379.00	3.6	9.07
Chiron	2 233.60	4.6	5.41
Genetics Institute	925.00	2.5	6.70
Immunex	588.53	4.5	3.89
平均值		4.16	6.05

由上表可知，5 家公司的市净率平均值为 4.16，市价/销售收入比率平均值为 6.05。因此 Genentech 公司定价如下：

	类似公司乘数	Genentech 公司金额	Genentech 公司价值
账面净值	4.16	1 349	5 612
销售收入	6.05	795	4 810
平均定价			5 211 = (5 612 + 4 810)/2

乘数估值法虽然有分析过程简单，分析成本较低的优点，但在实际运用中也存

① 该案例引自佩因曼教授的网站，www.mhhe.com/penman。

在很多困难：

1. 存在概念上的悖论。我们在利用乘数估值法时暗含了以下假设：市场在确定同类公司的价格水平时是有效的，因此我们可以利用同类公司的价格水平来推算目标公司的价值。如果上述假设成立，那么我们为什么要怀疑目标公司的市场价格是无效的，并不等于其价值？而如果上述假设不成立，那么同类公司的市场价格也存在定价错误，我们怎么能用错误的价格来推断目标公司的价值？

2. 选择理想的、可比的同类公司存在困难。配比公司一般是按照行业、产品、规模、风险程度等指标进行选择的，但不同公司之间在竞争战略、未来发展前景、盈利能力等多方面的差异往往是相当明显的，因此很难找到恰当的匹配公司，对跨行业经营的公司而言更是如此。

3. 不同指标的乘数将会得到不同的定价。比如我们在上述例子中运用市净率和市价/销售收入比率得到的定价是不同的，甚至可能有很大的差别，此时应当如何选择？在上述例子中我们采用了简单的算术平均值，但这种做法并没有可靠的理论基础。

4. 对业绩差的公司难以发挥作用。比如当类似公司的净收益极低时，计算出来的市盈率往往会畸高；而当类似公司亏损时，得到的将是负的市盈率。在这种情况下使用乘数估值法往往会得到错误的定价。

上述困难使乘数估值法的使用有很大局限，但对于没有公开市场价格的非上市公司，我们可以采用此方法对其价值进行简略评估。此外，在进行新股首次公开发行时，投资银行也常常使用该法来预估市场可能接受的股票发行价格。

（二）资产基础估值法（Asset Base Valuation）

资产基础估值法是通过确定公司资产的价值来估计公司的股东权益价值。该法是依据以下公式：股东权益价值 = 公司资产价值 - 公司负债价值。

这种方法看似简单，但在实际使用时有较大的困难。按照该法，在确定公司价值时首先要确定公司资产价值和公司负债价值。对于公司负债价值而言，资产负债表上对于负债的度量与市场价值差别不大，因此可以将其视为公司负债价值的替代。但在确定公司的资产价值时却存在极大的困难，比如：

1. 列示在资产负债表上的资产大部分是按照历史成本计价，并未反映其价值；

2. 许多资产缺乏公开交易市场，难以确定其市场价值；

3. 存在许多难以在资产负债表上反映的资产，如商标、专利权和管理水平等；

4. 即使单个资产的价值能够合理确定，所有单个资产各自的市场价值总和也不等于总资产的价值，因为资产之间存在着协同效应。

由于公司资产价值难以确定，因此资产基础估值法只在少数情况下是可行的，例如对专门的投资基金公司的资产定价，可以通过该基金公司所持有的股票的市场价值加总得到；对于主要资产是自然资源（如矿产、油田、森林等）的公司，可以根据已证实的储量（石油、矿石或木材）来估计这些资源的市场价值，再减去估计的开采成本就得到公司的资产价值。这些适用资产基础估值法的公司也被称之为资产基础公司（Asset - based Company）。

此外，资产基础估值法也在并购活动中得到运用。因为并购活动的重要目的就是使并购资产综合使用的价值大于分开使用的价值。

资产基础估值法虽然使用范围较小，但却为我们构建更为合理的估价模型提供了有益的思路。因为虽然资产负债表很不完善，但它确实进行了一部分定价工作，并反映了一部分价值[①]。因此，如果我们在资产负债表的基础上，再通过对未来异常收益的度量来修正资产负债表的缺失，那么就可以得到更为合理的定价。这一思想也是接下来将介绍的剩余收益估价模型的基础。

二、正规估值模型

（一）正规估值模型在基本分析过程中的作用

对股票内在价值的估计是建立在对未来的预测基础上的，而对未来的预测必须有坚实的信息基础，因此必须进行深入细致的信息分析。基本分析正是这种分析信息，从信息中预测未来，最终从对未来的预测中得到估值的一种分析方法。图12 - 3 展示了基本分析的简单流程。

在图 12 - 3 的最后一步，我们将由基本分析估计出的内在价值与投资价格进行比较，这一步就是进行投资决策。而之前的 1—4 步描述了如何通过基本分析来获得进行投资决策所需的内在价值估计。内在价值的估计是基于对未来的预测，因此第 3 步前景预测是基本分析的核心。如果没有坚实的信息基础，我们就无法对未来进行合理的预测。因此，我们在预测前必须对财务报表信息和相关非财务报表信息进行分析，也就是第 2 步。为了能够更好地解释、分析各类信息，利用这些信息进行预测，我们必须了解公司所处的行业环境以及竞争战略情况，这就是基本分析的起点。

正如图 12 - 3 所示，基本分析是将与公司有关的信息转化为估值和交易策略的整个过程。第 2、3、4 步实现了从信息到估值的转化。这几个步骤是在我们所选择的估值模型的指引下进行的。因为只有确定了所选择的估值模型，我们才能根据模型的需要确定需要预测何种信息——是未来股利、未来现金，还是未来盈余？同时，只有在确定了预测对象之后，我们才能确定进行这一预测所需要的信息。

---

① 在接下来的剩余收益估价模型中，我们将看到资产负债表实际上已经完成了对未来正常收益的定价。

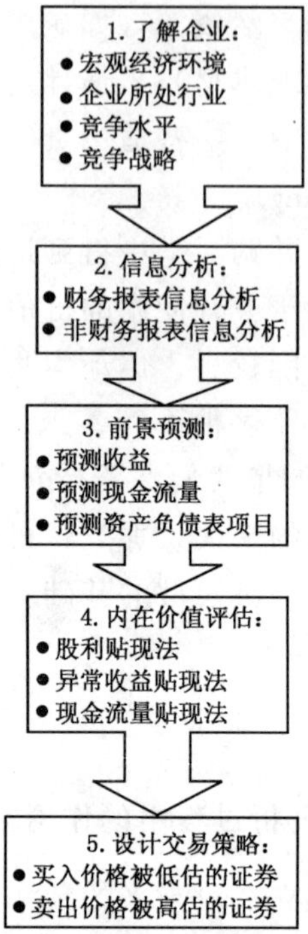

图 12－3　基本分析简单流程图

资料来源：佩因曼著，刘力、陆正飞译：《财务报表分析与证券定价》，中国财政经济出版社 2002 年版。

由此可见，估值模型是基本分析过程的指导框架，它指明了预测对象、进行预测的相关信息以及如何将预测值转化为估值。估值模型的确定对整个基本分析过程有决定性影响，同时也是实现基本分析目的——内在价值评估的重要手段。以下我们将介绍三种正式估值模型。

（二）股利折现模型（Dividend Discount Model）

1. 模型介绍。股利折现模型是很多投资学教科书所采用的估值模型，其原理较为简单——既然股利是股东从公司获得的现金流量，那么我们就可以通过预测未来股利来对股权价值定价。股利折现模型用公式表示如下：

$$V_0^E = \frac{\bar{d}_1}{\rho_E} + \frac{\bar{d}_2}{\rho_E^2} + \frac{\bar{d}_3}{\rho_E^3} + \cdots \tag{12-1}$$

其中 V_0^E 表示期初的股权价值，d_t 表示第 t 期的股利，ρ_E = （1 + 权益资本成本）。运用上述模型需要预测无穷多期的股利，这显然无法做到。因此，我们需要设定一个有限的预测期，比如 T 年，然后预测 T 年内的股利支付以及 T 年末的到期价值 TV。这样，公式 12－1 就可以转变为：

$$V_0^E=\frac{\bar{d}_1}{\rho_E}+\frac{\bar{d}_2}{\rho_E^2}+\cdots\cdots+\frac{\bar{d}_T}{\rho_E^T}+\frac{\overline{TV}}{\rho_E^T} \quad (12-2)$$

如果假定股利支付在 T 期之后保持 d_{T+1} 不变，那么 TV 就可以表示为：

$$TV_T=\frac{\bar{d}_{T+1}}{\rho_E-1} \quad (12-3)$$

如果假定股利支付在 T 期之后以固定的增长率 g 增长，那么 TV 就可以表示为：

$$TV_T=\frac{\bar{d}_{T+1}}{\rho_E-1-g} \quad (12-4)$$

确定了 TV 之后，将 TV 代入公式 12－2 便可计算出期初权益价值。

[案例]

某公司 2004 年每股股利为 0.5 元，预计公司业绩在 2005—2009 将出现较大增长，这一期间每股股利平均增长 15%。2009 年之后，公司将进入平稳发展阶段，因此公司股利将保持不变。假设公司高速增长期内的 β 值为 0.8，无风险利率保持为 4%，风险溢价保持为 7%。根据上述假设，我们就可以对该公司 2004 年底的股票价值进行估算。

首先，我们利用 CAPM 模型求得该公司的权益资本成本为：4%＋0.8×7%＝9.6%。以此为折现率，该公司 2005—2009 年每股股利及其折现值如表 12－5 所示：

表 12－5　某公司每股股利及其折现值

年份	每股股利	现值（折现率＝9.6%）
2005	0.575	0.525
2006	0.661	0.550
2007	0.760	0.578
2008	0.874	0.606
2009	1.005	0.636
合计		2.895

由于 2009 年之后该公司股利保持不变，因此 TV5＝0.636/9.6%＝6.625。

利用公式 12－2，我们最后可以算出该公司 2004 年底的股票价值为：

$$2.895+\frac{6.625}{(1+9.6\%)^5}=7.09$$

公式 12－2 需要较多的预测数据，但如果我们简单地假设股利发放从第 1 期开始就保持增长率 g 不变，那么股权价值估价模型就可以简化如下：

$$V_0^E=\frac{\bar{d}_1}{\rho_E-1-g} \quad (12-5)$$

公式 12－5 有时也被称为 Gordon 股利增长模型。

同上例，若上述公司股利增长率从 2004 年开始保持 6%不变。那么利用 Gordon 股利增长模型我们可以计算出其股票价值为：

$$\frac{0.5\times(1+6\%)}{9.6\%-6\%}=14.72$$

2. 模型评述。股利折现模型的优点在于概念简单，容易理解，而且股利支付在短期内通常较为稳定，因此预测短期股利比较容易。

股利折现模型的缺点主要体现在股利的价值无关性。股利发放实际上是价值分配，而不是价值创造，而公司的价值是由其价值创造能力所决定的，因此股利与公司价值之间实际上并无必然的联系。比如人们普遍认为美国上市公司在过去的 20 年间为股东创造了大量的价值，但总体股利支付率却在下降。标准普尔 500 股票的股利/市价比率从 1970 年的 4%下降到了 2001 年的 1.2%，而股利支付率（股利/净收益）则从 45%下降到了 28%，而且许多公认的高价值公司并不支付股利，典型的如微软公司。此外，短期内股利的变化可能仅仅是公司股利政策的变化，而非公司价值的变化。因此，在采用股利折现模型时就可能产生所谓的“股利悖论”(Dividend Paradox)：股票价值取决于未来的股利，但有限期内的股利支付却与股票价值无关。同时，股利折现模型对于那些长期不支付股利，或者以股票回购方式支付股利的公司是无能为力的。

股利折现模型的“价值无关性”缺陷也提醒我们，恰当的估值模型应当“聚焦”于公司创造价值的活动——经营活动和投资活动。在利用财务报表度量公司的经营活动和投资活动时，我们采用了两种方法：现金收付制会计（反映为现金流量表）和权责发生制会计（反映为资产负债表和损益表）。那么，哪种方法更能合理度量公司的价值创造？估值模型中应当聚焦于哪些信息？我们接下来将分别介绍基于现金收付制的现金流量折现模型和基于权责发生制的剩余收益折现模型。

（三）现金流量折现模型（Discounted Cash Flow Model）

1. 模型介绍。通过预测现金流量对项目进行定价，是理财学中项目评估的标准方法。现金流量折现模型就是将公司视为许多项目的结合体，并通过计算公司经营的所有项目的现金流量的现值来估算公司价值。

在公司的持续经营过程中，每一期都会产生由各经营项目带来的现金流入，但随着旧经营项目的逐渐到期，公司同时必须不断投资于新的经营项目，因此必须有相应的现金投资支出。公司经营活动产生的现金流入扣除投资于新项目之后的剩余部分称之为自由现金流量。如图 12－4 所示。

图 12－4 中 C_t 代表时期 t 的经营活动现金流入，I_t 代表时期 t 的投资活动现金支出，(C_t-I_t) 代表时期 t 的自由现金流量。

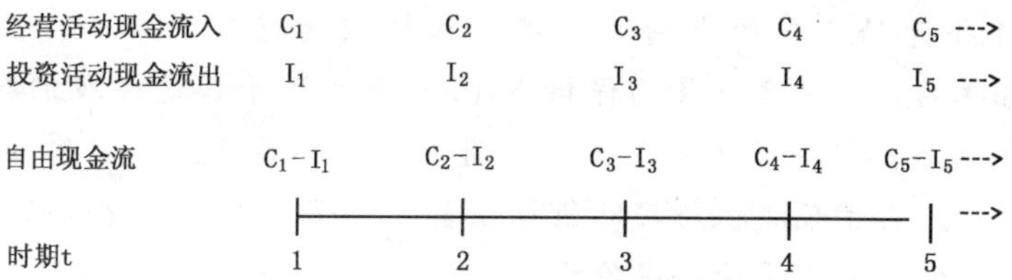

图 12－4　自由现金流量

如果我们能够对自由现金流量做出预测,就可以应用现值公式来计算公司的价值:

$$V_0^F = \frac{\overline{C}_1 - \overline{I}_1}{\rho_F} + \frac{\overline{C}_2 - \overline{I}_2}{\rho_F^2} + \frac{\overline{C}_3 - \overline{I}_3}{\rho_F^3} + \cdots\cdots \qquad (12-6)$$

请注意公式 12－6 计算出的是公司的价值，而非股权价值。式中 ρ_F = （1＋公司的加权平均资本成本[①]）。计算出公司的价值 V_0^F 之后，就可以利用公式 $V_0^E = V_0^E - V_0^D$ 来计算出公司的股权价值，其中 V_0^D 代表债权价值，V_0^E 代表股权价值。

公式 12－6 与公式 12－1 一样需要预测无限期的自由现金流量，这显然是做不到的，我们需要将其转换成为有限期的预测。如果我们假设公司在 T 期末的价值为 CV_T，那么股权价值的计算公式就可以表示为:

$$V_0^E = \frac{\overline{C}_1 - \overline{I}_1}{\rho_F} + \frac{\overline{C}_2 - \overline{I}_2}{\rho_F^2} + \frac{\overline{C}_3 - \overline{I}_3}{\rho_F^3} + \cdots\cdots + \frac{\overline{C}_T - \overline{I}_T}{\rho_F^T} + \frac{\overline{C}\ \overline{V}_T}{\rho_F^T} - V_0^D \qquad (12-7)$$

由于 V_0^D 可以采用债务和优先股的账面价值来代替，ρ_F 可以使用历史数据或根据资本资产定价模型算出，在运用公式 12－7 时只需要预测有限期 T 内的自由现金流量以及 CV_T。如果我们预测 T 期后公司的自由现金流量是一个稳定的永续年金，那么我们可以采用股利折现模型中使用的办法计算 CV_T，即:

$$CV_T = \frac{\overline{C}_{T+1} - \overline{I}_{T+1}}{\rho_F - 1} \qquad (12-8)$$

或者，如果预测 T 期后公司的自由现金流量将以一个固定的比率 g 增长，那么 CV_T 计算公式为:

$$CV_T = \frac{\overline{C}_{T+1} - \overline{I}_{T+1}}{\rho_F - 1 - g} \qquad (12-9)$$

将上述两种方法计算出的 CV_T 代入公式 12－7 便可计算出期初股权价值。

[案例[②]]

表 12－6 列示了利用现金流量折现模型估算 N 公司股权价值的过程。由该表可

---

① 不仅仅是权益资本成本。

② 佩因曼著，刘力、陆正飞译:《财务报表分析与证券定价》，中国财政经济出版社 2002 年版，第 109 页。

以发现从1994年开始公司的自由现金流量保持较为稳定的水平，因此可以假设1996年以后每年的自由现金流量均保持在1996年的水平。这样我们就可以采用永续年金公式计算出1996年末的持续价值。进而利用公式12－7计算出1987年末的股权价值。当然，由于预测值与实际值存在差异，而且市场定价未必正确，因此最后计算出的每股价值并不等于每股价格。

表12－6　　N公司的股权价值折算表

（每股数据单位为美元，其他单位为百万美元）

项　目	1987	1988	1989	1990	1991	1992	1993	1994	1995	1996
(1) 经营现金流入		602	460	381	403	379	499	533	531	534
(2) 投资现金流出		207	191	211	301	243	302	216	160	212
(3) 自由现金流量＝(1)－(2)		395	269	170	102	136	197	317	371	322
(4) 折现因子 (1.09) t		1.090	1.188	1.295	1.412	1.539	1.677	1.828	1.993	
(5) 自由现金流量现值＝(3)／(4)		362	226	131	72	88	117	173	186	
(6) 总现值＝Σ (5)	1 355									
(7) 持续价值1										322/0.09＝3 578
(8) 持续价值现值＝(7)/1.993	1 795									
(9) 公司价值 (V^F_{1987})＝(6)＋(8)	3 150									
(10) 债权和优先股账面价值	2 290									
(11) 股权价值 (V^E_{1987})＝(9)－(10)	860									
(12) 每股价值＝(11)/55.733	15.43									
每股股利	2.64	2.00	2.02	2.06	2.10	2.14	2.18	2.00	1.40	1.40
每股价格	20.88	$22\frac{3}{4}$	$28\frac{7}{8}$	26	29	$32\frac{1}{2}$	$30\frac{3}{4}$	19	$25\frac{7}{8}$	$21\frac{5}{8}$

在表12－6的计算过程中，我们假设可以直接取得公司的经营现金流入和投资现金流出数据，但实际上这并不容易。在运用现金流量折现模型时，我们更多的是通过对会计利润的调整来得到自由现金流量数据，具体公式如下：

自由现金流 = 净利润 + 利息费用 ×（1 - 税率）+ 折旧和摊销 - 资本支出 - 营运资本变动

［案例］

假设某公司2004年的主要财务数据如下：销售收入10亿元，净利润1亿元，折旧和摊销0.5亿元，利息费用0.1亿元，资本性支出0.7亿元，营运资本为销售收入的10%。预期在2005—2009年间公司将进入高速发展期，销售收入年增长率约为15%，利息费用、资本性支出和折旧摊销的增长率约为10%，净利润年增长率约为16%。2009年之后，公司进入平稳期，此后预计自由现金流量将保持5%的年增长率。假设公司的加权平均资本成本为11%，公司税率为37%，2004年底的债务市场价值为5亿元，根据上述假设，我们可以对该公司2004年末股权价值进行测算。

首先，我们可以对该公司2005—2009年的公司自由现金流量进行预测，如表12-7所示。

表12-7　某公司自由现金流量预测　（单位：亿元）

年　份	净利润	利息费用	折旧和摊销	资本性支出	营运资本变动	公司自由现金流量	现　值
2005	1.160	0.110	0.550	0.770	0.150	0.859	0.774
2006	1.346	0.121	0.605	0.847	0.173	1.007	0.817
2007	1.561	0.133	0.666	0.932	0.198	1.181	0.863
2008	1.811	0.146	0.732	1.025	0.228	1.382	0.910
2009	2.100	0.161	0.805	1.127	0.262	1.618	0.960
现值合计							4.325

由于该公司2009年之后的自由现金流量将保持5%的年增长率不变，因此其持续价值为：

$$CV_5 = \frac{1.618 \times (1 + 5\%)}{11\% - 5\%} = 28.32$$

那么，根据公式12-7，我们就可以求出该公司2004年末的股权价值：

$$V_{2004} = 4.325 + \frac{28.32}{(1 + 11\%)^5} - 5 = 16.13$$

在接下来的厦门机场价值评估案例中将进一步讲解现金流量折现模型在价值评估中运用。

2. 模型评述。现金流量折现法的优点在于它是理财学中净现值法的直接运用，十分易于理解，而且现金流量是客观发生的，不会受到会计准则的影响。

但是，自由现金流量并不能准确衡量某一时期公司所创造的价值，特别是短期内的价值增加。经营活动会带来现金流入，投资活动将导致现金流出，即使是净现值大于0的投资，在短期内也会被视为是一种价值损失，这显然是不合理的。如果某一时期公司投资活动所支出的现金大于经营活动带来的现金，那么就会产生负的自由现金流量，这将使得现金流量折现法难以执行。表12－8列示了沃尔玛公司的部分数据。

表12－8　沃尔玛公司部分历史数据

沃尔玛公司

（每股数据单位是美元，其他数据单位是百万美元）

	1988	1989	1990	1991	1992	1993	1994	1995	1996
经营活动现金流入	459	734	867	1 296	1 357	1 278	2 195	2 906	2 383
投资活动现金流出	627	541	894	1 526	2 150	3 506	4 486	3 792	3 332
自由现金流	(168)	193	(27)	(230)	(793)	(2 228)	(2 291)	(886)	(949)
每股股利	0.03	0.04	0.06	0.07	0.09	0.11	0.13	0.17	0.20

资料来源：佩因曼教授的网站，www.mhhe.com/penman。

由上表我们可以看出沃尔玛公司各年的自由现金流量基本上都是负数，如果采用现金流量折现法将得到负的股权价值。那么，沃尔玛公司真的那么“一文不值”吗？实际上这一时期正是沃尔玛高速发展的时期，它不断利用好的投资机会扩展新店，因此投资支出超过了现金流入，产生了负的自由现金流量。如果在1988年购买了沃尔玛的股票，那么到1996年的总回报率将达到260%，这也从侧面体现出了沃尔玛公司的价值所在。沃尔玛公司并非特例，在1963—1996年间，约40%的纳斯达克和美国证交所上市公司的自由现金流量是负数。

由上述分析可以发现使用现金流量折现法的最大困难在于：得到的价值与支付的价值难以匹配，投资活动虽然会增加未来的经营现金流入，但引起的现金流入往往需要在投资以后的很长时间内才能够得到确认。解决这一问题的办法之一是对一个较长的时期进行预测，直到公司能够产生较为稳定的现金流量或以固定比率增长的现金流量。但是长期预测的准确性难以保证，特别是对于一个正处于发展期的公司，这样的预测期可能相当长。此外，在运用现金流量折现法时还存在一个实际困难——专业分析师们预测的往往是会计利润，而非自由现金流量。那么，在具体运用现金流量折现模型时还需要将预测利润转化为预测现金流量，这种转化是较为复杂的，需要额外的分析成本。

那么，如何解决现金流量折现模型不符合“匹配原则”这一问题呢？一个可行的办法就是利用权责发生制会计来度量公司的经营活动和投资活动。根据权责发生制会计，投资现金支出并不作为价值的减少直接从收入中扣除，而是作为资产放进资产负债表，并在适当的时间费用化以使费用和收入相匹配。同时，权责发生制把应计收入（非现金收入）作为当期价值增加的一部分，并通过会计利润来衡量当期的价值增值。接下来将介绍的剩余收益模型就是建立在会计利润和资产负债表账面净值基础之上的估值模型。

（四）剩余收益模型（Residual Earnings Model）

1. 模型介绍。剩余收益模型是以财务报表（特别是资产负债表和损益表）作为估值的基础，以资产负债表账面价值作为估值的出发点，并结合损益表来估算没有在资产负债表中体现出来的账面价值溢价。剩余收益则是账面价值溢价的来源，它指的是超过期望回报金额的余额，用公式表示如下：

剩余收益 = 盈余 －（初始投资 × 期望回报率）　　(12－10)

［案例］

某公司在一个只持续 1 年的项目上投资 1 000 元，期望收益率为 10%：

情况 1：如果 1 年过后该项目赚取了 110 元，那么剩余收益计算如下：

剩余收益 = 110 －（1 000 × 10%）= 10 元

情况 2：如果 1 年过后该项目赚取了 100 元，那么剩余收益计算如下：

剩余收益 = 100 －（1 000 × 10%）= 0 元

剩余收益也被称之为异常收益或超额收益，根据剩余收益来度量价值增加的模型就叫做剩余收益模型，用公式表示如下：

价值 = 投资的账面价值 + 预期剩余收益的折现值　　(12－11)

我们可以利用剩余收益模型衡量上例中的项目价值。

情况 1：价值 = 1 000 + 10/1.1 = 1 009.1

情况 2：价值 = 1 000 + 0/1.1 = 1 000

根据历史成本法，该项目在资产负债表上是以历史成本 1 000 元记录的。但如果项目未来的剩余收益大于 0，那么其内在价值就将超过其账面价值。

上述案例启发我们可以通过将资产负债表账面价值和预期剩余收益结合起来搜寻股权价值，用公式表示如下：

$$V_0^E = B_0 + \frac{\overline{RE_1}}{\rho_E} + \frac{\overline{RE_2}}{\rho_E^2} + \frac{\overline{RE_3}}{\rho_E^3} + \cdots\cdots \qquad (12-12)$$

上述公式就是股权价值的剩余收益模型。其中，B_0 代表资产负债表上的股权账面价值，RE_t 代表第 t 期的剩余收益，ρ_E 代表（1 + 权益资本成本率）。未来每期的剩余收益等于该期普通股获得的综合收益减去期初普通股的账面价值与权益资本成本率的乘积，用公式表示如下：

$$RE_t = \overline{Earnings_t} - (\rho_E - 1)\ \overline{B}_{t-1} \qquad (12-13)$$

注意上式中的 $\overline{Earnings_t}$ 并非第 t 期的净利润，而是第 t 期的综合收益，也就是除资本交易外的所有权益账面价值的变动[①]。

对公式 12－12 进行等价变形，我们可以得到下列公式：

$$\frac{V_0^E}{B_0}=1+\frac{\text{RE 的现值}}{B_0} \qquad (12-14)$$

从上述公式我们可以得出一些直观的结论：如果我们预期一个公司为股东赚取的收益超过股权账面价值的期望收益（即有一个正的剩余收益），那么该公司股权的内在价值将高于其账面价值，股票就可以溢价卖出，并且公司创造异常收益的能力越高，溢价就越高；如果预期公司赚取的收益低于股权账面价值的期望收益（即有一个负的剩余收益），则该公司的股权价值就低于其账面价值，应该折价出售；如果公司刚好赚取股权账面价值所能创造的期望收益（即剩余收益为 0），那么股权的账面价值就等于其内在价值。总而言之，公司股权内在价值与账面价值的偏离程度取决于公司创造异常收益的能力。为了验证上述结论，我们列示了 1965—1995 年间美国上市公司的市价/净值比率[②] 和剩余收益情况，如表 12－9 所示：

表 12－9　　美国上市公司的市价/净值比率和剩余收益情况

市净率分组	市净率中位数	按市净率分组后每年的剩余收益					
		0	1	2	3	4	5
1（最高）	6.68	0.181	0.23	0.223	0.221	0.226	0.236
2	3.98	0.134	0.155	0.114	0.154	0.154	0.139
3	3.1	0.109	0.113	0.106	0.101	0.12	0.096
4	2.59	0.09	0.089	0.077	0.093	0.1	0.099
5	2.26	0.076	0.077	0.069	0.068	0.079	0.071
6	2.01	0.066	0.067	0.059	0.057	0.076	0.073
7	1.81	0.057	0.048	0.043	0.052	0.052	0.057
8	1.65	0.042	0.039	0.029	0.039	0.05	0.044
9	1.51	0.043	0.034	0.031	0.038	0.046	0.031
10	1.39	0.031	0.031	0.028	0.036	0.047	0.028
11	1.3	0.024	0.026	0.023	0.035	0.036	0.03
12	1.21	0.026	0.028	0.023	0.036	0.039	0.038
13	1.12	0.016	0.021	0.012	0.031	0.039	0.026
14	1.05	0.009	0.008	0.009	0.026	0.034	0.032
15	0.97	0.006	0.005	0.011	0.018	0.031	0.017

① 综合收益的概念与 SFAS130 中定义的全面收益概念接近。

② 该比率可以近似地视为内在价值/账面价值比率，代表了股价的溢价或折价程度。

续表

市净率分组	市净率中位数	按市净率分组后每年的剩余收益					
		0	1	2	3	4	5
16	0.89	-0.007	-0.011	-0.004	0.008	0.029	0.015
17	0.8	-0.017	-0.018	-0.004	0.006	0.023	0.008
18	0.7	-0.031	-0.03	-0.03	-0.01	0.015	-0.001
19	0.58	-0.052	-0.054	-0.039	-0.015	-0.003	-0.008
20	0.42	-0.09	-0.075	-0.066	-0.037	-0.02	-0.039

资料来源：佩因曼著，刘力、陆正飞译：《财务报表分析与证券定价》，中国财政经济出版社 2002 年版，第 160 页。

表 12-9 列示了根据溢价高低（以市净率为代表）分组后各组股票在随后一段时间的剩余收益情况。该表将所有上市公司按照市净率的高低分为 20 组，第一组代表市净率最高的 5%，第二组代表次高的 5%，依此类推。随后给出了各组市净率的中位数和 6 年内的剩余收益[①] 中位数。根据上表可以看出，平均而言：高市净率组别的剩余收益也较高，低市净率组别的剩余收益也较低，而市净率比率接近于 1 的组别（第 14 和 15 组）的剩余收益接近于 0。此外，市净率高于 1 的组别（第 1—14 组）剩余收益显著大于 0，市净率低于 1 的组别（16—20 组）剩余收益小于 0。总而言之，上表数据为剩余收益模型的有效性提供了有力的经验支持。

2. 剩余收益模型的运用。公式 12-12 告诉我们，要利用剩余收益模型确定股权价值，必须有三个数据：(1) 当前的股权账面价值 B_0；(2) ρ_E，也就是（1 + 权益的资本成本）；(3) 各期间剩余收益的预测值 RE_t。在这三个数据中，B_0 可以从当前的资产负债表得到，权益资本成本也可以由 CAPM 模型确定，因此我们的主要任务是预测未来的剩余收益，但是根据公式 12-12，必须预测无穷期的剩余收益，这显然是难以做到。因此，我们必须在不同情况下对公式 12-12 进行合理的简化。

(1) 模型的简化形式：

在本书第二篇中的前景预测部分，我们已经谈到了未来的收益表现往往呈现出“随机游走”状态。因此，假设剩余收益的未来表现也是遵循随机游走模型，也就是说当前的剩余收益就是对未来剩余收益的最佳估计，用公式表示如下：

$$\overline{RE_t} = RE_0$$

如果未来剩余收益服从随机游走模型，那么剩余收益模型就可以简化如下：

$$V_0^E = B_0 + \frac{RE_0}{\rho_E - 1}$$

① 表中剩余收益是以第 0 年的账面价值为基础计算出来的。所有公司均采用了相同的 10% 的期望回报率。

也就是说股权价值等于股权的期初账面价值加上当期的剩余收益永续年金现值。

当然，公司创造剩余收益的能力往往难以永远维持，其可持续性取决于战略因素，如公司所处行业盈利能力以及公司所选择的竞争战略等。因此，我们可以假设公司创造剩余收益的能力随时间的推移而衰减。根据这一假设，剩余收益被认为是服从自回归模型（Autoregressive Model），这样，未来的剩余收益可以用公式表示为：

$$\overline{RE_t} = \beta RE_0$$

其中 β 是反映剩余收益随时间推移而衰减的速度的一个参数。如果不存在衰减，则 β = 1，剩余收益服从随机游走模型；如果当期的剩余收益完全来源于某些“一次性”事项，由于这些“一次性”事项的可持续性为 0，因此 β = 0，剩余收益在 1 年内完全衰减。一般而言，β 值在 0 和 1 之间，比如对一家典型的美国公司而言，β 大约等于 0.6。然而，它随行业而不同，拥有大额应计项目和一次性费用项目的公司的 β 要小一些①。根据剩余收益的自回归模型，我们可以将剩余收益模型简化为：

$$V_0^E = B_0 + \frac{\beta RE_0}{\rho_E - \beta}$$

（2）模型在具体环境中的运用：

情况 1：剩余收益逐渐衰减为 0。

表 12 – 10　　情况 1：N 公司（权益资本成本率 = 9%）

项　目	1987 年	1988 年	1989 年	1990 年	1991 年	1992 年	1993 年
每股收益 EPS		2.81	2.53	2.48	2.36	2.40	2.08
每股股利 DPS		2.00	2.02	2.06	2.10	2.14	2.18
每股账面价值 BPS	19.85	20.66	21.17	21.59	21.85	22.11	22.01
每股异常收益（0.09）		1.02	0.67	0.57	0.42	0.43	0.09
折现因子		1.09	1.188	1.295	1.412	1.539	1.677
异常收益现值		0.94	0.56	0.44	0.30	0.28	0.05
异常收益总现值	2.57						
每股价值	22.42						

资料来源：佩因曼著，刘力等译：《财务报表分析与证券定价》，中国财政经济出版社 2002 年版，第 166 页。

上表列示了利用剩余收益模型对 N 公司进行股权定价的过程。表格前两行列

① P. M. Dechow, A. P. Hutton, and R. G. Sloan. An empirical assessment of the residual income valuation model. Jouranl of Accounting and Economics. 23, January 1999.

示了公司 1988—1993 年的预测每股收益和预测每股股利。表格第三行每股账面价值 = 上期的账面价值 + 本期的每股收益 - 本期的每股股利，比如 1988 年的 BPS = 19.85 + 2.81 - 2.00 = 20.66。表格第四行每股异常收益 = 本期每股收益 - 上期每股账面价值 × 0.09，本例假设公司的权益资本成本为 0.09，比如 1988 年的每股异常收益 = 2.81 - 19.85 × 0.09 = 1.02。

由上表我们可以看出，该公司的每股异常收益呈递减的趋势，到 1993 年已经趋近于 0。因此，假设 1993 年以后该公司的异常收益为 0，那么公式 12 - 12 就可以改写为：

$$V_0^E = B_0 + \frac{\overline{RE_1}}{\rho_E} + \frac{\overline{RE_2}}{\rho_E^2} + \cdots\cdots \frac{\overline{RE_6}}{\rho_E^6} \qquad (12-12a)$$

根据公式 12 - 12a，我们可以计算出 N 公司 6 年的每股异常收益，然后将其折现、加总，计算出异常收益总现值 2.57，再加上 1987 年的每股账面价值 19.85，我们就计算出该公司的每股价值为 19.85 + 2.57 = 22.42。

情况 2：剩余收益在预测期外保持衡定。

表 12 - 11　　情况 2：W 公司（权益资本成本率 = 12%）

项　目	1987 年	1988 年	1989 年	1990 年	1991 年	1992 年	1993 年	1994 年	1995 年	1996 年
每股收益		0.28	0.37	0.48	0.57	0.70	0.87	1.02	1.17	1.19
每股股利		0.03	0.04	0.06	0.07	0.09	0.11	0.13	0.17	0.20
每股账面价值	0.75	1.00	1.33	1.75	2.25	2.86	3.62	4.51	5.51	6.50
每股剩余收益		0.19	0.25	0.32	0.36	0.43	0.53	0.59	0.63	0.53
每股剩余收益增长率（%）			31.58	28.00	12.50	19.44	23.26	11.32	6.78	- 15.87
折现因子（1.12^t）		1.12	1.254	1.405	1.574	1.762	1.974	2.211	2.476	2.773
异常收益现值		0.170	0.199	0.228	0.229	0.244	0.267	0.265	0.254	0.191
异常收益总现值	2.05									
持续价值										4.42
持续价值现值	1.59									
每股价值	4.39									

资料来源：佩因曼著，刘力等译：《财务报表分析与证券定价》，中国财政经济出版社 2002 年版，第 168 页。

上表列示了利用剩余收益模型对 W 公司进行股权定价的过程。表格前两行列示了公司 1988—1996 年的预测每股收益和预测每股股利。表格第三行每股账面价值的计算方法同情况 1。表格第四行每股剩余收益 = 本期每股收益 - 上期每股账面价值 × 0.12，本例假设公司的权益资本成本为 0.12，比如 1988 年的每股异常收益

$=0.28-0.75\times0.12=0.19$。

与情况 1 相比，上表多了一个持续价值，这是因为 W 公司从 1988 年开始，每股剩余收益虽然呈增长趋势，但增长率在逐渐放慢，因此，我们假设 1996 年后每股剩余收益的增长率为 0，也就是说 1996 年后的每股剩余收益均保持 1996 年的水平——每股剩余收益 0.53。在这种情况下，我们可以将公式 12 - 12 改写为：

$$V_0^E = B_0 + \frac{\overline{RE_1}}{\rho_E} + \frac{\overline{RE_2}}{\rho_E^2} + \cdots\cdots \frac{\overline{RE_T}}{\rho_E^T} + \frac{1}{\rho_E^T}\left(\frac{\overline{RE_{T+1}}}{\rho_E - 1}\right) \qquad (12-12b)$$

假设预测期以外的剩余收益保持不变，可以利用永续年金公式$\left(\frac{\overline{RE_{T+1}}}{\rho_E - 1}\right)$计算出持续价值，也就是预测期 T 以外的剩余收益的价值。在 W 公司的例子中，1996 年后的持续价值 = 0.53/0.12 = 4.42。最后，根据公式 12 - 12b，将期初账面价值 0.75，异常收益的总现值 2.05 和持续价值的现值 1.59 相加，就得到 W 公司的每股价值 4.39。

（3）情况 3：预测期外的剩余收益增长率保持不变。

表 12 - 12　　情况 3：G 公司（权益资本成本率 = 12%）

项　目	1986 年	1987 年	1988 年	1989 年	1990 年	1991 年	1992 年
每股收益		3.20	3.75	4.36	4.85	3.03	5.51
每股股利		1.33	1.46	1.70	1.92	2.08	2.32
每股账面价值	16.57	18.44	20.73	23.39	26.32	27.27	30.46
每股剩余收益		1.21	1.54	1.87	2.04	(.13)	2.24
折现因子		1.12	1.254	1.405	1.574	1.762	1.974
剩余收益现值		1.08	1.23	1.33	1.30	(.07)	1.13
剩余收益总现值	6.00						
持续价值							39.50
持续价值现值	20.01						
每股价值	42.58						

资料来源：佩因曼著，刘力等译：《财务报表分析与证券定价》，中国财政经济出版社，2002 年版，第 169 页。

上表列示了利用剩余收益模型对 G 公司进行股权定价的过程。表格前两行列示了公司 1987—1992 年的预测每股收益和预测每股股利。表格第三行每股账面价值的计算方法同情况 1。表格第四行每股剩余收益 = 本期每股收益 - 上期每股账面价值 × 0.12，本例假设公司的权益资本成本为 0.12，比如 1987 年的每股异常收益 $=3.20-16.57\times0.12=1.21$。

与情况 2 相比，G 公司的每股剩余收益在各年间持续增长（除 1991 年外），并且没有迹象显示初增长速度放慢。因此，我们可以假设预测期后每股剩余收益仍将保持一定的比率增长。在这种情况下，可以将公式 12 - 12 改写为：

$$V_0^E = B_0 + \frac{\overline{RE_1}}{\rho_E} + \frac{\overline{RE_2}}{\rho_E^2} + \cdots\cdots \frac{\overline{RE_T}}{\rho_E^T} + \frac{1}{\rho_E^T}\left(\frac{\overline{RE_{T+1}}}{\rho_E - 1 - g}\right) \tag{12 - 12c}$$

假设预测期后每股剩余收益仍将保持固定的比率增长，我们可以用 $\left(\frac{\overline{RE_{T+1}}}{\rho_E - 1 - g}\right)$ 计算出持续价值，其中 g 代表固定的增长率。在 G 公司例子中，1989—1992 年的每股剩余收益平均增长率约为 6%，假设这一增长率在 1992 年后将继续保持下去，那么 1992 年后的持续价值 = （2.24 × 1.06） / （0.12 - 0.06） = 39.50。最后，根据公式 12 - 12c，将期初账面价值 16.57，剩余收益的总现值 6.00 和持续价值的现值 20.01 相加，就得到 G 公司的每股价值 42.58。

总而言之，上述情况（1）、（2）、（3）覆盖了现实中经常遇到的许多情况。一个公司可能在短期内赚取正的剩余收益，但是正的剩余收益往往会吸引更多的竞争者，从而使未来剩余收益逐渐趋于 0；同样，一些公司短期内可能产生负的剩余收益，但这样的公司长期内可能倒闭或者被其他能够更有效管理资源的公司收购，因此负的剩余收益也会逐渐趋近于 0。比如在上述市净率表格中我们可以发现：绝大多数市净率大于 1 的组别的剩余收益均呈现出衰减的迹象，而绝大多数市净率小于 1 的组别的剩余收益也呈现出向 0 回归的趋势。当然，剩余收益始终大于 0 也是一种相当普遍的现象，比如上述市净率表格中顶部的 2 个组的剩余收益始终保持为正，而且没有呈现出趋于 0 的趋势，这种情况可能反映出这些公司具有可持续性竞争优势（如沃尔玛），但在很多情况下这种现象只是稳健会计方法的产物。比如在一些高科技公司中，许多重要的经济资产（如反映研发能力的无形资产）无法在资产负债表中反映，这无疑将低估期初股权账面价值，而未来每期的剩余收益等于该期普通股获得的总收益减去期初普通股的账面价值与权益资本成本率的乘积，低估期初股权账面价值就会导致高估未来的剩余收益。因此，一些公司的长期剩余收益将保持为正，这也是对期初股权账面价值低估的弥补。

3. 模型评述。剩余收益模型的优点主要体现在以下几个方面：

（1）"聚焦"于价值动因。与股利折现模型和现金流量折现模型不同，剩余收益模型充分利用了应计会计制度，将投资视为资产而不是价值的损失，使得价值的增加和价值的付出能够较好地匹配，同时将公司创造剩余收益的能力视为公司价值的源泉，因此使用该模型有助于我们将分析的焦点集中在公司创造剩余收益的能力。我们可以通过对剩余收益的进一步分解来发掘剩余收益的驱动因素。剩余收益可以分解成如下：

$$RE_t = \overline{Earnings_t} - (\rho_E - 1)\ \overline{B}_{t-1} = [ROCE_t - (\rho_E - 1)]\ \overline{B}_{t-1}$$

上式中的 $ROCE_t = \frac{\overline{Earnings_t}}{\overline{B}_{t-1}}$，也就是第 t 期的普通股权益收益率[①]；$(\rho_E - 1)$ 衡量的是公司的权益资本成本；$\overline{B}_{t-1}$ 代表第 t 期的期初普通股权账面价值。由于公司的权益资本成本一般较为稳定，因此根据上式可以看出，剩余收益的大小取决于两个因素：各期的普通股权益收益率 $ROCE_t$ 和各期的期初普通股权账面价值 $\overline{B}_{t-1}$，这两部分也被称之为剩余价值驱动因子。只有当 $ROCE_t$ 大于公司的权益资本成本，才能够创造出正的剩余收益，从而使公司股权价值超过其账面价值；而在 $ROCE_t$ 和 ρ_E 保持不变的情况下，通过增加股权投资也可以增加剩余收益，从而提升股权价值。因此，我们在利用剩余收益模型进行价值评估时主要需要考虑两个问题：①公司未来的 $ROCE_t$ 的变化趋势如何？②公司的股权投资基数增长有多快？我们可以通过财务分析方法，通过对销售毛利率、资产周转率和财务杠杆等因素的考察、预测来判断公司未来的 $ROCE_t$ 的变化趋势，而对公司的经营战略分析也可以使我们了解公司所处的行业发展状况和发展前景、公司的竞争战略优势及其可持续性等，这些因素也将帮助我们预测公司的股权投资基数增长情况和 $ROCE_t$ 的变化趋势。

此外，剩余收益模型还提醒我们切勿片面看待收益的增长，因为收益绝对值的增长并不一定意味着公司价值的增长。公司仅仅依靠加大投资就可以使收益绝对值得到增长，但如果新投资的收益率小于股东要求的回报率，就将产生负的剩余收益，由此反而降低了公司的价值。如果我们意识到这一点，那么就能够对那些高速扩张的公司保持清醒的认识。比如在上世纪末，许多公司陷入的并购扩张狂潮中，虽然有的扩张行为是出于战略考虑，但许多扩张行为仅仅是为了追求收益绝对值的增长，这样的扩张行为实际上很可能是“价值毁灭”式的扩张。典型的案例如泰科公司，该公司通过疯狂的扩张行为使公司的净收益从 1993 年的不到 1 亿美元上升到 2001 年的 51 亿美元，许多投资者被泰科公司净收益绝对值的增长趋势所迷惑，极力追捧其股票，使其股价一度上涨到 60 美元。但是，随着泰科会计丑闻的爆发，其市场价值急剧缩水，股价也跌至 8 美元[②]。

（2）充分利用财务报表。如前所述，虽然资产负债表很不完善，但它确实进行了一部分估价工作，并反映了一部分价值。剩余收益模型充分利用了财务报表已完成的估价工作。在剩余收益模型下，公司的未来收益可以分为两个部分：正常的收益（也就是账面价值 × 权益资本成本率）和剩余收益（综合收益 − 正常收益），而

---

① 该比率同我们在财务分析中经常使用的净资产收益率（ROE）概念相近，但也存在重大差异。在计算 ROCE 时我们是以本期的综合收益除以上期的普通股权益；而在计算 ROE 是往往是以本期的净收益除以期末股东权益（或平均股东权益）。但这两个指标都是公司盈利能力的良好指示器。

② 黄世忠、连竑彬：“泰科舞弊案例分析”，《财务与会计》2005 年第 8、9 期。

正常收益的总现值其实就是期初权益的账面价值，需要我们计算的只是剩余收益的总现值。因此，采用剩余收益模型时不确定性较大的终值估计值往往只占总价值的很小一部分，这使得分析师在一定程度上可以避开价值评估中最困难的终值估计问题。但是，财务报表已完成的估值工作的有效性在很大程度上取决于财务报表中的账面价值是否“无偏差”。在极端的情况下，财务报表账面价值完全“无偏差”，那么预测期以后的异常收益将为0，公司的权益价值将完全等同于其账面价值①。当然，现实中的财务报表不可能完全“无偏差”，其偏差程度甚至可能很大。比如高科技公司往往大量投资于研发活动，而现行会计规则拒绝将研发费用资本化，这使得这些公司的净资产严重低估，那么这类公司未来的异常收益肯定是正的，而且占公司价值的很大部分。更为复杂的是，管理当局出于各种动机的报表粉饰行为，可能会使财务报表的偏差程度进一步加剧。因此，财务报表分析人员在利用剩余收益模型的过程中应当通过会计分析等步骤对财务报表数据进行相应的调整，以使财务报表账面价值能够尽可能地反映公司的内在价值，从而能够更为充分地利用财务报表进行价值评估。

(3) 适用于各种会计原则。剩余收益模型是以当前和预测的会计数据为基础的，我们知道，不同的会计方法虽然不会对公司的价值产生影响，但却能影响相关的会计数据。那么，会计方法的差异是否会影响剩余收益模型的使用？实际上，由于会计方法的差异往往同时影响收益和账面价值，而且复式记账法具有自我修正的特征（即短期内不同会计方法的差异在长期内将会消失，比如不同的折旧方法在短期内可能产生不同的折旧额，当长期内的折旧额是相同的），因此，使用剩余价值模型计算出的价值实质上不会受到会计方法选择的影响。现简单举例说明如下②：

某公司在第1年初筹集了6 000万美元股本，用于购买固定资产，预期公司第1年的折旧前营业利润（全部以现金形式收到）为4 000万美元，第2年为5 000万美元，第3年为6 000万美元，并且该公司只持续3年。再假设该公司的股东权益资本成本为10%，则运用剩余收益模型估值过程如下：

表 12－13　剩余收益模型估值　（单位：百万美元）

年份	期初股东权益账面价值	综合收益	剩余收益	现值系数	剩余收益现值
1	60	20	14	0.9091	12.7
2	40	30	26	0.8264	21.5

① 关于无偏会计的论述参见 G. Feltham and J. Ohlson，“Valuation and Clean Surplus Accounting for Operating and Financial Activities”, Contemporary Accounting Research 11 NO.2，Spring 1995。

② 该例引自 Krishna G. Palepu, Victor L. Bernard and Paul M. Healy .Business Analysis & Valuation: Using Financial Statement， Text and Cases. 中信出版社 2002 年版。

续表

年份	期初股东权益账面价值	综合收益	剩余收益	现值系数	剩余收益现值
3	20	40	38	0.7513	28.6
异常收益累计现值					62.8
+期初股东权益账面价值					60
=公司权益价值					122.8

说明：第1年的综合收益 = 折旧前营业利润 - 固定资产折旧
= 40 - 20 = 20（百万美元）
第1年的剩余收益 = 会计收益 - 期初股东权益资本成本
= 20 - 60 × 10% = 14（百万美元）
其他年度以此类推。

假如上述公司采用稳健的会计方法，将本应在第一年资本化为存货的成本费用化，这将导致了第1年的收益和第1年末权益账面价值下降了1 000万美元，而第2年的期初权益账面价值也会相应减少1 000万美元，由于存货在第2年以较低的销售成本售出，第2年收益也会增加1 000万美元。则剩余收益模型估值过程如下：

表12-14　　会计方法变更后剩余收益模型估值　　（单位：百万美元）

年份	期初股东权益账面价值	综合收益	剩余收益	现值系数	剩余收益现值
1	60	10	4	0.9091	3.6
2	30	40	37	0.8264	30.6
3	20	40	38	0.7513	28.6
剩余收益累计现值					62.8
+期初股东权益账面价值					60
=公司权益价值					122.8

上述两种不同的会计方法在使用剩余收益模型时得出了相同的价值。由此可见，只要我们在分析过程中意识到会计数据的差异是管理当局会计方法选择的结果，那么以剩余收益为基础的估值就不会受会计方法变动的影响。这一结论同时也提醒我们，战略分析和会计分析是正确运用剩余收益模型的关键。战略分析和会计分析工具有助于确定异常收益是来自可持续的竞争优势，还是不可持续的人为会计操纵。例如，如果我们在上述分析过程中没有意识到会计收益的减少只是管理当局存货会计核算方法发生变化，而将会计收益的下降错误解释为存货的滞销，那么我们就很可能低估未来的收益，从而低估公司的内在价值。因此，恰当运用剩余收益模型是建立在本书方法论中介绍的财务报表分析框架的基础之上的。

当然，与前述的几种价值评估模型相比较，剩余收益模型是较为复杂的，它要求财务报表分析人员必须能够理解应计制会计的工作原理，而且必须通过经营战略分析、会计分析、财务分析、前景分析等前期工作来评估当前财务报表所完成的估价工作质量，判断公司创造价值的能力并预测这一能力在未来的变化趋势。虽然剩余收益模型需要较高的分析成本，但众多经验证据表明与其他估值模型相比，剩余收益模型的表现略胜一筹。比如 Bernard（1995）指出，在解释三年期股价波动方面，剩余收益模型的表现远胜于股利折现模型①；Frankel 和 Lee（1998）指出：剩余收益模型可以解释约 70%的股价变动；Penman 和 Sougiannis（1998）将剩余收益模型和自由现金流量模型、股利折现模型进行了对比，并以股价作为衡量指标，他们同样发现剩余收益模型比其他模型表现更好。② 此外，还有学者直接检验了将剩余收益模型运用于投资决策的效果，比如 Frankel 和 Lee（1998）先根据剩余收益模型确定公司内在价值，再根据市价 - 内在价值比率来建立投资组合，结果他们获得了两倍于市价 - 账面净值投资策略的回报③。

第三节 厦门机场价值评估案例分析④

一、公司背景分析

（一）厦门机场简介

厦门机场发展股份有限公司（以下简称厦门机场）成立于 1996 年 5 月，是由厦门国际航空港集团有限公司独家发起募集设立的股份有限公司。1996 年 4 月 17 日，经中国证监会批准，公司 2 700 万普通股在上海证券交易所成功发行，成为中国民航系统第一家机场类上市公司。截至 2004 年 12 月 31 日，厦门机场的总资产为 13.84 亿元，股东权益为 11.97 亿元。

厦门机场主营业务是为国内外航空运输企业提供候机楼设施的使用保障和服务，从而获得旅客过港服务费和运输服务费等收入。此外，厦门机场还经营出租候机楼及所属物业的营业场地、商业场地和办公场所；经营国内版图书零售、药品零

① Gerald I. White, Ashwinpaul C. Sondhi, Dov Fried. The Analysis and Use of Financial Statements. John Wiley & Sons, Inc.. 2003: 714.

② S. Penman and T. Sougiannis. A Comparison of Dividend, Cash Flow, and Earning Approaches to Equity Valuation [J]. Contemporary Accounting Research. Fall 1998: 343 - 383.

③ Frankel R., C. Lee. Accounting Valuation, Market Expectation, and Cross - Sectional Stock Returns. Journal of Accounting & Economics. June 1998: 283 - 319.

④ 本节部分内容参考李莉："厦门机场发展股份有限公司价值评估案例分析"，厦门大学硕士论文打印稿，2003。

售、保健品零售、食品副食品零售、物业管理、信息服务等业务。表 12 - 10 列示了厦门机场 2004 年的收入结构及其利润率。

表 12 - 15　　厦门机场 2004 年的收入结构及其利润率　　(单位：万元)

项　目	金额	占主营业务收入比率	利润	占主营业务利润比率	毛利率
航空运输服务收入	13 503	51.36%	4 488	35.36%	33.24%
候机楼租金收入	5 697	21.67%	4 982	39.25%	87.45%
自营商品销售收入	981	3.73%	134	1.06%	13.66%
广告收入	1 710	6.5%	657	5.18%	38.42%
货站收入	2 724	10.36%	1 843	14.52%	67.66%
工程收入	1 376	5.23%	419	3.3%	30.45%
其他收入	301	1.15%	169	1.13%	56.15%
合计	26 292	100%	12 693	100%	48.28%

资料来源：厦门机场 2004 年年报。

由上表可以看出厦门机场的主要收入来自于航空运输服务（占收入总额的 51%），而毛利的主要贡献却是候机楼租赁业务（占总毛利的 39%）。候机楼租赁业务的毛利率高达 87%，其主要原因在于厦门机场是经营杠杆较大的企业，固定资产折旧在总成本中所占的比重高达 55%。由于账务处理的原因，固定资产折旧都计入航空运输服务业务成本中，候机楼租赁业务由于没有承担折旧成本，因而毛利率特别高。如果按照航空运输服务收入和候机楼租金收入的比例来分摊固定资产折旧，则航空运输服务收入的毛利率应调整为 40%左右，候机楼租金收入的毛利率应调整为 60%左右。可见调整后候机楼租赁业务的毛利率仍然比航空运输业务高出许多，其原因在于航空主业收入的收费标准受到了民航总局收费文件的限制，收费标准偏低，具有明显的公益性特点。而候机楼出租办公和商业场地等租赁业务的租赁价格不受政府的直接干预和限制，在有稳定客源的情况下这是一项盈利性很强的优质资产，因而也是厦门机场获得利润的主要来源。

厦门机场自上市以来，主营业务收入的增长一直较快，相比之下，净利润的增长要缓慢得多，1996—2004 年厦门机场主营业务收入和净利润变化情况如图12 - 5 所示。

之所以会出现主营业务收入增长与净利润增长不匹配的情况，与基础设施产业一次性投入大，逐年回收且在相当长时间内不须再进行大规模投资的特点有关。我们注意到 2004 年厦门机场的主营业务收入与净利润实现了“双赢”，主营业务收入同比增长 37.56%，净利润更是增长了 92.62%。

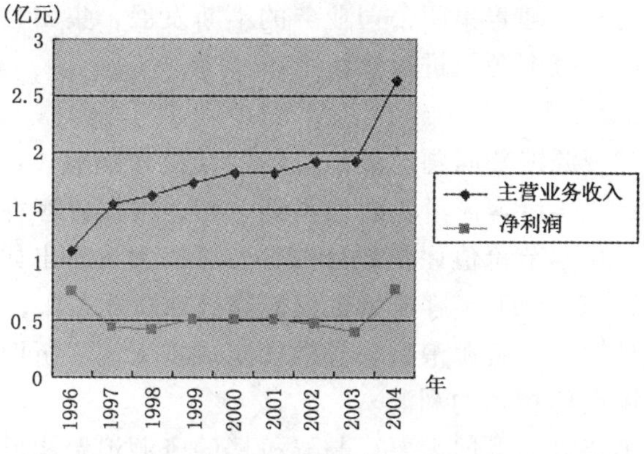

图 12-5　厦门机场主营业务收入和净利润变化情况

资料来源：厦门机场历年年报。

(二) SWOT 分析

1. 优势 (Strengths)

(1) 软硬条件一流。硬件方面，厦门国际航空港的硬件设施（包括跑道、停机坪、飞行区等级以及候机楼的设施）是全国一流的，基本能够满足中长期发展的需要，中短期内不需要再投入大额资金进行基础设施的扩建。

软件方面，厦门机场提出创建“温馨空港”的口号，多次获得“中国民航优质服务奖”、“全国文明机场”等荣誉，这形成了厦门机场宝贵的无形资产。

(2) 营业收入稳定。厦门机场作为东南沿海较大的枢纽机场，开通了国内外 90 条航线，多年来旅客吞吐量一直名列全国同行的前 10 名，而且机场具有在一定地区内相对垄断的特征，在旅客吞吐量达到一定规模后是一个风险相对较低的行业，随着经济的发展呈现出长期稳定的发展态势，因此厦门机场的盈利能力稳定，经营风险小。

(3) 融资能力强。在接下来的财务分析我们即将看到，厦门机场上市以来除了市政府的无息贷款外，基本上处于零负债的状态，财务风险很小，加上公司良好的信誉和稳定的现金流量，因而有较强的融资能力，为公司发展战略的实施创造了良好的条件。

(4) 率先建立现代企业制度。厦门机场在企业经营管理方面不断地朝现代企业制度的方向迈进，几年来积累了一整套的航线经营、机场管理理念和经营管理人才，特别是在航空服务水平、国有企业商业化运作等方面积累了丰富的经验，培养了一批航空经营管理人才。这是厦门机场的核心竞争力所在。

此外，厦门机场由厦门国际航空港集团有限公司拥有 75% 股权，这种股权结构对于公司今后的资本运作具有较大的空间，如出售股份、通过股权置换完成对其他项目的投资等。另外，随着集团公司业务的不断发展，集团公司下属的绩优公司也可利用上市公司的“壳资源”进行重组上市。

2．劣势（Weaknesses）

（1）候机楼存在资源浪费问题。厦门机场的候机楼拥有1 000万人次的旅客年吞吐能力，可投产近7年后客流量仍然达不到一半，根据旅客吞吐量与厦门市GDP进行回归分析预测（见本节价值评估部分内容）可以大致看出如果没有特别的利好因素（如两岸三通），到2021年客流量也仅能突破900万人次，可见目前候机楼太过超前的规模是一种很大的资源浪费，导致固定成本太高，折旧额和维修费的数额在很大程度上侵蚀了厦门机场的利润。

（2）部分硬件不能满足发展需要。与候机楼的资源浪费相反，厦门机场的部分硬件设施已经不能满足发展的需要。例如候机楼国际区的设施能力已不能满足国际航线高速发展的需要。近两年来国际航班发展速度较快，在航班高峰时候整个国际区显得特别拥挤，大大影响机场的服务质量。因此，在今后一定时期内，厦门机场虽然无须投入大额的扩建费用，但必须逐年增加改造和维修费用以适应航空业的发展。这一点对我们预测厦门机场将来的资本支出、折旧摊销很有帮助。

（3）价格管制。厦门机场最主要的收入来自于航空运输服务收入，但国家民航总局对航空运输服务收入实行价格管制，也就是说无论机场投资大小、运营成本和服务水平高低，收费标准一刀切。厦门机场是自筹资金进行机场扩建，运营成本较高，软硬件设施全国一流，却与其他机场收取一样的费用，这显然不能体现服务的价值差异。因此，厦门机场未来航空主业收入基本上只能保持与客流量同步增长。也就是说，我们在预测厦门机场未来收入时，主要考虑客流量变化对收入的影响，而忽略价格变化对收入的影响。

厦门机场的其他收入也基本上与航空业务密切相关，收入结构较为单一。这些收入受地区的经济发展程度和旅客吞吐量等客观因素的影响很大，比较难以发挥公司自身的主观能动性去开拓市场。

（4）资本结构不合理。厦门机场虽然具有大量稳定的现金流入，但现金主要存在银行或拆借给母公司，缺乏资本收益率良好的长期投资，而且零负债的债务结构不能充分发挥财务杠杆的作用，致使公司的融资成本较高。这对我们计算厦门机场的资本成本将有重大影响。

3．机会（Opportunities）

（1）我国民航业前景光明。航空运输的发展主要取决于一个国家的宏观经济形势和经济政策。中国国民经济在21世纪将保持持续快速增长，人民生活水平将不断提高，这是我国航空业发展的原动力。在整体经济发展的推动下，我国民航业近年来发展速度迅猛，据空客和波音公司的预测，中国将发展成为世界第二大航空市场，中国国内航空市场的年平均增长率将达到9%，其中旅客年平均增长率将达到

4.9%。

上述信息和数据无疑对我们预测厦门机场未来的经营业绩增长情况有很大的帮助。

(2) 所处地理位置优越。厦门是位于闽东南地区核心位置的区域性中心城市，也是我国早期开放的经济特区之一，特别是与台湾隔海相望，是两岸关系的前沿阵地。随着大陆和台湾的经贸往来日趋密切，两岸直接三通已是大势所趋，而厦门市又是三通的首选城市之一。厦门机场近几年的软硬件建设也为两岸三通做好了充分的准备。此外，厦门位于东南亚国家、港澳台地区连接中国大陆西部的中心地带，是东南亚国家与国内地区中转的最佳选择，具备发展国际中转航线网络的天然优势，近几年厦门机场国际航班的快速增长充分说明了这一点。

近几年厦门市的产业结构调整取得了很大的成绩，越来越多的跨国公司、世界500强企业把目光投向厦门，这为厦门机场带来了极大的发展机遇。

此外，厦门市的"大旅游"和"会展经济"发展规划也是厦门机场发展的新契机。旅游业的发展为厦门机场带来了源源不断的客流量。厦门机场作为会展客人出入的主要港口，是会展经济的主要受益者之一。

4. 威胁（Threats）

(1) 厦门及周边地区人口规模相对较小，经济总量有限。厦门市人口有限，本地及周边地区的航空旅客的增长潜力已经不大，再加上闽南地区经济总量偏小，厦门机场的航空旅客运输业已经遇到不可避免的瓶颈问题。

(2) 厦门周边地区的机场密度大。厦门周边有晋江机场、汕头机场、武夷山机场、龙岩机场、福州机场等。除了被厦门机场的母公司厦门国际航空港集团公司重组的龙岩机场和福州机场外，其余周边机场对厦门机场主业的发展构成了很大的竞争压力。

(3) 公路和铁路的线路增加、速度加快、服务质量好转。近年来我国省市间高速公路建设速度加快，公路运输班次多、频率高、价格便宜，在很多空调豪华车中实行航空式服务，深受旅客的欢迎，挑战的矛头直指民航运输。

二、会计与财务分析

厦门机场的财务报表历年来均取得标准无保留意见的审计报告，因此我们认为其会计信息还是较为可靠的，能够为我们接下来的价值评估提供坚实的数据基础①。

① 由于会计分析并非本部分内容重点，因此此处简单以审计报告作为会计信息质量的判断标准，详细的会计分析方法可以参考本书方法论部分以及四川长虹和青岛海尔案例分析。

表 12－16 列示了厦门机场近年来的净资产收益率及其主要驱动因素的变化趋势。

表 12－16　　厦门机场净资产收益率及其主要驱动因素

年　份	净资产收益率	销售净利率	资产周转率	权益乘数
2002	4.08%	25.03%	0.15	1.09
2003	3.25%	20.87%	0.15	1.04
2004	6.42%	29.22%	0.20	1.10
2004 年行业标准值①	5%	7.44%	0.40	1.68

由上表我们发现，厦门机场历年来的销售净利率都很高，远远超过了行业平均水平，但净资产收益率却不太高。究其原因主要是资产周转率和权益乘数过低。资产周转率较低是航空运输业企业的共同特征，而权益乘数较低与厦门机场的财务管理政策有关。以下我们分别探讨厦门机场的经营管理水平、资产管理水平、偿债能力和发展能力。

1. 经营管理水平分析。表 12－17 列示了厦门机场近年来的损益表结构比例。

表 12－17　　厦门机场损益表结构

项　目	2004 年	2003 年	2002 年
主营业务收入	100%	100%	100%
主营业务成本	51.72%	60.68%	54.77%
主营业务税金及附加	3.89%	4.26%	4.21%
主营业务利润	44.38%	35.07%	41.02%
其他业务利润	1.17%	1.82%	1.61%
营业费用	0.82%	1.17%	0.71%
管理费用	8.96%	13.45%	14.11%
财务费用	－1.10%	－3.00%	－2.93%
营业利润	36.87%	25.27%	30.74%
投资收益	0.29%	0.06%	0.11%
营业外收入	0.29%	0.07%	0.05%
营业外支出	0.28%	0.00%	0.07%
利润总额	37.17%	25.40%	30.82%
所得税	5.36%	4.53%	5.79%
净利润	29.22%	20.87%	25.03%

① 本部分行业平均值均取自国务院国有资产监督管理委员会统计评价局制定的《企业绩效评价标准值》，经济科学出版社。

由上表可以看出，厦门机场的主营业务成本率很低，因而主营业务利润率处于较高的水平，2003年和2004年分别为35.07%和44.38%。相比之下，航空运输业这两年的平均主营业务利润率仅为-8.2%和9.1%。同时，厦门机场的营业费用和管理费用也都得到了较好的控制。由于厦门机场的现金较为充裕，而且母公司拆借资金的利率较高，所以财务费用一直为负数。这些因素使得厦门机场拥有较高的销售净利率。

2. 资产管理水平分析。我们通过应收账款周转率、流动资产周转率和总资产周转率三个指标来简单分析厦门机场的资产管理水平，如表12-18所示。

表12-18　　厦门机场的资产管理水平

项　目	2000年	2001年	2002年	2003年	2004年	2004年行业平均值
应收账款周转率	8.13	6.32	4.85	5.13	7.63	8.3
流动资产周转率	0.69	0.53	0.5	0.43	0.66	1.6
总资产周转率	0.14	0.14	0.15	0.15	0.2	0.4

由上表可以看出，厦门机场的资产管理水平较低。这一方面与航空运输企业固定资产比重较高有关（厦门机场2004年底固定资产占总资产比率约为65%），另一方面是对集团公司的代收航空主业收入款结算不及时造成的，虽然与母公司资金往来的财务风险很低，但从上市公司财务独立性的角度出发，厦门机场应加快与母公司航空主业收入的结算速度。

3. 偿债能力分析。我们使用速动比率、流动负债比率和资产负债率等三个指标来简单考察厦门机场的偿债能力。

表12-19　　厦门机场的偿债能力

项　目	2000年	2001年	2002年	2003年	2004年	2004年行业平均值
速动比率	354%	392%	423%	1 277%	575%	63%
现金流量负债比率	125%	86%	102%	682%	572%	5.90%
资产负债率	12%	10%	7%	3%	4.64%	60.30%

从上表三个简单的比率可以看出，厦门机场的长短期偿债能力特别强健，原因是一方面现金流入稳定而且充裕，另一方面公司的流动负债和长期负债很少，仅有的少量长期负债均为财政无息贷款。这种情况对公司有利有弊：有利之处在于这种负债比率极低的资本结构为公司今后购进有潜在价值的资产创造了很好的融资条件；不利之处在于没有充分发挥财务杠杆的作用，因为保持适度的财务杠杆比率有

利于公司降低融资成本。从总体看厦门机场的偿债能力都大大优于行业平均水平，偿债风险极低且具有较大的债务融资空间。

4. 发展能力分析。我们通过主营业务收入平均增长率和资本扩张率来考察厦门机场的发展能力，如表 12－20 所示。

表 12－20　　厦门机场发展能力

项　目	2000 年	2001 年	2002 年	2003 年	2004 年	2004 年行业平均值
主营业务收入增长率	4.95%	0%	5.72%	－0.03%	37.56%	6.10%
资本扩张率	2.08%	0.99%	2.59%	4.56%	－2.50%	5.70%

由上表可以看出，由于旅客吞吐量的增长，厦门机场的主营业务收入在 2004 年有迅猛增长，公司在未来很有希望依托客流量的复苏逐渐在财务效益和公司发展上有所起色。此外，由于厦门机场一直保持较高的股利发放政策（如表 12－21 所示），因此其资本扩张率处于较低的水平。

表 12－21　　厦门机场的股利发放政策

年份	每股股利（元）	股数（万股）	股利（万元）	净利润（万元）	股利发放率
2000	0.1	27 000	2 700	5 143	52.50%
2001	0.15	27 000	4 050	5 149	78.66%
2002	0.1	27 000	2 700	4 786	56.41%
2003	0.4	27 000	10 800	3 988	270.81%
2004	0.5	27 000	13 500	7 682	175.74%

三、厦门机场价值评估——基于现金流量模型

（一）确定折现率

采用现金流量折现模型时，必须确定公司的加权平均资本成本，并以此作为未来自由现金流量的折现率。计算加权平均资本成本必须分别计算权益资本成本和债务资本成本。厦门机场 2004 年底的资产负债率仅为 4.6%，且没有短期借款、应付票据、长期借款、应付债券等有成本的债务。我们假设厦门机场在价值评估期间内将保持目前接近“零负债”的债务结构。

1. 计算权益资本成本 R_s。我们可以通过资本资产定价模型来确定厦门机场的权益资本成本 R_s。并做出如下假设：

（1）以 2004 年 3 年期凭证式国债利率 2.52%作为无风险利率；

（2）由于风险溢价与所在国家的经济波动、政治风险和市场结构有关，本文以常用的新兴金融市场的风险补偿率 7.5%来计算风险溢价。

（3）权益 β 是衡量公司系统风险的指数，估计权益 β 必须对股票收益率做相对于市场收益率的回归分析。通过国泰君安研究所提供的 β 系数值，我们可以查阅厦门机场的权益 β 为 0.66008。

根据上述数据，我们可以计算出厦门机场的权益资本成本：

$R_s = 2.52\% + 0.66008 \times 7.5\% = 7.47\%$。

2. 计算债务资本成本 R_b（1 - T）。由于厦门机场历年来资产负债率极低，且均为无成本债务，因此我们可以认为厦门机场的债务资本成本为 0。

3. 计算加权平均资本成本 R_{WACC}。由于厦门机场债务资本成本为 0，因此 $R_{WACC} = R_s = 7.47\%$。

（二）测算自由现金流量

由于公司自由现金流量 = 净利润 + 利息费用 ×（1 - 税率）+ 折旧和摊销 - 资本支出 - 营运资本变动，因此测算厦门机场自由现金流量需要预测以下基本数据：

1. 收入。在进行收入预测时，我们作出如下假设：（1）中国目前的政治环境、法律法规、经济状况以及有关政府政策无重大变化（暂不考虑三通的可能性）；（2）国家关于利率与汇率的规定无重大变化；（3）厦门机场航空运输业继续保持稳步发展，无重大变化；（4）厦门机场的服务经营状况不会因出现不可抗拒的因素而中断或延误。

厦门机场的主要收入包括航空运输收入和候机楼租金收入，这些收入基本上都是与旅客吞吐量挂钩的，我们可以假定厦门机场收入的增长率等于旅客吞吐量的增长率。因此预测在厦门机场进出港的旅客吞吐量是预测收入的重要数据来源。

为了预测厦门机场未来的收入，我们首先使用回归模型来预测厦门机场未来的旅客吞吐量。在寻找旅客吞吐量回归预测中的自变量指标时，我们不难发现厦门市的国内生产总值、人口数、旅游人数、城市居民平均可支配收入等自变量指标都是影响机场旅客吞吐量的因素，其中厦门市的 GDP 是影响厦门机场旅客吞吐量的最主要因素。为了简化预测，我们只采用厦门市 GDP 单变量来进行简单一元回归分析。

我们收集了 1991—2004 年间厦门机场旅客吞吐量和厦门市 GDP 数据，如表 12 - 22 所示：

表 12-22　　1991—2004 年间厦门机场旅客吞吐量和厦门市 GDP 数据

年　份	旅客吞吐量（万人）	厦门市 GDP（亿元）
1991	149.21	72.00
1992	196.45	97.67
1993	232.42	132.32
1994	265.54	187.04
1995	317.09	250.55
1996	326.74	299.94
1997	322.44	358.71
1998	349.56	403.17
1999	338.00	440.54
2000	355.15	501.87
2001	373.74	558.33
2002	425.86	644.87
2003	429.64	760.00
2004	557.63	883.00

我们以上表中厦门机场的旅客吞吐量为因变量 Y，以厦门市 GDP 为自变量 X 建立回归模型，并运用 SPSS 统计软件对线形模型、对数模型和乘幂模型进行测试，结果输出如表 12-23。

表 12-23　　模型摘要和参数估计

	模型摘要			参数估计	
	R 平方	F 值	显著水平	常数项	系数项
线性模型	0.921	140.222	0.000	173.021	0.397
对数模型	0.898	105.444	0.000	-399.102	126.883
乘幂模型	0.949	223.864	0.000	27.094	0.426

The independent variable is GDP.

由表 12-23 可见，三个模型均具有较高的统计显著性（P-value 均小于 0.001）。一般而言，$R^2>0.9$ 的估计模型为优，$0.8\leqslant R^2\leqslant 0.9$ 的估计模型为良，$0.5\leqslant R^2\leqslant 0.8$ 的估计模型为一般，$R^2\leqslant 0.5$ 的估计模型为差①。通过以上测试后，我们选择判断系数 R^2 最大的乘幂模型来进行回归分析和趋势预测，该模型相关系

① 吴世农编著：《管理统计学》，江西人民出版社 1997 年版，第 180 页。

数接近 0.95，是一个优秀的估计模型。因此，厦门市 GDP 和厦门机场的旅客吞吐量的关系可以用以下公式表示：

$Y = 27.094X^{0.426}$

为了预测厦门机场 2004 年以后的旅客吞吐量，我们取得了厦门市 2005—2021 年 GDP 分阶段增长情况测算。按照《厦门市国民经济和社会发展第十个五年计划纲要》，厦门市 GDP 在 2006—2011 年间年均增长率为 12.3%，2011—2021 年间年均增长率为 8.1%。这些数据将成为我们预测厦门机场未来收入的重要依据。

2. 变动成本、费用和税收。我们假定厦门机场未来的平均变动成本率和平均费用率保持稳定，因此依据厦门机场近年来的平均变动成本率和平均费用率总和约为 73%，并结合前面的收入预测来估计厦门机场未来的变动成本和费用。所得税率方面，我们采用厦门机场近年来平均的实际所得税率 16.71% 计算。

3. 利息费用。由于厦门机场基本上不依靠债务融资，因此利息费用基本为 0，财务费用也一直为负数。我们假设厦门机场的这一资本结构特征在未来不会改变，利息费用仍为 0。

4. 折旧和摊销。由于厦门机场的固定资产使用年限大多在 10 年以上（房屋建筑物 30 年、机器设备 10—20 年），采用直线法进行摊销，近年来平均折旧额约为 6 500 万。根据前面的旅客吞吐量估计，到 2021 年厦门机场的旅客吞吐量约为 923 万，尚在厦门机场候机楼的设计能力 1 000 万之内，因此我们估计厦门机场未来折旧额不会有太大增长。

摊销主要包括无形资产摊销、长期待摊费用摊销、待摊费用的减少及预提费用的增加。我们预测的摊销比率根据近年来平均摊销额占同期平均收入总额的百分比（约 2%）计算，也即预计摊销数额 = 预计收入 × 2%。

5. 资本性支出。资本性支出主要包括购建固定资产、无形资产和其他长期资产（如大修理费用、设备更新换代等）所支付的现金。机场行业的一个特点是资本性支出是周期性的，扩建阶段的资本性支出较大，一旦扩建完成后资产的利用率应逐渐升高，而且相当长一段时间内无须再进行大的投资。厦门机场候机楼 1996 年底投产，根据前面所做的客流量预测，现有候机楼的设计能力再过 20 年都不会超负荷。因此我们预计厦门机场在预测期内不会有大的资本性支出项目。但是，由于设施设备使用年限的逐渐增加和航空业的不断发展，日常性资本支出仍可能会逐年增加。根据近年来厦门机场日常性资本支出占总收入的比率，我们假设厦门机场未来日常性资本支出占当年总收入的 6%。

6. 营运资本变化。营运资本变化主要包括存货和经营性应收应付项目的变化。从长远来看，随着收入总额的增长，经营性应收项目（特别是应收账款）也会随之增加，即现金流入减少。因此预测营运资本的变化应与收入的增长率挂钩。营运资本变化比率按近年来厦门机场营运资本变化占同期平均收入总额的百分比 0.68%

计算，因此预计营运资本的变化 = 预计收入总额 × 0.68%。

7. 预测期的确定。机场行业的收入业绩和现金流量情况与其规模大小有极大的关系。厦门机场1996年投产的机场二期扩建工程的设计客流量为1 000万人次。而根据我们的预测，厦门机场的旅客吞吐量在2021年左右将接近这一数字，因此可能有大的改、扩建工程，这使得厦门机场2021年后的收入业绩和现金流量情况具有极大的不确定性，所以我们的预测年限为2005—2021年。

在上述预测的基础上，我们可以通过表12－24来预测厦门机场2005—2021年的公司自由现金流量。

表12－24　　厦门机场公司自由现金流量预测　　（单位：万元，除已标示）

年份	吞吐量（万人）	GDP（亿元）	收入	成本费用税金	利润	净利润	折旧	摊销	日常性资本支出	营运资本	自由现金流量
2005	505	959	23 799	17 373	6 426	5 352	6 500	476	1 428	162	10 738
2006	528	1 066	24 903	18 179	6 724	5 600	6 500	498	1 494	169	10 935
2007	553	1 186	26 058	19 022	7 036	5 860	6 500	521	1 563	177	11 140
2008	578	1 319	27 266	19 904	7 362	6 132	6 500	545	1 636	185	11 356
2009	605	1 468	28 531	20 828	7 703	6 416	6 500	571	1 712	194	11 581
2010	633	1 632	29 854	21 794	8 061	6 714	6 500	597	1 791	203	11 817
2011	663	1 816	31 239	22 804	8 435	7 025	6 500	625	1 874	212	12 063
2012	685	1 963	32 293	23 574	8 719	7 262	6 500	646	1 938	220	12 251
2013	708	2 122	33 382	24 369	9 013	7 507	6 500	668	2 003	227	12 445
2014	732	2 294	34 509	25 191	9 317	7 760	6 500	690	2 071	235	12 645
2015	757	2 479	35 673	26 041	9 632	8 022	6 500	713	2 140	243	12 853
2016	782	2 680	36 876	26 920	9 957	8 293	6 500	738	2 213	251	13 067
2017	808	2 897	38 120	27 828	10 292	8 573	6 500	762	2 287	259	13 289
2018	836	3 132	39 406	28 767	10 640	8 862	6 500	788	2 364	268	13 518
2019	864	3 386	40 736	29 737	10 999	9 161	6 500	815	2 444	277	13 754
2020	893	3 660	42 110	30 740	11 370	9 470	6 500	842	2 527	286	13 999
2021	923	3 956	43 531	31 777	11 753	9 789	6 500	871	2 612	296	14 252

（三）估算厦门机场的价值

1. 估算2005—2021年公司自由现金流量的现值PV_1。由于我们已经计算出厦门机场的加权平均资本成本R_{WACC} = 7.47%，将其作为折现率，对上表中2005—2021年间厦门机场的公司自由现金流量进行折现，得出PV_1 = 114 264万元。

2. 估算 2021 年后公司自由现金流量的现值 PV_2。我们假设厦门机场自 2021 年公司自由现金流量增长达到稳定的状态，且稳定增长率 g 等于 2005—2021 年间自由现金流量的平均增长率 3.8%。因此，我们可以计算出厦门机场 2021 年后公司自由现金流量的现值 PV_2：

$$PV_2 = \frac{F_{2021} \times (1+g)}{(R_{WACC}-g) \times (1+R_{WACC})^n} = \frac{14\ 252 \times (1+3.8\%)}{(7.4\%-3.8\%) \times (1+7.47\%)^{17}}$$
$$= 118\ 447 \text{ 万元}$$

3. 估算公司价值。上述 PV_1 和 PV_2 合计为 232 711 万元，考虑到 2004 年 12 月 31 日厦门机场的非经营性资产约 3 亿元（主要为短期投资 2.5 亿元和长期股权投资 0.41 亿元），厦门机场 2004 年 12 月 31 日的公司价值约为 262 711 万元。由于 2004 年 12 月 31 日厦门机场没有短期借款、应付票据、长期借款、应付债券等非自然形成债务，其债务的市场价值为零。因此，厦门机场股权价值等于其公司价值 262 711 万元。

4. 估算每股价值。厦门机场 2004 年 12 月 31 日的总股本为 27 000 万股，用股权评估价值 262 711 万元除以总股本，即可得到厦门机场 2004 年 12 月 31 日的每股价值约为 9.73 元。

但是，由于我国上市公司存在特殊的“股权分置”现象，因此在计算每股价值时应当考虑到非流通股的折扣率问题。厦门机场的非流通股比率为 75%，由于下列原因，我们认为厦门机场非流通股折扣率不高：（1）机场行业属于公共基础设施行业，具有半垄断性质，未来预期现金流量安全稳定，非流通股虽然流动性差，但可以长期持有，因此流动性差的特点并不会太大地影响该部分股权的价值；（2）由于厦门机场信誉良好，且固定资产占总资产的比重较高，因此即使急需现金也容易采用抵押方式取得现金，这再一次降低了该部分股权的非流动性折扣率；（3）厦门机场属于资产优良、有一定知名度且经营风险较小的企业，因此非流通股在交易时并不会增加太多的交易费用（1996 年发行费用也仅占发行总市值的 3%左右）。综合上述考虑，我们假定厦门机场非流通股的折扣比率为 20%。在此情况下，厦门机场每股价值调整为：

$$\frac{262\ 711}{27\ 000 \times 75\% \times (1-20\%) + 27\ 000 \times 25\%} = 11.45 \text{ 元}$$

（四）敏感性分析

我们在对厦门机场的价值评估过程中，对厦门机场未来的收入、资本性支出、资本结构、预测期后的增长率、非流通股折扣率等重要基本数据进行了预测。为了测算上述预测的准确性对厦门机场价值评估的影响，我们进行相关的敏感性分析，如表 12－25 所示。

表 12-25　　　　　　　　厦门机场价值评估敏感性分析

			悲观估计		正　常	乐观估计	
收　入	收入	变化率	-10%	-5%	0	5%	10%
	公司价值	变化率	-4.50%	-2.20%	0	2.20%	4.50%
		变化值	-11 724	-5 830	0	5 830	11 724
	每股价值		10.94	11.19	11.45	11.7	11.96
资本性支出			悲观估计		正　常	乐观估计	
	资本性支出	变化率	-10%	-5%	0	5%	10%
	公司价值	变化率	1.50%	0.80%	0	-0.80%	-1.50%
		变化值	3 950	1 975		-1 975	-3 950
	每股价值		11.62	11.53	11.45	11.36	11.27
R_{WACC}			悲观估计		正　常	乐观估计	
	R_{WACC}	变化率	-10%	-5%	0	5%	10%
	公司价值	变化率	21%	9.30%	0	-7.50%	-14.1%
		变化值	55 654	24 330	0	-19 928	-36 972
	每股价值		13.87	12.51	11.45	10.58	9.84
稳定期增长率			悲观估计		正　常	乐观估计	
	稳定期增长率	变化率	-10%	-5%	0	5%	10%
	公司价值	变化率	-4.20%	-2.20%	0	2.50%	5.20%
		变化值	11 113	-5 830	0	6 467	13 681
	每股价值		10.96	11.19	11.45	11.73	12.04
非流通股折扣率	非流通股折扣率		40%	30%	20%	10%	0%
	每股价值		13.9	12.55	11.45	10.52	9.73

从上面的敏感性分析表中我们可以看出，加权平均资本成本 R_{WACC}的变化对厦门机场股权价值的影响最大，当 R_{WACC}降低 10%时公司价值将提高 20%，这提醒我们在进行价值评估时对加权平均资本成本的取数应当十分谨慎。相比之下，收入、资本性支出、稳定期增长率的变化对厦门机场股权价值影响较小，一般都控制在 5%以内。

此外，非流通股缺乏流动性的折扣率对于流通股每股股票价值的影响很大，对非流通股流动性的判断将会较大程度地影响对流通股每股价值的估计。上市公司非流通股的交易费用、对未来业绩的预测、公司资产规模结构、股权交易类型是否涉及控制权转移、对股权自由流通时间的预期等诸多因素都会影响到折扣率。上表计算出 0~40%折扣率对应的流通股每股价值。

四、分析结论和投资建议

运用折现现金流量模型，我们通过一系列的假设前提得出厦门机场 2004 年 12 月 31 日的股权理论价值 262 711 万元，上市流通股理论上的每股价值 11.45 元。通过敏感性分析，我们估计厦门机场公司的股权价值区间约为 22 亿—28 亿，流通股每股价值区间约为 9.8—12 元。

相对于厦门机场 2004 年 12 月 31 日的收盘价 7.19 元，我们认为厦门机场的股价有所低估，再考虑到机场行业本质上属于公共事业性质，未来现金流量安全稳定，投资风险小，加上对两岸关系的良好预期，我们认为厦门机场股票有较大的升值潜力，适合进行长期投资。

第四节　国电电力价值评估案例①

一、公司背景分析

国电电力发展股份有限公司（以下简称“国电电力”）是 1992 年 12 月 31 日以定向募集方式设立的股份有限公司，1997 年 3 月 18 日在上海证券交易所挂牌上市。国电电力目前的业务范围主要包括：电力、热力生产、销售，电网经营；新能源项目、高新技术、环保产业的开发及应用；信息咨询等。公司的主营业务主要是电力、热力产品的生产和销售。截至 2004 年 12 月 31 日，国电电力的资产规模已经达到 314 亿，2004 年主营业务收入约 78 亿，实现净利润 8.36 亿。

进入新世纪后，国电电力的发展速度明显加快，资产规模从 2000 年的 85.13 亿元，发展到 2004 年的 314 亿元，增长了约 4 倍。然而，我们发现国电电力的所有者权益并没有伴随着其资产规模的快速扩张而同步增长，而负债率却从 2000 年的 43.59%猛增到 2004 年的 68.17%。表 12－26 列示了国电电力近年来资产构成的变化情况。

① 该案例部分内容参考蓝福胜：“国电电力的价值评估”，厦门大学硕士论文打印稿，2004 年。但估值方法与该论文所采用的估值方法完全不同。

表 12－26　　国电电力近年来资产构成

项　　目	2000 年	2001 年	2002 年	2003 年	2004 年
资产	85.13	88.83	176.92	227.49	313.31
负债	37.11	36.5	112.59	149.97	213.54
所有者权益	39.86	42.78	48.19	54.14	66.62
资产负债率	43.59%	41.10%	63.64%	65.92%	68.17%

资料来源：国电电力历年年度财务报告。

由上表可见国电电力的规模扩张主要是通过增加负债来实现的。负债水平的提高虽然可以充分发挥财务杠杆的作用，但同时也伴随着财务风险的增加。因此，在后面的分析中应给以足够重视。此外，在接下来预测国电电力未来业绩时也必须考虑这一资本结构特点。

在经营业绩方面，国电电力的主营业务收入和净利润自上市以后都取得了巨大的增长，主营业务收入从 1997 年的 2.06 亿增长到了 2004 年的 77.52 亿，增长了 37 倍多；净利润从 1997 年的 0.75 亿增长到了 2004 年的 8.37 亿，增长了 11 倍多。图 12－6 显示了国电电力的主营业务收入和净利润自上市以后的变化趋势。

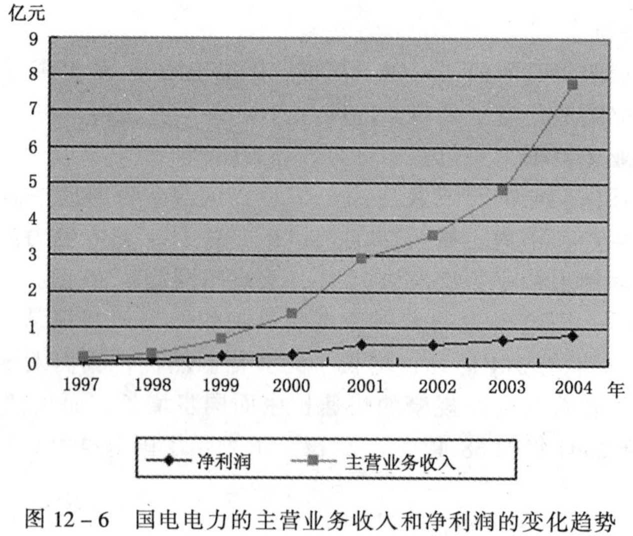

图 12－6　国电电力的主营业务收入和净利润的变化趋势

国电电力经营业绩的这种跳跃式增长与其行业背景和公司战略有密切的关系，我们将在随后的内容中进一步分析，并判断这一发展趋势是否能在未来得以保持。

二、行业与战略分析

（一）我国电力工业发展趋势分析

电力工业的发展与宏观经济运行状况的有着极强的相关性，影响我国电力工业发展的主要影响因素包括GDP增长率、经济结构的调整和产业结构的升级、人口增长和人民生活水平的提高。首先，我国国民经济持续、快速、健康的发展将进一步推动电力工业的快速发展。十六大报告明确指出，国内生产总值到2020年力争比2000年翻两番。由于经济发展和电力需求存在极强的正相关，所以中国经济的快速发展必将进一步拉动中国电力工业的快速发展。其次，中国“重工业化”阶段的到来，将极大地促进电力需求的增长。在产业结构调整和产业结构不断升级的同时，国家提出西部大开发和振兴东北战略，这些战略都要求国家对基础设施建设继续保持较大的投资力度。工业化水平的提升仍然会在相当长时间内引导中国第二产业的比重上升，水泥、钢铁、机械等高耗能产业的快速发展，将极大地促使电力工业的快速发展。最后，人口的增长、居民生活水平的提高和城镇化的加快，将促使电力消费的快速增长。综上分析可见，我国电力工业未来的发展前景较好。

（二）行业获利能力分析

1. 替代产品分析。生产可相互替代产品的企业主要有水力发电、核电、风力发电等企业。水力发电的成本比煤电低得多，由于受气候影响大，虽然在某些时段对煤电造成一定的冲击，但仍然无法取代火电在中国的统治地位（我国目前火电比重达81%）。随着技术的不断进步，核电也得到了一定的发展，但高成本和核恐惧严重影响了核电的市场前景。风力发电虽然具有低污染优势，但它同样面临着高成本、高技术和自然气候环境的严重制约。因此，总体而言其他发电类型对煤电企业获利能力的影响有限。

2. 进入和退出壁垒。一方面，发电行业是资金和技术密集型的企业，且设备专用性强，因此其进入和退出壁垒都比较高。另一方面，由于政策壁垒的逐渐解除，许多资金和技术雄厚的外资企业、民营企业着手大举进入发电行业。外资和民营企业的进入，必然进一步加剧上网电价的竞争，因此，原有发电企业的获利空间将在一定程度上受到影响。

3. 供应商的讨价还价能力。火力发电企业的供应商主要是煤炭企业和发电设备制造商。随着重工业化阶段的来临，中国对煤炭资源的需求越来越大，从而推动煤炭价格的上涨，可能导致发电企业的成本上升，发电企业的盈利将会有一定程度的下降。对于发电设备制造商来说，由于设备专用性较强，所以对发电企业获利能力的影响都是极为有限的。

4. 顾客的讨价还价能力。随着电力体制改革的不断深入和全国大电网的形成，用电户将可能在全国范围内选择供电单位。这将打破当前的垄断局面，加剧全国发电企业之间的竞争，从而导致客户讨价还价能力的增强。

综上分析，我们认为随着中国电力供应紧张局面的基本缓解、竞争的加剧、发电成本的上升和顾客讨价还价能力的增强，发电类企业的获利能力将在一定程度上下降。同时，我们必须注意到，发电企业属于资金密集型行业，规模效益体现得特别明显。因此，在行业竞争日趋激烈的条件下，主要发电企业必将通过各种方式，不断扩大规模以实现规模经济效益，以达到降低运行成本的目的。国家五大发电集团的组建，标志着中国发电企业向集团化发展的进程已经正式拉开了帷幕。

通过对我国电力行业未来发展趋势的预测，我们可以认为国电电力未来的销售收入和资产规模将进一步扩张，但销售净利率可能有所下滑，这对于我们预测国电电力未来的剩余收益有重要的指导意义。

（三）国电电力的 SWOT 分析

1. 优势分析

（1）规模优势。电力行业是资金和技术密集型行业，规模效益非常明显。目前，国电电力在全国范围内积极开发和建设中大型火电厂及水电厂。截至 2004 年末，国电电力运行发电能力达到了 1 030 万千瓦，权益装机容量已达到 566 万千瓦，位居国内电力上市公司第三位，仅次于华能国际和长江电力。由此可见国电电力具有较为明显的规模优势。

（2）股东背景优势。2003 年，中国国电集团公司成为国电电力的控股股东。中国国电集团公司是经国务院批准，在原国家电力公司部分企事业单位基础上组建的五大全国性发电企业集团之一，注册资本达到了 120 亿元。中国国电集团公司明确表示：国电电力作为中国国电集团公司的控股企业，是国电集团在国内资本市场上直接融资的窗口，在中国国电集团公司盘活存量资产等方面将发挥重要的不可替代的积极作用。控股股东独特的背景优势，为国电电力未来的发展奠定了坚实的基础。

（3）地域优势。国电电力所属发电厂主要分布在山西、辽宁、四川、宁夏、云南、上海和浙江等省。除了云南和宁夏之外，上述省市发电量均高于全国平均水平。此外，山西丰富的煤炭资源，四川、云南丰富的水资源，将为火力和水力发电提供得天独厚的成本优势；西部大开发和振兴东北经济战略的实施，使四川、宁夏、云南、辽宁等省经济的发展指日可待，而上海和浙江都是我国目前经济最发达的地区。因此，国电电力的地域优势较为明显。

2. 劣势分析

（1）收入结构单一。国电电力的收入主要来源于供电收入，供电业务提供的利润贡献超过了国电电力总利润的90%。虽然单一的业务有利于国电电力专注于核心竞争力，但是一旦电力市场发生不利变化，国电电力将面临较大的经营风险。

（2）资产负债率较高，持续融资能力受限。从前面对国电电力的基本情况分析中可知，国电电力通过大量举债来弥补规模扩张的巨大资金缺口，导致资产负债率远高于行业平均水平，这将使得国电电力未来筹资能力受到较大的限制，同时也加大了国电电力的财务风险和财务费用负担。

3. 机会分析

我国国民经济近年来保持着平稳快速增长的良好势头，经济总量不断壮大，人均国民生产总值已经突破1 000美元，产业结构不断调整和产业结构的升级不断加快，固定资产投资加快，对外贸易总额不断扩大，居民储蓄水平一直保持着较高的水平。上述因素无疑为国电电力的快速发展提供了良好的外部环境。此外，中国电力体制的改革为发电企业的重组提供了良好的机会，国电电力完全可以依靠其控股集团公司的特殊背景，充分利用自身的优势，通过优质资产的划拨、转让、重组、扩建等方式，快速实现规模优势。

4. 威胁分析

（1）电力体制改革风险。随着我国电力体制改革的不断深化，“厂网分开，竞价上网”正在逐步实施，同时电力市场改革也正处在局部地区试验阶段。改革方案的实施一方面为国电电力的发展提供了机遇，但另一方面也使国电电力面对着更大的挑战。作为国家电力公司背景的上市公司，随着改革的不断深入，其原享有的宏观经济政策优势、税收政策优势等将慢慢丧失，这些都可能对国电电力的经营业绩产生不利影响。

（2）电价竞争风险。电价形成机制的改革使得各电力终端用户有权根据自己的需要选择发电企业。在这种情况下，上网电价将成为电量能否上网的决定因素。同时，由于不同投资主体的不断进入，到2007年左右我国电力供应紧张的局面将得到基本缓解。这意味着，发电企业之间的竞争将在2007年后变得日益激烈。如果国电电力到时无法在上网电价方面取得竞争优势，其上网电量必将受到极大影响，企业的盈利能力将受到很大的限制。

（3）煤炭价格上涨的影响。煤炭价格的变化，必将对火力发电企业生产经营成本造成极大的影响。由于当前煤炭价格尚未完全放开，依靠国家控制发电类企业依然可以获得远低于市场价格的电煤。但煤炭价格的完全市场化是大势所趋，煤炭价格的上涨将严重影响国电电力的盈利能力。

（4）环境污染的威胁。经济的可持续发展、人民生活水平的不断提高都对环境保护提出了更高的要求，并且越来越受到政府部门的重视。更加严格的环境保护要求，必将促使火力发电企业在环保方面加大投入，增加成本，从而导致利润率下降。

三、会计与财务分析

国电电力近几年来一直聘请辽宁天健会计师事务所有限公司对其财务报告进行审计。辽宁天健会计师事务所有限公司连续五年对国电电力的财务年度报告出示了无保留意见的审计报告，因此我们认为国电电力的会计信息质量较为可靠[①]，能够成为我们进行价值评估的数据基础。

（一）净资产收益率总体分析

表 12－27 列示了国电电力近年来净资产收益率及其驱动因素的变化情况。

表 12－27　　国电电力净资产收益率及其驱动因素

	2001 年	2002 年	2003 年	2004 年
净资产收益率	12.91%	11.42%	12.47%	12.56%
销售净利率	17.46%	15.18%	13.93%	10.80%
总资产周转率	0.36	0.27	0.24	0.25
权益乘数	2.08	2.79	3.74	4.66

由上表可见，国电电力的净资产收益率一直保持在一个较高的水平（2004 年电力生产行业平均净资产收益率仅为 6.2%），且波动幅度很小，这显示出了国电电力稳定的盈利能力。进一步分析净资产收益率的驱动因素，我们发现国电电力的销售净利率呈现出明显的下滑趋势，从 2001 年的 17.46% 下降到了 2004 年的 10.80%，降幅接近 40%。同时，国电电力的总资产周转率也有明显下滑，从 2001 年的 0.36 下降到了 2004 年的 0.25，降幅接近 30%。国电电力之所以能够在销售净利率和总资产周转率均大幅下降的情况下，还能够保持较为稳定的净资产收益率，主要是依靠权益乘数的提高——从 2001 年的 2.08 上升到了 2004 年的 4.66，升幅达到了 124%。

（二）经营管理效率分析

表 12－28 列示了国电电力近年来损益表结构变化趋势。

---

① 由于会计分析并非本部分内容重点，因此此处简单以审计报告作为会计信息质量的判断标准，详细的会计分析方法可以参考本书方法论部分以及四川长虹和青岛海尔案例分析。

表 12-28　　国电电力损益表结构变化趋势

	2001 年	2002 年	2003 年	2004 年
主营业务收入	100%	100%	100%	100%
主营业务成本	68.22%	71.62%	70.92%	70.45%
主营业务税金及附加	1.51%	1.43%	1.30%	1.33%
主营业务利润	30.27%	26.95%	27.78%	28.22%
其他业务利润	0.32%	0.19%	0.3%	0.23%
营业费用	0.12%	0.13%	0.32%	0.26%
管理费用	2.52%	2.61%	2.88%	4.74%
财务费用	3.74%	7.12%	7.3%	6.99%
营业利润	24.20%	17.28%	17.59%	16.47%
投资收益	0.29%	3.90%	4.67%	3.23%
利润总额	25.78%	21.28%	21.54%	19.26%

由上表我们可以发现，导致国电电力销售净利润急剧下降的主要原因在于主营业务成本率和期间费用率的提高。由于国电电力属于火力发电企业，近年来煤炭价格的持续上涨是导致国电电力主营业务成本率提高的主要因素。财务费用增长幅度巨大的原因主要是利息费用成倍增长，这显然与国电电力近年来不断扩大债务规模有密切的关系，比如 2004 年向银行累计短期借款就达 28 亿元。此外，管理费用率的巨幅增长也显示出国电电力在运营和管理的各个环节存在缺陷。

（三）资产管理效率分析

由于电力工业属于资本密集型的行业，因此资产管理效率的高低对电力企业获利能力的影响极其显著。表 12-29 列示了国电电力近年来资产周转率指标变化趋势及其同行业平均值的对比情况。

表 12-29　　国电电力资产周转指标及其同行业平均值的对比

	2001 年	2002 年	2003 年	2004 年	2004 年行业平均值
总资产周转率	0.36	0.27	0.24	0.29	0.5
应收账款周转率	6.04	6.73	6.44	8.26	10
存货周转率	15.36	16.90	14.71	13.44	24.7
固定资产周转率	0.40	0.33	0.32	0.36	—

由上表可见，国电电力的各项资产周转率指标均远低于行业平均水平。我们可以把国电电力的总资产分解为流动资产和固定资产的总和，然后分别对其运营状况

进行分析。由上表可见2001—2004年国电电力的存货周转率虽然有所下降（下降了12.5%），但相对于总资产周转率的下降（下降了20%）显然小得多，而2004年应收账款周转率反而比2001年提高了37%。因此，我们可以推测出国电电力总资产周转率的下降主要是由于固定资产周转率下降引起的。引起国电电力固定资产周转率下降的原因可能是这一期间在建工程转为固定资产的数额比较大，而这些在建工程尚未进入运行期，导致营业收入没有同步增长。因此，我们可以预测随着新增固定资产逐渐进入运行期，国电电力的总资产周转率将会有较大的提升。

（四）财务管理效率分析

表12－30列示了国电电力近年来一些偿债能力指标的变化趋势及其同行业平均值的对比情况。

表12－30　　国电电力偿债能力指标及其同行业平均值的对比

	2001年	2002年	2003年	2004年	2004年行业平均值
速动比率	1.28	0.26	0.38	0.58	0.93
资产负债率	41.09%	64.11%	65.92%	67.94%	59%
利息保障倍数	6.89	2.99	2.95	3.18	5.5
现金流量负债比率	89.96%	22.58%	27.05%	28.09	14.5%

由上表可见，国电电力的速动比率偏小，远低于行业平均值，这与国电电力一直通过银行短期借款来补充流动资金有关。同时，由于国电电力一直通过债务筹资进行规模扩张，导致其资产负债率逐年攀升，比行业平均水平高出了约9个百分点。债务规模的扩张也使得国电电力的利息保障倍数一直处于较低的水平。但从现金流量的角度来看，由于国电电力的经营活动现金净流量较为充裕，因此其现金流量负债比率还是高于行业平均水平。

（五）可持续增长率分析

可持续增长率是企业在不提高财务杠杆的情况下，仅利用内部权益所能达到的最高增长率。表12－31列示了国电电力近年来的可持续增长率。

表12－31　　国电电力可持续增长率

	2001年	2002年	2003年	2004年
ROE	12.91%	11.22%	12.47%	12.56%
留存比率	63%	84%	92%	78%
可持续增长率	7.96%	9.42%	11.47%	9.80%

由上表可见，国电电力近年来为了加快扩张的速度，留存比率有所上升。但是由于国电电力的留存比率已经达到较高水平，再想通过提高留存比率来获得可持续增长率的提高的空间已经很小。因此，为了获得较高的可持续增长率，国电电力应该在如何提高企业的 ROE 水平上多下工夫。

四、国电电力价值评估——基于剩余收益模型

（一）确定折现率

由于我们将采用剩余收益模型对国电电力进行价值评估，因此必须计算国电电力的权益资本成本率，并以此作为价值评估时对未来剩余收益的折现率。同厦门机场案例一样，本案例以 2004 年 3 年期凭证式国债利率 2.52%作为无风险利率，并以常用的新兴金融市场的风险补偿率 7.5%来计算风险溢价。我们查阅国泰君安研究所提供的 β 系数值，得到电力类上市公司的平均权益 β 为 0.886036。

根据上述数据，我们可以利用 CAPM 模型计算出国电电力的权益资本成本：

$R_S = 2.52\% + 0.886036 \times 7.5\% = 9.17\%$

（二）测算剩余收益

1. 预测期的选择。电力工业是国民经济的基础工业，其发展和宏观经济的发展密切相关，宏观经济的发展状况对电力工业的发展将产生直接的影响。目前我国电力紧缺的局面使电力行业迎来了一个新的发展高峰。但根据专家预测，到 2007 年我国电力紧张的局面将得到基本缓解。因此，我们认为 2007 年中国电力行业的发展速度将逐渐回落，但 2007 年之前投资的项目的功效将在之后的 2—3 年后逐步发挥。

根据党的十五大所确定的 2010 年实现国内总产值比 2000 年翻一番的基础上，在优化结构和提高效益的基础上，国民生产总值到 2020 年力争比 2000 年翻两番的目标，我们认为选择十五年作为预测时间长度是比较合适的。前面五年是中国电力快速发展的五年，再经过十年时间的调整和发展，中国电力工业将进入一个相对平稳的发展时期。另外，中国经济通过十五年的结构调整，也发展到了一个新的较合理的水平。因此，国电电力作为中国电力企业的代表之一，我们认为经过十五年的发展国电电力也将和中国电力工业的发展一样，进入一个相对平稳的发展时期。

因此，我们将对国电电力未来业绩的预测分为两个阶段：2005—2008 年属于快速发展期，这一期间国电电力的经营业绩和经营规模将有较大的发展；2009—2019 年属于稳定发展期，这个阶段国电电力的发展速度将有所回落，并逐渐趋于稳定。

2. 主营业务收入预测。影响国电电力主营业务收入的主要因素是售电量和电

价水平。如前所述，我国目前电力供应紧张的局面使得国电电力的主营业务收入保持着较高的增长率，2002—2004年的主营业务收入增长率分别为21.43%、36.02%和59.96%。我们假设国电电力在今后的五年的快速发展期内里，发电量增长率保持现有水平，销售电价也保持稳定，即其主营业务收入的增长仍将保持现在的水平。因此，我们取其近三年的算术平均值约40%作为国电电力2004—2008年主营业务收入的增长率。随着我国电力紧张的局面逐步得到缓解，而且电力行业竞争的逐渐加剧也将导致上网电价的下滑，因此我们假设国电电力在2009年进入稳定发展期后其主营业务收入增长率将逐渐下降。根据中国国民生产总值到2020年力争比2000年翻两番的日标计算，在2000—2020年间中国GDP应保持在年增长率为7.18%的水平。由于售电量增长与GDP增长的高度相关性，我们假设国电电力的主营业务收入增长率在2015年左右下降到7%（目前火电行业三年销售平均增长率7.5%左右），随后保持稳定。

3. 净利润预测。从前面的财务分析中我们清楚地看到，虽然国电电力的主营业务收入增长率连创新高，但其销售净利率却呈现出明显的下降趋势，2004年的销售净利率仅为10.8%，比2001年下降了40%。而且，正如前面行业和战略分析中所指出，随着中国电力供应紧张局面的基本缓解、竞争的加剧、发电成本的上升和顾客讨价还价能力的增强，发电类企业的获利能力将进一步降低。因此，我们假设国电电力的销售净利率将继续呈现下滑的趋势，每年的下降幅度约为10%，并从2009年国电电力进入稳定发展期后起开始保持稳定。这样，我们就可以根据主营业务收入增长的预测数据来预测净利润。

4. 总资产预测。由于发电企业属于资金密集型行业，规模效益体现得特别明显，因此组建大发电集团是国电电力的发展方向。国电电力的股东背景优势和地域优势也保证了规模扩张的可行性。企业的资产规模与其销售收入密切相关，在财务分析中我们已经发现国电电力的总资产周转率远低于行业平均水平，这一方面是由于国电电力的资产管理水平有待提高，另一方面是由于国电电力处于规模高速扩张时期，在建工程转为固定资产的数额比较大，而一些在建工程尚未进入运行期，导致营业收入没有同步增长。因此，我们可以预测随着新增固定资产逐渐进入运行期，国电电力的总资产周转率将会有较大的提升。因此，我们假设国电电力的总资产周转率将逐渐提高，并在2009年提高到行业平均水平0.5，此后保持不变。

5. 净资产预测。由前面的分析我们知道，国电电力近年来的规模扩张很大程度上是依靠债务融资实现的，其资产负债率也呈现出逐年上涨的趋势，到2004年底已经达到68%，远高于行业平均水平。由于国电电力的资产负债率已经达到较高的水平，已无多少继续上升的空间，因此我们假设在随后的几年内其资产负债率将保持70%的水平。随着电力供应紧张局面的缓解，国电电力规模扩张的速度和投资力度也必将减缓，因此我们预测国电电力的资产负债率在2009年后将有所下降，并逐步降低到行业平均水平 65%。

在上述预测的基础上，我们可以通过表 12－32 来计算国电电力 2005—2019 年的剩余收益。

表 12－32　国电电力剩余收益预测　（单位：万元）

年　份	主营业务收入	销售净利率	净利润	总资产周转率	总资产	资产负债率	净资产	剩余收益
2005	1 085 295	9.72%	105 491	0.33	3 288 774	0.70	986 632	15 017
2006	1 519 414	8.75%	132 918	0.37	4 106 523	0.70	1 231 957	19 948
2007	2 127 179	7.87%	167 477	0.41	5 188 241	0.70	1 556 472	24 749
2008	2 978 051	7.09%	211 021	0.46	6 474 023	0.70	1 942 207	32 921
2009	4 020 368	7.00%	281 426	0.5	8 040 737	0.69	2 492 628	52 852
2010	5 226 479	7.00%	365 854	0.5	10 452 958	0.68	3 344 946	59 122
2011	6 533 098	7.00%	457 317	0.5	13 066 197	0.67	4 311 845	61 921
2012	7 839 718	7.00%	548 780	0.5	15 679 436	0.66	5 331 008	59 927
2013	9 015 676	7.00%	631 097	0.5	18 031 352	0.65	6 310 973	52 381
2014	9 917 243	7.00%	694 207	0.5	19 834 487	0.65	6 942 070	57 619
2015	10 611 450	7.00%	742 802	0.5	21 222 901	0.65	7 428 015	61 653
2016	11 354 252	7.00%	794 798	0.5	22 708 504	0.65	7 947 976	65 968
2017	12 149 050	7.00%	850 433	0.5	24 298 099	0.65	8 504 335	70 586
2018	12 999 483	7.00%	909 964	0.5	25 998 966	0.65	9 099 638	75 527
2019	13 909 447	7.00%	973 661	0.5	27 818 894	0.65	9 736 613	80 814

说明：剩余收益＝净利润－净资产×9.17%。

（三）估算股权价值

1. 估算 2005—2019 年的剩余收益现值 PV_1。由于我们已经计算出国电电力的权益资本成本为 9.17%，而且我们对其 2005—2019 年的剩余收益做出了预测，因此，我们可以使用权益资本成本为 9.17% 为折现率估算国电电力 2005—2019 年的剩余收益现值 PV_1：

$$PV_1=\frac{RE_{2005}}{(1+9.17\%)}+\frac{RE_{2006}}{(1+9.17\%)^2}+\cdots\cdots+\frac{RE_{2019}}{(1+9.17\%)^{15}}=365\ 506\text{（万元）}$$

2. 估算 2019 年之后持续价值的现值 PV_2。由于电力行业的相对垄断地位，国电电力可能在相当长的时间内获得剩余收益。由剩余收益预测表我们可以看出，国电电力的剩余收益增长率从 2015 年起基本保持 7%不变，因此我们可以假设国电电力 2019 年之后的剩余收益增长率保持 7%不变，那么其持续价值的现值 PV_2 为：

$$PV_2 = \frac{RE_{2019} \times (1+7\%)}{(9.17\% - 7\%)} \times \frac{1}{(1+9.17\%)^{15}} = 1\ 068\ 711 \text{（万元）}$$

3. 估算国电电力的股权价值。由于国电电力2004年末的股东权益账面价值为666 198万元，根据公式12－12C，我们可以计算出2004年末国电电力的股权理论价值为：

$$V_{2004}^{E} = B_{2004} + PV_1 + PV_2 = 2\ 100\ 415 \text{（万元）}$$

4. 估算国电电力的每股价值。国电电力2004年末的总股本为226 943万股，如果采用简单平均法，那么每股价值为：$\frac{2\ 100\ 415}{226\ 943} = 9.26$（元）。

如果考虑到国电电力股权结构中流通股和非流通股的分置问题（国电电力总股本中有74%属于非流通股），我们可以为国电电力的非流通股确定一个折扣率，同厦门机场案例一样，我们认为国电电力非流通股折扣率也是比较低的，假定为20%，那么每股价值就是：

$$\frac{2\ 100\ 415}{226\ 943 \times 74\% \times 0.8 + 226\ 943 \times 26\%} = 10.86 \text{（元）}$$

（四）敏感性分析

为了进一步了解各预测指标对国电电力股权价值的影响，我们分别对几个主要的预测因素进行敏感性分析，如表12－33所示。

表12－33　　国电电力价值评估敏感性分析

	悲观情况		正　常	乐观情况	
主营业务收入	－10%	－5%	0	5%	10%
股权价值变动率	－7%	－3%	0	3%	7%
每股价值	10.12	10.49	10.86	11.23	11.6
	悲观情况		正　常	乐观情况	
销售净利率	－10%	－5%	0	5%	10%
股权价值变动率	－77%	－38%	0	38%	77%
每股价值	2.48	6.67	10.86	15.06	19.25
	悲观情况		正　常	乐观情况	
总资产周转率	－10%	－5%	0	5%	10%
股权价值变动率	－78%	－37%	0	34%	64%
每股价值	2.37	6.84	10.86	14.5	17.81
	悲观情况		正　常	乐观情况	
权益乘数	－10%	－5%	0	5%	10%
股权价值变动率	70%	35%	0	35%	70%
每股价值	3.22	7.04	10.86	14.68	18.51

由上敏感性分析表我们可以发现，主营业务收入的变动情况对国电电力股权价值和每股价值的影响并不大。相比之下，销售净利率、总资产周转率和权益乘数的变动对国电电力股权价值和每股价值有极大的影响，我们注意到这三个因素正是净资产收益率（ROE）的驱动因素。由此可见，国电电力要想提高企业价值，一方面必须努力扩大销售规模，但更为重要的是必须改善自身的经营管理效率、资产管理效率和财务管理效率，从而提高销售净利率、总资产周转率和权益乘数。在前面的财务分析中我们已经看到，国电电力的权益乘数目前已经处于较高的水平，但销售净利率和总资产周转率仍处于较低的水平，有很大的提高空间，这也正是国电电力实现价值增长的关键点。

同时，上述敏感性分析也体现了剩余收益模型的一个重要特点——注重价值创造的动因，而不仅仅是片面关注收益的增长。假设国电电力的主营业务收入比正常情况增加了10%，但销售净利率却比正常情况减少了5%，那么国电电力的股权价值反而会减少。因此，只有努力使公司的净资产收益率高于权益资本成本，才能够提高公司的股权价值。

（五）分析结论和投资建议

在一系列假设的前提下，我们运用剩余收益模型估算出国电电力2004年12月31日的股权理论价值2 100 415万元，上市流通股理论上的每股价值10.86元。通过敏感性分析，我们估计国电电力的股权价值区间约为150亿—350亿，流通股每股价值区间约为6.5—15.2元。

对比国电电力2004年12月31日的收盘价6.13元，我们认为国电电力的股价有所低估，但由于电力行业属于公共基础事业性质，未来业绩稳定有保障，投资风险较小；同时由于当前电力供应紧张局面仍将维系一段时间和我国宏观经济发展的良好前景，我们认为国电电力较适合进行长期投资。此外，我们注意到国电电力每股价值的变化区间较大，其主要影响因素是国电电力未来的经营管理效率和资产管理效率，这是投资者必须重点关注的。

思　考　题

1. 在写给伯克夏—哈撒韦公司股东的一封信中，著名的投资大师巴菲特有如下描述：

“你应该把市场价格想像成一个名叫‘市场先生’的非常随和的家伙报出来的价格。市场先生每天都会出现，提出一个价格，在这个价格上，他要么会把你的股份买去，要么会把他的股份卖给你。……但市场先生的报价却绝不稳定，这是因为这个家伙有一些无可救要的精神问题。有时候，他欣快症发作，只能看到影响企业的积极因素。在这种情绪下，他会报出很高的买价，因为他担心你会把他的股份买走，夺取他的巨大收益。而在他沮丧的时候，他眼中除了企业和整个世界所碰到的麻烦外什么也没有。在这种情况下，他提出的价格非常低，因为他很害怕你把你的股份甩给他。

市场先生还有另外一个可爱的特征：他不在乎遭人白眼。如果他今天的报价没有引起你的兴趣，他明天还会带着一个新价格回来。交易与否全在你的选择。所以说，他的情绪越低落，对你就越有利。

……

如果某一天市场先生带着特别愚蠢的情绪出现，你可以自由选择是给他白眼还是利用他，但如果你被他的情绪影响了，那将是灾难性的。事实上，如果你不敢确定你理解和评价企业的能力比市场先生强得多，你就不配玩这个游戏。就像玩牌的人所说：'如果你玩了30分钟还不知道谁是傻瓜，那你就是傻瓜'。"

根据上述描述，你认为巴菲特对市场有效性的态度是什么？你是否赞同巴菲特的观点？

2. 你认为中国的股票市场属于弱式有效、半强式有效还是强式有效？如果你是一位投资者，你认为在中国的股票市场中应采取何种投资策略？

3. 你如何看待财务报表分析在基本投资策略中的作用？

4. 各种投资价值估价模型的优缺点是什么？相对其他估价模型而言，剩余收益模型有何优势？恰当的财务报表分析过程对提高剩余收益模型的准确性有何帮助？

5. 你是否赞同厦门机场和国电电力价值评估案例中所依据的各种假设？如果你是一名证券分析师，根据最新的资料和报表数据，你会对案例中的各种假设做出怎样的调整？对比最新的股价，你会做出买入、持有还是卖出的投资建议？

案例分析题

2006年6月30日（股改前），国电电力的股票价格为8.11元。请你根据最新的资料和报表数据，并运用剩余价值模型，对这一股票价格的合理性作出评估，并提出相应的投资建议。

本章主要参考文献

1. 佩因曼著，刘力、陆正飞译：《财务报表分析与证券定价》，中国财政经济出版社2002年版。

2. 佩普、希利、伯纳德著，孔宁宁、丁志杰译：《运用财务报表进行企业分析与估价》，中信出版社 2004 年版。

3. 傅依、张平：《公司价值评估与证券投资分析》，中国财政经济出版社 2001 年版。

4. 布瑞德福特·康纳尔著，张志强等译：《公司价值评估》，华夏出版社 2001 年版。

5. 海尔菲特著，张建军译：《财务分析技术：价值创造指南》，中国财政经济出版社 2001 年版。

6. 本杰明·格雷厄姆、戴维·多德著，邱巍等译：《证券分析》，海南出版社 1999 年版。

7. 伯恩斯坦、怀尔德，许秉岩等译：《财务报表分析》，北京大学出版社 2001 年版。

8. 熊楚熊、刘传兴、王义华：《财务报表分析精解：透过财务报表认识公司价值》，海天出版社 2001 年版。

9. 连竑彬："财务报表分析理论探讨"，厦门大学硕士论文打印稿，2005 年。

10. 李莉："厦门机场发展股份有限公司价值评估案例分析"，厦门大学硕士论文打印稿，2003 年。

11. 蓝福胜："国电电力的价值评估"，厦门大学硕士论文打印稿，2004 年。

12. Leonard Soffer, Robin Soffer. Financial Statement Analysis: A Valuation Approach. Prentice Hall, Inc.. 2004.

13. Gerald I. White, Ashwinpaul C. Sondhi, Dov Fried. The Analysis and Use of Financial Statements. John Wiley & Sons, Inc.. 2003.

第十三章　信贷决策中的财务报表分析

信用分析是财务报表分析的另一重要运用领域。现代企业的债务结构呈现出多元化趋势，企业的主要信用提供者（如银行、公司债券的持有者、其他金融机构、提供商业信用的供货商等）都希望通过财务报表分析来了解企业的信用质量，以决定是否提供贷款和贷款利率的高低。由于关注的角度不同，信贷决策中的财务报表分析呈现出许多与投资决策中的财务报表分析不同的特点。本章将介绍信贷决策中的财务报表分析框架，以及美国和中国的资信评级方法。

第一节　信贷决策中的财务报表分析框架

一、概　　述

在20世纪70年代以前，信贷决策中的财务报表分析基本上完全依靠财务分析（特别是财务比率分析），这种方法较为机械，几乎完全排除信用评价人员的主观判断，完全依靠财务比率指标来进行信用评价。但随着经济环境变化日趋复杂，这种单纯依靠财务数据来评估信用质量的方法越来越难以反映企业的真实信用状况。虽然财务报表在信用分析中具有重要的地位，但正如贯穿本书的思想一样，信贷决策中的财务报表分析不能仅仅局限于传统的三张财务报表。比如目前许多金融机构采用“7C”分析法来概括信贷决策中需要考虑的最重要因素：环境（Circumstances）；现金流量（Cash Flows）；抵押（Collateral）；负债能力（Capacity for Debt）；或有事项（Contingencies）；管理风格（Character of Management）；债务限制条件（Conditions）。在上述“7C”中，可以通过对财务报表的分析来了解公司创造现金流量的能力、抵押资产的范围、潜在的负债能力等信息，但信用分析人员还必须在财务报表之外搜寻公司所处经营环境、竞争战略、抵押品市场价值、公司面临的或有事项、管理当局风格、债务合同中的限制条款等各方面重要信息。

信贷决策中的财务报表分析仍然适用本书方法论中介绍的财务报表分析逻辑框架：

首先，信贷决策中的财务报表分析应当以战略分析为起点，通过战略分析来了解贷款企业所处行业的竞争情况、企业的竞争战略、主要风险和关键成功要素等信息。战略分析对其后的分析步骤均有重要的指导意义。

其次，应当分析贷款企业的会计信息质量，以确保在此基础上计算出的财务比率能够如实反映贷款企业财务状况和经营业绩，同时还必须关注会计报表中可能对信贷决策有重大影响的内容，如表外负债、非经常性损益等。

第三，通过财务分析来了解贷款企业的财务健康度。通过计算财务比率、经营比率和杠杆比率等指标及其变动趋势，并将其同竞争对手或行业平均值进行比较，可以对贷款企业的信用质量有较为准确的了解。

第四，必须意识到当前财务报表反映出的只是贷款企业过去的财务健康度和经营情况，只能反映出贷款企业信用质量的部分内容，是否向其提供贷款更大程度上应当取决于贷款企业未来还本付息的能力。因此，对贷款企业未来财务状况的前景分析是信贷决策中财务报表分析不可或缺的内容。

最后，在经过上述分析步骤后，还必须进行综合信用风险评估。信用评级就是典型的综合风险评估方法。一般而言，信用等级取决于违约的可能性、债务条款和破产时贷款企业能够为借款人提供的保护等因素。

战略分析部分可以参考本书方法论中的内容以及本章第二节债务评级分析方法部分。本节接下来将介绍信贷决策中的会计与财务分析和前景分析的内容。通过信用评级来进行综合信用风险评估将在第二节中介绍。

二、会计与财务分析①

虽然最终的信用质量评价可能受到各种因素的影响，我们仍然可以从对三张基本财务报表的分析中提炼出有关企业信用质量的有价值信息。与投资决策分析重视反映盈利能力和成长能力的比率不同，信贷决策中的财务分析重视那些能够反映违约概率的比率。当然，在进行财务分析时应当尽量避免会计信息某些固有局限的干扰。

（一）会计分析

如本书理论分析部分所述，企业出于某种考虑或为了达到某种经济利益，往往会利用盈余管理甚至财务舞弊来粉饰报表，而债务契约动机是管理层进行粉饰报表

① 该部分内容也可参考下一节标准普尔和穆迪公司资信评级指标体系中的财务指标部分。

的主要动机之一。如果在信贷决策财务报表分析过程中没有意识到这一点，那么无论后续的财务分析和信用质量评估过程形式上多么认真、评估模型多么科学，最后得出的信用质量评估结论也是缺乏坚实基础的，是不可靠的。因此，在进行信贷决策财务报表分析时，必须充分意识到财务报表中的“会计地雷”，避免被错误的报表信息所误导而作出错误的信贷决策。具体的会计分析方法可以参考本书方法论部分，信贷决策中特殊的会计分析将结合接下来的财务分析进行介绍。

（二）财务分析[①]

1. 资产负债表比率分析。资产负债表与企业的偿债能力密切相关。实际上，资产负债表的结构就是按照债权人的需求设定的。

债权人面临的最直接的风险就是企业的非流动性（Illiquidity），也就是当前应支付的现金超过了当前可获得的现金。流动比率（Current Ratio）可以用来衡量这一风险。

$$流动比率=\frac{流动资产}{流动负债}$$

流动比率是衡量企业短期偿债能力最常用的指标。在解释流动比率时应当注意以下问题：首先，流动比率并非越高越好，畸高的流动比率可能意味着不良的经营表现。比如在经济衰退期间，公司销售业务萎缩，因此无需流动负债融资，此时流动比率可能会上升到很高的水平，而在繁荣时期可能发生相反的情况。其次，流动比率较容易被粉饰。当流动比率大于 1 时，流动资产和流动负债增加相同的数额会导致流动比率的下降；而当流动比率小于 1 时，流动资产和流动负债增加相同的数额会导致流动比率的上升。因此，管理当局可以采取特定的方法，使得资产负债表在报告日显示出较高的流动比率，比如在流动比率小于 1 时可以采用通过应付账款采购存货来提高流动比率。

虽然流动比率的解释能力存在缺陷，但该指标计算简单，因此在判断企业短期流动性时仍被广泛使用。而且有经验证据表明，流动比率对债务违约、破产以及其他财务困境的出现有很强的预测能力。

由于流动资产中各项目的变现能力不同，可以进一步通过计算速动比率（Quick Ratio）来判断企业的短期流动性。

$$速动比率=\frac{现金+有价证券+应收账款}{流动负债}$$

速动比率又被称为酸性测试比率（Acid Test Ratio）。速动比率的分子一般只包括变现能力最强的现金、有价证券和应收账款。但有些公司存货可以迅速地转换为

---

① Martin Fridson and Fernando Alvarez. Financial Statement Analysis—A Practitioner's Guide, 3rd ed.. John Wiley & Sons, Inc.. 2002. Chapter 13: Credit Analysis.

现金（比如沃尔玛等巨型零售连锁企业），这些公司的存货也可以包括在速动比率中。

速动比率假设公司应收账款具有良好的流动性，对于客户信誉卓越或应收账款能够在短期内回收的企业来说，情况确实如此。但有些企业应收账款的回收期很长（比如汽车制造公司往往会为客户的购买提供长期融资支持），那么只考虑现金和有价证券的现金比率（Cash Ratio）能够更好地反映公司在紧急情况下的流动负债偿还能力。

$$现金比率=\frac{现金+有价证券}{流动负债}$$

此外，通过计算营业资本（Working Capital）也有助于判断企业的短期流动性。

营运资本 = 流动资产 - 流动负债

通过上述对流动资产和流动负债的分析，债权人可以对企业的短期流动性是否存在问题有较为全面的了解。但在现实中债权人仍然经常遇到债务人违约甚至破产的情况，因此，债权人也希望知道企业能为债务提供怎样的资产保护。通过计算各种债务比率可以帮助债权人了解公司的财务杠杆运用情况和资本结构，常用的债务比率包括：

$$负债/资产比率=\frac{总负债}{总资产}$$

$$债务/权益比率=\frac{短期债务+长期债务}{股东权益}$$

$$长期债务比率=\frac{长期债务}{股东权益}$$

$$债务净额对权益比率=\frac{短期债务+长期债务-现金和有价证券}{股东权益}$$

上述比率可以帮助债权人判断债务的保障程度。一般而言，上述指标越低，债务的“权益护垫”就越厚，债务的保障程度就越高。

在利用资产负债表评估企业偿债能力时，应当注意以下事项：

(1) 短期债务。有些人认为在计算企业财务杠杆时只需考虑长期债务。因为短期债务往往只是为了满足暂时的资金需求，比如在销售旺季通过银行借款或商业票据来满足营运资本的需求。这些短期债务一般在短时间内就会完全清偿。但是，现在有许多企业越来越依赖于短期债务，“短借长用”的现象也很普遍。这使得短期借款并非完全呈季节性波动，而是长期保持一定的水平。在这种情况下，这种稳定的短期借款应当被视为“永久性”借款，并包括在财务杠杆计算过程中。同样，一年内到期的长期借款一般也应当包括在财务杠杆的计算中，因为企业往往会举借新的长期债务来代替即将到期的长期借款。

此外，信贷分析中还必须关注短期债务给企业带来的财务风险。首先是到期无法偿还的风险，如果短期内有大量的短期债务到期，而且由于银根紧缩无法获取新的贷款，那么企业就会面临债务违约风险。企业可以通过签订循环贷款协定（Revolving Credit Agreement）来降低这一风险，但循环贷款协定往往附有较为严格的财务限制条款。其次，短期债务还容易遭受利率波动风险，如果短期内有大量的短期债务到期，而此时利率突然大幅度提高，那么为了偿还到期短期债务，企业仍然必须高息举债，从而极大提高资本成本。当然，如果企业的长期债务属于浮动利率债务，也可能招致利率波动风险。企业可以通过利率套换交易等衍生金融工具来限制利率波动风险。

（2）可转换债券。有些人认为在计算企业总债务时应当扣除可转换债券，而持相反观点的人则认为只有当可转换债券已经转换成股东权益时才能扣除，否则仍应当包括在总债务内。进行信用分析的最终目标并非是某一具体比率的计算是否精确，而是对企业的信用质量进行恰当的评价。因此，在考虑可转换债券时，不能一概而论，应当根据公司的具体情况分析此类债券转换的可能性及其对公司信用质量的影响程度。比如当可转换债券的转换价值有很大提升时，大部分的可转换债券将转换成为股东权益，特别是当企业拥有提前偿还可转换债券的选择权时更是如此。

（3）优先股。优先股的存在进一步增加了财务杠杆计算的复杂性。从法律的角度而言，优先股显然属于股东权益，在公司清算时优先股的清算顺序也在债务之后，无法支付优先股利也不构成违约。但是优先股与普通股也存在显著区别，比如优先股利通常是固定的，而且通常是可累积的，也就是在清偿累计拖欠的优先股利前不能发放普通股利。此外，并非所有的优先股都像普通股那样具有无限的偿还期，有些优先股有类似于债券的偿债基金条款（Sinking Fund Provision），要求企业逐步赎回发行在外的优先股。最后，存在可兑换优先股（Exchangeable Preferred Stock），这些优先股在某种情况下可能转换为纯粹的债务。由此可见，相对于永远无需偿还本金的普通股而言，优先股具有某些债务特性，并可能影响企业的财务弹性。因此，在信用分析中，不能将优先股视为纯粹的权益资本，而是应当考虑资本结构中的优先股比例对企业财务风险带来的影响。我们可以通过计算固定债务/总资本比率来考虑优先股带来的影响。

$$\text{固定债务/总资本比率} = \frac{\text{总债务} + \text{优先股权益}}{\text{总债务} + \text{少数股东权益} + \text{优先股权益} + \text{普通股权益}}$$

（4）经营性租赁。经营性租赁可以使企业在享受债务融资的优势时避免违反现存债务契约中的某些限制性条款。因为会计准则一般只要求在财务报表中反映融资性租赁，而经营性租赁只需在报表附注中披露。实际上两种方法在经济实质上并无太大差别，而一些企业为了避免在资产负债表中记录融资租赁负债，往往通过合同设计等手段使得租赁合同满足会计准则规定的经营性租赁要求，从而蓄意低估负债。在信用分析过程中应当尽量避免遗漏这部分表外负债，通过将报表附注中披露的年租金资本化或者简单地将年租金乘以7或8来判断这部分负债数额。

（5）其他表外负债。为了在享受债务融资优势的同时显示出较高的信用质量，企业往往会使用各种表外融资方式（比如将实质为融资性租赁的交易包装成经营性租赁的情况）来避免在资产负债表中列示过多的负债。在进行信用分析时应当关注的是这些表外融资的经济实质，而不是会计表现形式。有些公司通过未合并的子公司筹集资金，如果母公司对这些债务负有最终责任，或者该子公司对母公司的正常经营具有重要意义，那么在分析母公司的信用质量时就应当考虑这些子公司或合资企业的债务。某些售后回购行为也可能成为公司进行表外融资的工具，典型的例子如 1992 年英国的 Olympia & York 公司曾经向 Faisal Islamic 银行以 2.5 亿美元的价格“出售”一幢大厦，但同时规定 Faisal Islamic 银行可以选择在未来以相同的价格加上相应的市场利息将该大厦重新回售给 Olympia & York 公司。上述交易实际上是一笔债务融资，但 Olympia & York 公司却并未在资产负债表上列示该负债，并逃过了公司主要债权人巴克莱银行的监督。

其他形式的表外负债还可能包括：付款协议、附追索权的应收账款出售或应收票据贴现、未贴现的养老金负债、第三方债务担保等。

（6）递延所得税负债。递延所得税负债的产生是由于应交所得税与实交所得税之间存在差异。许多分析人员认为递延所得税负债的存在使得股东权益被低估，因为递延所得税负债可能永远无需偿付，因此并非真正的“负债”，在信用分析的过程中可以忽略这部分负债。

（7）管理当局的财务承诺。由于债务融资的种种优势，管理当局总是想方设法地在不影响信用评级和举债成本的情况下尽可能充分运用财务杠杆。为了达到这一目的，管理当局不仅仅会玩弄各种会计伎俩，还可能采取“诱饵策略”（Bait – and – Switch Technique）。在采取该策略时，管理当局往往首先做出“美妙”的财务承诺，比如对外宣布已经意识到稳健的财务政策才符合股东的长远利益，并发誓公司未来不会再因为过度举债而陷入目前所处的财务困境中。接下来管理当局会采取各种措施来提高现金流量，并偿还部分短期债务，使各种信用财务指标呈现出好转的趋势，从而显示出信用质量的提高，最终得以以较为优惠的利率发行新的长期债券。但是，一旦新的债务资金入库，管理当局就会一改稳健形象，重新采取激进的财务政策，损害债权人的利益。此外，由于管理当局总是倾向于扩展公司规模，因此，一旦面临较大的并购机会，管理当局往往会将曾经做出的财务承诺抛到九霄云外，不惜大量举债来完成并购。这种高杠杆并购行为往往会对公司信用质量造成不利影响。当债券的潜在投资者质问管理当局是否会遵守稳健的财务承诺时，管理层往往会回答道：如果遇到千载难逢的并购良机，我们可能会暂时递延推行稳健的财务政策，并通过举债完成并购。在很多时候，这种“千载难逢的并购良机”会在债券发行后的短时间内成为现实。与其他类型的财务报表分析一样，信贷决策中的财务报表分析也需要具有前瞻性。管理层的财务承诺的确有助于判断公司未来信用质量的可能变化趋势，但不应当轻信管理层的财务承诺，特别是当公司正在筹备发行新的债务时。

2. 损益表比率分析。传统的信用分析主要关注的是企业的流动性和债务的资产保障程度，这些信息主要从资产负债表中获取。但越来越多的分析人员认为企业的盈利能力才是公司能否保持持续流动性和资产保值增值的最终决定因素，因为较强的盈利能力是公司未来拥有充裕现金流的保障。基于此观点，损益表不再只是权益分析的关注点，同时也是信贷分析的重要内容。

信贷分析需要关注损益表中的各种经营效率指标。这些指标的高低体现了公司盈利能力的强弱，将影响资产负债表中股东权益的增减，进而影响前述各种债务比率指标。此外，企业的流动性和清算能力很大程度上是由经营活动效率决定的，虽然企业经营活动能力很强时也可能会在短期流动性方面遇到困难，但更常见的情况是由于经营盈利能力不佳而导致企业的短期流动性和长期清算能力出现困难。因此，经营效率指标也与企业信用质量密切相关，一些常见的经营效率指标包括：

$$\text{毛利率} = \frac{\text{销售收入} - \text{销售成本}}{\text{销售收入}}$$

$$\text{营业利润率} = \frac{\text{营业利润}}{\text{销售收入}}$$

$$\text{税前利润率} = \frac{\text{净利润} + \text{所得税}}{\text{销售收入}}$$

$$\text{销售净利率} = \frac{\text{净利润}}{\text{销售收入}}$$

在计算上述比率时，应当排除一些不可再生性项目的影响，如重组费用、会计政策变更等，以便更好地判断企业的真实盈利能力，并增强不同公司指标间的可比性。上述比率从不同方面反映了管理当局的经营效率，比如毛利率反映了管理当局买卖定价效率；营业利润率除了反映定价效率外，还反映了管理当局对各种费用的控制能力；销售净利率反映了所有可控和不可控因素对盈利能力的影响。

除了上述盈利能力指标外，信用分析中还必须重点关注盈利对债务利息和其他固定支出的保障程度指标：

$$\text{利息保障倍数} = \frac{\text{净利润} + \text{所得税} + \text{利息费用}}{\text{利息费用}}$$

$$\text{固定支出保障倍数} = \frac{\text{净利润} + \text{所得税} + \text{固定支出}}{\text{固定支出}}$$

固定支出包括了利息费用、本金偿还、租金支付、优先股股利、退休金等。

在利用损益表指标判断企业的偿债能力时，应当注意以下问题：

（1）资本化的利息。并非所有的利息费用均体现在损益表中。按照会计准则的要求，某些利息费用可能被资本化，从而进入资产负债表。比如在建工程的专项借款利息费用就被计入在建工程成本中，并在随后的固定资产使用期内分期摊销。但是，无论利息支出是费用化还是资本化，当期发生的利息支出都是必须支付的，都需要一定的盈利保障。因此在计算利息保障倍数时应当将资本化的利息考虑在内，此时的利息保障倍数计算公式为：

$$利息保障倍数=\frac{净利润+所得税+利息费用}{利息费用+资本化利息}$$

（2）经营性租金。如前所述，有的经营性租赁实际上是一种表外融资方式，其经济实质与融资性租赁并无太大区别。因此，在计算利息保障倍数时应当将经营性租金中的隐含利息考虑在内。一般而言，经营性租金中的1/3左右属于隐含利息，因此可以将利息保障倍数计算公式改写为：

$$利息保障倍数=\frac{净利润+所得税+利息费用+\frac{1}{3}经营性租金}{利息费用+资本化利息+\frac{1}{3}经营性租金}$$

（3）利息收入。公司的银行存款、短期投资等资产往往会产生可观的利息收入。许多人认为在计算利息保障倍数时应当从利息费用中扣除利息收入，但这种做法可能歪曲企业的信用质量。比如企业可能在短期内拥有大量的闲置资金，并投资于一些有价证券，这可能为企业带来大量的利息收入。如果在计算利息保障倍数时从利息费用中扣除利息收入，那么就会得到很高的利息保障倍数。但是信用分析是面向未来的，长期来看企业的闲置资金最终是要投资于经营性资产的，其产生的利息收入只是暂时的。因此，在计算利息保障倍数时考虑利息收入可能会导致高估未来的利息保障水平。当然，如果企业长期将大量资金投资于可以产生利息收入的有价证券（一些企业为了获得某些税收上的优惠可能这么做），那么在计算利息保障倍数时将这些利息收入考虑在内也是合理的。

3. 现金流量表比率分析。通过计算现金流量表比率可以从根本上判断企业的信用质量，也就是企业能否产生足够的现金流入来支付各种现金支出。现金流量表同时也揭示了许多有关企业财务弹性的信息，一个过分依赖于外部融资筹集资金的企业抵御财务风险的能力往往较低，一旦银根紧缩或者利率提高，企业就有可能陷入财务困境。此外，现金流量表还有助于预测资产负债表比率的变化，比如企业发生周期性现金短缺，那么可能在未来通过债务融资来弥补，从而提高企业的债务比率。

信用分析中常用的现金流量表比率是经营活动现金流量与资本支出比率：

$$经营活动现金流量与资本支出比率=\frac{经营活动现金流量}{资本支出}$$

该比率反映了企业通过经营活动创造现金流量来满足企业保持和增加生产能力的资产支出需求的能力。该比率越高，企业的财务弹性就越大。

在信用分析中必须注意企业的资本支出循环周期对上述比率的影响。比如当企业通过建设更大规模厂房来扩大产量时，该比率在建设期内会保持较低的水平，但这并不意味着长期信用质量的降低。因为随着新厂房的建成投产，资本支出在新的资本支出周期前将大大减少，而经营活动现金流量将有所提高，从而使经营活动现金流量与资本支出比率恢复到较高的水平。当然，如果该比率长期呈现下降趋势，那么企业可能真的出现了现金短缺问题。

在信用分析过程中还应当注意企业是否通过大量削减资本支出来提高经营活动现金流量与资本支出比率，从而谋取较高的信用评价。但这种方法无异于“杀鸡取卵”，因为削减必要的资本支出将极大损害企业的长期竞争力，使企业丧失技术优势和市场份额。

信用分析人员还必须关注与企业未来信用质量相关的指标，可以通过计算折旧/经营活动现金流量比率来评价企业维持当前现金充分性的能力：

$$\text{折旧/经营活动现金流量比率} = \frac{\text{折旧}}{\text{经营活动现金流量}}$$

上述比率越高，企业未来现金流的可预见性就越高，财务弹性受市场变化的影响就越小。

最后，还可以计算出资本支出/折旧比率：

$$\text{资本支出/折旧比率} = \frac{\text{资本支出}}{\text{折旧}}$$

如果上述比率长期低于1，就应当引起注意，因为这意味着公司可能无法更新废旧的厂房和设备。但即使该比率持续大于1，也不一定意味着公司具有良好的更新换代能力，比如在通货膨胀率较高的情况下，购买同样的设备可能需要花更多的钱[①]。而且会计准则的缺陷也可能使折旧计提不足，从而高估该比率。最后，如果企业处于一个高速增长的行业，那么即使该企业的资本支出/折旧比率持续高于1，但如果该企业的扩展速度低于同行业的竞争对手，那么仍可能丧失竞争优势和市场地位，甚至被清洗出局。

4. 综合比率分析。以上比率分析主要是在单张财务报表的范围内。如果将不同财务报表中的数据结合起来分析，就可能获得新的信息。

(1) 回报比率分析。回报比率分析可以将信用分析与投入资本的生产效率结合起来。最常见的回报比率是权益回报率：

$$\text{权益回报率} = \frac{\text{净利润}}{\text{普通股权益} + \text{优先股权益}}$$

对于信用分析而言，较高的权益回报率意味着企业能够吸引较多的权益资金，从而为债务提供较为充分的权益资金保护。如果企业的权益回报率一直处于较低的水平，那么企业将很难吸引投资者的进一步投资，因此其财务弹性较低。

在计算权益回报率时，分析人员通常使用年末的股东权益，但如果股东权益当

---

① 技术进步可能使同样设备的价格下降，从而抵消通货膨胀的影响。

年变化较大，那么使用平均股东权益可能更为恰当：

$$平均权益回报率 = \frac{净利润}{\frac{年初股东权益 + 年末股东权益}{2}}$$

当然，在信用分析中只关注权益回报率是片面的，因为企业可以通过较多地利用财务杠杆来提高权益回报率，而财务杠杆的过度运用反而会给企业带来较大的财务风险，进而降低企业的信用质量。

（2）周转比率分析。周转比率分析可以帮助我们获得有关企业资产质量的有价值信息。常用的周转比率包括应收账款周转率和存货周转率。

$$应收账款周转率 = \frac{销售收入}{\frac{年初应收账款 + 年末应收账款}{2}}$$

应收账款周转率的降低可能是由于企业的销售客户遇到了财务困难，推迟了货款支付，也可能是企业为了提升销售额，放宽了信用销售条件，使得销售人员得以向信用资质较差的客户销售货物。上述两种情况都可能影响应收账款的可回收性，并可能在未来产生大额的坏账损失。因此，信用分析过程中应当注意应收账款周转率对应收账款可回收性的影响，判断坏账准备的计提是否充分。如果坏账准备计提不足，那么可能导致股东权益的高估，进而使得负债/权益比率被低估。

$$存货周转率 = \frac{销售成本}{\frac{年初存货 + 年末存货}{2}}$$

存货周转率的降低可能是由于存货中存在残次冷背现象，而企业没有计提相应的存货跌价准备，导致存货余额的虚增；也可能是由于产品的销售情况不佳，延长了库存商品的销售期。上述两种情况都会对企业的信用质量产生不利影响。由于存货的积压往往会占用大量的营运资本，因此企业可能被迫提高财务杠杆来满足营运资本的需求，而为了降低存货水平，企业可能采取降价销售的方式，这也将降低企业的盈利能力。

某些分析人员在计算存货周转率时，使用销售收入而不是销售成本来除以平均存货。只要产品价格和销售成本的关系保持合理一致，两种计算方法都能够得到合理的存货周转率变动趋势。但如果分析人员用存货周转率来计算持有存货到销售的平均天数，分子采用销售收入就不合适。

（3）总债务/经营活动现金流量比率。

$$总债务/经营活动现金流量比率 = \frac{总债务}{经营活动现金流量}$$

该比率显示了利用经营活动现金偿还当前所有债务的预计时间。比如某公司的总债务为 8 000 万元，每年产生的经营活动现金流量为 1 000 万元，那么该公司就可以在 8 年内利用经营活动现金偿还当前所有债务。如果该公司的平均债务到期时间远低于8年，那么该公司就可能面临较大的财务压力，必须通过再融资行为来偿还到期债务。

当然，很少有公司将所有的经营活动现金流量均用于偿还债务，但该比率仍然对信用分析很有帮助。因为相比前面的许多比率，该比率所使用的数字是较具“刚性”的，也就是说基本不受会计准则的影响，不存在高估或低估的问题。

三、前景分析

（一）定性预测分析

通过上述会计分析和财务分析，可以对企业当前的信用状态有较为全面的了解，但是信贷决策更为关心的是企业未来的还本付息能力。比如，发现利息保障倍数较低对信贷分析很重要，但如果能事先预测到利息保障倍数的降低对信贷决策或许更有帮助，对其他指标也是一样。实际上，当发现信贷指标开始恶化时，可能已经太晚了。由此可见，前景分析是信贷决策中财务报表分析的重要步骤。下面介绍信贷分析前景预测的一些主要方面①。

1. 未来宏观环境分析。这方面分析的焦点主要包括：企业未来经营环境的变化、国民经济周期的变化、宏观调控政策的变化、产业政策的调整、行业发展的规划、国际环境的动向、各类因素对企业的影响程度、企业高管对新情况和新问题的应变能力等。这些因素的对企业信用质量的影响十分重要。对于可预见将来存在重大负面宏观影响因素的企业，即使目前运行良好，也可能只是暂时的现象，随着宏观因素作用的发挥，企业的风险将逐步显现出来。因此，应当在前面战略分析、会计分析和财务分析的基础上，结合宏观环境变化的动向和企业战略方针及其应对措施的调整细加分析，以修正前期分析的结论。

2. 未来成长性分析。对企业未来成长性的分析主要包括行业成长性分析和企业经营潜力分析两方面。

行业成长性分析要结合企业所涉及的行业，对各类行业的前景进行比较研究，判断哪个行业是继续发展的，哪个行业是安全稳定的，哪个行业是衰退的，哪个行业是受宏观因素影响波动较大的，通过上述分析来鉴别企业未来经营业务的发展潜力。同时，必须将企业的相关业务置于行业的大环境中进行行业地位比较分析，以分析企业的市场竞争中的优势和劣势所在。

企业经营潜力分析主要包括企业规模的变动特征、扩张潜力及企业近年的规模扩张速度。若企业扩张过快，将给企业流动资金需求带来较大压力的同时，也将给

① 参考萧维：《企业资信评级》，中国财政经济出版社2005年版，第七章。

企业经营带来很大的波动。因此评估人员有必要纵向比较企业历年的销售、利润、资产规模等数据，把握企业的发展趋势是加速发展、稳步扩张还是停滞不前。同时，将企业的销售、利润、资产规模等数据及其增长率与行业平均水平或主要竞争对手相比较，了解其行业地位的变化。分析预测企业主要产品的市场前景及公司未来的市场份额，并对企业的投资项目进行分析。

3. 未来收益稳定性分析。企业的预期收益是未来发展和偿债能力的根基，分析企业未来收益主要包括经营收入、现金流量和利润。首先，从企业的业务成长性分析中预测其经营收入及其现金流量的变化，与未来到期债务进行比较，判断是否有能力支付短期债务本息。重点分析那些对企业现金流量和经营效益贡献较大、具有竞争优势的业务。其次，预测总资产收益率和净资产收益率，并与行业平均水平进行比较，分析作为偿还长期债务的基础是否安全稳定，企业采取的经营战略对企业未来的收益是否比较稳妥可行。

4. 企业未来现金流量分析。企业能否按时还本付息的最终决定因素是其未来的现金流量，因此对企业未来现金流量的预测分析十分重要。在预测企业未来现金流量时，可以重点分析如下问题：企业非筹资现金流量的创造能力；企业通过经营活动产生的现金流量来履行其短期偿债责任的能力；企业在不降低经营灵活性的情况下继续履行短期偿债责任的能力；企业资本性资产的投资力度及资金来源；企业的主要融资方式及其风险；企业信用政策的变化。

我们可以通过编制预计财务报表对上述前景分析进行总结，编制预计财务报表是前景分析的常用方法，有助于评估贷款企业未来的还本付息能力。当然，合理编制预计财务报表需要对贷款企业的竞争战略、经营计划、潜在竞争对手、所处经济环境等众多因素有全面的了解，并做出相关的假设。预计财务报表的具体编制方法可以参考本书的方法论部分。

（二）基于模型的定量分析

由上介绍可见，定性预测分析的过程较为复杂，具有较强的主观性，包括本书方法论中的所有分析步骤：经营战略分析、会计分析、财务分析和前景分析，这需要花费较高的分析成本。因此，许多研究人员试图通过统计模型的方法来建立财务预警模型，并取得了一些成果。当然，机械的财务预警模型不能取代全面分析所需的艰巨工作，但是对这类模型的研究有助于发掘最有预见性的财务指标。此外，财务危机预测模型还具有分析成本低的优点。因此，有必要了解一些常用的财务预警模型。

1. 单变量模型。最早的财务预警分析研究开始于20世纪30年代。早期的财务预警分析研究一般采取趋势分析法，考察企业在面临财务危机前财务状况的变化趋势。比如 Fitzpartrick（1932）以19家公司为样本，运用单个财务比率将样本企业划分为破产和非破产两组，发现判别能力最高的是净利润/股东权益和股东权益/负债这两个比率。Beaver（1966）选择了行业、规模均相当的已经破产与正常经营的两组158家公司，通过对破产前5年的29个财务比率进行比较，发现破产公司在破产前5年就有比率警报，而且这些比率会迅速恶化，尤以最后一年的情况为最。Beaver发现的六个最具区分能力的比率是：

（1）现金流量/总负债（反映长期偿债风险）；

（2）净收益/总资产（反映盈利能力）；

（3）总债务/总资产（反映长期偿债风险）；

（4）净营运资本/总资产（反映短期流动性风险）；

（5）流动资产/流动负债（反映短期流动性风险）；

（6）（现金+有价证券+应收账款）/扣除折旧、损耗以及摊销的经营费用（反映短期流动性风险）。

在所有的比率中，以现金流量/债务总额比率的预测作用最为明显，表13－1列示了利用该比率划分破产和非破产公司的准确性和错误率。

表13－1　划分破产和非破产公司的准确性和错误率

破产前年数	正确区分的比率	错误比率	
		第Ⅰ类	第Ⅱ类
5	78%	42%	4%
4	76%	47%	3%
3	77%	37%	8%
2	79%	34%	8%
1	87%	22%	5%

资料来源：William Beaver. Financial Ratios as Predictors of Failure. Supplement to Journal of Accounting Research. 1966：90。

上表显示出利用现金流量/债务总额比率能够较为成功地区分破产公司与非破产公司，即使在5年前正确区分的比率也接近80%，而且越接近破产年度，正确区分率越高。但也要注意不同的错误比率，第Ⅰ类错误是指将公司归为非破产公司，但最终却破产了；第Ⅱ类错误是指将公司归为破产而它最终生存下来了。第Ⅰ类错误对投资者来说代价更高，因为它使投资者遭受损失所有投资金额的可能性，第Ⅱ类错误则会导致损失投资资金的机会成本。可以发现在Beaver的研究中第Ⅰ类错误率大大高于第Ⅱ类错误率。这也显示了单变量模型的不足。

单变量分析有助于找出与破产相关的因素，但没有提供评估风险时各个财务比率的重要性高低，或者多个比率结合运用时各比率的相对重要性。比如，我们无法判断一家拥有高流动比率和高资产负债率的公司是否比一家拥有低流动比率和低资产负债率的公司有更高的破产风险。

2. 多变量模型。单变量模型的缺陷促使研究者开始转向开发多变量模型。研究人员一般选择一组破产公司的样本，并在同行业中找出一些规模相当的，与那些破产公司相匹配的健康公司。通过这样的配比过程能够帮助研究人员控制规模和行业因素。然后研究人员计算出大量的财务报表比率，并将这些比率作为输入变量，利用各种分析法挑选出能最好区分破产公司和非破产公司的比率子集。多变量模型包括一套相关系数，当这些相关系数与特定的财务报表比率相乘后加总时，产生了一个多变量积分，该积分低于关键转折点就意味着有很大的破产可能性，而积分高于此点就表明破产可能性较低。以下介绍两个较为常见的多变量破产预测模型：Altman 的"Z 值"模型和 Ohlson 的 Logit 模型。

（1）Altman 的"Z 值"模型。1968 年，Altman 提出财务预警的"Z 值"模型[①]。该模型是利用统计学的多元线性判别分析法建立起来的，其表达式为：

$$Z = 1.2X_1 + 1.4X_2 + 3.3X_3 + 0.6X_4 + 1.0X_5$$

其中，X_1代表营运资金/资产总额，反映资产的流动性；

X_2代表留存收益/资产总额，反映累积获利情况；

X_3代表息税前收益/资产总额，反映资产的使用效率；

X_4代表净资产市价/债务总额，反映偿债能力；

X_5代表销售总额/资产总额，反映资产的周转速度。

一般而言，如果 Z 值小于 1.81，公司已经濒临破产；如果 Z 值大于 2.99，公司就足够安全；如果 Z 值在二者之间的灰色区域，则需要审慎考虑。Altman 把这个模型用于 33 家破产企业和 33 家未破产企业的抽样时，正确预测了 66 家企业中的 63 家。

对于非上市公司，由于无法取得净资产市价，Altman 提出以账面价值替代，但需要重新调整系数，调整后的模型为：

$$Z = 0.717X_1 + 0.847X_2 + 3.107X_3 + 0.42X_4 + 0.998X_5$$

该模型预测当 $Z < 1.20$ 时公司会破产；当 $Z > 2.9$ 时公司很安全；1.2—2.9 之间的区间称为"灰色区域"。

（2）Ohlson 的 Logit 模型。1980 年，Ohlson 利用 Logit 分析模型提出了另一种财务预警模型[②]。该模型是一个二元选择模型，其参数估计采用最大似然估计法，经过多次变量组合试验，去除一些不显著的变量，就可以得到使最大似然函数值最大

---

① Edward I. Altman. Financial Ratios, Discriminate Analysis and the Prediction of Corporate Bankruptcy. Journal of Finance. Sept 1968.

② Ohlson James A.. Financial Ratios and the Probabilistic Prediction of Bankruptcy. Journal of Accounting Research. Spring 1980: 109 – 131.

时的参数估计值。该模型的具体表达式为：

$P=1/\ (1+e^{-y})$

式中，P代表公司发生财务危机的概率，y是线性函数的因变量，其表达式为：

$y=-1.32-0.407X_1+6.03X_2-1.43X_3+0.0757X_4-2.37X_5-1.83X_6-0.521X_7+0.285D_1-1.72D_2$

其中，

X_1 代表公司的规模，是用物价指数调整过的总资产价值的自然对数

X_2 代表总负债/总资产

X_3 代表营运资本/总资产

X_4 代表流动负债/流动资产

X_5 代表净利润/总资产

X_6 代表经营活动的营运资本流/总负债；经营活动的营运资本流是经营现金流量，加上其他营运资本项目的变化。

X_7 代表净收益变动率

如果最近两年净收益为负值，那么 $D_1=1$；否则 $D_1=0$；

如果总负债超过总资产，那么 $D_2=1$；否则 $D_2=0$。

Ohlson 的 Logit 模型的在 105 家破产公司和 2 058 家非破产公司的基础上开发出来的。以 3.8%为破产分界点，Ohlson 模型可以以 87.6%的准确率区分破产公司样本，以 82.6%的准确率区分非破产公司。

[案例分析①]

W.T.Grant 公司曾经是美国最大的零售商之一，拥有 1 200 家商店，员工总数超过 82 000 人，年销售收入曾达到 17 亿美元，但公司却于 1976 年 2 月破产。我们根据上述介绍的 Altman 的“Z 值”模型和 Ohlson 的 Logit 模型计算了各财务年度的 Altman“Z”积分和 Ohlson 破产概率，如表 13－2 所示：

表 13－2　运用 Altman“Z”积分和 Ohlson 破产概率对 W.T. Grant 公司的预测

财务年度	1968 年	1969 年	1970 年	1971 年	1972 年	1973 年	1974 年	1975 年
Altman 的“Z 值”模型								
(营运资金/资产总额) ×1.2	0.54353	0.51341	0.44430	0.37791	0.44814	0.36508	0.38524	0.19309
(留存收益/资产总额) ×1.4	0.43738	0.42669	0.41929	0.38511	0.34513	0.31023	0.25712	0.04873
(息税前收益/资产总额) ×3.3	0.41358	0.44611	0.44228	0.38848	0.27820	0.26029	0.25470	－0.63644

① 斯蒂克尼、布朗著，张志强等译：《财务报告与报表分析》，中信出版社 2004 年版，第九章。

续表

财务年度	1968年	1969年	1970年	1971年	1972年	1973年	1974年	1975年
Altman的“Z值”模型								
（净资产市价/债务总额）×0.6	0.86643	1.01740	0.95543	0.89539	0.69788	0.50578	0.10211	0.01730
（销售总额/资产总额）×1	1.77564	1.76199	1.71325	1.67974	1.57005	1.58678	1.54797	1.62802
Z积分	4.03656	4.16560	3.97455	3.72663	3.33940	3.02816	2.54714	1.25151
破产可能性	低	低	低	低	低	灰	灰	高
奥尔森对数模型								
常量	-1.320	-1.320	-1.320	-1.320	-1.320	-1.320	-1.320	-1.320
物价指数调整过的总资产价值的自然对数	-6.504	-6.536	-6.652	-6.686	-6.730	-6.779	-6.801	-6.700
总负债/总资产	3.399	3.315	3.550	3.793	3.948	4.268	4.543	5.396
营运资本/总资产	-0.648	-0.612	-0.529	-0.450	-0.534	-0.435	-0.459	-0.231
流动负债/流动资产	0.037	0.039	0.044	0.049	0.043	0.049	0.048	0.061
净利润/总资产	-0.142	-0.148	-0.139	-0.116	-0.086	-0.080	-0.022	0.398
经营活动的营运资本流/总负债	-0.237	-0.243	-0.216	-0.170	-0.128	-0.113	-0.047	0.340
净收益变动率	-0.011	-0.420	-0.018	0.034	0.037	-0.026	0.273	0.521
D_1	0.000	0.000	0.000	0.000	0.000	0.000	0.000	0.000
D_2	0.000	0.000	0.000	0.000	0.000	0.000	0.000	0.000
总计	-5.426	-5.925	-5.280	-4.866	-4.770	-4.436	-3.785	-1.535
破产概率	0.4%	0.4%	0.5%	0.8%	0.9%	1.2%	2.2%	17.7%

资料来源：斯蒂克尼、布朗著，张志强等译：《财务报告与报表分析》，中信出版社2004年版。

从上表可以发现，Altman模型显示在1973年前公司破产的可能性很小，1973年和1974年间进入灰色区域，到了1975年破产可能性就很高了。由于Altman模型是根据生产企业开发出来的，在运用到零售企业时会有一定程度的“高估”，因此Grant公司的实际分值比上表列示数据还低。而且从1969年开始，Z积分持续下降，除个别年份外，五个组成部分均有所下降。同样，根据Ohlson的Logit模型计算出的公司破产概率也呈增长趋势，并在1975年超过了3.8%的破产分界点。

第二节 资信评级

一、资信评级概述

资信评级（Credit Rating，也称为信用评级）是具有一定资格的资信评级服务专业机构以客观、公正立场，根据规范的评估指标体系，运用科学的评估方法，履行严格的评估程序，对受评对象的信用记录、企业素质、管理能力、经营水平、外部环境、财务状况、发展前景等进行全面了解、考察调研、分析研究后，就其在未来一段时间履行承诺的能力和可信程度所做的综合评价，以简单明了的符号表示其优劣并公布于社会公众的一种经济活动。

资信评级最早产生于美国。1902 年美国穆迪公司创始人约翰·穆迪（John Moody）率先为美国铁路债券评级，开创了现代资信评级业的先河。其后，普尔出版公司（标准普尔公司的前身，1941 年与标准统计公司合并）和惠誉公司也先后于 1922 年和 1924 年开始对工业证券进行评级。20 世纪 30 年代的经济危机爆发后，许多金融机构倒闭，债券违约的情况屡见不鲜，这使得投资大众真正认识到信用风险的危害性以及资信评级的重要性。经济环境的变化促使资信评级的业务范围和市场规模不断扩大。目前，资信评级已经成为成熟资本市场上债券投资和定价的标准模式，是保障资本市场良好运作的重要基础，其作用主要体现在以下方面[①]：

首先，资信评级能够利用评级机构的专业优势降低投资者的信息成本和投资风险。为了避免投资风险，债券投资人在进行信贷决策时往往需要对债券发行人的还本付息能力进行判断，这需要相当大的信息成本。由于债券投资人分析能力和信息获取能力的不足，很可能得到错误的分析结果，导致错误的信贷决策。而资信评级是由客观、公正、专业的评级机构进行的，具有明显的规模经济优势和专业优势，其信息分析能力和准确性远非个人投资者能比。此外，信用评级机构与发债企业往往有较为密切的联系，因此可能获得“内部信息”，得出更为准确的评级结果。表 13－3 列示了标准普尔对 1981 年 1 月 1 日到 1999 年 12 月 31 日这 20 年间 9 200 个被评估对象的统计结果，图 13－1 列示了穆迪公司 1970—2001 年间各信用等级的累计违约率。

① 参考郭敏华：《信用评级》，中国人民大学出版社 2004 年版。

表 13-3　　标准普尔 1981—1999 年间被评估对象的统计结果

信用等级	AAA	AA	A	BBB	BB	B	CCC
5年累计违约率	0.10	0.25	0.49	1.80	9.22	21.44	42.13
10年累计违约率	0.51	0.79	1.41	3.68	15.00	27.88	46.53
15年累计违约率	0.51	1.07	1.83	4.48	16.36	29.96	48.29

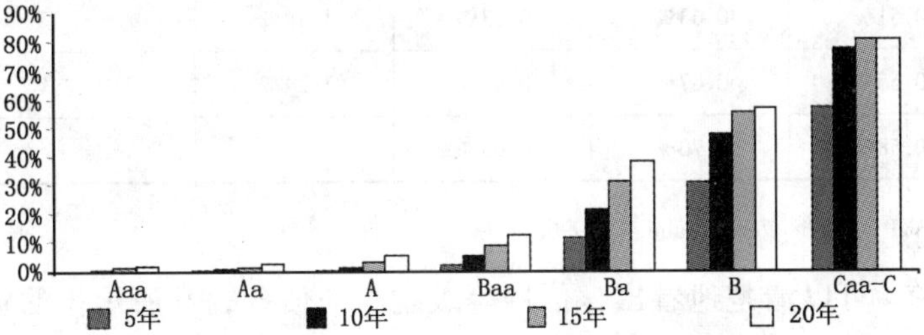

图 13-1　穆迪公司 1970—2001 年间各信用等级的累计违约率

资料来源：Understanding Moody's Corporate Bond Ratings and Rating Process. www.moodys.com。

由上表图可以看出，高等级债券的违约累计违约率远远低于低等级债券，这也证明了债券评级的有效性。

由此可见，资信评级对于债券投资人而言具有相当可贵的信息价值，可以大大减少债券投资人的信息收集、分析成本和投资风险。

其次，资信评级能够降低发债人的融资成本。由于证券市场存在明显的信息不对称现象，如果发债人没有资信评级供投资人参考，那么投资人就会意识到自身处于明显的信息劣势，因此会要求较高的风险溢价来补偿信息劣势所带来的额外风险。当信息不对称导致发债人的融资成本过高时，就可能产生逆向选择或道德风险问题。逆向选择是指对那些信用质量较高的企业，过高的融资成本是不公平的，因此它们可能选择退出融资市场，造成“劣币驱逐良币”的现象。道德风险是指那些取得融资的企业，为了弥补高融资成本，可能将融资资金投入风险极高的项目，从而危及债权人的利益。逆向选择或道德风险问题可能会进一步导致债券投资人提高风险溢价，从而形成恶性循环，甚至导致债务融资市场崩溃。

而资信评级对于发债人而言，就像经过严格的品质认证所得到的标签，在信息不对称的情况下能够降低投资人的信息劣势，这使得投资人要求的风险溢价随之下降，从而降低发债人的融资成本。因此，资信评级往往会极大影响债券利率以及在二级市场的流动性，较高等级的债券往往能按照优惠的利率条件迅速实现发行，并为在更大范围内筹资提供了可能。表 13 - 4 列示了美国公司资信评级等级与风险溢价之间的关系：

表 13 - 4　　美国公司资信评级等级与风险溢价之间的关系

	AAA	AA	A	BBB	BB	B
1 年	0.17%	0.24%	0.26%	0.53%	1.77%	2.22%
5 年	0.37%	0.46%	0.59%	0.91%	2.79%	3.78%
10 年	0.46%	0.56%	0.74%	1.08%	3.23%	—
15 年	0.51%	0.63%	0.83%	1.18%	—	—
20 年	0.55%	0.67%	0.89%	1.24%	—	—
25 年	0.58%	0.70%	0.93%	—	—	—

资料来源：S&P，Credit Week，June 4，1996。

由表 13 - 4 可以清楚地看出，信用等级越高的债务，其所承担的资金成本就越低；反之越高。

第三，资信评级能够协助监管部门提高金融监管效率。债务金融商品是许多金融机构资产负债管理的重要工具，这些债务金融商品品质的好坏将直接影响金融机构的经营风险，而金融机构的经营风险又直接关系到整个金融体系的稳定，是监管部门密切关注的对象。如果缺乏资信评级体系，那么监管部门需要花费大量的时间、人力、物力对金融机构投资的债务金融商品违约风险进行调查，这无疑将大大降低监管效率。而专业客观的资信评级制度，可以作为监管部门制定规范及检查的依据，大大提高监管效率。比如许多国家规定商业银行、保险公司、养老基金等机构投资者不得投资于“投机级别”的债券，这样的规定显然能够有效防范金融风险。此外，资信评级还将迫使发债人提高会计信息透明度，及时暴露出内部经营管理中可能存在的问题，防止因投资者盲目投资而产生的金融风险。

最后，资信评级有助于增进市场有效性。资信评级一方面可以减少投资人的信息收集成本，丰富投资组合的内容；另一方面可以降低发债人的融资成本，减少错失有利投资项目的机会成本。这无疑能够有效扩大、活跃市场交易，使市场的运作更为平滑顺畅。此外，资信评级制度为发债人建立了一个常态性的监督机制，强化了发债人向投资者负责的心态，对发债人经营产生良性压力，有助于敦促发债人积极改善财务结构并健全财务会计制度。因此，完善的资信评级体系对提高市场有效性、实现资源的合理配置有重要的作用。

二、美国的资信评级

(一) 信用等级的设置及其含义

信用等级是对各种可能影响信用质量的因素进行综合分析和评估后给出的一个可能违约的风险等级。信用等级越高，意味着债务履行能力越强，信用风险越小；反之，信用等级越低，则债务履行能力越弱，信用风险越大。资信评级业经过近百年的发展，各主要评级机构的信用等级符号系统已经大致相同。表 13－5 和表 13－6 列示了美国标准普尔公司和穆迪公司的债券信用等级设置及其含义。

表 13－5　　标准普尔公司债券信用等级设置及其含义

长期债券评级标准	
债券级别	级 别 含 义
AAA	该级别的债券是标准普尔评定的最高信用等级，债务人履行与该债务有关的财务承诺的能力非常强（Extremely Strong）。
AA	该级别同最高级别债券只是略有差距，但债务人履行义务的能力仍然很强（Very Strong）。
A	与上两个级别相比，该级别债券在环境和经济形势发生变化时比较容易受到不利影响，但债务人的偿债能力仍然较强（Still Strong）。
BBB	该级别的债券显示出较为充分的保护参数（Protection Parameters），但是不利的经济形势或者环境的变化可能导致偿债能力的降低。
BB	该级别及其以下级别的债券具有较为显著的投机特征。该级别相对以下级别而言，不能偿还的风险较小。但是，该级别同样面临较大的、持续的不确定性，而且，经营、财务以及经济形势的不利影响可能削弱债务人履行与该债务有关的财务承诺的能力。
B	不能偿还的风险大于 BB 级，但当前仍然有能力履行与该债务有关的财务承诺。未来经营、财务以及经济形势的不利影响可能损害债务人的偿还能力和偿还意愿。
CCC	该级别的债券当前存在一定的不能偿还的风险，未来是否能履行与该债务有关的财务承诺取决于经营、财务以及经济形势能否好转。一旦经营、财务以及经济形势发生恶化，债务人将难以履行财务承诺。
CC	该级别债券当前存在极大的不能偿还的风险。
C	当债务人已提交破产申请等类似行为，且债券的偿还正在进行时，该债券属于 C 级
D	该级别债券的违约事实已实际发生。

续表

长期债券评级标准	
债券级别	级别含义
“+”或“-”	从AA级到CCC级之间的各级别之后可能加上“+”或“-”号（如AA+，BBB-）以表示该债券在这一等级中的相对位置。
短期债券评级标准	
债券级别	级别含义
A-1	该级别是标准普尔短期债券评级的最高级别。该级别债务人履行与该债务有关的财务承诺的能力较强。在该级别内，某些债券被加上了“+”号，这意味着这些债务人的履行与该债务有关的财务承诺的能力非常强（Extremely Strong）。
A-2	该级别债券与最高级别相比，在环境和经济形势发生变化时比较容易受到不利影响，但债务人履行与该债务有关的财务承诺的能力仍是令人满意的（Satisfactory）
A-3	该级别的债券显示出较为充分的保护参数（Protection Parameters），但是不利的经济形势或者环境的变化可能导致履行与该债务有关的财务承诺的能力的降低。
B	该级别的短期债券具有显著的投机特征。债务人当前仍然有能力履行与该债务有关的财务承诺，但却面临较大的、持续的不确定性，这种不确定性可能削弱债务人履行与该债务有关的财务承诺的能力。
C	该级别的债券当前存在一定的不能偿还的风险，未来是否能履行与该债务有关的财务承诺取决于经营、财务以及经济形势能否好转。
D	该级别债券的违约事实已实际发生。

资料来源：S&P's Corporate Ratings Criteria 2005。

表 13-6　　穆迪公司资信等级设置及其含义

长期债券评级标准	
债券级别	级别含义
Aaa	最高质量的债券，它们的投资风险水平最低，也被称作“金边债券”。有大量非常稳定的利润以保证利息的支付，本金也很安全。即使某些保护性因素（Protective Elements）可能发生变化，这些变化也不太可能影响债券的强势地位（Strong Position）。
Aa	该级别债券按照所有标准衡量均具有高质量。与Aaa一起构成所谓的高级债券（High-grade Bonds），这些债券评级低于Aaa的原因在于保证利润（Margins of Protection）不够大、保护性因素的波动性较大或者长期风险略大于Aaa级别债券。
A	该级别债券拥有很多良好的投资特性，属于中上级债券。本金和利息的偿付保障较为充分，但容易受到未来不利事件的损害。

续表

长期债券评级标准	
债券级别	级别含义
Baa	中级债券。从目前来看，利息的支付和本金的偿还还是有保证的。但从长期来看，保护性因素不足或不够可靠。这种债券缺乏显著的投资特征，具有投机性质。
Ba	该级别债券具有投机因素，它们的未来无法得到很好的保障。利息和本金支付的保障程度很一般，未来情况的好坏将影响该类债券的安全性。这类债券的共同特征是状态的不确定性。
B	该级别债券缺乏价值投资的必要特征。从长期看，利息和本金的支付或者合同其他条款的保证程度很低。
Caa	较差级别。该类债券可能违约，或者目前存在影响本金或利息支付的危险因素。
Ca	该级别债券具有高度投机性。这些债券经常出现违约情况或具有其他明显缺陷。
C	最低级别。该级别债券前景非常渺茫，很难吸引投资。
“1”、“2”或“3”	从 Aa 级到 Caa 级之间的各级别之后可能加上“1”、“2”或“3”号，以表示该债券在这一等级中的相对位置，比如 A1 代表该级别中最具投资特征的债券。
短期债务评级标准	
MIG1	拥有最高级别（Superior）的信用质量。确定的现金流、高度可靠的流动性或者再融资渠道的多样性为短期债务提供了极好的保障。
MIG2	拥有较强（Strong）的信用质量。保证利润较为充足，但比最高等级略低。
MIG3	拥有可接受（Acceptable）的信用质量。流动性和现金保障程度较为有限，再融资渠道较为狭窄。
SG	投机级别。缺乏保证利润。

资料来源：Guide to Moody's ratings，rating process，and rating practices，June 2004。

总体而言，两家国际评级机构的信用等级划分大同小异，前四个级别信用程度较高，履约风险小，属于投资级别；而第五级及其以下级别信用程度较低，履约风险较大，属于投机级别。当然，这并不意味着只有投资级别的债券才值得投资，因为不同的投资者有着不同的风险偏好，那些风险爱好者有可能投资于投机级别债券以获取较高的收益。

[案例分析：VIACOM 的评级变化及其主要原因①]

表 13－7 列示了国际著名的传媒公司 VIACOM 所发行的次级债券的标准普尔信用级别变化情况。

① Financial Statement Analysis：A Practitioner's Guide．John Wiley & Sons，Inc．．2002：277．

表 13－7　　VIACOM 所发行的次级债券的标准普尔信用级别变化情况

时间	1987 年 6 月	1989 年 3 月	1991 年 8 月	1992 年10月	1994 年 6 月	1995 年 5 月	1998 年10月	2000 年 5 月
级别变化	B－	B	B＋	BB＋	B＋	BB	BB＋	BBB

1987 年 VIACOM 进行了一次较大的杠杆收购，这使得公司的负债比率明显提高，因此债券级别也从 BB－级降低到了 B－级。1989 年，由于经营业绩表现突出，债券级别相应提高到了 B 级。1991 的新股发行进一步增强了 VIACOM 的偿债能力，债券级别再次提高到了 B＋级。

1992 年，公司总裁宣布将致力于削减债务以提高公司信用质量，此举的目的是提高债券等级，以便降低未来的借款成本。受此计划影响，公司的债券级别提高到了 BB＋级。

但是公司的债务削减计划并没有持续下去，1994 年，VIACOM 再次利用杠杆收购兼并了另一传媒巨头派拉蒙公司，这一收购大幅提高了 VIACOM 的负债比率，因此债券评级下降到了 B＋级。

1995 年，VIACOM 收购了 Blockbuster 公司，该公司财务杠杆较低，且拥有大量的现金，因此 VIACOM 的信用质量得到提升。此外，VIACOM 还宣布将出售有线电视业务以及 Spelling 娱乐集团的部分股权来筹集资金偿还债务。基于这些考虑，其债券级别提高到了 BB 级。

1996年，VIACOM 公司总裁兼首席执行官 Biondi 突然宣布辞职，新总裁 Redstone 上任之初一再宣称公司将遵守优化资本结构的承诺，并将提高债券等级作为公司的优先目标。但与此同时 VIACOM 公司却采取了更为“侵略性”的管理风格，宣布将回购 5.2% 的股份，并放弃出售 Spelling 娱乐集团的部分股权。这些行为导致 VIACOM 公司债券价格的下跌，并使得评级机构对 VIACOM 公司提高信用质量的承诺的怀疑。因此，1995—1998 年这一较长时间内，评级机构处于观望态度，并未对 VIACOM 公司债券评级做出调整。

1998 年后，VIACOM 公司的管理当局确实意识到了提高信用质量的重要性，并采取了相应的措施，因此债券信用级别在 1998 年 10 月上升到了 BB＋级别，并于 2000 年 5 月进一步提高到 BBB 级。

（二）信用评级分析方法

一般而言，信用评级分析方法可以分为两种：一种是传统法，即通过构建信用评级指标体系作为评估框架进行评级；另一种是评级模型法，即运用现代计量经济模型来进行信用评级。

相对而言，传统法能够较为全面地考虑影响信用质量的各种因素，从而得出较为准确的信用评级，因此信用评级机构对客户的初始评级一般采用传统法。但如前所述，在对客户进行初始评级之后还必须进行跟踪监测和后续评级，由于传统法的评级程序较为复杂、评级周期较长，如果采用传统法每年对客户的信用特征进行评级，显然过于费时费力。因此，在采用传统法对客户进行初始评级后，运用评级模型法进行后续评级是一个可供选择的做法。常用的评级模型包括 Z—Score 模型、CreditMetrics 模型、KMV 模型、Kaplan—Urwitz 模型等。下面简单介绍信用评级的 Kaplan—Urwitz 模型①。

Kaplan—Urwitz 模型是通过表 13－8 所列示的变量和系数来判断债务信用评级的。

表 13－8　　Kaplan－Urwitz 模型

变　量	系　数	
	模型 1	模型 2
模型截距	5.67	4.41
总资产	0.001	0.0012
次级债券（是＝1，否＝0）	－2.36	－2.56
长期债务对总资产比率	－2.85	－2.72
市场模型的 β 系数	－0.87	NA
净收益对总资产比率	5.13	6.40
市场模型剩余收益的标准离差	－2.90	NA
5 年间净收益的变异系数（标准离差/期望值）	NA	－0.53
息税前现金流量对利息费用比率	0.007	0.006

上表各变量的排列顺序是按照模型 1 所确定的统计重要性顺序。由上表可以发现解释债务评级最重要的因素不是财务比率，而是公司规模，大公司往往比小公司获得更高的评级。债务是否属于次级债务是第二重要因素，随后是杠杆指标。盈利能力似乎不太重要，但模型中仍然包含了两个与盈利能力有关的比率（净收益对总资产比率和息税前现金流量对利息费用比率）。

上述模型计算出的分值按照以下标准转换为债务评级：

分值＞6.76，预测为 AAA 级；

分值＞5.19，预测为 AA 级；

分值＞3.28，预测为 A 级；

分值＞1.57，预测为 BBB 级。

---

① 对该模型的介绍引自 Palepu、Healy 和 Bernard 撰写的《运用财务报表进行企业分析与估价》第十四章。该书由孔宁宁、丁志杰翻译，中信出版社 2004 年 1 月出版。

卡普兰和厄威茨（Kaplan & Urwitz）将模型1运用于64种债券，结果正确预测了其中44种债券的级别，准确率为63%。

虽然目前评级模型研究发展迅猛，但各种模型都存在自身的缺陷，比如各种模型往往忽略了不同的评级对象所特有的信用特征，分析缺乏深度和广度，评级结果的针对性和前瞻性较差。因此，期望利用评级模型捕捉住所有影响信用质量的信息是不现实的。实践证明，利用评级模型得出的评级结果与实际评级之间还是有显著差异的。

目前而言，国际评级机构（如标准普尔和穆迪）一直坚持"资信评级不仅是一门技术，还是一门艺术"的观点，他们一直认为资信评级主要是一种定性分析，定量分析也是为定性分析服务的。因此，目前传统评级方法仍然是处于主导地位，也是国际资信评级机构主要采用的方法。

（三）资信评级指标体系

如前所述，在传统法下的资信评级需要借助于一套指标体系来进行。资信评级指标体系是根据评级对象的资信要素及其评估具体项目而设置的评级指标的集合，即评级指标体系是由能够反映评级对象某一特征的一系列指标所组成。这里所说的指标不仅仅局限于财务指标或经济数据指标。下面简要介绍标准普尔公司和穆迪公司的资信评级指标体系。

1. 标准普尔资信评级指标体系①。标准普尔公司的评级分析是以行业分析和公司竞争地位分析为起点的。两家公司可能计算出同样的财务比率，但由于所处行业的盈利能力和所选择的竞争战略不同，最后的评级结果可能大相径庭。图13－2列示了标准普尔公司设计的经营风险/财务风险矩阵与信用级别的关系。其中经营风险因素主要包括：国家风险、行业特征、公司竞争地位、产品组合及市场营销、技术、成本效率、公司战略、管理层素质、同业比较等；财务风险因素主要包括：会计信息质量、财务政策、公司治理、风险承受能力、现金流的充裕程度、资本结构、资产保障程度、流动性等。

以下简单举例来说明如何利用标准普尔的经营风险/财务风险矩阵进行债券评级。如果公司A的现金流/债务比率为0.35，财务杠杆率为0.4，那么就可以从图13－2中得出公司A的财务风险属于"中等"（Intermediate）级别。再假设公司A的经营风险属于"满意"（Satisfactory）级别，那么由经营风险/财务风险矩阵就可以得出该公司信用等级为"BBB"级。假设公司A出于稳健考虑，通过削减债务规模使得现金流/债务比率上升到0.6，而财务杠杆率下降到0.25，那么公司的财务风险就降低到"轻度"（Modest）级别，公司的信用等级也上升到"A"级。但如果公

① 本部分内容参考 Standard Poor's Corporate Ratings Criteria 2005。

司实施更为激进的财务政策（比如通过借款来进行股票回购），这可能使现金流/债务比率下降到0.2，而财务杠杆率上升到0.55，那么公司的财务风险就上升到“激进”（Aggressive）级别，公司的信用等级也就下降到“BB+”级别。

		财务风险等级				
		小	轻度	中等	激进	高度杠杆经营
经营风险等级	优	AAA	AA	A	BBB	BB
	良	AA	A	A-	BBB-	BB-
	满意	A	BBB+	BBB	BB+	B+
	较差	BBB	BBB-	BB+	BB-	B
	极差	BB	B+	B+	B	B-

财务风险指示比率		
	现金流量/债务比率	财务杠杆率
财务风险等级		
小	大于60%	低于25%
轻度	45%—60%	25%—35%
中等	30%—45%	35%—45%
激进	15%—30%	45%—55%
高度杠杆经营	低于15%	大于55%

图13-2　标准普尔经营风险/财务风险矩阵与信用级别的关系

资料来源：Standard Poor's Corporate Ratings Criteria 2005。

为了判断经营风险和财务风险的大小，标准普尔设计了一套相应的指标体系。此外，如果是对债券进行评级，具体的债务契约条款对债券评级也有重要影响。

（1）经营风险指标体系：

①宏观环境。公司所在国家的经济发展情况及其稳定性对信用评级有着重大影响。需要关注的宏观因素包括：国家经济发展前景、经济的波动性、通货膨胀水平、实际利率变化趋势、政治稳定性、政府监管情况、金融系统风险、法律系统风险、会计报告系统透明度、资本市场发育程度、国家基础设施建设、参与经济全球化程度等。

②行业风险。评级分析一般是以对公司所处行业环境进行评估为起点。特定行业中公司所面临的运营风险很大程度上取决于该行业的发展动力。行业分析应当侧重于该行业的发展前景和影响该行业的竞争因素。

行业前景分析应当注重行业的成长性、稳定性和周期性。比如行业是否容易受到技术革新、劳动力市场的动荡、行业监管政策的变化等因素的不利影响。订货到交货时间很长（Long Lead Time）的行业或拥有大量专用固定资产的行业往往面临较大的风险。行业内竞争程度的加剧也会提高行业风险。对行业内领导者投资计划的了解将有助于判断该行业未来的竞争程度。

行业风险评估是决定特定行业参与者信用等级的重要因素。处于高风险行业的公司即使执行较为保守的财务政策也很难获得“AAA”信用等级。相反，对于那些需求增长较为稳定、收益可持续增长、资本支出时间弹性较大、资本密集程度较低的行业，身处其中的公司往往能获得较高的信用等级。当然，行业的风险程度并不能直接等同于公司所能获得的信用等级，但拥有良好的行业背景的确能为公司的信用评级提供坚实的基础。

总而言之，行业风险分析为后续的公司特有风险分析提供了一个平台，有助于在整体信用分析中识别关键因素。比如易受技术革新影响的行业，应当注重对公司研发能力的分析；对日用品生产行业，公司对产品成本的控制就极为重要。

③行业周期。信用评级是一种前瞻性行为，需要对公司前景进行长期预测分析。长期而言，无论是行业层面还是整体经济形势均会呈现出周期性波动趋势。信用分析不应当只关注公司的当前情况，还应当考虑到公司目前所处的生命周期阶段，并预测未来的波动趋势。如果公司当前良好的情况主要是由于整个行业正处于周期波动的顶峰时，那么给予该公司过高的信用评级并不合适。因为随着行业景气度的下降，公司情况可能恶化。同样，如果行业周期性波动进入谷底期时，可能导致公司的业绩受到不利影响，这时降低公司的信用等级未必合理，因为行业的复苏可能很快就会到来。因此，在信用分析过程中应当尽量避免受到行业周期波动的影响，使信用评级保持一定的稳定性。

但是，行业周期性波动有可能对公司信用质量造成永久性影响。比如公司可能在处于行业顶峰期时积累、储备充足的现金流，从而消除下一个的行业谷底期的信用风险。而一些处于行业谷底期的公司可能在这一期间元气大伤，丧失竞争地位，难以在行业复苏时恢复元气，甚至可能在“春天”到来前破产。因此，实际信用评级往往随着行业周期的变化进行适当的调整，如图 13 – 3 所示：

当行业处于上升期时，信用等级可能得以调高；当行业处于下降期时，信用等级可能调低，但是信用等级的波动相对行业波动而言要小得多。

④关键成功要素。公司取得成功的能力将对其信用评级产生重大影响。而公司要获得成功首先必须“扬长避短”，选择最适合自己的竞争战略。不同行业的主要竞争手段显然不同，公司可以选择价格优势、产品质量、营销能力、产品差异化、服务等作为竞争基础。我们应当根据公司所选择的竞争战略来寻找分析重点。

⑤产品组合。如果公司只拥有一条主要生产线或只生产一种产品，即使该产品目前销售情况良好，公司的未来仍然面临较大的风险，因此许多公司选择跨行业经营。在对这种多元化公司进行信用分析时，应当考虑所涉及的各行业的性质及其对公司的影响程度。首先，如果一家公司虽然同时涉及了多个行业，但某种产品仍然

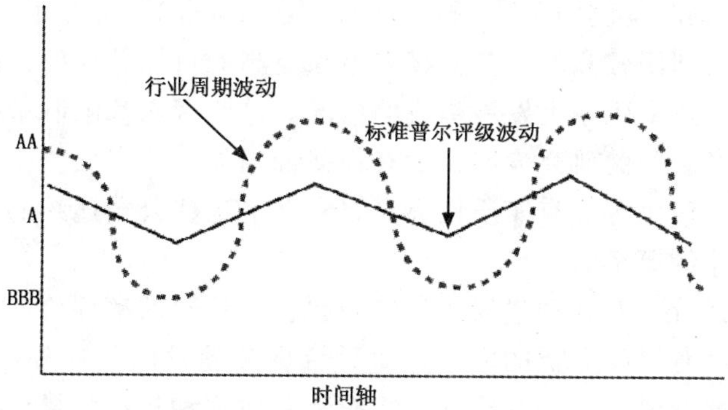

图 13－3　信用评级和行业周期的变化

资料来源：Standard Poor's Corporate Ratings Criteria 2005。

在公司销售结构中占据绝对统治地位，那么该公司并未通过产品组合很好地分散风险。其次，如果公司所选择的多个行业具有类似的经济周期，比如同时进行铁矿开采和铜矿开采，那么多元化经营反而会加大公司业绩的波动性。最后，不同行业的经营管理方法不尽相同，竞争激烈程度也存在差别，因此管理当局的跨行业经营能力也是分析的重点。

⑥公司规模因素。经验研究证据表明，公司规模与信用等级密切相关。一般而言，公司规模越大，信用等级可能越高。

规模较大的公司往往能做到分散经营，并拥有较强的竞争力，这些均反映在大规模公司一般拥有较大的市场份额上。市场份额分析能够为信用评级提供重要的信息。但是，较大的市场份额并不完全等同于较强的竞争优势或行业统治地位。比如在集中度较高的行业中，可能存在几家规模较大的公司占有绝大多数的市场份额，每个大公司的市场份额虽然都比较大，但同其他主要竞争对手相比，都不具备特别的优势或劣势。

小规模公司往往缺乏必要的资源来进行多元化经营，因此相比之下比较容易受到经济形势和市场环境变化的不利影响。而且小规模公司的财务弹性也比较小，一些小公司虽然资质不错，但在遇到短暂的财务困境时，缺乏必要的财务弹性，无法获得融资帮助，因此存在较大的破产风险。

在公司规模和信用等级的关系上，存在另一相反的观点，也即认为小规模、成长型的公司应当比大规模、成熟型（甚至开始衰败）的公司拥有更好的信用等级。这一观点似乎有理，但却考虑欠周。实际上，大规模公司往往拥有较强的生存能力(Staying Power)，即使它们的生产经营遇到了一定的困难，也能够得到银行、供应商、客户等利用相关团体的支持，而且大公司往往积累了大量的非核心资产(Peripheral Assets)，它们可以通过出售这些资产来度过难关。相比之下，财务困难发生时，小公司得到的支持力度要小得多，而且这些小公司明显缺乏必要的资产保护。这些小规模、成长型公司往往野心太大（Over – ambition），由于权益资本规模有限，它们往往会利用较高的财务杠杆来追求更高的目标。此外，高速成长公司往往会出现经营管理效率跟不上发展步伐的情况。这些因素都限制了小规模成长型公司信用质量的提高。经验研究表明，没有任何证据显示原来处于投机级别的小规模成长型公司随后的信用等级有实质性提高，实际上这些公司违约的概率大大超过了投资级别公司的违约概率。

⑦管理当局评价。对管理当局的评价主要包括经营效率评价和风险防范评价两部分。前者属于经营风险分析的内容，而后者更多的是属于财务风险分析的内容。分析有关管理当局背景、资格和经验、维持经营效率和提高市场地位的能力等历史记录，能够为判断管理当局经营效率提供较为客观的依据。但是，对管理当局经营效率的评价需要依靠较多的主观判断，在与高管人员沟通交流的过程中形成的评价同历史记录一样重要。

⑧其他重点。信用评级中应当注意的其他重点包括：

◆ 公司采取较为激进的经营模式，比如通过大规模并购来扩张或者轻易进入不熟悉的产业；

◆ 公司战略经常发生重大变动；

◆ 公司经营严重依赖于某个人，特别是该人已接近退休；

◆ 管理当局报酬与股东利益联系过于紧密或极不相关；

◆ 频繁的管理层轮换；

◆ 公司过多地卷入法律诉讼、监管行为或税务纠纷中；

◆ 公司组织结构过于复杂，特别是可能引发表外融资的复杂结构；

◆ 组织结构与管理战略之间的关系模糊；

◆ 股东对管理当局权限施加重大限制；

(2) 财务风险指标体系。在对公司的竞争地位和经营环境进行分析之后，可以接着进行财务层面的分析。财务风险分析主要是使用量化分析方法，特别是财务比率分析。正如本书方法论中提及，在财务分析过程中应当对报表数据进行适当的调整，特别是在进行公司间比较分析时，应当注意到不同的会计方法对分析结果的影响。

①会计质量及信息风险。财务报表及其相关信息披露是了解公司财务状况和经营成果的最重要的信息源。财务报表分析是以会计质量分析为起点的。会计质量分析的目的是判断根据财务报表数据计算出的各种比率或统计数据，能否恰当地衡量公司的财务状况和经营成果，分析结论是否在同类企业或同行业中具有可比性。信用评级过程从某种程度而言就是一个比较的过程，因此可比性相当重要。为了做出正确的财务风险分析结论，应当根据一定的会计质量标准对财务报表数据进行恰当的调整。当然，彻底重编财务报表是不现实的，所以只能尽可能地对财务报表数据

进行适当的调整。即使能获得财务数据是否高估或低估、会计政策是否稳健或激进的印象也是十分重要的。具体的会计质量分析及调整方法可以参考本书方法论部分。

此外，在信用评级后的跟踪评级过程中，应当关注会计政策的变化对信用评级的潜在影响。会计政策变更未必对信用质量产生直接的影响，但往往能揭示出与信用评级有关的新信息。比如新的退休医疗债务会计核算方法的采纳降低了一些公司的信用评级，因为在此之前评级机构无法获得这方面负债情况的详细信息。而且会计政策的变更有时可能导致违反债务合同中的财务限制条款。

会计质量分析不仅仅对定量分析有重要意义，其分析结果还有助于了解管理层诚信、公司财务透明度等定性分析内容。

②财务政策。企业无论有意识还是无意识都会有自身特定的财务政策，如有关财务风险的管理思想、评价指标等，这些都是在信用评级过程中必须考虑的。除了分析企业的财务政策之外，还应当考虑财务政策的可行性和执行情况。

企业不应当将获得好的信用评级作为财务政策的制定目标。合理的财务政策应当能与经营活动相适应，并为经营活动提供更好的支持，而不能仅仅为了评级反而成为经营活动的束缚。当然，财务稳健性和信用质量也是制定财务政策时必须考虑的重要因素。

为了规避财务风险而制定过于保守的财务政策并不可取，这可能使企业丧失良好的投资机会，或许短期内企业能够获得较好的信用评级，但这是以牺牲长期信用质量为代价的。“AAA”级虽然是“最高”的信用等级，但却未必是“最佳”的信用等级，一个财务杠杆运用不充分的公司会产生较高的资本成本，这对公司所有者来说并非一件好事。

总而言之，在分析财务政策时应当关注的是财务政策与企业发展的整体目标和需求是否相适应。

③盈利能力。盈利能力是防范企业信用风险的最关键因素之一。较强的盈利能力意味着公司能够较好地通过内部融资积累资本，而且同时提高了公司吸引外部融资和抵御经营风险的能力。盈利能力是公司价值的最终决定因素，也是公司财务健康度和竞争地位最重要的检验标准。因此，对盈利能力的分析也有助于了解公司的经营风险。衡量公司盈利能力的主要指标包括：

◆ 息税前资本盈利率（Pretax, Pre-interest Return on Capital）=（利润总额+利息）/（短期债务+长期债务+净资产）

◆ 主营业务利润率（Operating Income as a Percentage of Sales）=主营业务利润/主营业务收入净额

◆ 各类经营资产盈利（Earnings on Business Segment Assets）

虽然各指标的绝对值很重要，但也不能忽视指标的变动趋势以及与竞争对手的比较分析。不同行业的经济周期和盈利特征均不相同，对某一行业而言良好的指标对在另一行业中可能不够好。通过与同类企业或同行业企业的比较，可以更好地判断企业的竞争力和价格弹性。

由于信用评级是对未来债务按期支付的可能性做出评估，因此应当注重对未来盈利能力的判断。信用评级分析本身并不需要对未来做出精确预测，但需要对管理层的预测进行分析，特别是管理层有关预期盈利增长的预测，比如现在的经营情况能否支持预期的盈利增长，为了达到盈利目标是否需要进行并购行为等。

盈利能力也是企业利息、租金、优先股股息等固定支出的重要保障。反映这些固定支出保障程度的比率包括：

◆ 利息保障倍数（EBIT Coverage of Interest）=（利息总额 + 利息）/利息

◆ 利息与租金保障倍数（EBITR Coverage of Interest Plus Total Rents）=（利息总额 + 利息 + 租金）/（利息 + 租金）。

为了能够正确反映出企业的持续盈利能力和对固定费用的支付能力，在计算上述指标时应当对盈利、利息等数据进行调整，比如扣除非经常性损益、加入资本化利息等。

④资本结构。衡量资本结构的主要指标有：

◆ 全部债务/（全部债务 + 股东权益）

◆（全部债务 + 表外负债）/（全部债务 + 表外负债 + 股东权益）

◆ 全部债务/（全部债务 + 股东权益市值）

由于短期债务的长期化使用已成为惯例，所以长、短期债务划分方法已无太大意义。

公司的资产组合对资本结构的选择有很大影响。如果公司资产能够产生持续稳定的现金流，而且资产市值较为稳定，便可以较多地利用债务杠杆。

⑤资产估价。对公司资产真实价值的了解对于信用分析极为重要。如果资产的账面价值相对于经济价值而言存在严重的高估或低估，那么据此计算出的财务比率将失去意义。比如在公司并购的过程中，会计准则允许被并公司的资产按照并购价格来反映，但这些资产的实际盈利能力并没有增加，因此仅凭资产的账面价值的增加就认为公司能够承担更多的债务显然是不合理的。此外，商誉等无形资产虽然可能极具价值，但在进行公司间的比较分析时，无形资产的计价往往会影响可比性。因为会计准则允许购入的无形资产以购买价格作为其账面价值，但却不允许确认自创无形资产的价值。虽然以历史成本为基础的资产账面价值存在重大缺陷，但完全依赖股票市价也存在问题。因为市价波动太快，而且容易受各种因素影响（如短期炒作等），而这些因素实际上并不会对公司的偿债能力产生影响。

总而言之，资产的盈利能力是判断其经济价值的基础，而资产的市场价值或评估价值也可以提供有益的参考。在信用分析中单独使用一种指标来确定资产价值并不合适，应当综合使用各种方法。

⑥表外融资。对公司债务的分析不应当只局限于资产负债表。表外融资项目也应当纳入分析范围，比如经营性租赁、对外担保、不可废止合同、或有负债等。在信息分析过程中，有些表外融资（如对外担保）可以直接加入企业总债务中，但有些表外融资的处理方法就要复杂一些。比如子公司债务在正常情况下不应当加入母公司债务中，但如果母子公司之间有密切的业务，或者该子公司对母公司有重要的战略意义，此时的子公司债务应当加入母公司债务中。

对于或有负债的计量往往需要较多的职业判断，比如可能获得的保险赔偿、涉及未来支出的现值估计等。

应收账款出售和应收账款证券化是一种新的表外融资方法。在信用分析过程中往往会将应收账款加回，并记录等额的负债，这样做的目的是消除表外融资对信用质量分析的影响，并增强与同类公司间的可比性。当然，如果公司将应收账款出售或证券化所取得的收入用于偿还债务，并不会对公司信用质量产生不利影响，但如果公司将所得收入用于投资于其他高风险资产，就可能极大增加公司的财务风险。

⑦现金流的充分性。“盈利”只是一个会计概念，并不能直接用于支付本息，而最终的还本付息还是需要现金。虽然盈利与现金流直接有密切的关系，但从盈利角度分析偿债能力和从现金流角度分析偿债能力可能得出不同的结论。

现金流量分析是信用评级的又一关键因素，特别是对于投机级别的债务。因为投资级别的公司往往拥有相对顺畅的外部融资渠道，能够应付暂时性的现金短缺，但投机级别的公司一般都缺乏财务弹性。

⑧现金流量比率。现金流量比率指标主要包括：

◆ 债务保障倍数（Funds From Operations/Total Debt）=（净利润+折旧+摊销）/全部债务，其中全部债务包括表外负债；

◆ 利息保障倍数（EBITDA/Interest）=（利润总额+折旧+摊销+利息）/利息；

◆ 自有净现金利息保障倍数（Free Operating Cash Flow + Interest）/Interest =（自由净现金+利息）/利息；

◆ 自有净现金本息保障倍数=（自由净现金+利息）/（利息+当年应偿还本金）；

◆ 可支配现金债务比率=全部债务/可支配现金；

◆ 资本支出保障倍数=（净利润+折旧+摊销）/资本支出；

上述指标中各种现金流量计算如下：

净现金（Funds From Operations）=净利润+折旧+摊销

－（+）非现金流动资产的增加（减少）

+（－）非现金流动负债的增加（减少）

经营净现金（Operating Cash Flow）

－资本支出

自有净现金（Free Operating Cash Flow）

－现金分红

可支配现金（Discretionary Cash Flow）

－并购

＋资产处置

＋其他现金收支净额

融资前净现金

长期的信用质量主要通过债务保障倍数和利息保障倍数来衡量，而对于偿债能力较弱的公司或投机级别的公司，应当偏重于与自由现金流相关的指标。指标的高低并不能直接等同于信用质量的高低。应当结合经营风险分析内容和公司的实际情况进行具体分析。比如一个处于衰退行业的公司可能拥有极高的自由现金流量指标，但这主要是因为该公司发展前景黯淡，缺乏可投资项目。相比之下，一个处于成长阶段的公司可能拥有较低的，甚至是负的自由现金流指标，但其未来的盈利前景较好。因此，在信用分析过程中应当关注不同公司的具体情况，并赋予各指标不同的权重，比如对于处于衰退期的公司，自由现金流量指标应当赋予较小的权重。

⑨资本需求。资本需求包括营业资本需求和固定资本需求两方面。资本需求分析对现金流量分析有重大影响。虽然对所有企业的信用分析都需要进行资本需求分析，但要特别注意分析固定资本密集型企业和高速成长型企业的资本需求情况。

大多数企业能够通过交易中的商业信用来满足大部分营运资本需求，但对于高速成长的公司，应收账款和存货往往增长极为迅速，无法通过商业信用来满足。通过提高营运资本管理效率也是减少营运资本需求的重要手段，但当营运资本管理效率达到一定程度后，很难通过这一手段进一步减少营运资本的需求。

信用分析是建立在公司持续经营的基础上，因此公司必须不断进行固定资本投资，以保持资产的现代化和高效率。公司能否维持有效的固定资本支出是判断其现金流是否充裕的重要标准。

我们还必须分析公司资本需求的弹性，当资本需求弹性较大（如用于收购兼并的资本需求），那么回旋的余地就比较大，财务压力较小。

此外，还必须关注公司的并购计划对资本的需求。一些公司在保持现有经营规模时拥有较为充裕的现金，但如果他们选择通过并购来达到扩张的目的，那么就会产生较大的资本需求压力。因此，应当对公司未来的并购目标、并购报价等进行分析。

⑩流动性分析。公司的债务特征可能影响其流动性，比如债务的到期结构、对信用敏感债务（如商业票据）的依赖程度、利率波动风险、债务限制条款等。

一些潜在的资金需求也会限制公司的流动性，比如资产报废、环境债务、对外担保债务、衍生品负债、法律诉讼负债等或有负债事项。

当然，也存在能够增强公司流动性的因素，比如削减资本支出的弹性、银行透支额度、再融资能力、非核心资产的销售能力、削减股利支付的弹性、母公司的财务支持等。

⑪财务弹性。通过前面的盈利能力、资本结构、现金流量、流动性等财务风险因素分析，可以对公司的财务健康度形成一个较为全面的观点。但仍需分析公司在特定压力下的财务应对能力，也就是公司的财务弹性分析。

财务弹性分析包括限制性因素分析，比如过分依赖银行借款或商业票据、长期债务的到期期限过短、存在有限期的优先股、融资工具单一、养老金负债、环境负债、重大法律纠纷等，这些因素将对公司的财务弹性产生不利影响。

也可能存在增强公司财务弹性的因素，比如完备的应急计划、有较强的融资市场进入能力、与其他公司的战略联盟、资产出售能力等。此外，大规模公司和在国民经济中地位重要的公司拥有较强的财务弹性。

表 13－9 列示了标准普尔 2001—2003 年的 3 年间工业企业财务指标中位数与其长期债券评级之间的关系：

表 13－9　　工业企业财务指标中位数与长期债券评级之间的关系

项　目	AAA	AA	A	BBB	BB	B	CCC
息税前利息保障倍数	23.8	13.6	6.9	4.2	2.3	0.9	0.4
息税折旧前利息保障倍数	25.3	17.1	9.4	5.9	3.1	1.6	0.9
债务保障倍数（%）	167.8	77.5	43.2	34.6	20	10.1	2.9
自有净现金/债务比率（%）	104.1	41.1	25.4	16.9	7.9	2.6	－0.9
总债务/息税折旧前利润	0.2	1.1	1.7	2.4	3.8	5.6	7.4
资本回报率（%）	35.1	26.9	16.8	13.4	10.3	6.7	2.3
债务/资本比率（%）	6.2	34.8	39.8	45.6	57.2	74.2	101.2

(3) 债务契约。债务契约虽然不能直接提高借款人的信用质量，但却能够限制一些可能损害信用质量的行为。在以保护投资者为目的的债券评级中，它仍是重要的分析项目之一。因为过于严格的债务契约往往会导致违约概率的提高，从而影响信用评级。债券优先次序也对信用等级有影响。

①财务限制条款。财务限制条款通常包括对财务状况恶化的限制条款，对增加担保等负担的限制条款以及对资产处置的限制条款。过于严格的财务限制条款会使企业经营灵活性降低。因此，通常情况下财务限制条款越严格，债券的信用等级就

越低。

对财务状况恶化的限制条款主要包括对债务的限制、对分配的限制、对周转资金的限制和对投资的限制。其中，对债务的限制具体包括：对追加债务金额的限制、财务比率限制、对利息支付能力的限制、禁止子公司借款等。

在无担保公司债务契约中，通常包含了对增加担保等负担的限制条款，比如提供担保限制和售后租回限制。提供担保限制一般规定"该债券若非平等且有比例的进行担保，则不得设定任何优先特权作为对其他债务的担保"。售后租回限制一般规定禁止企业在将设备卖给买主的同时长期回租使用，目的是为了避免因不付租赁费而被查封该企业营业所必须的财产所产生的损失，以及阻止该企业因财务状况恶化而负担长期的租赁费债务。

对资产处置的限制条款一般包括对处置公司主要营业单位的限制以及对处置子公司的股票和债权的限制等。

②债券的优先次序。当企业不履行债务时，债券偿付的优先次序往往在债务契约中有规定。因此，必须关注债务契约中有无担保、抵押、偿债基金、优先地位等情况。同一企业发行的有担保债券在偿还顺序上优先于无担保债券，无担保债券优先于劣后债券。因此，即使是同一企业发行的债券，也要按偿还优先次序，对次序靠前的债券给以较高的评级，上述三种债券通常各相差一个级别。对于有公司担保的情况，要根据担保公司的偿债能力和该债券的偿还优先次序决定级别。

2. 穆迪公司资信评级指标体系①。穆迪公司的资信评级也是主要围绕经营状况和财务状况展开的。经营状况包括宏观层面和公司层面两个方面。宏观层面主要包括行业发展趋势、国家政策和监管环境，公司层面主要包括管理当局素质、公司竞争地位、公司财务状况和公司架构。财务状况主要包括收益指标、现金流量指标和资本结构指标。

(1) 经营状况指标：

① 行业发展趋势。主要分析要素包括：经济周期、行业竞争度、行业进入壁垒、行业成本结构、行业技术变化、行业所需原材料价格变化等。

② 国家政策和监管环境。国家政策和监管环境对公司现金流入和履行债务的能力有潜在的重大影响。主要分析要素包括：监管趋势、政府担保和支持、货币政策及汇率等。

③ 管理层素质。管理层的素质虽然难以量化，但却是影响评级对象信用质量的重要因素之一。主要分析要素包括：管理层的财务观念、管理层投资和研发活动的稳健性、管理层的战略选择、管理层对待竞争的态度、管理层的团队精神、特殊

---

① 本部分内容主要参考：Guide to Moody's Ratings, Rating Process and Rating Practices, www.moodys.com，以及萧维：《企业资信评级》，中国财政经济出版社 2005 年版。

情况下管理层的轮换、公司会计政策的一致性、公司的历史业绩、公司的内部控制系统等。

④ 公司基本经营及竞争地位。主要分析要素包括：市场占有率展望、业务结构、收益的多元化、成本结构、原材料供应来源、生产设施、服务网络效率等。

⑤ 财务状况和流动资金来源。主要分析要素包括：财务弹性、盈利能力、公司经营活动现金流量、公司举债能力、公司通过出售可变现证券以应急的能力、短期借贷的性质和金额、长期债券到期日及偿还本息的安排、公司备用资金来源的性质、合约式的借贷承诺、银行内部向公司口头承诺的信贷额、公司由于同银行的特殊关系而获得的额外借贷能力、信贷来源的可靠性等。

⑥ 公司架构。主要分析要素包括：子公司对集团的重要性、母公司在子公司出现财务困难时能否提供财务支持、公司所处法律环境、公司的合作伙伴和合作安排、子公司组织框架、债务优先次序等。

⑦ 突发事件风险。评级对象的信用质量可能因为某些突发事件而突然下降。所谓的突发事件是指事件发生的时间以及对公司债权人的影响难以用一般的信用工具预测，比如并购、资本重组、股票回购等。对那些容易受突发事件影响的行业和公司，应事先估计额外风险。

(2) 财务状况指标：

① 收益分析指标。穆迪公司在分析评级对象收益时，主要进行四项分析：一是收益项目分析，该部分指标主要分析收入、成本、费用在销售净收入及净收益中的比重，说明企业在成本、费用控制以及收益分配等方面的状况，具体指标如表13－10所示；二是固定费用保障分析，该部分指标分析目的是了解企业用收益偿付资本性利息费用的能力，具体指标如表13－11所示；三是资产效率分析，该部分指标主要分析企业资产与销售收入及成本的关系，资产的周转和管理水平，以及占用客户资金的状况，具体指标如表13－12所示；四是资产和资本收益分析，该部分指标主要分析企业资产和资本获利能力，具体指标如表13－13所示。

表13－10　　收益项目分析指标

指标名称	计算公式
产品销售成本率	产品销售成本/净销售额
折旧及摊销费用与销售的比率	折旧及摊销费用/净销售额
销售和管理费用与销售的比率	销售和管理费用/净销售额
租金费用与销售的比率	租金费用/净销售额
研发费用与销售的比率	研发费用/净销售额
年金成本与销售的比率	年金成本/净销售额

续表

指标名称	计算公式
营业利润与销售的比率	营业利润/净销售额
利息费用与销售的比率	利息费用/净销售额
其他净利润与销售的比率	（其他收入－其他支出＋一次性调整）/净销售额
税前利润与销售收入的比率	税前收入/净销售额
纳税率	（所得税－延期交纳的税收）/税前利润
红利支付率	（普通股红利＋优先股红利）/净利润
红利与总现金流量的比率	（普通股红利＋优先股红利）/总现金流量

表 13－11　　固定费用保障指标

指标名称	计算公式
利息保障倍数	（营业利润＋其他收入－其他费用）/利息费用
盈利与利息租金比率	（营业利润＋其他收入－其他费用－租赁费用）/（利息费用＋租赁费用）
总费用支付保证比率	（营业利润＋其他收入－其他费用－1/3 租赁费用）/［利息费用＋1/3 租赁费用＋优先股红利/（1－法定税率）］

表 13－12　　资产效率分析指标

指标名称	计算公式
资产平均周转率	净销售额/平均资产
FIFO 存货周转率	产品销售成本/（平均存货＋平均 LIFO 准备）
应收账款周转天数	（平均应收账款×360）/净销售额
应付账款周转天数	（平均应付账款×360）/产品销售成本
FIFO 流动投资与销售的比率	（平均应收账款＋平均存货＋平均 LIFO 准备－平均应付账款－平均发生额）/净销售额

表 13－13　　资产和资本收益分析指标

指标名称	计算公式
EBIT	税前收益＋利息费用
EBIT 与平均总资产的比率	（税前收益＋利息费用）/平均总资产
EBIT 与平均净资产的比率	（税前收益＋利息费用）/平均净资产
平均净资产的非杠杆收益率	［营业利润＋利息费用－资本化利息（1－法定税率）］/平均净资产
每股收益	（营业利润－优先股红利）/平均普通股数
平均债务成本	利息费用/平均债务

② 现金流量分析指标。穆迪公司分析现金流量的重点是了解现金流量同资本支出和负债的关系，用以说明企业用现金流量维持或扩大再生产规模以及偿还全部债务的能力。具体指标如表 13－14 所示。

表 13－14　现金流量分析指标

指标名称	计算公式
总资本支出与折旧、损耗、摊销比率	总资本支出/（折旧＋损耗＋摊销）
累计折旧与折旧、损耗、摊销比率	累计折旧/（折旧＋损耗＋摊销）
总现金流量与总资本支出的比率	总现金流量/总资本支出
总现金流量与净资本支出的比率	总现金流量/净资本支出
留存现金流量与总资本支出的比率	留存现金流量/总资本支出
留存现金流量与净资本支出的比率	留存现金流量/净资本支出
留存现金流量与所使用资本净值比率	留存现金流量/所使用资本净值
总现金流量与总债务的比率	总现金流量/总债务
留存现金流量与总债务的比率	留存现金流量/总债务

③ 资本与债务结构分析指标。穆迪公司设置该部分指标的目的在于了解资本、负债的结构和举债经营的情况，判断经营中出现的风险因素，具体指标如表 13－15 所示。

表 13－15　资本与债务结构分析指标

指标名称	计算公式
资本总额	总债务＋少数股东权益＋递延税收＋优先股清算价值－累积货币换算调整＋普通股和盈余
总债务	短期债务＋即将到期的长期债务＋长期债务＋资本化租赁
调整的 EBIT	净收入－股权收益＋税收＋利息费用－资本化利息＋1/3 租赁费用
调整的资本总额	资本总额＋LIFO 准备＋租金×8
调整的资产总额	总资产＋LIFO 准备＋租金×8
调整的 EBIT 与调整的平均资本的比率	调整的 EBIT/调整的资本总额平均值
调整的 EBIT 与调整的平均资产的比率	调整的 EBIT/（调整的资本总额－现金和有价证券－未合并子公司股权投资）平均值
调整的总负债占调整的资本总额的比率	（总债务＋租金×8）/调整的资本总额

续表

指标名称	计算公式
养老金调整后的总债务与资本总额的比率	［总债务 + 租金支出 × 8 + 1/2（归属和非归属利益现值 – 净计划资产）］/调整的资本总额
调整股本后的双重杠杆总负债与调整的资本总额的比率	（总债务 + 租金支出 × 8）/（调整后的资本总额 + 在子公司的投资）
利息敏感性债务与调整的资本总额的比率	（短期债务总额 + 可变利率长期债务）/调整后资本总额
流动性调整后的债务与调整的资本总额的比率	（总债务 + 租金支出 × 8 – 现金和有价证券）/（调整后资本总额 – 现金和有价证券）
普通股与调整后的总资产的比率	（普通股和盈余 – 累计货币换算调整 + 1/2LIFO 准备）/（总资产 + LIFO 准备 + 租金支出 × 8）
普通股市值与调整后的总资产的比率	（年末每股市值 × 年末普通股数）/（总资产 + LIFO 准备 + 租金支出 × 8）
总负债与市场资本总额比率	总债务/［资本总额 – 普通股和盈余 + 累计货币换算调整 + （年末每股市值 × 年末普通股数）］
总负债与资本净值比率	（总资产 – 普通股和盈余 + 累计货币换算调整 – 少数股东权益 – 递延税收）/（普通股和盈余 – 累计货币换算调整 + 少数股东权益 + 递延税收 + LIFO 准备）
资产杠杆指数（%）	∑（各项资产 × 风险权数①）/（普通股权益 + 少数股东权益 – 累计货币换算调整）

三、我国的资信评级

（一）我国资信评级概述

我国的资信评级始于 20 世纪 80 年代，当时许多省市级人民银行在内部设立了评级委员会。1987 年我国第一家独立于银行系统的地方性评级机构——上海远东资信评估公司成立。1992 年 10 月，经中国人民银行批准，首家全国性的证券评估机

① 风险权数在 0 和 1 之间，如果风险权数为 0 则表示无风险，如果风险权数为 1 则代表风险极大。具体各项资产的风险权数为：现金及有价证券为 0，应收账款为 0.15，存货 0.4，其他流动资产 0.4，不动产和厂房设备 0.6，子公司投资、其他资产、无形资产为 1。

构——中国诚信证券评估有限公司成立。1997 年 12 月人民银行总行又认可了 9 家企业债券评级机构。随着我国资信评级行业的发展，部分评级机构与国际著名信用评级公司的合作交流不断加深。这些合作与交流一方面引进了国际评级理念和评级方法，另一方面扩大了对外宣传，使国内资信评估机构的评级业务逐步与国际评级业接轨。从长远来看，中国资本市场，特别是债券市场存在着巨大的发展空间，这也是中国资信评级业迅猛发展的契机。

随着国内评级机构的不断发展，与国际评级机构的交流不断加深，我国主要评级机构在评级程序、评级方法、等级设置等方面与国际惯例逐渐接轨，已不存在实质性的差异，因此相关内容可以参考第二节的内容，此处不再赘述。

（二）我国企业债券评级指标体系和计分标准

虽然我国企业债券信用评级起源于 20 世纪 80 年代，但直到 1992 年才出现了较为完整的企业债券信用评级指标体系，也就是当时由全国信誉评级协会筹备组制定的《债券信用评级办法》。该办法根据企业债券的类别，分别列出了工业企业（技改项目）债券、商业企业（技改项目）债券、工商企业新建项目债券、工业企业短期融资券、商业企业短期融资券等 5 类评级指标体系，对以后债券信用评级影响较大。1992 年以后，随着国内资信评级行业的发展，各评级机构在参考国际评估业惯例的基础上，结合我国实际情况，不断完善债券评级指标体系。总体而言，我国长期债券资信评级指标体系一般包括外部环境指标、产业分析指标、企业基础素质指标、经营管理指标、财务分析指标、债券条款和外部支持六部分，具体分析如下①：

1. 外部环境指标。由于我国的企业债券发行主体大都是实力较为雄厚的大型企业，其发展的基础一般与宏观经济环境有着较为紧密的相关性。因此，可以用 GDP、消费指数、就业水平等常规指标来考察外部环境。虽然整体经济的高速发展可能提升发债企业的经营业绩，但经济环境的快速变化也可能增加企业的经营风险，因此需要考虑经济发展的周期波动，并作为未来预测的重要依据。此外，政治环境的稳定也是外部环境的重要指标。

鉴于目前众多企业债券带有地方政府债券的特征，因此外部环境指标还应当包括地方经济发展情况和地方政府政策，比如地区经济所处的发展阶段、与全球经济的整合进程、地方财政收入来源、财政开支结构及其稳定性分析。

2. 产业分析指标。产业分析指标主要包括产业政策、行业发展状况、行业内竞争程度、行业景气程度和其他行业特征。产业分析方法可以参考本书所介绍的“五力”分析模型。

---

① 本部分内容参考李振宇：《资信评级原理》，中国方正出版社 2003 年版，第五章。

3. 企业基础素质指标。企业基础素质分析是评级机构对评级对象的法律地位、企业规模、研发能力、人员综合素质、技术装备水平和经济地理环境等方面的考察和评判。这些因素直接关系到评级对象的生存发展前景，具体指标包括：企业环境；企业规模；职工素质；厂房设备；管理体制等。

4. 经营管理指标。企业的经营管理水平决定了其财务成果、现金流和未来的发展方向，是信用质量的内在决定因素。具体的经营管理指标包括：人均收益指标（如人均利润、人均利税等）；资产周转指标（如应收账款周转率、存货周转率、总资产周转率等）；发展速度指标（如总资产增长率、净资产增长率、销售收入增长率、净利润增长率等）；成本费用指标（如期间费用率、研发费用率等）。

5. 财务指标。财务指标是各个资信评级机构均相当重视的内容。资信评级机构对企业财务指标分析的内容包括盈利能力、资本结构、财务弹性和偿债能力，具体财务指标包括：盈利能力指标（如销售净利率、总资产收益率、净资产收益率等）；长期偿债能力指标（如长期负债比率、资产负债率等）；短期流动性指标（如流动比率、速动比率、利息保障倍数、现金流量比率等）。

6. 债券条款和外部支持。债券契约条款往往设定所发行债券的优先级别，以及具体的偿债保障措施。如果所发行债券设定为优先债券，那么其债券持有人相对其他债权人将具有法律上的优先偿还权，因此其信用等级一般较高。对于具体的偿债保障措施，主要分析保障的可靠性以及保障的程度，具体指标包括：发行条件；债券偿还优先程序；担保条款；其他限制条款等。

地方企业集团发行的债券往往隐含当地政府的信用支持，此类外部支持对债券的信用质量有较大影响。评价支持力度的大小，主要从下列几个方面进行分析：政府对企业的控制和管理的力度；政府给予的明确保证和担保；项目享受的政府优惠措施及持续性；政府是否将其偿还纳入财务预算；政府提供援助的及时性；政府给予援助的历史记录；企业违约可能带来的政治、经济、社会问题的严重性。

以上定性指标采取经验判断与专家咨询相结合的方式进行计分。定量指标的实际值可以按照“近大远小”的原则进行加权平均计算，比如最近一年权数为0.5，前一年为0.3，前两年为0.2，表示年份越近，对未来影响越大。实际值算出后，可按以下公式计算每项指标得分：

定量指标的分值＝100－［35×（指标的行业最佳值－指标的实际值）］／（指标的行业最佳值－指标的行业平均值）

所有定量指标和定性指标均以百分制计分，最后按各项指标的权重计算总得分数。各项指标的权重设计可以参考表13－16。

表 13-16 各项指标的权重设计

指标	权重
外部环境	10
产业分析	10
企业基础素质	15
其中：企业环境	3
企业规模	3
职工素质	3
厂房设备	3
管理体制	3
经营管理	30
其中：人均收益	4
资产周转率	6
发展速度	8
成本费用	4
未来预测	8
财务指标	35
其中：盈利能力	12
资本结构	8
财务弹性	12
债券偿还期内的偿债能力	3

资料来源：李振宇：《资信评级原理》，中国方正出版社 2003 年版。

债券条款和外部支持分析并未设置权重，而是根据具体分析结果对总评分进行相应的调整。

（三）我国银行业的企业资信评级体系

1. 银行内部资信评级概述。银行内部资信评级是指银行对借款人不能按照合同规定及时足额偿还贷款本息的相对可能性，以及违约后损失严重程度的判断，也即银行对其承担的信用风险相对大小的判断。与外部独立机构的资信评级类似，银行内部资信评级的结果也是以 AAA、AA 等一组符号简明地表示出来，用以表示信用风险的相对大小。

银行业属于高风险行业，如果银行信贷风险过高，就可能加大整个金融体系的风险，甚至引发金融危机。开展贷款企业资信评级是识别和防范信贷风险的一种有效手段，有利于科学识别贷款风险，提高信贷资产质量。在我国目前全社会信用状况普遍不佳，银行呆账坏账数额巨大的情况下，资信评级对银行的作用更为明显。通过银行内部评级可以揭示借款人的违约可能性和损失程度，其评级结果可以作为银行信贷部门为客户综合授信的科学依据，帮助信贷部门作出是否提供贷款的决策①，并决定贷款利率的高低②。在进行贷款风险管理时，可以针对各类贷款的不同信用等级制定和调整信用风险管理战略和措施。同时，银行在计提坏账准备金时，也可以参考各类贷款的不同信用等级，以决定不同的计提比例。

2. 中国建设银行内部评级体系。由于银行是信贷决策的直接决策者和信贷风险的最终承担者，因此银行内部评级体系与外部机构评级体系存在较大差异，下面以中国建设银行的企业资信等级评分表③ 为例进行说明。

中国建设银行评价的对象是指已经或可能为之提供信贷服务的非金融类企业法人，通过评估，就客户的偿债能力作出全面判断，以评定信用等级。评价坚持客观公正、实事求是的原则，采取定量分析与定性分析相结合的方法，主要从企业的市场竞争力、资产流动性、管理水平和其他等4个方面评定，共有16项指标，评级指标体系如表13－17所示。

表13－17　　　　中国建设银行评级指标体系

	指　标	计分标准	得分
市场竞争力C	经营环境 （5分）	企业得到国家、地方的多方面支持，交通、信息等外部条件很好，所在行业竞争、地区法律环境好，得5分；虽然得到一定的支持，但条件有限，环境一般，得2分；经营环境不好，不得分	
	经营设施的先进性 （5分）	采用的技术手段、技术设备、经营装备等很先进，企业的经营设施良好，带给企业较强的竞争优势，得5分；使企业具有竞争优势的，得4分；经营设施处于中上水平，得3分；经营设施一般，得2分；较差，不得分	
	质量管理体系 （5分）	通过ISO9000系列质量管理认证或未参加认证但企业有严格、规范的质量管理制度，得5分；有规范的质量管理制度，得4分；有比较规范的质量管理制度，得3分；企业质量管理体系不完善，得1分；没有质量管理体系，不得分	

① 如工商银行总行根据信贷登记企业的资信等级制定了统一的贷款政策：A级以上客户为贷款支持的对象，其中AAA、AA级优良客户为重点支持的对象；BBB级客户以下为一般客户，在有限定条件下可以适当支持；BB级以下客户为不良客户，是控制贷款的对象，其中BB级在严格限制条件下，一级分行审批后可少量贷款，主要靠多收少贷、结构调整解决，B级以下企业禁止贷款，只收不贷。

② 如中国人民银行上海分行规定：对于AA级以上的企业可优先给予信贷支持，贷款利率可不上浮，对其商业承兑汇票可以优先办理贴现，对于资信级别较低的企业则可采取各种支持手段，如信用担保、实物抵押等提高贷款的信用等级，保障贷款偿还的安全性。

③ 参考信用中国网站，www.ccn86.com。

续表

	指　　标	计分标准	得分
市场竞争力C	市场拓展和销售渠道（5分）	企业市场拓展能力强，拥有良好的销售网络和经营渠道，运作良好，得5分；市场拓展能力较强，具有较好的经营渠道，得4分；市场拓展能力一般，销售网络和经营渠道初具规模，得3分；市场拓展能力较差，销售网络和经营渠道存在一定问题，得1分；市场拓展能力差，缺乏有效的经营渠道，不得分。	
		小　　计	
流动性L	流动比率（5分）	5×（比率－不允许值）/（满意值－不允许值）	
	速动比率（5分）	5×（比率－不允许值）/（满意值－不允许值）	
	应收账款周转率（5分）	5×（比率－不允许值）/（满意值－不允许值）	
	利息保障倍数（5分）	5×（比率－不允许值）/（满意值－不允许值）	
		小　　计	
管理水平M	主要管理人员的素质和经验（5分）	企业领导人有丰富的管理经验，管理能力较强，经营历史成绩显著，个人有良好的社会声誉，得5分；企业领导人管理能力强，有较好的管理经验，得4分；企业领导人管理能力强，有一定的管理经验，得3分；企业领导人管理能力、管理经验一般，但其信誉较好，得2分；其余不得分。	
	管理结构的合理性（5分）	企业有合理的班子结构（班子年龄结构合理、文化程度较好、专业水平高、勇于开拓创新等），领导班子团结，相对稳定，信息流通顺畅，内部监督制度完善，激励约束制度健全，人力资源配置合理，得5分；上述方面较好，但存在某些不足，得4分；上述各方面中个别方面存在一定的缺陷，得2分；在上述各方面存在较大缺陷，不得分。	
	资产报酬率（5分）	5×（比率－不允许值）/（满意值－不允许值）	
	贷款本息按期偿还率（5分）	5×（比率－不允许值）/（满意值－不允许值）	
		小　　计	
其他	资产负债率（5分）	5×（比率－不允许值）/（满意值－不允许值）	
	销售收入（5分）	销售收入有稳定的来源，并保持良好的增长势头，得5分；收入稳定，得3分；销售收入来源不稳定，下降不得分。	
	行业的稳定性和前景分析（5分）	行业稳定且前景较好，得5分；行业稳定且前景一般或行业不稳定但前景较好，得3分；行业变动大且前景差不得分；其他得1分。	

续表

	指　　标	计分标准	得分
其他	重大事项分析（5分）	重大事项对企业有积极的正面影响，基本没有负面影响，得5分；正面影响较大，得3分；负面影响比较明显，企业面临很多问题，不得分。	
		小　　计	

资料来源：信用中国网站，www.ccn86.com。

在评估时，每项指标均为5分，总分为80分。定性指标参照表中计分标准评定，如与计分标准不相吻合，评估人员可根据实际情况判断定分。定量指标计算均采用年度财务报告中的数据，采用“比率分析、功效记分”方法。比率分析是指每一项指标都采用比率形式进行比较分析；功效记分是在选定的指标体系的基础上，对每一项指标都确定一个满意值和不允许值，然后以不允许值为下限，计算各指标实际值相当满意值的程度，并转化为相应的功效分数，计算公式如下：

该指标评价得分＝5×（指标的实际值－指标的不允许值）/（指标的满意值－指标的不允许值）

凡实际指标比满意值更好的得满分，比不允许值更差的得0分。

在得出贷款客户总得分后，可以根据表13－18进行信用等级评定。

表13－18　　信用评分与信用等级

信用等级	总得分S	市场竞争力得分C	流动性得分L	管理水平得分M	其他得分	说　　明
AAA	$70 \leqslant S$	$15 \leqslant C$	$12 \leqslant L$	$15 \leqslant M$	不限定	单项不满足条件下调一级
AA	$60 \leqslant S < 70$	$12 \leqslant C$	$10 \leqslant L$	$12 \leqslant M$	不限定	同上
A	$50 \leqslant S < 60$	$9 \leqslant C$	$8 \leqslant L$	$9 \leqslant M$	不限定	同上
BBB	$45 \leqslant S < 50$	不限定	不限定	不限定	不限定	
BB	$40 \leqslant S < 45$	不限定	不限定	不限定	不限定	
B	$S < 40$	不限定	不限定	不限定	不限定	
F	不符合国家环境保护政策、产业政策和银行信贷政策的客户，或贷款分类结果为可疑和损失类的客户					

资料来源：信用中国网站，www.ccn86.com。

思 考 题

1. 某零售企业现金周转出现问题，而且已经接近债务保证契约中所规定的最高负债比例，其财务顾问建议将商店卖掉，然后再租回来使用，以获得急需的资金。作为公司的贷款银行，你如何看待这种融资安排？

2. 某建筑公司使用完工百分比法报告长期合同收入，完工百分比按运到项目工地的原材料成本占预期原材料总成本的比例计算。该建筑公司的债务限制契约中包括对净资产、利息保证倍数等的限制。作为一名信贷分析师，如果你发现该公司最近原材料购买量突然增大，是否会对你的信贷分析结果造成影响？如果采用"Z"值模型，该公司的做法是否会提高"Z"值？这种变化是否意味着该公司信用质量的提高？

3. A 公司和 B 公司是两个相互竞争的厂商，去年，两家公司的租金、折旧、利息及所得税前利益均为 60 000 元。今年，A 公司为减少固定资产投资，向某租赁公司租入设备，每年租金 12 000 元，该业务作为经营性租赁处理。B 公司也向同以租赁公司租入相同设备，按资本租赁处理。该项设备价值及相关租赁债务均为 90 000 元。假定租赁资产的折旧按直线法分十年摊销，无残值，且第一年度利息费用为6 000 元，两家公司的所得税率均为 40%。请你评论这两家公司对设备租赁所采用的不同会计处理方法对信贷质量分析的影响？

4. 你同意"资信评级不仅是一门技术，还是一门艺术"这一观点吗？它的技术性体现在哪些方面？它的艺术性体现在哪些方面？

5. 相比国际资信评级机构，我国的资信评级在程序、方法和指标体系设计方面有何异同？存在哪些方面的缺陷？我国的特殊国情会对资信评级过程产生什么影响？

案例分析题

中国华润总公司是国资委下属的大型国有独资企业，经营领域大多与大众生活息息相关。2005 年中国华润总公司发行了 30 亿元企业债券，债券的初始评级是 AAA。2005 年，国内经济继续快速增长，香港经济明显复苏，为公司业绩增长及业务整合创造了良好的外部环境。截至 2005 年末，30 亿债券筹集资金已全部用于 8 个电力项目，募集资金项目进展顺利，部分项目已建成投产，开始发挥经济效益。

2005 年，公司未发生股权变更或重大人事变动。公司独创的 6S + BSC 管理体系运行多年，已逐渐成熟，内部管理水平高，具备很强的多元化企业管理能力。公司坚持“集团多元化、利润中心专业化”的发展战略，扩张核心业务的同时，加快非主营业务、非核心资产的剥离力度。公司盈利能力和经营规模继续向主营行业的大型企业集中，多元化格局下的主营业务更加清晰，竞争能力进一步增强。

公司2005年实现主营业务收入近800亿元，石化、零售和食品业务是公司销售的三大主要来源，电力业务收入的增幅最大。公司2005年实现利润75亿元，增幅近53%，利润增幅远远超过收入增幅，其原因一方面在于公司强化成本费用管理的作用得到体现，另一方面公司为净化主业，出售部分非核心资产从而获得了较高的投资收益。公司近几年债务融资活动增多，资产负债比例上升。

本期债券由中国建设银行股份有限公司提供担保。2005年建行股票首次境外公开发行，并在香港联合交易所上市。建行的公司治理结构进一步完善，资本充足率提高，不良贷款率继续下降，资产负债稳健增长，税前利润稳步提高。截至2005年末，建行总资产45 857亿元，股东权益2 876亿元，2005年实现经营收入1 287亿元，税前利润553亿元。

值得关注的是，受原材料价格上升的影响，中国华润总公司近年来主营业务利润率有所下降，而且公司近年来投资项目较多，规模较大，有些项目尚处于培育期，其盈利水平易受市场波动影响。

中国华润总公司近3年主要财务数据如下表所示：

项目（万元）	2003年	2004年	2005年
资产总额	8 850 043	10 767 576	13 687 542
流动资产	3 678 025	4 112 268	5 364 565
应收账款	415 073	496 335	654 225
应收票据	21 912	36 333	32 530
存货	1 202 276	1 400 442	1 591 788
流动负债	2 631 574	3 218 980	4 548 011
短期债务	1 163 445	1 446 097	1 997 306
长期债务	1 373 688	2 249 417	2 930 555
少数股东权益	1 768 349	1 991 497	2 458 144
所有者权益	3 074 921	3 290 557	3 723 436
主营业务收入	4 891 158	6 679 856	7 942 205
主营业务利润	1 019 180	1 193 909	1 333 170

续表

项目（万元）	2003 年	2004 年	2005 年
利润总额	322 144	460 505	752 251
净利润	164 449	193 559	466 308
利息支出	66 153	75 279	162 217
销售商品、提供劳务收到的现金	5 806 070	6 685 039	7 841 793
经营活动产生的现金流量净额	379 887	510 783	571 167
投资活动产生的现金流量净额	– 739 209	– 1 359 156	– 1 039 538
筹资活动产生的现金流量净额	743 398	977 012	878 936
现金及现金等价物净增加额	387 281	131 318	448 919

请根据上述资料，计算华润公司的存货周转次数、总资产周转次数、主营业务利润率、总资产收益率、净资产收益率、现金收入比率、长期债务资本比率、全部债务资本比率、资产负债率、流动比率、速动比率、EBITDA、利息保证倍数、债务保护倍数指标，并对华润集团债券的信用质量进行评价。

本章主要参考文献

1. 佩普、希利、伯纳德著，孔宁宁、丁志杰译：《运用财务报表进行企业分析与估价》，中信出版社 2004 年版。

2. 斯蒂克尼、布朗著，张志强、魏保、吴青根译：《财务报告与报表分析——战略的观点》，中信出版社 2004 年版。

3. 郭敏华：《信用评级》，中国人民大学出版社 2004 年版。

4. 萧维：《企业资信评级》，中国财政经济出版社 2005 年版。

5. 李振宇：《资信评级原理》，中国方正出版社 2003 年版。

6. 林汉川、夏敏仁：《企业信用评级理论与实务》，对外经济贸易大学出版社 2003 年版。

7. 严富国："银行内部信用评级应用研究"，西安理工大学硕士论文打印稿，2004 年。

8. Martin Fridson and Fernando Alvarez. Financial Statement Analysis—A Practitioner's Guide, 3rd ed.. John Wiley & Sons, Inc.. 2002.

9. Peter M. Bergevin. Financial Statement Analysis—An Integrated Approach, Pearson Education Inc.. 2002.

10. Gerald I. White, Ashwinpaul C. Sondhi, and Dov Fried. The Analysis and Use of Financial Statements . John Wiley & Sons , Inc.. 2003.

11. Understanding Moody's Corporate Bond Ratings And Rating Process. http: // www.moodys.com.

12. Guide to Moody's ratings, rating process, and rating practices. June 2004. www.moodys.com.

13. S&P's Corporate Ratings Criteria 2005. http: // www.standardandpoors.com.

第十四章 管理决策中的财务报表分析

财务报表分析不仅仅是企业的外部人（主要指投资者和债权人）透过财务报表洞悉企业实际经营情况和财务状况的有效工具，而且也能够为企业的内部人（主要指管理层）进行管理决策提供重要的依据。本章将站在企业内部人的角度，介绍财务报表分析在管理人员进行收购兼并、风险管理和业绩评价等管理决策过程中的作用。

第一节 收购兼并中的财务报表分析①

一、概 述

（一）并购的概念

并购一词来源于英文“Merger and Acquisition”（兼并和收购，简称 M&A）。兼并通常是指一家公司以现金、股票或其他形式购买取得目标公司的产权，并使目标公司丧失法人资格或改变法人实体，从而取得对目标公司的决策控制权的经济行为。收购一般是指公司以现金、债务或股票购买目标公司的部分或全部资产或股权，其特点是被收购公司仍可以独立法律实体存在，其产权可以部分转让。收购一般包括股权收购和资产收购。由于兼并和收购都是以公司产权作为交易对象，都是公司增强实力的外部扩展策略，因此一般将它们统称为并购。

在日益激烈的市场竞争中，企业发展就如逆水行舟，不进则退，只有不断发展壮大才能够生存。一般而言，企业主要通过两种路径实现规模增长，一是通过自身内部积累逐渐扩展，但一般速度较慢；二是通过外部并购行为进行扩展，可以在短

① 佩普、希利、伯纳德著，孔宁宁、丁志杰译：《运用财务报表进行企业分析与估价》，中信出版社2004年版。

时间内迅速提升公司规模。美国著名的经济学家斯蒂格利茨曾指出："没有一个美国大公司不是通过某种程度、某种方式的并购行为而成长起来的。"由此可见并购行为在企业发展过程中的重要作用。

（二）并购的类型

根据不同的标准，可以将并购进行如下分类：

1. 按并购双方企业所在行业的相关性，可以将并购划分为横向并购、纵向并购和混合并购三种。

横向并购是指生产同类产品的公司之间的并购，其并购目的主要在于减少竞争对手，扩大市场份额，有效地实现规模经济。由于横向并购容易形成垄断，因此对横向并购的管制一直是各种反托拉斯法的重点。横向并购的典型案例包括波音与麦道的合并、戴姆勒奔驰与克莱斯勒的合并、埃克森与美孚的合并等。

纵向并购是指处于同类产品不同生产阶段上的公司间的并购，其并购目的主要是通过对原材料、销售渠道、客户的统一化管理，形成纵向一体化生产，有效节约交易费用，保证生产经营计划的协调同步，从而提高公司对市场的控制能力。纵向并购的问题在于，随着技术创新和产品的更新换代速度的加快，纵向结合的生产体系将面临大量的固定资产加速折旧以及生产线的更新换代问题，因此缺乏应变的弹性。纵向并购的典型案例包括雪佛龙汽车公司并购海湾石油公司等。

混合并购是指处于不同行业部门的公司之间的并购，其并购目的主要是谋求多元化发展。通过混合并购能够扩大公司的经营范围和规模，分散投资，进而降低企业的经营风险。但正如本书战略分析部分所指出，现实中要取得多元化经营的成功存在一定的困难，因此，在进行混合并购时应当慎之又慎。混合并购的典型成功案例是 GE 公司，通过混合并购，GE 公司成功地进入了保险、塑胶、电视、医疗设备等多个行业。

2. 按企业并购的融资方式，可以将并购划分为现金购买并购、换股并购、杠杆并购等。

现金购买并购是由并购公司支付给目标公司一定数额的现金，以购买目标公司的资产或产权。对并购公司而言，现金并购会产生较为沉重的现金支付压力，进而对公司的流动性造成不利影响。因此，在各种融资工具创新层出不穷的情况下，纯粹的现金并购越来越少。

换股并购是并购公司以本公司股票按一定的比例换取目标公司的股票，以换取目标公司的资产或产权。换股并购方式不需要支付大量现金，因此不会影响公司的流动性。但是，换股并购使得流通在外的股份数增加，短期内可能降低每股盈利，导致股价下跌，而且并购后目标公司股东仍然拥有并购后公司的部分所有权，并购公司原股东的控制权可能被"稀释"。

杠杆并购是指并购公司通过贷款的方式筹集并购所需资金，并以目标公司的资产或未来的现金流入作为相关债务的担保。杠杆收购虽然可以解决并购方的巨额资金问题，但是它只是延缓了现金的支付，过多地举债将对公司的资本结构造成不利影响，同时使并购后公司面临沉重的偿债压力。

二、并购动机分析

公司进行并购活动的动机复杂多样，总体而言，可以归纳为以下两类：一是通过并购行为为股东创造新价值；二是扩大管理层的“势力范围”或提高他们的声誉。这二者可能是一致的，但也可能发生冲突，前者是较为合理的并购动机，也是我们分析的重点。

并购活动一般可以通过以下途径为股东创造新价值：

1. 扩展经营范围，实现多元化经营。并购公司可能通过并购行为进入新行业，获得未来的发展机会。当公司决定进入某个特定行业时，可以通过并购该行业中现有公司的方式来达到目的。相比依靠自身发展进入该行业而言，并购方式的优点在于可以获得时间优势，能够在短时间内获得一定的行业地位。但以多元化经营作为并购动机一直受到广泛的质疑。现代财务理论家们指出，在一个运行良好的资本市场，投资者自己就可以实现投资多元化，而无需管理层越俎代庖。此外，公司通过并购进行多元化经营可能会分散管理层的注意力，导致忽视自身的核心竞争优势。

2. 追求协同效应。并购的协同效应是指并购能够产生 $1+1>2$ 的效果。协同效应可能来自于生产领域中的规模经济效应；市场销售领域中销售网络的扩展；财务管理领域中的税收利益和债务融资能力的增强；人事领域中部门整合带来的管理成本节约或关键管理技能的引入。

3. 提高管理效率。如果一家公司由于管理效率低下而导致经营业绩不佳，那么当这家公司被其他管理效率较高的公司并购后，整体管理效率的提高就能够为股东带来新价值。此外，当并购后管理层的利益能与股东利益更为相容时，也可提高管理效率。比如在采用杠杆收购后，并购后公司的财务安全度将影响管理层的财富，债务压力可能促使管理层更加努力地工作。

4. 解决目标公司融资难问题。由于资本市场中普遍存在信息不对称现象，对于某些公司（比如新成立的高科技公司）而言，管理层和投资者之间的信息不对称可能导致公司融资渠道受到限制，因为这些公司经营历史较短，且财务报表难以反映其增长机会的价值，因此外部投资者很难对这些公司进行正确的估值，而这些公司往往又存在较大的资金需求以达到发展的目的。在此情况下，经营管理效率较高且能提供稳定融资渠道的公司通过对上述类型公司的兼并就能够缓解上述矛盾，从而为股东带来新价值。

5. 扩大市场份额。提高产品收益也是公司寻求并购的重要原因。公司间的合并能够提高行业集中度，当并购后公司的市场份额达到一定程度时，就可能共谋限产以提高价格，增加利润①。

但是，并非所有的并购行为都能为股东创造新价值。如果公司拥有大量的自由现金流，但有利可图的新投资机会却很少，此时将自由现金流作为股利分配是比较符合股东利益的。但此举将减少管理层可以控制的资源，这显然并不是管理层希望看到的。因此，管理层更愿意将自由现金流量投资于并购活动，进一步扩展公司规模，甚至以牺牲股东财富为代价，进行价值毁灭式并购。

我们在分析并购动机时，应当关注的主要问题包括：

(1) 并购的动机是什么？并购行为能从哪些方面为股东创造价值？

(2) 并购双方分别处于什么行业？各行业的发展情况如何？两家公司横向相关还是纵向相关？两者之间经营相关程度如何？如果经营不相关，并购公司是否有充裕的现金却不愿意分配给股东？

(3) 并购双方的主要经营优势是什么？这些优势是否能形成协调效应？

(4) 并购是得到目标公司管理层支持的善意收购还是敌意收购？

(5) 并购双方合并前的业绩如何？目标公司较差的业绩是否是源于管理效率的低下？

财务报表信息有助于我们分析上述问题，比如有关盈利能力的指标能够帮助我们了解并购双方所处行业的发展情况和并购前双方的经营业绩等信息；有关经营效率的指标能够帮助我们了解目标公司管理层的经营效率和投资管理水平等信息；有关财务杠杆的指标能够帮助我们了解公司在并购过程中是否存在融资压力等信息。

[案例分析：AT&T 并购 NCR 的动机②]

1991 年，美国 AT&T 公司以 75 亿美元的代价并购了 NCR 公司，AT&T 公司的并购动机有其深刻的历史背景。AT&T 公司原先的主要业务是提供电话服务和制造相关设备。1982 年后，美国司法部要求 AT&T 公司剥离短程电话业务，作为同意剥离的条件，AT&T 公司被允许进入计算机行业。在此背景下，AT&T 公司致力于充分利用其技术优势开拓计算机市场。然而，在 1990 年以前，AT&T 公司的这一战略并不成功。据估计，在 1984—1990 年间，公司的计算机业务至少亏损了 20 亿美元。为了扭转这一形势，AT&T 公司的管理层认为最佳的解决办法就是通过并购行为提高计算机业务的市场占有率，并开始搜寻合适的并购对象。NCR 公司之所以

① 如前所述，这一并购动机可能受到各国反垄断法的限制。

② 本案例及随后内容中有关 AT&T 并购 NCR 的案例分析均引自佩普、希利、伯纳德著，孔宁宁、丁志杰译：《运用财务报表进行企业分析与估价》，中信出版社 2004 年版。

会成为最终的并购目标，主要是由于（1）NCR 公司与 AT&T 公司具有相似的企业文化；（2）两家公司具有兼容的生产线，而且同样使用 UNIX 操作系统；（3）NCR 公司还拥有比 AT&T 公司更为强大的营销网络，包括国际计算机营销网点和客户群。

由上分析可见，AT&T 公司致力于整合电信与计算机技术和服务的战略，因此并购 NCR 公司具有较为合理的经济意义。

三、对目标公司的分析

（一）并购时机分析

当整体经济环境较为繁荣时，银根宽松，资金供应量相对充足，此时企业进行并购融资相对容易；相反，当整体经济环境进入衰退期时，银根紧缩，大量资金沉淀，此时企业进行并购融资相对困难，且面临着较大的财务风险。此外，如果目标企业受宏观经济周期波动的影响较大，那么并购的最佳时期是在宏观经济开始走出低谷阶段。而没有经济周期的行业是杠杆收购最理想的候选对象，如药品和食品行业。

（二）目标公司行业分析

我们可以根据本书战略分析部分介绍的“五力分析模型”，也即对目标公司所处行业的现有竞争状况、供应商的议价能力、客户的议价能力、替代产品或服务的威胁、新进入者的威胁这五大竞争驱动因素的分析来判断目标公司所处行业的盈利能力。具体分析方法参见前述章节。

（三）目标公司发展阶段分析

本书前面已经介绍过企业生命周期理论，对于并购目标选择而言，并购企业的最佳时期是处于生命周期的成长阶段。此阶段的基本特征是：市场前景看好，销售量迅速上升，销售渠道不断增长，但竞争者也开始增多。

（四）目标公司的财务报表分析

对目标公司的财务报表进行分析主要是为了了解目标公司的真实财务状况和经营情况，了解目标公司的资产和负债的质量，为评估目标公司的价值、预测未来发展前景以及未来的整合过程夯实良好的会计信息基础。具体的分析框架可以参考本书前面的内容，此处不再赘述。

在对目标公司的财务报表分析过程中，应特别关注现金流量分析。现金流是企业的血液，稳定而充足的现金流对于目标企业的选择非常重要，它不仅关系到企业并购完成后的持续经营能力，更是偿还并购融资的最终资金来源。根据美国波士顿咨询公司（BCG）的企业现金流状况的分析模型，可以将企业划分为“现金奶牛”、“现金明星”、“现金瘦狗”和“问题小孩”四种类型①。对于并购目标选择而言，最好是选择“现金奶牛”或“现金明星”型企业。

[案例分析：李嘉诚并购时对目标公司的选择②]

李嘉诚的“长江集团”自创立以来，通过恰当的并购目标选择，成功实现了多元化的风险分散战略。

1979年9月，李嘉诚以6.39亿港元成功收购22.4%“和黄”股权（到2002年已增持至32%），成为首位控制英国“洋行”的华人。在当时中英关于香港主权问题的谈判一度处于胶着状态的情况下，李嘉诚之所以选择“和记黄埔”作为并购目标的原因是多方面的，一是当时“和黄”因扩充过度，财务出现困难，手上只拥有700万港元的流动资产净值；二是“和黄”大股东之一的“汇丰银行”因为要收购“美国海洋密兰银行”急需现金，所以有意卖掉手上“和黄”的股份；三是当时“长实”的财务状况良好有能力收购。事实证明，李嘉诚在并购时机选择上极为成功，因为从并购价格上看，他抄到了大底部。

1985年1月，“和黄”以比市价低13%的条件，共29.05亿港元收购“香港电灯”34.6%的股权。“和黄”选择“香港电灯”作为收购目标，当时主要是出于两方面的考虑，其一是看中了“香港电灯”发电厂旧址的地皮，可以用来发展大型住宅。事实证明，其发展前景确实很好，有利于“和黄”的房地产业务。另外，由于“香港电灯”主要经营电力业务，属于公用事业公司，所以其盈利和收入都较为稳定，具有稳定现金流的业务可以有效地平抑周期性强的地产业务，达到分散风险的目的。

[案例分析：戴姆勒－奔驰汽车公司的并购目标选择③]

戴姆勒－奔驰汽车公司在并购克莱斯勒汽车公司前花了几百万美元以分析克莱斯勒是否是理想的并购目标，但是戴姆勒－奔驰的高管人员对并购的渴望使得相关财务人员和法律人士承受了巨大的压力，最后他们不得不迎合领导层的意愿，宣称克莱斯勒正是戴姆勒－奔驰所需要的并购目标。实际上，作为并购目标，克莱斯勒公司至少在以下方面存在缺陷：小货车车型老化，而新产品在已饱和的市场上无法立足；日本和欧洲的竞争者使得克莱斯勒公司的利润空间越来越小；技术开发成本

---

① 具体内容可以参考本书第九章。

② 本案例引自谢永添：“公司并购策略讲稿”，2005年，并经作者同意。

③ 本案例引自谢永添：“公司并购策略讲稿”，2005年，并经作者同意。

快速上升；环境法规越来越严格而且达到标准花费巨大；美国公司和德国公司之间的企业文化差异巨大。因此，戴姆勒－奔驰汽车公司在并购目标选择方面显得过于草率。

四、并购价格分析

并购价格的高低不仅仅影响到并购行为能否最终完成，也会影响到并购行为是否能为股东创造价值。并购公司必须避免支付过高的并购价格，否则可能得不偿失。并购价格的确定是并购双方就收购方愿意支付的最高价和被收购方愿意接受的最低价进行谈判的过程，其定价基础是目标公司的价值。因此，目标公司的价值评估是并购价格分析的核心。

（一）并购溢价分析

评估并购价格是否过高的一个简单办法是比较并购方支付给目标公司股东的并购溢价与类似交易中的溢价。如果并购公司支付的溢价相对较高，那么就可能降低并购行为给并购公司股东创造的价值。该方法较为简单，但在实际运用中存在一些问题。

首先，在确定类似交易时存在困难，因为不同的并购行为存在很大的差异，很难取得作为标杆的基准溢价。特别是敌意收购和善意收购的溢价有极大的差异。一般而言，敌意收购的溢价要大大超过善意收购的溢价。

其次，在确定溢价程度时存在困难。溢价程度是指实际并购价格与并购前目标公司股票价格的差额。但是，并购前目标公司股票价格的确定容易受到各种噪音的影响。实务中通常以首次公告收购前一周的目标公司股票价格作为并购前的股票价格，但如果投资者在更早的时间提前通过其他信息渠道猜测到并购的发生，那么目标公司股票价格就会提前上涨，从而导致溢价程度的低估。我们可以通过使用首次公告收购前一个月甚至更长时间前的目标公司股票价格来消除这一局限，但是较长的时间窗口也使得影响股票价格的因素增多。

最后，使用溢价法来评估并购价格的合理性忽略了并购后目标公司对并购公司的价值。这一价值可以表示为：并购后目标公司的价值＝作为独立公司的价值＋合并利益的价值。合并利益可能来源于协调效应、规模经济、管理效率的提高等方面。如果预期目标公司能够带来更高的合并利益，并购公司支付更高的溢价就是合理的。

由上分析可见，溢价法虽然较为简单，但实际运用过程中存在一些困难，且仅凭溢价程度并不能确定并购价格的合理性。

（二）分析目标公司的价值

分析并购价格合理性的另一可行方法是：比较并购价格与目标公司的估计价值。我们可以使用本书第十二章中介绍的估值模型为基础来估计目标公司对收购公司的价值，由于本书的前面部分已经对各种估值模型作过详细的讨论，这里着重于探讨并购中对目标公司估值的具体实施问题。下面简要介绍几种常见估值方法的实际应用步骤。

1. 市盈率法。运用市盈率法估算目标公司的价值时，必须预测目标公司的收益并确定适当的市盈率。

步骤1：预测收益。收益预测通常首先在假设不存在并购的情况下，运用历史销售收入增长率、销售毛利率等指标来预测目标公司下一年的收益情况。然后，可以进一步将预期并购可能带来的收益业绩提高纳入收益预测模型。并购活动可能导致目标公司未来业绩提高的因素包括：规模经济或市场竞争力提高带来的更高的经营毛利率；整合研发、销售以及行政管理人员带来的费用减少；并购带来的更低的平均税率。在预测并购后收益时应当小心并购会计处理方法的影响，因为采用购买法时通常会导致并购后的商誉摊销费用和重估资产的折旧费用提高，在预测并购后收益时，不应当忽略这些影响。

步骤2：确定市盈率。我们可以使用并购前目标公司的市盈率来作为并购后的市盈率。但这种方法的应用存在一些困难：首先，许多目标公司在并购后的收益增长预期可能有所改变，因此并购前后的市盈率将有所差异；其次，非上市公司的并购前市盈率无法取得；最后，并购前目标公司的股价异常上涨会影响并购前市盈率的计算。因此，应当考虑目标公司并购后的收益增长性和风险特征，选择与之相匹配的公司的市盈率作为参考，对并购前目标公司的市盈率进行恰当的调整。

正如第十二章所述，采用市盈率法进行价值评估存在严重的缺陷，除了前述提及的缺陷外，该法运用于并购价格评估时还存在其他一些缺陷。比如市盈率法假设并购的价值增加来自于收益的立即提高或市盈率的提高，但实际上通过并购增加价值的途径有很多，比如消除过度投资、改进管理效率等，而使用市盈率法时并没有反映这些类型的价值增加。

2. 贴现现金流量法或剩余收益法。如第十二章所述，我们也可以使用剩余收益贴现法或自由现金流量贴现法对目标公司进行价值评估。这些方法要求我们首先预测公司的剩余收益或自由现金流量，然后再选择恰当的贴现率进行贴现。

步骤1：预测剩余收益/自由现金流量。预测未来收益或现金流量是使用贴现剩余收益/自由现金流量模型的基础，因此我们首先预测公司作为独立实体时的未来剩余收益或自由现金流量。通过对目标公司未来销售增长率、成本结构、营运资本需求、投资和研发需求、支付到期债务的现金需求等经营要素的预测，可以推算未来剩余收益或自由现金流量。在预测出公司作为独立实体时的未来剩余收益或自由现金流量后，我们就可以把预期来自并购的收益或自由现金流量改良因素考虑进去，比如成本节约、出售资产获得的现金、消除过度投资、改进营运资本管理和向股东支付超额现金带来的收益等。

步骤2：计算贴现率。如果我们估算的是公司资产价值，那么适用的贴现率是目标公司预期并购后的加权平均资本成本。如果我们估算的是股东权益价值，那么适用的贴现率就是目标公司预期并购后的股东权益成本。

步骤3：敏感性分析。无论是未来收益或现金流量的预测，还是贴现率的预测，都是建立在一系列基础假设之上的，难以做到完全准确。因此我们需要检验最终的估算价值对各种假设变化的敏感性。比如应当考虑实现并购利益的时间长短对目标公司的价值估算的影响，并购公司的主要竞争对手类似的并购行为对目标公司的价值估算的影响，以及各种因素对公司的并购计划或者并购价格的影响。

具体的价值评估方法可参考本书第十二章的内容。

在分析并购价格时，我们感兴趣的是并购价格是否超过了目标公司所能带来的价值增加。因此，应当关注以下问题：

(1) 并购公司支付的并购溢价程度如何？目标公司的预期价值能否支持溢价的合理性？

(2) 管理层期望并购行为能带来哪些方面的业绩增长？是利用新产品的生产、价格的提高或更好的分销渠道来增加收入？还是利用规模经济、提高效率来降低成本？这些业绩增长因素是否合理？

(3) 业绩增长如何影响公司价值？

[案例分析：AT&T公司对NCR公司的并购定价分析]

AT&T公司最终是以75亿美元的价格并购NCR公司，并购溢价达到了120%，这大大超过了同期的平均并购溢价。在AT&T公司公告收购要约时，计算机行业的典型市盈率约为12.9，NCR公司并购前的市盈率约为11.5，但AT&T公司的最终并购价格是NCR当期收益的18倍。高溢价的部分原因是NCR公司的管理层对并购持反对态度。AT&T公司最初的要约价格是每股85美元，最终被NCR公司管理层接受的每股价格达到了110美元。

市场的反应也从另一侧面说明AT&T公司支付了过高的并购价格。在并购谈判期间，AT&T公司的股票价格下降了13%，市值缩水了49亿美元。

由于并购行为带来的计算机业务并没有达到AT&T公司的预期，最后AT&T公司被迫将NCR公司拆分上市，新上市的NCR公司市值约35亿美元，还不到当初AT&T公司并购价格的一半。

由上分析可见，虽然AT&T公司有较为合理的并购动机，但并购价格似乎过高了。

五、并购支付方式分析

并购支付方式也是并购成功的重要因素之一。在实际运作中，并购支付方式主要包括现金支付、股票支付、混合型支付和卖方融资支付等。一般来说，并购企业在选择支付方式时，应考虑自身的实际情况，比如自身市场定位、竞争战略、是否存在竞购公司、并购前后公司资产的流动性、股本结构变化、每股稀释程度以及各种融资成本的差异等因素。此外，并购公司还要顾及目标公司股东的利益和目标公司的财务结构、资本结构等情况，并结合所处法律环境和税务约束等因素来选择并购支付方式。

（一）现金支付方式

现金支付方式完全以现金作为支付工具，购买目标公司的资产或股票。现金支付方式虽然较为直接简单，但存在两方面限制：一是并购企业的即时付现能力。运用现金支付需要并购方在短期内付出大量的现金，可能造成并购方的资金紧张；二是现金回收问题。由于并购交易完成后还面临着长期而复杂的整合问题，因此并购方应考虑并购行为能否达到预期的目标，产生足够的现金流以缓解并购企业的现金压力。此外，在跨国并购中，还应考虑支付货币的可兑换性、汇率风险、所在国的法律约束等因素。

现金支付方式虽然存在上述限制，但也有其优点。对于并购方而言，现金并购能够保证并购公司股东的控制权不被稀释，而且能够迅速完成并购；对于被并购公司股东而言，接受现金能使它们免于承受证券支付所带来的收益不确定性，特别是对于那些因举债过多而被迫出售的目标公司而言，即时获取现金无疑是比较受欢迎的支付方式。

（二）股票支付方式

随着公司间并购交易规模的日益扩大，并购所需支付的金额也越来越大，现金并购中即时支付能力和获现能力的限制使并购方不得不另辟蹊径，股票并购应运而生。股票支付方式是指并购方通过增加发行本公司的股票，以新发行的股票替换目标公司的股票以获得目标公司财产权或控制权的并购出资方式。

股票并购的优点在于：对并购公司而言，可进行较大规模的并购交易，不受即时付现能力和获现能力的制约；对于目标公司而言，目标公司的股东在并购完成后不会完全失去所有权，而且可能享受延期纳税和低税率的优惠。

并购公司在采用股票支付方式时，应当考虑双方公司股票的市场价格和账面价值，以决定换股比例，还必须考虑并购后每股税后盈余的变化。

（三）混合证券支付方式

随着并购行为的日益活跃，使用单一的支付方式都不可避免地具有一些不利因素。因此，并购公司可以考虑采用综合支付方式，也就是采用混合证券支付方式来完成并购交易。所谓混合证券支付，是指并购公司对目标公司的出价包含了现金、股票、认股权证、可转换债券等多种支付形式的组合。

（四）卖方融资支付方式

所谓卖方融资支付是指并购方暂不全额支付并购价款，而是承诺在未来的一定时期内分期偿还并购价款。并购公司在分期付款时，其各期支付的价款可以按照目标公司经营业绩的某一比率支付。这种支付方式有助于拉近双方在并购价格认定上的分歧，还可以促使目标公司在并购后仍努力提高公司的经营业绩。采用卖方融资支付方式一方面减少了并购公司前期的现金压力，另一方面分期付款还可以享有税赋递延的好处。

并购双方股东对并购支付方式的偏好可能存在分歧。从目标公司股东角度来看，对支付方式的选择通常取决于各种支付方式对税收和交易成本的影响。从并购公司股东角度来看，支付方式可能影响公司的资本结构和财务报表数据。

1. 并购支付方式对目标公司股东的影响

目标公司股东关心的是出让所持股份所能得到的税后收入。在许多国家，当目标公司股东出让股份以获取现金时，需要对出让价格与最初购买价格之间的差价部分支付资本利得税。但是如果它们收到的是并购公司的股份，那么它们就可以递延资本利得税，直到出售新股为止。税法的上述规定使得目标公司股东比较偏好接受股票支付而不是现金支付，特别是对于拥有大量目标公司股份的股东，因为现金支付将使这些股东立即缴付巨额的资本利得所得税。当然，对于其他一些投资者而言不同支付方式的税收影响可能差别不大，比如那些不打算在并购后继续持有公司股票的投资者和免税机构投资者。

交易成本是目标公司股东考虑的另一个与支付方式相关的因素。如果目标公司股东接受股票支付，那么在未来出售股票时就会发生交易成本。但如果目标公司股东接受的是现金支付，那么就不会有进一步的交易成本发生。对于打算在并购完成后继续长期持有并购后公司股票的股东而言，交易成本不太重要。但对于打算在并购后立即出售股票的投资者而言，交易成本可能很重要。

2. 并购支付方式对并购公司股东的影响

对于并购公司股东而言，并购支付方式的选择可能影响公司所面临的财务风险大小和并购会计方法选择，同时不同的融资形式将会产生不同的信息问题。

（1）并购支付方式的财务风险。如果并购是以债务融资或多余现金来交换目标公司的股份，那么并购行为将会提高并购公司的财务杠杆水平，增加公司陷入财务困境的风险，从而可能降低并购公司的股东价值。

为了评估并购行为是否导致并购公司财务杠杆过高，我们可以通过计算并购计划下并购后公司的财务风险指标来评估并购后公司的财务风险，具体财务风险指标在本书第十三章中有详细论述。并购计划中应当关注的财务风险指标包括债务对股东权益比率、利息保障倍数和可用于偿还债务的现金流量等。我们可以将这些预测比率与并购公司和目标公司所在行业的平均指标相比较，以判断按并购计划进行并购后是否会产生过高的财务风险。在计算上述指标时应当考虑目标公司或并购公司是否存在未在财务报表中反映的重要表外负债，以及目标公司或并购公司的资产中无形资产所占的比重。

此外，还应当重视并购后公司的未来现金流预期，以判断未来现金流是否足以满足公司的偿债需求，特别是如果未来现金流低于预期水平，公司的缓冲余地有多大？公司的债务水平是否影响到未来的融资能力？

(2) 并购支付方式的信息问题。由于管理层与外部投资者之间存在信息不对称，因此当管理层采用股票支付方式时，投资者往往将其理解为公司股票价格被高估的信号，可能导致股价下跌。因此，并购公司可能更愿意利用现金支付方式和杠杆支付方式，尽管这么做可能导致偏离最优资本结构。

并购公司与目标公司之间同样存在信息不对称，目标公司可能有意无意地向并购公司隐瞒了某些重要信息。在这种情况下，股票支付方式为并购公司股东提供了与目标公司股东共担信息风险的方法。如果并购公司在并购后发现目标公司的价值低于预期，则随之而来的股价下跌造成的部分损失将由继续持有并购公司股票的目标公司股东承担。相反，如果并购公司采用现金支付方式，则并购后股价下跌的损失将完全由并购公司的原有股东承担。股票支付方式的风险共担利益在并购非上市公司时十分重要，因为该类公司的公开信息比较难以获取。

(3) 融资形式与并购会计方法选择。并购支付方式在很大程度上决定了并购交易的会计处理方法。企业合并的会计处理方法主要有两种：购买法和权益结合法。一般而言，以现金为支付方式的，按购买法进行会计处理；以股票支付的（换股合并），按权益结合法处理[①]。

在购买法下，并购公司按照市值记录目标公司的资产，将购买价格与目标公司有形净资产市值之间的差价记作商誉，并在一定年限内摊销，冲减未来收益。而且在合并当年，购买法下只能将合并日后目标公司的利润并入报表。在权益结合法下，并购公司可以按照原始账面价值列示目标公司的资产、负债和股东权益，无需

① 当然，换股合并不直接意味着权益结合。采用购买法或权益结合法进行会计处理，须视其合并经济实质而定。

记录商誉，未来的收益也不会因为商誉的摊销而减少。此外，在合并当年，权益结合法则可以将被合并企业全年的利润并入报表。

由上比较分析可见，采用权益结合法能够产生较高的会计收益。正因如此，并购公司普遍倾向于使用换股合并，甚至出现了大量以换股合并为表面形式，实质为现金购买的行为，例如以现金将股票回购，用以交换被合并公司的股票。因此，我们必须关注并购公司管理层是否采用了不恰当的并购支付方式来确保可以用权益结合法来进行并购会计处理，因为尽管两种会计方法对会计收益可能产生不同的影响，但并不会改变现金流量和公司的经济价值。

[案例分析：美国 Pantry Pride 公司利用债务融资并购 Revlon 化妆品公司①]

Revlon 化妆品公司是美国最大的保健用品和美容化妆品公司之一，有 10 亿美元的净资产，营业收入稳定。Pantry Pride 公司则是一家名不见经传、总资产只有 1.5 亿美元的小公司，主要经营超级市场。虽然从规模上看，Revlon 化妆品公司远大于 Pantry Pride 公司，但 Pantry Pride 公司的总裁的佩尔曼却希望能够完成一笔“蛇吞象”式的并购交易。为此，佩尔曼争取到了美国垃圾债券之父米尔肯的支持，使得米尔肯所在的德莱尔证券公司认购 3.5 亿美元 Pantry Pride 公司发行的垃圾债券作为收购备用金，同时佩尔曼还获得了 5 亿美元的银行贷款。最后，佩尔曼以每股 58 美元/股的价格收购了 Revlon 公司，收购两个月后，佩尔曼将 Revlon 公司的两个部门以 10 亿美元的代价卖掉，完成了“垃圾债券”的循环过程。

[案例分析：戴姆勒奔驰公司和克莱斯勒公司的换股合并②]

1998 年 8 月 4 日，戴姆勒奔驰公司和克莱斯勒公司达成的最终换股合并协议，换股比例如下：

如果戴姆勒奔驰公司换股股东不足 90%，则：每 1 股戴姆勒奔驰公司的股票换 1 股合并后新公司的股票；每 1 股克莱斯勒公司的股票换 0.6235 股新公司股票。

如果戴姆勒奔驰公司申请换股的股东达到 90%，则：每 1 股戴姆勒奔驰公司的股票换 1.005 股新公司的股票；每 1 股克莱斯勒公司的股票换 0.6235 股新公司的股票。

之所以在最终的换股方案中规定不同接受换股股东比例下不同的换股比例，是为了鼓励更多的戴姆勒奔驰公司股东接受换股，从而能够采用权益结合法来处理该起并购。

---

① 本案例引自谢永添：“公司并购策略讲稿”，2005 年，并经作者同意。

② 本案例引自谢永添：“公司并购策略讲稿”，2005 年，并经作者同意。

六、影响并购完成的阻碍因素分析

并购行为能否最终顺利完成还会受到其他诸多因素的影响，比如并购计划可能由于其他并购竞争者的出现或者目标公司管理层的抵抗而最终流产。

(一) 潜在并购竞争者

如果存在其他希望并购目标公司的竞争者，特别是当这些竞争者愿意出更高的并购价格时，并购计划很有可能失败。目标公司为了抬高并购价格，可能借机拖延接受初始并购要约，诱使潜在的并购竞争者有时间发出价格更高的收购要约。一旦由于并购竞争者的出现而导致并购计划失败，初始竞标者可能损失大量要约成本，比如巨额的投资银行费用和法律费用。

为了确定是否存在其他潜在的并购竞争者，我们必须分析是否存在其他拥有与初始竞标者类似并购动机的公司。比如，如果初始竞标者的并购动机是获取资产协调效应，那么潜在竞标者就可能是同样拥有与目标公司互补资产的公司；如果初始竞标者的并购动机是更换目标公司低效率的管理层，那么潜在竞标者就可能是目标公司所处行业中具有较高管理效率的公司。

(二) 目标公司管理层的抵制

如果目标公司管理层可能在并购完成后失去控制地位，那么他们就有可能反对并购计划。虽然管理层的抵制通常不能阻止并购的发生，但却可能延缓并购进程，从而导致并购成本的提高。因此，我们必须考虑并购过程中目标公司管理层的抵制风险。比如目标公司是否存在旨在保护管理层的反收购安排，常见的反收购安排包括毒丸计划、分级董事会制度、超多数规定、公平价格条款、员工持股计划等。此外，如果目标公司业绩在同行业中处于较低的水平，那么管理层的能力就会受到质疑，他们往往更倾向于抵制并购。为了消除公司管理层对并购计划的抵制情绪，一些公司制定了“金色降落伞”计划，以便在收到并购要约时为目标公司管理层提供可观的补偿，这些公司管理层抵制并购的意愿相对较小。

[案例分析：沃达丰对曼内斯曼的敌意收购①]

1999 年 11 月 14 日，英国沃达丰公司向德国的曼内斯曼公司提出以每股 203 欧元收购曼内斯曼，但遭到后者的坚决拒绝。同年 11 月 19 日沃达丰再次将并购价格提高到每股 232 欧元的价格，但仍然遭到来自德国方面的强烈抵制。1999 年 11 月

① 本案例引自谢永添：“公司并购策略讲稿”，2005 年，并经作者同意。

20 日至 12 月 13 日，受沃达丰委托，瑞银华宝（UBSW）安排了第一次路演，以期获取曼内斯曼股东的支持，他们打出“顺应市场规律，取得最大价值”的口号，很快在英国、美国和欧洲大陆获得股东的广泛支持。但与此同时，曼内斯曼也开始反击，并于 2000 年 1 月 14 日发表了反收购说明书。2000 年 1 月 17 日至 2 月 4 日，沃达丰进行了第二次路演，再次获得英、美及欧洲大陆包括部分德国股东的支持。然而，2000 年 1 月 23 日，一直与曼内斯曼有战略伙伴关系的法国电讯公司 Vivendi 宣布入股曼内斯曼，充当了本次敌意收购的白衣骑士（white knight）。更富戏剧性的是，1 月 30 日，沃达丰和 Vivendi 突然宣布，它们之间签订了合作意向书，曼内斯曼原来心目中的“白马王子”一夜间成了“负心汉”，沃达丰再次给曼内斯曼致命的一击。这使得曼内斯曼期盼 Vivendi 来拯救的计划彻底破灭，在后路被彻底切断的情况下，曼内斯曼的管理层最后不得不向股东推荐了这次收购。2000 年 2 月 4 日，沃达丰总裁根特与曼内斯曼总裁埃瑟尔的手终于握到一起，两公司达成的合并协议涉及金额 1 850 亿美元，是当时为止涉及金额最大的公司合并案。

[案例分析：NCR 公司的反收购手段]

NCR 公司在公告收购前拒绝了 AT&T 公司最初的善意收购，这表明目标公司管理层打算抵制来自 AT&T 公司的并购。随后 NCR 公司实施了一系列反收购措施，包括限制员工持股计划，分配 1 美元的特殊股利，宣布每股股利每年增加 0.02 美元。NCR 公司的反收购行为极大提高了 AT&T 公司的收购成本。由于 AT&T 公司的报价极高，并没有出现对 NCR 公司的竞争性收购要约。该收购计划最终于 1991 年 9 月 19 日完成，距 AT&T 公司发出初始收购要约 10 个月。

七、并购后整合分析

并购行为的完成并不意味着并购行为的最终成功。并购后的整合活动是并购过程中不可忽视的关键阶段。虽然并购行为能帮助企业在短时间内实现规模的迅速增长，但众多研究结果表明，并购的最终成功率并不高。导致并购失败的原因是多方面的，但是并购后整合的失败是大多数并购失败的重要原因，表 14 – 1 列示了并购过程各阶段失败风险的比率：

表 14 – 1　　并购过程各阶段失败风险的比率

并购过程	战略制定	寻找目标	调查	谈判	交易	整合
失败比例	10%	10%	10%	12%	5%	53%

资料来源：Max M. Habeck：After the Merger—Seven Rules for Successful Post – merger Integration. Pearson Education Limited 2000。

美国并购专家菲利普·米尔韦斯在《兼并的管理》一书中分析并购失败的原因时指出：企业并购失败除了并购价格、动机、对象和并购时机等方面的原因外，一个重要的原因就是对兼并后的管理和控制失当。在并购后没有适当的并购管理计划，缺乏有效的领导，忽视了公司间组织、文化等方面的协调。许多并购案例表明，并购企业对目标企业进行长时间调查、反复论证、艰苦谈判，最后达成协议，但并购企业往往将获得目标公司控制权视为并购过程的完结，忽视了（或者是难以完成）对目标公司并购后的整合管理，最终导致并购失败。导致并购后整合失败的原因可能包括：并购双方高管人员对于并购后公司领导权的过度竞争；过于专注旧的组织运行模式，忽视模式的创新；新合并的部门之间形成目标冲突；忽视雇员的需求；双方企业文化难以兼容；忽视整合过程中的风险管理；并购双方缺乏充分的沟通渠道。针对上述可能导致并购后整合失败的原因，可以从六个方面提高并购后整合的成功概率，具体包括：战略整合、业务整合、管理整合、人力资源整合、资产整合和企业文化整合。通过上述整合过程，使并购双方在人力资本、组织文化、管理制度、经营战略以及企业资产等方面有机地融为一体，增强双方的协同能力，并最终增强企业的核心竞争力和盈利能力，成功实现企业的并购目标。

由上分析可见，并购后的整合工作至关重要。我们可以从财务分析的角度来评价并购效果，分析的客体既包括并购后的目标公司也包括并购后的集团公司[①]。

（一）对并购后目标公司的财务分析

对并购后目标公司的财务分析包括两方面内容：一方面是评估并购后已实现的资本经营收益，另一方面是评估目标公司是否使并购方股东获得增值收益。具体指标包括：

1. 投资回报率。并购投资回报率是指并购方并购目标公司后取得的年净收益的增加额与兼并总投资之比。年净收益的增加额是并购方并购后集团的年净收益扣除并购前并购方的年净收益的余额。

2. 剩余收益。并购剩余收益是指目标公司的营业利润超过其预期最低收益的部分。预期最低收益是根据对目标公司的投资占用额和并购方所预期的最低投资报酬率确定的。

3. 市场增加值。市场增加值是期末并购公司调整后的营业净利润减去按期末并购公司资产的市场总价值计算的加权平均资本成本。

（二）对并购后集团公司的财务分析

按照现代财务理论，并购的最终目的是公司的价值增加，因此对并购后集团公

---

① 参考郑磊：《企业并购财务管理》，清华大学出版社2004年版。

司的财务分析主要是对其价值的评估。确定并购行为对公司价值的影响主要有三种方法：一是以市盈率为基础分析并购行为对市盈率和每股收益的影响；二是以剩余价值为基础，分析并购行为是否带来更多的剩余收益；三是以资本结构理论为基础，分析并购是否使双方的资本结构得到优化，从而使公司的价值得到提升。当然，我们还可以从综合资本成本和资本累积增长率的角度来进行并购后集团公司的财务分析。

值得注意的是，并购后的财务评价应当以长、短期评价相结合。虽然在并购前后的短时期内，并购双方的市场价格往往会出现异常波动，但是并购是否成功更多的应当从长远的角度考虑，这也比较符合股东的长远利益。此外，如前述分析，并购后企业的账面盈利能力会受到并购会计处理方式的较大影响，导致会计盈余难以反映真实的并购效果，因此可以结合现金流量分析法来进行评价。

最后，对企业并购效果的评价不能忽视相关的非财务指标。企业并购的非财务评价应当包括如下方面：并购是否达到合理的规模经济；并购是否达到生产关系的改革；并购是否协调了企业间的关系；并购是否有利于企业产业结构的调整；并购是否提高存量资产的利用效率；并购是否达到市场优势效应等等。

[案例分析：戴姆勒奔驰汽车公司与克莱斯勒汽车公司的并购整合①]

1998 年 5 月 7 日，德国的戴姆勒奔驰汽车公司与美国的克莱斯勒汽车公司宣布合并。许多人都称此次合并看上去像汽车天堂里的一桩美满婚姻，人们对于合并后所能产生的协同效应满怀期待。

合并后第一年确实业绩斐然：并购后公司的销售额提高了 12%，达到1 465 亿美元，经营利润增长 38%，达 96 亿美元，成了 1998 年全球最赚钱的汽车公司。戴姆勒克莱斯勒公司联合主席、来自克莱斯勒的鲍勃·伊顿在对股东的致词中难掩激动地说：“自从合并公布之后，我们不仅信守诺言，而且做得更好。因此，你们的公司发出了我们不敢想象的光芒。”联合主席、来自戴姆勒奔驰的于尔根·施仑普同样信心满满：“我们的合并已变成整个业界的典范。”

然而，合并后的第二年，随着新组建大家庭时的喜悦逐渐散去，紧跟而来的是两国不同企业文化和管理风格的剧烈冲突。比如美国式的公司治理结构和德国式的公司治理结构的兼容问题；在行为习惯上严谨刻板的德国人与自由不羁的美国人之间的差异；职务消费与收入水平上的差异。因此，尽管合并之初标榜的是“平等合并”(Merger of Equals)，但实际上处于被接管地位的克莱斯勒公司的大批中高层人员因无法接受新公司的行为风格和比原来低得多的收入水平，纷纷离开克莱斯勒公司，致使原克莱斯勒的业务每况愈下，从 2000 年第二季度开始连续出现 6 个季度

① 本案例引自谢永添：“公司并购策略讲稿”，2005 年，并经作者同意。

的亏损，新公司的股票更是从高峰时的103美元一度跌破30美元。

直到2001年下半年开始，整个公司的情况才开始好转，人才严重流失的现象得到扼制，2002年第一季度开始盈利，全年共盈利7.67亿美元。但2003年新公司再次亏损5.76亿美元，其中包含过去三年对克莱斯勒公司的整改投入5.35亿美元。2004年新公司全年共盈利19.3亿美元，并且出现了在美国的市场份额逆市提高的积极现象（同期美国前两大汽车制造商通用和福特的市场份额下降）。自此，市场评论家们认为新公司的整合期已经基本过去，戴姆勒克莱斯勒公司总算开始步入正轨。

[综合案例分析：清华同方并购鲁颖电子①]

1. 并购动机分析

清华同方是一支为中国证券市场倍受关注的股票。它是一家高新技术企业，所在行业有广阔的发展前景，同时又依托清华大学，拥有雄厚知识资本和丰富的人力资源。清华同方的经营范围涉及：计算机及信息技术，人工环境控制设备的生产，销售及工程安装；仪器仪表，光机电一体化设备，精细化工及生物治药产品的开发，生产和销售，高科技项目。清华同方具有明显的科研和人才优势，但却存在缺少生产基地和营销渠道的问题，因此，清华同方的并购动机在于通过并购活动完成科技向现实生产力的迅速转化，并扩展现存的销售网络，增强产品市场的控制力，从而达到生产和销售的协同效应。

2. 并购目标分析

山东鲁颖电子股份有限公司位于山东沂南县城，是经省政府规范确认的股份有限公司。1997年4月9日，其个人股在山东省企业产权交易所挂牌转让，并于1998年8月27日停止交易并摘牌。鲁颖电子是国内最大的中高压陶瓷电容器生产基地，综合效益指标已经连续六年居全国同行业之首，其主导产品在国内市场占用率在40%以上，连续多年被康佳、长虹等大型企业集团评为“十佳供应商”。并购前，鲁颖电子的每股收益为0.5元，净资产收益率为11.19%，均远高于行业平均水平，具有较强的盈利能力。但鲁颖电子的总资产周转率较低，只有0.28，这说明其资产管理效率有待提高。相比之下，清华同方的总资产周转率为0.62，远超过鲁颖电子，因此，并购行为可能代理管理协调效应，从而进一步提鲁颖电子的净资产收益率。由上分析可见，鲁颖电子是一个比较好的目标公司。

3. 并购价格分析

1998年6月30日，清华同方由中信证券公司制定方案，采用吸收合并的方式，按1:1.8的折股比例并购鲁颖电子的全部股份。并购以1998年6月30日作为合并

① 本案例参考彭源波：“关于上市公司并购的财务分析”，湖南大学硕士论文打印稿，2001年。

基准日，并以合并基准日当天双方经审计的财务报表为准，确定折股比例，履行财产转移手续。并购后，鲁颖电子注销法人地位，其资产、负债和相关权益转为清华同方所有。

最终的换股比例是在综合考虑双方的每股净资产、净资产收益率、每股收益、融资能力、企业商誉等因素后确定。清华同方与鲁颖电子合并基准日（1998 年 6 月 30 日）两者的每股净资产分别为 3.32 元和 2.49 元，清华同方的预期增长加成系数为 35%，换股比例等于（3.32/2.49）（1 + 35%） = 1.8。可以看出，合并基本上是按照账面价值法的原则进行的。我们也可以从市盈率的角度来分析。1996—1998 年鲁颖电子的平均每股收益为 0.521 元，清华同方支付的股票价值相当于 3.76 元/股，因此清华同方实际上是按照 7.2 倍市盈率（3.76/0.521）收购鲁颖电子的全部股票，这一市盈率是相对较低的，因此清华同方支付的并购价格是比较合理的。从鲁颖电子来看，表面上以 4.482（2.49 × 1.8）换取每股净资产 3.76 元的清华同方股票是吃亏了，但考虑到并购双方在盈利能力和发展潜力方面的差异（清华同方最近四年的平均净资产收益率为 27.14%，而鲁颖电子为 18.93%；清华同方 1994—1996 年利润增长速度超过了 40%，1997 年更是达到了 155%，而鲁颖电子在 1995—1997 年的利润基本保持不变），以及清华同方的市场规模、商誉、融资能力等因素，在换股时有 35%的溢价并不为过。由上分析可见，清华同方的并购价格是比较合理的。

4. 并购支付方式分析

清华同方采取的是股票支付方式，避免了短时间内大量的现金流出①，从而降低了收购风险，保持了经营活动的稳定和正常进行，也为以后的发展留下了较为宽松的环境。而被并购方鲁颖电子得到了具有较高面值和长期增长潜力的优质股票，且达到了避税的好处。此外，此次股票支付方式产生了良好的社会效益，因为在并购中清华同方承诺鲁颖电子的社会个人股 3 年后上市流通的方式在不立刻增加清华同方流通股本的情况下，解决了鲁颖电子的社会个人股的流通问题，较好地维护了双方股东的利益。

5. 并购后整合分析

并购后，清华同方实施了如下整合方案②：

• 按照现代企业制度对鲁颖电子进行重组，通过贯彻落实清华同方的各项管理和经营机制，逐步理顺企业内部关系，并在人、财、物方面纳入清华同方的管理模式中。

---

① 如果采用现金支付方式，按照国内通常做法并购价格应不低于净资产的金额，那么清华同方至少要付出 6 800 万现金。

② 引自："清华同方——骑绝尘"，2000 年，中国并购交易网，http：//www.mergers - china.com/。

• 在逐步扩大现有的生产规模和市场规模的基础上，与清华大学有关院系成立功能陶瓷材料与元器件联合研究室，加大新产品的科研开发力度，建立技术开发、规模生产、市场开拓三位一体的整体经营机制。

• 根据山东省及地方政府制定的财政、税收、国资、土地、人事、劳动、社会保险等规定和办法，鲁颖电子执行的相关事宜，继续保持不变，其原有行业归口管理不变。

• 清华同方在合并后将继续聘用鲁颖电子董事长兼总经理卢安森先生为合并后新设公司的总经理，并根据卢安森先生的提名聘用副总经理及公司高级管理人员。企业的员工安排和变动，将由合并后企业的经营管理班子根据具体生产经营情况着手安排。

• 合并后新设公司的发展战略是重点发展中高压瓷介电容器及交流瓷介电容器，同时逐步引入信息功能陶瓷材料领域中的其他新技术和新产品。

上述整合方案强调了并购双方在人力资本、组织文化、管理制度、经营战略以及企业资产等方面的有机融合，有助于增强并购后企业的核心竞争力和盈利能力。

6. 并购后价值分析

1998年6月，清华同方的每股市价为30元，每股收益为0.643元，市盈率为46.65倍，普通股股数为15 088万股，此时清华同方的市场价值约为15 088 × 30 = 452 640万元，鲁颖电子的股票市价为17元/股，市盈率为33.86倍。1998年我国上市公司的平均市盈率为40多倍，清华同方作为一家拥有高科技优势和高附加值产品的上市公司，其投资效益和发展潜力为投资者所看好。因此清华同方46.65的市盈率是正常的，而鲁颖电子33.86倍的市盈率低于平均水平，因此我们采用清华同方的市盈率来估算并购后公司的价值。我们用市盈率来分析并购对公司价值的影响。并购后，继存公司的总收益约为10 476万元，普通股总数约为16 605万股，因此每股收益被稀释为10 476/16 605 = 0.631元/股，按照清华同方并购前的市盈率计算，此时每股市价应为0.631 × 46.65 = 29.44元，那么合并后存继公司的总市值为29.44 × 16 605 = 488 851万元。由此可见，虽然并购后清华同方的每股收益被稀释了，但并购后公司的价值的确增加了。

总体而言，清华同方通过此次并购，实现了“技术 + 资本”的低成本扩张方式，不但在财务指标方面有所改善，更重要的是满足了战略发展的需要。而并购完成后，鲁颖电子规模不断扩大。1998年底生产规模达到2个亿以上，销售量不断上升，市场份额增加，凭借清华同方的强大实力，弥补自己在科研开发、融资能力、营销网络等方面的不足，使自身走上了一条快速发展之路。因此，并购双方实现了双赢的局面。

第二节　风险管理中的财务报表分析

从理财活动的内容上看，企业风险管理主要包括筹资风险管理和投资风险管理。本节将主要介绍这两部分内容。当然，企业的风险管理还包括了并购过程中的风险管理、财务风险预警模型等内容，这些内容在本书的相关章节已经有所介绍，此处不再赘述。实际上，在本书前述的企业财务管理效率评价部分以及第十三章信贷决策分析中已部分包含了利用财务报表分析进行风险管理的内容。

一、企业风险与风险管理

（一）企业风险概述

风险是现实生活中人们运用得极其广泛的概念，但对于风险的确切含义学术界尚无一致的看法。总体而言，对风险含义的认识大致可归纳为风险的损失观和风险的投机观[①]：

1. 风险的损失观。风险的损失观是从损失的角度来理解风险的含义，也即认为风险是损失发生的可能性。按照这种观点，人们从以下多种角度认识风险的含义：损失的可能性；损失的概率；危险事件；危险因素；财产损失和人员伤亡；潜在损失；潜在损失的变动范围和幅度；损失产生的不确定性等。《新华字典》（商务印书馆，2001 年修订版）将风险定义为“可能发生的危险和灾祸，在经济生活中特指投资或利润可能收不回来”，就是典型的风险损失观。

风险损失观主要聚焦于纯粹风险，而纯粹风险是指随机结果只能是损失的风险，也就是说不管结果如何都不可能带来收益。但我们应当注意到风险不仅意味着损失的可能性，而且还意味着获利的可能性，因此风险的损失观难免以偏概全。比如利率的突然上升对借款人不利，却对贷款人有利，在这种情况下双方面临的风险起因于同一个事件——利率的变化。因此，将利率的任何变化（上升或是下降、有利或是不利）都看作风险是有意义的。进行风险管理不仅意味着回避坏的结果，也要利用好的机遇。于是，我们有必要从另外一个角度理解风险的含义。

2. 风险的投机观。风险含义的投机观是指不仅要从损失的角度，而且要从获利的角度理解风险的含义。按照这种观点，风险是指结果的任何变化，它既包括了不希望发生的结果，也包括了希望发生的结果。风险的投机观不仅有助于使风险损

---

① 参考胡绍德：“企业整体性风险管理初探”，厦门大学硕士论文打印稿，2004 年。

失最小化，而且有助于追求风险收益最大化。

在企业经营过程中，风险是不可避免的客观存在，风险总是与机遇并存的，企业应根据自身状况在风险和报酬之间进行权衡。只有正确认识企业风险的含义，才能对它进行有效的管理，才能为股东和其他利益相关者创造价值。

（二）企业风险管理

由于人们总是对意外的损失更为敏感，因此企业的风险管理主要是针对风险所带来的不利局面。企业风险管理主要是指对企业所面临的各种风险因素进行识别、衡量和分析，并通过各种风险防范策略对风险实施有效的控制和监督。一般而言，企业风险管理包括风险分析和风险防范两方面主要内容。风险分析是风险管理的第一步，主要是指系统、连续地对企业所面临风险因素的识别和风险性质的鉴定，并对风险发生的可能性和损失范围与强度进行估计和衡量，为制定有针对性的风险管理方案提供依据。风险防范是指为避免或减少风险发生的可能性，在风险分析的基础上提出相应措施和选择风险管理方案。企业可以通过对其所面临风险的科学分析，选择最佳的风险防范策略组合，对风险进行有效的控制，消除或减轻风险可能带来的损失。

有效的企业风险管理能把企业的风险控制在合理的预期之内，即使发生不可抗力的风险损失，企业也有能力调动可利用资源进行补偿，为恢复正常的企业经营、保证企业的顺利发展提供稳定、良好的经营环境。如果企业缺乏有效的风险管理，其对外部环境的应变能力和承受能力就有限。一旦风险因素发生变化，不确定性因素波动剧烈，企业就有可能无所适从，甚至面临生存危机。

二、筹资风险管理

资金的筹集是企业生存与发展的前提条件。筹资风险是指由于市场因素、经营管理、决策因素等的存在，使得筹资及其效益产生的不确定性。具体而言，筹资风险既包括无法及时足额筹集所需资金的可能行，也包括筹资后带来的丧失偿付能力的可能行。企业必须权衡不同筹资来源的可靠性和筹资成本，对筹资风险进行分析，评价筹资风险的大小，同时根据对筹资风险的评价结果，有针对性地提出筹资风险的管理对策。筹资风险管理的主要内容包括两个方面：资本结构风险管理和流动性风险管理。

（一）资本结构风险管理

企业的资本结构取决于筹资规模和筹资组合。筹资规模是指企业在一定时期的筹资总额。筹资规模的确定必须要和公司经营活动的周期以及财务状况相匹配，一方面筹集的资金应当能够满足企业生存与发展的需要，但“过犹不及”，筹资规模过大可能造成资金闲置，并增加企业的财务负担。筹资组合是指企业筹资总额在各种类型资金间的分配关系，包括各种类型的资金在性质方面的规定和各种类型资金在数量方面的比例关系。根据组合风险分散理论，多元化筹资行为能够有效分散企业的筹资风险。正确地选择筹资组合，不但要考虑新筹资的风险和资本成本，还要考虑与公司现有资本结构相配合。企业的资本结构是决定企业整体资本成本和风险程度的重要因素。因此确定合理的资本结构是企业筹资风险管理的主要内容之一。

分析企业资本结构风险时可以参考第四章中所介绍的各种长期偿债能力指标，如资产负债率、有形净资产负债率、长期债务比率等，具体内容参见第四章。我们还可以通过分析自有资金利润率标准离差和财务杠杆来分析资本结构风险，并在此基础上进行风险管理①。

利用自有资金利润率标准离差率进行风险分析的具体步骤如下：

1. 确定借入资金对自有资金的比例，预测各种经营情况可能出现的概率；

2. 计算期望自有资金利润率；

3. 计算期望自有资金利润率的平方差和标准差；

4. 计算标准离差率，根据标准离差率判断风险程度。

期望自有资金利润率可以按下列公式计算：

$$\frac{\text{期望自有资}}{\text{金利润率}}=\left[\frac{\text{期望的息税}}{\text{前资金利润率}}+\frac{\text{借入资金}}{\text{自有资金}}\times\left(\frac{\text{期望资金}}{\text{利润率}}-\frac{\text{借入资金}}{\text{利息率}}\right)\right]\times\left(1-\frac{\text{所得税}}{\text{税率}}\right)$$

其中，期望的息税前资金利润率 = $\sum$（各种可能情况的概率 × 该种情况下息税前利润率）。

财务杠杆是指负债筹资对普通股每股盈余的影响程度。财务杠杆也可以反映负债筹资的风险程度。财务杠杆作用的大小通常用财务杠杆系数来表示。一般而言，财务杠杆系数越大，企业的财务风险越大。财务杠杆计算公式如下：

$$\text{财务杠杆系数}=\frac{\text{普通股每股收益的变动率}}{\text{息税前利润的变动率}}=\frac{\text{息税前利润}}{\text{息税前利润}-\text{利息支出}}$$

资本结构风险的防范同样要从筹资规模和筹资组合两方面入手。首先，企业应当以未来的资金需求总量为基础合理地预期未来的筹资规模，尽量避免出现超额筹资或筹资不足的现象。因为超额筹资可能导致资金使用效率降低，同时又加重了企业偿债负担，而筹资不足则可能丧失良好的投资机会。其次，企业应当保持合理的资本结构。企业既不能放弃财务杠杆效应对提高净资产收益率的作用，也不能盲目提高负债水平，应当结合行业特点、盈利能力、资金周转速度、融资难易程度等

① 参考张先治：《财务分析》，中国财政经济出版社 2004 年版。

因素慎重选择筹资渠道和筹资方。同时，应当合理搭配长期负债与短期负债的比例，在长期债务资本成本较高与短期债务违约风险较大之间作出权衡。此外，还必须关注利率波动对最佳资本结构的影响，根据利率走势，把握其发展趋势，并以此做相应的筹资安排。在利率处于高水平时，尽量少筹资或只筹集急需的短期资金。

（二）流动性风险管理

流动性不仅可以指企业一定时间内偿还到期债务的能力，还可以扩展到企业的全部现金需求，即流动性是企业随时满足当时现金需要的能力。企业流动性风险可能带来的损失是相当严重的。当企业流动性不足时，可能使得企业原定投资计划不能如期实施，日常生产经营活动受到不利影响（如拖欠工资、原材料短缺），甚至可能导致企业失去偿债能力，陷入财务危机。

企业的流动性主要有两个来源：一是来源于流动资产（待摊费用、预付账款等除外）和一年内到期的长期货币性资产。通过合理安排资产的期限结构，使支付性资产的数量与现金需求量相匹配，是维持流动性的方法之一，称之为“储存流动性”。流动性的另一来源是募集新的资金，比如通过举借新债或发行新股来满足流动性需要，这种方法又称为“购买流动性”。上述两种流动性来源的成本是不一样的。如果采用存储流动性方法，需要保持较高水平的优质短期资产，由于短期资产的收益率较低，因此会产生较高的机会成本。此外，如果资产期限结构搭配失衡，短期流动资产难以满足短期内的现金需求，就可能被迫改变某些长期资产的原定用途，如提前变卖固定资产或长期投资，以满足现金需要，此举往往会发生额外损失。如果采用购买流动性方法，企业必须付出边际资本成本。筹资能力较强的企业可以用较低的边际资本成本取得所需资金，但如果融资市场资金紧张，利率上升，或者企业资信状况突然恶化，那么就可能导致企业边际资本成本迅速提高，使企业背负沉重的财务负担。

根据流动性的不同来源和成本，可以将流动性风险分析分为内部流动性风险分析和外部流动性风险分析两个方面，但这两个方面的影响并不是截然分开的，在进行内部分析时，应当结合外部环境分析。

1. 内部的流动性风险分析。内部的流动性风险分析包括对企业资产负债匹配情况、企业融资能力和盈利能力的分析等方面。

企业资产负债匹配情况对流动性的影响可以从短期和长期两个角度来观察。简单而言，从短期来看，流动比率越低，则流动性风险越高；从长期来看，资产负债率越高，则未来的流动性风险越高。我们可以结合本书第四章介绍的财务分析方法，运用更详尽的财务比率进行具体的分析。此外，资产负债的期限结构也会对内部流动性造成影响，资产的期限结构如果能与负债的期限结构相匹配，则在某一时点上变现的资产能够与在同一时点上需要偿还的负债在数量上相当，流动性风险就比较低。

企业的筹资能力也会影响到流动性风险的大小，如果企业筹资能力较强，在遇到特殊情况时能够及时取得适当成本的负债或股权资金来满足应急性资金需求，那么流动性风险就比较低。

企业的盈利能力是影响流动性风险的长期因素。因为较强的盈利能力是公司未来拥有充裕现金流的保障，从长期来看，企业的盈利能力越低，流动性风险越高。而从短期来看，现金收益能力与流动性风险的联系更为紧密。在判断盈利能力对流动性风险的影响时，可以参考盈利对债务利息和其他固定支出的保障程度指标，如利息保障倍数、固定支出保障倍数等。

2. 外部的流动性风险分析。影响企业流动性风险的外部环境主要包括金融市场的完善程度和利率波动两个方面。金融市场是企业主要的筹资场所，如果金融市场较为完善，企业可以较为便利、迅速地获得融资，从而降低流动性风险。利率的高低是筹资环境松紧的重要体现，如果市场利率较低，企业能够以较低的成本筹集到所需的资金，因此流动性风险相对较小；相反，较高的市场利率一般意味着银根紧缩，筹集资金的难度加大，资金成本提高，流动性风险也就相应增大。

流动性风险的防范必须着眼于各种风险因素，其方法多种多样。首先，必须进行科学的现金管理，这要求对公司未来的现金需求及其波动进行合理预测，在保持正常现金储备量的基础上预留部分保险储备量。同时必须建立良好的银行信用，以便出现现金短缺时能够得到银行的贷款支持。其次，应当综合考虑企业的资产负债匹配问题，包括期限匹配、利率结构匹配、到期日匹配等，尽量避免“短借长用”的现象，因为虽然短期负债的资本成本较低，但可能给企业带来较大的流动性风险。第三，企业应当“未雨绸缪”，在财务状况较为稳定的时期提前制定合理的应急筹资计划。最后，通过对某些重要资产投保可以避免突发损失给企业流动性带来严重不利影响，通过购买保险可以使公司在损失发生之后得到相应的经济补偿，规避因缺乏流动性而产生的风险。对于某些不可投保的风险（如价格风险、利率风险、汇率风险等）可以通过业务外包、套期保值等方式予以分散。

三、投资风险管理

企业筹资的目的在于通过有效的投资行为达到资本的保值和增值，这有赖于投资行为是否能获得预期的投资收益，但影响预期投资收益能否实现的各种主客观因素极其复杂多变，存在着巨大的不确定性，因此投资活动充满了风险。所谓投资风险就是指在投资活动中，由于投资主体预测能力有限，以及各种难以预测的不确定性因素的影响，使得最终的实际收益与预期收益发生偏差。一般而言，投资风险主要表现为如下几个方面：投资时机选择风险、投资对象选择风险、投资合作伙伴选择风险、投资地域选择风险、投资规模选择风险等。

根据投资的途径和方式不同，企业的投资可以划分为项目投资和证券投资两大类，以下我们就简要介绍这两方面的风险管理。

（一）项目投资风险管理

项目投资是一个面向未来的不确定性过程，各种因素（如产品价格、投资成本、项目经济寿命等）的变动都会对项目未来收益产生重大影响，因此项目投资风险是客观存在的。项目投资风险管理主要包括风险分析和风险防范两部分内容。

1. 项目风险的定性分析。项目风险的定性分析是根据管理者的个人经验和判断力来进行风险分析。定性风险分析的运用相当广泛，几乎所有的项目投资活动都会或多或少地采用定性风险分析。采用定性风险分析时，经理人员凭借自身经营管理经验来判断项目的市场前景如何，投资的最大不可靠性在哪里，从而发现问题之所在以及风险程度的大小。这种方法无需大量数据和精确计算，只要根据经理人员对实际投资环境观察和对项目未来收益的推断，就能够对项目风险有一个大概的了解。这种分析方法得出的风险评估结果虽然比较粗略，但对投资决策仍很重要，因为经理人员预估的投资风险是否在企业所能承受的风险范围之内是对投资项目取舍的最初判断依据之一。

在进行定性风险分析时，应当注重开发各种信息源，充分利用企业内部信息和外部环境信息，对可能影响投资项目未来收益的重要事件（比如企业竞争地位的变化、国家相关政策的调整等）做出预测，并在此基础上确定项目投资风险的大小。此外，采用定性分析法时不能完全脱离定量的数据基础，必须结合同类投资项目相关的历史数据指标（比如项目增长情况、市场份额、投资回收期、投资收益率等）进行分析，进而判断项目投资风险大小。

定性风险分析的优点在于简单易行，能够根据每个项目的特殊情况发现其特殊风险，风险分析结果保密性较高。但是这种方法的主观性较强，风险分析结果可能因人而异，难以形成一致性意见。因此，定性风险分析法必须结合定量风险分析才能较为准确地作出风险评价。

2. 项目风险的定量分析。项目投资风险的定量分析法是计算出特定项目评价指标的数学期望和方差值，进而评价该项目投资风险的大小。定量分析方法较为复杂，某些定量分析方法需要一定的统计学知识，但得出的评价结果比较客观准确，能够在一定程度上排除人为因素的干扰，是主观风险分析法的有益补充。以下我们介绍三种常见的定量分析方法：盈亏平衡分析、敏感性分析和概率分析。

（1）盈亏平衡分析。盈亏平衡分析（Break - Even Analysis）是利用成本、产量和利润之间的关系，求出在特定市场环境、生产能力和经营管理条件下使得投资项目收入等于支出（盈亏平衡）时的平衡点（销售量或销售额等）。盈亏平衡点越低，说明投资项目适应市场变化的能力越大，抗风险能力越强，项目未来可能产生盈余的空间也就越大。盈亏平衡点的计算是管理会计的重要内容，其表达形式多种多样，如实物产量、单位产品售价、单位可变成本、年固定成本、生产能力利用率等，其中以产量和生产能力利用率表示的盈亏平衡点应用较为广泛。

（2）敏感性分析。敏感性分析是考察与投资项目未来收益相关的主要因素发生变化时对投资项目未来收益的影响程度大小。一般的敏感性因素可能包括产量、价格、成本、投资额、项目建设周期等。通过敏感性分析，我们可以对外部环境发生不利变化时投资项目的风险承受能力作出判断，并确定影响投资项目未来收益的主要因素。同时，敏感性分析还能够提醒决策者关注可能给投资项目带来较大风险的敏感性因素，对这些因素进行更为细致的分析预测，从而提高投资项目收益预测的准确性。具体的敏感性分析方法可以参考本书第四章的前景分析部分以及第十二章的案例分析部分。

（3）概率分析。概率分析是运用概率方法预测各种风险因素对投资项目未来收益影响程度的一种定量分析方法。其基本原理是：假设风险因素是服从某种概率分布的随机变量，那么投资项目经济效益指标（常用的如净现值）作为风险因素的函数，必然也是随机变量。通过概率分析，可以计算出投资项目净现值小于0或小于期望值的概率，也可以通过模拟法测算投资项目经济指标（如内部收益率）的概率分布，进而判断投资项目风险的大小，为项目决策提供依据。以下我们简要介绍基于净现值的投资项目风险分析①。

在存在风险的情况下，某投资项目未来所产生的净现金流量 Y_t 可以被视为一项随机变量，它可能是许多其他随机变量（如价格、销售量、成本等）的复杂函数，我们可以简单假定 Y_t 服从三角分布，也就是说它可以通过三个估计值来确定：

Y_t^a 代表对净现金流在第 t 年度的最低估计值；

Y_t^m 代表对净现金流在第 t 年度的最可能估计值；

Y_t^b 代表对净现金流在第 t 年度的最高估计值。

那么，Y_t 的期望值和方差就可以记为：

$$E(Y_t) = \frac{1}{3}[Y_t^a + Y_t^m + Y_t^b]$$

$$D(Y_t) = \sqrt{\frac{1}{18}[(Y_t^b - Y_t^a)^2 + (Y_t^m + Y_t^a)(Y_t^m - Y_t^b)]}$$

① 该方法参考杨廷干：“投资项目统计决策方法研究”，厦门大学博士论文打印稿，1995年。

由于净现值 NPV 是净现金流量 Y_t 的函数，因此也是一个随机变量：

$$NPV = \sum_{t=0}^{N} Y_t(1+i)^{-t}$$

$$E(NPV) = \sum_{t=0}^{N} E(Y_t)(1+i)^{-t}$$

其中，i 为贴现率，可以采用企业的加权平均资本成本。

净现值的方差较难确定，如果 Y_t 相互独立，则其方差为：

$$D(NPV) = \sum_{t=0}^{N} (1+i)^{-2t} D(Y_t)$$

用上述方法求出 NPV 的期望和方差，仅仅给出了有关净现值的非常有限的信息，仍需进一步的分析，因此需要对净现值的分布作出估计。通常可以将其视为服从正态分布。很显然，如果净现金流量 Y_t 服从正态分布，那么 NPV 也会是一个正态分布。如果 Y_t 不是正态分布，根据一个或几个特殊形式的中心极限定理，NPV 可以近似地看作服从正态分布。NPV 的分布对随机变量 NPV 给出一个完整的描述，我们可以用 P（$NPV<0$）求出投资项目亏损的概率，用 P（$NPV<X$）求出投资项目低于预期收益 X 的概率，也可以用条件期望值求出亏损的数学期望。

3. 项目投资风险的防范。首先，投资决策风险防范是整个投资风险防范的核心与关键，这一方面要求提高决策者的决策能力，强调决策责任，另一方面要求建立科学的投资决策体系，结合企业的经营战略进行科学的投资可行性分析，尤其是投资效益的分析。在进行投资效益分析时，应当坚持实事求是的原则，所使用的分析数据一定要通过多方调查论证，尽量保持数据的准确性，重点把握投资回收期、内含报酬率、净现金流量等关键评价指标，才能将不合理的投资决策扼杀在摇篮里。

其次，一旦做出项目投资决策，就应当加强对投资项目的管理，提高其抵御经营风险的能力。项目经营风险的大小取决于获利能力和投资回收能力。防范项目经营风险一是要加快项目建设进度，节约项目投资，优质高效确保项目投产；二是提高项目经营获利能力，挖掘项目生产经营潜力，降低产品成本，扩大销量，实现经营利润最大化；三是加强项目财务收支管理，增强其投资回收能力，实现经营现金净流量最大化，以尽快收回项目投资。同时，可以采用备抵法建立投资风险准备金，以抵御可能发生的投资损失。

第三，企业的项目投资结构应当保持适当的弹性，不同投资项目具有不同的投资收益率和投资风险。这一方面要求企业在投资期限上做到长期投资与短期投资相结合，另一方面要求企业适当采取多元化投资策略，即包括投资项目多元化，也包括投资地区多元化。

（二）证券投资风险管理

1. 证券投资风险分析。证券投资风险是指由于证券市场的运行受各种因素的影响和制约，导致证券的市场价格与收益充满了不确定性，从而给证券投资活动带来了不同程度的风险。根据风险产生的原因和风险自身的特点，可以将证券投资风险分为系统风险和非系统风险两大类。

系统风险是指由于某些因素的存在给市场上所有的证券都带来经济损失的风险，比如宏观经济环境的变化、货币政策的变化、政局的动荡等因素，它们使所有同类证券的价格以相同方式变化。系统风险同时影响到所有的证券，因此无法通过证券组合的方式予以分散。典型的系统风险主要包括：（1）利率风险，也就是利率的变动导致证券价格与收益率发生变动的风险，一般而言，债券（尤其是长期债券）受利率影响较大；（2）通货膨胀风险，也就是由通货膨胀引起的投资者实际收益率的不确定性。不同证券受通货膨胀的影响是不同的。一般而言，固定收益类证券（如债券）比变动收益类证券（如股票）承受更大的通货膨胀风险。(3) 市场风险，也就是证券价格变化引起的投资者收益的不确定性。例如，由于经济衰退，预期公司的盈利可能减少，可能导致股价下跌。而投资者的心理状况变化有时也会使证券的价格远远背离其真实价值。

非系统风险是指某一企业或行业所特有的风险，如企业经理人员变更、管理效率低下、市场竞争地位下降等引起的风险。非系统风险只与个别企业或个别投资项目相联系，因此可以通过分散化投资的证券组合投资形式加以抵消。但必须注意到并非所有的证券组合都可以起到分散非系统风险的效果，只有当证券组合中各证券之间收益呈负相关时才能够达到分散风险的目的。典型的非系统风险包括：（1）违约风险，即发行人在证券到期时不履行或延期履行还本付息而使投资人遭受损失的风险；（2）破产风险，即企业由于自身经营管理不善或其他原因而破产倒闭而使投资人遭受损失的风险，此类风险给投资人造成的损失往往十分巨大；（3）经营风险，即企业的经营决策失误导致业绩下降而使投资人遭受损失的风险。

2. 证券投资风险防范。由于风险和收益总是共生共存的，完全规避证券投资风险是不现实的，证券投资的风险管理目标就是要在保证投资盈利的前提下，尽量回避或转移风险，即寻求风险与收益的最佳组合。证券投资风险防范主要是从选择投资时机、构建投资组合和单项证券选择入手。

就投资时机选择而言，选择进入证券市场的时间十分重要，当投资时机不成熟或市场风险较大时，应当选择延缓投资或选择低风险投资品种。如果出现投资时机选择失误，应当客观判断当前情况和未来趋势，做出延长或缩短投资时间的决策，尽量减少投资损失。在投资时间上可以选择长短期投资相结合，既可以在有利时机获取短期收益，又能利用长期投资规避短期市场波动风险，从而达到比较好的风险防范效果。

就投资组合选择而言，由于各种不确定因素对各投资品种的作用力度和作用方向是不同的，因此现代投资理论和实践都证明投资者将资金同时投入多种证券是规避风险的有效手段，如果投资组合中包含足够多的证券种类，那么单个证券的风险将不发生作用，投资组合的风险将取决于各证券之间收益的协方差，即各证券收益之间的相互作用。投资者可以在一些具有相同期望收益的投资品种中，选择一些相关程度较低、风险变化不完全相同的投资品种作为证券组合，也可以在一些相关程度相同的组合中，选择预期收益最高的一组作为投资的证券组合。

单项证券选择既包括在股票和债券之间进行选择，也包括选择具体股票种类或债券种类。对单项证券的分析涉及诸多方面，主要包括基本面分析和技术分析[①]。通过详细分析各类财务和非财务信息，对个别证券的未来风险和收益做出合理预测，进而做出证券买卖决策，是证券投资风险防范的重要方法。

第三节　业绩评价中的财务报表分析

一、业绩评价概述

业绩评价是指综合运用管理学、财务学、会计学、数理统计等方法，采用特定的指标体系，对照特定的评价标准，对企业在一定经营期内的生产经营状况、资本运营效益、经营者业绩等评价客体进行定量和定性的考核和分析。业绩评价是一个复杂的系统工程，必须充分考虑各方面因素进行综合评价。一般而言，一个完整的业绩评价系统包括评价主体、评价客体、评价目标、评价指标、评价标准和评价报告六大要素。

财务报表分析是业绩评价过程中不可或缺的重要手段，而业绩评价也是编制财务报表的主要目的之一，是会计信息受托责任观的重要体现，由此可见，业绩评价与财务报表分析密切相关的。业绩评价以财务报表分析为基础，同时也是财务报表分析的重要目的。无论对于筹资活动评价、投资活动评价、经营活动评价、分配活动评价，还是对盈利能力评价、营运能力评价、偿债能力评价、增长能力评价，都是建立在相关财务报表分析的基础上。当然，如同贯穿本书的思想，业绩评价中的财务报表分析并不仅仅局限于三张财务报表，而是应当综合考虑可能影响评价结果的各方面因素。

① 具体内容可以参考本书第十二章的内容。

二、基于传统财务分析指标的业绩评价

（一）传统财务模式概述

在19世纪以前，企业的规模普遍偏小，生产过程较为简单，管理科学尚未形成，因此对企业业绩的评价主要是以观察为主，缺乏科学的方法。19世纪工业革命以后，企业规模不断扩大，开始出现了根据行业特点建立起来的业绩衡量指标，如纺织行业的棉布码数、铁路业的吨公里量、钢铁业的钢材吨数等，这些指标主要是统计性的。20世纪初，开始出现大规模、跨行业生产企业，从事多种经营的综合性企业逐渐发展起来。经济环境的变化为业绩评价体系的发展提供了机会。由于传统的观察性业绩评价方法和统计性业绩评价方法指标过于简单，无法满足科学评价复杂生产企业的需要，因此综合性较强的财务业绩评价指标体系迅速发展起来，业绩评价进入到财务业绩评价阶段。财务业绩评价模式侧重于反映财务方面的业绩，其主要数据来源是企业的财务报表。1903年，杜邦公司发明了至今仍广泛运用的杜邦分析法。杜邦分析法的出现奠定了传统财务指标在业绩评价指标体系中的统治地位。我们可以利用企业财务报表中的各种会计数据，按照不同的业绩评价需要计算出各种有意义的财务指标，如盈利能力指标、偿债能力指标、营运能力指标、现金流量指标、发展趋势指标等①，它们在传统的财务模式业绩评价中占据着核心位置。

（二）财务模式业绩评价方法介绍

本部分内容主要介绍两种典型的财务模式业绩评价方法：《企业效绩评价操作细则（修订）》和清华大学企业研究中心的上市公司业绩评价方法。

1. 企业效绩评价操作细则（修订）。② 我国2002年由财政部、国家经贸委、中央企业工委、劳动保障部和国家计委联合发布的《企业效绩评价操作细则（修订）》属于比较典型的财务模式业绩评价方法，该企业效绩评价指标体系采取多因素分析和多层次评价指标递进修正的方法进行设计，由反映企业财务效益状况、资产营运状况、偿债能力状况和发展能力状况四方面内容的基本指标、修正指标和评议指标三个层次共二十八项指标构成。

（1）评价指标及其权重。表14-2列示了《企业效绩评价操作细则（修订）》所规定的评价指标及其权重。

---

① 具体各类指标的计算方法及其含义可以参考本书方法论中比率分析部分，此处不再赘述。

② 参考国务院国有资产管理委员会网站，www.sasac.gov.cn。

表 14－2　　《企业效绩评价操作细则（修订）》
评价指标及权重表

	定量指标（权重 80%）		定性指标（权重 20%）
评价内容（100 分）	基本指标（100 分）	修正指标（100 分）	评议指标（100 分）
财务效益状况 （38 分）	净资产收益率（25） 总资产报酬率（13）	资本保值增值率（12） 主营业务利润率（8） 盈余现金保障倍数（8） 成本费用利润率（10）	经营者基本素质（18） 产品市场占有能力（服务满意度）（16） 基础管理水平（12） 发展创新能力（14） 经营发展战略（12） 在岗员工素质（10） 技术装备更新水平（服务硬环境）（10） 综合社会贡献（8）
资产营运状况 （18 分）	总资产周转率（9） 流动资产周转率（9）	存货周转率（5） 应收账款周转率（5） 不良资产比率（8）	
偿债能力状况 （20 分）	资产负债率（12） 已获利息倍数（8）	现金流动负债比率（10） 速动比率（10）	
发展能力状况 （24 分）	销售增长率（12） 资本积累率（12）	三年资本平均增长率（9） 三年销售平均增长率（8） 技术投入比率（7）	

（2）评价标准。评价标准是实施企业效绩评价的参照系，具体包括定量指标评价标准和定性指标评价标准。

① 定量指标评价标准。定量指标评价标准是基本指标和修正指标评价的依据，由标准值和标准系数构成。

定量指标标准值由国家财政主管部门根据全国企业会计报表数据资料及有关统计信息，在剔除有关企业不合理数据的基础上，结合国民经济近期发展水平，运用移动加权平均等数理统计方法统一制定，并采用分行业、分规模、分档次的划分方法。根据《国民经济行业分类与代码》和《企业规模划分标准》等国家标准，按照行业重要程度和样本数量，划分为四个层次约 150 个行业，在各行业全行业标准值下又划分为大型、中型、小型三种规模。例如 2005 年火力发电行业不同规模企业财务效益指标平均值如表 14－3 所示：

表 14－3　　2005 年火力发电行业不同规模
企业财务状况指标平均值

财务效益状况	全行业	大型企业	中型企业	小型企业
净资产收益率（%）	10.7	8.9	12.3	11.4
总资产报酬率（%）	7.8	6.4	8.5	8.9
资本保值增值率（%）	106.7	105.6	108.4	107.9

续表

财务效益状况	全行业	大型企业	中型企业	小型企业
主营业务利润率（%）	22.6	18.4	26.0	33.5
盈余现金保障倍数	1.9	1.9	2.3	1.3
成本费用利润率（%）	35.8	33.2	35.9	52.3

资料来源：《2005 企业效绩评价标准值》，国务院国有资产监督管理委员会统计评价局制定。

在分行业、分规模制定评价标准的基础上，为了进一步比较企业业绩在相同行业、相同规模中达到什么程度，又将评价标准分类细化为优秀、良好、平均、较低、较差五个档次。例如，2005 年火力发电行业大型企业财务状况指标五档评价标准如表 14－4 所示。

表 14－4　2005 年火力发电行业大型企业财务状况指标五档评价标准

财务效益状况	优秀值	良好值	平均值	较低值	较差值
净资产收益率（%）	14.1	11.7	8.9	6.2	3.5
总资产报酬率（%）	12.3	9.2	6.4	4.1	1.8
资本保值增值率（%）	111.5	108.5	105.6	102.5	96.6
主营业务利润率（%）	31.9	24.4	18.4	11.6	4.2
盈余现金保障倍数	7.8	6.7	1.9	1.0	0.0
成本费用利润率（%）	49.6	39.5	33.2	26.0	12.3

资料来源：《2005 企业效绩评价标准值》，国务院国有资产监督管理委员会统计评价局制定。

定量指标标准系数是对应五档标准值所确定的水平系数，反映了各档次评价标准值所代表的水平，用来计算指标实际值相对应于五档标准值的得分，具体规定如表 14－5：

表 14－5　档次及标准系数

档　次	标准系数
优秀及以上	1
良好值及以上	0.8
平均值及以上	0.6
较低值及以上	0.4
较差值及以上	0.2
较差值以下	0

② 定性指标评价标准。定性指标评价标准是根据每项定性指标的内涵，参考

国家有关的法律法规、管理体制、企业管理经验与惯例、相关产业政策与发展趋势等，并按照模糊学的隶属度赋值法，将每项定性指标的标准从高到低划分为 A、B、C、D、E 五个水平标准，其中：A 代表各项指标的优秀水平，B 代表各项指标的良好水平、C 代表各项指标的一般水平、D 代表各项指标的较低水平，E 代表各项指标的较差水平。对应 A、B、C、D、E 五档参考标准，相应的等级系数为 1.0、0.8、0.6、0.4、0.2。

(3) 计分方法。企业效绩评价的主要计分方法是功效系数法，用于定量指标的评价计分；辅助方法是综合分析判断法，用于定性指标的评价计分。根据评价指标体系的三层次结构，企业效绩评价的计分方法分为基本指标计分方法、修正指标计分方法、评议指标计分方法和定量与定性结合计分方法。

① 基本指标计分方法。基本指标计分方法是指运用企业绩效评价基本指标，将指标实际值对照相应的评价标准值，计算各项指标实际得分。计算公式如下：

基本指标总得分 = ∑单项基本指标得分

单项基本指标得分 = 本档基础分 + 调整分

本档基础分 = 指标权数 × 本档标准系数

$$调整分 = \left(\frac{实际值 - 本档标准值}{上档标准值 - 本档标准值}\right) \times （上档基础分 - 本档基础分）$$

上档基础分 = 指标权数 × 上档标准系数

在每一部分指标评价分数计算出来后，要计算该部分指标的分析系数。分析系数是指企业财务效益、资产运营、偿债能力、发展能力四部分评价内容各自的评价分数与该部分权数的比率。基本指标分析系数的计算公式为：

$$某部分基本指标分析系数 = \frac{该部分指标得分}{该部分权数}$$

下面以第十二章中分析过的国电电力公司为例来简要介绍基本指标评价计分方法。国电电力 2004 年财务效益状况指标如表 14 – 6 所示。

表 14 – 6　　　　国电电力 2004 年财务效益状况指标

评价指标	基本指标		修正指标	
	指　　标	实际值	指　　标	实际值（%）
财务效益状况	净资产收益率	13.86%	资本保值增值率	123.06%
	总资产报酬率	7.27%	主营业务利润率	28.22%
			盈余现金保障倍数	2.20
			成本费用利润率	23.36%

根据国务院国资委统计评价局公布的《2005 年企业效绩评价标准值》，我们选定火力发电行业大型企业评价标准值和相应的标准系数如表 14 – 7 所示：

表 14-7　　火力发电行业大型企业评价标准值和相应的标准系数

项目		优秀值	良好值	平均值	较低值	较差值	权数
财务效益状况							38
基本指标	净资产收益率	14.1	11.7	8.9	6.2	3.5	25
	总资产报酬率	12.3	9.2	6.4	4.1	1.8	13
修正指标	资本保值增值率	111.5	108.5	105.6	102.5	96.6	12
	主营业务利润率	31.9	24.4	18.4	11.6	4.2	8
	盈余现金保障倍数	7.8	6.7	1.9	1	0	8
	成本费用利润率	49.6	39.5	33.2	26.0	12.3	10
标准系数		1.0	0.8	0.6	0.4	0.2	

步骤 1：计算基础分。

由于国电电力净资产收益率实际值为 13.86%，处于良好值 11.7%和优秀值 14.1%之间，因此本档标准系数为 0.8。净资产收益率的指标权重为 25，因此本档基础分为：

本档基础分 = 25 × 0.8 = 20 分

同理可以计算出总资产报酬率本档基础分为 13 × 0.6 = 7.8 分

步骤 2：计算调整分。

根据调整分计算公式，可以计算出国电电力净资产收益率调整分为：

$$净资产收益率调整分 = \left(\frac{13.86\% - 11.7\%}{14.1\% - 11.7\%}\right) \times (25 \times 1.0 - 25 \times 0.8) = 4.5 分$$

同理可以计算出国电电力总资产报酬率调整分为：

$$总资产报酬率调整分 = \left(\frac{7.27\% - 6.4\%}{9.2\% - 6.4\%}\right) \times (13 \times 0.8 - 13 \times 0.6) = 0.81 分$$

步骤 3：计算单项基本指标得分。

在计算出净资产收益率和总资产报酬率的基础分和调整分之后，就可以得出这两个基本指标得分：

净资产收益率指标得分 = 基础分 + 调整分 = 20 + 4.5 = 24.5 分

总资产报酬率指标得分 = 基础分 + 调整分 = 7.8 + 0.81 = 8.61 分

步骤 4：计算财务效益状况分析系数。

在计算出财务效益状况基础指标得分之后，就可以计算出财务效益状况分析系数：

$$财务效益状况分析系数 = \frac{24.5 + 8.61}{25 + 13} = 0.87$$

可以看出，国电电力财务效益状况分析系数得分为良好值，说明该公司的财务效益状况不错。

运用上述计算方法，可以分别计算出国电电力资产运营状况、偿债能力状况和发展能力状况其他六项基本指标的得分和分析系数。

② 修正指标计分方法。修正指标计分方法是在基本指标计分结果的基础上，运用修正指标对企业效绩基本指标计分结果作出进一步调整。修正指标的计分方法仍然运用功效系数法原理，以各部分基本指标的评价得分为基础，计算各部分的综合修正系数，再据此计算出修正指标分数。计算公式如下：

修正后总得分 = ∑四部分修正后得分

各部分修正后得分 = 该部分基本指标分数 × 该部分综合修正系数

各部分综合修正系数 = ∑该部分各指标加权修正系数

$$\text{某指标加权修正系数} = \frac{\text{修正指标权数}}{\text{该部分权数}} \times \text{该指标单项修正系数}$$

某指标单项修正系数 = 1.0 + （本档标准系数 + 功效系数 × 0.2 − 该部分基本指标分析系数）

$$\text{功效系数} = \frac{\text{指标实际值} - \text{本档标准值}}{\text{上档标准值} - \text{本档标准值}}$$

$$\text{该部分基本指标分析系数} = \frac{\text{该部分基本指标得分}}{\text{该部分权数}}$$

我们沿用国电电力的例子来对该公司修正指标进行评分。国电电力财务效益状况修正指标实际值见上表。

步骤 1：计算各修正指标的单项修正系数和加权修正系数。我们已经计算出国电电力的净资产收益率得分为 24.5 分，总资产报酬率得分为 8.61 分，财务效益状况的分析系数为 0.87。国电电力主营业务利润率实际值为 28.22%，处于良好值 24.4%和优秀值 31.9%之间，本档标准系数为 0.8。主营业务利润率的指标权数为 8，财务效益状况指标总权数为 38。根据上述数据，计算主营业务利润率修正系数和加权修正系数如下：

$$\text{主营业务利润率功效系数} = \frac{28.22\% - 24.4\%}{31.9\% - 24.4\%} = 0.51$$

主营业务利润率修正系数 = 1.0 + （0.8 + 0.51 × 0.2 − 0.87） = 1.032

资本保值增值率加权修正系数 = （8/38） × 1.032 = 0.22

国电电力资本保值增值率实际值为 123.06%，超过了优秀值 111.5%，本档标准系数为 1。资本保值增值率的指标权数为 12，财务效益状况指标总权数为 38。根据上述数据，计算资本保值增值率修正系数和加权修正系数如下：

资本保值增值率修正系数 = 1.0 + （1 + 1 × 0.2 − 0.87） = 1.33

资本保值增值率加权修正系数 = （12/38） × 1.33 = 0.42

同理可以计算出国电电力盈余现金保障倍数和成本费用利润率单项修正系数分别为 0.74 和 0.49；加权修正系数分别为 0.16 和 0.13。

步骤 2：计算各部分的综合修正系数。

在计算出各修正指标的加权修正系数后，可以加总得到综合修正系数：

财务效益状况综合修正系数 = 0.22 + 0.42 + 0.16 + 0.13 = 0.93

步骤 3：计算修正后的评价分数。

由于已经算出国电电力净资产收益率得分为 24.5 分，总资产报酬率得分为 8.61 分。因此，其财务效益状况修正后得分为：

财务效益状况修正后得分 = （24.5 + 8.61） × 0.93 = 30.79

运用相同的方法，我们可以计算出国电电力资产运营状况、偿债能力状况和发展能力状况的修正后得分。最后将财务效益状况、资产运营状况、偿债能力状况和发展能力状况这四部分的修正后得分相加总，就得到修正后总得分，从而完成财务指标的定量评价计分过程。

③ 评议指标计分方法。评议指标计分方法主要是依靠评议人员的知识、经验、分析判断能力，参考评议参考标准对企业的非定量因素进行分析判断，确定评议等级，并将评议等级通过一定的计算公式转换成分数。具体计分过程包括：

步骤 1：由评议人员（不得少于 5 人）收集相关资料，利用评议参考标准综合分析判断确定各项评议指标在评议参考标准中所处的等级。

步骤 2：根据各项评议指标所处的等级，确定每项指标对应的等级参数。

步骤 3：每项指标的等级参数与其权数相乘，计算出每位评议者对该项指标的评议打分。

步骤 4：每位评议者对指标的评议打分进行加权平均，求得每项评议指标的最终分数。具体计算公式为：

$$评议指标总分 = \sum 单项指标分数$$

$$单项指标分数 = \sum \frac{单项指标权数 \times 每位评议人员选定的等级参数}{评议人员总数}$$

其中评议人员选定的等级参数为：A—1.0；B—0.8；C—0.6；D—0.4；E—0.2。

假设国电电力效绩评议小组有 6 名评议人员，他们对“经营者基本素质指标”的评议结果为：优等 3 人；良等 2 人；中等 1 人，那么国电电力经营者基本素质指标得分为：

经营者基本素质指标得分 = （18 × 3 × 1 + 18 × 2 × 0.8 + 18 × 1 × 0.6） ÷ 6 = 15.6 分

其他评议指标的计分方法与上述相同，最后将 8 项评议指标单项得分加总，就得到评议指标总分。

④ 定量与定性综合评价计分方法。定量与定性综合评价计分方法是将定量指标评价总分和定性指标评价总分按照规定的权重拟合形成综合评价结果，即根据评

议指标得分对定量评价结论进行校正，计算出最后的综合评价得分，其计算公式如下：

定量与定性综合评价得分 = 定量指标得分 × 80% + 定性指标得分 × 20%。

(4) 综合评价结果分级。最终的评价结果采用 5 等 10 级制表达，具体如表 14 – 8 所示：

表 14 – 8　　综合评价分数与等级

等　别	级　别	综合评价分数
A	A + +	100 – 95
	A +	94 – 90
	A	89 – 85
B	B +	84 – 80
	B	79 – 75
	B –	74 – 70
C	C	60 – 69
	C –	50 – 59
D	D	40 – 49
E	E	39 分以下

资料来源：《2005 企业效绩评价标准值》，国务院国有资产监督管理委员会统计评价局制定。

2. 清华大学企业研究中心评价方法。前面介绍的《企业效绩评价操作细则(修订)》主要适用于一般正常生产经营的国有工商企业。随着我国证券市场的不断发展，上市公司业绩已经成为证券市场健康发展的生命线，是投资者、债权人、监管部门共同关心的重要问题。因此，上市公司的业绩评价也显得尤为重要。以下介绍清华大学企业研究中心的上市公司业绩评价方法①。

清华大学企业研究中心上市公司效绩评价模型在评价指标的选取上重点考虑了客观性、公允性和科学性。首先，评价指标均可根据上市公司公开披露的信息进行指标定量计算；其次，鉴于不能完全排除报表数据被操纵的可能性，在选取评价指标时考虑了指标之间的相互制约性，并连续考虑四年的财务数据；最后，在反复试算的基础上，从企业财务报表分析常用的 30 多项指标中，通过主成分分析和交叉相关分析，选取了 15 项评价指标，并从盈利能力、偿债能力和成长性等三个方面对上市公司的效绩进行综合评价。具体指标和计算公式如表 14 – 9 所示：

① 参考李玲玲：《企业业绩评价：方法与运用》，清华大学出版社 2004 年版。

表 14 – 9　　清华大学企业研究中心上市公司效绩评价指标和计算公式

类别	指标名称	计算公式
盈利能力	净资产收益率	净利润/平均股东权益
	净资产经常性收益率	扣除非经常性损益后的净利润/平均股东权益
	总资产报酬率	（利润总额 + 利息支出）/平均资产总额
	投入资本经营收益率	（利润总额 + 利息费用）/（资产总额 – 流动负债）
	主营业务销售利润率	主营业务销售利润/主营业务销售收入净额
偿债能力	流动比率	流动资产总额/流动负债总额
	强制性现金支付比率	现金流入量总额/（经营现金流出量 + 偿还债务本息付现）
	现金流动负债比率	经营现金净流量/年末流动负债
	资产负债率	负债总额/资产总额
成长性	三年主营业务平均增长率	$\sqrt[3]{\frac{\text{本年主营业务收入}}{\text{三年前主营业务收入}}}-1$
	三年利润平均增长率	$\sqrt[3]{\frac{\text{本年利润总额}}{\text{三年前利润总额}}}-1$
	三年资产平均增长率	$\sqrt[3]{\frac{\text{年末资产总额}}{\text{三年前年末资产总额}}}-1$
	三年资本平均增长率	$\sqrt[3]{\frac{\text{年末所有者权益总额}}{\text{三年前年末所有者权益总额}}}-1$
	销售增长趋势	企业近三年中销售和利润变化情况。
	利润增长趋势	

上表最后两项指标反映企业在三年中的销售和利润的变化情况，根据不同的变化情况，赋予不同的指标值，具体如表 14 – 10 所示。

表 14 – 10　　销售和利润的变化趋势及其赋值

状　态	销售和利润增长趋势	赋　值
状态 1	升—升—升	1
状态 2	升—升—降	0
状态 3	升—降—升	0.4
状态 4	升—降—降	– 0.6
状态 5	降—升—升	0.6
状态 6	降—升—降	– 0.4
状态 7	降—降—升	0
状态 8	降—降—降	– 1

在计算出上市公司各项指标后，应对各平价指标进行计分，指标满分均为100分，各指标的计分方式如表14－11所示。

表14－11　　指标的计分方式

指　标	得　分	计分公式
净资产收益率	Y_1	$100-\frac{100}{1+0.86324e^{4.99486x}}$
净资产经常性收益率	Y_2	$100-\frac{100}{1+0.864798e^{5.754536x}}$
总资产报酬率	Y_3	$100.03-\frac{100.03}{1+0.635793e^{17.13479x}}$
投入资本经营收益率	Y_4	$103.501-\frac{103.501}{1+1.80336e^{4.039737x}}$
主营业务销售利润率	Y_5	$100.106-\frac{100.106}{1+0.626044e^{8.66551x}}$
流动比率	Y_6	$100-\frac{190.998}{1+0.884609e^{1.031107x}}$
强制性现金支付比率	Y_7	$100-\frac{225.78}{1+0.972236e^{1.418797x}}$
现金流动负债比率	Y_8	$100-\frac{101.662}{1+2.747153e^{4.101884x}}$
资产负债率	Y_9	$\frac{100.41}{1+0.193935e^{-5.485412(0.8-x)}}-0.03$
三年主营业务平均增长率	Y_{10}	$100-\frac{100.93}{1+2.48252e^{4.410827x}}$
三年利润平均增长率	Y_{11}	$100-\frac{100.02}{1+1.098401e^{1.554208x}}$
三年资产平均增长率	Y_{12}	$100-\frac{107.786}{1+0.814297e^{5.715516x}}$
三年资本平均增长率	Y_{13}	$100.04-\frac{100.04}{1+1.225685e^{3.190617x}}$
销售增长趋势	Y_{14}	$50+50x$
利润增长趋势	Y_{15}	$50+50x$

续表

指　标	得 分	计分公式
盈利能力	Y_{16}	$\frac{1}{5}\sum_{i=1}^{5} y_i$
偿债能力	Y_{17}	$\frac{1}{4}\sum_{i=6}^{9} y_i$
成长性	Y_{18}	$\frac{1}{6}\sum_{i=10}^{15} y_i$
综合得分	Y_{19}	$\frac{1}{15}\sum_{i=1}^{15} y_i$

上表中 Y_i 为各项指标得分，X 为根据上市公司公布的资产负债表、利润表和现金流量表中的数据计算出的指标值。公式中的参数是根据全部上市公司的指标数据进行拟合而得出的。

（三）对传统财务模式的评价

传统财务模式业绩评价方法的优点主要体现在指标数据来源容易获得，可以从会计报表中直接获取，这些数据的编制严格遵循会计准则，并经过了注册会计师的审计，具有较高的可靠性，便于进行横向和纵向比较，无需对数据进行大量的人为调整。

但是，会计信息的固有局限使得单纯依靠简单的财务指标存在较为明显的缺陷，主要体现在：

1. 过分重视财务指标可能导致管理层的短视行为，比如通过削减研发支出、职工培训支出等方式来“美化”当期财务指标，但这种短期化行为无异于杀鸡取卵，是以牺牲企业长期发展潜力为代价的。

2. 财务指标容易受到会计数据质量的影响。会计数据是财务指标的直接数据来源，而在本书的理论部分已经探讨过管理人员进行盈余管理的普遍性，盈余管理行为的存在可能导致会计数据失真，从而导致财务业绩评价偏差。

3. 财务指标缺乏预测性。传统财务业绩评价指标数据来源主要是以历史成本为基础的财务报表，反映的主要是过去业务活动的结果，但对于各类利益相关者而言，更为关心的或许是企业未来的财务状况。如果过分注重财务指标，可能会忽略了改善价值创造活动的基础性管理工作。

4. 财务指标将各类重要的无形资产排除在评价体系之外。企业所拥有的商誉、人力资源等无形资产往往是其关键竞争力和价值的重要来源，但由于会计信息的固有局限，这些无形资产可能被排除在财务报表之外，因此财务业绩评价指标无法反映出企业在这些方面的投资管理效率。

5. 目前的会计收益没有考虑到所有资本的成本，忽略了对权益资本的补偿。

总体而言，尽管传统财务指标业绩评价模式存在上述缺陷，但瑕不掩玉，财务指标仍会在业绩评价指标体系中发挥重要作用。为了克服财务业绩评价指标的缺陷，人们试图从不同角度进行修正。第一种修正方法是通过对传统财务指标的调整来设计出更能反映企业业绩的评价指标，这类修正结果最典型的代表就是 EVA；第二种修正方法是引入非财务评价指标来补充财务评价指标的不足，这类修正结果最典型的代表就是平衡计分卡。我们接下来就分别介绍基于 EVA 的业绩评价和基于平衡计分卡的业绩评价。

三、基于 EVA 的业绩评价

（一）EVA 概述

随着企业组织形式的不断发展，两权分离现象的日益普遍，信息不对称问题越来越严重，这不仅使得股东难以了解企业的真正经营业绩，还会影响管理者进行正确的决策。经济环境的变化对业绩评价系统的变革提出了直接的要求，EVA（Economic Value Added，简写为 EVA①）业绩评价系统就是在这种背景下被开发出来的。

实际上，EVA 的概念是从我们已经介绍过的剩余收益概念扩展而来的（在接下来的 EVA 计算方法介绍中我们将发现两个概念的相似性）。尽管我们已经论述过剩余收益在理论上和计算上的优越性，但刚开始在业绩评价方面并没有得到广泛的运用。20 世纪 50 年代，通用电气公司开始在企业业绩评价中使用剩余收益指标来代替原先的投资报酬率指标，但约翰逊和卡普兰（2004）指出，“尽管从理论上讲，剩余收益指标具有一定的优势，但它并没有像折现现金流方法和投资报酬率指标那样得到广泛的认可。人们广泛接受投资报酬率继续作为部门表现的财务控制指标，而不是剩余收益。即使是最初建立这一指标的通用电气公司，最终也放弃了剩余收益，而回到了投资报酬率指标上，显然是因为投资报酬率指标与报告给股东的财务数据更加一致。”对传统财务指标的一次改革的尝试以失败而告终。20 世纪 80 年代，同样是基于剩余收益思想，思腾思特公司（Stern Stewart）开发了一项业绩指标——经济增加值。从 EVA 的内涵来看，这个指标只不过是剩余收益的一个“商业版本”。20 世纪 90 年代以来，这个指标逐渐流行起来。1993 年 3 月，《财富》杂志撰文称其为“当今最热的财务观念，并将越来越热”。德鲁克（1995）认为通过衡

① EVA 为 Stern Stewart 公司的注册商标。

量价值对所有成本（包括资本成本）的增值程度，经济增加值可以有效地度量全要素生产率。甚至有人认为以后在华尔街日报上应该报告 EVA，来取代现在的 EPS（每股收益）。

相对于传统的财务指标而言，EVA 在技术方法上的改进主要体现在权益资本成本调整和会计利润调整两个方面：首先，EVA 在计算权益资本成本时引入了资本资产定价模型；其次，EVA 通过对会计利润的各种调整，尽可能地排除了人为操纵的可能影响。

（二）EVA 的计算方法

简单地说，EVA 是公司经过调整后的营业净利润减去投入的全部资本成本后的余额，其公式为：

$$EVA = NOPAT - k_w \times TC$$

其中，NOPAT 是经过会计调整以及税收调整之后的营业净利润；k_w 是加权平均资本成本；TC 是公司的资本总额，即股权资本和债务资本之和（不同于资产负债表中的总资产数）。

在上述公式中，k_w 的计算方法在本书前面的内容中已经介绍过了，TC 可以通过加总公司的股权资本和债务资本来获得。因此，正确计算 EVA 的关键在于 NOPAT，也就是如何对传统的会计利润进行调整。比如 EVA 的创始人思腾思特公司提出了多达 160 多项调整意见，主要的调整项目如[①]：确认支出和收入的时间、可供出售证券上的投资、证券化的资产和其他表外融资项目、重组费用、通货膨胀、外币折算、存货计价、准备项目、坏账、无形资产、所得税、年金、退休后支出、营销费用、商誉和其他收购问题、战略性投资等等。当然，在实际运用 EVA 的过程中，根据各公司的不同情况，一般只需进行 5—10 项重要的调整就可以达到较高的准确程度。下面我们简要介绍思腾思特咨询中国公司的 EVA 计算方法[②]：

1. 对净营业利润的调整

税后净营业利润（NOPAT）= 营业利润 + 财务费用 + 当年计提的坏账准备 + 当年计提的存货跌价准备 + 当年计提的长短期投资、委托贷款减值准备 + 投资收益 + 期货损益 − EVA 税收调整

2. 对所得税调整

EVA 税收调整 = 利润表上的所得税 + 税率 ×（财务费用 + 营业外支出 − 固定资产、无形资产、在建工程准备 − 营业外收入 − 补贴收入）

税率 = 33%

---

① 埃巴著，凌晓东等译：《经济增加值——如何为股东创造价值》，中信出版社 2001 年版。

② 参考康雁、宋风华：“谁在创造价值，如何创造价值”，《财经》杂志，2003 年第 21 期。

3. 资本成本的确定

加权平均资本成本率 = 债务资本成本率 ×（债务资本/总市值）×（1 - 税率）+ 股本资本成本率 ×（股本资本/总市值）

股本资本成本率 = 无风险收益率 + β × 市场风险溢价

上述各指标计算方法如下：

◆ 无风险收益率计算：

A 股：上海证券交易所交易的当年最长期的国债年收益率；

B 股、H 股、S 股和 N 股：财政部在海外发行的全球美元债券的名义收益率。

◆ β 系数计算：

A 股、B 股：如果公司有 100 周的行情数据，则用该股票的周收益率与相对应的股票指数的周收益率的线性回归得出；如果公司没有 100 周的行情数据，则使用行业平均数。

H 股、S 股和 N 股：彭博资讯公司提供的 β 值。

◆ 市场风险溢价 = 美国市场平均风险溢价 ×（中国股市月收益标准差/中国股市收益月平均）/（美国股市月收益标准差/美国股市收益月平均）

◆ 债务资本成本率：3—5 年期中长期银行贷款基准利率

4. 资本的计算

债务资本 = 短期借款 + 一年内到期的长期借款 + 长期借款 + 应付债券

股本资本 = 股东权益合计 + 少数股东权益

约当股权资本 = 存货跌价准备 + 长短期投资、委托贷款价值准备 + 固定资产、无形资产减值准备 + 累计税后营业外支出 - 累计税后营业外收入 - 累计税后补贴收入 - 累计税后固定资产、无形资产、在建工程准备

EVA 的资本 = 债务资本 + 股本资本 + 约当股权资本 - 现金和银行存款 - 在建工程（净值）

（三）修正的 EVA

修正的经济增加值（REVA）指标是以资产的市场价值为基础对企业经营业绩的衡量。在 REVA 的计算中，NOPAT 的计算保持不变，但资本投入是以公司的市场价值而不是账面价值来计算的。其计算公式为：

$$REVA_t = NOPAT_t - K_w \times MV_{t-1}$$

其中，$NOPAT_t$ 为 t 期期末公司调整后的营业净利润；MV_{t-1} 为 t - 1 期末公司资产的市场总价值，等于公司所有者权益的市场价值加上经过调整的公司负债价值（t - 1 期末的总负债减去无利息的流动负债）。

REVA 指标认为公司用于创造利润的资本价值总额不是公司资产的账面价值，而是其市场价值，认为只有创造的价值超过期初资产市场价值的机会成本，才算真

正创造出财富。

现实中，我们可以根据不同评价对象来选择使用EVA还是REVA[①]：一般来说，对公司高层管理者的评价应当以REVA为基础，因为公司的市场价值包括实物资产价值和与公司竞争战略相关的未来投资的机会价值，这两部分价值都与公司高层管理者的决策相关。而EVA指标只包含了实物资产的价值，因此对于部门经理或其他下层管理者的业绩评价应以EVA为基础。此外，由于REVA是以市值来计算的，而市值数据通常只有公司层次才有，所以，REVA一般只适用于公司一级，较低的组织结构（如某个业务部门）的业绩评价仍然需要使用EVA指标。

（四）对EVA业绩评价系统的评价

1. EVA指标的优点。与传统的财务业绩评价方法相比较，EVA作为一种创新的业绩评价体系，具有如下优点：

首先，将资本成本纳入业绩评价范围是EVA指标最重要的优点，它站在股东的角度重新定义利润，明确指出必须考虑所有资本的机会成本才能真正反映出股东财富的增加，才能更好地反映出企业的经营业绩，而在传统的财务指标中往往忽视了权益资本成本。

其次，传统财务指标的主要数据来源是以会计准则为基础所编制的财务报表。由于会计信息的固有局限和会计准则的不完备性，必然导致各种财务指标都存在某种程度的“噪音”，可能歪曲了企业的真实业绩。而EVA指标虽然仍属于财务指标的范畴，但它在计算时对财务报表数据进行了各种必要的调整，以尽可能消除会计信息和会计准则的固有局限对企业业绩的扭曲，从而能够更准确地评价企业的经营业绩。

第三，EVA指标能将股东利益与业绩评价紧密联系一起，注重企业的可持续发展。EVA指标要求管理者在决策过程中必须考虑投资者预期的未来利润是否能够超过资本成本，这将有助于企业进行符合股东利益的决策。EVA指标着眼于企业的长远发展，不鼓励以牺牲长期业绩为代价换取短期效益，这也符合股东的长远利益。

最后，EVA指标能够起到多重作用，它不仅是一套完整的业绩评价系统，还是一个全面财务管理的架构，是经理人和员工薪酬的激励机制，是战略评估、资金运用、兼并或出售定价的基础。

2. EVA指标的缺陷。尽管于传统的财务指标相比较，EVA指标具有突出的优点，但EVA业绩评价体系仍然存在诸多缺陷：

首先，EVA是一个绝对值指标，在企业资产规模未发生显著变化的情况下，

① 参考王化成、刘俊勇、孙薇：《企业业绩评价》，中国人民大学出版社2004年版。

该指标能够较为准确地进行业绩评价，但对于资产规模不同的企业或同一企业资产规模发生较大变动的情况，使用 EVA 指标难以进行合理比较。

其次，使用 EVA 指标可能需要进行大量的项目调整，导致花费大量调整成本。到目前为止，计算 EVA 可能进行的调整项目已达 200 多种，这一方面形成了大量的调整成本，另一方面可能影响 EVA 的使用。因为过度的调整使得 EVA 指标变得异常复杂，这可能会使专业程度不高的外部利益相关者不知所措，甚至会使管理者难以理解 EVA 的含义，从而无法发挥 EVA 的激励作用。

第三，EVA 指标仍然属于财务指标的范畴，难以完全摆脱财务信息固有局限的影响，非财务指标的在业绩评价中的重要作用仍然没有体现出来。

最后，EVA 的实际运用效果缺乏实证研究结论支持。比如，Jams Dodd 和 Shimin chen 对 1983—1992 年间 566 家公司经营业绩进行的一项研究表明，股票报酬虽然与 EVA 之间存在一定相关性，但二者之间的关系并不像 EVA 倡导者说的那么完美，并且不能证明 EVA 在解释股票报酬变化方面能够提供比其他会计指标更多的增量信息。Gary C. Biddle 等人于 1997 年对 1 000 家美国上市公司在 1983—1994 年的数据进行分析，比较了 EVA、剩余收益、会计盈余和营业现金流量四种指标的价值相关性，结果表明 EVA 没有显示出比另外三种指标更强的价值相关性。

因此，尽管从理论上来说 EVA 的改进方向是正确的，但是这种有效性受到诸多现实因素的制约，这些限制因素可能使 EVA 发挥的效用大打折扣。

[案例分析：EVA 视角下的四川长虹[①]]

在前面的长虹案例中我们已经介绍过四川长虹自 1994 年上市以来无论是业务扩张的规模，还是会计利润表现，给大家讲述的都是一个成功的故事，而 2004 年却突然爆出中国股市的年度亏损记录。财务业绩的如此“大变脸”实在令人大跌眼界。但如果我们从 EVA 的角度评价四川长虹的业绩，就会发现 2004 年的巨亏并非“一日之寒”。以下我们将从 EVA 的角度来讨论长虹的经营业绩，并对以下问题进行初步探索：长虹在辉煌的业绩背后是否在为股东创造价值？在赞叹其产量和规模的同时，考量一下股东投入资本的利用效率，以及这些资本是否获得了预期的合理收益？近两年业绩下滑和财富毁损的主要原因在哪里？

从会计报表上看，长虹公司自上市以来每年都在盈利（2004 年以前），但如果换成从 EVA 的角度来观察，长虹的财务表现就不令人乐观了。尽管从 1998 年开始长虹的会计利润水平急转直下，但至少还能在账面维持正的净利润。不过，如果从 EVA 的角度观察，从 1998 年开始长虹的 EVA 值已经开始亮起了红灯，也就是说该

---

① 本案例主要参考田莉：“规模为王还是盈利为王，揭开长虹利润的面纱”，《中国经营报—财经周刊》，第 1333 期，2001 年 6 月 7 日，并适当补充其他内容整合而成。

公司的股东财富已经开始遭到毁损了，其后的1999年和2000年两个财年，这EVA的负值进一步扩大到了8.4亿元和15.62亿元，在本书第十章长虹案例的简要测算中，2001年以后各年的EVA负值均在10亿元以上，2004年更是接近了负50亿。这实际上意味着，就在1998—2004年这7年间，已经有大约100亿元的股东财富遭到了毁损。

由EVA计算公式可知，决定EVA的因素是资本回报率和加权平均资本成本率，接下来我们就分析长虹的这两个方面。

首先，长虹公司资本回报率节节下降，仿佛坐上了一架滑梯一般。由于资本回报率可以进一步分解成"销售利润率×资本周转率"，因此把长虹牵引上这架盈利滑梯的力量主要来自两方面：一是销售盈利状况的恶化，一是资本使用效率的下降。长虹公司的销售收入在1997年达到了157亿元的顶峰，其后开始回落；销售利润率在1998年前也一直维持在13%—15%之间，而到1999年和2000年却分别降到了4%和2%的水平。因此，虽然2000年长虹的销售收入在绝对量上比1992年增加了4倍（2000年的销售收入是108.6亿元，1992年为17.45亿元），而净利润增长却很缓慢（从1992年的1.9亿元增至2000年的2.7亿元）。这样算来，2000年长虹每元销售收入的盈利能力与1992年相比已经大大下降了。在盈利状况恶化的同时，长虹的资金使用效率也开始出现了下降趋势。作为核心指标的资本周转率从1992年的1.78剧降到了2000年的0.84，降了一多半。尽管销售收入的增长非常迅速，2000年的销售收入已经是1992年的6.22倍；但令人烦恼的是，资本投入规模上升的速度却远远超过了销售收入的增速，2000年的资本投入规模竟然约为1992年的13倍。导致长虹盈利状况和资本使用效率不断恶化的原因与其所处行业及其竞争战略的选择密切相关，具体内容可以参考本书第十章的长虹案例分析。

其次，长虹"奢侈的"资本结构导致其将承担较为高昂的资本成本。从第十章的分析可以看出，长虹在资金的使用上作风是颇为豪放的，这其实也是企业重规模、轻利润的经营风格使然。在一个成熟的市场上，企业往往会非常注意把自己的资本结构保持在一个最优的状态。通常情况下，只要不至加大自己的破产风险，企业最经济的做法是尽可能多地选择举债而不是募股，因为债务资本具有可以抵税和优先偿还的优点，成本往往要比股东权益资本的成本低得多。相形之下，长虹的资本结构就未免显得有些过于奢侈了。目前国内商业银行贷款利率很低，举债成本也就相对低廉，而且长虹作为业界有影响的企业，在商业银行是可以得到比较优惠的贷款利率的。但长虹显然没有充分利用这一融资优势。从长虹的历年资产负债表来看，公司一直保持较低的负债率，最低时2000年仅为21%，而且在负债中长期负债借款的比例很小，各年的长期负债未超过总负债的1%。按照经典的财务理论，长虹的筹资策略属于保守型的，即以权益资本直接融资为主要方式，很少或几乎不采用财务杠杆。国内公司一般都对负债率过高心怀戒惧，这种警惕是必要的。不过同时也要看到，负债率过低其实也是非常不经济的，尤其是长虹这样的大企业，因为负债率的降低会使加权平均资本成本率上升，从而导致企业资本成本的上升。在这种情况下，企业更为经济的融资方式应该是适量扩大借债，并且适当回购股份，而不是增资扩股。但事实上，长虹却在1995年、1997年和1999年三次通过配股的方式融资，共募集资金44亿元。如此奢侈的资本结构必然导致加权平均资本成本的上升，进而对EVA造成不利影响。

综上分析，如果将四川长虹的经营业绩放在EVA体系下进行评价，那么从1998年起其交出的成绩单早已是“不合格”了，尽管当年其会计利润仍高达20亿元。

四、引入非财务指标的业绩评价

(一) 非财务业绩评价指标概述

如前所述，EVA指标是从“调整”的角度来弥补传统财务指标的不足，但仍然没有超出财务指标的范畴。对财务指标进行弥补还有另一种方式，即“补充”，也就是在财务指标的基础上补充非财务指标，从而构成一个多指标的业绩评价指标体系。

非财务指标的兴起与企业环境的变化息息相关。在工业经济时代，资本、土地等生产要素是较为稀缺的资源，企业的成败主要取决于所拥有的实物资源及其对实物资源的运用情况。与之相适应，业绩评价指标始终局限于反映实物资源的运用情况和运用效率。20世纪90年代以来，宏观经济环境发生了剧烈的变化，信息时代的到来使得无形资产在现代企业中的作用越来越重要，专利技术、管理效率、人力资源、创新能力、商誉等无形资产成为企业的核心竞争力所在。而财务业绩评价指标在评价无形资产方面显得力不从心。此外，市场占有率、顾客满意度、政府支持水平、企业经营效率、员工素质等非财务指标越来越受到人们的重视。如果在业绩评价中忽视了这些关键因素，将使企业难以发现自身的相对优势和劣势，难以在长期竞争中保持优势地位。因此，将非财务指标引入业绩评价指标体系势在必行。当然，非财务指标也不是万能的，它也存在很多缺陷，比如许多非财务指标难以量化衡量、非财务指标之间的勾稽关系较弱等，有些非财务指标之间甚至是互斥的，管理层很难权衡决策。

由上分析可见，理想的业绩评价体系应当是财务和非财务指标、长期和短期、内部和外部相结合的完整体系，在所有引入非财务指标的创新业绩评价体系中，由卡普兰和诺顿所提出的平衡计分卡是影响最大，运用最广的，我们将在下一部分详细介绍平衡计分卡的内容。

由中国证券报和亚商企业咨询股份有限公司共同开发的上市公司发展潜力评价

体系是我国实践中较为典型的财务指标与非财务指标相结合的评价体系。该评价体系指标由企业财务状况、核心业务、经营能力、公司治理结构四个方面组成，将企业制度和行业环境等因素融入核心业务和经营能力中，既有定量指标也有定性指标。具体评分体系如表 14 – 12 所示：

表 14 – 12　　中证·亚商上市公司发展潜力评价指标及分值

<table>
<tr><th colspan="3">指标分类</th><th>分值</th></tr>
<tr><td rowspan="17">财务状况</td><td rowspan="4">盈利能力</td><td>主营业务利润率</td><td rowspan="4">9</td></tr>
<tr><td>净资产收益率</td></tr>
<tr><td>资产收益率</td></tr>
<tr><td>扣除非经常性损益的净利润占净利润的比重</td></tr>
<tr><td rowspan="4">偿债能力</td><td>资产负债率</td><td rowspan="4">4</td></tr>
<tr><td>流动比率</td></tr>
<tr><td>速动比率</td></tr>
<tr><td>已获利息倍数</td></tr>
<tr><td rowspan="4">营运能力</td><td>总资产周转率</td><td rowspan="4">5</td></tr>
<tr><td>应收账款周转率</td></tr>
<tr><td>存货周转率</td></tr>
<tr><td>每股经营性现金流量</td></tr>
<tr><td rowspan="4">可持续增长性</td><td>三年主营业务平均增长率</td><td rowspan="4">10</td></tr>
<tr><td>三年净利润平均增长率</td></tr>
<tr><td>三年总资产平均增长率</td></tr>
<tr><td>三年股东权益平均增长率</td></tr>
<tr><td>股利分配</td><td>三年平均股利支付率</td><td>2</td></tr>
<tr><td colspan="3">小计</td><td>30</td></tr>
<tr><td rowspan="6">核心业务</td><td rowspan="2">主营业务</td><td>市场占有率</td><td rowspan="2">15</td></tr>
<tr><td>产品（业务）领先水平</td></tr>
<tr><td rowspan="2">业务创新</td><td>新产品（业务）的研发机制</td><td rowspan="2">7</td></tr>
<tr><td>新产品（业务）的市场前景</td></tr>
<tr><td rowspan="2">行业环境</td><td>行业的增长前景</td><td rowspan="2">6</td></tr>
<tr><td>行业的国际竞争力</td></tr>
<tr><td colspan="3">小计</td><td>28</td></tr>
</table>

续表

<table>
<tr><th colspan="3">指 标 分 类</th><th>分值</th></tr>
<tr><td rowspan="9">经营能力</td><td rowspan="2">核心管理层的评价</td><td>企业领袖的评价</td><td rowspan="2">8</td></tr>
<tr><td>核心管理层的团队能力</td></tr>
<tr><td rowspan="3">战略管理能力</td><td>战略规划的合理性</td><td rowspan="3">10</td></tr>
<tr><td>战略实施手段与效果</td></tr>
<tr><td>战略调整能力</td></tr>
<tr><td rowspan="4">职能管理能力</td><td>资本运营的历史及效果</td><td rowspan="4">12</td></tr>
<tr><td>营销策略及其效果</td></tr>
<tr><td>组织结构及创新能力</td></tr>
<tr><td>内控制度的完善和执行能力</td></tr>
<tr><td colspan="3">小　计</td><td>30</td></tr>
<tr><td rowspan="10">治理结构</td><td rowspan="2">控股股东与上市公司</td><td>上市公司经营上的独立性</td><td rowspan="2">1</td></tr>
<tr><td>控股股东自律</td></tr>
<tr><td rowspan="3">董事会、监事会的运作效率</td><td>董事会、监事会的构成</td><td rowspan="3">3</td></tr>
<tr><td>董事会、监事会的职能及运作效果</td></tr>
<tr><td>独立董事制度建设及其效果</td></tr>
<tr><td rowspan="2">激励约束机制</td><td>效绩评价体系</td><td rowspan="2">6</td></tr>
<tr><td>激励与约束制度</td></tr>
<tr><td rowspan="3">财务透明度和信息披露质量</td><td>财务信息的及时披露及其质量</td><td rowspan="3">2</td></tr>
<tr><td>重大事项的主动披露</td></tr>
<tr><td>公司治理结构的信息披露</td></tr>
<tr><td colspan="3">小　计</td><td>12</td></tr>
<tr><td colspan="3">合　计</td><td>100</td></tr>
</table>

资料来源：亚商企业咨询股份有限公司网站，www.abc.sh.cn。

（二）基于平衡计分卡的业绩评价系统

1. 概述。平衡记分卡是由哈佛商学院教授卡普兰和复兴全球战略集团创始人诺顿于1992年提出的一种业绩评价方法。平衡计分卡自产生以来就广受关注，并在理论界和实务界的共同努力下不断发展。如今在《财富》杂志公布的世界前1 000位公司中已有70%的公司采用了平衡计分卡系统。《哈佛商业评论》更是把平衡计分卡称为75年来最具影响力的战略管理工具。

2. 平衡计分卡指标体系。平衡计分卡的指标体系主要由财务、客户、内部经营过程以及学习与成长四个层面的指标所组成。财务指标说明了已采取的行动所产生的结果，而客户、内部经营过程以及学习与成长的测评指标是财务指标的补充。具体而言，平衡计分卡的主要指标内容包括：

(1) 财务层面的业绩评价指标。财务指标在平衡计分卡中仍然起着十分重要的作用，它概括了已经采取行动所产生的可以衡量的经济结果。在平衡记分卡里，其他三个方面的改善必须要反映在财务指标上。财务指标可以不时地提醒管理者质量、客户满意、生产率的提高必须得转化为市场份额的扩大、收入的增加、经营费用的降低等财务成果，从这一意义看，财务层面的业绩评价指标是其他三个方面的出发点和归宿。

财务经营业绩的具体指标与产品生命周期紧密相关：在产品引入期与成长期，其财务指标主要包括：销售收入增长额或增长率、新产品或新顾客或新地区的销售额占总销售额的比率、员工平均销售额、市场占有率、投资周转率（销售额/投资额）、研发费占销售额比率等等；产品成熟期的财务指标主要包括：营业净利润、员工平均利润、市场占有率、顾客别利润额、产品别利润额、经济增加值、投资报酬率、销售报酬率、流动资金周转率、成本与竞争者比较、成本降低率、间接费用占销售额百分比等等；产品衰退期的财务指标主要包括：顾客别利润额、产品别利润额、不获利润顾客数所占的比率、单位成本、现金净流入等等。由于不同企业的战略定位不同，所处的发展阶段不同，因此可以结合自身具体情况来选择相关的财务指标。

(2) 客户层面的业绩评价指标。随着市场主导权逐渐转向买方，能否为客户提供所需要的新产品和优质服务很大程度上决定了企业竞争能力和未来发展能力。很多公司可能比较注重提高其内部生产能力，狠抓产品性能和技术革新，但却对客户的需求茫然不知。很快它们就发现，它们的竞争对手可以通过提供更符合顾客偏好的产品或服务来侵占它们的地盘。由此可见，企业必须认识到只有了解顾客，不断的满足顾客的需求，产品的价值才能够得以实现，企业才能获得持续增长的经济源泉。用于评价客户层面的业绩评价指标主要包括：市场占有率、客户保持率、客户获得率、客户满意度、产品返修率、对顾客要求的反应速度、新产品出现速度等。

(3) 内部经营过程层面的业绩评价指标。内部经营过程是指企业从输入各种原材料和顾客需求到企业创造出对顾客有价值的产品（或服务）为终点的一系列活动。它是企业改善其经营业绩的重点，顾客满意、股东价值的实现都要从内部经营过程中获得支持。内部经营过程可以按内部价值链划分为三个过程：研发、生产和售后服务。研发指标主要包括：新产品开发所用的时间、新产品占总销售额比例、研发费用率、研发成功率、研发获利能力等。生产过程的主要指标包括：主导时间(Lead Time)、周转时间、质量、成本、反应时间、返工率、设计水平、工程水平、一年内设计修改次数、技术水平、制造效率、安全性等。售后服务主要指标包括：公司对产品故障的反应时间、售后服务一次成功的比例、客户付款的时间、顾客满意度等。

(4) 学习与成长层面的业绩评价指标。平衡记分卡的前三项内容为企业列举了取得业绩突破所需要掌握的要领，学习和成长过程则是企业实现上述三方面目的的具体规划。平衡计分卡强调的投资重点是未来的投资项目，如新产品和新设备的研发，这就要求企业的管理人员和员工不断地进行新技术、新知识的培训学习；建立有效的信息系统，以便及时获取信息；设立良好的激励机制，以激发员工的积极性和创造性。职员能力指标可能包括：职员满意程度、职员保持率、职员工作效率、职员知识水平等。信息系统能力指标可能包括：信息传递时间、传递周期、传递成本、满足需要率、覆盖范围和覆盖比率等。激励机制指标可能包括：职工提议次数、职工培训次数、职工生产率等。

以上我们介绍了平衡记分卡业绩衡量的四个方面。必须指出的是，平衡记分卡的四个方面并不是相互独立的，而是一条因果链，展示了业绩和业绩动因之间的关系。比如说，为了改善财务业绩，公司必须使自已的产品或服务赢得顾客的满意；为了在时间上、质量上、成本上赢得顾客的满意，就需要对内部生产过程进行改进，如降低返工产品率、提高售后服务的质量、引进新的流程等。以上过程又要求公司投资于雇员的培训和学习，开发新的信息系统。总之，平衡记分卡平衡了财务与非财务指标，在评价企业业绩的同时也揭示了其业绩动因。

3. 对平衡计分卡的评价。财务业绩评价指标可能导致管理者过分注重短期财务目标而牺牲公司的长期利益，因此平衡记分卡在传统财务指标的基础上引入了顾客、内部营运、学习与成长三类非财务性长期衡量指标，从而更好地揭示了业绩和业绩动因之间的关系。当然，平衡记分卡仍然存在诸多的缺陷：首先，平衡计分卡的指标体系比较复杂，往往会使被考核者无法估计自己行为对考评结果的影响；其次，平衡计分卡中许多指标很难量化，这对企业的信息系统提出了严格的要求；最后，平衡记分卡没有对股东、雇员、顾客以外的利益相关者（如供应商、社区、政府等）予以足够的重视，这些利益相关者对企业的成功同样起着不可忽视的作用。

思考题

1. 杠杆收购（LBO）是一种非常流行的收购方式。在杠杆收购中，收购方以溢价方式发出收购要约，并用债务资本融资来获得大部分收购资金，从而导致目标公司在收购后成为一家高财务杠杆的公司。你认为什么类型的公司是理想的杠杆收购对象？收购方如何确定对目标公司支付的收购溢价？杠杆收购中的财务报表分析有什么需要注意的地方？

2. 在并购发生当年，采用购买法或权益结合法对并购行为进行会计处理，会对公司的销售利润率、资产收益率和资产周转率造成不同的影响吗？在并购两年后，并购公司认为并购是失败的，并决定以远低于初始收购价格（但高于初始账面价值）的价格卖掉目标公司。在购买法和权益结合法下，这项交易会对收购公司的收益产生什么影响？

3. 简述财务报表分析在企业筹资、投资和并购的风险管理过程中所起的作用及需要注意的地方？

4. 相对于传统财务业绩评价模式，EVA 业绩评价方法有何优缺点？

5. 约翰逊和卡普兰（2004）在《相关性的遗失：管理会计兴衰史》中讲述了一个发生在 15 世纪的故事："一些投资人在意大利北部购买了商品，租了一个商队将其运往印度。交易成功后，用获得的收入购买茶叶，运回威尼斯，然后销售这些茶叶。最后，会计人员把商队的成本以及最初购买商品的成本从意大利销售茶叶的收入中减去，就得出了整个旅程的利润，用以在投资人之间进行分配。"约翰逊和卡普兰认为，对投资者而言，最希望了解的指标并非利润，而是商队走了多远？在向哪个方向行进？还剩多少物资？运送的货物情况如何？运货工人们是否满意，是否有反抗情绪？

你认同约翰逊和卡普兰的观点吗？你认为非财务信息的业绩指标在业绩评价中有何作用？平衡计分卡是如何"平衡"财务指标和非财务指标来进行业绩评价的？

案例分析题

首先，结合四川长虹最新的财务报告，计算它的最新 EVA，并从资本回报率和加权平均资本成本率两方面进行评价。其次，按照中证·亚商上市公司发展潜力评价指标系统对四川长虹进行评分。最后，尝试为四川长虹编制一张平衡计分卡。

本章主要参考文献

1. 谢永添："公司并购策略讲稿"，2005 年。

2. 王铁锋：《中国企业并购分析及价值创造》，经济科学出版社 2004 年版。

3. 郑磊：《企业并购财务管理》，清华大学出版社 2004 年版。

4. 佩普、希利、伯纳德著，孔宁宁、丁志杰译：《运用财务报表进行企业分析与估价》，中信出版社 2004 年版。

5. 张先治：《财务分析》，中国财政经济出版社 2004 年版。

6. 斯蒂克尼、布朗著，张志强、魏保、吴青根译：《财务报告与报表分析——战略的观点》，中信出版社 2004 年版。

7. 伯恩斯坦、怀尔德著，许秉岩等译：《财务报表分析》，北京大学出版社 2001 年版。

8. 友联时骏企业管理顾问公司：《风险管理：原理与方法》，复旦大学出版社2005年版。

9. 李世娟："我国上市公司并购的财务分析"，东北财经大学硕士论文打印稿，2004年。

10. 杨云鹏："我国上市公司财务风险分析与防范研究"，西安理工大学硕士论文打印稿，2000年。

11. 彭源波："关于上市公司并购的财务分析"，湖南大学硕士论文打印稿，2001年。

12. 陈卫萍："企业并购的财务分析"，昆明理工大学硕士论文打印稿，2004年。

13. 周伙胜："企业并购中的财务分析问题研究"，中南大学硕士论文打印稿，2002年。

14. 郭敏："我国企业财务风险与防范研究"，四川大学硕士论文打印稿，2002年。

15. 王海翔："论企业财务风险及其控制"，首都经济贸易大学硕士论文打印稿，2005年。

16. 杨廷干："投资项目统计决策方法研究"，厦门大学博士论文打印稿，1995年。

17. 王立国等：《投资项目评估学》，东北财经大学出版社2004年版。

18. 陈立文：《项目投资风险分析理论与方法》，机械工业出版社2004年版。

19. 张涛、文新三：《企业绩效评价研究》，经济科学出版社2002年版。

20. 王化成、刘俊勇、孙薇：《企业业绩评价》，中国人民大学出版社2004年版。

21. 杜胜利：《企业经营业绩评价》，经济科学出版社1999年版。

22. 李玲玲：《企业业绩评价：方法与运用》，清华大学出版社2004年版。

23. 金燕：《平衡计分卡应用实务》，海天出版社2004年版。

24. 杨光："经理人业绩评价指标选择"，厦门大学硕士论文打印稿，2005年。

25. 钱棣："中国企业业绩评价指标体系研究"，西南财经大学硕士论文打印稿，2004年。

26. 戚威："对企业业绩评价方法演进的研究"，东北财经大学硕士论文打印稿，2002年。

27. Martin Fridson and Fernando Alvarez. Financial Statement Analysis—A Practitioner's Guide, 3rded.. John Wiley & Sons, Inc.. 2002.